D1719980

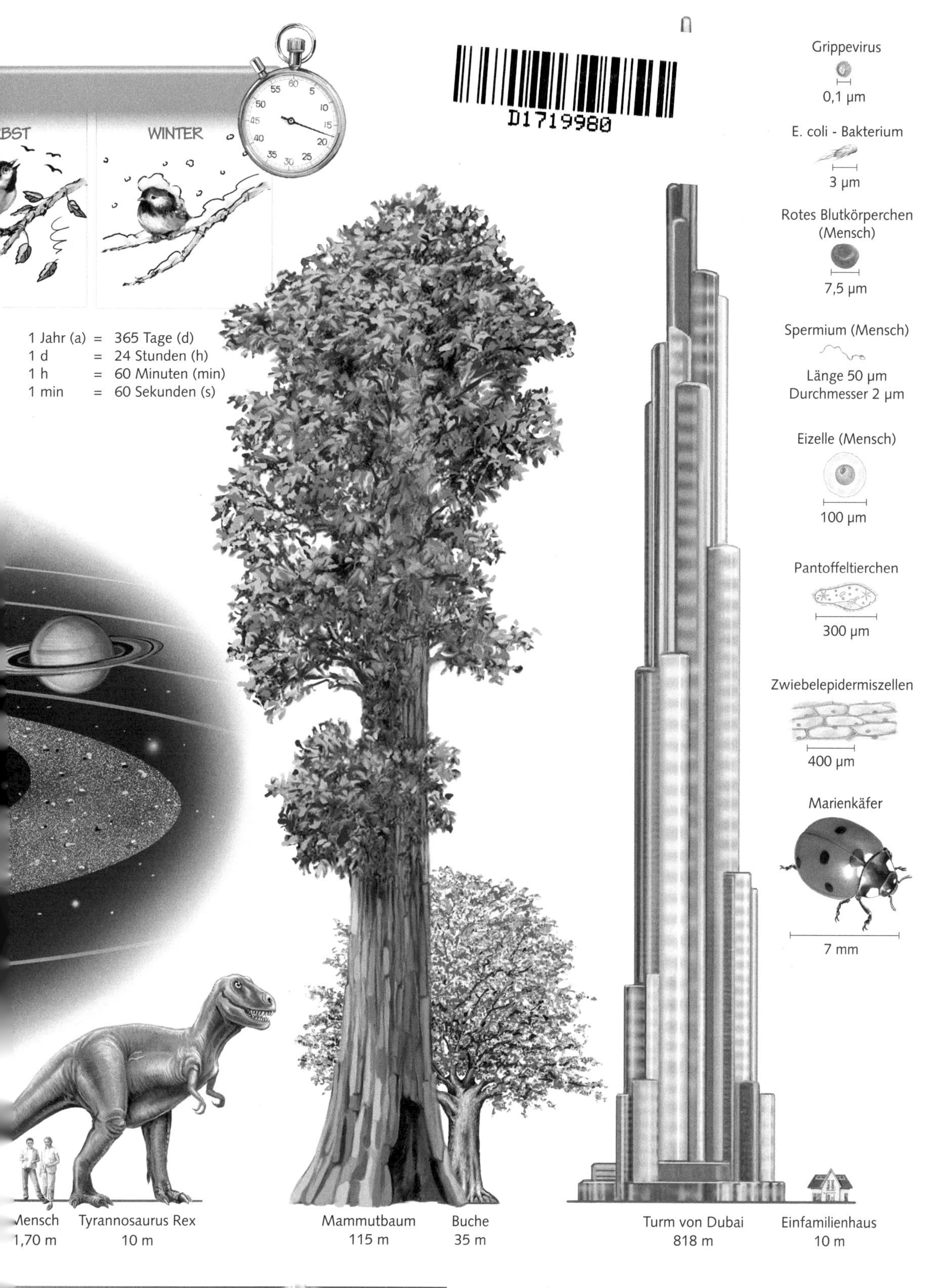
BST
WINTER
1 Jahr (a) = 365 Tage (d)
1 d = 24 Stunden (h)
1 h = 60 Minuten (min)
1 min = 60 Sekunden (s)
Grippevirus
0,1 µm
E. coli - Bakterium
3 µm
Rotes Blutkörperchen (Mensch)
7,5 µm
Spermium (Mensch)
Länge 50 µm
Durchmesser 2 µm
Eizelle (Mensch)
100 µm
Pantoffeltierchen
300 µm
Zwiebelepidermiszellen
400 µm
Marienkäfer
7 mm
Mensch 1,70 m
Tyrannosaurus Rex 10 m
Mammutbaum 115 m
Buche 35 m
Turm von Dubai 818 m
Einfamilienhaus 10 m
Rakete 2000 km/h
Schall 340 m/s
Licht 300 000 km/s

Erlebnis
Naturwissenschaften 1

Ein Lehr- und Arbeitsbuch

Schroedel

ERLEBNIS
Naturwissenschaften 1

Herausgegeben von
Dieter Cieplik, Joachim Dobers, Imme Freundner-Huneke,
Horst-Dietmar Kirks, Siegfried Schulz, Hans Tegen, Annely Zeeb

Autoren:
Gerd-Peter Becker, Hans-Günther Beuck, H. Michael Carl, Dieter Cieplik, Heike Claßen, Michael Dahl, Joachim Dobers, Imme Freundner-Huneke, Dr. Helmut Gaßmann, Willi Gouasé, Dr. Andreas Heinrich, Thomas Heppel, Ute Jung, Marietta und Dieter Keller, Horst-Dietmar Kirks, Fritz Klöckner, Axel Knippenberg, Silke Kraft, Hauke und Christiane Kruse, Ernst-August Kuhlmann, Dr. Jochen Kuhn, Fritz Lepold, Erhard Mathias, Dagmar Mehliß, Rainer Mennenga, Ralph Möllers, Christel Mysliworski, Sabine Nelke, Ulrike Preuß, Günter Rabisch, Torsten Schleip, Ursula Schmidt, Ralf Schrader, Siegfried Schulz, Rainer Seefeldt-Döhr, Monika Semrau, Barbara Spies, Antje Starke, Albert Steinkamp, Heide Suk, Hans Tegen, Dorothee Tietge, Sabine Vogt, Reiner Wagner, Michael Walory, Reinhard Wendt-Eberhöfer, Erwin Werthebach, Annely Zeeb

Unter Mitarbeit der Verlagsredaktion

Illustrationen:
Brigitte Karnath, Liselotte Lüddecke, Karin Mall,
Tom Menzel, Heike Möller

Fotos
Michael Fabian
Hans Tegen

Grundlayout
Atelier *tiger*color Tom Menzel

Umschlaggestaltung:
SINNSALON, Büro für Konzept und Gestaltung

© 2011 Bildungshaus Schulbuchverlage
Westermann Schroedel Diesterweg Schöningh Winklers GmbH, Braunschweig
www.schroedel.de

Das Werk und seine Teile sind urheberrechtlich geschützt. Jede Nutzung in anderen als den gesetzlich zugelassenen Fällen bedarf der vorherigen schriftlichen Einwilligung des Verlages. Hinweis zu § 52a UrhG: Weder das Werk noch seine Teile dürfen ohne eine solche Einwilligung gescannt und in ein Netzwerk eingestellt werden. Dies gilt auch für Intranets von Schulen und sonstigen Bildungseinrichtungen.
Auf verschiedenen Seiten dieses Buches befinden sich Verweise (Links) auf Internet-Adressen. Haftungshinweis: Trotz sorgfältiger inhaltlicher Kontrolle wird die Haftung für die Inhalte der externen Seiten ausgeschlossen. Für den Inhalt dieser externen Seiten sind ausschließlich deren Betreiber verantwortlich. Sollten Sie bei dem angegebenen Inhalt des Anbieters dieser Seiten auf kostenpflichtige, illegale oder anstößige Inhalte treffen, so bedauern wir dies ausdrücklich und bitten Sie, uns umgehend per E-Mail davon in Kenntnis zu setzen, damit beim Nachdruck der Verweis gelöscht wird.

Druck A[5] / Jahr 2015
Alle Drucke der Serie A sind im Unterricht parallel verwendbar.

Satz: media service schmidt, Hildesheim
Druck und Bindung: westermann druck GmbH, Braunschweig

ISBN 978-3-507-**76685**-3

Methoden

Sonne - Wetter - Jahreszeiten

Welt des Großen –
Welt des Kleinen

Körper – Gesundheit – Entwicklung

Körper und Bewegung

Pflanzen, Tiere, Lebensräume

Methode Hier findest du Methoden, die dir helfen, naturwissenschaftliche Themen zu verstehen und zu bearbeiten.

Pinnwand Hier findest du zusätzlich Bilder und Informationen zum jeweiligen Thema und Aufgaben, die du selbstständig bearbeiten und lösen kannst.

Streifzug Hier findest du weitere Informationen zu Themen, die in anderen Bereichen von großer Bedeutung sind.

Praktikum Hier findest du Versuche, Aufträge und Bastelanleitungen, die du selbstständig oder mit deinen Mitschülerinnen und Mitschülern ausführen kannst.

Lernen im Team Hier findest du Themenvorschläge für die Arbeit in Gruppen. Eine Gruppe bearbeitet jeweils einen Vorschlag. Am Ende stellt jede Gruppe ihre Ergebnisse vor.

Auf einen Blick Hier findest du die Inhalte des Kapitels in kurzer und übersichtlicher Form dargestellt.

Zeig, was du kannst Hier findest du vielfältige Aufgaben zum Wiederholen und Vertiefen der Inhalte des Kapitels.

Weitere Informationen über den Begriff, der mit ► gekennzeichnet ist, erhältst du über das Stichwortverzeichnis am Ende dieses Buches.

■ Wichtige Inhalte werden durch Merksätze hervorgehoben.

Kennzeichnung der Aufgaben:

Diese Aufgabe kannst du mit deinem Vorwissen oder mit den Informationen aus dem Buch beantworten.

Dieses Symbol kennzeichnet eine Aufgabe, bei der du beobachten, untersuchen oder experimentieren musst.

Um diese Aufgabe zu lösen, nutze weitere Informationsquellen wie Fachbücher, Lexika oder das Internet. Manchmal beinhalten diese Aufgaben auch Arbeitsaufträge, die außerhalb des Klassenzimmers zu erfüllen sind.

Methode

Sicheres Experimentieren

Gefahrensymbole

Manche Behältnisse im Haushalt, zum Beispiel die Verpackungen von Reinigungsmitteln oder Klebstoffen sowie Behälter und Gefäße für Chemikalien tragen orangefarbene Symbole. Es sind die bisher verwendeten **Gefahrensymbole.**

Gefahrensymbole zeigen an, welche Gefahren von Stoffen ausgehen. Ein Stoff kann beispielsweise ätzend, reizend oder leicht entzündlich sein. Einige Symbole haben zwei Bedeutungen. Deshalb wird zur genauen Bezeichnung noch ein Kennbuchstabe hinzugefügt (Tabelle 1).

Symbol	Kennbuchstabe und Bedeutung	Gefahrenmerkmale
	T+ Sehr giftig	Bereits die Aufnahme sehr geringer Mengen kann zu sehr schweren Gesundheitsschäden führen.
	T Giftig	Bereits die Aufnahme geringer Mengen kann zu sehr schweren Gesundheitsschäden führen
	Xn Gesundheitsschädlich	Die Aufnahme solcher Stoffe kann zu Gesundheitsschäden führen.
	C Ätzend	Solche Stoffe können das Hautgewebe innerhalb weniger Minuten zerstören.
	Xi Reizend	Diese Stoffe reizen Haut, Augen und Atmungsorgane und können nach mehrstündiger Einwirkung zu Entzündungen führen.
	F+ Hoch entzündlich	Hoch entzündliche Stoffe lassen sich bereits unter 0 °C entzünden.
	F Leicht entzündlich	Leicht entzündliche Stoffe lassen sich unter 21 °C entzünden oder entzünden sich selbst.
	N Umwelt gefährlich	Schädlich für die Umwelt (Boden, Gewässer, Luft, Lebewesen).
	E Explosionsgefährlich	Diese Stoffe können unter bestimmten Bedingungen explodieren.
	O Brandfördernd	Stoffe, die brennbare Materialien entzünden oder ausgebrochene Brände fördern können.

1 Bedeutung der Gefahrensymbole

Neue Gefahrensymbole

Ab 2010 werden nach und nach neue Gefahrenzeichen eingeführt. 9 Symbole mit rotem Rand ersetzen die alten, orangefarbenen Symbole. Das neue **G**lobal **H**armonisierte **S**ystem (GHS) wird weltweit gelten. Auch hier gibt es Zusätze, die Gefahren genauer kennzeichnen. Eine Tabelle zu den neuen GHS-Symbolen findest du auf Seite 397.

1. Worauf musst du beim Umgang mit Stoffen aus dem Haushalt achten, die folgende Symbole tragen?

a) Xi b) F c) d)

Umgang mit Chemikalien

1. Chemikalien dürfen nicht mit den Fingern angefasst werden.
2. Chemikalien dürfen niemals in Lebensmittelbehältern aufbewahrt werden.
3. Die Versuche werden mit möglichst wenig Chemikalien durchgeführt, weil nur so die Abfallmenge gering bleibt.
4. Chemikalienreste werden nicht in die Vorratsgefäße zurückgegeben. Sie werden in besonderen Abfallbehältern gesammelt.
5. Gefährliche Abfälle werden grundsätzlich extra gesammelt.

Verhalten

1. In naturwissenschaftlichen Fachräumen darf nicht getrunken und gegessen werden.
2. Alle Experimente dürfen grundsätzlich nur mit einer Schutzbrille durchgeführt werden.
3. Geschmacksproben dürfen nicht durchgeführt werden. Den Geruch stellst du durch vorsichtiges Zufächeln fest.
4. Dein Arbeitsplatz soll sauber und aufgeräumt sein. Alle Geräte werden nach der Beendigung des Versuchs wieder gereinigt und weggeräumt.

Experimentiertipps

1. Lies oder besprich die Versuchsanleitung vor Beginn eines Versuchs ausführlich. Befolge sie genau.
2. Stelle alle benötigten Geräte und Chemikalien vor Versuchsbeginn bereit. Benutze sie erst nach ausdrücklicher Erlaubnis.
3. Baue alle Geräte standfest und standsicher auf. Sorge dafür, dass die Vorratsgefäße für Chemikalien sicher stehen.
4. Beachte die vorgeschriebenen Sicherheitshinweise.

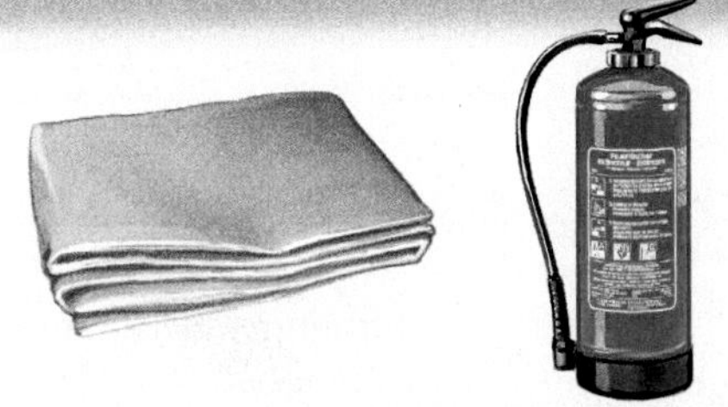

Entsorgung von Chemikalienresten

Chemikalienreste dürfen nicht ohne Weiteres in den Abfluss oder Abfalleimer gegeben werden. Gefährliche Stoffe müssen vielmehr ordnungsgemäß entsorgt werden. Das gilt besonders für Stoffe, die bei chemischen Experimenten anfallen.

Zu den wichtigsten Regeln für einen verantwortungsbewussten Umgang mit Stoffen gehört es, die Entstehung von unnötigen Abfällen zu vermeiden. Die experimentelle Arbeit muss im Voraus gut geplant werden – vor allem im Hinblick auf Art und Menge der verwendeten Stoffe.

Viele Stoffe dürfen nicht einfach in die Kanalisation oder zum Hausmüll gegeben werden. Sie werden in verschiedenen Behältern gesammelt und von Zeit zu Zeit von Entsorgungsunternehmen abgeholt. Durch das Sammeln in getrennten Behältern wird zum einen die endgültige Beseitigung erleichtert und zum anderen eine Wiederaufbereitung ermöglicht.
Es ist zweckmäßig, Säuren und Laugen in einem gemeinsamen Behälter zu sammeln. Sie brauchen dann nicht portionsweise neutralisiert zu werden.

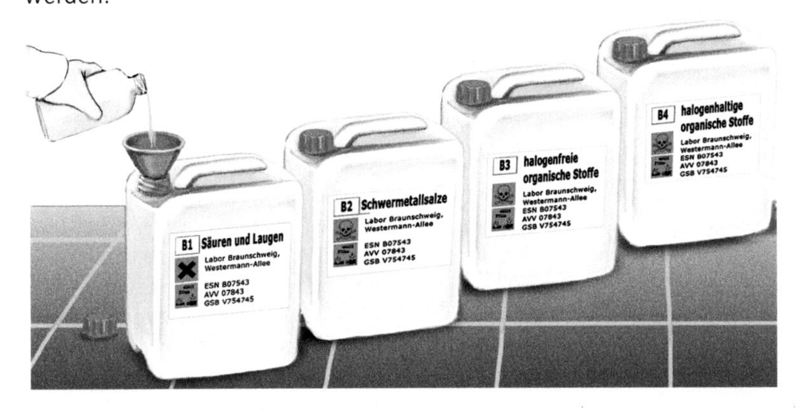

Abfälle

Säuren, Laugen
Beispiele:
Salzsäure
Natronlauge

giftige anorganische Stoffe
Beispiele:
Kupfersulfat
Silbernitrat

organische Stoffe ohne Halogene
Beispiele:
Benzin, Methanol

organische Stoffe mit Halogenen
Beispiele:
Chlorpropan
Bromhexan

wasserlösliche, nicht schädliche Stoffe
Beispiele:
Zucker, Kochsalz

feste, nicht schädliche Stoffe
Beispiele:
Kohle, Eisenwolle

Methode

Eine Seite im Fachheft

Auswahl des Heftes oder des Schnellhefters

Entscheide dich zuerst, ob du ein Heft führen oder einen Schnellhefter anlegen möchtest. Ein Hefter bietet den Vorteil, dass Arbeitsblätter gesammelt und eingeheftet werden können. Außerdem kannst du für verschiedene Seiten unterschiedliche Linierungen verwenden. Ein Vorteil des Heftes besteht darin, dass die Reihenfolge der Seiten immer richtig ist.

Übersichtlich gestaltete Seiten erleichtern später die Wiederholung der Unterrichtsinhalte.

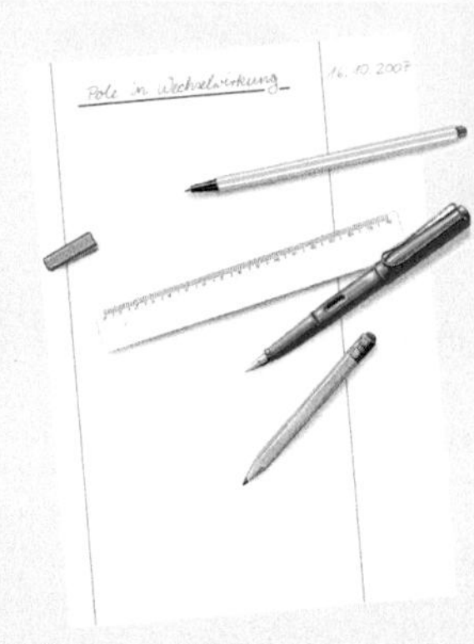

Lege ein Deckblatt mit dem Namen des Teilgebietes an.
Jede neue Eintragung muss auf dem Rand das Datum erhalten. Achte darauf, dass die Texte eine geeignete Überschrift bekommen.
Unterstreichungen können wichtige Textstellen hervorheben.
Benutze zum Schreiben einen Füller und für die Zeichnungen Bleistifte, Farbstifte und Lineal.

Texte, die sauber geschrieben und gegliedert sind, kannst du besser lesen.

Ob du einen Text von der Tafel abschreibst, ein Versuchsprotokoll erstellst oder einen selbst verfassten Text schreibst, immer solltest du den Platz für das Geschriebene übersichtlich gestalten.
Gliedere lange Texte in Abschnitte.
Hebe Merksätze, Regeln und Formeln durch einen Rahmen hervor.
Achte auf die Rechtschreibung.

Pole in Wechselwirkung 16.

Aufgabe:
Was passiert, wenn zwei gleich farbige und zwei unterschiedlich farbige Pole zweier Magnete aneinandergehalten werden?

Versuchsbeschreibung:
Wir haben einen Magneten mit zwei unterschiedlichen Farben auf zwei Bleistifte gelegt. Den zweiten Magneten haben wir diesem Magneten genähert.

Zeichnungen und Bilder veranschaulichen das Geschriebene.

Gestalte dein Heft so, dass es dir gefällt.

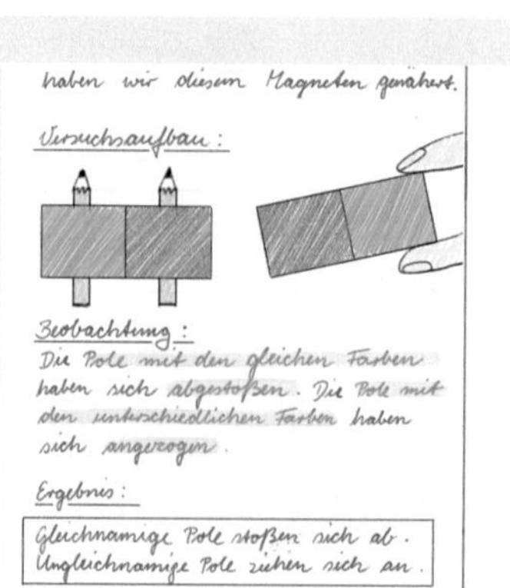
haben wir diesem Magneten genähert.

Versuchsaufbau:

Beobachtung:
Die Pole mit den gleichen Farben haben sich abgestoßen. Die Pole mit den unterschiedlichen Farben haben sich angezogen.

Ergebnis:
Gleichnamige Pole stoßen sich ab.
Ungleichnamige Pole ziehen sich an.

Ergänze deine Texte mit Zeichnungen und Bildern, die du sauber ausgeschnitten und eingeklebt hast. Teile den vorhandenen Platz sorgfältig ein. Beginne eigene Zeichnungen mit einer Bleistiftskizze, damit sie noch verbessert werden können. Die Reinzeichnung kannst du zum Schluss farbig gestalten. Beschrifte wichtige Teile der Zeichnung.

Ein Ordner hält Ordnung

Ein Standard-Ordner zum Sammeln aller Unterlagen im Unterrichtsfach

Es ist sinnvoll, einen Ordner für jedes Unterrichtsfach anzulegen. Er ist nicht für den Transport in der Schultasche geeignet. Stelle ihn zu Hause oder in der Schule an einen geeigneten Platz. Wähle eine Ordnerfarbe, die du nur für dieses Fach benutzt. Beschrifte den Ordnerrücken mit Namen und Fach.

Eine gut durchdachte Einteilung des Ordners hilft beim Sortieren der Unterlagen.

Lege vorn im Ordner ein Inhaltsverzeichnis an. Als Hauptüberschriften kannst du die Kapitel aus deinem Schulbuch wählen.
Sortiere nun deine Hefte oder deine Kapitel des Schnellhefters ein. Nummeriere jede Seite im Kapitel.
Der linke Rand aller Blätter, die du in deinem Ordner einheftest, muss für die Lochung frei bleiben.

Jedes Teilgebiet des Unterrichtsfaches erhält seinen eigenen Bereich.

Für jeden Ordner kannst du Trennblätter kaufen. Sie werden auch Register genannt. Hefte jeweils ein Trennblatt zwischen die Unterlagen der verschiedenen Teilgebiete. Schreibe die Namen der Teilgebiete auf die Laschen, die am rechten Rand aus den Seiten hervorragen. Das erleichtert das schnelle Auffinden der gesuchten Seiten.

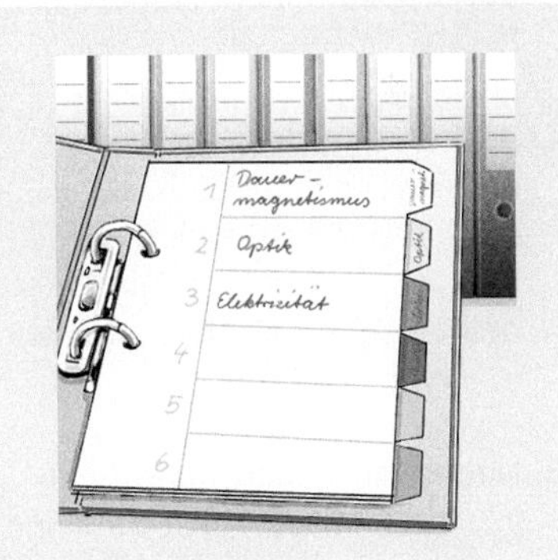

Vollständige Hefte und Ordner helfen weiter.

Der Ordner hilft dir, am Ende der Schulzeit wichtige Texte wiederzufinden.

Es ist wichtig, den Ordner über die ganze Schulzeit vollständig zu führen. Er ist eine Hilfe, um zusätzliches Material zum Unterrichtsstoff zu sammeln und beim passenden Thema abzuheften. Kopien und Arbeitsblätter können an der richtigen Stelle einsortiert werden. So hast du für die Wiederholung des Unterrichtsstoffes alle Aufzeichnungen zusammen.

Methode

Einen Sachtext lesen und verstehen

Die folgende Lesetechnik hilft dir dabei, einen Text zu verstehen und den Inhalt zu behalten.

1. Überfliege zunächst den Text. Dabei kannst du erst einmal feststellen, worum es in dem Text geht und was du bereits kennst.
2. Dann liest du den Text gründlich. Nach schwierigen Abschnitten machst du eine kleine Pause und denkst noch einmal über das Gelesene nach.
3. In dieser Phase benutzt du außerdem Stift und Papier. Hast du ein Arbeitsblatt zu bearbeiten, markiere wichtige Aussagen und Begriffe mit einem Textmarker. Hast du einen Text aus dem Schulbuch vorliegen, schreibe wichtige Aussagen und Begriffe auf einem Notizzettel heraus.
4. Abschnitte oder Begriffe, die du nicht verstanden hast, markierst du mit einem Rotstift. Frage Mitschüler oder deinen Lehrer um Rat oder lies in einem Lexikon nach.
5. Nachdem du den Text durchgearbeitet hast, gehst du deine Notizen noch einmal genau durch. Du kannst jetzt mit deinen Notizen verschiedene Aufgaben erledigen z. B. Fragen beantworten, ein Informationsplakat erstellen, einen Kurzvortrag halten.

1 Hausschwein beim Säugen

2 suhlendes Wildschwein

Hausschwein und Wildschwein

Schweine sind Allesfresser. Das zeigt der Bau ihres Gebisses, denn ihre vorderen Backenzähne sind denen der Raubtiere ähnlich und die hinteren dienen dem Zermahlen von Pflanzenteilen. Auf der Weide durchwühlen sie mit ihrer rüsselartigen Nase den Boden, um Fressbares aufzuspüren. Sie ernähren sich von Wurzeln, Gras und Kleintieren. Den Wildschweinen dienen dabei besonders die Hauer, die nach oben gerichteten Eckzähne.
Schweine wälzen sich gerne in schlammigen Pfützen, den Suhlen, und schmieren damit ihre Haut mit Schlamm ein. Dadurch sind sie vor Insektenstichen geschützt.
Die Sauen können bis zu 12 Ferkel pro Wurf bekommen. Die Ferkel werden in den ersten 8 Wochen von der Mutter gesäugt und gehören somit zu den Säugetieren.
Die Hausschweine sind für die Ernährung des Menschen als Fleischlieferant sehr wichtig. Daher werden sie häufig gezüchtet und gemästet, um nach etwa 8 bis 10 Monaten zum Verzehr geschlachtet zu werden.
Die Wildschweine aber, von denen unsere Hausschweine abstammen, halten sich gerne im Unterholz feuchter Laubwälder oder in dichten Nadelholzschonungen verborgen. Sie zeigen einen anderen Körperbau als die Hausschweine. Sie haben einen längeren Kopf, einen starken Rüssel und ein schwarzes Haarkleid.

Beispiel:
Hier kannst du sehen, wie man wichtige Begriffe in einem Text zum Hausschwein und Wildschwein markiert und dann in einen Notizzettel einträgt.

Hauschwein und Wildschwein
- Allesfresser, sichtbar am Gebiss
- Nahrungssuche mit rüsselartiger Nase
- suhlen sich
- Schlammkruste als Insektenschutz
- Sauen bis 12 Ferkel
- Säugetier
- Hausschwein Fleischlieferant
- stammt vom Wildschwein ab
- Wildschwein in Laubwäldern, Nadelholzschonungen
- Wildschwein: längerer Kopf, starker Rüssel, schwarzes Haarkleid

Versuche planen, durchführen und protokollieren

Problemstellung

Am Anfang eines Versuchs steht die Fragestellung. Bei diesem Beispiel geht es um die Frage, ob und in welchen Teilen Pflanzen das Kohlenhydrat Stärke gespeichert haben.

Planung

Jetzt ist es wichtig, dass ihr euch Gedanken darüber macht, wie der oder wie die Versuche ablaufen sollen. Hier geht es um den Stärkenachweis.
Ihr erstellt eine Versuchsplanung. Stellt zusammen, welche Geräte und **Materialien** für diesen Versuch erforderlich sind. Erkundigt euch, ob bei dem Versuch **Sicherheitsbestimmungen** zu beachten sind: z. B. Schutzbrille, Umgang mit ätzenden und/oder entzündlichen Flüssigkeiten.
Überlegt, wie der Versuch aufgebaut werden muss.
Zeichnet für den **Versuchsaufbau** eine Skizze, in der dargestellt ist, wie die Geräte und Materialien gehandhabt werden.
Beschreibt mit eigenen Worten, wie ihr den Versuch aufbaut.

Durchführung

Ist die Planung abgeschlossen, könnt ihr den Versuch durchführen. Schreibt die **Versuchsdurchführung** sehr genau auf, damit der Versuch auch von jemandem durchgeführt werden kann, der nicht am Unterricht teilgenommen hat.
Beobachtungen und Messwerte werden notiert.

Versuchsprotokoll

Haltet den Versuchsablauf in einem Protokoll fest (siehe nebenstehend abgebildet). Dies kann in Textform, in Tabellen oder Zeichnungen erfolgen.
Darin muss zum Ausdruck kommen, ob die Problemstellung des Versuches geklärt werden konnte. Könnt ihr mithilfe des Experiments auch weitergehende Schlussfolgerungen gewinnen, so werden diese ebenfalls in der Auswertung festgehalten.

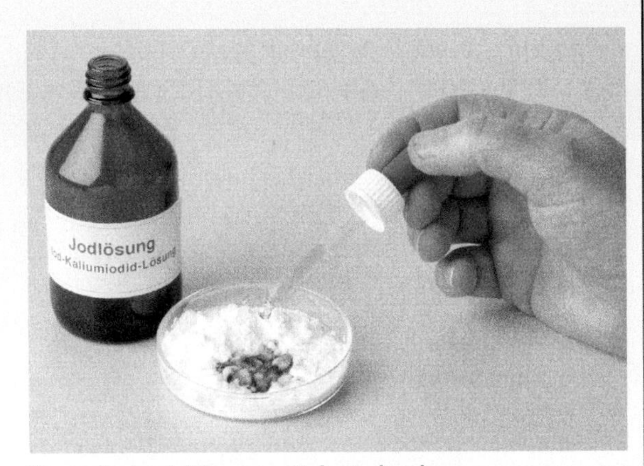

Versuchsdurchführung mit der Iodprobe

Versuchsprotokoll *2.3.2010*

Problemstellung: *Welche Pflanzenteile von Nutzpflanzen haben Nährstoffe in Form von Stärke gespeichert?*

Material:
Speicherorgane von Nutzpflanzen wie Kartoffel, Zwiebel, Mais (gequollen), Apfel; scharfes Messer; Iod-Kaliumiodidlösung (färbt Stärke blau); Petrischalen; Pipette

Versuchsaufbau:

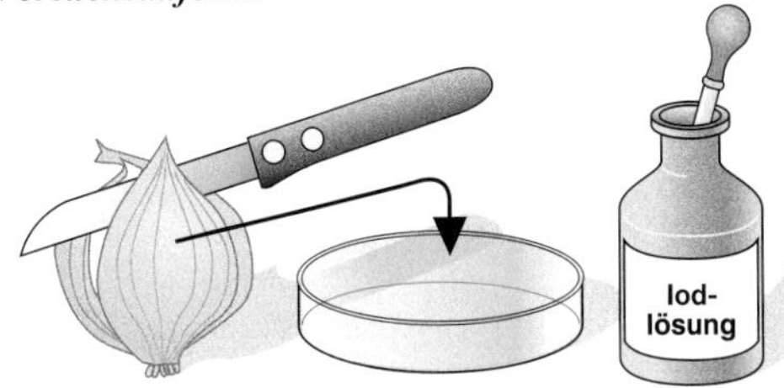

Versuchsdurchführung:
Wir schneiden Speicherorgane von Nutzpflanzen auf und legen die Hälften in Petrischalen, Dann prüfen wir mit Iod-Kaliumiodidlösung, ob Stärke im jeweiligen Pflanzenorgan gespeichert ist.
Wir tropfen Iod-Kaliumiodidlösung auf ein aufgeschnittenes Speicherorgan. Färbt sich dieses blauviolett, sind Nährstoffe in Form von Stärke gespeichert.

Beobachtung:

Speicherorgan	*Zwiebel*	*Mais*	*Kartoffel*	*Apfel*
blau-violette Färbung	*X*	*X*	*X*	*—*

Versuchsergebnis:
Zwiebel, Mais und Kartoffel enthalten Stärke, der Apfel jedoch nicht.

Eine Ausstellung gestalten

Als Abschluss eines Unterrichtsthemas, zum Beispiel über das Rind, könnt ihr eine **Ausstellung** gestalten. So zeigt ihr euren Mitschülerinnen und Mitschülern, woran ihr in der letzten Zeit gearbeitet habt.

Damit die Ausstellung möglichst interessant wird, müsst ihr folgende Punkte berücksichtigen:
- **Was** möchten wir präsentieren?
- **Welche** Ausstellungsstücke möchten wir präsentieren?
- **Wie** können wir die Ausstellungsstücke ansprechend darstellen?

In einem weiteren Schritt macht ihr euch über die folgende Fragestellung Gedanken:

Was gehört in eine Ausstellung?
In eine Ausstellung gehören Bilder, Fotos, selbst geschriebene Texte, Zeichnungen und Modelle zum Ausstellungsthema, aber auch Naturmaterialien. Bei dem Thema „Was liefern uns unsere Rinder?" eignen sich beispielsweise Milchprodukte, Fleischprodukte, Lederwaren.

Dann könnt ihr in die eigentliche Planung gehen. Überlegt euch:

Wie gehe ich beim Gestalten einer Ausstellung vor?
- Wenn ihr das Thema der Ausstellung gefunden habt, entscheidet, an welchem Ort ihr die Ausstellung präsentieren wollt, wie lange sie dauern soll und für wen sie sein soll.
- Sammelt möglichst viele Naturmaterialien. Diese sollten in einem guten Zustand sein.
- Sortiert die Materialien nach Bereichen z. B. Materialien aus dem Bereich Milchprodukte, Fleischprodukte, Lederwaren.
- Erstellt einen Plan, in dem ihr festlegt, wo welches Ausstellungsstück stehen soll.
- Beschriftet eure Ausstellungsobjekte und erstellt Plakate als Zusatzinformationen. Achtet darauf, dass man die Informationen gut lesen kann durch die Wahl der Schriftfarbe und Schriftgröße.
- Ernennt einen Experten aus eurer Gruppe, der sich mit dem Thema sehr gut auskennt und mögliche Fragen von Mitschülern beantworten kann.

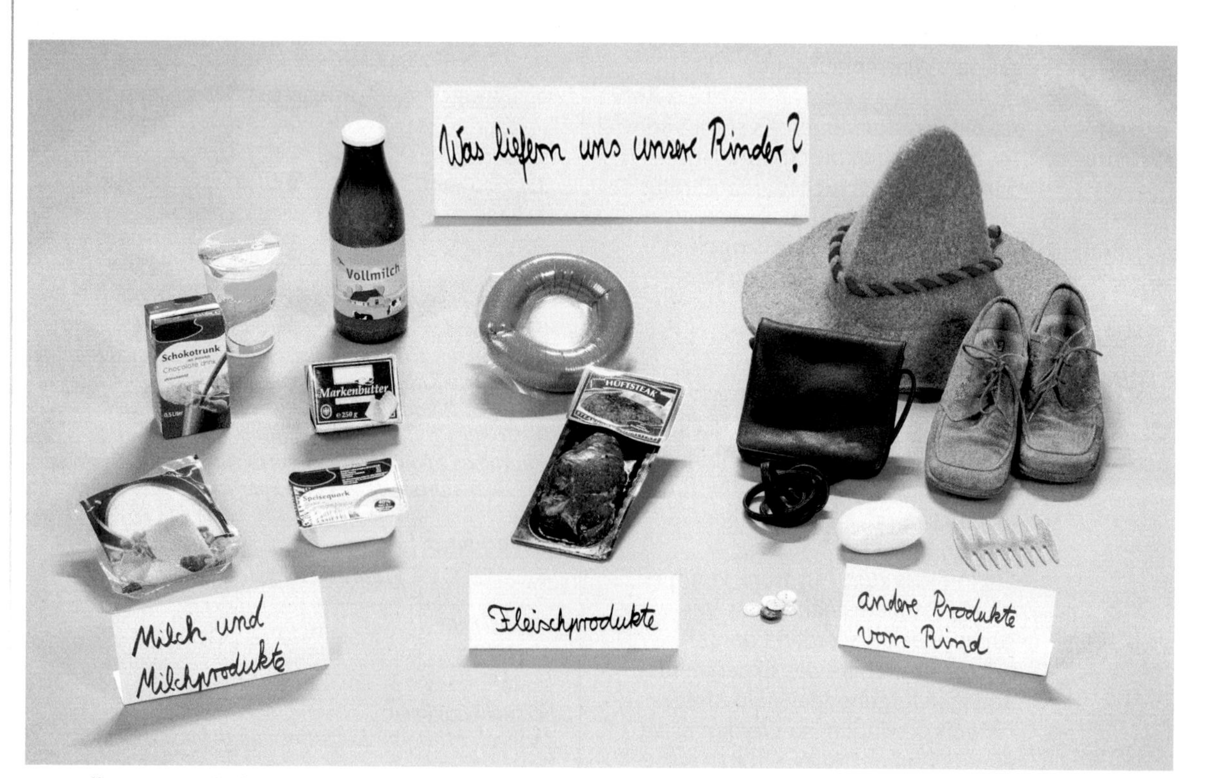

Ausstellung: „Was liefern uns unsere Rinder?"

Eine Sachmappe erstellen

In einer Sachmappe werden möglichst viele Materialien gesammelt, die zu einem Thema oder einem Sachgebiet gehören. Eine gut sortierte Sachmappe ist ein kleines Nachschlagewerk.
Die Sachmappe kann ein Ordner sein, ein Schnellhefter oder eine Loseblattsammlung. Sichthefter aus Kunststoff oder Ordner aus Pappkarton sind besonders platzsparend und leicht zu transportieren. Sie sind geeignet, alles zu sammeln, was zu einem Thema gehört.

1 Verschiedene Ordner

Was gehört in eine Sachmappe?

In eine vielseitige Sachmappe gehören Bilder, Fotos, selbst geschriebene Texte, Zeitungsausschnitte, Diagramme, Schaubilder, Zeichnungen, eventuell auch Rezepte.
Auch gepresste Naturmaterialien wie Blüten, Blätter und Samen passen in eine Sachmappe. Diese können zur Gestaltung verwendet werden.

Vorgehensweise beim Erstellen einer Sachmappe

- Erstelle ein Inhaltsverzeichnis. Es ist immer die erste Seite in deiner Mappe.
- Schreibe die Überschrift und die Seitenzahl jeder Seite in das Inhaltsverzeichnis ein.
- Beim Gestalten solltest du links einen breiten Rand zum Abheften lassen.
- Zeichne mit Bleistift oder Buntstiften. Achte darauf, dass die Zeichnungen nicht zu klein werden.
- Verwende für gerade Linien ein Lineal und für Kreise einen Zirkel.
- Überprüfe ständig, ob deine Mappe vollständig ist.
- In deiner Mappe kannst du alles sammeln, was zu dem Unterrichtsfach oder zu einem Thema passt. So kannst du später immer nachschlagen, wenn du bestimmte Informationen brauchst. Zum Thema „Nutztiere und Nutzpflanzen" kannst du zum Beispiel Steckbriefe zu einzelnen Arten und Informationen zu einzelnen Arten aus dem Internet abheften.
- Gib jeder Seite eine Überschrift.
- Achte auf einen ordentlichen Eindruck der Mappe.

2 So entsteht eine Sachmappe

Methode

Eine Folie anfertigen

Wenn du das Ergebnis deiner Arbeit im Unterricht vorstellen willst, kann eine Folie dabei eine große Hilfe sein. Beim Erstellen der Folie musst du auf einige Dinge achten. Fertige zunächst einen Entwurf in Originalgröße an.

Gestaltung

Schreibe die Überschrift groß und unterstreiche sie.

Gliedere den Inhalt sinnvoll.

Wähle die Schriftgröße so, dass jeder den Text gut lesen kann.

Achte besonders auf die richtige Schreibweise von Fachbegriffen.

ZEIT-TEMPERATUR-DIAGRAMM

Die Veränderung der Temperatur im Verlauf eines Tages kann in einem Diagramm dargestellt werden. Dazu wird die Temperatur mehrfach an derselben Stelle mit demselben Thermometer gemessen. Ort und Datum der Messungen müssen immer angegeben werden.

Ort: Hannover, am Sportplatz Datum: 12.04.2010

Messwerte

Uhrzeit	8 Uhr	11 Uhr	14 Uhr	17 Uhr	20 Uhr	23 Uhr
Temperatur in °C	12,9	19,2	22,6	23,3	22	17,9

Diagramm

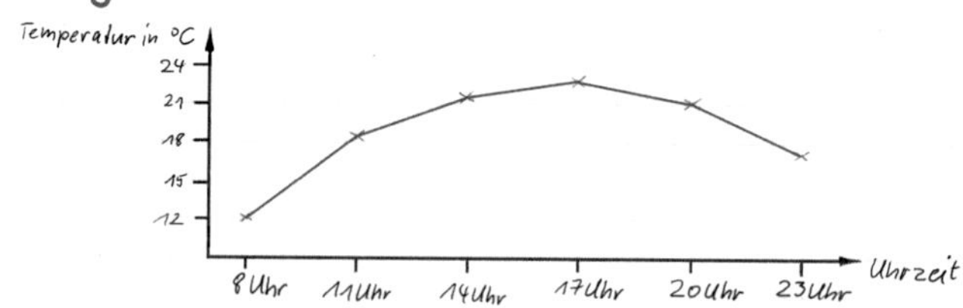

Auswertung

Die niedrigste Temperatur wurde in den frühen Morgenstunden gemessen. Danach ist die Temperatur bis zum frühen Nachmittag angestiegen. Zwischen 14 Uhr und 17 Uhr war es am wärmsten. Erst am Abend und in der Nacht wurde es wieder etwas kälter.

Übersichtlichkeit

Veranschauliche den Text durch Zeichnungen. Aufwändige Bilder kannst du auf die Folie kopieren.

Schreibe nicht zu viel Text.

Verwende verschiedene Farben, um Wichtiges hervorzuheben.

Vortrag mithilfe einer Folie

- Halte Blickkontakt zu deinen Zuhörern.
- Gib deinen Zuhörern Zeit, den Text zu lesen und die Zeichnungen zu betrachten.
- Erläutere die Zeichnungen und den Text. Achte darauf, dass du nicht nur vorliest. Benutze zum Zeigen auf der Folie einen Stift.

Tipp

Bastele dir aus Pappe einen Rahmen für die Folie. Lege zuerst den Rahmen und dann die Folie auf den Overhead-Projektor. Durch den Rahmen wird der Rand abgedunkelt und deine Folie ist besser zu lesen.

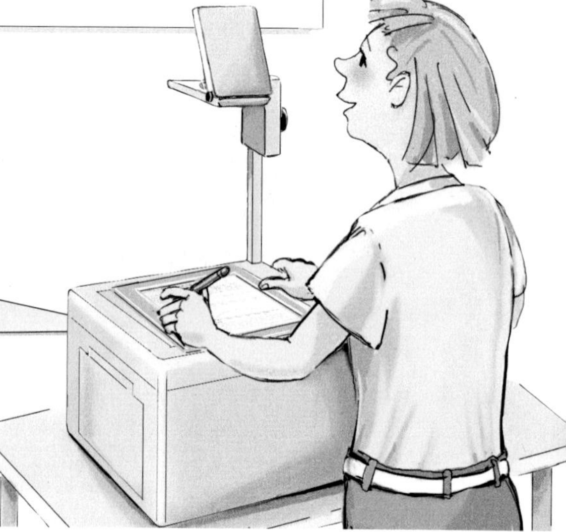

Über ein Ereignis berichten

Ein Bericht über ein Ereignis

Ein Bericht soll möglichst genau Auskunft über ein Ereignis geben. Er muss verständlich sein. Achte beim Verfassen eines Berichtes auf folgende Regeln:

- Berichte über die Vorgänge in der richtigen Reihenfolge.
- Berichte sachlich nur das, was wirklich geschehen ist.
- Berichte über die Vorgänge in der Vergangenheitsform.

Über das Wetter berichten

Berichte über das Wetter sind eine besondere Form der Berichterstattung. Auch dabei musst du einige wichtige Regeln einhalten:

- Beginne deinen Bericht immer mit der Angabe des Ortes und des Zeitraumes, für den du über das Wetter berichten willst.
- Vermeide allgemeine Umschreibungen wie „Das Wetter war schön."
- Berichte genau über Temperaturverlauf, Bewölkung, Windstärke und Niederschläge.
- Achte auf die richtige zeitliche Reihenfolge in deinem Bericht.
- Gliedere deinen Bericht in mehrere Abschnitte, wenn du über einen längeren Zeitraum berichtest.

Am 12.04.2010 fuhr unsere Klasse in den Freizeitpark nach Soltau. Wir sind um 8.00 Uhr von Hannover abgefahren. Es war noch sehr kühl und der Himmel war bedeckt. Das Thermometer am Bus zeigte 11,5 °C und der Rasen am Busparkplatz war nass.
Gegen 9.15 Uhr sind wir angekommen. Der Himmel war strahlend blau und die Temperatur betrug 20,4 °C.

Den ganzen Tag waren nur selten kleine weiße Wolken zu sehen und es wurde noch wärmer.

Als wir 17.30 Uhr zum Bus zurückkamen, zeigte das Thermometer 24,1 °C und die Sonne schien noch immer.

2 Bericht über das Wetter

FREITAG	SAMSTAG	SONNTAG	MONTAG
32	30	32	25
18	17	17	18

1 Wetterbericht in der Zeitung

1. Berichte über das Wetter am vergangenen Wochenende.

2. Schreibe die Wettervorhersage für die Tage in Bild 1 in Worten auf.

3. Nenne weitere Symbole für die Wettervorhersage und erkläre ihre Bedeutung.

Die Wettervorhersage

In der Zeitung kannst du jeden Tag den Wetterbericht mit Wettervorhersage lesen. Ein großer Teil der Informationen wird in Form von Symbolen dargestellt. Diese Symbole beschreiben den Temperaturverlauf, die zu erwartende Bewölkung oder mögliche Niederschläge.

Lernen im Team

Planung eines Projektes mit der ganzen Klasse

Lernen im Team bedeutet selbstständige Arbeit in Gruppen. Dabei wird ein solches Projekt entweder innerhalb eines Faches oder fächerübergreifend erarbeitet. Es läuft meistens über mehrere Unterrichtsstunden.

Bearbeitet mit der ganzen Klasse folgende Punkte:

- Notiert das Thema des Projektes.
- Gliedert selbstständig das Projektthema in Teilthemen, die euch interessieren.
- Bildet Gruppen aus Schülerinnen und Schülern, die sich für das jeweilige Thema interessieren.
- Trefft eine Zeitabsprache: Wann sollte jede Gruppe ihre Aufgabe beendet haben?

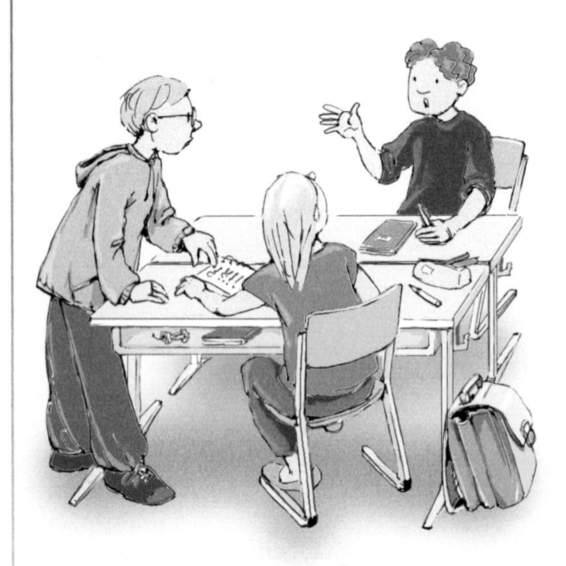

Tipp

Manchmal passiert es, dass ihr bei der Bearbeitung eures Themas nicht weiterkommt. Geht dann einen Schritt zurück und überlegt euch, ob ihr das Thema anders bearbeiten könnt. Oder wählt eine neue Arbeitsweise.

Planung der Aufgaben im Team

- Überlegt, welche Arbeiten in welcher Reihenfolge durchgeführt werden sollten.
- Verteilt die Aufgaben im Team und berücksichtigt dabei die Fähigkeiten und Neigungen der einzelnen Teammitglieder.
- Trefft eine Zeitabsprache und bestimmt einen Zeitwächter.
- Wählt einen Gruppensprecher, der bei Diskussionen beispielsweise mit anderen Gruppen die Gesprächsleitung übernimmt.

Arbeitsformen und -materialien

- Sammelt Fotos, Bilder und Texte. Nutzt dabei Bücher und Internetquellen.
- Überlegt, ob es Versuche gibt, die bei der Erfüllung der Aufgabe helfen.
- Erstellt eine Materialliste für das praktische Arbeiten.
- Plant, wenn möglich, Fachleute zu befragen.
- Sucht bei Bedarf Hilfestellung durch eure Fachlehrerin oder euren Fachlehrer sowie durch Eltern.

Die Arbeit im Team

- Jeder erfüllt den Arbeitsauftrag gewissenhaft, für den er sich gemeldet hat.
- Überprüft in regelmäßigen Abständen, ob bei der Herstellung mehrerer Einzelteile, die zu einem größeren Werkstück zusammengefügt werden müssen, keine Fehler aufgetreten sind.
- Achtet auf die Zeit. Die Arbeiten müssen rechtzeitig fertig werden. Der Zeitwächter hilft, auf die Zeit zu achten.
- Probiert fertige Arbeiten und Versuche aus. Funktioniert etwas nicht, müsst ihr noch einmal einen Schritt zurückgehen.
- Löst kleinere Probleme in der Gruppe selbst, bei größeren hilft die Lehrerin oder der Lehrer weiter.

Tipp
Sollte ein Teammitglied während der Arbeitsphase krank werden und nicht mehr teilnehmen können, müsst ihr euren Arbeitsplan umstellen und die Aufgaben neu verteilen.

Die Präsentation des Teams

Am Ende des Projektes erfolgt eine Vorstellung der Ergebnisse. Überlegt euch, mit welchen Mitteln eure Arbeiten am besten präsentiert werden können:

- Plakate
- Diagramme
- Vorträge
- Ausstellungsstücke
- Experimente
- Computerpräsentation

Die Vorstellung der Ergebnisse kann stattfinden für

- die Klasse
- die Jahrgangstufe
- die Schule
- die Eltern oder eine größere Öffentlichkeit.

Jede Gruppe bestimmt die Teammitglieder, die bei der Vorstellung genau festgelegte Aufgaben übernehmen. Jedes Teammitglied soll bei der Vorstellung der Ergebnisse helfen. Der Gruppensprecher moderiert die Darbietung des Teams.

Interview – Experten wissen mehr

1. Achte beim Fernsehen, bei Sportübertragungen oder bei den täglichen Nachrichtensendungen auf Interviews. Wichtig sind folgende Fragen:
a) Wer befragt wen?
b) Warum wird interviewt?
c) Was erbringt das Interview?

Material
- eure geordnete Fragensammlung oder ein vorbereiteter Fragebogen
- zwei funktionsfähige Aufnahmegeräte
- Notizblock, Schreibmaterial

- Fragen sammeln und ordnen;
- klären: Wer fragt und wer nimmt auf?

- Interviewpartner begrüßen und befragen;
- Fragen und Antworten aufnehmen;
- freundliche Verabschiedung

Nutzen eines Interviews

Bei einem **Interview** befragt jemand einen anderen Menschen, der als Zeugin oder Zeuge, als Betroffene oder Betroffener Dinge über ein Geschehen berichten kann, die nur sie oder er erlebt hat.
Das Interview kann auch dazu dienen, durch die Befragung einer Fachfrau oder eines Fachmannes mehr und Neues zu erfahren oder irgendetwas besser zu verstehen.
Zum Thema „Brand“ und „Feuer“ könntet ihr beispielsweise ein Mitglied der Jugendfeuerwehr oder einen Schornsteinfeger befragen.

Vorbereitung und Aufbereitung

Zur Vorbereitung eines Interviews müssen interessante Fragen gesammelt werden. Ihr könnt sie mit Hilfe einer ▸ Mindmap zusammenstellen und ordnen. Ihr könnt aber auch die Stichpunkte aus einer Mindmap in Fragen umwandeln. Dabei sind die Antworten eines Experten manchmal ganz anders als das Gelernte aus der Schule.

Bereitet das Interview schriftlich auf, sodass ihr es in der Schülerzeitung oder auf einer Wandzeitung veröffentlichen könnt. Formuliert einen Titel, stellt die interviewte Person und die Gesprächssituation kurz vor. Gebt wichtige Aussagen wörtlich wieder. Ergänzt euren Text durch Fotos oder Zeichnungen.

- Interview auswerten;
- Ablauf der Berichterstattung festlegen;
- klären: Was war besonders interessant?
- Wer sagt oder macht was?
- Zeit für Präsentation stoppen

- vor der Klasse berichten;
- Originalaufnahmen einsetzen;
- jeweils ankündigen, was als nächstes folgt;
- Rückfragen der Klasse ermöglichen;
- Verbesserungsvorschläge von der Klasse erbitten

Tipp
- Hängt beim Interview nicht an euren Fragen. Stellt weitere Fragen, wenn euch etwas spontan interessiert.
- Stellt Fragen zusammen, die die Klasse nach eurem Bericht beantworten können sollte.

Eine Mindmap erstellen

Die Mindmap als Hilfe
Wenn im Unterricht ein Thema bearbeitet wurde, wenn du dir einen Überblick über ein Thema verschaffen willst oder wenn dir viele Ideen ungeordnet zu einem Thema einfallen, dann kann eine **Mindmap** für Ordnung und Übersichtlichkeit sorgen. Das Wort Mindmap bedeutet Gedanken- oder Ideenkarte.

Material
Für die Erstellung einer Mindmap benötigst du
- einen Bogen Packpapier, etwa so groß wie ein Schülertisch;
- Kärtchen so groß wie DIN A4-Papier dreimal gefaltet und auseinander geschnitten;
- Filzstifte;
- Klebstoff;
- Klebeband

Tipp
Du kannst eine Mindmap auch gemeinsam mit Mitschülerinnen und Mitschülern entwerfen. Ihr könnt sie während einer Unterrichtsreihe Schritt für Schritt entstehen lassen.
Ihr könnt sie an einer Wand aufhängen und im Klassenzimmer von Anderen ergänzen lassen.
Ihr könnt die Angaben auf den Kärtchen in Fragen umwandeln und zum Lernen nutzen.

Die Mindmap entsteht
1. Schreibe das Hauptthema in großer Schrift in die Mitte des Packpapiers.
2. Schreibe deine Ideen zum Hauptthema auf Kärtchen, jede Idee auf ein eigenes Kärtchen.
3. Lege die Kärtchen rings um das Thema auf das Packpapier.
4. Bilde mit Ideenkärtchen, die vom Thema her zusammen gehören, an verschiedenen Stellen auf dem Packpapier Gruppen.
5. Ziehe Verbindungslinien zwischen den Themengruppen und dem Hauptthema.
6. Überlege, ob es zum Hauptthema oder zu Themengruppen noch ähnliche Themen oder Unterthemen gibt.
7. Ergänze deine Kärtchensammlung entsprechend. Lege die Kärtchen an passender Stelle auf das Packpapier und zeichne auch dazu Verbindungslinien ein.
8. Klebe die Kärtchen fest.

Arbeiten mit Modellen

Modelle gibt es viele

Modelle sind nicht die Wirklichkeit. Sie stellen diese vereinfacht dar, wie die Modelleisenbahn. Die Schaufensterpuppe ist ein Modell des Menschen. Der Körperbau, das Gesicht und die Gliedmaßen sind dem Menschen nachgebildet, aber sie sind nicht aus Fleisch und Blut. Ein Globus ist ein Modell unserer Erde, aber da fließt kein Wasser und die Erde ist auch größer als der Globus.

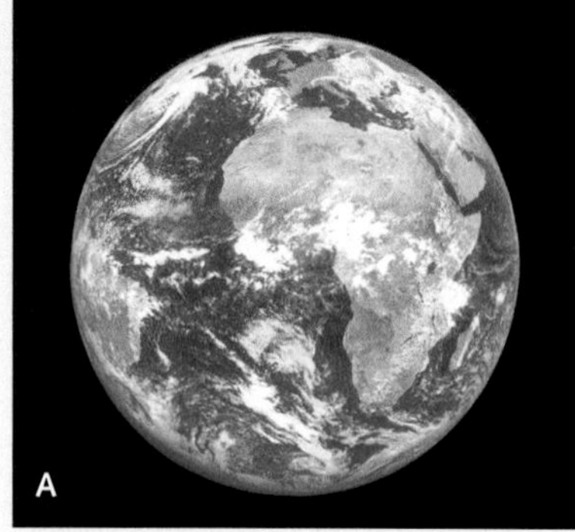

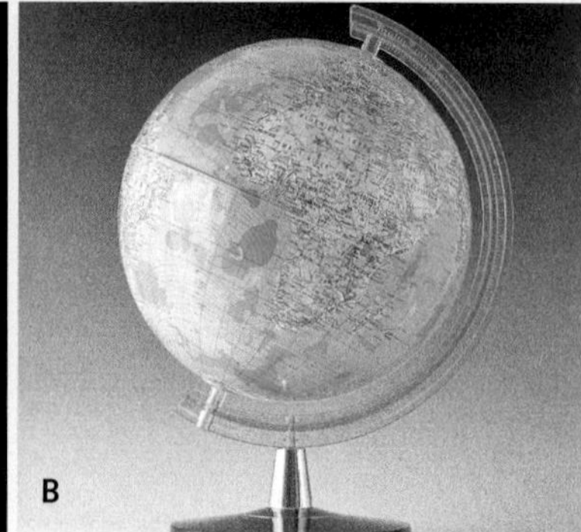

1 Die Erde. A *Satellitenaufnahme;* **B** *Globus*

Modelle helfen beim Verstehen

Mit den Modellen lässt sich die Wirklichkeit erklären. Bei der Modelleisenbahn kann erprobt werden, wie Weichen funktionieren oder wie der Rangierbetrieb abläuft. An der Schaufensterpuppe siehst du die Wirkung von Kleidungsstücken sehr viel besser als am Kleiderhaken. Am Globus kannst du dir die Lage der Erdteile, der Erdachse und die Erddrehung viel besser vorstellen als auf der Landkarte.

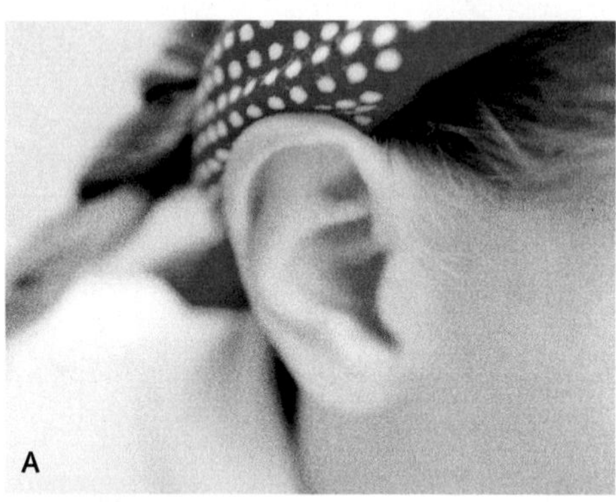

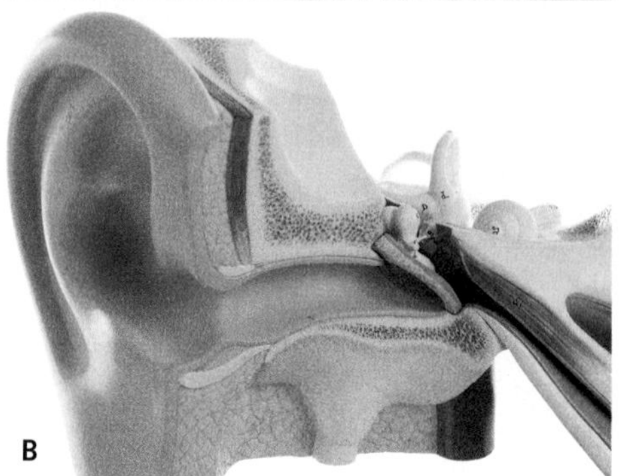

2 Das menschliche Ohr. A *Original;* **B** *Modell*

Funktionsmodelle

Die Arbeitsweise eines technischen Gerätes kann mithilfe eines Funktionsmodelles gut erklärt werden. Sie sind maßstabsgetreu verkleinert und verfügen über die wichtigsten Funktionen des Originals. Funktionsmodelle gibt es nicht nur von Eisenbahnen, Flugzeugen oder Schiffen. Du kennst bereits die Funktionsmodelle vom Auge und vom Ohr, die diese Organe vergrößert darstellen. Diese Modelle helfen dir, die Vorgänge beim Sehen und Hören besser zu verstehen.

In vielen Museen kannst du Modelle von Stadtanlagen, Stadtmauern oder Schlossanlagen aus vergangener Zeit besichtigen. Diese Modelle helfen dir, geschichtliche Zusammenhänge besser zu verstehen. Sollen heute neue Gebäude errichtet werden, helfen vorher erstellte Modelle zu erkennen, wie sie sich in die Landschaft einfügen werden und ob sie ihrem Bestimmungszweck gerecht werden.
Auf Bahnhöfen, Flughäfen oder in Städten kannst du manchmal besondere Modelle von Stadtanlagen finden. Diese Tastmodelle helfen Menschen, deren Sehvermögen beeinträchtigt ist, bei der Orientierung.

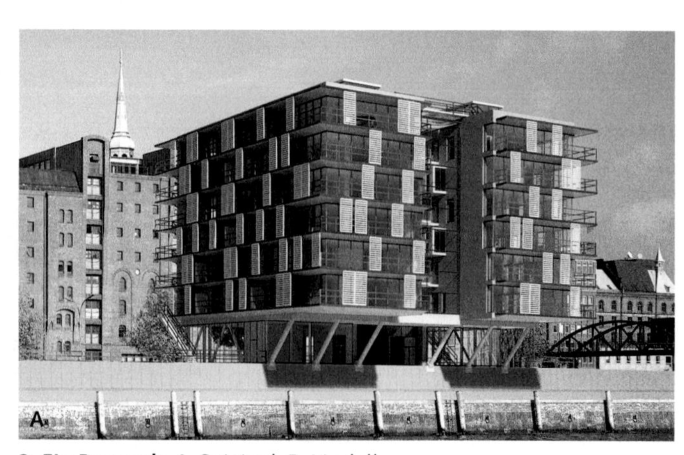

3 Ein Bauwerk. A *Original;* **B** *Modell*

Gedankenmodelle

Nicht immer sind Modelle die vergrößerte oder verkleinerte Abbildung eines wirklich existierenden Gegenstandes.
Vor allem Wissenschaftler nutzen Modelle, um wissenschaftliche Vorgänge in Gedanken besser erklären zu können. Eines der wichtigsten Gedankenmodelle der Naturwissenschaft kennst du bereits, das ▸ Teilchenmodell. Mit diesem Modell kannst du zum Beispiel erklären, wohin der Zucker, den du in ein Teeglas gibst, verschwindet. Auch andere Lösungsvorgänge lassen sich mit diesem Modell erklären.

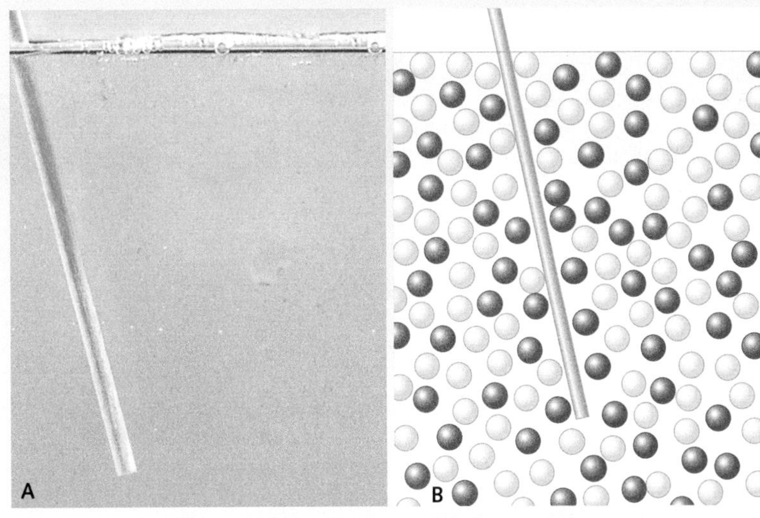

4 A *Eine Zuckerlösung;* **B** *Zuckerlösung im Teilchenmodell*

Modelle sind nicht die Wirklichkeit

Modelle helfen die Wirklichkeit zu verstehen. Mit ihnen kannst du Beobachtungen und Ablauf von Vorgängen besser beschreiben und erklären. Sie geben jedoch immer nur einen bestimmten Teil der Wirklichkeit wieder. Manche Eigenschaften des Originals kann das Modell nicht abbilden, denn es ist eine vereinfachte Darstellung. Jedes Modell hat Grenzen. Das bedeutet, mit einem Modell lassen sich nicht alle Probleme lösen.
An einer Schaufensterpuppe kannst du die Wirkung von Kleidungsstücken einschätzen. Da sich die Puppe nicht bewegen kann, siehst du nicht, wie sich diese Wirkung beim Laufen oder Sitzen verändert.
Mit dem Teilchenmodell kannst du Lösungsvorgänge gut beschreiben. Warum manche Stoffe bei einer bestimmten Temperatur ihren Zustand ändern und andere nicht, kannst du aber mit dem Teilchenmodell nicht erklären.

Computer helfen Modelle zu erstellen

Soll eine neue Wohnanlage gebaut werden, stellen die Architekten zunächst ein verkleinertes Modell aus Holz, Pappe und Papier her. Damit sich die neuen Bewohner dort wohl fühlen können, müssen sehr viele Dinge beachtet werden. Für die Architekten ist es oft schwierig, alle äußeren Einflüsse gleichzeitig zu berücksichtigen. In solchen Fällen helfen Computer bei der Erstellung von Modellen. Auch bei der Weiterentwicklung von bekannten Modellen werden Computer genutzt. Der Globus als Modell bildet nur die Oberfläche unseres Planeten ab. Mithilfe eines Computermodells können auch der innere Aufbau der Erde und sogar der Aufbau einzelner Erdschichten abgebildet werden.

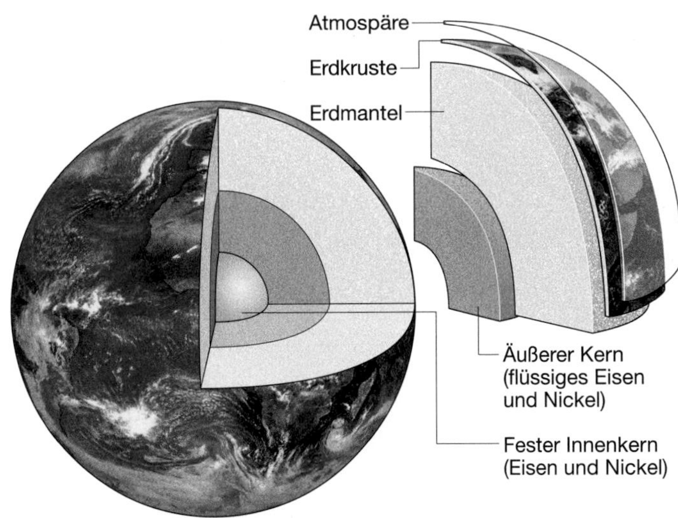

5 Das Innere der Erde

Warum erhalten Speisen erst dann ihren guten Geschmack, wenn mehrere Stoffe miteinander vermischt wurden?

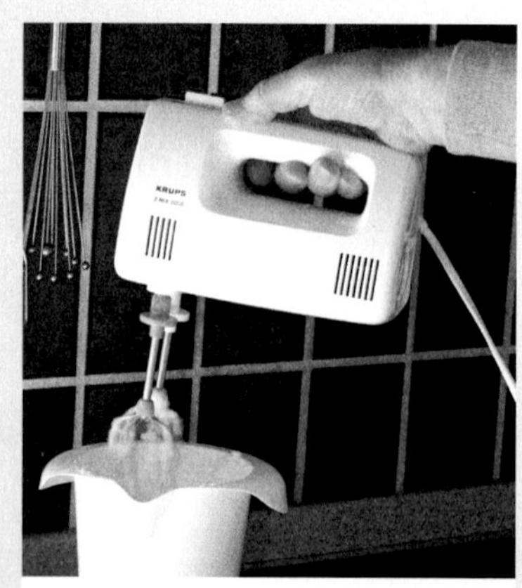

Warum besteht das Gehäuse eines Elektroquirls aus Kunststoff, der Rührbesen aber aus Stahl?

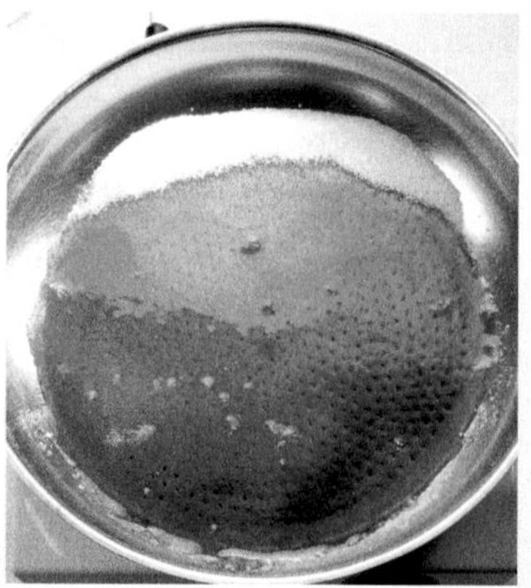

Was geschieht, wenn Stoffe erhitzt werden? Wie verändern sie sich dabei?

Umgang mit Stoffen im Alltag

Körper und Stoffe

1. Bringe unterschiedliche Gegenstände mit, die alle aus dem gleichen Stoff bestehen.

2. Nenne gleichartige Gegenstände, die aus verschiedenen Stoffen bestehen können.

3. Welche verschiedenen Bedeutungen kann der Begriff Stoff haben?

4. Für welche unterschiedlichen Dinge wird der Begriff Körper in der Alltagssprache benutzt?

5. a) Erstelle eine Tabelle mit Körpern und Stoffen. Ordne folgende Begriffe ein: Ball, Zink, Flasche, Eisen, Wasser, Fahrrad, Sauerstoff, Geodreieck.
b) Ergänze um fünf eigene Beispiele.

Alle Materialien sind Stoffe

Ob zu Hause, in der Schule oder beim Sport: Überall findest du Gegenstände aus vielen verschiedenen Materialien. Diese Materialien werden in den Naturwissenschaften **Stoffe** genannt. Damit sind grundsätzlich alle Materialien gemeint, die es gibt.

Gleiche Körper

Gegenstände werden in der Physik und Chemie als **Körper** bezeichnet. Körper können aus verschiedenen Stoffen bestehen. So kann eine Kugel aus Porzellan, Keramik, Glas, Holz, Metall oder Kunststoff bestehen. Der Stoff, aus dem ein Stuhl hergestellt wird, kann Holz, Kunststoff oder Metall sein.

Gleiche Stoffe

Umgekehrt können aus dem gleichen Stoff unterschiedliche Körper hergestellt werden. Blumenvasen, Milchflaschen, Spiegel, Fensterscheiben oder Glühlampen bestehen häufig aus dem gleichen Stoff, aus Glas. Aus dem Stoff Holz können Buntstifte, Bilderrahmen, Möbel, Gartenzäune oder Fußböden gefertigt werden.

Stoffe können fest, flüssig oder gasförmig sein

Im Chemielabor finden sich Behälter mit verschiedenen Stoffen: feste Stoffe wie Schwefel, Kochsalz, Zucker oder Holzkohle, Flüssigkeiten wie Säuren, Laugen, Alkohol, destilliertes Wasser und Gase wie Sauerstoff oder Kohlenstoffdioxid.

■ Körper bestehen aus Stoffen.

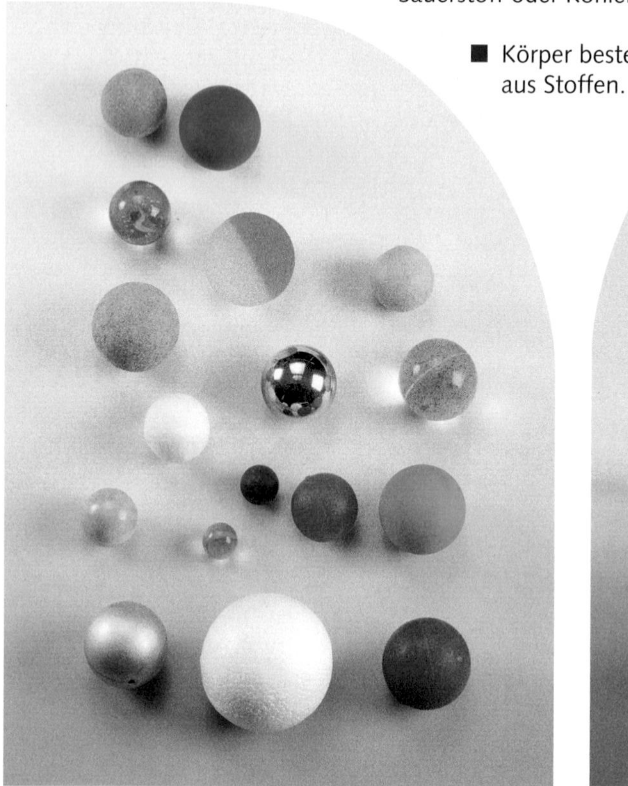

1 Körper aus unterschiedlichen Stoffen

2 Körper aus gleichen Stoffen

Eigenschaften mit den Sinnesorganen feststellen

1. Welche Sinnesorgane kennst du?

2. Nenne die Farben der Stoffe, aus denen die Körper in Bild 1 bestehen. Ergänze weitere Beispiele.

3. Bringe Lebensmittel mit besonderem Geschmack in die Schule. Lass eine Mitschülerin oder einen Mitschüler mit verbundenen Augen kosten und die Stoffe erraten.
Achtung: Diesen Versuch müsst ihr in der Schulküche durchführen!

4. Bringe typisch riechende Lebensmittel mit in die Schule. Lass deine Nachbarin oder deinen Nachbarn die Stoffe mit verbundenen Augen erraten.

5. Schreibe je einen Steckbrief für drei verschiedene Stoffe dieser Seite. Orientiere dich dabei an Bild 4.

1 Stoffe haben verschiedene Farben.

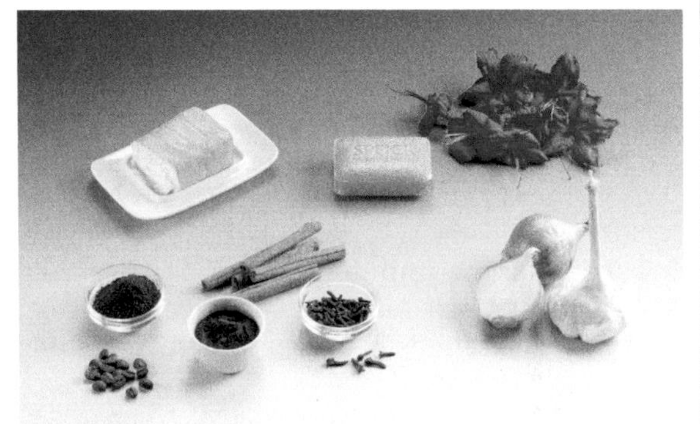

2 Stoffe haben unterschiedlichen Geruch.

Mit den Sinnen erkennen

Um Stoffe unterscheiden zu können, musst du ihre Eigenschaften beschreiben. Das ist in vielen Fällen möglich, wenn du Augen, Nase oder Zunge, also deine **Sinnesorgane,** einsetzt. So kannst du einen einfachen **Steckbrief** für einen Stoff erstellen (Bild 4).

Achtung: Bei Stoffen aus dem Chemielabor darfst du den Geruch nur durch Zufächeln feststellen.

Farbe, Geruch und Geschmack

Die Eigenschaft Farbe ist einfach zu erkennen. Eine Zitrone ist gelb, Ruß ist schwarz, Schnee weiß, Blut rot und Gras grün. Einige Stoffe kannst du auch sofort an ihrem Geruch erkennen. Andere, ähnlich riechende Stoffe sind jedoch kaum voneinander zu unterscheiden. Außerdem gibt es Stoffe, an denen du nicht riechen darfst, weil sie gesundheitsschädlich oder gar giftig sind. Stoffe aus der Chemie dürfen nicht auf ihren Geschmack geprüft werden. Ungefährlicher ist das bei Lebensmitteln. Dort sind Geschmacksproben sogar sehr wichtig.

■ Wichtige Eigenschaften von Stoffen lassen sich mit den Sinnesorganen feststellen. Sie können in einfachen Steckbriefen zusammengefasst werden.

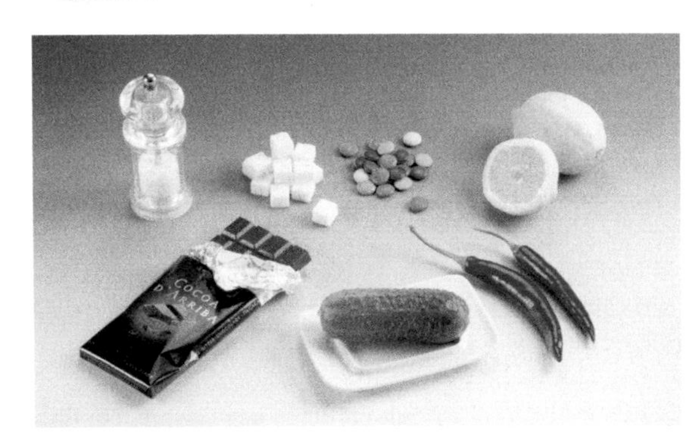

3 Stoffe haben unterschiedlichen Geschmack.

Steckbrief

Farbe: braun
Geruch: süßlich
Geschmack: süß

Stoff: Kandiszucker

4 Einfacher Steckbrief

Führerschein für den Gasbrenner

Im naturwissenschaftlichen Unterricht wirst du häufig Versuche durchführen, bei denen Stoffe erhitzt werden. Für diese Versuche werden **Gasbrenner** für Erdgas oder Propangas verwendet.
Damit du mit den Gasbrennern gefahrlos umgehen kannst, musst du bestimmte Regeln beachten:

Vorbereitung
- Stelle den Gasbrenner standsicher auf eine feuerfeste Unterlage.
- Schließe den Gasschlauch des Brenners an die Gaszuleitung am Tisch an. Kontrolliere die Standsicherheit.
- Schließe die Gas- und Luftzufuhr des Brenners.

Achtung: Binde lange Haare immer zusammen und trage beim Arbeiten mit dem Gasbrenner eine Schutzbrille.

Inbetriebnahme und Einstellung des Brenners
- Öffne als erstes die Gaszufuhr am Brenner und dann das Gasventil an der Gaszuleitung. Entzünde das ausströmende Gas. Arbeite zügig, aber ohne Hektik.
- Lass das Gas nie unangezündet ausströmen.
- Stelle die Höhe der Gasflamme mit der Gasregulierungsschraube am Brenner ein.
- Öffne danach die Luftzufuhr, bis die blaue Flamme sichtbar wird.
- Öffne die Luftzufuhr weiter, bis die rauschende Brennerflamme zu hören ist.
- Verringere die Luftzufuhr wieder, bis die Höhe der Flamme etwa der Breite deiner Hand entspricht.
- Arbeite mit der blauen, aber noch nicht rauschenden Brennerflamme.

Achtung: Der Gasbrenner darf während des Experimentierens nicht unbeaufsichtigt bleiben. Stelle das Gas nach Beendigung der Arbeit an der Gaszufuhr ab.

Untersuchung der Brennerflamme
Die blaue Brennerflamme besteht aus einem kleineren, hellblauen Innenkegel und einem dunkelblauen Außenkegel.
a) Untersuche mithilfe eines dünnen Holzstabes die beiden Flammenkegel. Halte dazu das Stäbchen kurz in den Innenkegel. Bewege es dann langsam von unten nach oben in den Außenkegel. Beschreibe jeweils, was mit dem Holzstab passiert. Achte besonders auf die Ränder der Flamme und auf den Übergang vom inneren zum äußeren Flammenkegel. Wo ist die heißeste Zone der Flamme?
b) Schneide dir aus etwa 2 mm starkem Karton ein 15 cm mal 10 cm großes Rechteck aus. Halte es für kurze Zeit direkt über der Öffnung des Brenners senkrecht in die Flamme. Was beobachtest du?

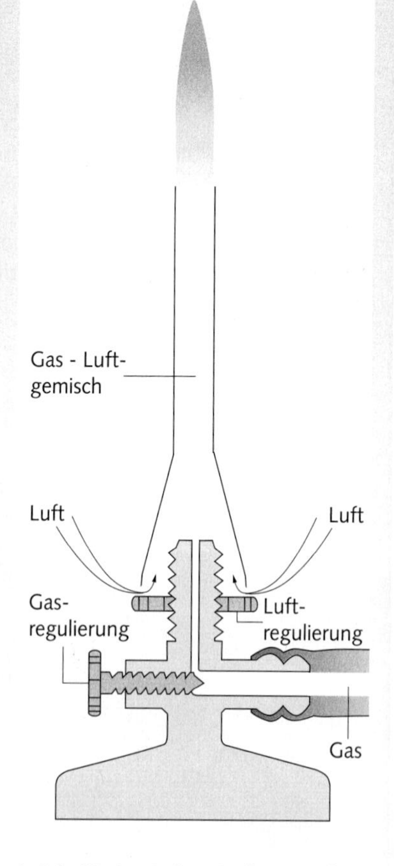

1 Schnitt durch den Gasbrenner für Erdgas oder Propangas

Verschiedene Wärmequellen

Der Gasbrenner für Erdgas und Propangas

Der Kartuschenbrenner

Ein weiterer Gasbrenner, der im naturwissenschaftlichen Unterricht verwendet wird, ist der **Kartuschenbrenner.** Er wird mit Butangas betrieben. In einem Metallbehälter, der Kartusche, befindet sich der Brennstoff in flüssiger Form. Wenn das Gasventil geöffnet wird, tritt dieser Brennstoff als Gas aus.

Beim Kartuschenbrenner muss besonders gut darauf geachtet werden, dass er senkrecht und standsicher auf einer feuerfesten Unterlage steht. Vor dem Anzünden des Gases wird beim Kartuschenbrenner die Luftzufuhr leicht geöffnet. Erst danach wird das Gasventil geöffnet. Das ausströmende Gas-Luft-Gemisch muss sofort entzündet werden. Da Butangas schwerer ist als Luft, fließt es beim Ausströmen nach unten. Wird das Gas nicht sofort entzündet, sammelt es sich auf der Tischplatte. Beim Anzünden des Gases kann es dann zu einer Stichflamme kommen.

Auch hier gilt: Arbeite zügig, aber ohne Hektik!

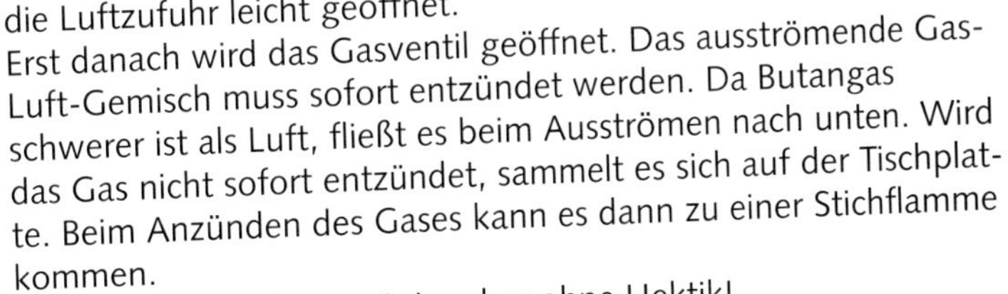

1. Wo werden Kartuschenbrenner noch als Wärmequelle verwendet?

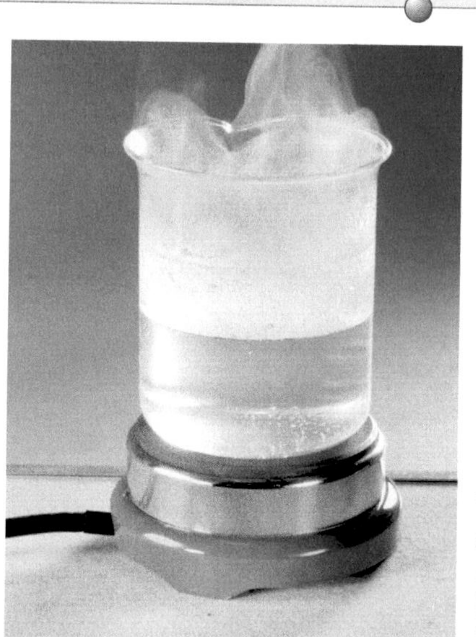

Die Heizplatte

Nicht alle Stoffe kannst du mit dem Gasbrenner erhitzen. Vor allem, wenn brennbare Flüssigkeiten erhitzt werden müssen, kann es passieren, dass sich die brennbaren Dämpfe an der Brennerflamme entzünden.

Zum Erhitzen brennbarer Flüssigkeiten ist deshalb eine **elektrische Heizplatte** viel besser geeignet, da sich die brennbaren Dämpfe an der elektrisch beheizten Platte nicht so leicht entzünden können.

Stoffe werden erhitzt

Erhitzen von Stoffen im Reagenzglas

- Fülle das Reagenzglas immer nur zu einem Drittel.
- Gib bei Flüssigkeiten Siedesteinchen hinzu.
- Halte das Reagenzglas mit der Reagenzglasklammer am oberen Ende fest.
- Halte das Reagenzglas immer schräg in die blaue Brennerflamme.
- Beginne mit dem Erhitzen in Höhe des Flüssigkeitsspiegels. Schüttle das Reagenzglas leicht hin und her.
- Richte die Reagenzglasöffnung nicht auf dich selbst oder auf andere Personen.

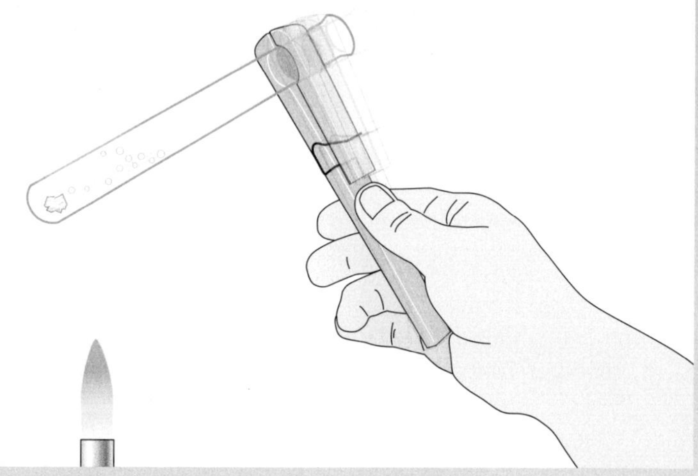

1 So erhitzt du richtig.

Erhitzen von Wasser

Erhitze Wasser im Reagenzglas. Beachte dabei die Regeln zum Erhitzen von Stoffen im Reagenzglas. Beende den Versuch, sobald das Wasser siedet.

Achtung: Gib ein bis zwei Siedesteinchen in das Reagenzglas. So kannst du verhindern, dass heißes Wasser beim Sieden aus dem Reagenzglas spritzt.

Schmelzen von Kerzenwachs

Fülle in ein Becherglas so viel Kerzenwachs, dass der Boden etwa fingerbreit damit bedeckt ist. Stelle das Becherglas auf den Dreifuß mit Drahtnetz und erhitze das Wachs. Beende den Versuch, sobald alles Wachs geschmolzen ist. Du kannst eine Kerze daraus gießen, indem du das Wachs in eine leere Teelichthülle mit Docht gießt.

Schmelzen von Glas

a) Halte ein etwa 30 cm langes Glasrohr an den Enden fest. Erhitze die Mitte des Glasrohres oberhalb des inneren Flammenkegels. Drehe das Glasrohr dabei ständig. Ist das Rohr weich geworden, nimm es aus der Flamme und ziehe beide Enden zügig auseinander.
b) Schmilz ein neues Glasrohr an einem Ende zu. Drehe es dabei in der Flamme und erhitze das Ende solange, bis es rotglühend ist. Nimm es aus der Flamme und blase sofort am anderen Ende hinein, so lange es noch sehr heiß ist. Du kannst das Glas zwischendurch wieder erhitzen, wenn es sich zu sehr abgekühlt hat.

Achtung: Achte darauf, dass sich niemand am heißen Glas verbrennen kann.

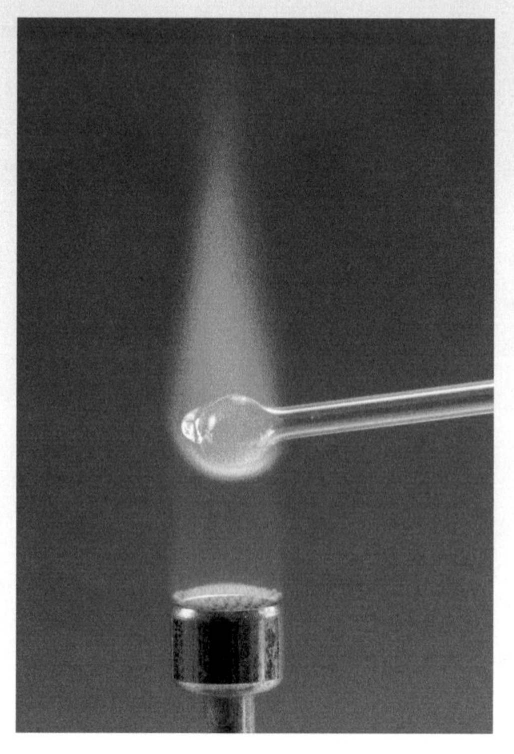

2 Schmelzen von Glas

Erhitzen von Spiritus

Fülle ein Reagenzglas zu einem Drittel mit Spiritus und gib ein Siedesteinchen hinein. Stelle das Reagenzglas in ein Becherglas mit Wasser. Stelle dann das Becherglas auf eine Heizplatte und erhitze das Wasser.
Beende den Versuch, sobald der Spiritus siedet.

Gruppen- und Partnerarbeit beim Experimentieren

Im Fachunterricht ist es wichtig, dass ihr Experimente selbstständig plant und durchführt. Dazu wird in einer größeren Gruppe oder zu zweit gearbeitet.

Die **Gruppenarbeit** hat viele Vorteile. So kann jedes Gruppenmitglied Ideen einbringen, die ihr gemeinsam diskutieren könnt. Zudem ist es möglich, Aufgaben untereinander aufzuteilen.

Bei der **Partnerarbeit** experimentiert ihr zu zweit. Dabei kann der Einzelne beim gleichen Versuch mehr tun als bei der Gruppenarbeit. Darüber hinaus ist es oft einfacher, sich zu zweit auf eine Vorgehensweise zu einigen als in einer größeren Gruppe.

1. a) Führt den folgenden Versuch in Gruppenarbeit durch. Erhitzt 2 g Schwefel im Reagenzglas vorsichtig über einer Brennerflamme bis zum Schmelzen. Erhitzt dann bis zum Sieden. Lasst das Reagenzglas danach abkühlen. Beobachtet dabei die Vorgänge im Reagenzglas.
b) Tragt eure Beobachtungen in eine Tabelle ein.

Aggregatzustand	Farbe

c) Besprecht das Ergebnis des Experimentes in der Gruppe.
d) Vergleicht euer Ergebnis mit dem Ergebnis anderer Gruppen.

Wichtige Regeln für die Gruppenarbeit

Plant den Versuch gemeinsam. Jeder in der Gruppe soll verstehen, wie der Versuch durchzuführen ist.

Experimentiert in Ruhe, sodass die anderen Gruppen nicht gestört werden.

Wechselt euch bei den Aufgaben ab. Jeder muss beim nächsten Versuch eine andere Aufgabe übernehmen.

Es redet immer nur ein Gruppenmitglied. Die anderen hören aufmerksam zu.

Habt ihr innerhalb der Gruppe unterschiedliche Vorschläge und Meinungen, diskutiert sie in Ruhe und einigt euch auf eine Vorgehensweise.

Ein Gruppenmitglied holt die Versuchsmaterialien, ohne dabei zu rennen.

Teilt euch die Arbeit während des Experiments auf. Ein oder zwei Gruppenmitglieder führen den Versuch durch, ein oder zwei weitere Mitglieder beobachten und halten die Ergebnisse im Versuchsprotokoll fest.

Erstellt das Versuchsprotokoll gemeinsam. Jeder in der Gruppe sollte zum Schluss das gleiche Versuchsprotokoll vorliegen haben.

Seid ihr euch nicht einig oder treten in eurer Gruppe beim Experimentieren Konflikte auf, versucht sie zunächst selbst zu lösen.

Holt erst dann eure Lehrerin oder euren Lehrer zu Hilfe, wenn ihr nicht mehr weiterkommt.

Säubert nach dem Versuch die benutzten Geräte nach Anleitung.

Haltet Ordnung auf dem Experimentiertisch eurer Gruppe.

Räumt alles ordentlich in die dafür vorgesehenen Behälter und Schränke zurück.

Besondere Stoffe

Eine ganz besondere Faser

Sie ist sehr fest, feuer- und hitzebeständig und beständig gegenüber Säuren und Laugen. Sie schmilzt nicht und beginnt erst ab etwa 400 °C zu verkohlen. Diese Kunststofffaser findet seit etwa 30 Jahren hauptsächlich unter dem Markennamen Kevlar™ eine immer größere Verbreitung.

1. a) Finde weitere Eigenschaften der Faser Kevlar™ heraus.
b) Wozu wird diese Faser verwendet?
c) Welche weiteren Handelsnamen gibt es für diese Faser?

Der häufigste Stoff der Erde

Sauerstoff kommt nicht nur als Bestandteil der Luft vor. Er ist auch in vielen chemischen Verbindungen enthalten. Wasser ist eine Verbindung aus Wasserstoff und Sauerstoff. Auch die meisten Gesteine sind Verbindungen mit Sauerstoff. Insgesamt besteht die Erdkruste einschließlich der Luft- und Wasserhülle zu mehr als der Hälfte aus Sauerstoff.

5. Welchen Anteil hat der Sauerstoff an der Luft?

6. Finde die Namen von Gesteinsarten, in denen Sauerstoff enthalten ist.

Ein sehr wertvoller Stoff

Gold wird vor allem zu Schmuckstücken verarbeitet und wird in großen Mengen überall auf der Welt als „Staatsschatz“ gehortet. Gold gehört zu den besten elektrischen Leitern und wird heutzutage auch im Bereich der Elektronik und Computertechnik eingesetzt.

2. Erstelle eine Übersicht zu den Verwendungsmöglichkeiten von Gold.

3. In welchen Ländern wird Gold abgebaut? Erkunde auch die entsprechenden Mengen und stelle sie in einer Übersicht zusammen.

4. Erkunde die Goldreserven von mindestens drei Industrienationen.

Ein sehr giftiger Stoff

Ein winziges Bakterium produziert ein Gift, das schon in geringen Mengen tödlich sein kann. Das Gift heißt Botulinium-Toxin. Es kann in verdorbenen Lebensmitteln und in Gemüse- und Fleischkonserven entstehen. Die Folgen sind Vergiftungen, die sogar zum Tod führen können.

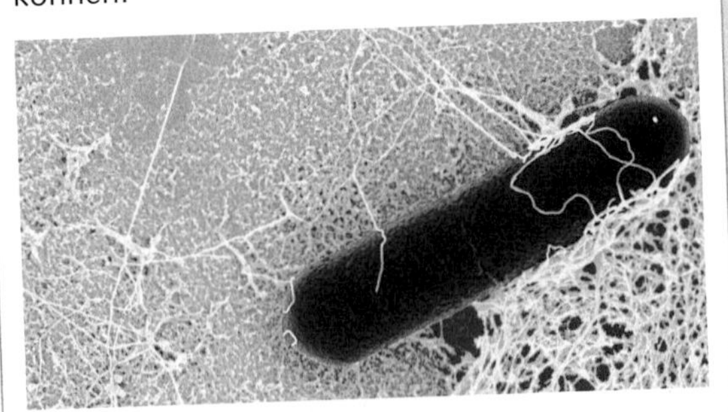

7. Finde heraus, wie der Name des Giftes in der Umgangssprache lautet.

8. Wie kannst du dich vor einer Vergiftung mit Botulinium-Toxin schützen?

Besondere Berufe

Schweißen von Metallen
Mit reinem Sauerstoff und dem Gas Acetylen erzeugt der Schweißbrenner eine Flamme mit einer Temperatur von bis zu 3000 °C. Augen und Körper müssen daher durch besondere Kleidung geschützt werden. Beim Schweißen von Metallen werden die geschmolzenen Stellen zusammengefügt. Erkalten sie, entsteht eine feste Verbindung.

1. Welche Schweißverfahren gibt es und wo werden sie benutzt?

Hosen und Schutzwesten
Beim Umgang mit der Kettensäge ist der Schutz der Beine die wichtigste Sicherheitsmaßnahme. Gewebe mit Kevlar™ bringen selbst eine laufende Kettensäge in Bruchteilen von Sekunden zum Stillstand. Solche Gewebe sind so belastbar, dass sie sogar vor Kugeln schützen. Schusssichere Westen enthalten eine Gewebeschicht aus diesem Material.

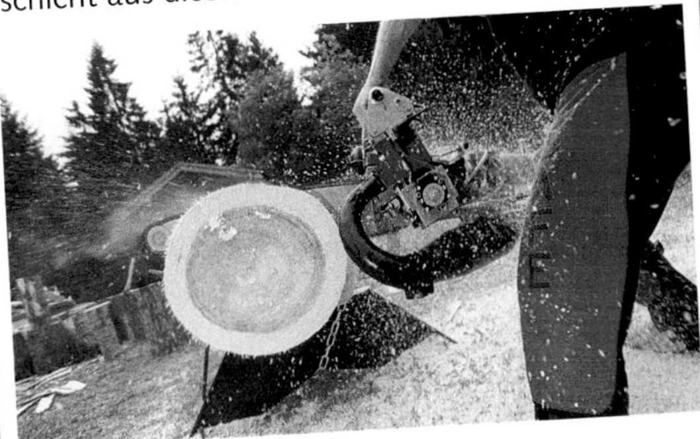

3. In welchen Berufen wird mit Schutzkleidung gearbeitet, die diesen Kunststoff enthält?

Umgang mit hochgiftigen Stoffen
Die Herstellung und die Verwendung hochgiftiger Stoffe geschieht in besonders geschützten Räumen. In diesen Räumen kann nur mit besonderer Schutzkleidung gearbeitet werden. Jeglicher Kontakt und besonders das Einatmen oder Verschlucken wird so verhindert.

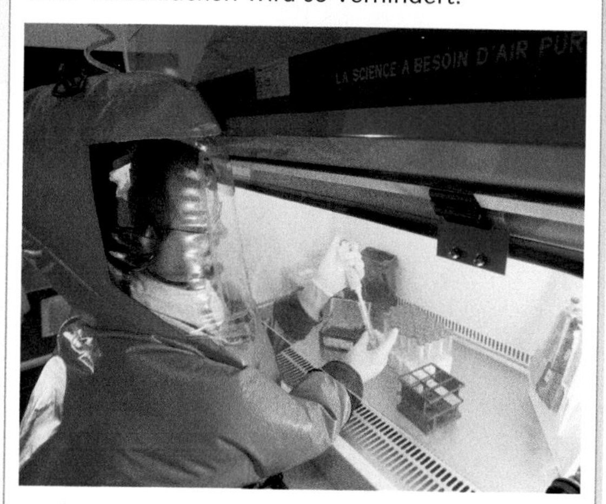

2. In welchen Berufen oder Arbeitsbereichen muss mit besonderer Schutzkleidung gearbeitet werden?

Am Barren ist es heiß
Gold wird in einem Ofen geschmolzen und dann als flüssiges Metall abgegossen. Es fließt in kastenförmige Behälter und kann nach dem Erkalten als Barren entnommen werden. Bei Temperaturen von über 1000 °C kann die Arbeit am Schmelzofen nur mit einer besonderen Schutzkleidung verrichtet werden.

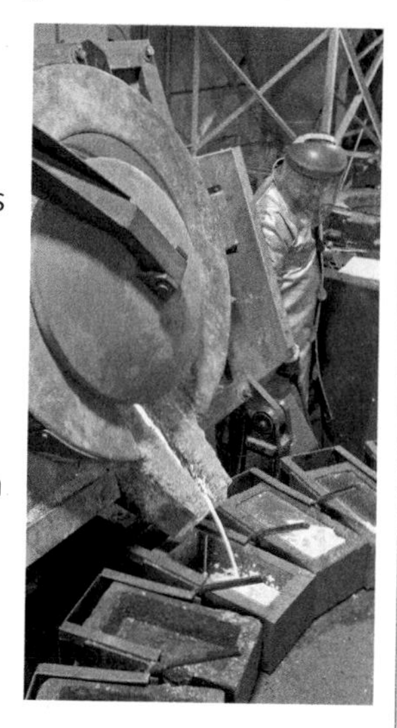

Die Metallbeschichtung der Bekleidung reflektiert die Wärmestrahlung des flüssigen Goldes.

4. Warum ist eine Wärmeschutzkleidung silbrigglänzend?

5. In welchen Berufen wird mit einer Wärmeschutzkleidung gearbeitet?

Jeder Körper hat eine Masse

1. a) Schätze, wie viel Reiskörner die gleiche Masse ergeben wie
- eine Büroklammer,
- eine Tintenpatrone,
- ein Radiergummi.

b) Bestimme die Masse der Büroklammer, der Tintenpatrone, des Radiergummis und von 20 Reiskörnern und überprüfe deine Schätzung.

2. Beschreibe, wie du im Supermarkt auf einer elektronischen Waage die Masse von fünf Äpfeln bestimmen kannst.

3. a) Erkundige dich, welche Waagen ihr zu Hause habt.
b) Sieh nach, wie groß die Masse eines Körpers jeweils sein darf, damit du ihn noch mit der Waage bestimmen kannst.

4. a) Ein Wägesatz enthält folgende Wägestücke: ein 1 g-, zwei 2 g-, ein 5 g- und ein 10 g-Stück. Welche Massen kannst du damit bestimmen?
b) Welche Wägestücke müsste der Wägesatz haben, damit du einen Körper mit einer Masse von 119 g wiegen kannst?

5. Beschreibe, wie du die Masse folgender Tiere bestimmen könntest:
a) Hund oder Katze;
b) Papagei oder Wellensittich.

6. Du hast zwei Körper, die ungefähr die gleiche Masse haben. Du hast aber keine Waage. Im Keller findest du Bretter, Nägel, Fäden, Waschpulver und Werkzeug. Überlege dir eine Möglichkeit, wie du genau feststellen kannst, welcher der beiden Körper die größere Masse hat.

Was wird gemessen?
„Max, hol schnell ein Kilogramm Tomaten!" Wie viel ist das? Für Max ist das kein Problem, denn die elektronische Waage im Supermarkt zeigt das Gewicht an. Am Morgen hat sich Max schon selbst auf eine Waage gestellt. Er wollte sein Gewicht überprüfen.
Wenn du einen Brief ausreichend frankieren willst, legst du ihn auf eine Briefwaage. Dann kannst du sein Gewicht ablesen und die richtige Briefmarke aufkleben.
Es gibt sogar Athleten, die große Gewichte in die Höhe stemmen. Sie heißen Gewichtheber.

Waage misst Masse
Alle reden von Gewicht und doch meint jeder etwas anderes. Max muss beim Einkauf wissen, wie viel er nach Hause trägt. Am Morgen will er ablesen, wie schwer er ist. Der Gewichtheber prüft, wie stark er ist. In den Naturwissenschaften sind alle drei Messungen gleichberechtigt. Mithilfe einer Waage kann die **Masse** m eines Körpers bestimmt werden. Dieses Wort ersetzt also den umgangssprachlichen Ausdruck Gewicht.

Masse des Körpers bestimmen
Zur Bestimmung der Masse brauchst du eine Waage. Darauf legst du den Körper und wartest, bis die Anzeige ruhig steht. Jetzt kannst du die Masse m in Kilogramm (kg) oder Gramm (g) ablesen. Das geht leicht, wenn die Waage den Wert gleich anzeigt wie eine elektronische Waage, Personenwaage oder Briefwaage.

Wiegen durch Anhängen
Die Masse eines festen Körpers kannst du auch bestimmen, wenn du ihn an eine **Paketwaage** wie in Bild 1 hängst. Er dehnt dabei eine Feder ein bestimmtes Stück aus. Am Ende der Feder befindet sich ein Zeiger, der auf einer Skala die Masse des Körpers anzeigt.

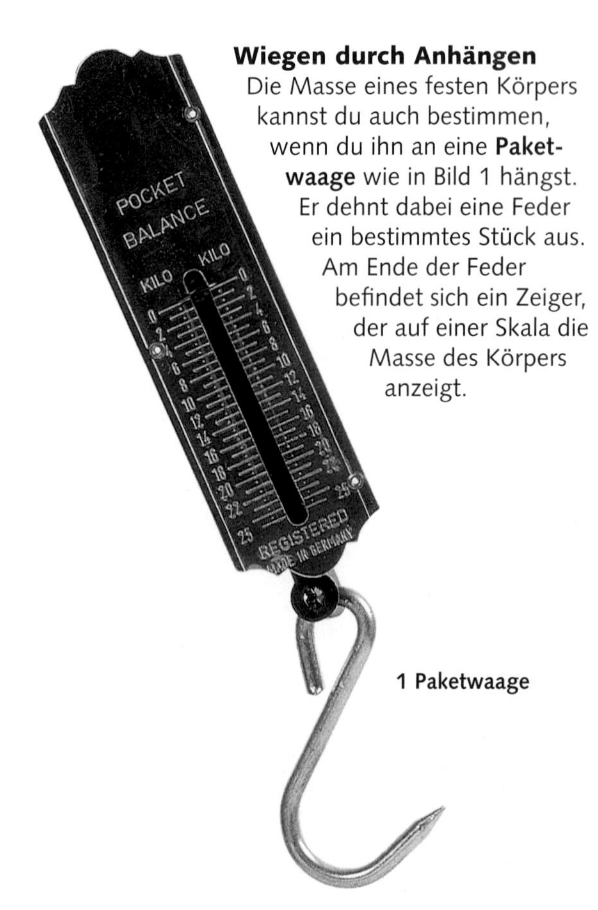

1 Paketwaage

■ Die Masse eines Körpers wird mit einer Waage bestimmt. Die Einheit ist Gramm.

Wiegen mit Waagen

Massenvergleich

Es gibt aber auch Waagen wie die Balkenwaage (Bild 1), die keinerlei Anzeigen haben. Wenn du damit eine Masse bestimmen willst, brauchst du einen Vergleichskörper, von dem du die Masse kennst. Solche Vergleichskörper befinden sich in einem **Wägesatz.**

Um einen Körper zu wiegen, legst du ihn auf eine Waagschale der **Balkenwaage.** Auf die andere Schale legst du so viele Wägestücke, bis die Waage im Gleichgewicht ist. Dazu musst du so lange kleinere oder größere Wägestücke auflegen, bis der Zeiger der Waage in der Mitte der Skala zur Ruhe kommt.

Die Werte der einzelnen Wägestücke brauchst du nun nur noch zu addieren. Die Summe ergibt dann die Masse des Körpers.

Mit einer Balkenwaage vergleichst du also die Masse des Körpers mit der Gesamtmasse aller Wägestücke auf den Waagschalen.

1 Balkenwaage im Ungleichgewicht

1 Karat = 0,2 g

Als es noch keine Wägesätze gab, wurden zum Wiegen von kleinen Körpern als Vergleichsmassen oft getrocknete Weizen- oder Gerstenkörner genommen, deren Massen als jeweils gleich angesehen wurden.

Die Masseneinheit Karat bei Diamanten geht zurück auf die Masse eines Samenkorns des Johannisbrotbaumes. Das hat eine Masse von etwa 0,2 g.

Laufgewichtswaage

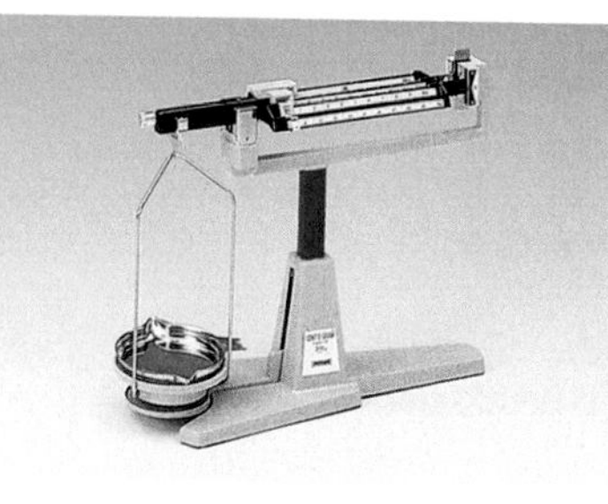

Bei dieser Waage musst du die Laufgewichte bei den entsprechenden Kerben einhängen und die Einzelwerte addieren.

Briefwaage

1. Erkundige dich, wie groß die Masse bei einem Standard- und Kompaktbrief höchstens sein darf.

In diesem Wägesatz für Balkenwaagen findest du Wägestücke von 1 g bis 500 g. Für Zwischenwerte sind Gramm-, Zehngramm- und Hundertgramm-Stücke enthalten.

2. a) Besorge dir ein Glas und bestimme die Masse des Glases. Fülle nun das Wasser hinein und bestimme jetzt die Masse von Glas und Wasser. Subtrahiere dann die Masse des Glases von der Gesamtmasse.

b) Bestimme auf diese Weise auch die Masse von anderen Flüssigkeiten.

Masseeinheiten

1 Milligramm	1 mg	
1 Gramm	1 g	= 1000 mg
1 Kilogramm	1 kg	= 1000 g
1 Tonne	1 t	= 1000 kg

3. Lege nacheinander verschiedene Körper wie Holzklötze, Steine oder Schrauben auf eine Briefwaage und bestimme jeweils die Masse. Halte die Werte in einer Tabelle fest.

4. Bestimme die Massen der Körper aus Versuch 3 auch mit einer Balkenwaage und einer Laufgewichtswaage. Halte die Werte in einer zweiten und dritten Tabellenspalte fest und vergleiche sie miteinander. Welche Waage zeigt die Masse am genauesten an?

5. Bestimme die Masse von 200 ml Wasser.

Welche festen Stoffe leiten den elektrischen Strom?

1. a) Baue einen Versuch wie in Bild 1 auf. Spanne in die Prüfstrecke Körper aus verschiedenen Stoffen ein:
- verschiedene Metalle
- Holz
- Glas
- Gummi
- verschiedene Kunststoffe

b) Lege eine Tabelle an, in der du deine Beobachtungen aus Versuch a) festhältst.
c) Zeichne zum Versuch a) einen Schaltplan.

Material	Lampe leuchtet	Lampe leuchtet nicht
Kupfer		
Holz		

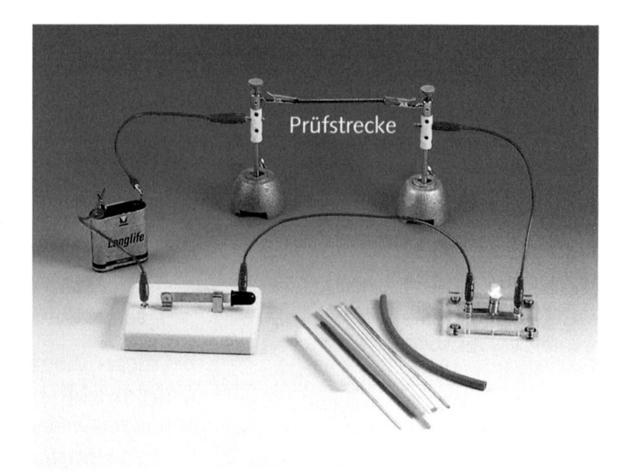

1 Stromkreis mit Prüfstrecke und Lampe als Anzeige

2. a) Spitze einen Bleistift an beiden Enden an. Spanne ihn in die Prüfstrecke aus Versuch 1. Was beobachtest du?
b) Aus welchem Stoff besteht die Bleistiftmine?

3. Zu welchen Stoffgruppen gehören die Materialien, bei denen die Lampe in den Versuchen 1 und 2 leuchtet?

4. Zähle weitere Stoffe auf, die den elektrischen Strom leiten, und solche, die ihn nicht leiten.

Ein Elektrozaun hilft!
Eine Weide wird eingezäunt, damit die Tiere nicht weglaufen können. Einen Zaun aus Drähten könnten die Tiere leicht umreißen, an einem Stacheldraht könnten sie sich verletzen. Hier hilft ein Elektrozaun. Das ist ein Metalldraht, an dem die Tiere bei Berührung einen schmerzhaften, aber ungefährlichen elektrischen Schlag erhalten. Nach dieser Erfahrung halten sie Abstand.

Der Elektrozaun wird von einer Batterie mit Elektrizität versorgt. Die Zuleitungen von der Batterie zum Zaun sind mit Kunststoff überzogen. Hier ist das Berühren der Leitungen ungefährlich. Es ist also ein Unterschied, ob der blanke oder der geschützte Draht berührt wird.

2 **A** *Pferde auf der Weide;* **B** *Anschluss des Elektrozaunes an das Stromversorgungsgerät*

Leiter und Nichtleiter
Stoffe, die den elektrischen Strom leiten, heißen **Leiter.** Sie besitzen eine **elektrische Leitfähigkeit.** Je besser ein Material den Strom leitet, desto größer ist seine elektrische Leitfähigkeit.
Der Draht des Elektrozaunes besteht aus Metall. Alle Metalle sind Leiter. Der Kunststoff um die Zuleitung leitet den elektrischen Strom nicht. Solche Stoffe heißen **Nichtleiter** oder **Isolatoren.**

■ Feste Stoffe, die den elektrischen Strom leiten, heißen Leiter. Das sind alle Metalle und Grafit. Sie besitzen eine elektrische Leitfähigkeit.
Stoffe, die den elektrischen Strom nicht leiten, heißen Nichtleiter oder Isolatoren.

Welche Flüssigkeiten leiten den elektrischen Strom?

1. a) Baue einen Versuch wie in Bild 1 auf. Fülle in das Becherglas unterschiedliche Flüssigkeiten:
- destilliertes Wasser
- Leitungswasser
- Salatöl
- Spiritus
- Essig

b) Lege eine Tabelle an und trage deine Beobachtungen aus Versuch a) ein.
c) Zeichne zum Versuch a) einen Schaltplan.

Flüssigkeit	Mess-wert	guter Leiter	schlechter Leiter
destilliertes Wasser			
Leitungswasser			

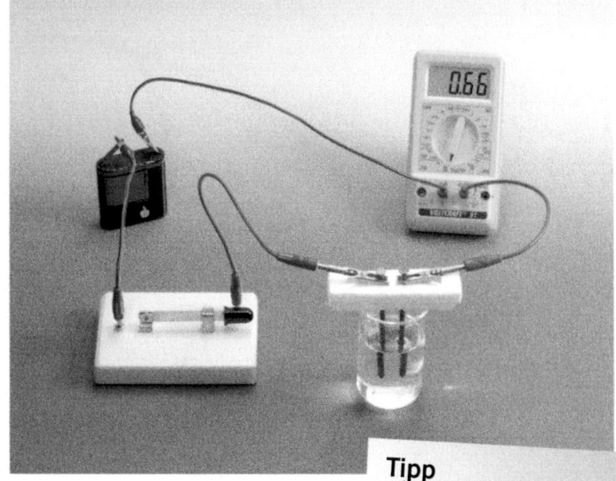

1 Flüssigkeiten leiten den elektrischen Strom.

Tipp
Das Messgerät zeigt durch die Größe der Zahl an, ob die Flüssigkeit Strom gut leitet oder nicht.

2. a) Wiederhole Versuch 1 mit 200 ml destilliertem Wasser. Was zeigt das Messgerät?

b) Füge nun 0,5 g Kochsalz, dann 2 g, 4 g und 8 g Salz hinzu. Lies jeweils das Messgerät ab. Vervollständige die Tabelle aus Versuch 1.

c) Welche Schlussfolgerungen kannst du für destilliertes Wasser, Trinkwasser und Meerwasser ziehen?

Badewasser schließt den Stromkreis!
Beim Baden Musik zu hören, kann sehr entspannend sein. Dabei darf der CD-Player, der an der Steckdose angeschlossen ist, nicht auf den Wannenrand gestellt werden. Falls der CD-Player in das Badewasser fällt, könnte dies gefährliche Folgen haben.

Wenn der CD-Player in das Wasser fällt, ist der Stromkreis über das Wasser geschlossen. Du würdest einen elektrischen Schlag erhalten, denn das Badewasser leitet den elektrischen Strom.

2 Elektrogeräte im Bad können lebensgefährlich sein!

■ Flüssigkeiten können den elektrischen Strom leiten. Salzwasser besitzt eine gute elektrische Leitfähigkeit. Öl leitet den elektrischen Strom nicht.

Leitfähigkeit flüssiger Stoffe
Die Versuche zeigen, dass manche Flüssigkeiten den elektrischen Strom leiten können. Gute Leiter sind Salzwasser und Essig. Sie besitzen eine hohe elektrische Leitfähigkeit. Eine geringere elektrische Leitfähigkeit besitzt Leitungswasser. Öl und destilliertes Wasser sind Nichtleiter.

Die elektrische Leitfähigkeit hilft bei der Überprüfung von Stoffen

Kabel haben außen einen Mantel aus Kunststoff. Er verhindert, dass du mit den Händen an Strom führende Teile fassen kannst. Das Kabel ist dadurch isoliert, da Kunststoff keine elektrische Leitfähigkeit besitzt.
Innen befinden sich Kupferdrähte, die den Strom leiten. Kupfer hat eine hohe ▸ elektrische Leitfähigkeit.

Die Qualität verschiedener Produkte kann oft auch an ihrer Fähigkeit, elektrischen Strom zu leiten, erkannt werden. Dafür wurde ein Messgerät entwickelt, das die elektrische Leitfähigkeit anzeigt. Mit einem Messfühler kann das Material untersucht werden.

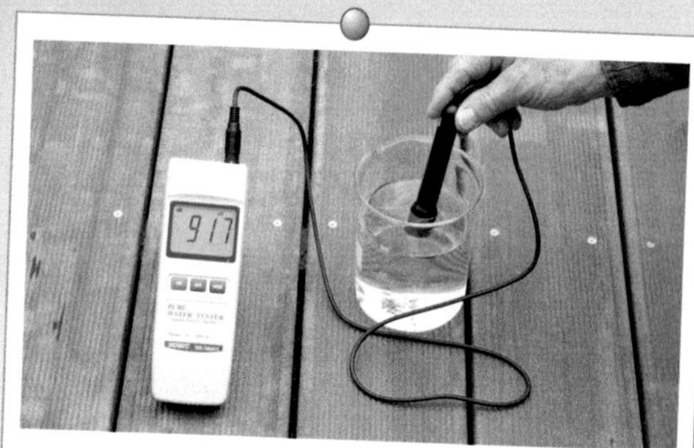

Die Wasserqualität von Badeseen oder Aquarien hängt auch davon ab, wie stark das Wasser mit Mineralstoffen belastet ist. Mithilfe der elektrischen Leitfähigkeit kann die Reinheit gemessen werden. Sauberes Wasser hat eine geringe elektrische Leitfähigkeit.

Alle Mineralwässer enthalten gelöste Salze. Diese werden auf dem Etikett aufgelistet. Je mehr Salze sie enthalten, desto höher ist ihre elektrische Leitfähigkeit.

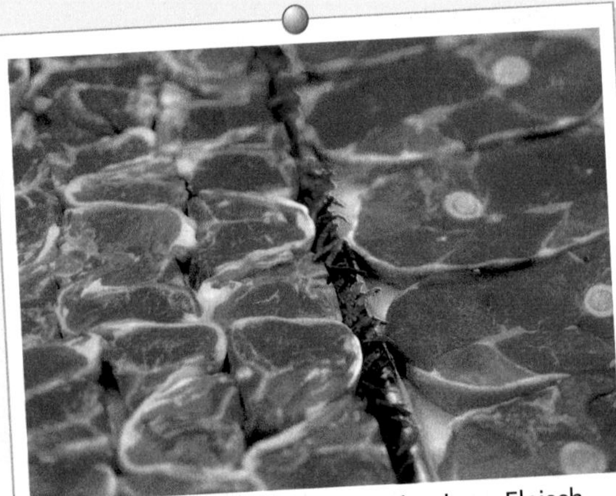

In der Gewebeflüssigkeit von frischem Fleisch befinden sich gelöste Salze. Deshalb ist es leitfähig.
Die elektrische Leitfähigkeit nimmt mit der Zeit zu. Deshalb kann mithilfe der Leitfähigkeit bestimmt werden, wann das Fleisch zart ist und verkauft werden kann.

1. Suche zu jedem Bild ein weiteres Beispiel für elektrische Leitfähigkeit.

Bau eines Feuchtigkeitsanzeigers

1 Der fertige Feuchtigkeitsanzeiger

Haben die Blumen auf der Fensterbank noch genug Wasser? Auch wenn die Oberfläche schon trocken erscheint, könnte es im Wurzelbereich ja noch feucht genug sein. Das lässt sich mit einem **Feuchtigkeitsanzeiger** überprüfen. Ein solches Gerät kannst du dir selbst bauen. Es besteht aus einem Anzeigeteil, einem Fühler und einer Batterie als Stromversorgung.

Anzeigeteil

Material

- 1 Holzbrettchen (5 cm x 7 cm x 1 cm)
- 1 Leuchtdiode
- 1 Widerstand (120 Ω)
- 2 zusammenhängende Lüsterklemmen
- 1 Holzschraube
- Klingeldraht
- 2 Reißnägel

Bauanleitung

Schraube die Lüsterklemmen auf das Holzbrett. Schließe die Leuchtdiode an je eine Lüsterklemme an. Befestige den Widerstand an der Lüsterklemme, an der das kürzere Beinchen der Leuchtdiode steckt. Schließe an die zweite Lüsterklemme ein Stück Klingeldraht an. Löte das freie Ende des Widerstandes und des Klingeldrahtes auf je einen Reißnagel. Löte auf jeden Reißnagel ein Stück Klingeldraht als Zuleitung.

Fühler

Material

- 2 dünne Stahlstricknadeln
- 2 einzelne Lüsterklemmen
- 1 Korken
- Klingeldraht

Bauanleitung

Halbiere den Korken in der Längsrichtung. Durchbohre eine Hälfte des Korkens mit einem dünnen Bohrer oder mit einer glühenden Nadel an zwei Stellen. Stecke anschließend die beiden Stricknadeln durch die Löcher des Korkens, damit sich die Enden der Stricknadeln nicht berühren.
Schraube an die oberen Enden der Stricknadeln je eine Lüsterklemme.

Baue aus dem Anzeigeteil, dem Fühler und der Batterie das Gerät zusammen, wie du es auf dieser Seite siehst. Beachte, dass du den Zuleitungsdraht mit dem Widerstand an die lange Metallzunge der Batterie, den ⊖-Pol, anschließen musst.

1. Fülle ein Gefäß mit Erde und feuchte diese an. Überprüfe, ob dein Feuchtigkeitsanzeiger funktioniert.

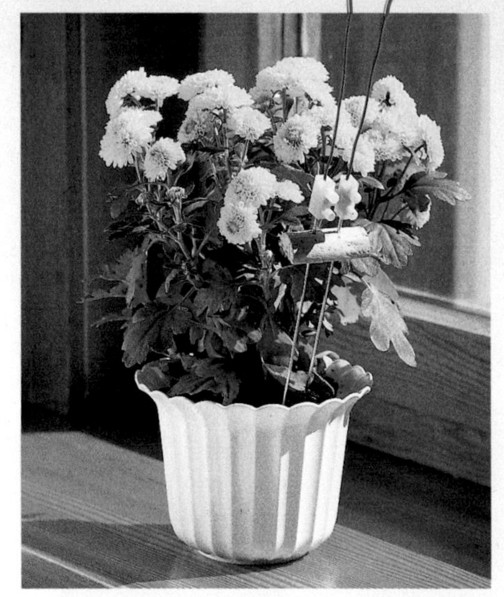

2 Der Fühler im Einsatz

Leitfähigkeit des Menschen

1. Warum darfst du Drachen nicht in der Nähe von Hochspannungsleitungen steigen lassen?

2. a) Demonstrationsversuch: Die Lehrerin oder der Lehrer befindet sich mit einem Messgerät in einem geschlossenen Stromkreis (Bild 1).
Beachte die Anzeige des Messgerätes, wenn die Versuchsperson
- die beiden Metallstäbe fest in beide Hände nimmt.
- die Hände zusätzlich befeuchtet.

Vergleiche die abgelesenen Zahlen.
b) Was schließt du aus den Ergebnissen?

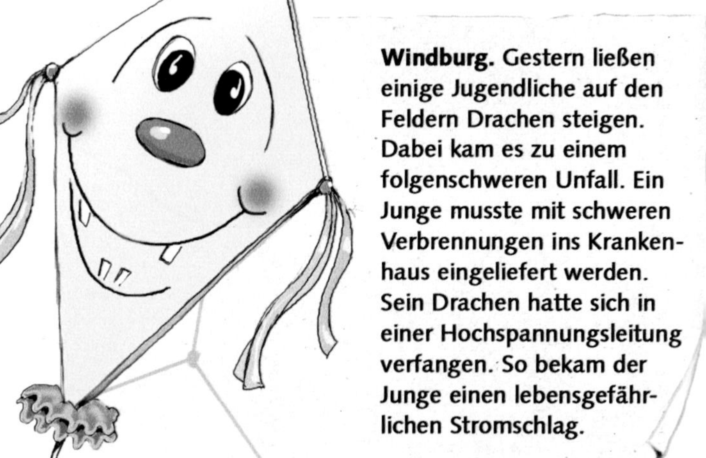

Windburg. Gestern ließen einige Jugendliche auf den Feldern Drachen steigen. Dabei kam es zu einem folgenschweren Unfall. Ein Junge musste mit schweren Verbrennungen ins Krankenhaus eingeliefert werden. Sein Drachen hatte sich in einer Hochspannungsleitung verfangen. So bekam der Junge einen lebensgefährlichen Stromschlag.

1 Der Mensch im Stromkreis

Beim Umgang mit elektrischen Geräten musst du zu deiner Sicherheit Folgendes beachten.
- Bei Experimenten darfst du nur Batterien oder Stromversorgungsgeräte bis 24 V benutzen!
- Elektrisches Spielzeug darfst du nur mit höchstens 24 V betreiben!
- Elektrogeräte darfst du nie mit nassen Händen, barfuß oder auf feuchtem Boden stehend betreiben!
- Geräte mit Isolationsschäden an der Zuleitung darfst du nicht mehr in Betrieb setzen. Sie müssen sofort zur Reparatur!
- Es gibt Warnzeichen, die auf Gefahren beim Umgang mit elektrischen Geräten hinweisen.

Elektrizität kann gefährlich werden

Ein Unfall beim Drachensteigen. Wie ist das möglich? Die Schnur kann in feuchter Luft nass werden. Gerät sie dann in eine Hochspannungsleitung, so leitet sie den elektrischen Strom weiter zu dem Menschen, der die Schnur hält. Bild 1 zeigt, dass der menschliche Körper Strom leiten kann. Unvorsichtiger Umgang mit elektrischem Strom kann also lebensgefährlich sein.

Elektrischer Strom im menschlichen Körper

Der menschliche Körper besteht zum großen Teil aus Wasser, in dem Salze gelöst sind. Der Körper leitet dadurch elektrischen Strom.
Es gibt körpereigene Stromkreise. Körperfunktionen werden durch Nerven gesteuert und die Nervenbahnen befördern die Reize mithilfe schwacher elektrischer Ströme. Wird zusätzlich von außen ein stärkerer Strom durch den Körper geleitet, so können die Signale der Nervenbahnen nicht mehr richtig verarbeitet werden. Sie werden durch den körperfremden Strom überlagert. Besonders kritisch ist diese Wirkung für den Herzmuskel. Bekommt dieser nicht die richtigen Signale, so kann das Herz aus dem Takt geraten.

Durch Elektrizität kann auch das Blut zersetzt werden. Dabei entstehen giftige Stoffe. Des Weiteren führt Elektrizität häufig zu Verbrennungen. Körperorgane können so sehr geschädigt werden, dass sie nicht mehr richtig arbeiten.

■ Der menschliche Körper leitet elektrischen Strom. Durch elektrischen Strom verursachte Unfälle sind gesundheitsgefährdend und können sogar tödlich sein.

Richtiges Verhalten beim Umgang mit elektrischem Strom

1

3

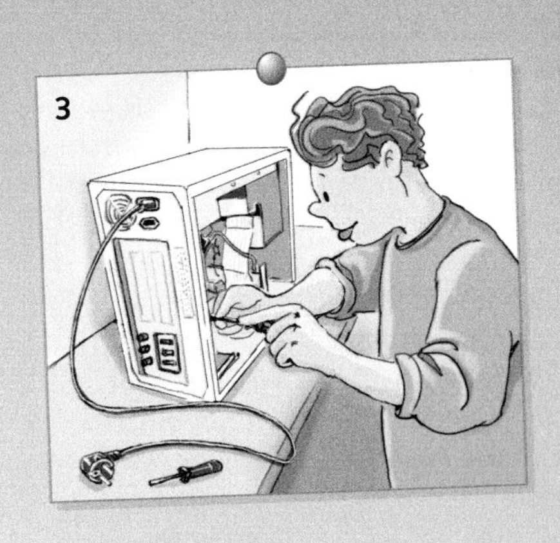

2

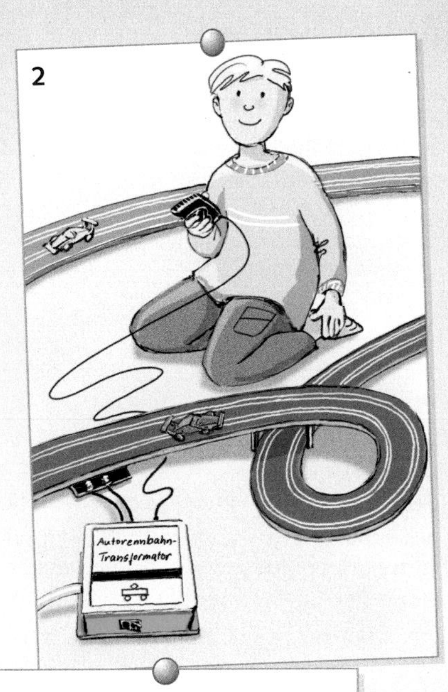

4

Elektrisches Spielzeug mit diesem Zeichen kannst du unbesorgt verwenden.

5

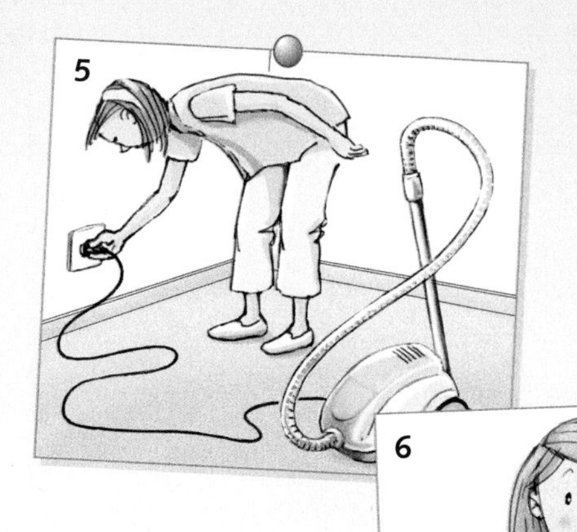

6

1. Beschreibe jedes der Bilder und erkläre, durch welche Schutzvorrichtung oder durch welche Schutzmaßnahme Gefahren vermieden werden.

2. Suche in deinem Umfeld Schilder, die vor Gefahren im Zusammenhang mit elektrischem Strom warnen.

Wasser – eine alltägliche, ganz normale Flüssigkeit

1. Versuche, mithilfe eines kleinen Stückes Löschpapier eine Büroklammer zum Schwimmen zu bringen. Benutze als Flüssigkeit etwas Spiritus in einer kleinen Petrischale. Lege das Löschpapier mit der Büroklammer vorsichtig auf die ruhige Oberfläche der Flüssigkeit.

2. a) Wiederhole Versuch 1 mit Wasser. Vergleiche deine Beobachtungen.
b) Teste auch andere Flüssigkeiten aus der Küche, zum Beispiel Speiseöl.

Tipp
Falls das Löschpapier nicht von alleine untergeht, stoße es behutsam unter der Klammer weg.

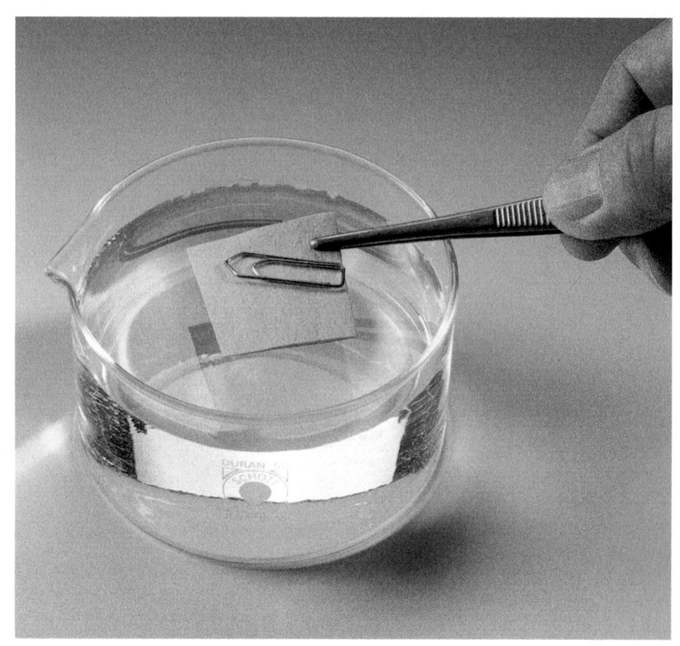

1 Wasser hat eine besondere Oberfläche.

3. Für viele Insekten ist die in Versuch 2 gefundene Eigenschaft des Wassers lebensnotwendig. Beschreibe diese Eigenschaft des Wassers.

4. Stelle Glasröhrchen mit unterschiedlichem Durchmesser in Spiritus. Beschreibe deine Beobachtung.

5. Wiederhole den Versuch 4 mit Wasser und vergleiche deine Ergebnisse. Formuliere daraus einen Je-desto-Satz.

6. Färbe Wasser mit blauer Tinte und stelle eine weiße Tulpe mit einem etwa 10 cm langen Stängel hinein. Beobachte viermal im Abstand von 15 min, was geschieht. Zeichne deine Beobachtungen auf.

2 Wasser in dünnen Röhrchen

7. Schmelze eine kleine Menge Kerzenwachs in einem Becherglas. Gib dann ein kleines Stück festes Wachs dazu. Beschreibe deine Beobachtungen.

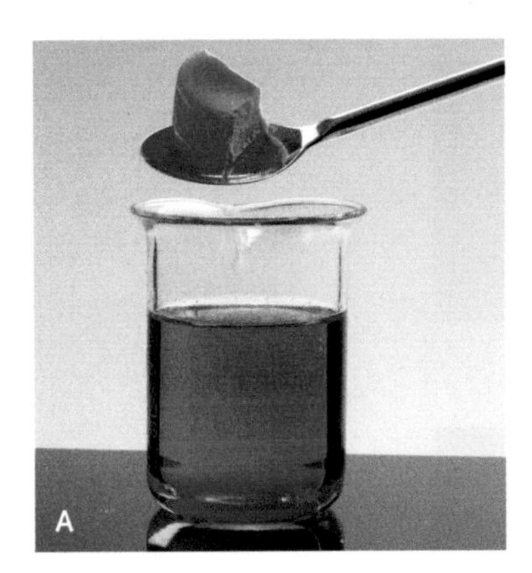

8. Fülle ein Becherglas mit Wasser und gib ein großes Stückchen Eis hinein. Vergleiche deine Beobachtung mit Versuch 7. Welche besondere Eigenschaft hat festes Wasser?

9. Welche Tiere könnten ohne die in Versuch 8 gefundene Eigenschaft des Wassers nicht überleben?

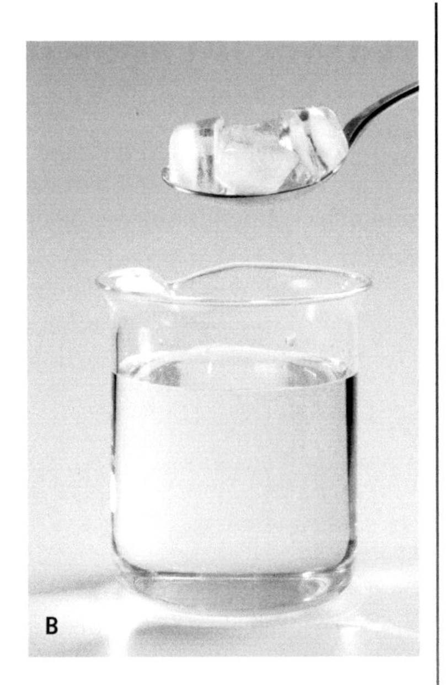

3 **A** *Festes Wachs in flüssigem Wachs;* **B** *Eis in Wasser*

10. Erstelle eine Liste mit Stoffen und Gegenständen, die das Wasser transportieren kann. Unterscheide dabei sichtbare Stoffe, zum Beispiel Holz, von unsichtbaren Stoffen.

11. Auf dem Wasserweg erreichen uns unterschiedliche Waren aus fremden Ländern. Finde mindestens 10 Beispiele.

12. Nenne unterschiedliche Gewässer, auf denen Schiffe verkehren können.

13. Welche Stoffe und Materialien werden mit unseren Abwässern aus den Haushalten wegtransportiert?

14. Welche anderen schwimmenden Transportmittel gibt es außer Schiffen noch? Stelle sie in einer Übersicht zusammen.

4 Wasser transportiert Vieles.

Die Oberflächenspannung

Kleine Wassermengen bilden stabile, beim Fallen fast kugelförmige Tropfen. Es sieht so aus, als würden sie wie durch eine Haut zusammengehalten. Diese **Oberflächenspannung** bewirkt, dass Insekten auf einer Wasseroberfläche laufen können und kleine Gegenstände, die eigentlich schwerer sind als Wasser, darauf schwimmen können.

Die Adhäsion

Zwischen Wasser und vielen anderen Materialien herrscht eine Anziehungskraft, die **Adhäsion.** Deshalb haften Wassertropfen an einer Fensterscheibe und deshalb wird das Wasser an einer Gefäßwand hochgezogen. In dünnen Röhren, **Kapillaren** genannt, steigt das Wasser entgegen der Schwerkraft nach oben, umso höher, je dünner sie sind.

Schwimmen auf Wasser

Gibst du ein Stück festes Frittierfett in das bereits geschmolzene Fett in der Fritteuse, dann geht es unter. Das ist bei allen anderen Stoffen auch so – nur nicht bei Wasser. Hier schwimmt der feste Stoff, das Eis, auf der Flüssigkeit. Ein Stück Eis nimmt mehr Raum ein als die gleiche Menge Wasser. Eis ist leichter als das flüssige Wasser und schwimmt deshalb.

Wasser im Teilchenmodell

1. In einem Gefäß befindet sich Wasserdampf. Was geschieht mit den Wassermolekülen, wenn die Temperatur immer niedriger wird?

1 Farbstofflösung verteilt sich im Wasser.

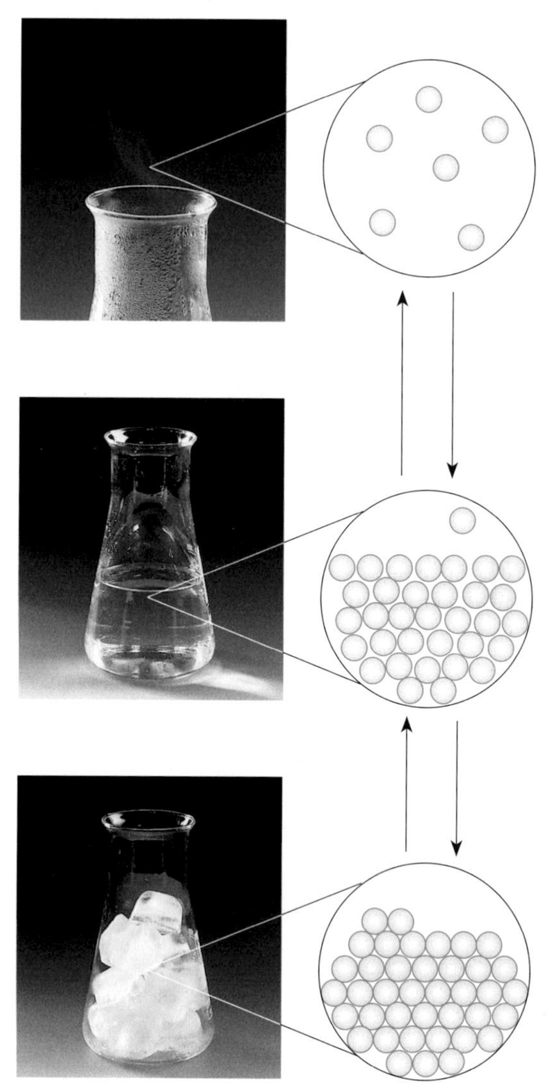

2 Aggregatzustände und ihre Übergänge

Wie alle Stoffe besteht auch das Wasser aus winzigen Teilchen. Sie heißen Wassermoleküle.

Die Teilchen sind in ständiger Bewegung. Das kannst du beispielsweise daran erkennen, dass ein Tropfen einer Farbstofflösung das Wasser ohne Umrühren nach einiger Zeit gleichmäßig anfärbt. Die sich bewegenden Wassermoleküle haben die Farbstoffteilchen gleichmäßig verteilt.

Die Teilchenbewegung hängt von der Temperatur ab. Je höher sie ist, desto schneller bewegen sich die Teilchen. Damit lassen sich die **Aggregatzustände** und ihre Übergänge erklären.

Im festen Wasser, also im Eis nehmen die Wassermoleküle feste Plätze ein und bewegen sich nur auf der Stelle. Bei 0 °C wird die Bewegung so stark, dass die Moleküle ihre Plätze verlassen können. Die feste Verbindung bricht auf, das Eis schmilzt.
Im flüssigen Wasser sind die Wassermoleküle noch eng benachbart. Sie können sich jedoch frei bewegen und passen sich so der Form jedes Gefäßes an. Bei weiterer Erwärmung verlassen immer mehr der schneller werdenden Wassermoleküle die Flüssigkeit an der Oberfläche.

Bei 100 °C überwinden alle Wassermoleküle die wechselseitige Anziehung. Das Wasser siedet, es entsteht Wasserdampf. Alle Wassermoleküle bewegen sich unabhängig voneinander mit großem Abstand. Dabei werden aus 1 ml flüssigem Wasser mehr als 1500 ml Wasserdampf.

■ Wasser besteht aus winzigen Teilchen, den Wassermolekülen. Die Eigenschaften der Wassermoleküle erklären die Eigenschaften des Wassers.

Ein Ergebnis mithilfe des Teilchenmodells erklären

1. a) Fülle zwei 50 ml-Messzylinder jeweils mit 25 ml Wasser. Gieße beide Flüssigkeiten zusammen und miss das Gesamtvolumen.
b) Wiederhole den Versuch mit Spiritus.

2. Fülle einen 50 ml-Messzylinder mit 25 ml Wasser und einen zweiten 50 ml-Messzylinder mit 25 ml Spiritus. Gieße beide Flüssigkeiten zusammen, mische gründlich und stelle das Gesamtvolumen fest.

3. Vergleiche die Ergebnisse aus den Versuchen 1 a) und 1 b) mit dem Ergebnis aus Versuch 2. Was fällt dabei auf?

4. a) Fülle zwei Messzylinder jeweils mit 25 ml Senfkörnern als Modell für das Wasser. Gieße beides zusammen. Wie groß ist das Gesamtvolumen der Senfkörner?
b) Wiederhole den Versuch a) mit Erbsen als Modell für Spiritus.

5. Gib in einen Messzylinder 25 ml Senfkörner und in einen zweiten Messzylinder 25 ml Erbsen. Vermische beides zunächst gründlich in einem Becherglas und miss dann das Volumen der Mischung in einem Messzylinder.

6. Vergleiche und erkläre die Ergebnisse aus den Versuchen 4 a) und 4 b) mit dem Ergebnis aus Versuch 5.

7. Übertrage die Erklärung aus dem Modellversuch mit den Erbsen und Senfkörnern auf das Ergebnis des Versuchs mit Wasser und Spiritus.

8. Zeichne das Ergebnis von Versuch 2 im Teilchenmodell.

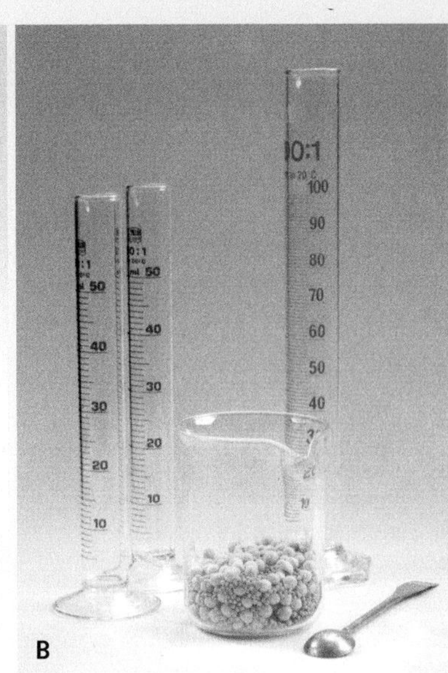

1 Mischversuche. A *mit Wasser und Spiritus;* **B** *mit Erbsen und Senfkörnern als Modellversuch*

Ein unerwartetes Ergebnis

Zwei Flüssigkeiten, Spiritus und Wasser, werden gemischt. Das Ergebnis ist überraschend: es verschwindet etwas. Das Volumen des Gemisches ist kleiner als die Summe der zuvor genau abgemessenen Einzelvolumen. Wie lässt sich dieser Schwund erklären?
In den Naturwissenschaften lassen sich Probleme oft nur mithilfe von Modellen lösen. So ist es auch in diesem Fall.

Modell der kugelförmigen Teilchen

Nach dem ▸Teilchenmodell sind die kleinsten Teilchen der Stoffe winzige Kugeln. Diese Kugeln sind unterschiedlich groß.
Mit diesem einfachen Modell lässt sich die Verringerung des Volumens beim Mischen von Wasser und Spiritus erklären. Im Beispiel in Versuch 5 sind die Senfkörner die stark vergrößerten Modelle für die Wasserteilchen. Die Erbsen stellen die Spiritusteilchen dar. Werden Wasser und Spiritus vermischt, so füllen die kleineren Wasserteilchen die Hohlräume zwischen den größeren Spiritusteilchen aus. Deshalb wird das Gesamtvolumen geringer. Das lässt sich am Modellversuch mit Erbsen und Senfkörnern leicht erkennen.

Modelle haben Grenzen

▸Modelle können helfen, bestimmte Beobachtungen zu verstehen. Sie haben aber ihre Grenzen. Das Modell vom Aufbau der Stoffe aus unterschiedlich großen Teilchen ist kein genaues Abbild der Wirklichkeit. Es ist nur eine vereinfachte Darstellung, die die Verringerung des Volumens verständlich macht.
Ein Modell gibt immer nur **einen Teil der Wirklichkeit** wieder. So lässt sich mit diesem Teilchenmodell nicht erklären, warum manche Stoffe bei einer bestimmten Temperatur fest, andere flüssig oder gasförmig sind.

Aufgelöst, aber nicht verschwunden

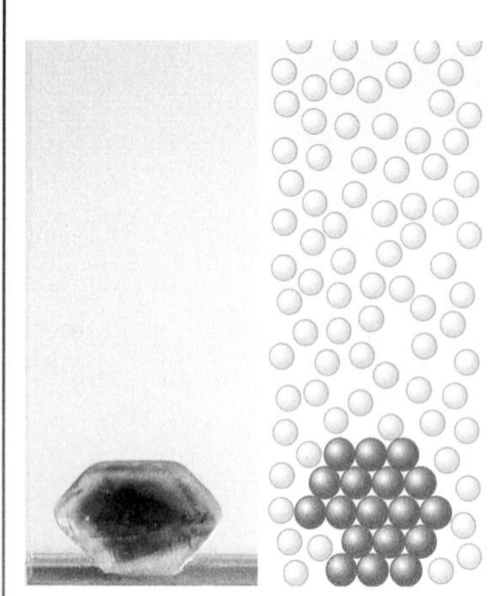

1 **Zucker löst sich in Wasser.**
A *Vor dem Lösen*

1. Wodurch unterscheiden sich verschiedene Salzsorten wie in Bild 2?

2. Gib einen großen Salzkristall in ein Becherglas mit Wasser und beschreibe den Lösungsvorgang.

3. a) Wie kannst du nachweisen, dass das Salz nach dem Auflösen im Wasser noch vorhanden ist?
b) Wie kannst du aus der Lösung das Salz wiedergewinnen? Gib zwei Möglichkeiten an.

2 Verschiedene Formen von Salz

Ein Stoff – verschiedene Formen

Zucker wird in verschiedenen Formen angeboten: als Kandiszucker, Würfelzucker oder Haushaltszucker.
Wird ein Kandiszuckerstück in Wasser gegeben, so scheint es nach einiger Zeit verschwunden zu sein. Der süße Geschmack der Lösung zeigt aber, dass der Zucker noch vorhanden ist. Lässt du das Wasser verdunsten, so erhältst du wieder Zucker.

Die Teilchenvorstellung

Das vollständige Auflösen des Zuckers im Wasser lässt sich mithilfe der Vorstellung beschreiben, dass alle Stoffe aus ganz ▸ **kleinen Teilchen** bestehen. Nach dieser Vorstellung sind bei Reinstoffen wie Zucker alle Teilchen, egal ob sie vom Kandiskristall oder feinem Puderzucker stammen, untereinander gleich. Auch die Teilchen des Reinstoffs Wasser, in dem sich der Zucker löst, sind untereinander alle gleich. Sie unterscheiden sich aber beispielsweise durch ihre Größe von den Zuckerteilchen. Bei Stoffgemischen liegen unterschiedliche Teilchen vor.

B *Ein Teil ist gelöst.*

Jetzt geht's los!

Im Zuckerkristall liegen die Teilchen dicht nebeneinander und sind an ihre Plätze gebunden und regelmäßig (Bild 1A).
Die Wasserteilchen können sich dagegen frei bewegen. Nach und nach drängen sich die Wasserteilchen zwischen die Zuckerteilchen und lösen sie aus dem Zuckerkristall heraus (Bild 1B).
Ist der Kristall vollständig aufgelöst, haben sich die Zuckerteilchen zwischen den Wasserteilchen gleichmäßig verteilt (Bild 1C).

Teilchen in Bewegung

Die Teilchen eines Stoffes sind immer in Bewegung, mal mehr, mal weniger. Das hängt von der Temperatur des Stoffes ab.
Je höher seine Temperatur ist, desto schneller bewegen sich die Teilchen. In heißem Wasser löst sich der Zuckerkristall schneller auf, da die Wasserteilchen in stärkerer Bewegung sind und sich heftiger zwischen die Zuckerteilchen drängen.

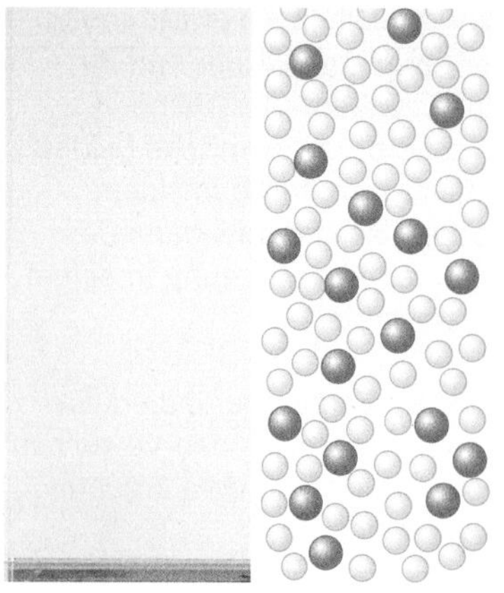

C *Alles ist gelöst.*

■ Im Teilchenmodell werden Stoffe als kleine, kugelförmige Teilchen dargestellt. Mit dieser Vorstellung lassen sich Lösungsvorgänge beschreiben.

Wasser wird satt

1. Finde heraus, wie viel Kupfersulfat sich in 50 ml Wasser löst. Gib dazu das Wasser in ein Becherglas und wiege das Becherglas mit dem Wasser. Füge dann unter ständigem Rühren so lange portionsweise kleine Mengen Kupfersulfat hinzu, bis sich nichts mehr auflöst. Wenn die ersten Kristalle am Boden liegen bleiben, bestimme erneut die Masse des Becherglases mit der Lösung. Berechne, wie viel Gramm Kupfersulfat sich gelöst haben.

2. Berechne aus Versuch 1, wie viel Gramm Kupfersulfat sich in 100 ml Wasser lösen würden.

3. Führe Versuch 1 mit Kochsalz (Natriumchlorid) durch und berechne danach auch hier die Menge Kochsalz, die sich in 100 ml Wasser löst.

4. Gib zu einer Salzlösung mit Bodensatz erneut etwas Wasser und rühre um. Was kannst du beobachten?

5. Wie kannst du aus einer Lösung mit Bodensatz wieder eine Lösung ohne Bodensatz machen?

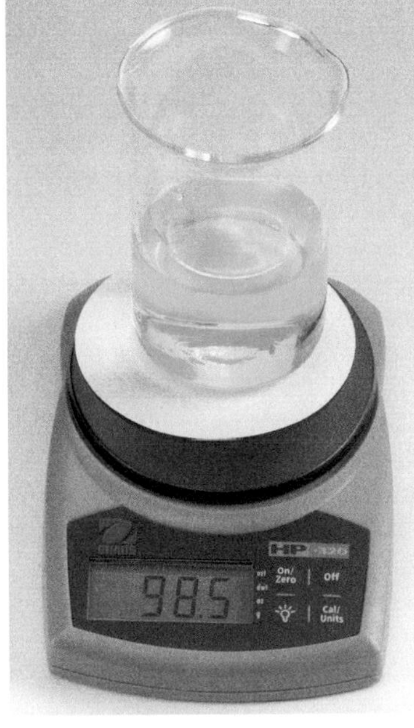

1 Ungesättigte Lösung

Gesättigte und ungesättigte Lösungen

Kupfersulfat ist ein Salz. Es besteht aus blauen Kristallen. Wird etwas davon in Wasser gegeben, löst es sich. Es entsteht eine blasse, hellblaue Lösung. Sie ist klar und durchsichtig. Auch bei weiterer Zugabe löst sich das Kupfersulfat im Wasser auf. Dabei wird die blaue Farbe der Lösung kräftiger. So lange die Lösung noch weiteres Salz aufnimmt, wird sie als **ungesättigte Lösung** bezeichnet.
Wenn sich kein Kupfersulfat mehr lösen kann, bleiben die Kristalle auf dem Boden des Gefäßes liegen. Es bildet sich ein Bodensatz. Jetzt ist die Lösung satt. Sie wird **gesättigte Lösung** genannt.
Von unterschiedlichen Stoffen brauchst du unterschiedliche Mengen, um jeweils eine gesättigte Lösung herzustellen.

■ Eine Lösung ist gesättigt, wenn sie keinen weiteren Stoff mehr auflöst. Es bildet sich ein Bodensatz.

2 Gesättigte Lösung

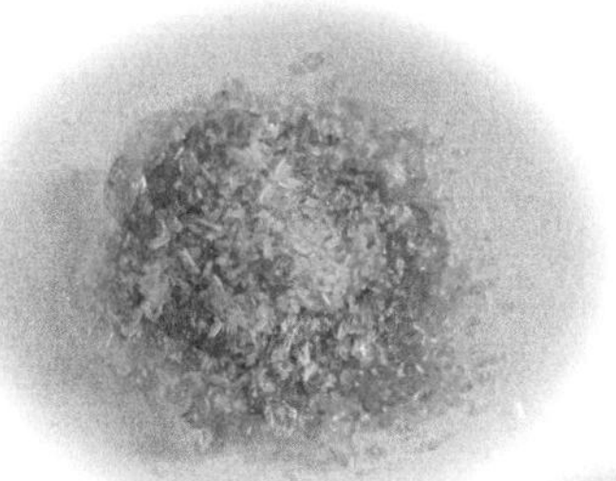

Kupfersulfat

Kupferacetat

Kupferchlorid

Kupfercarbonat

Kristalle züchten

Kristalle
Kristalle, die du als Mineralien findest, sind in sehr langen Zeiträumen entstanden. Aus gesättigten Salzlösungen kannst du schneller schöne Kristalle züchten.

Materialien
Glasgefäße (Gurkengläser oder hohe Bechergläser), Holzstäbe, Wollfaden, mit einem kleinen Metallstück beschwert, Zwirnsfaden, Pappdeckel, Kochsalz, Alaun (Kaliumaluminiumsulfat), destilliertes Wasser, Natronwasserglas-Lösung (Natriumsilikat), Eisen (III)-chlorid, Kupfer(II)-chlorid, Eisensulfat und Calciumchlorid.

1. Kristalle am Wollfaden
Gieße eine Lösung aus 35 g Kochsalz und 100 ml Wasser in ein Glasgefäß. Befestige den Wollfaden am Holzstab und hänge ihn in das Glas (Bild 1). Beobachte einige Tage.

1 Kristalle am Wollfaden

2. Ein Alaun-Kristall wächst
Löse Alaun (16 g pro 100 ml) in destilliertem Wasser von 50 °C. Filtriere die Lösung und gieße einen Teil davon in eine flache Schale, den Rest in ein Vorratsgefäß. Beim Abkühlen kristallisieren am Boden der Schale Alaun-Kristalle aus. Binde einen dünnen Faden um den schönsten Kristall.

2 Alaun-Kristall

Gieße nun Alaunlösung in ein Becherglas und hänge den Kristall in die Lösung (Bild 2). Stelle das Gefäß an einen Platz mit gleichbleibender Temperatur.
Beobachte das Wachsen des Kristalls über einige Wochen. Entferne zwischendurch die kleinen Kristalle, die sich am Faden bilden. Gieße bei Bedarf Alaunlösung von gleicher Temperatur nach.

3. Zuschauen beim Wachsen
Lege einen Objektträger unter das Mikroskop. Gib einen Tropfen Alaunlösung auf den Träger, beleuchte ihn von unten. Betrachte die Veränderungen.

3 „Chemischer Garten“

4. Ein chemischer Garten unter Wasser
Mische Natronwasserglas (Natriumsilikat) und Wasser im Verhältnis 1: 1 und fülle damit ein großes Glasgefäß. Lass nun Kristalle der Eisensalze, des Kupferchlorids und des Calciumchlorids mit einem Spatel an unterschiedlichen Stellen in das Glasgefäß gleiten. Die Kristalle sollten einen Durchmesser von etwa 1 mm bis 2 mm haben. Beobachte die Vorgänge im Glasgefäß etwa 5 min.

Du kannst auch die Reaktion weiterer Salze in einem neuen Versuch ausprobieren. Beachte jedoch dabei immer die Sicherheits- und Entsorgungshinweise. Als Salze eignen sich noch: Chrom(III)-chlorid, Kupfersulfat, Mangansulfat, Nickelnitrat und Calciumnitrat.

Entsorgungshinweis
Gieße das Gemisch aus Natronwasserglas und Wasser vorsichtig in den Ausguss ab und spüle mit viel Wasser nach. Die „Pflanzen“ musst du in den Behälter B2 als Schwermetallabfall entsorgen.

Kristalle, Kristalle

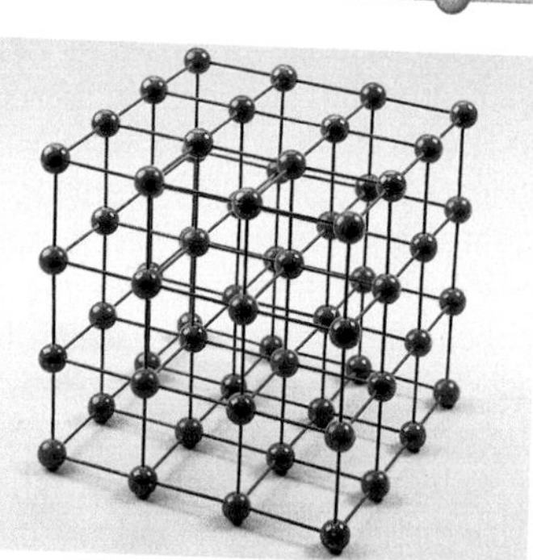

Kochsalz (chemischer Name **Natriumchlorid**) bildet würfelförmige ▸ Kristalle unterschiedlicher Größe. Kleinere Kristalle kannst du auch mit einer Lupe beim Kochsalz in der Küche entdecken. Die kleinsten Teilchen des Kochsalzes ordnen sich wie auch die kleinsten Teilchen anderer Kristalle in ganz bestimmten Formationen an. Diese Formation heißt **Kristallgitterstruktur.** Sie ist beim Kochsalz würfelförmig.

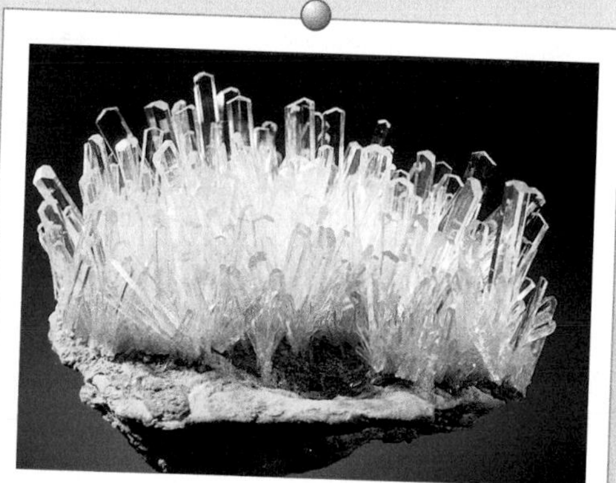

Gips (chemischer Name **Calciumsulfat**) bildet nadelförmige Kristalle. Du kennst Gips von der Behandlung eines Arm- oder Beinbruches oder von Reparaturen an Wänden im Hause.

Der Kristall des Marmors (chemischer Name **Calciumcarbonat**) sieht aus wie eine Doppelpyramide. Diese Kristalle können beim Marmor farblich verschieden sein.

1. a) Plane zusammen mit deinen Mitschülerinnen und Mitschülern einen Versuch, bei dem ihr mit dem Auge sichtbare Salzkristalle erhalten könnt.
b) Führt den Versuch anschließend durch.

2. Rühre Gipspulver in einem sauberen Jogurtbecher mit etwas Wasser an. Streiche eine ganz dünne Schicht des angerührten Gipses auf einen Objektträger und betrachte den noch weichen Gips unter dem Mikroskop.

3. a) Finde heraus, wo in Deutschland Marmor abgebaut wird.
b) Wozu wird Marmor heute verwendet?

Stoffgemische und Reinstoffe im Haushalt

1. a) Schütte etwas Kräutersalz auf einen Bogen Papier, streiche es glatt und betrachte es mit einer Lupe. Wie viele unterschiedliche Bestandteile kannst du erkennen?
b) Sortiere mit einem Spatel oder einer Pinzette die Einzelteile zu kleinen Haufen. Benenne, woraus die einzelnen Haufen bestehen.

2. a) Lies die Inhaltsangaben auf den Verpackungen von Müsli, Kakaogetränkepulver, Jodsalz, Backmischungen, Fertigsuppen und Reinigungsmitteln. Aus wie vielen Bestandteilen bestehen diese Mischungen jeweils?
b) Lies die Inhaltsangaben von Getränken wie Mineralwasser, Cola und Fitnessgetränken. Gib jeweils an, ob es sich um Stoffgemische oder um einen einzelnen Stoff handelt.

3. a) Schütte auf ein Blatt Papier Häufchen mit Salz, Zucker, Vollkornmehl, Weizenmehl, Backpulver, Weinstein, Citronensäure und Waschpulver. Wie sehen diese Stoffe aus?
b) Betrachte die Stoffe mit einer Lupe. Welche Unterschiede kannst du erkennen? Entscheide, ob es sich um ein Stoffgemisch oder um einen einzelnen Stoff handelt.
c) Fasse die Ergebnisse in einer Tabelle zusammen.

Stoff	Einzelstoff oder Stoffgemisch?
Salz	

1 Mineralwasser

2 Kräutersalz

3 Geschirrspül-Pulver

Stoffgemische
In der Küche findest du viele **Stoffgemische.** Die Backmischung für den Nusskuchen beispielsweise besteht aus verschiedenen festen Bestandteilen. Einige davon, wie die Nüsse, kannst du leicht erkennen. Reinigungsmittel wie das Pulver für die Geschirrspülmaschine sind ebenfalls aus mehreren festen Stoffen zusammengesetzt.
Im Orangensaft sind feste und flüssige Bestandteile gemischt. Im Fensterreiniger bilden Alkohol und Wasser mit weiteren Stoffen ein flüssiges Stoffgemisch. Mineralwasser ist ein Stoffgemisch aus der Flüssigkeit Wasser und dem Gas Kohlenstoffdioxid.

■ Ein Stoffgemisch besteht aus mindestens zwei verschiedenen Stoffen.

4 Zucker ist ein Reinstoff.

Reinstoffe
Sind Stoffe einheitlich aufgebaut, werden sie als **Reinstoffe** bezeichnet. Sie haben überall die gleichen Eigenschaften. In der Natur enthalten Reinstoffe immer Verunreinigungen, die je nach Verwendung entfernt werden müssen.
Zucker ist ein typischer Reinstoff. Seine einzelnen Kristalle haben die gleiche Farbe und Härte. Sie unterscheiden sich nur geringfügig in ihrer Form und Größe. Reiner Alkohol und destilliertes Wasser sind flüssige Reinstoffe. Gasförmige Reinstoffe wie Sauerstoff oder Kohlenstoffdioxid sind oft in Stahlflaschen abgefüllt.

■ Ein Stoff, der einheitlich zusammengesetzt ist und an allen Stellen die gleichen Eigenschaften hat, heißt Reinstoff.

Die Jagd nach dem reinen Stoff

Streifzug

Einen vollkommen reinen Stoff herzustellen ist fast unmöglich. Doch bestimmte Stoffe, die in der Industrie verwendet werden, dürfen nur sehr gering verunreinigt sein.

Besonders viel Aufwand wird zur Gewinnung von reinstem **Silicium** betrieben. Dieser Stoff spielt bei der Herstellung von Solarzellen und von Computer-Chips die entscheidende Rolle. Silicium kommt im Rohstoff Quarzsand in großen Mengen vor.

Das Silicium wird aus dem Quarzsand gewonnen. Danach muss es noch aufwändig gereinigt werden. Es wird geschmolzen und kristallisiert zu einem großen, zylinderförmigen Kristall. Er wird zur Weiterverarbeitung in hauchdünne Scheiben geschnitten.

Dieses reine Silicium enthält nur noch geringe Verunreinigungen – etwa so viel, als wäre auf einem Fußballfeld, das mit weißen Reiskörnern bedeckt ist, nur noch ein einziges schwarzes Korn zu finden.

5 Quarzsand als Rohstoff

6 Silicium-Kristall

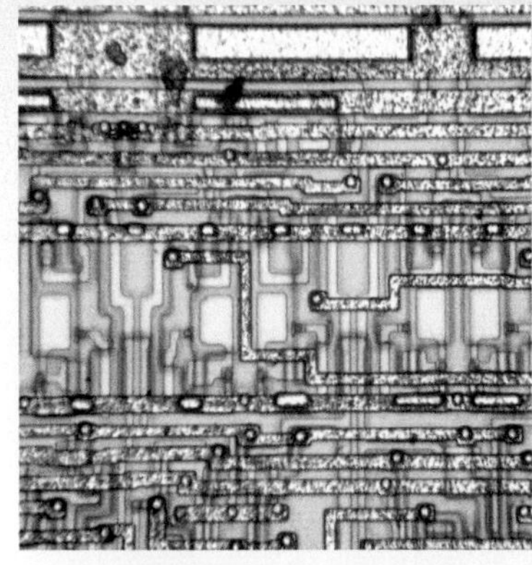

7 Endprodukt Computer-Chip

Herstellen von Stoffgemischen

1. a) Probiere in der Schulküche kleine Mengen Zucker, Citronensäure, Natron und Vanillinzucker. Wie schmecken diese Stoffe?
b) Stelle ein schmackhaftes Brausepulver her. Gib zwei Teelöffel Zucker in eine kleine Schüssel. Mische die anderen Bestandteile in kleinen Mengen hinzu. Notiere die zugegebenen Mengen. Rühre gut um. Probiere zwischendurch die Mischung.
c) Vergleiche deine Mischung mit fertigem Brausepulver. Fehlt noch etwas?
d) Fasse dein Ergebnis zusammen. Schreibe dein Rezept für Brausepulver auf.
e) Vergleiche dein Rezept mit denen deiner Mitschülerinnen und Mitschüler.

2. a) Orangensaft kannst du auch selbst herstellen. Presse dazu zwei bis drei Orangen aus. Achte darauf, dass du auch Fruchtfleisch erhältst.
b) Was geschieht, wenn du den Orangensaft eine Weile stehen lässt?
c) Verdünne den Saft mit Wasser und wiederhole Versuch b). Vergleiche die Beobachtungen.

3. a) Gib etwas Speiseöl in ein schmales Reagenzglas und füge Zitronensaft hinzu. Beschreibe das Aussehen des Gemisches. Verschließe die Öffnung mit dem Daumen und schüttle kräftig. Beschreibe nun das Gemisch. Lass es einige Minuten stehen und vergleiche.
b) Wiederhole Versuch a) und gib Eigelb dazu. Schüttle kräftig. Beschreibe das Gemisch. Lass es einige Minuten stehen.
c) Wiederhole Versuch b), füge aber Spülmittel statt Eigelb hinzu.
d) Fasse deine Ergebnisse zusammen.

1 Ein Milchshake ist ein Gemisch.

2 In der Salatsoße sind Öl und Essig klar getrennt.

Verrühren und Mischen

Speisen erhalten fast immer erst ihren typischen Geschmack, wenn mehrere Stoffe miteinander vermischt und verarbeitet werden. Aus Obst, Zucker und Milch lässt sich ein leckerer Milchshake herstellen. Die einzelnen Bestandteile müssen erst zerkleinert und dann gut verrührt werden. Für die Zubereitung ist ein Mixer hilfreich.

Suspension

Bevor du dir Orangensaft in dein Glas schüttest, solltest du die Flasche gut schütteln. Das Fruchtfleisch hat sich nämlich nach längerem Stehen auf dem Boden abgesetzt. Saft und Fruchtfleisch zusammen ergeben eine **Suspension.**

■ Eine Suspension besteht aus einer Flüssigkeit und den darin verteilten festen Stoffen.

Emulsion

Es gibt Flüssigkeiten, die sich nicht mischen lassen. Die Fettaugen auf der Hühnerbrühe verschwinden nur kurzzeitig, wenn du die Brühe umrührst. Nach einer Weile schwimmt das Fett wieder oben.
Wenn du Geschirr nur mit Wasser spülst, löst sich das Fett erst gar nicht richtig vom Geschirr ab. Hier hilft das Spülmittel. Es ist ein Stoff, mit dem sich Fett oder Öl mit Wasser dauerhaft mischen lassen. Er sorgt für die feine Verteilung der sonst nicht mischbaren Flüssigkeiten. Es entsteht eine **Emulsion.** Das Spülmittel ist der **Emulgator.**

■ Flüssigkeiten wie Öl und Wasser sind eigentlich nicht mischbar. Sie lassen sich nur durch einen Emulgator dauerhaft zu einer Emulsion vermischen.

Emulsionen selbst gemacht: Majonäse und Handcreme

Majonäse
Nicht nur auf Pommes frites schmeckt die Majonäse gut, sondern auch mit frischen Salaten und in Kartoffel- und Nudelsalat.

Zutaten

1	frisches Ei
1 Esslöffel	Zitronensaft
1 Teelöffel	Senf
¼ Teelöffel	Salz
¼ l	Pflanzenöl
1 Prise	Pfeffer
1 Prise	Zucker

Verrühre alle Zutaten bis auf das Öl mit einem Schneebesen zu einer glatten Masse. Gib das Öl unter ständigem und gleichmäßigem Rühren erst tropfenweise, dann esslöffelweise hinzu.

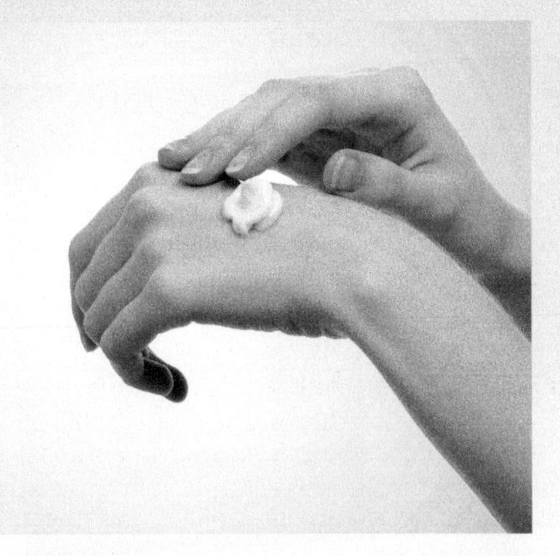

Handcreme
In der Kosmetik spielen Emulsionen eine große Rolle. Cremes sind meist Gemische aus Wasser und Öl, denn die Haut benötigt beides.
So lassen sich auch pflegende Stoffe auf die Haut und in die Haut übertragen.

Zutaten

6 g	Sesam- oder Sojaöl
1,5 g	Bienenwachs
30 ml	destilliertes Wasser
2,5 g	Tegomuls 90S (Emulgator)
1 g	Cetylalkohol

mögliche Zusätze

2 Tropfen	Parfümöl
20 Tropfen	Euxyl

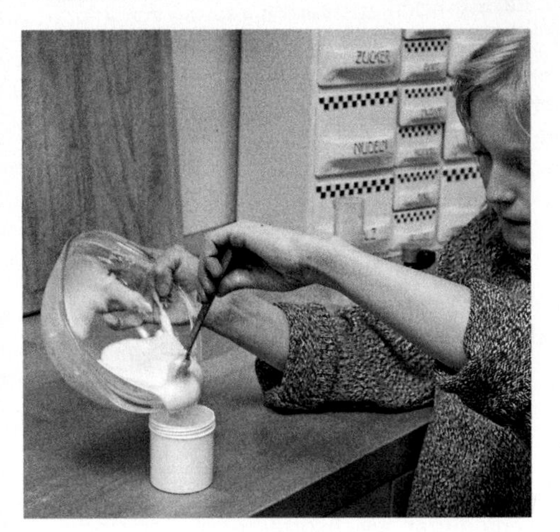

Die Zutaten erhältst du in Apotheken. Gib Öl und Wachs zusammen mit dem Emulgator Tegomuls und dem Cetylalkohol in ein Becherglas. Erwärme es auf etwa 70 °C. Erhitze in einem zweiten Becherglas das destillierte Wasser auf die gleiche Temperatur. Gib nun unter ständigem Rühren in kleinen Portionen das Wasser in das Öl-Wachs-Gemisch.
Um den Alkohol hineinzurühren, muss die gut verrührte Emulsion auf 30 °C abgekühlt sein, sonst verfliegen die Stoffe zu schnell. Dies gilt auch für Parfümöl, falls dies gewünscht ist.

Ohne Konservierungsstoffe ist die Creme höchstens drei Monate haltbar. Deshalb solltest du unbedingt das Herstellungsdatum auf die Dose schreiben.
Du kannst auch 20 Tropfen Euxyl als Konservierungsstoff hinzufügen, um die Haltbarkeit zu verlängern.

Stoffgemische

Milch – kein Reinstoff

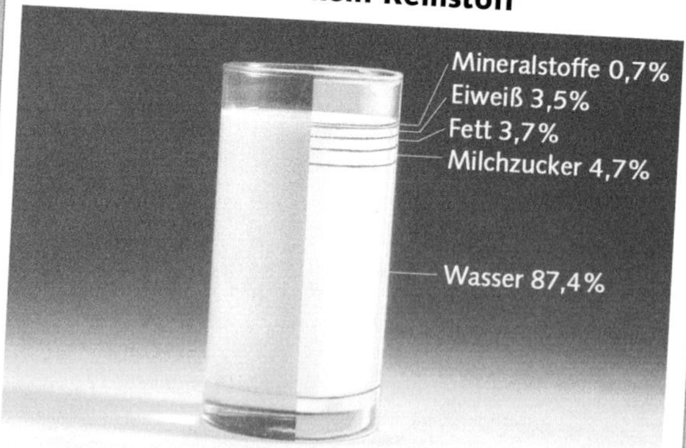

Milch sieht aus wie ein ▸Reinstoff. Tatsächlich ist die Milch von Natur aus ein Gemisch aus Wasser, Fett, Milchzucker, Eiweiß, Vitaminen und Mineralstoffen wie Calcium. Die Bestandteile bilden eine ▸Emulsion. Die Milchsorten unterscheiden sich vor allem in ihrem Fettgehalt.

Staubige Luft

Beim Hervorholen alter Bücher oder Ausschütteln von Decken, die lange gelegen haben, staubt es gewaltig. Der Staub besteht vor allem aus Hautschuppen und Blütenstaub. Er mischt sich mit der Luft. Besonders gut ist der Staub im Sonnenlicht zu sehen. In der Technik spielt der Schutz vor Stäuben eine große Rolle. Sie können gesundheitsgefährdend sein.

Schaum

Mit Seife und Wasser kannst du Schaum herstellen. In dieser Mischung schließt die Flüssigkeit Luftblasen ein.

Rezept für haltbare Seifenblasen:
Verrühre 1 g Tapetenkleister in 40 ml warmem Wasser, bis du keine Klümpchen mehr siehst. Löse 40 g Neutralseife und 20 g Zucker in 360 ml Wasser auf. Gib die beiden Lösungen zusammen und verrühre sie gut. Lass das Gemisch anschließend einen Tag ruhen. Mit einem kleinen Drahtring kannst du Seifenblasen machen.

Granit

Granit ist ein Gemisch aus verschiedenen Gesteinsarten. Er bildet ganze Gebirgsmassive. Die Farben reichen von hellem Grau bis Blau, Rot und Gelb. Verwendet wird Granit unter anderem für Arbeitsplatten in der Küche.

Die Bestandteile des Granit kannst du dir gut durch folgenden Reim merken:
„Feldspat, Quarz und Glimmer –
die vergess' ich nimmer!"

1. Überlege bei jedem der vier Beispiele, ob es sich um Gemische aus Feststoffen, Gasen oder Flüssigkeiten handelt.

2. Recherchiere die Anteile der Stoffe, die in den verschiedenen Milchsorten enthalten sind.

Die Fachsprache benutzen

1. a) Welches Problem wird in dem Comic dargestellt?
b) Beschreibe ähnliche Situationen auch im Alltag. Spiele sie mit deinen Mitschülerinnen und Mitschülern nach.

2. Schreibe auf, wie du die Unterhaltung im Comic ändern kannst, sodass es kein Missverständnis gibt.

3. Schreibe vier Fachbegriffe aus den Naturwissenschaften und die dazu gehörenden kurzen Erklärungen heraus. Bastele mit den Begriffspaaren Karten. Sammelt die Karten für ein Memory-Spiel für die ganze Klasse.

Fachsprache – wozu?

Du hast im naturwissenschaftlichen Unterricht und bei der Benutzung dieses Buches schon einige Fachbegriffe gelernt. Manchmal wirst du dich gefragt haben, ob denn die Alltagssprache dafür nicht ausreicht. Wenn du dir aber die Bildergeschichte oben anschaust, siehst du, dass es sehr sinnvoll sein kann, sich mit einem Fachwort genau ausdrücken zu können.

Ein Wort statt vieler Sätze

Oft sparen Fachwörter auch Zeit, weil sie einen Vorgang in einem Wort benennen: Statt einfach ▸Sedimentation zu sagen, müsstest du erklären, dass ein Stoff, der sich im Wasser nicht löst, mit der Zeit auf den Boden sinkt. Wenn also alle wissen, was mit bestimmten Fachwörtern gemeint ist, können sie sich viel einfacher und ohne Missverständnisse unterhalten. So haben zum Beispiel die chemischen Stoffe festgelegte Symbole, die überall auf der Welt gleich sind. Sieht ein Chemiker in Japan die Abkürzung H_2O, weiß er sofort, dass es sich um den Stoff Wasser handelt.

Fachwort	Bedeutung
Emulsion	Stoffgemisch aus Flüssigkeiten wie Wasser und Öl, die nur durch Zusatz eines Emulgators mischbar sind.
100 ml-Erlenmeyerkolben	Glasgefäß, das nach oben hin schmaler wird und mit einem geraden Hals abschließt
Siedesteinchen	kleine, raue Steinchen, die beim Erhitzen einer Flüssigkeit verhindern, dass diese plötzlich herausschießt
Al	Symbol für Aluminium: ein silbrig glänzendes Leichtmetall

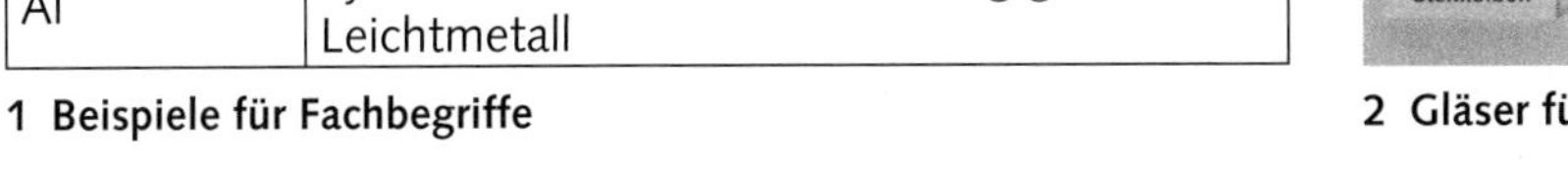

1 Beispiele für Fachbegriffe

2 Gläser für Experimente

Trennen von Stoffgemischen

1. Stelle dreimal das gleiche Gemisch her. Fülle dazu in drei Bechergläser je 100 ml Wasser und gib je einen Teelöffel Sand und Gartenerde dazu. Wie wird ein solches Gemisch genannt? Beschreibe das Aussehen des Gemisches.

2. Versuche die drei Gemische aus Aufgabe 1 auf unterschiedliche Weise zu trennen.
a) Verwende dazu nur ein zweites Becherglas.
b) Verwende dazu ein Teesieb.
c) Verwende dazu einen Trichter, einen Filter und einen 250 ml-Erlenmeyerkolben. Bereite den Filter wie in Bild 1 vor. Warum läuft die Flüssigkeit erst schnell und dann immer langsamer durch den Filter?
d) Beschreibe für alle Versuche, wie du vorgegangen bist.

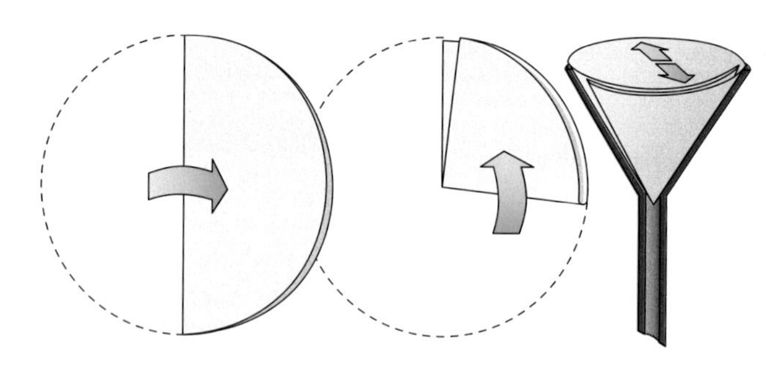

1 So wird das Filterpapier gefaltet.

3. Vergleiche die Ergebnisse von Versuch 2 a), b) und c) miteinander und lege eine Tabelle an.

Art der Stofftrennung	Beobachtung

4. Bei welchen Teezubereitungsarten wendest du die drei Methoden zur Stofftrennung aus Versuch 2 an?

5. Wasche für einen Salat die Salatblätter und trockne sie. Überlege dir dazu zwei einfache Methoden. Verwende auch ein sauberes Geschirrhandtuch.

6. Beschreibe, wie eine Wäscheschleuder funktioniert.

7. Fülle in die Gläser einer Handzentrifuge jeweils trüben Apfelsaft, Orangensaft, Kokosmilch und eine Emulsion aus Wasser, Öl und Eigelb. Drehe nun kräftig an der Kurbel. Beschreibe, wie die Flüssigkeiten nach dem Zentrifugieren aussehen.
Achtung! Du darfst während des Drehens auf keinen Fall in den Drehbereich der Gläser kommen!

8. Mische in einer Schale Eisennägel mit Messing- oder Kupfernägeln. Wie kannst du dieses Gemisch trennen? Plane einen Versuch und führe ihn durch.

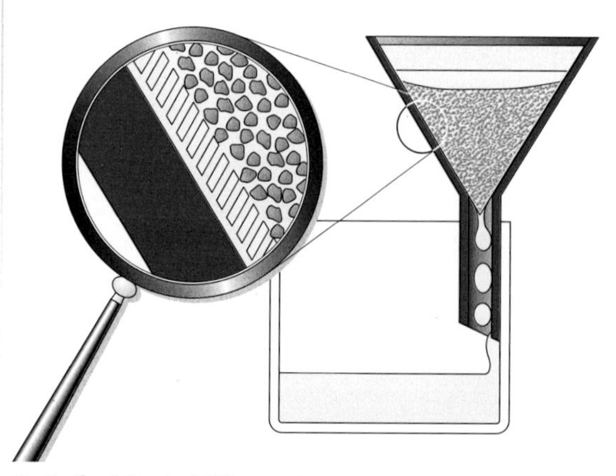

2 So funktioniert Filterpapier.

3 Zum Entsaften wird zerkleinertes Gemüse geschleudert.

Sedimentieren und Dekantieren

Viele Suspensionen lassen sich sehr einfach trennen. Du lässt das Gemisch ruhig stehen, sodass die Feststoffe auf den Grund sinken. Dieses Absetzen heißt **Sedimentieren.**
In großen Mengen findet dies in den Meeren statt, auf deren Grund sich verschiedene Feststoffe wie Sand ablagern. Diese Ablagerungen heißen **Sedimente.** In langen Zeiträumen verfestigen sie sich zu Sedimentgesteinen.
In manchen Ländern wird zur Zubereitung von Kaffee das Kaffeepulver direkt mit heißem Wasser übergossen. Das Pulver sinkt mit der Zeit nach unten und setzt sich als Sediment ab. Die Flüssigkeit, die darüber steht, wird getrunken. Du könntest sie auch vorsichtig abgießen. Dieser Vorgang heißt **Dekantieren.**

Sieben und Filtrieren

Sinken die Feststoffe in der Suspension nicht auf den Grund oder sind sie sehr fein verteilt, musst du das Gemisch **sieben** oder **filtrieren.**
Ein **Sieb** eignet sich nur bei groben Feststoffteilchen. In der Küche werden Siebe zum Waschen von Salat oder zum Abgießen von Nudeln verwendet.
Um kleine Feststoffteilchen von Flüssigkeiten zu trennen, ist **Filterpapier** notwendig. Der Kaffeefilter hält das Kaffeemehl zurück, es bildet den **Rückstand.** Die filtrierte Flüssigkeit, der trinkfertige Kaffee, ist das **Filtrat.**
Mit Papierfiltern werden auch Feststoffteilchen aus der Luft gefiltert. Du findest sie im Staubsauger oder im Motorraum des Autos als Luftfilter. Heimwerker sollten beim Abschleifen von Holz oder von Lackfarben wegen der Gesundheitsgefahren Staubmasken tragen.

Zentrifugieren und Schleudern

Bestimmte Gemische lassen sich dadurch trennen, dass sie im Kreis **geschleudert** werden. Eine Wäscheschleuder erreicht etwa 2000 Umdrehungen in der Minute. Das Wasser und die Wäsche werden an den Rand gedrückt. Dort fließt das Wasser durch kleine Löcher nach draußen. Auch beim Obstentsaften wie in Bild 3 wird diese Methode verwendet.

Wird der Behälter mit dem Gemisch sehr schnell gedreht, teilt sich das Gemisch darin auf. Dieser Vorgang heißt **Zentrifugieren.** Auf diese Weise wird in der Molkerei die leichtere Sahne von der Milch getrennt. Für medizinische Zwecke gibt es Laborzentrifugen, die sich hunderttausendmal in der Minute drehen können. Darin sind Gläser aufgehängt. Durch die hohe Geschwindigkeit werden die schwereren Teilchen an den Boden des Gefäßes gedrückt.

5 Laborzentrifuge

Magnetscheiden

Auf einem Schrottplatz fallen bei der Verwertung von Altautos außer Eisen auch Metalle wie Aluminium und Kupfer an. Deshalb läuft der zerkleinerte Metallschrott über eine **Magnetscheidetrommel.** Die Eisenteile bleiben an der Trommel haften, während die anderen Metalle weiter transportiert werden.

■ Stoffgemische können auf verschiedene Arten getrennt werden. Man kann sie sedimentieren, dekantieren, sieben, filtrieren, schleudern, zentrifugieren oder mit einem Magnet scheiden.

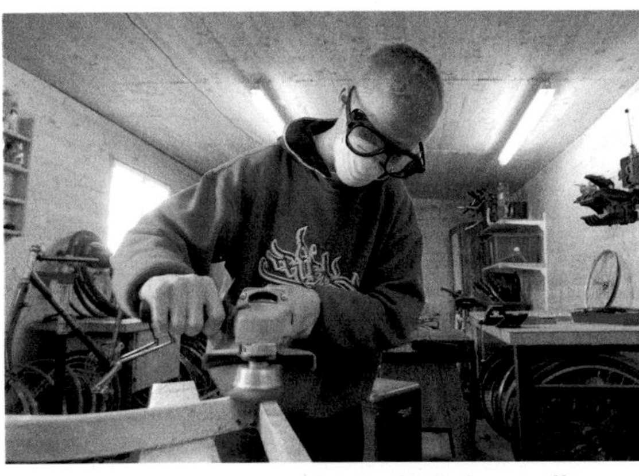

4 Filter schützen vor gesundheitsschädlichen Stoffen.

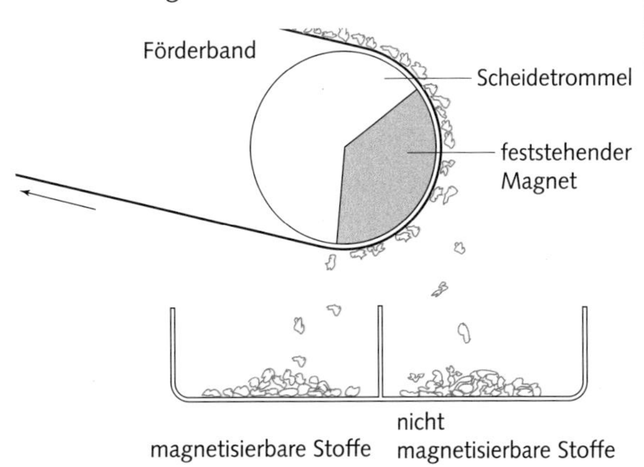

6 Magnetscheider in der Müllsortieranlage

Müll trennen und verwerten

1. In welche Müllsorten kann unser Abfall bereits zu Hause getrennt werden?

2. Wie ist das Sammeln von Biomüll, Altpapier, Altglas, Textilien und Sperrmüll in deiner Gemeinde organisiert?

Viele Abfälle und Reste sind wertvolle Rohstoffe und können mehrfach wiederverwendet werden. Dazu gehören Papier, Glas und der Inhalt der gelben Säcke oder Tonnen. Durch besondere Sammlungen können gut erhaltene Bekleidung und Schuhe Bedürftigen zur Verfügung gestellt werden. Des Weiteren können Textilien auch zerkleinert werden und als wertvoller Rohstoff bei der Papierherstellung dienen.
Auch nach der Sperrmüllabfuhr werden noch verwendbare Dinge auf Recyclinghöfen aussortiert, bevor die Reste zur Müllverbrennungsanlage gebracht werden.

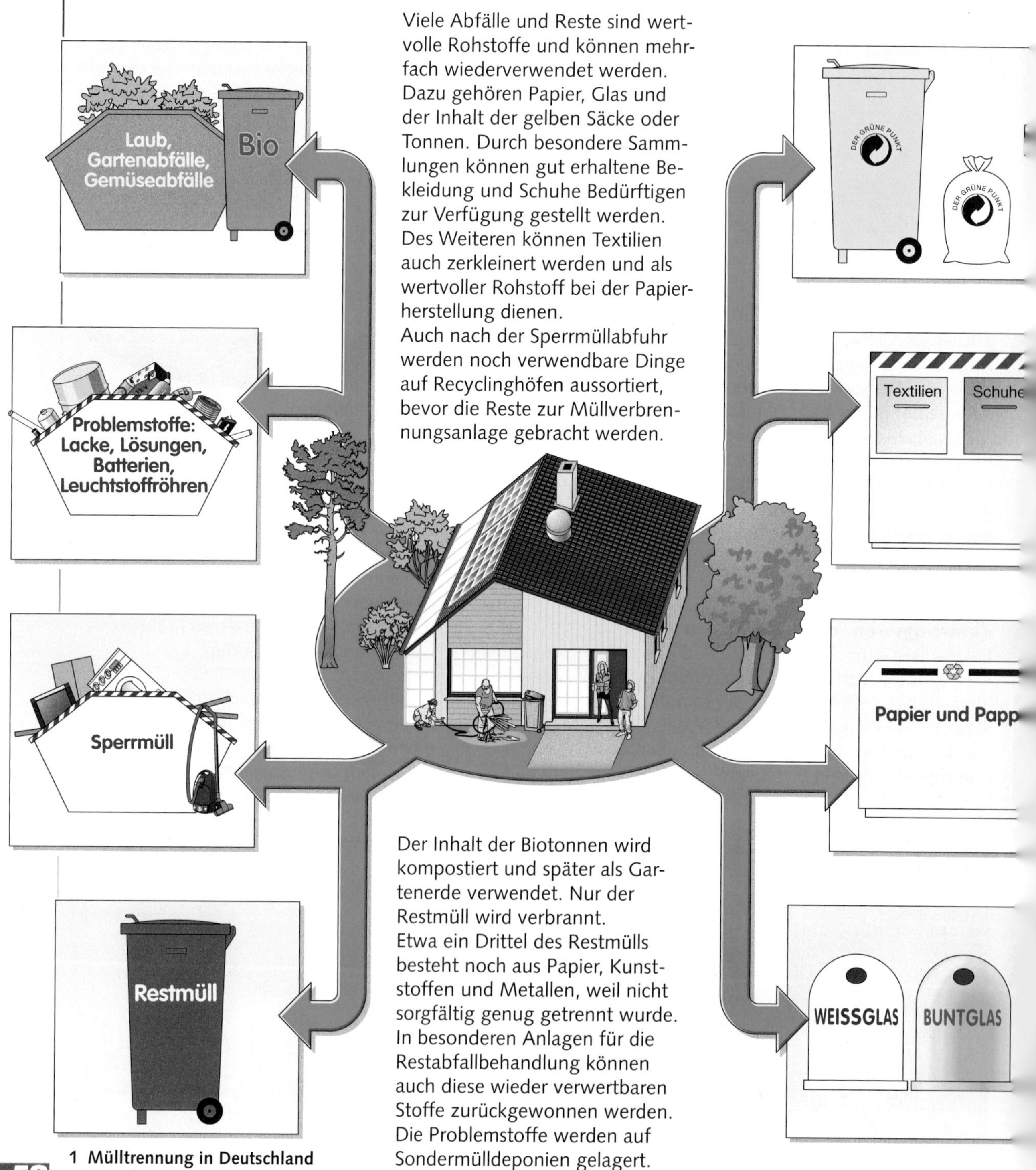

Der Inhalt der Biotonnen wird kompostiert und später als Gartenerde verwendet. Nur der Restmüll wird verbrannt.
Etwa ein Drittel des Restmülls besteht noch aus Papier, Kunststoffen und Metallen, weil nicht sorgfältig genug getrennt wurde. In besonderen Anlagen für die Restabfallbehandlung können auch diese wieder verwertbaren Stoffe zurückgewonnen werden. Die Problemstoffe werden auf Sondermülldeponien gelagert.

1 Mülltrennung in Deutschland

Die Wiederverwertung von Abfällen und Resten aus den Haushalten spart teure Rohstoffe und verringert die Müllmenge, die auf Deponien gelagert werden muss.

■ Getrennte Müllsammlungen sind die Voraussetzung für eine Wiederverwertung von teuren Rohstoffen. Sie sorgen dafür, dass nicht noch mehr Mülldeponien entstehen müssen.

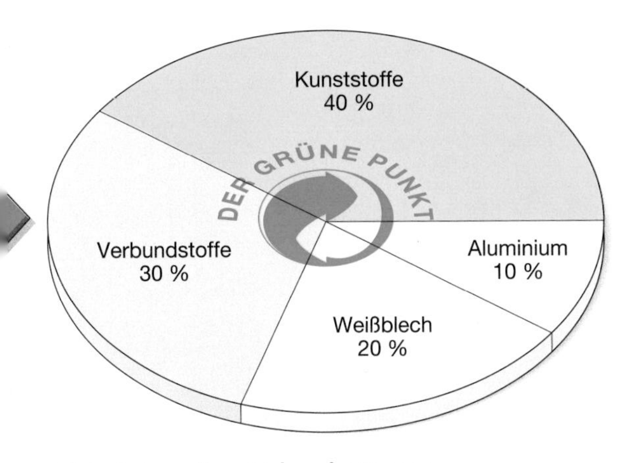

2 Inhalt der gelben Säcke oder Tonnen

Der Inhalt der gelben Säcke oder der gelben Tonnen besteht überwiegend aus **Kunststoffen** aller Art. Reine Kunststoffsorten können erneut zu Kunststoffgegenständen verarbeitet werden. Vermischte Kunststoffsorten können zum Beispiel als Erdölersatz in Hochöfen verbrannt werden.
Getränkekartons sind **Verbundverpackungen,** die aus Papier, Kunststoff und Aluminium bestehen. Das Papier wird abgetrennt und wiederverwertet. Der Rest wird bei der Zementherstellung verwendet.
Fast alle Konservendosen bestehen aus **Stahlblech.** Es kann zu neuem Stahl eingeschmolzen werden.
Auch das **Aluminium** der Getränkedosen und anderer Verpackungen wird wiederverwendet. Es wird geschmolzen und zu neuen Produkten verarbeitet.

3 Papierrecycling

Altpapier und Kartons werden zerkleinert. Danach werden Fremdstoffe wie Metalle abgeschieden. Der Papierbrei wird entfärbt und zu Recyclingpapier verarbeitet. Daraus werden Briefumschläge, Zeitungspapier, Toilettenpapier und Kartons hergestellt.

Das Altglas, das nach Farben getrennt gesammelt wurde, wird zerkleinert. Metalle und Papierreste werden automatisch aussortiert. Dann wird das Glas geschmolzen und dient als Zusatz zur Herstellung neuer Flaschen und Gläser.

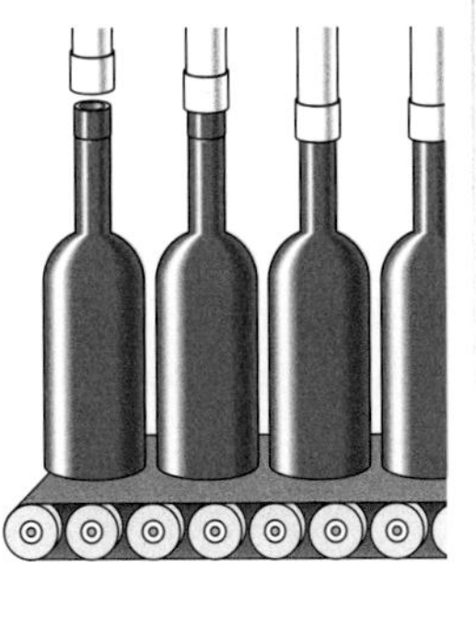

4 Glasrecycling

Extrahieren – ein besonderes Trennverfahren

1 Blattzellen

1. a) Zerschneide mit einer Schere einige frische grüne Laubblätter. Gib sie zusammen mit etwas Sand in einen Mörser und zerreibe sie mit einem Pistill. Übergieße das Blättermus mit 3 ml bis 5 ml Spiritus und reibe nochmals eine Minute. Dekantiere die Lösung und filtriere sie in einen Erlenmeyerkolben. Beschreibe das Filtrat. Wozu könnte es verwendet werden?
b) Fülle ein Reagenzglas etwa fingerbreit mit dem Filtrat aus a). Gib einige Tropfen Wasser und 6 ml Benzin dazu. Verschließe das Reagenzglas mit einem Stopfen und schüttele kräftig. Lass das Gemisch kurze Zeit ruhig stehen. Beschreibe das Ergebnis.

2. a) Plane einen Versuch zur Herstellung eines blauvioletten Gemüsesaftes.
b) Besprecht eure Planungen und führt den Versuch durch.

3. Hänge einen Teebeutel für roten Früchtetee in kaltes Wasser. Beobachte etwa 10 min und fertige eine Zeichnung an.

2 Herstellen einer Blattgrünlösung

Stoffe werden herausgelöst

Tee und Kaffee sind zwei Flüssigkeiten, die durch Herauslösen von Duft-, Farb- und Aromastoffen hergestellt werden. Das heiße Wasser löst diese Stoffe aus den trockenen Teeblättern oder aus den gemahlenen Kaffeebohnen heraus. Auch aus einigen Gemüsesorten kannst du mit Wasser Farbstoffe herauslösen. Dieser Vorgang heißt **Extraktion.** Die Flüssigkeit, die die Stoffe herauslöst, ist das **Extraktionsmittel.**

Auf das Extraktionsmittel kommt es an

Manche Stoffe lösen sich nur in bestimmten Extraktionsmitteln. Mithilfe von Spiritus kannst du den grünen Farbstoff aus Blättern herauslösen. Die gelben Blattfarbstoffe dagegen lösen sich in Benzin. Dadurch lassen sie sich voneinander trennen.

■ Bei der Extraktion werden mithilfe eines Extraktionsmittels Bestandteile aus einem Stoff herausgelöst.

Gelöste Stoffe zurückgewinnen

1. a) Stelle eine Salzlösung her und dampfe sie in einer Abdampfschale ein.
Vorsicht: Beim Erwärmen kann Salz herausspritzen!
Stelle den Brenner ab, bevor das letzte Wasser verdampft ist. Notiere die Beobachtungen, die du während des Versuches gemacht hast.
b) Betrachte den weißen Stoff auf dem Boden mit einer Lupe. Vergleiche ihn mit Kristallen von Speisesalz.

2 Salzlösungen einige Tage stehen lassen

1 Salzlösung eindampfen

2. Löse je einen Spatel Kochsalz, Alaun, Kupfersulfat und gelbes Blutlaugensalz unter leichtem Erwärmen in jeweils 5 ml destilliertem Wasser. Gieße die Salzlösungen in Uhrgläser und lass sie einige Tage ruhig stehen. Beschreibe deine Beobachtungen und fertige Zeichnungen an.

3. An welchen Küsten wird Salz in Salzgärten gewonnen? Markiere sie auf einer Europakarte.

4. Eindampfen ist ein Trennverfahren. Welche Art von Gemischen kann damit getrennt werden?

3 Salzgärten in der Algarve

Salz zurückgewinnen
Bleibt eine Salzlösung längere Zeit stehen, so verdunstet das Wasser. Salz bleibt zurück.
Die Salzbauern am Meer müssen lange warten, bis das Wasser aus den Becken verdunstet ist und sie das Salz zusammenschieben können. Bei diesem Verfahren entstehen große Salzkristalle.
Schneller geht es durch **Eindampfen.** Dabei wird das salzhaltige Wasser erhitzt. Das Wasser verdampft und zurück bleibt das weiße Kochsalz.

■ Aus einer Salzlösung lässt sich durch Verdampfen des Wassers Salz gewinnen. Dieses Verfahren heißt Eindampfen.

Destillation – reines Wasser aus Lösungen

1 Wasser verdampft.

2 Noch geht viel Wasser verloren.

1. a) Stelle eine Lösung aus 100 ml Wasser, einigen Tropfen blauer Tinte und zwei Spateln Salz her. Erhitze dieses Gemisch in einem Stehkolben bis zum Sieden. Beobachte dabei besonders den Hals des Kolbens (Bild 1). Fertige eine Zeichnung zu deinen Beobachtungen an.
b) Erhitze erneut und versuche den austretenden Wasserdampf mithilfe einer Glasscheibe aufzufangen (Bild 2).
Vorsicht: Der Wasserdampf ist heiß! Auch die Scheibe darf nur am Rand angefasst werden.
c) Wie gut ist dieses Verfahren geeignet, Wasser aus einer Lösung zurückzugewinnen?
d) Wie kannst du erkennen, dass das aufgefangene Wasser kein Salz mehr enthält? Plane dazu einen Versuch und führe ihn durch.

2. a) Verschließe den Kolben aus Versuch 1 mit einem Gummistopfen, in dem ein langes, gebogenes Glasrohr steckt (Bild 3). Stelle ein kleines Becherglas unter die Öffnung des Glasrohres. Erhitze erneut und beobachte die Vorgänge im Kolben sowie im Glasrohr.
b) Befeuchte Papierhandtücher oder anderes saugfähiges Papier. Umwickle damit das Glasrohr (Bild 4). Erhitze erneut bis zum Sieden. Beende den Versuch, wenn das feuchte Papier zu dampfen beginnt.
c) Zeige, dass das aufgefangene Wasser reines Wasser ist.
d) Vergleiche die Ergebnisse der Versuche 1 und 2.

3. a) Beschreibe die Destillation mit dem Liebigkühler (Bild 5).
b) Was passiert mit dem Kühlwasser, während es durch den Liebigkühler strömt?

4. Wodurch wird das Verfahren zur Gewinnung von destilliertem Wasser in den Bildern von 1 bis 5 verbessert?

Die Destillation

Beim **Destillieren** wird aus einer Lösung eine Flüssigkeit verdampft und anschließend abgekühlt. Der Dampf kondensiert und wird als Flüssigkeit wieder aufgefangen.

Auf die Kühlung kommt es an

Je besser bei der Destillation gekühlt wird, desto größer ist die aufgefangene Flüssigkeitsmenge, das **Destillat.** Hierfür wird der Liebig-Kühler benutzt.
Wasser, das durch Destillation gewonnen wurde, heißt **destilliertes Wasser.** Es ist reines Wasser und enthält weder Salze noch andere Verunreinigungen.

Andere Lösungen trennen

Die Destillation ist eines der wichtigsten und ältesten Trennverfahren der Chemie. Außer Salzwasser lassen sich auch andere Lösungen durch Destillieren trennen. In großen Industrieanlagen, den Erdöl-Raffinerien, wird Erdöl destilliert, um Benzin, Dieselkraftstoff und weitere Produkte zu erhalten.

■ Mithilfe der Destillation lassen sich Lösungen durch Verdampfen und Kondensieren trennen.

3 Bringt das gebogene Rohr eine Verbesserung?

4 Ein gekühltes Rohr erhöht die Wassermenge.

Innen warm und außen kalt

Der **Liebig-Kühler** ist ein wichtiges Glasgerät im Chemielabor. Das kalte Wasser im äußeren Rohr kühlt den Dampf im inneren Rohr ab. Im Innenrohr strömt der Dampf dem Kühlwasser im äußeren Rohr entgegen. Der Dampf kondensiert und wird als Destillat aufgefangen. Das Kühlwasser erwärmt sich dabei. Der Liebig-Kühler ist ein **Gegenstromkühler.**

Information

JUSTUS FREIHERR VON LIEBIG (1803–1873) war schon mit 19 Jahren Professor für Chemie in Gießen. Er entdeckte viele neue Stoffe, zum Beispiel Chloroform. Viele seiner Entdeckungen fanden eine industrielle Anwendung, unter anderem der von ihm entwickelte Liebig-Kühler. LIEBIG gilt außerdem als Begründer der modernen Düngelehre.

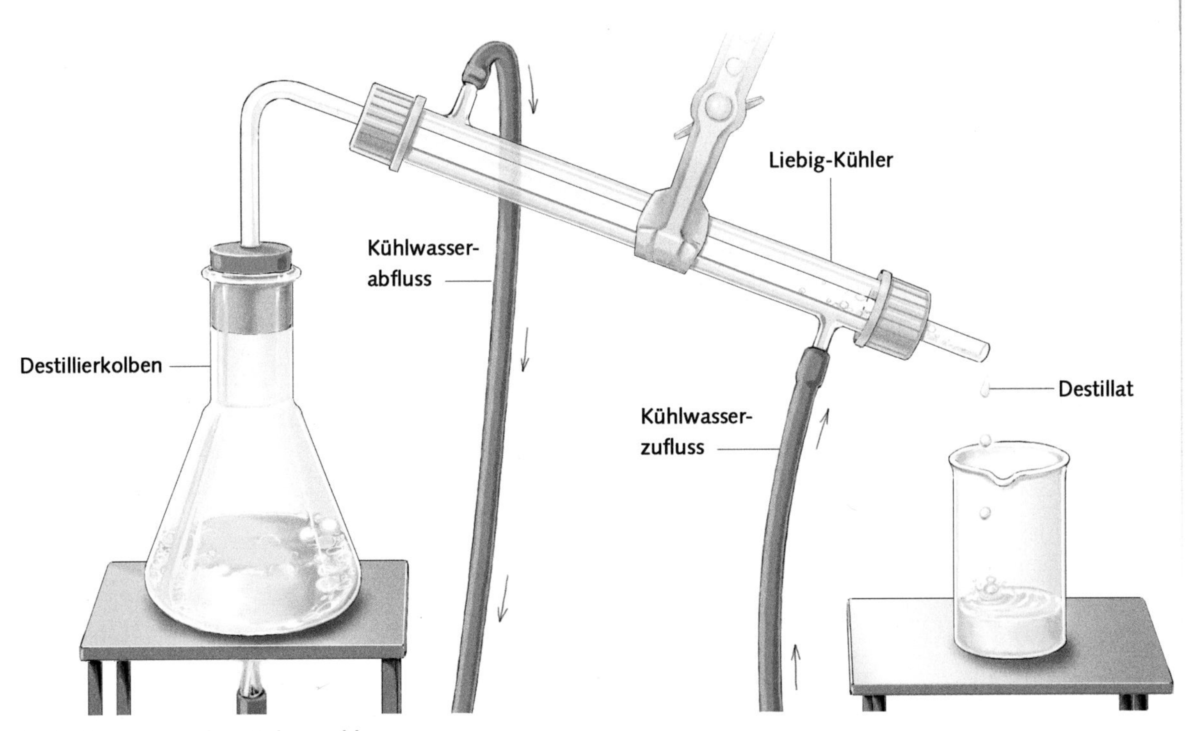

5 Destillation mit dem Liebig-Kühler

Papierchromatographie

Schwarz ist nicht gleich schwarz. Schwarze Stifte schreiben unterschiedlich. Durch ein einfaches Trennverfahren, die **Papierchromatographie,** kannst du herausfinden, woran das liegt.

Dabei wird ein Farbfleck auf Filterpapier mithilfe einer Flüssigkeit in seine Bestandteile getrennt. Du erkennst danach auf dem Filterpapier deutlich, dass der schwarze Farbstoff aus verschiedenen anderen Farbstoffen zusammengesetzt ist.

Die Trennung beruht darauf, dass sich einige Farbstoffe gut in Wasser oder einer anderen Flüssigkeit lösen. Sie wandern mit dem Wasser als **Fließmittel** schnell und weit. Andere Farbstoffe haften besser am Papier und sind deshalb langsamer. Das so entstandene Bild heißt **Chromatogramm**.

1 Chromatogramm einer schwarzen Farbe

■ Bei der Papierchromatographie werden Farbstoffgemische mithilfe eines Fließmittels getrennt.

1. a) Male mit einem schwarzen wasserlöslichen Filzstift einen dicken Punkt in die Mitte eines runden Filterpapiers. Teile ein weiteres Filterpapier in vier Teile. Drehe aus einem der Viertel einen Docht und stecke ihn durch die Mitte des schwarzen Punktes. Lege dann den Rundfilter auf den Rand einer halb mit Wasser gefüllten Petrischale. Achte darauf, dass nur der Docht ins Wasser taucht. Beobachte, was geschieht. Beende den Versuch, wenn das Wasser kurz vor dem Rand des Rundfilters angekommen ist.
b) Vergleiche deinen Rundfilter mit anderen. Was stellst du fest?
c) Wiederhole Versuch a) mit anderen Filzstiften.

2. Wiederhole Versuch 1 a) mit schwarzer und blauer Tinte. Was stellst du fest?

3. Vergleiche die Chromatogramme verschiedener Filzstiftfarben. Welche Farben sind Reinstoffe?

4. Wie lässt sich ein Chromatogramm von den Farben eines „Permanent"-Filzstiftes herstellen?

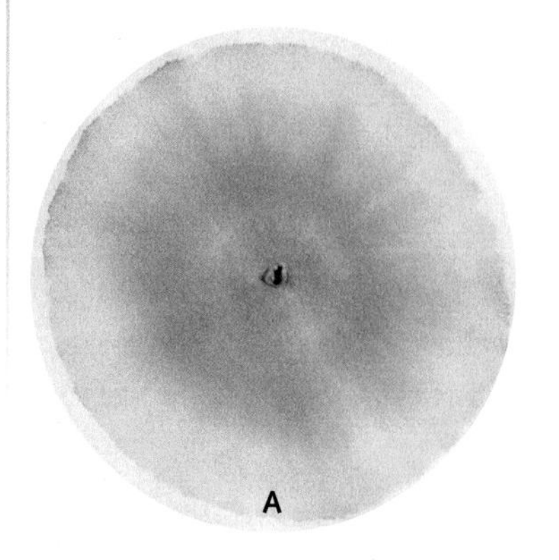
A

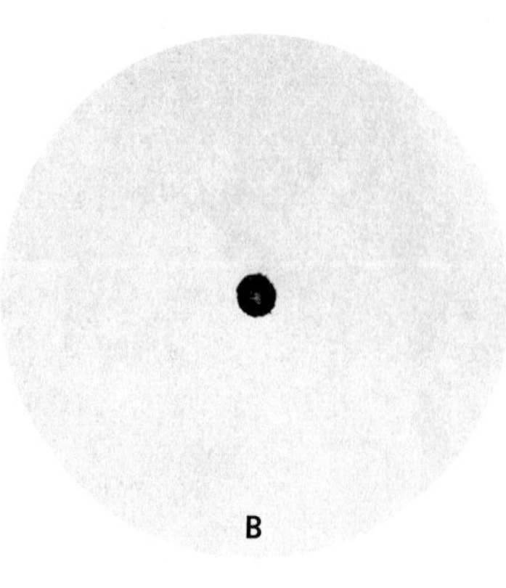
B

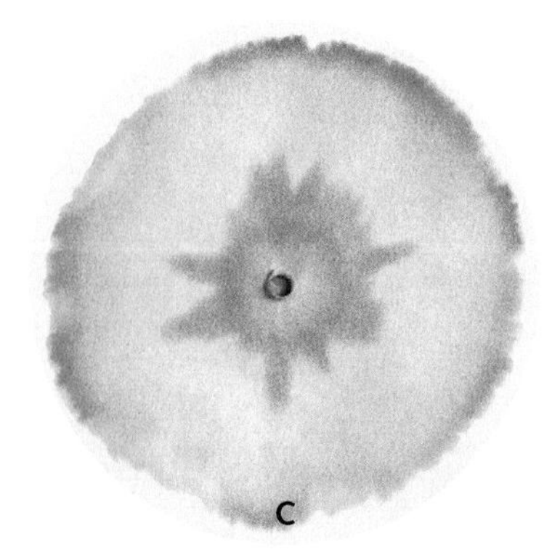
C

2 Weitere Chromatogramme. A *Tinte;* **B** *schwarze Farbe „permanent";* **C** *braune Filzstiftfarbe*

Chromatographie von Lebensmittelfarben

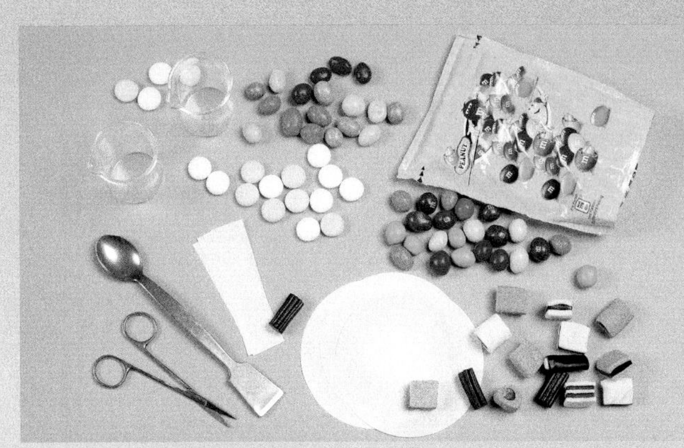

1 Das Material

Vorbereitung

Besorge folgende Lebensmittel, die mit einer gefärbten Zuckerglasur überzogen sind:
- Schokolinsen,
- Erdnüsse,
- Lakritze.

Sortiere die Süßigkeiten nach Farben.

Ablösen des Farbstoffes

Gib in ein kleines Glasgefäß vier Schokolinsen gleicher Farbe. Füge nur so viel Wasser hinzu, dass sie gerade bedeckt sind.
Bewege das Glas leicht hin und her, damit der Farbstoff mithilfe des Wassers ausgewaschen wird.
Nimm die Schokolinsen mit einem Löffel sofort aus dem Gefäß, wenn eine weiße Schicht erkennbar ist.

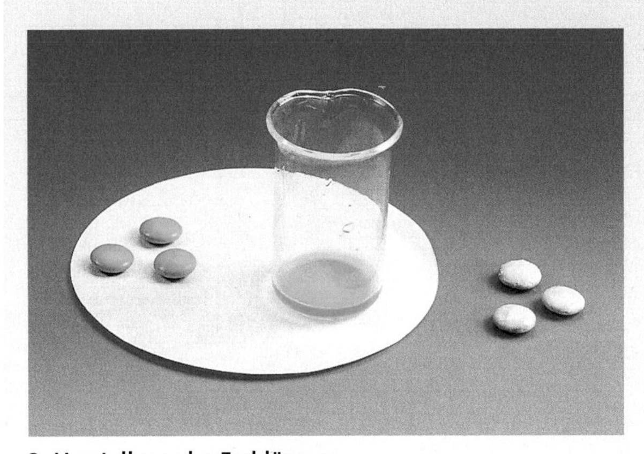

2 Herstellung der Farblösung

Chromatogramm anfertigen

Hänge dann einen etwa 2cm breiten und 10cm langen Filterpapierstreifen so in das Glasgefäß hinein, dass nur die Spitze des Papiers in die Flüssigkeit taucht. Beobachte.
Nimm den Streifen wieder heraus, wenn er fast bis zum Rand mit Flüssigkeit vollgesogen ist. Wiederhole den Vorgang mit anderen Farbstoffen.

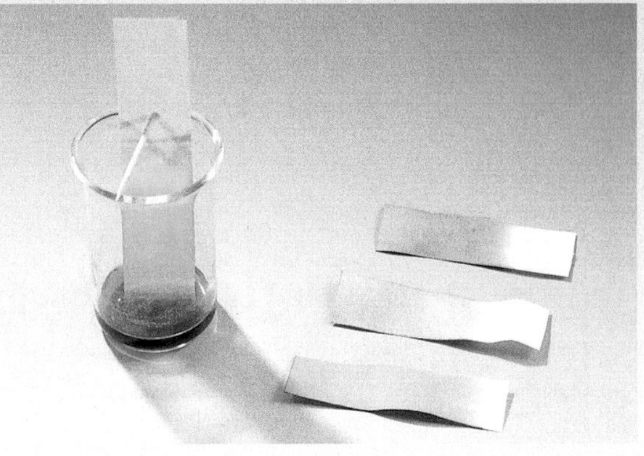

3 Herstellung des Chromatogramms

E-Nummern für Lebensmittelfarben:

E 104 Chinolingelb
E 120 Echtes Karmin
E 133 Brillantblau FCF
E 110 Gelborange S
E 122 Azorubin
E 124 Cochenillerot A

Vergleich verschiedener Chromatogramme

Betrachte die Filterpapierstreifen mit den Chromatogrammen der verschiedenen Lebensmittelfarbstoffe. Vergleiche sie.
Suche auf den Verpackungen die Angaben der Inhaltsstoffe. Zähle die Anzahl der Farbstoffe (E-Nummern), die angegeben sind. Vergleiche sie mit der Anzahl der Farben, die du gefunden hast.

Ordnung für die Vielfalt der Stoffe

1. Arbeitet in Gruppen. Betrachtet die Zeichnung und versucht, möglichst viele Stoffe zu erkennen. Beachtet dabei den Unterschied zwischen Körper und Stoff.

2. Überlegt euch gemeinsam eine Ordnung für die Stoffe aus Aufgabe 1. Schreibt dazu die verschiedenen Stoffe, die ihr erkannt habt, auf kleine Zettel. Ordnet die Stoffe zu Gruppen und klebt die Zettel entsprechend eurer Einteilung auf.

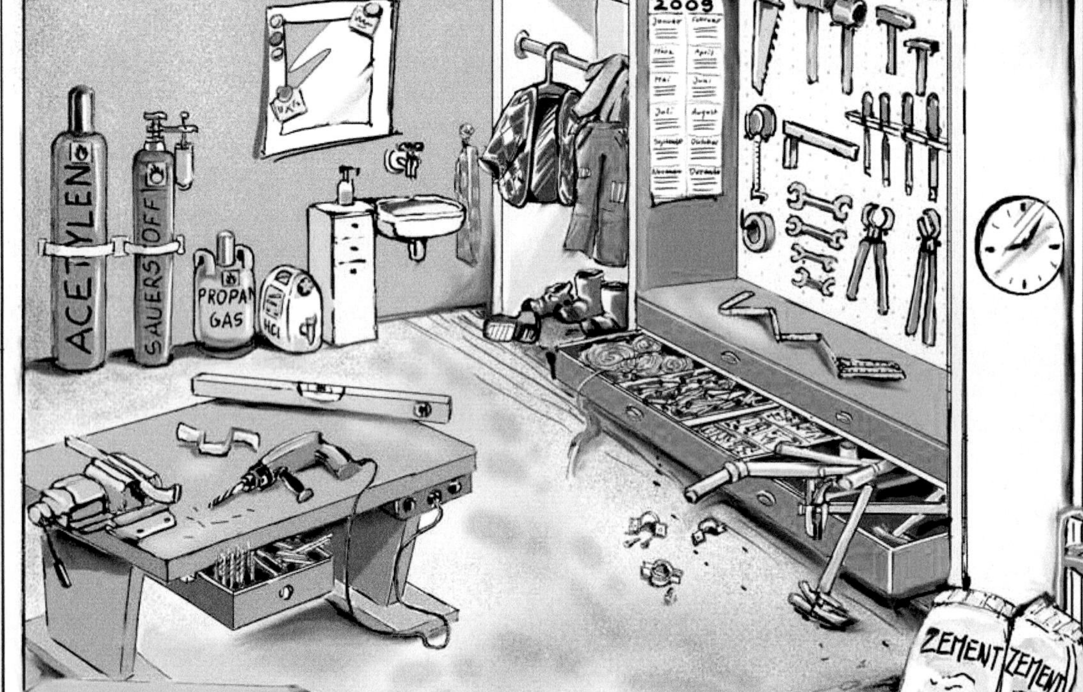

3. a) Vergleicht eure Ergebnisse aus Aufgabe 2 mit denen der anderen Gruppen. Tauscht euch auch darüber aus, wie ihr die Stoffe geordnet habt.
b) Diskutiert darüber, welche Ordnungen besonders sinnvoll sind.

4. a) Sucht in eurer Gruppe fünf Stoffe aus und schreibt dazu die Steckbriefe.
b) Wo werden die Stoffe hier im Bild verwendet?
c) Gebt an, ob es noch andere Stoffe mit gleicher Verwendung gibt. Vergleicht die Eigenschaften der Stoffe.

Die Suche nach gemeinsamen Eigenschaften

Ein Blick in eine Werkstatt oder auf eine Baustelle zeigt eine kaum zu überblickende Vielfalt an Körpern und Stoffen. Von leichten Gasen bis zu schweren Metallen ist alles vorhanden. Was auf den ersten Blick sehr ungeordnet aussieht, lässt sich aber durchaus sinnvoll nach gemeinsamen Eigenschaften sortieren.

Vielseitiges Glas

1. Recherchiere in Büchern, Lexika oder im Internet, woraus Glas hergestellt wird.

2. Informiere dich, wie Glas verwendet wird.

3. a) Betrachte ein Becherglas und notiere Eigenschaften, die typisch für Glas sind.
b) Welche gemeinsamen und unterschiedlichen Eigenschaften haben ein Becherglas und Fensterglas?

4. Erhitze über dem Gasbrenner ein Glasrohr, bis es formbar ist. Probiere verschiedene Bearbeitungsmöglichkeiten wie Glasbiegen und Rundschmelzen aus.

5. a) Erhitze jeweils ein normales Reagenzglas und ein Duran-Reagenzglas. Vergleiche Schmelzbarkeit und Formbarkeit.
b) Warum wird bei Versuchen im Unterricht nicht immer Duranglas verwendet?

6. Warum werden Gläser zum Aufbewahren von Lebensmitteln benutzt?

7. a) Tauche einen Kupferblechstreifen in Essigessenz, spüle und trockne ihn ab. Verteile Emaillepulver als dünne Schicht auf dem Kupferblech und halte es in die rauschende Gasbrennerflamme. Lass das fertige Stück gut abkühlen.

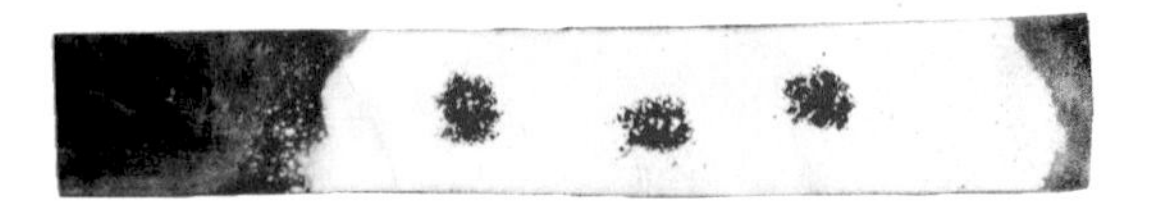

b) Um farbige Emaille zu bekommen, gibst du auf das Emaillepulver wenige kleine Körner Manganoxid oder Eisenoxid als Farbe. Bedecke diese wieder mit etwas Emaillepulver. Erhitze es erneut in der Brennerflamme. Verteile die Farbe mit einem Eisendraht, nachdem das Pulver geschmolzen ist.

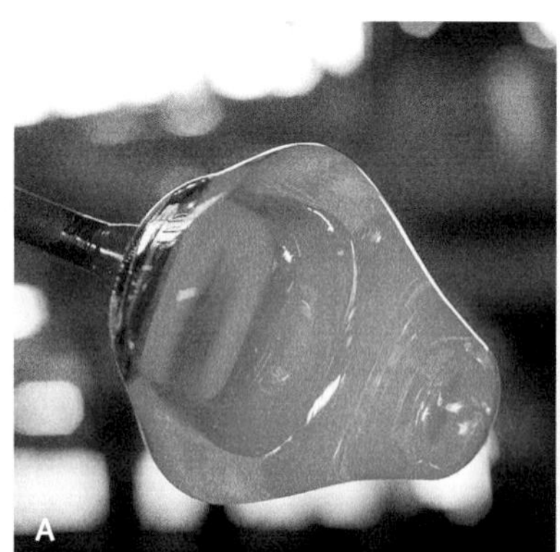
A

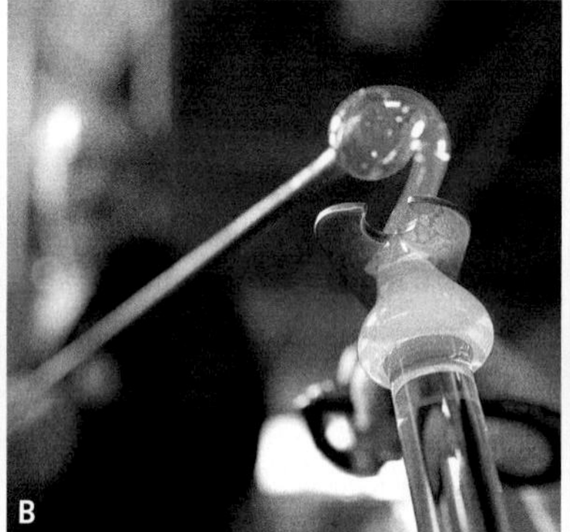
B

C

1 Glasherstellung

Glas als Werkstoff

Glas ist ein sehr vielseitiger Werkstoff, der schon seit mehreren tausend Jahren verwendet wird. Von Anfang an schätzten die Menschen die besonderen Eigenschaften des Glases. Es wird beim Erhitzen zähflüssig und ist in diesem Zustand sehr gut zu unterschiedlichen Formen zu verarbeiten.

Viele Glassorten

Im Laufe der Zeit entwickelten die Menschen immer neue Glassorten für sehr viele Verwendungen. Sie reichen vom einfachen Fensterglas über Ziergläser, optische Linsen und Lichtleiter bis hin zu hitzebeständigen Spezialgläsern. In Verbindung mit Kunststoffen oder Metalldrähten entstehen Sicherheits- und Panzergläser.

Oberflächenschutz aus Glas

Oft erkennst du Glas nicht sofort, weil es mit anderen Materialien verbunden ist. **Emaille** ist eine glasartige Schutzschicht auf Metall. Auch die Oberfläche von Keramik und Porzellan besteht aus Glas. Sie heißt **Glasur.** Die Oberflächen sind auf diese Weise besonders hart und wasserdicht.

Die Glasherstellung

Die Rohstoffe sind Sand, Soda und Kalkstein sowie je nach Sorte weitere Zutaten. Sie werden zusammen bei mindestens 1100 °C geschmolzen. Die Schmelze wird dann portionsweise mundgeblasen oder in Formen gegossen. So entstehen Flaschen, Trinkgläser und andere Glasgefäße sowie Kunstgegenstände oder Fensterscheiben.

Kunststoffe – modern und vielfältig

1. Überlege, woher der Name Kunststoff kommt. Recherchiere dazu auch in Lexika und im Internet.

2. a) Sammle unterschiedliche Kunststoffverpackungen. Sortiere sie nach ihrer Beschaffenheit.
b) Schneide die Verpackungen in kleine Stücke. Beschreibe ihre Eigenschaften. Untersuche ihre Schwimmfähigkeit.
c) Wenn du auf den Kunststoffen Abkürzungen oder Symbole findest, recherchiere ihre Namen und ihren Verwendungszweck.

3. a) Nimm ein Stück Styropor® und zerkleinere es mit der Hand. Wie sehen die zerkleinerten Stücke aus?
b) Zerschneide ein kleines Stück Styropor® und schau es dir unter der Lupe an. Was befindet sich im Inneren?
c) Überlege, welche besonderen Eigenschaften sich aus dem Aufbau des Styropors® ergeben. Recherchiere dazu auch in Lexika und im Internet.

4. Warum werden Getränkeflaschen und Geschirr für kleine Kinder heute häufig aus Kunststoff gefertigt?

5. Recherchiere in Lexika und im Internet, aus welchen Kunststoffen moderne Sportbekleidung und Sportgeräte hergestellt sein können. Schaue auch bei deiner eigenen Sportkleidung auf den Etiketten nach.

1 Sportbekleidung und Sportgeräte sind heute ohne Kunststoffe undenkbar.

Kunststoffe sind überall

Erdöl ist der Ausgangsstoff für die Herstellung der meisten Kunststoffe. Der Name dieser Stoffgruppe zeigt, dass alle diese Stoffe nicht in der Natur vorkommen. Aus dem Alltag sind sie längst nicht mehr wegzudenken. Deine Schultasche, CDs, die Hülle eines Handys, die Wasserflasche, dein Fleece-Pulli, viele Verpackungen oder Spielzeug-Figuren – alles besteht aus Kunststoff.

Verschiedene Kunststoffarten

Für fast alle Zwecke gibt es spezielle Kunststoffarten, die besondere Eigenschaften haben. Für Folien, Flaschen, Zahnräder oder Rohre werden verschiedene Arten von Polyethen – kurz **PE** – verwendet. Es ist zäh, dehnbar, leichter als Wasser und sehr preisgünstig herzustellen.

Aus dem leicht formbaren Kunststoff mit dem schwierigen Namen Polyethenterephthalat – kurz **PET** – bestehen Plastik-Getränkeflaschen. Auch Folien und Textilfasern für Fleece-Stoff werden aus PET hergestellt. Die Fasern sind sehr reißfest, knitterfrei und nehmen kaum Wasser auf.

Vor allem für Schaumstoffe werden Polyurethane – kurz **PUR** – verwendet. Auch Dichtungen bestehen aus Polyurethan. Selbst Fußbälle bestehen heute nicht mehr aus Leder, sondern unter anderem aus dem Kunststoff Polyurethan. Dieser Kunststoff lässt sich gut aufschäumen, ist zäh, strapazierfähig und gut Wärme isolierend.

Plexiglas® ist einerseits ähnlich durchsichtig wie Glas, andererseits ist es elastisch und schlagfest. Es dient zum Beispiel in Sporthallen als Glasersatz. Weil es sehr viel leichter ist als Glas, sind häufig auch Linsen für Brillen oder andere optische Geräte aus Plexiglas®.

■ Der Ausgangsstoff für die meisten Kunststoffe ist Erdöl. PE, PET, PUR und Plexiglas® sind häufig verwendete Kunststoffe, die sich in ihrem chemischen Aufbau und ihren Eigenschaften unterscheiden.

Einmal hart, einmal biegsam: Holz und Metall

1 Modellflugzeug aus Balsaholz

1. Erkundige dich im Baumarkt nach den verschiedenen angebotenen Holzarten. Für welche Zwecke werden sie empfohlen?

2. a) Untersuche die Eigenschaften von Balsaholz und Eichenholz. Schreibe Steckbriefe für die einzelnen Holzarten und vergleiche ihre Eigenschaften.
b) Was könntest du mit Balsaholz bauen? Für welche Konstruktionen eignet sich Eichenholz?
c) Spanne Stücke von Balsaholz und Stücke von Eichenholz ein und bearbeite sie mit Raspel, Feile und Schleifpapier. Wie lassen sie sich bearbeiten?

3. Suche in Fachbüchern, Lexika und im Internet nach Informationen über die Eigenschaften und Verwendungen verschiedener Metalle. Fasse die Ergebnisse deiner Recherche in einer Tabelle zusammen.

Metall	besondere Eigenschaften	Verwendung

4. Drücke mit einem großen gefrorenen Gummibärchen eine Form in feuchten Formsand. Lass den Sand trocknen. Erhitze über der Brennerflamme in einem Löffel etwas Zinn und gieße das geschmolzene Metall in die Form.

Nachwachsendes Holz
Holz wird schon seit Jahrtausenden mit einfachen Werkzeugen verarbeitet. Zudem dämmt es gut, es sieht angenehm aus und ist zum Teil sehr widerstandsfähig. Aus all diesen Gründen nutzen Menschen schon lange Holz als Werkstoff, beispielsweise für den Haus- und Möbelbau. Da der Rohstoff Holz nachwächst, wird er auch als Brennmaterial genutzt. Holz wird im Kamin oder als Holzpellets in Heizungen verbrannt.

Je nach Holzart unterscheiden sich die Eigenschaften dieses natürlichen Materials erheblich. Es gibt unter anderem hartes, widerstandsfähiges Eichenholz, biegsames Weidenholz oder sehr leichtes Balsaholz.

2 Spielzeugkran aus Eisen.

Metalle für alle Zwecke
Die kleine Büroklammer oder der viele tausend Tonnen schwere Ozeanriese bestehen beide aus Eisen. Es ist das am häufigsten genutzte Metall. Metalle sind als Werkstoffe wichtig, weil sie zäh, fest und hart sind. Sie lassen sich gut in Form gießen, sind formbar, elektrisch leitend und glänzend. Es gibt viele Verwendungsmöglichkeiten: Aus dem Leichtmetall Titan bestehen Flugzeugteile. Das sehr gut Strom leitende Kupfer ist für elektrische Schaltungen und Geräte wichtig. Das auch kalt gut formbare und sehr witterungsbeständige Blei findet beim Bau von Dächern Verwendung.

Werden verschiedene geschmolzene Metalle miteinander vermischt, bilden sie **Legierungen.** Diese haben andere Eigenschaften als die reinen Metalle. Nirosta-Stahl rostet nicht. Werkzeuge aus Chrom-Vanadium-Stahl sind besonders stabil.

■ Die Werkstoffe Holz und Metall werden anhand ihrer Eigenschaften eingesetzt. Anders als Metall ist Holz ein nachwachsender Rohstoff.

Gebrauchsgegenstände werden hergestellt

Windspiel aus Kupferfischen

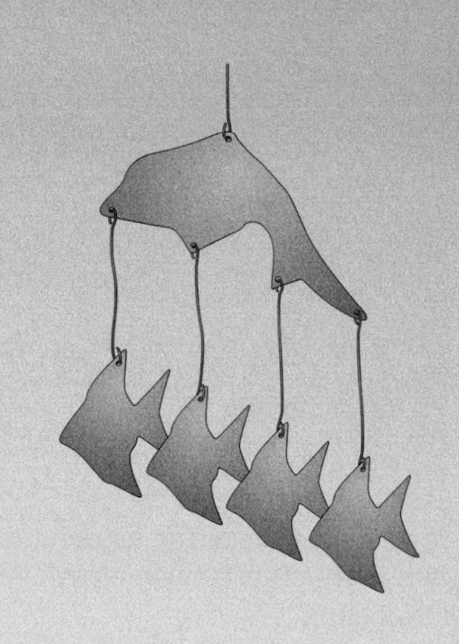

Du brauchst ein Kupferblech, eine Blechschere und Kupferdraht.

Zeichne auf Kupferblech einen großen und vier kleine Fische. Schneide sie mit einer Blechschere aus. Glätte die Kanten. Bohre dann in die kleinen Fische oben je ein Loch und in den großen Fisch unten vier Löcher. Befestige die kleinen Fische mit dünnem Kupferdraht am großen Fisch. Probiere aus, an welcher Stelle du im großen Fisch oben ein Loch bohren musst, um das Windspiel gerade aufzuhängen. Benutze zum Aufhängen einen dünnen Kupferdraht.

Poliere die Figuren vor dem Aufhängen. Für Verzierungen aller Art sind deiner Fantasie keine Grenzen gesetzt: Perlen, Federn, Spiegel und so weiter kannst du verwenden.

Papiertaschentücher im Spender aus Holz

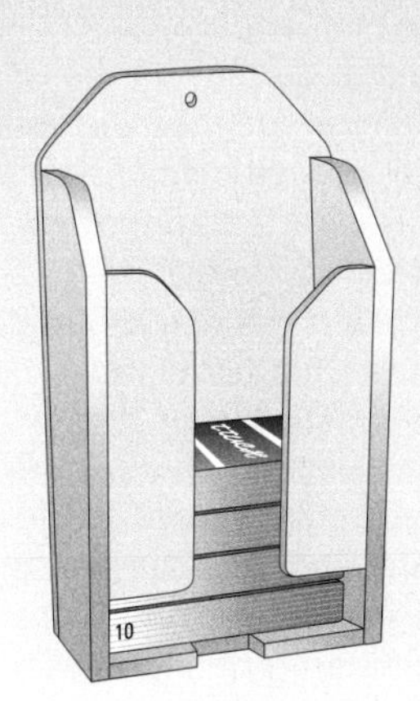

Material
Rückwand: 12 cm x 19 cm
Grundplatte: 7 cm x 14 cm
2 Seitenwände: 7 cm x 15 cm
2 vordere Bretter: 4 cm x 11 cm

Schräge die Brettchen an, wie es in der Abbildung zu sehen ist. Aus der Grundplatte wird vorne ein kleines Rechteck ausgesägt. Glätte alle Kanten. Bohre in die Rückwand oben ein Loch zum Aufhängen. Leime die Brettchen zusammen.

Falls du möchtest, kannst du deinen Taschentuchspender noch bemalen oder nach deinem Geschmack verzieren.

CD-Ständer aus Acryl-Glas

Material
Acrylglas-Platte: 17 cm x 50 cm (höchstens 8 mm stark)

Säge acht Schlitze der Höhe von 1,1 cm und der Breite von 13 cm in die Platte. Lass zwischen den Schlitzen einen Abstand von 2 cm. Säge die Schlitze so in die Platte, dass links und rechts ein gleicher Rand stehen bleibt. Glätte die Kanten.
Biege die Acryl-Glas-Platte so, dass ein Fuß entsteht. Spanne die Platte dazu ein und benutze einen Heißluft-Föhn.

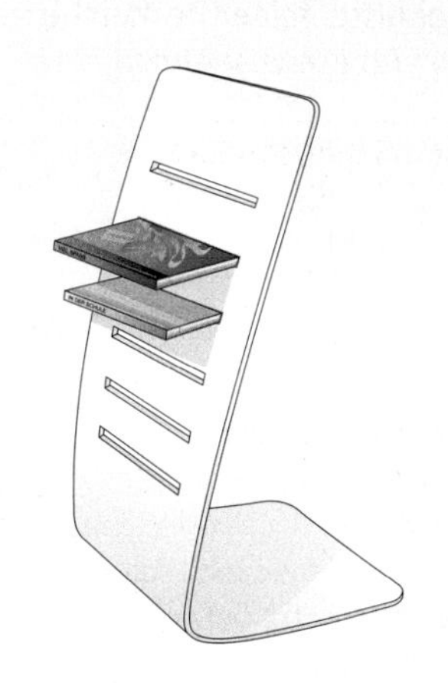

Der CD-Ständer ist nicht auf diese Größe festgelegt. Du kannst ihn für weniger CDs bauen, aber ihn auch genauso gut für eine größere Anzahl von CDs herstellen. Du musst dann die Maße entsprechend ändern.

Stoffumwandlungen in der Umwelt

1 Glänzende Schienen

2 Altes Eisen

1. a) Fülle drei Reagenzgläser je zur Hälfte mit etwas fettfreier Eisenwolle. Nimm einen Holzstab zur Hilfe. Drücke die Eisenwolle nicht zu fest zusammen. Das erste Glas bleibt unverändert stehen. Fülle in das zweite Reagenzglas so viel Wasser, dass die Eisenwolle zur Hälfte mit Wasser bedeckt ist. Im dritten Reagenzglas soll die Eisenwolle ganz in Wasser eintauchen.
b) Betrachte die Gläser nach einer Stunde, einem Tag und nach drei Tagen. Welche Veränderungen stellst du fest?

2. Was musst du mit einem Eisenblech machen, damit es auch im Freien blank bleibt?

3. Suche dir die Reste eines Laubblattes aus dem letzten Jahr und vergleiche es mit einem frischen Laubblatt. Welche Veränderungen kannst du feststellen?

4. a) Rühre einen Zwei-Komponenten-Kleber nach Gebrauchsanweisung an. Fülle damit den Schraubverschluss einer Mineralwasserflasche. Glätte die Oberfläche mit einem Holzspatel.
b) Beobachte die Kunststoffmasse. Wie lange dauert es, bis die Masse hart geworden ist?
c) Für welche Reparaturen könnte dieser Kunststoff eingesetzt werden?

5. a) Rühre in der Schulküche einen Teig aus folgenden Zutaten an:
400 g Weizenmehl, ein halber Teelöffel Salz, ein halber Würfel Hefe, 50 g Butter, 150 ml Milch.
b) Lass den Teig nach dem Durchkneten eine halbe Stunde warm und abgedeckt stehen.
c) Forme den Teig zu langen Schnüren und wickle diese um das saubere Ende eines Stockes. Backe ihn über der Glut knusprig. Wende ihn dabei immer hin und her, damit er nicht anbrennt.

6. Wie können unerwünschte Stoffumwandlungen vermieden werden? Zähle mehrere Beispiele auf.

3 Laub im Sommer

4 Laub im Herbst

5 Ein Schaden …

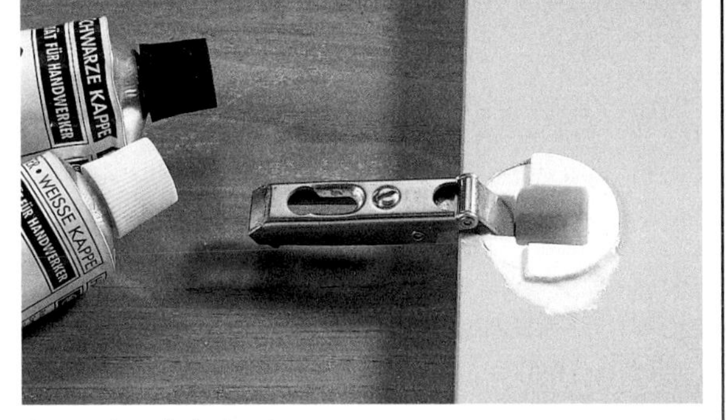

6 … schon behoben!

Eisen verändert sich …

Seit vielen Jahren sind keine Züge mehr über die Gleise in Bild 2 gerollt. Sie waren Wind und Wetter ausgesetzt und sind nun stark verrostet. Eisen rostet, wenn es Luft und Wasser ausgesetzt wird. Wird die Oberfläche ständig durch rollende Eisenbahnräder bearbeitet, setzt sich kein Rost fest (Bild 1).

… Laub aber auch …

Wie Eisen zersetzen sich viele Stoffe in der Natur, manche langsamer, manche schneller. Die Blätter der Laubbäume zersetzen sich im Laufe der Zeit. Riesige Mengen Laub bedecken jeden Herbst den Waldboden. In den meisten Gärten wird das Laub zusammengeharkt und kompostiert. Nach mehr als einem Jahr ist Komposterde daraus geworden. Auch im Wald volllzieht sich dieser Vorgang. Dort bilden sich jedes Jahr neue Schichten auf dem Waldboden.

… und auch Kunststoff

Ein Scharnier ist ausgebrochen und kann nicht mehr befestigt werden. Die runde Aussparung in der Spanplatte ist zerstört. Mit einer Zwei-Komponenten-Spachtelmasse kann hier Abhilfe geschaffen werden. Die Schadstelle wird mit dem Kunststoffgemisch fast gefüllt, das Scharnier wird eingesetzt. Nach dem Aushärten kann die Tür wieder eingebaut werden. Aus den beiden zähflüssigen Ausgangsstoffen ist ein harter, fester Werkstoff geworden.

Zur Umwandlung wird Wärme benötigt

Aus einem Stockbrotteig wird durch das Erwärmen am Feuer aus der weichen Teigmasse ein festes Brot. Der Teig verändert sich beim Erwärmen: er bläht auf, er trocknet und wird an der Oberfläche goldbraun.

Damit aus dem Teig Brot wird, ist vorsichtiges Erwärmen erforderlich. Wird der Teig zu stark erwärmt, verkohlt die Außenschicht. Das Stockbrot ist verdorben. Lebensmittel, die so stark erwärmt wurden, dass sie schwarz sind, dürfen nicht mehr verzehrt werden.

Bei anderen Umwandlungen entsteht Wärme

Eines haben die Umwandlungsprozesse gemeinsam: bei ihnen wird ein Teil der chemische Energie in **Wärme** umgewandelt. Es findet eine Energieumwandlung statt. Nun wirst du dir bei der rostenden Schiene, beim Laub oder bei der Zwei-Komponenten-Spachtelmasse nicht die Finger verbrennen. Es entsteht nur wenig Wärme. Du kannst sie beispielsweise spüren, wenn frisch gemähtes Gras auf einem Haufen gesammelt wird und sich zersetzt.

■ Bei all diesen Beispielen spielten sich bei den Stoffumwandlungen chemische Reaktionen ab, teils gewollt wie beim Stockbrot, teils ungewollt wie beim Rosten der Schienen.

7 Lagerfeuer – auch zum Backen

8 Stockbrot

Praktikum

Herstellen von Stoffen mit gewünschten Eigenschaften

Durch chemische Umwandlung von Ausgangsstoffen können gezielt neue Stoffe gewonnen werden, die die gewünschten Eigenschaften haben. So können Farbstoffe und Aromastoffe hergestellt werden, wie sie in der Natur nicht vorkommen. Auch neue Werkstoffe lassen sich herstellen.

A) Herstellen von Farbstoffen, mit denen Lebensmittel gefärbt werden können

Heute werden viele Lebensmittel industriell hergestellt. Dabei werden den Produkten oft Farbstoffe beigegeben, um das Produkt frischer oder appetitlicher erscheinen zu lassen. Diese Farbstoffe müssen aber gesundheitlich unbedenklich sein.

Materialien
Rote oder schwarze Holunderbeeren; Heidelbeeren (möglichst Waldheidelbeeren); tiefgekühlte Spinatblätter; 1 l farblose Limonade, 3 rohe Eier, Rührteig

Geräte
Teesieb, Teelöffel, 9 Bechergläser 500 ml, Trichter, Stativ, Stativklemme, Filterpapier, Trockentuch, 9 Reagenzgläser, Reagenzglasständer, Eierkocher, drei Backformen für Torteletts

1 Holunderbeeren

1. Herstellen der Farbstoffe

- Lege auf ein Becherglas das Teesieb und gib die von Stielen befreiten Holunderbeeren in das Sieb. Drücke nun mit dem Teelöffel die Beeren aus. Koche den Saft im Becherglas etwa 5 min lang.
  Baue das Stativ mit Klemme und Trichter wie in Bild 2 auf. Umwickle das heiße Becherglas mit dem Trockentuch und filtriere den Holundersaft vorsichtig in das Becherglas. Fülle den abgekühlten Holundersaft etwa 10 cm hoch in jeweils drei Reagenzgläser. Der Holundersaft dient als Grundfarbstoff, mit dem Lebensmittel und Getränke gefärbt werden können.
- Wiederhole das Verfahren mit den Heidelbeeren, ohne sie zu kochen.
- Taue tiefgekühlte Spinatblätter auf und fange das Tauwasser auf. Koche die Spinatblätter mit dem Auftauwasser aus, filtriere den Saft und fülle ihn ebenso in drei Reagenzgläser.

2 Filtrieren des Holundersaftes

2. Verwendung der Farbstoffe

- Gib jeweils einen Teil eines Farbstoffes in ein Becherglas mit 200 ml farbloser Limonade.
- Koche die Eier hart und gib sie mit jeweils 200 ml Wasser und einem Teil jedes Farbstoffes in ein Becherglas. Drehe die Eier mehrmals um.
- Gib jeweils 20 ml des Farbstoffes zur ausreichenden Menge Rührteig in die Backformen, rühre sorgfältig um und backe den Teig im Backofen.
- Vergleiche jeweils die Ergebnisse bei der Verwendung der Farbstoffe.

Diese Vorgänge lassen sich in einem **Ablaufdiagramm** darstellen:

Holunderbeeren —auspressen→ Holundersaft —kochen→ dunkelroter Farbstoff

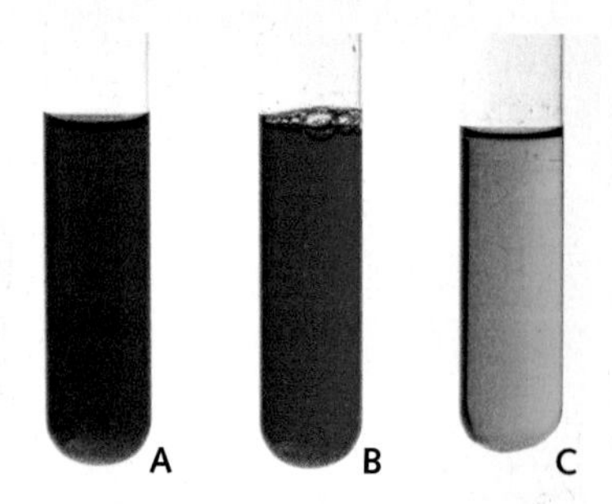

3 Lebensmittelfarbstoffe aus
A *Holunderbeeren,* **B** *Heidelbeeren und* **C** *Spinatblättern*

B) Herstellung eines Aromastoffes

In der Lebensmittelindustrie werden den Nahrungsmitteln oft Aromastoffe zugesetzt, um einen intensiveren Geschmack oder einen anderen Geschmack zu erreichen.

Hinweis: Diese beiden Versuche müssen in der Schulküche durchgeführt werden!

Materialien
200 g Kristallzucker, 1 l Vollmilch

Geräte
Pfanne, Holzlöffel, Topflappen, Trinkgläser

4 Herstellung von Karamell

1. Herstellung von Karamell
Gib in eine Pfanne 150 g Kristallzucker, erhitze die Pfanne. Rühre ständig den Zucker um, bis er flüssig und leicht braun wird. Dann nimm sofort die Pfanne vom Herd, gieße den Inhalt auf ein Backpapier und lass ihn erkalten. Du erhältst eine durchscheinende, gelbbraune Masse. Das ist der Aromastoff Karamell. Du kennst ihn von Bonbons her. Der Zucker hat sich durch die Wärmezufuhr zu Karamell umgewandelt.

2. Herstellung von Karamellmilch
Brich ein Stück von der Karamellmasse ab und gib es in ein Glas mit Milch und rühre so lange um, bis sich der Karamell aufgelöst hat.

Ablaufdiagramm:

Wärme, ständiges Rühren
Zucker ——► Karamell

C) Herstellung von Kunststoff

Kunststoffe sind Werkstoffe, die in der Natur nicht vorkommen. Sie werden künstlich hergestellt. Es gibt eine Vielzahl von Kunststoffen mit unterschiedlichen Eigenschaften.

Materialien
200 g Epoxidharz, 80 g Härter L , 50 g Glasfaserschnitzel (6 mm), Wachstrennmittel

Geräte
Schutzhandschuhe, Sicherheitsbrille, Holzstab zum Umrühren, zwei leere Margarinebecher, zwei leere Joghurtbecher

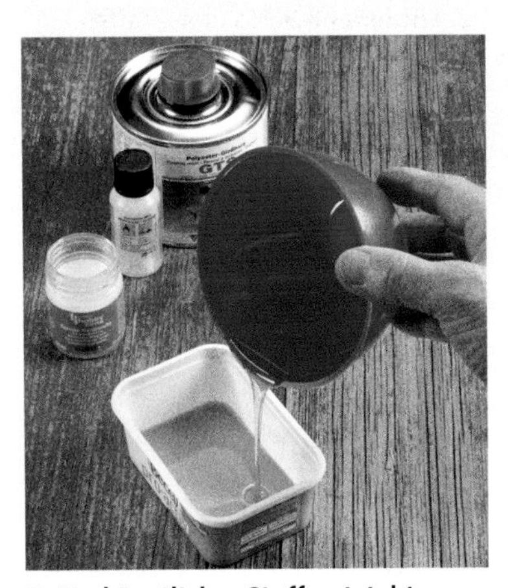
5 Ein künstlicher Stoff entsteht.

Herstellung eines Kunststoffes
Trage das Trennmittel dünn auf den Boden und die Seitenwände der sauberen Margarineschalen auf. Rühre nach Vorschrift in beiden Jogurtbechern je 100 g Epoxidharz mit der entsprechenden Menge Härter an, gib zum zweiten Becher noch vier Teelöffel Glasfaserschnitzel, rühre gut um und fülle die Masse jeweils in die Margarinenschale. Lasse die Masse 48 Stunden lang aushärten und löse sie jeweils aus der Schale. Überprüfe die Biegebeständigkeit und das Verhalten beim Erwärmen.

Ablaufdiagramm:

mischen aushärten
Epoxidharz + Härter ——► Kunststoff

Warm oder kalt – Empfinden von Temperaturen

1. Du stehst unter der Dusche und lässt heißes Wasser auf deinen Rücken laufen. Wie empfindest du im ersten Moment die Temperatur des heißen Wassers?

2. Baue den rechten Versuch nach. Lege eine Hand in die Schüssel mit kaltem Wasser und die andere Hand in die Schüssel mit sehr warmem Wasser. Warte eine Weile und prüfe dann mit beiden Händen gleichzeitig die Temperatur des lauwarmen Wassers in der mittleren Schüssel. Beschreibe deine Empfindungen.

3. Zum Lüften wird im Winter ein Fenster im Klassenraum geöffnet. Warum möchten einige Schülerinnen und Schüler, dass es sofort wieder geschlossen wird?

4. Beschreibe zwei Situationen, wo das unterschiedliche Empfinden von Wärme eine Rolle spielt.

5. Nenne Wörter wie „heiß" und „kalt", mit denen du Temperaturen beschreiben kannst. Ordne sie in eine sinnvolle Reihenfolge.

1 Heiß oder kalt?

Temperatur

Mit den winzigen Kälte- und Wärmekörperchen in unserer Haut empfinden wir unterschiedliche Temperaturen. Diese ▸ Sinnesorgane geben uns an, ob wir gerade kalte, warme oder heiße Gegenstände berühren oder ob unsere Umgebung warm oder kalt ist.

Temperatursinn

Es ist aber sehr schwer abzuschätzen, wie kalt oder heiß etwas wirklich ist, denn unsere Haut lässt sich täuschen. Die Kälte- und Wärmekörperchen reagieren nur auf Temperaturunterschiede, sie vergleichen Temperaturen.
Dieser Vergleich ist dir schon bekannt. Wenn du an einem heißen Sommertag in ein Haus gehst, empfindest du das Innere des Hauses als angenehm kühl. Betrittst du dasselbe Haus mit der gleichen Temperatur im Winter, empfindest du es als angenehm warm.
Diese überraschende Wärmeempfindung lässt sich auch mit Wasser unterschiedlicher Temperatur erleben (Bild 1). Der Temperatursinn wird getäuscht, weil die eine Hand vorher im kalten Wasser war und die andere im heißen Wasser war.

Unsere Nase lässt sich besonders gut täuschen

Die Kälte- und Wärmekörperchen sind in der Haut unterschiedlich verteilt. Auf einer Fläche von 1 cm x 1 cm gibt es meistens 5 Kältekörperchen und 2 Wärmekörperchen. Nur in der Nasenspitze sieht es anders aus. Dort gibt es 13 Kältekörperchen und nur ein Wärmekörperchen.
Die Kältekörperchen vergleichen Temperaturen bis 36 °C, die Wärmekörperchen beginnen mit ihrem Empfinden erst bei 35 °C.

A

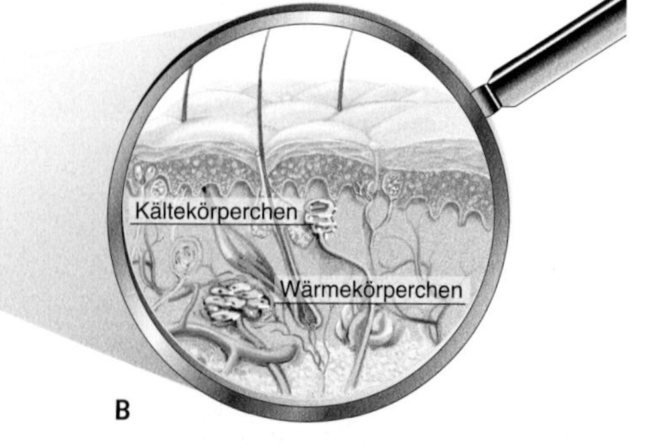

B

2 **A** *Kälte- und Wärmekörperchen melden Temperaturunterschiede;* **B** *Lage der Sinnesorgane in der Haut*

■ Unser Temperatursinn kann vor allem Temperaturunterschiede wahrnehmen. Um diese Unterschiede zu messen, benötigen wir Thermometer.

Messen von Temperaturen

Achtung! Flüssigkeitsthermometer bestehen aus Glas und sind zerbrechlich!

1. Beschreibe ein Flüssigkeitsthermometer. Nenne die Aufgaben der einzelnen Teile.

2. a) Suche in deiner Umgebung möglichst viele unterschiedliche Orte, an denen du die Temperatur messen kannst. Schätze zuerst die Temperatur, bevor du sie misst. Schreibe sie auf. Notiere danach auch die gemessenen Werte.
b) Vergleiche die Werte miteinander. Erkläre die Unterschiede.
c) Stelle die gemessenen Werte in einem ▸ Säulendiagramm dar. Benutze dazu die ▸ Methode „Messen und die Werte anschaulich darstellen“.

3. Vergleiche ein Flüssigkeitsthermometer mit einem digitalen Thermometer. Finde Vorteile und Nachteile im Aufbau und bei der Benutzung heraus.

4. Finde Beispiele, bei denen es wichtig ist, eine bestimmte Temperatur genau einzuhalten.

5. a) Mit welcher besonderen Angabe werden Lufttemperaturen an kalten Wintertagen gekennzeichnet?
b) Finde weitere Beispiele für diese Art der Temperaturangabe.

6. In Wetterberichten wird oft die „gefühlte Temperatur“ genannt. Sie kann bis zu zehn Grad von den vorausgesagten Temperaturen abweichen. Was verstehst du unter der „gefühlten Temperatur“?

Thermometer

Mit unserem Temperatursinn können wir keine genauen Temperaturen angeben. Es muss ein Messgerät eingesetzt werden, mit dem du Temperaturen messen kannst, ein **Thermometer.**

Flüssigkeitsthermometer

Glaskörper: Ein Glasrohr schützt die inneren Bauteile.

Steigrohr: In einem dünnen Glasrohr befindet sich farbige Flüssigkeit, die sich auf und ab bewegen kann.

Skala: Sie besteht aus vielen Strichen unterschiedlicher Länge. Neben jedem 10. Strich steht eine Zahl.

Thermometerflüssigkeit: Sie ist der Zeiger des Thermometers. An ihrem Ende wird die Temperatur abgelesen

Vorratsbehälter: Er ist mit einer farbigen Flüssigkeit gefüllt und mit dem Steigrohr verbunden. Er ist der Messfühler des Thermometers.

Digitale Thermometer

Außer analogen Thermometern wie Flüssigkeitsthermometern gibt es auch **digitale Thermometer.** Diese funktionieren mit Elektrizität und benötigen deshalb eine Batterie.

Messen und Ablesen von Temperaturen

- Tauche den Messfühler vollständig in die Flüssigkeit ein.
- Warte beim Messen, bis sich die Thermometerflüssigkeit nicht mehr bewegt.
- Schaue beim Ablesen der Temperatur senkrecht auf die Skala.
- Nimm beim Ablesen der Temperatur das Thermometer nicht aus der Flüssigkeit heraus.

Die Celsius-Skala

1. a) Fülle ein hohes Becherglas mit 50 ml Wasser. Halte ein Thermometer ohne Skala so in das Becherglas, dass es den Boden des Becherglases nicht berührt. Erhitze das Wasser bis zum Sieden und beobachte dabei die Flüssigkeitssäule des Thermometers.
b) Markiere die höchste Stelle, bis zu der die Flüssigkeitssäule des Thermometers gestiegen ist, mit einem wasserfesten Filzstift.

2. a) Halte das Thermometer aus Versuch 1 in das Auslaufrohr eines Trichters und fülle den Becher des Trichters mit zerstoßenem Eis. Warte, bis die Flüssigkeitssäule im Thermometer ihre Höhe nicht mehr verändert.
b) Markiere die Stelle am Thermometer, bis zu der die Flüssigkeitssäule gesunken ist, mit einem wasserfesten Filzstift.
c) Erläutere deine Beobachtung.

3. Schreibe an die untere Markierung 0 °C und an die obere Markierung 100 °C. Teile den Abstand zwischen den beiden Markierungen in 100 gleiche Teile ein.
Hinweis: Am einfachsten ist es, den Abstand zuerst in 10 gleiche Teile zu teilen und jedes dieser 10 Teile erneut in 10 Teile aufzuteilen.

4. Stelle mehrere Bechergläser mit Wasser unterschiedlicher Temperaturen bereit. Miss die Wassertemperatur in jedem dieser Bechergläser
a) mit dem Thermometer mit der selbst hergestellten Skala,
b) mit einem gekauften Thermometer.
c) Vergleiche die Ergebnisse der beiden Messungen miteinander. Interpretiere mögliche Abweichungen.

1 Die Siedetemperatur

2 Die Schmelztemperatur

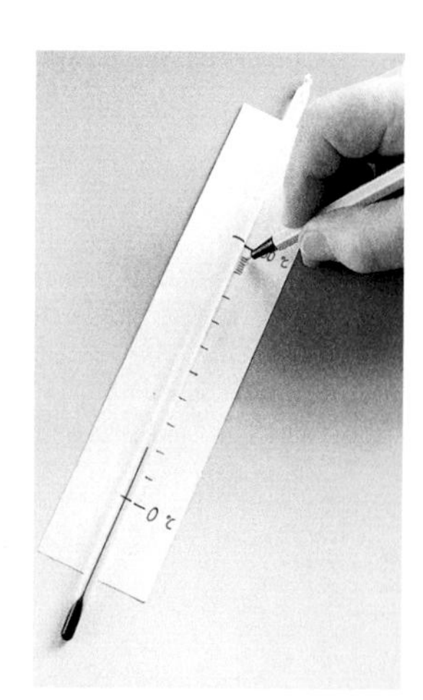
3 Dazwischen 100 Teile

Unterschiedliche Messwerte

Die ersten Thermometer hatten ganz unterschiedliche Skalen. So lange für verschiedene Messungen immer dasselbe Thermometer verwendet wurde, konnten die Messwerte miteinander verglichen werden. Unterschiedliche Thermometer ergaben jedoch unterschiedliche Messwerte.

Einheitliche Messwerte

In Europa werden heute Thermometer mit der **Celsius-Skala** verwendet. Diese Skala wird durch die Schmelztemperatur und die Siedetemperatur von Wasser festgelegt. Dabei ist mit der Schmelztemperatur die Temperatur gemeint, bei der Eis schmilzt.
Bei der Siedetemperatur verdampft das Wasser. Diese Temperatur erhöht sich nicht, auch wenn dem Wasser weiter Wärme zugeführt wird. Bei gleichem Luftdruck sind Schmelz- und Siedetemperatur von Wasser auf der ganzen Erde gleich. Sie werden daher **Fixpunkte** genannt.
Die Schmelztemperatur des Wassers wird mit 0 °C und die Siedetemperatur mit 100 °C bezeichnet. Das Zeichen °C bedeutet Grad Celsius. Der Abstand zwischen diesen Temperaturen ist auf der Celsius-Skala in 100 gleiche Teile eingeteilt.

Damit auch Temperaturen über 100 °C und unter 0 °C gemessen werden können, wird die Celsius-Skala nach oben und unten mit gleicher Einteilung fortgesetzt. Temperaturen unter 0 °C werden mit einem Minuszeichen angegeben, zum Beispiel –5 °C.

■ Schmelztemperatur und Siedetemperatur des Wassers sind die Fixpunkte der Celsius-Skala. Der Abstand auf der Skala zwischen diesen beiden Temperaturen ist in 100 gleiche Teile eingeteilt.

Bau eines Thermometers

Material

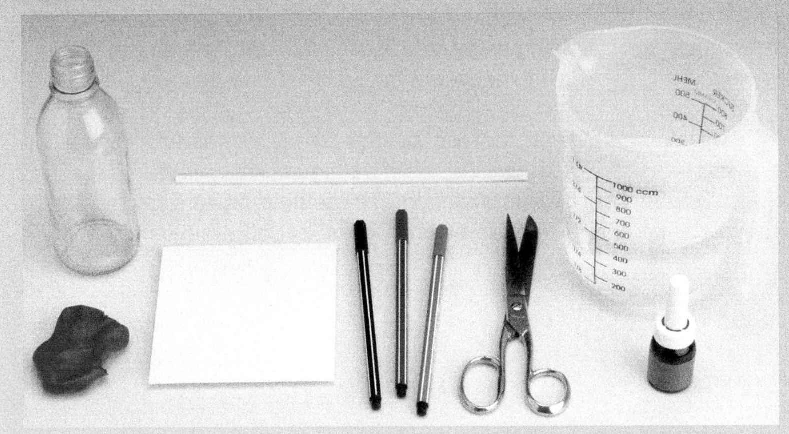

Tipp
Um Temperaturen genau anzugeben, musst du deine Markierungen mit den Werten eines gekauften Thermometers vergleichen. Teile anschließend den Abstand zwischen den Markierungen in Einerschritte auf. Durch Verlängern der Einteilung nach oben und unten erhältst du eine ▸ Temperaturskala.

Bauanleitung

1 Fülle die Glasflasche zu etwa drei Vierteln mit kaltem Wasser. Färbe das Wasser anschließend mit ein paar Tropfen Lebensmittelfarbe.

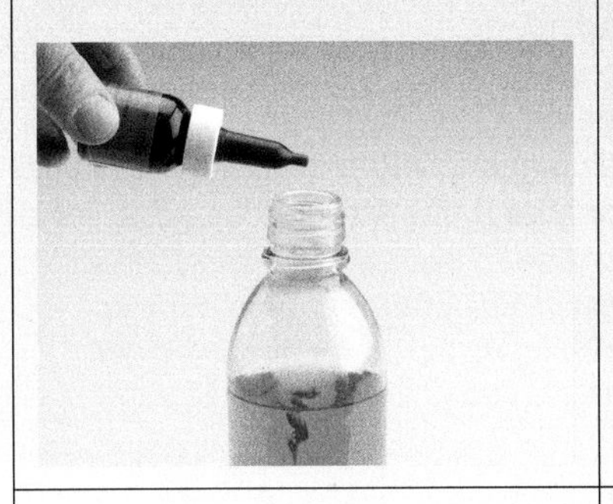

2 Stecke den Trinkhalm gerade in die Flasche, sodass er sich etwa 3 cm im Wasser befindet. Befestige ihn mit der Knete luftdicht am Flaschenhals.

3 Puste vorsichtig etwas Luft in den Trinkhalm. Höre auf und kontrolliere den Stand der Flüssigkeit im Trinkhalm. Sie sollte etwa 2 cm über der Knete stehen.

4 Falte den Karton in der Mitte und schneide zwei Doppelschlitze hinein. Schiebe den Karton über den Trinkhalm. Markiere den Stand der Flüssigkeit. Das ist die Ausgangstemperatur des Wassers.

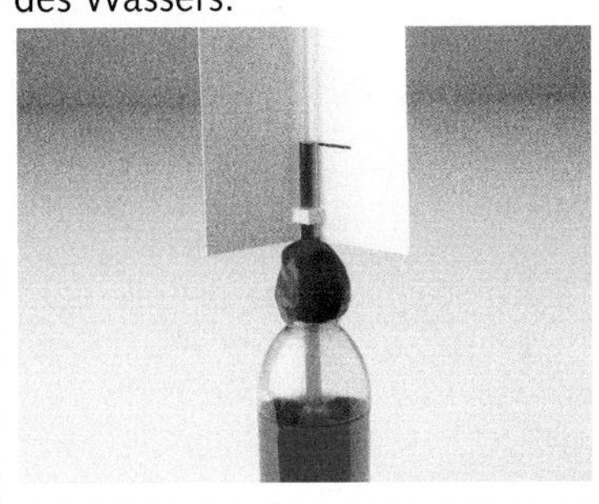

5 Stelle dein Thermometer in eine Schale mit Eiswasser. Warte, bis sich der Stand der Flüssigkeit nicht mehr verändert. Markiere diesen Punkt mit einem blauen Filzstift und beschrifte ihn mit 0 °C.

6 Stelle dein Thermometer an einen warmen Ort, etwa in die Sonne oder auf die Heizung. Warte, bis sich der Stand der Flüssigkeit nicht mehr verändert. Markiere diesen Punkt mit einem roten Filzstift.

Messen und die Werte anschaulich darstellen

1. Übertrage die Tabelle in dein Heft. Gib jeweils die Messgeräte an, mit denen die angegebenen Größen gemessen werden. Notiere auch die Einheit, in der die Größe angegeben wird.

Größe	Messgerät	Einheit
Zeit		
Länge		
Temperatur		

Das richtige Messgerät

Wenn du die Länge eines Bleistiftes, die Temperatur der Luft im Klassenraum oder die Zeit, die seit Beginn des Unterrichts vergangen ist, bestimmen willst, kannst du die Größen jeweils abschätzen. Diese Werte werden aber in der Regel ungenau sein, da sich unsere ▸ Sinnesorgane täuschen lassen. Zuverlässigere Ergebnisse erhältst du, wenn du die Größen mit einem geeigneten Messgerät misst.

Geeichte Messgeräte

Das Fieberthermometer liefert genauere Werte als ein normales ▸ Thermometer. Fieberthermometer müssen die Temperatur sehr genau anzeigen. Die Messgenauigkeit ist vom Gesetzgeber vorgeschrieben und wird überprüft. Es ist ein **geeichtes Gerät.** Alle Messgeräte, die beim Verkauf von Waren oder im Bereich Sicherheit und Gesundheit eingesetzt werden, müssen geeicht sein. Ihre Messgenauigkeit wird in regelmäßigen Abständen vom Eichamt kontrolliert.

Messfehler

Um Fehler beim Messen zu vermeiden, muss das Gerät vorschriftsmäßig eingesetzt werden.
Bei Temperaturmessungen von Flüssigkeiten wird die Flüssigkeit umgerührt, um eine gleichmäßige Wärmeverteilung zu bekommen. Ablesefehler werden durch senkrechtes Schauen auf die Skala vermieden.

Darstellung von Messwerten im Säulendiagramm

Temperaturen verschiedener Körper kannst du beispielsweise in einem **Säulendiagramm** darstellen. Dazu zeichnest du eine Hochachse, auf der du die Temperatur abträgst. Auf der Rechtsachse zeichnest du jetzt jeweils die Säulen für die Temperaturen von Fensterscheibe (F), Wand (W), Tisch (T) und Heizkörper (H) bis zur entsprechenden Temperaturangabe auf der Hochachse. Die Säulen kannst du farbig darstellen oder unterschiedlich schraffieren.

2. a) Erhitze 100 ml Wasser in einem hohen Becherglas etwa 5 min über der kleinen Brennerflamme. Miss danach jeweils die Temperatur des Wassers, indem du das Thermometer vorsichtig
- knapp unter die Wasseroberfläche eintauchst,
- ganz knapp bis über den Becherglasboden und
- bis zur Wassermitte eintauchst (Bild 1).

b) Rühre das Wasser um und miss jeweils erneut.
c) Erkläre die Ergebnisse deiner Messungen.

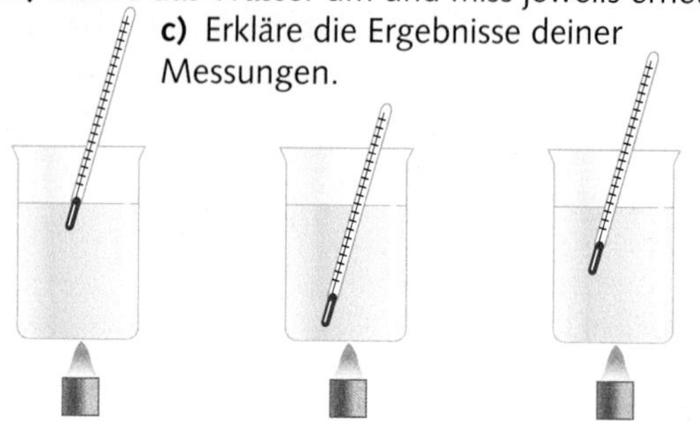

1 **Drei Messungen – gleiche Werte?**

3. a) Fülle ein Becherglas halb voll mit Wasser und stelle ein Thermometer in das Wasser. Lies die Wassertemperatur
- gerade stehend ab,
- auf dem Boden sitzend ab,
- auf Augenhöhe mit dem Thermometer ab.

b) Vergleiche die Ergebnisse und begründe, welches der Ablesungsverfahren das richtige ist.

4. Miss deine Körpertemperatur unter der Achsel mit einem Fieberthermometer und einem Digitalthermometer. Vergleiche die Werte.

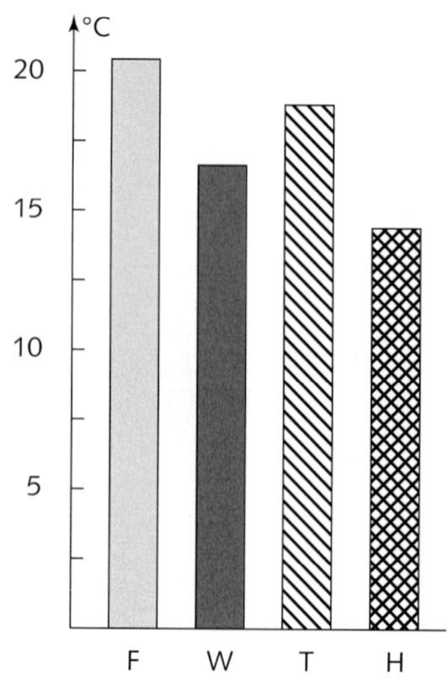

2 **Säulendiagramm**

5. a) Miss mithilfe des Digitalthermometers im Fachraum die Temperatur der Fensterscheibe, der Wand, des Tisches und des Heizkörpers. Notiere die Werte in einer Tabelle.
b) Erstelle aus den Werten der Tabelle ein Säulendiagramm wie in Bild 2.

6. Lies die Temperaturen aus dem Zeit-Temperatur-Diagramm in Bild 5 ab. Übertrage dazu die Tabelle A in dein Heft und ergänze die fehlenden Werte mithilfe des Diagramms.

Zeit in s	0	10	20	30	40	50	60
Temperatur in °C		25		34		45	

3 Tabelle A

7. Zeichne auf Karopapier ein Zeit-Temperatur-Diagramm mit den Werten aus der Tabelle B. Nimm Bild 5 als Vorlage.

Zeit in s	0	10	20	30	40	50	60
Temperatur in °C	15		23		31		39

4 Tabelle B

8. Übertrage die Tabelle B in dein Heft und trage auch die Werte ein, die nicht gemessen wurden.

9. Warum ist eine Zeiteinteilung in Sekunden bei der Messung der Temperaturen für einen ganzen Tag nicht sinnvoll?

Das Zeit-Temperatur-Diagramm
Du erwärmst eine Flüssigkeit und misst ihre Temperatur zu bestimmten ▸ Zeiten. Daraus ergeben sich viele Messwerte, die du in eine **Tabelle** eintragen kannst (Bild 3).

Eine übersichtliche Darstellung für diese Messwerte ist ein **Zeit-Temperatur-Diagramm.** Das ist ein **Liniendiagramm,** in dem die Temperaturen eingezeichnet sind, die zu bestimmten Zeitpunkten gemessen wurden (Bild 5).

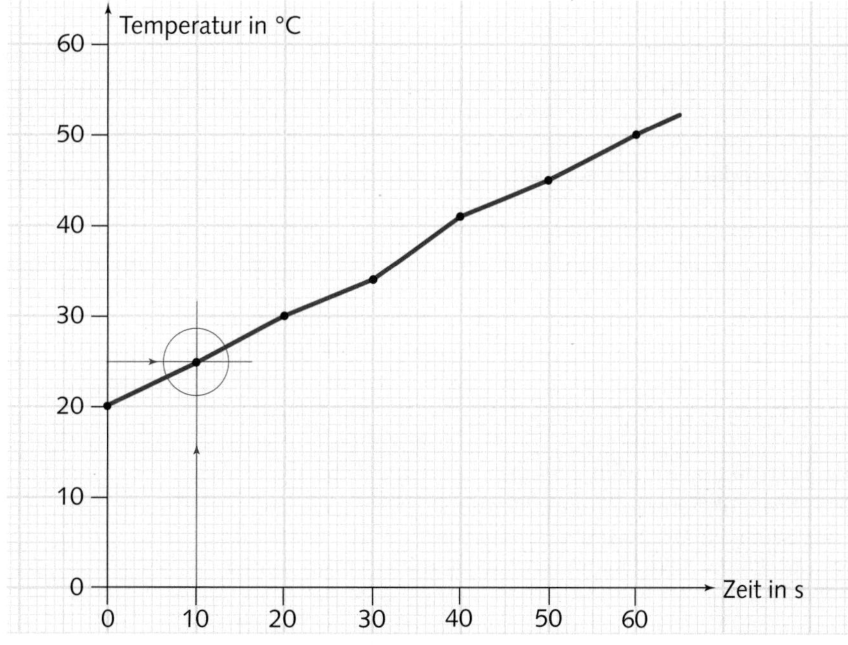

5 Das Zeit-Temperatur-Diagramm ist ein Liniendiagramm.

So wird das Zeit-Temperatur-Diagramm erstellt
Auf der Rechtsachse trägst du die Zeiten in s auf und auf der Hochachse die Temperaturen in °C.

Einteilung der Achsen
Du musst die beiden Achsen geeignet einteilen. Suche dazu die jeweiligen niedrigsten und höchsten Werte für die Zeit und für die Temperatur heraus, die du notiert hast. Nutze zum Auftragen dieser Werte die ganze Länge der Achsen.

Gemessene Werte eintragen
Für das Messwertepaar (10 s|25 °C), das du eintragen willst, suchst du zuerst den Zeitwert 10 s auf der Rechtsachse. Dort zeichnest du dünn eine Linie senkrecht nach oben. Am Temperaturwert 25 °C auf der Hochachse zeichnest du eine Linie waagerecht nach rechts, bis du auf die senkrecht gezeichnete Linie triffst. Hier markierst du den Schnittpunkt. Ebenso verfährst du mit allen anderen Paaren von Messwerten. Dann verbindest du jeweils zwei benachbarte Punkte mit einem Lineal.

Werte ablesen, die gar nicht gemessen wurden
Wie hoch war die Temperatur nach 45 s? Diesen Wert hast du nicht gemessen, du kannst ihn aber trotzdem angeben: Gehe zum Zeitpunkt 45 s, also zur Mitte zwischen 40 s und 50 s. Von dort gehst du dann senkrecht nach oben, bis du auf die Verbindungslinie deiner Punkte kommst. Wenn du nun waagerecht nach links gehst, kannst du die Temperatur auf der Hochachse ablesen.

Thermometer und ihre Skalen

Florentiner Thermometer

Die ersten Thermometer wurden in Italien gebaut und als **Florentiner Thermometer** auch nach Nordeuropa verkauft.
Die Thermometer (Bild 1) bestanden aus einem kugelförmigen Ausdehnungsgefäß, das mit farblosem Weingeist gefüllt war. Das aufgesetzte 11 cm lange Glasröhrchen war geschlossen. Die Thermometer-Skala am Glasröhrchen bestand aus angeschmolzenen Emailletröpfchen.

Zum Ablesen der Temperatur wurden einfach aufwärts die Tröpfchen von 1 bis 50 gezählt. Der Bereich zwischen Anfang und Ende der Skala war in unterschiedliche Abstände eingeteilt. Jedes Thermometer zeigte daher bei derselben Temperatur ganz unterschiedliche Gradzahlen an. Die Werte verschiedener Thermometer waren nicht vergleichbar. Es gab keine ▸ Fixpunkte. Deshalb begannen die Thermometer-Skalen mit der niedrigsten und endeten mit der höchsten Jahrestemperatur. Diese Temperaturen waren natürlich nicht in jedem Jahr und nicht überall gleich.

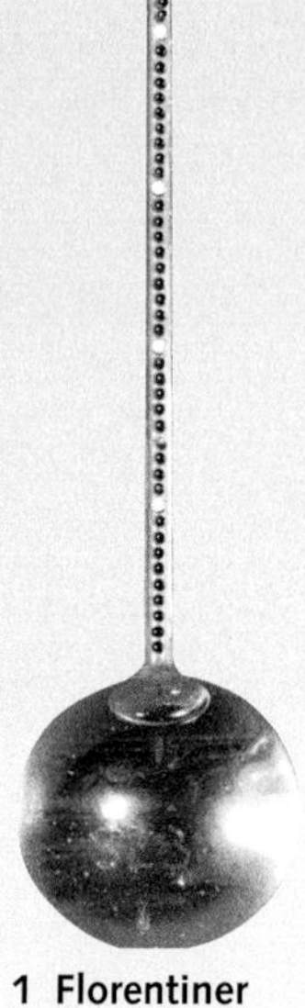

1 Florentiner Thermometer

Herstellung heute

Noch heute gibt es den Beruf Thermometermacher. Der Thermometermacher verarbeitet die in der Glashütte hergestellten dünnen Röhrchen und Glasscheiben aus Milchglas und stellt damit Flüssigkeitsglasthermometer her.
Angewendet werden die von ihm hergestellten Thermometer im Haushalt, in der Industrie, für meteorologische Messungen, in Forschungseinrichtungen, Laboratorien und in der Medizin.

Ein Thermometer für die ganze Welt

Die Thermometer werden in alle Welt verkauft. Durch die festgelegten Fixpunkte kann das Thermometer an jedem Ort der Erde genau geeicht werden.

Umrechnungen von Temperatureinheiten

Temperatur in °F: $T_F = \frac{9}{5} \cdot T_C + 32$

Temperatur in °C: $T_C = \frac{5}{9} \cdot (T_F - 32)$

Fahrenheit- und Celsius-Skala

Der Erste, der mehrere Thermometer mit genau gleicher Skala bauen konnte, war Daniel Fahrenheit (1686–1736) aus Danzig. Er lernte die Florentiner Thermometer in Amsterdam während seiner Ausbildung zum Kaufmann und zum Glasbläser kennen. Fahrenheit gelang es, gleichmäßig dicke Glasrohre herzustellen. Als unteren Fixpunkt (0 °F) wählte er die tiefste Temperatur, die er mit einer Mischung aus Schnee und Salmiak künstlich herstellen konnte (–17,8 °C). Als zweiter Fixpunkt ergab sich die Schmelztemperatur des Eises (0 °C) mit 32 °F. Die Körpertemperatur des Menschen (96 °F) diente als Kontrollpunkt. Als dritten Fixpunkt wählte er die Siedetemperatur von Wasser (212 °F). Den Bereich zwischen Schmelz- und Siedetemperatur teilte er in 180 gleiche Teile ein.
Die **Fahrenheit-Skala** wird heute noch in den USA verwendet. Die Temperaturen werden in Grad Fahrenheit (°F) angegeben. Die Skala ist aber ein wenig angepasst worden. Auf der Fahrenheit-Skala beträgt die Körpertemperatur des Menschen 98 °F, Wasser gefriert bei 32 °F und siedet bei 212 °F.

Der Schwede Anders Celsius (1701–1744) teilte den Abstand zwischen den Fixpunkten des Wassers in 100 gleiche Teile. Allerdings hatte er den Gefrierpunkt mit 100 Grad und die Siedetemperatur mit 0 Grad bezeichnet. Seit etwa 1780 wird die Celsius-Skala in ihrer heutigen Form verwendet.

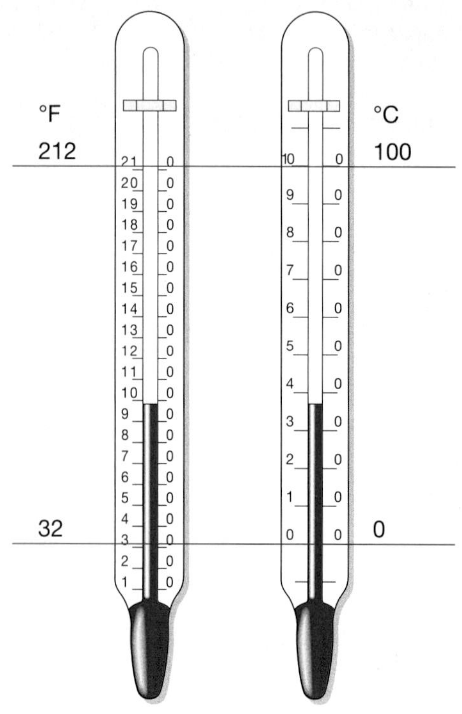

2 Fahrenheit-Skala und Celsius-Skala

Die Kelvin-Skala

1. a) Lies aus Bild 1 die Kelvin-Werte für –100 °C, –50 °C, 50 °C und 77 °C ab.
b) Lies auch die Celsius-Werte für 100 K, 150 K und 250 K ab.

2. Begründe, warum es unsinnig wäre, ein Thermometer mit einer Celsius-Skala bis –300 °C zu bauen.

Absoluter Nullpunkt

FAHRENHEIT und CELSIUS hatten Thermometerskalen für den Alltagsgebrauch entwickelt. Diese Skalen sind für die Arbeit von Wissenschaftlern allerdings nicht sehr geeignet. Minus-Temperaturen machen die Rechnungen unnötig kompliziert. So schlug der englische Physiker WILLIAM THOMSON, der spätere LORD KELVIN, eine Skala ohne Minus-Grade vor.
Durch Berechnungen hatte THOMSON herausgefunden, dass es eine Temperatur gibt, die nicht unterschritten werden kann.

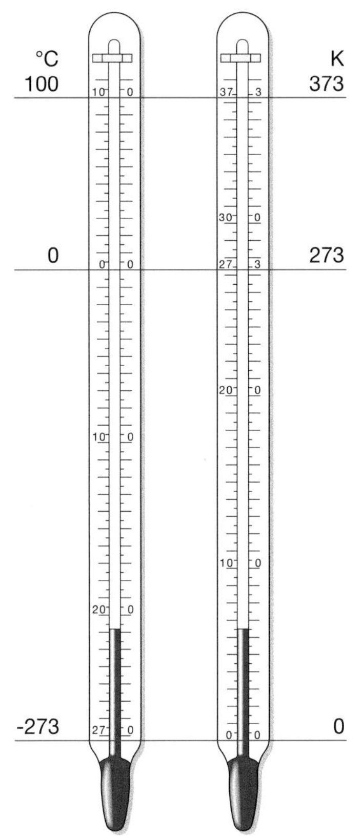

1 Thermometer mit Celsius- und Kelvin-Skala

Auf der Celsius-Skala liegt diese Temperatur bei –273,15 °C. Sie wird als **absoluter Temperatur-Nullpunkt** bezeichnet.
THOMSON hat ihr auf seiner Skala den Wert 0 zugeordnet. Die Abstände für 1 Grad hat er aber ebenso gewählt wie CELSIUS.

Die Thermometerskala von THOMSON hat sich in der Wissenschaft durchgesetzt. Sie wird zu Ehren ihres Erfinders nach seinem späteren Titel **Kelvin-Skala** genannt. Der absolute Temperatur-Nullpunkt wird mit 0 K (0 Kelvin) bezeichnet.

In diesem Buch werden Temperaturunterschiede und Temperaturänderungen immer in Kelvin angegeben.

■ Die niedrigste Temperatur, die möglich ist, beträgt –273,15 °C. Diese Temperatur heißt absoluter Temperatur-Nullpunkt. Die Kelvin-Skala beginnt beim absoluten Temperatur-Nullpunkt mit 0 K.

LORD KELVIN OF LARGS

Streifzug

WILLIAM THOMSON (1824–1907), later LORD KELVIN, was born in Belfast in Ireland. WILLIAM'S mother died when he was six years old and from that time on he has been brought up by his father.
WILLIAM had never visited a school in his life. His father, a professor of mathematics in Glasgow, taught him. WILLIAM studied in Cambridge and Paris, before he became himself professor at Glasgow University. At this time he was 22 years old. The studies of WILLIAM THOMSON led him to propose an absolute scale of temperature in 1848.
WILLIAM THOMSON designed many new devices, including the mirror-galvanometer. That was very important for the telegraph transmissions in transatlantic submarine cable. THOMSON'S participation in the telegraph cable project was the reason that he was knighted in 1866. He created himself the title LORD KELVIN OF LARGS. The Kelvin is the river which runs through the grounds of Glasgow University and Largs is the town on the Scottish coast where THOMSON spent his last years.

to bring up – erziehen; to study – studieren; to visit – besuchen; to propose – vorschlagen; scale – Gradeinteilung; device – Gerät; to design – entwickeln; including – einschließlich; transmission – Übertragung; submarine cable – Unterwasserkabel; the knight – der Ritter; participation – Mitwirkung; reason – Grund; to spend – verbringen

Wärmedämmung

Eine gute **Wärmedämmung** soll verhindern, dass ein Körper Wärme abgibt und dadurch abkühlt. Eine gute Wärmedämmung kann aber auch verhindern, dass ein Körper Wärme aufnimmt und dadurch wärmer wird. Wärmedämmung soll also einen unerwünschten Wärmeübergang verzögern. Einige Möglichkeiten der Wärmedämmung werdet ihr in diesem Projekt kennen lernen.

1 Diese Stoffe stehen als Dämmmaterial zur Auswahl.

Gruppe 1: Kaltes soll kalt bleiben

Ein Kühlschrank muss gut wärmegedämmt sein. Findet heraus, welche Stoffe sich zur Wärmedämmung beim Kühlschrank eignen.
Stellt 250 ml-Bechergläser in je ein 1000 ml-Becherglas. Füllt den Raum zwischen den Seitenwänden und Böden mit einem Stoff aus dem Angebot von Bild 1 aus. Gebt dann in jedes 250 ml-Glas 3 Eiswürfel und deckt die Gläser mit einem Uhrglas ab. In welchem Becherglas schmelzen die Eiswürfel zuerst, in welchem zuletzt? Schreibt die Reihenfolge auf. Welche Stoffe eignen sich also gut zur Wärmedämmung beim Kühlschrank?

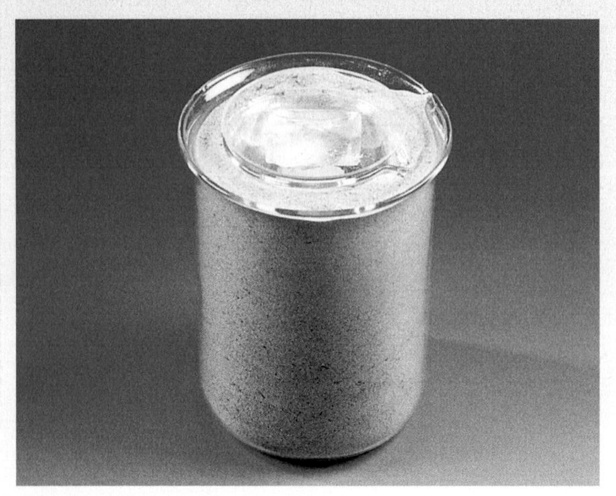

2 Wärme ist unerwünscht.

Gruppe 2: Warmes soll warm bleiben

Wenn ein Backofen gut wärmegedämmt ist, muss er nicht so oft nachheizen. Welche Stoffe eignen sich zur Wärmedämmung beim Backofen?
Stellt 250 ml-Bechergläser in je ein 1000 ml-Becherglas. Füllt den Raum zwischen den Seitenwänden und Böden mit einem Stoff aus dem Angebot von Bild1 aus. Gebt dann in jedes 250 ml-Glas 200 ml Wasser von 60 °C und deckt die Gläser mit einem Uhrglas ab. Messt nach je 4 min die Wassertemperaturen in den Gläsern und tragt die Werte in die Tabelle ein. Welche Stoffe würdet ihr für die Wärmedämmung beim Backofen nehmen?

Dämmstoff	Temperatur in °C nach				
	4 min	8 min	12 min	16 min	20 min
1					
2					
3					
4					
5					
6					
7					
8					

3 Wärme wird unterschiedlich abgegeben.

Gruppe 3: Schutz vor Wärme und Kälte

Das Schiff der Familie Freitag ist durch einen kräftigen Sturm auf ein Felsenriff getrieben worden und liegt halb versunken vor dem Strand einer unbewohnten Insel. Die Eltern haben sich mit ihren Kindern auf die kleine Insel retten können. Hier finden sie Trinkwasser und Nahrung. Die Tage sind heiß, nachts wird es aber empfindlich kalt. Familie Freitag überlegt, wie sie sich am Tage vor der Hitze und nachts vor der Kälte schützen kann. Die Kinder haben da eine Idee: An Bord des Schiffes ..., Hütte ...!

Ihr ahnt bestimmt schon, was den Kindern eingefallen ist. Wie würdet ihr auf der Insel eine Hütte bauen? Die Hütte soll tagsüber Wärme abhalten, nachts aber ein Auskühlen verhindern. Was würdet ihr zum Bau einer brauchbaren Hütte vom Schiff holen?

Baut nach euren Ideen Hüttenmodelle aus verschiedenen Stoffen.

4 Robinsons Nachfolger

Als Sonnenersatz könnt ihr eine 60 W-Glühlampe verwenden. Überprüft durch Temperaturmessungen, welche Stoffe sich hier zur Wärmedämmung eignen. Vielleicht findet ihr auch Material, das tagsüber Wärme speichert und nachts wieder abgibt.

Gruppe 4: Wärmedämmung in der Natur

Wildschwein, Amsel und viele andere Tiere müssen im Winter auch bei sehr niedrigen Temperaturen ihre Körpertemperatur auf einem bestimmten Wert halten. Wie gelingt ihnen das?

a) Gebt in ein großes Becherglas Eiswasser. Füllt ein großes Reagenzglas mit Wasser, ein zweites mit der gleichen Menge weichem Kokosfett. Steckt in beide Reagenzgläser ein Thermometer und stellt sie in das Becherglas mit Eiswasser.
Messt nach 8 min die Temperatur des Eiswassers, des Fetts und des Wassers in den Reagenzgläsern. Erklärt die Messergebnisse.

b) Füllt zwei 250 ml-Erlenmeyerkolben mit 40 °C warmem Wasser. Verschließt die Kolben mit je einem Gummistopfen, in dem ein Thermometer steckt. Lasst einen Kolben im Raum stehen. Stellt den zweiten Kolben in eine mit Daunen gefüllte Frischhaltetüte und bindet sie am Kolbenhals zu. Lest nun nach jeweils 5 min die Temperaturen ab und vergleicht. Erklärt die Ergebnisse.

Wie schützt sich also das Wildschwein vor Wärmeverlust?

Welche anderen Tiere schützen sich im Winter ähnlich?

5 Der Wildschweintrick

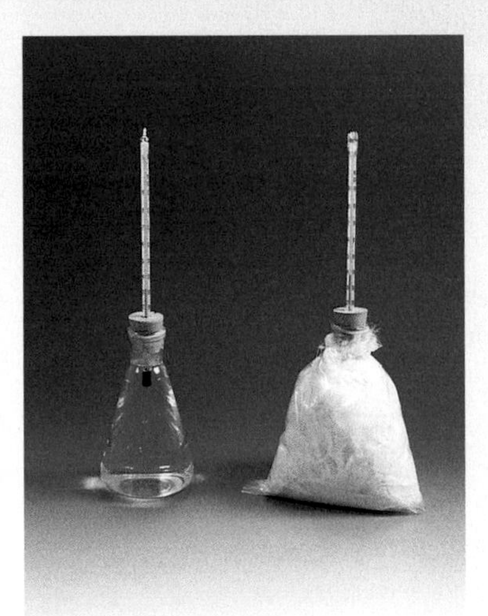

6 Der Amseltrick

Wie schützt sich also die Amsel vor Wärmeverlust?

Schlagt nach, wie sich andere Tiere im Winter schützen.

Sucht weitere Beispiele für Überlebensstrategien von Tieren im Winter.

Verbrennungen bringen Energie

Durch die Verbrennung von Holz kannst du dich wärmen und über der Glut kannst du Fleisch und Würstchen braten.

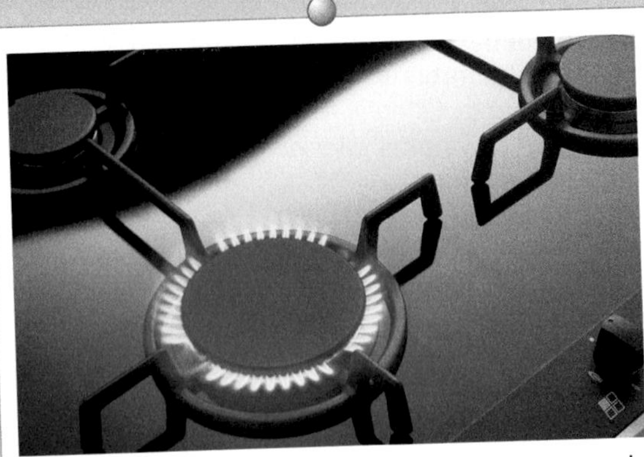
Das Verbrennen von Gas dient zum Kochen und Heizen.

Kaminöfen sind beliebt, weil die Wärme durch das Verbrennen von Holz als angenehm empfunden wird.

Bei einem Kraftwerk liefern fossile Brennstoffe wie Kohle oder Gas die Energie. Wasser wird dadurch in Wasserdampf verwandelt, der Dampfturbinen antreibt.

1. a) Nenne Beispiele für das Verbrennen von Stoffen in den verschiedenen Bereichen Haushalt, Industrie, Verkehr, Freizeit, Handwerk, Handel.
b) Ordne die fünf Pinnzettel den verschiedenen Bereichen zu.

2. Aus welchen Gründen werden Stoffe verbrannt?

Dampfloks werden mit Kohle oder Öl befeuert. Wasser wird durch die Energie bei der Verbrennung zu Wasserdampf. Er treibt mittels einer Dampfmaschine die Lok an.

Gewünschte Verbrennungen – unerwünschte Folgen

1. Betrachte die Bilder und beschreibe, was gewünschte Verbrennungen sind.

2. Finde weitere Beispiele für gewünschte Verbrennungen.

3. Kann der Mensch auf Verbrennungen verzichten? Welche Folgen hätte das?

4. Welche unerwünschten Folgen können die Verbrennungen für die Umwelt und die Menschen haben? Stelle eine Liste zusammen.

5. Wie lassen sich die Folgen von Verbrennungen mildern oder gar verhindern? Diskutiert darüber in der Klasse.

A

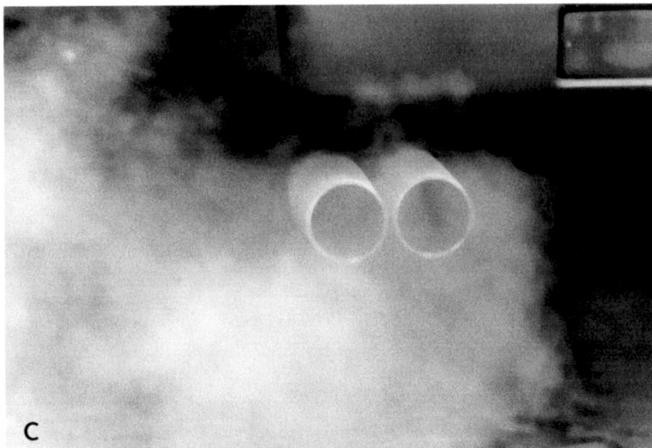
C

B

D

Verbrennungen in Motoren

Treibstoffe werden in Motoren verbrannt. Als Verbrennungsprodukte entstehen heiße Gase. Sie treiben Autos, Flugzeuge und Schiffe an. Die Menschen nutzen das unter anderem in ihrer Freizeit und für Reisen.

Verbrennungen belasten und verändern die Umwelt

Im Kamin brennt ein Stapel Holz und verbreitet Wärme und Gemütlichkeit. Doch die Verbrennungsprodukte, die aus Heizungsanlagen im Schornstein aufsteigen, verschmutzen die Luft. Zusammen mit den Abgasen, die in großen Mengen von der Industrie, den Kraftwerken und Autos erzeugt werden, sind sie eine Gefahr für die Umwelt. Sie sind die Hauptursache für eine Veränderung des Klimas.

Verbrennungen gefährden die Gesundheit

Immer wieder geraten Wälder, Tanker oder Ölquellen in Brand. Riesige Mengen an Schwefeldioxid, Kohlenstoffdioxid und Ruß belasten dadurch die Umwelt. Die giftigen Verbrennungsprodukte in der Luft führen zu Atemproblemen. Sie schädigen die ▸ Lunge.

■ Der Mensch braucht die Verbrennung zur Energiegewinnung, zur Fortbewegung und zum Heizen. Die Gefahren, die durch die Verbrennungsprodukte entstehen, dürfen aber nicht vernachlässigt werden.

Voraussetzungen für Verbrennungen

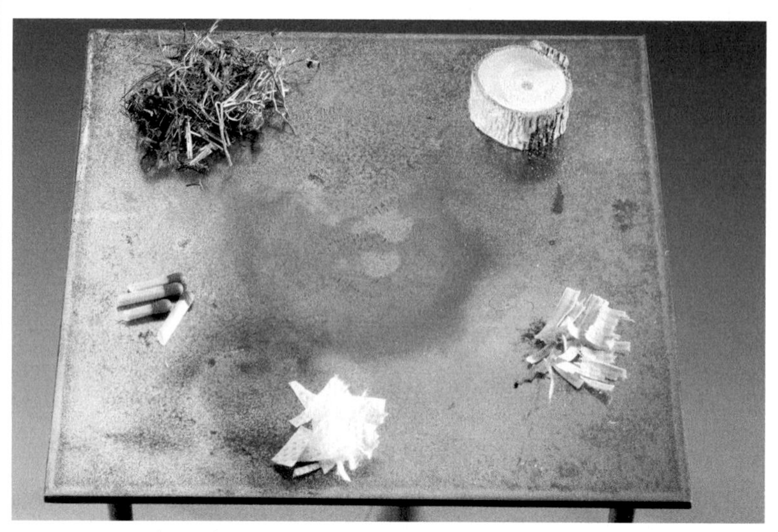

1 Was entzündet sich zuerst?

1. Halte einen Holzspan, ein Stück Holzkohle, eine Keramikscherbe, ein Stück Papier, einen Eisennagel und Salzkristalle mit einer Tiegelzange in die Brennerflamme und prüfe, ob sie sich entzünden. Welche Stoffe verbrennen oder verglühen?

2. Nenne weitere Stoffe, die brennen, und solche, die nicht brennen.

3. a) Entzünde eine Kerze und warte, bis sie gleichmäßig brennt. Stülpe dann ein großes Becherglas über die brennende Kerze und beobachte. Was geschieht mit der Flamme?
b) Begründe das Versuchsergebnis von a).

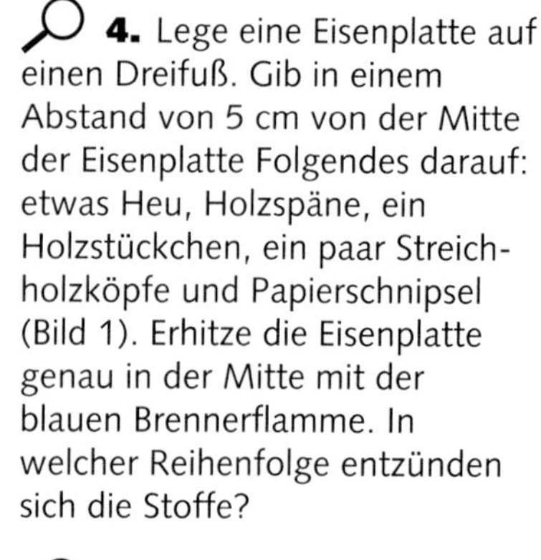

4. Lege eine Eisenplatte auf einen Dreifuß. Gib in einem Abstand von 5 cm von der Mitte der Eisenplatte Folgendes darauf: etwas Heu, Holzspäne, ein Holzstückchen, ein paar Streichholzköpfe und Papierschnipsel (Bild 1). Erhitze die Eisenplatte genau in der Mitte mit der blauen Brennerflamme. In welcher Reihenfolge entzünden sich die Stoffe?

5. Versuche ein dickes Holzscheit mit einem Streichholz zu entzünden. Was stellst du fest?

6. Spalte von dem Holzscheit aus Versuch 5 einige dünne Stücke ab und wiederhole damit den Versuch. Vergleiche deine Beobachtungen.

7. Suche nach einer Erklärung für deine Ergebnisse der Versuche 5 und 6.

8. Schildere eine geeignete Methode zur Entzündung eines Kaminfeuers. Beachte dabei die Ergebnisse der Versuche 4 bis 6.

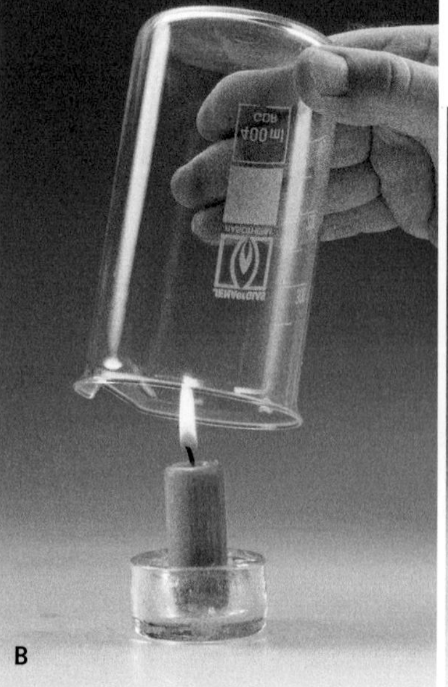

2 Was passiert mit der Flamme?

Brennbare Stoffe
Es gibt brennbare und nicht brennbare Stoffe. Stoffe wie Holz, Kohle, Benzin, Spiritus oder Erdgas sind brennbar. Eine Keramikscherbe, ein Kupferrohr, Beton, Wasser und das Gas Helium, mit dem Luftballons gefüllt werden können, sind nicht brennbar.

Willst du also ein Feuer entzünden, brauchst du zunächst einen **brennbaren Stoff.**

Luft oder Sauerstoff
Stülpst du ein Becherglas über eine brennende Kerze, so wird die Flamme immer kleiner und erlischt bald ganz. Offensichtlich wird ein Stoff verbraucht, der zum Brennen erforderlich ist. Dieser Stoff ist die Luft.

Allerdings eignet sich zum Verbrennen nicht die gesamte Luft, sondern nur ein bestimmter Anteil, der ▸ **Sauerstoff.** Dieser Sauer-stoff wird bei einer Verbrennung verbraucht. Ist kein Sauerstoff mehr vorhanden, erlischt die Flamme.

Zum Entzünden eines Feuers musst du dafür sorgen, dass genügend Sauerstoff an die Flammen kommt.

Entzündungstemperatur
Wenn es draußen vor Kälte knistert, ist es gemütlich, an einem Kaminfeuer zu sitzen. Aber bevor ein Kaminfeuer richtig brennt und das Zimmer wärmt, musst du es zunächst anzünden. Dafür brauchst du die nötigen Brennstoffe wie Papier und Holz.

Verschiedene brennbare Stoffe benötigen unterschiedlich hohe Temperaturen, um sich zu entzünden. So hat Papier eine niedrigere **Entzündungstemperatur** als Holz.

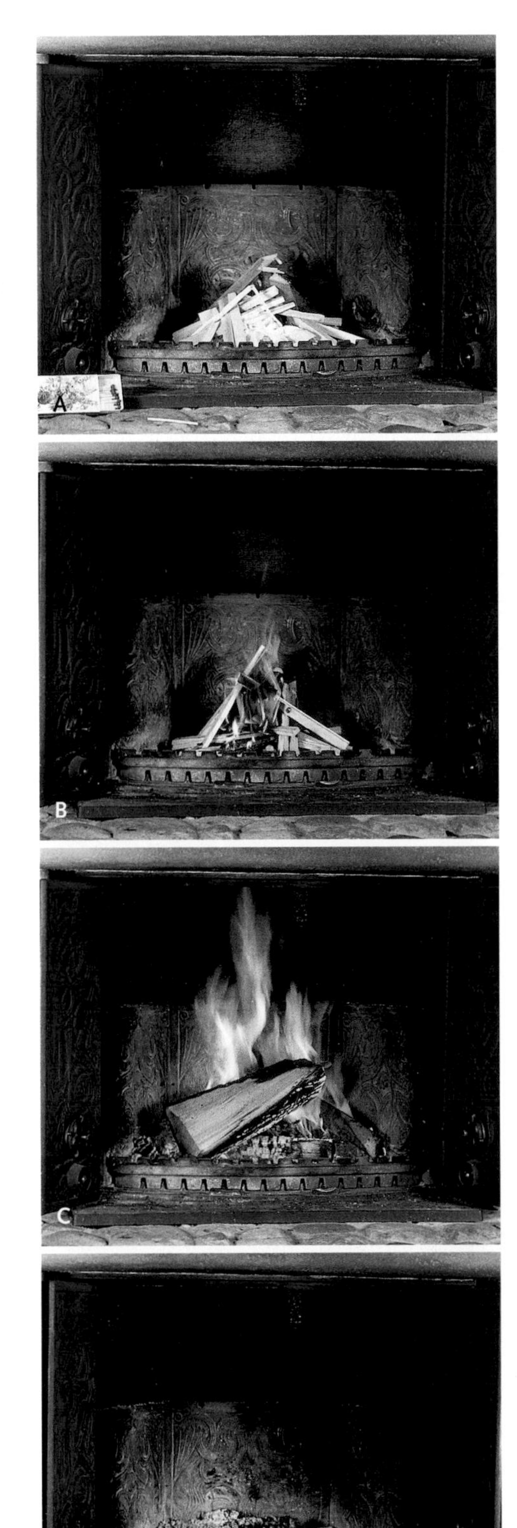

3 Ein Kaminfeuer

Große Oberfläche
Du kannst aus dem Versuch aber auch noch eine zweite Erkenntnis gewinnen. Die Holzspäne entzünden sich früher als die Holzstückchen. Wichtig ist also auch, dass der Brennstoff möglichst fein zerteilt vorliegt. Ein großes Holzstück lässt sich nicht mit einer Streichholzflamme entzünden. Bei einem Holzspan gelingt dies aber wohl.

Kaminfeuer
Beim Entzünden des Kaminfeuers nutzt du die beiden Erkenntnisse aus. Über geknülltes Papier legst du kleine Holzspäne und erst wenn beides brennt, kommen größere Holzstücke hinzu. Das Papier entzündet sich leichter als das Holz. Kleine Holzstücke brennen schneller als große.

Locker zerknülltes Papier und locker aufgeschichtetes Brennmaterial begünstigen die Sauerstoffzufuhr.

■ Zum Entzünden eines Feuers benötigst du brennbares Material, Sauerstoff und eine ausreichend hohe Temperatur.
Das Entzünden gelingt besser, je feiner das Brennmaterial zerteilt ist und je niedriger die Entzündungstemperatur ist.

Der Sauerstoff

1. Halte einen Bausch Eisenwolle mit einer Tiegelzange in die Brennerflamme und beobachte.

2. Gib auf den Boden eines Gefäßes etwas Sand und fülle es mit reinem Sauerstoff. Erhitze einen Bausch Eisenwolle in der Brennerflamme, bis er glüht. Halte ihn dann sofort in das Gefäß. Was stellst du fest? Beschreibe deine Beobachtung.

3. Vergleiche deine Beobachtungen aus den Versuchen 1 und 2. Erkläre die Unterschiede.

4. a) Entzünde einen Holzspan und lass ihn kurze Zeit brennen. Puste ihn aus, sodass er nur noch glüht. Halte ihn glühend in ein Reagenzglas mit reinem Sauerstoff. Was beobachtest du?
b) Erkläre deine Beobachtungen.

1 Reiner Sauerstoff zum Schweißen

Reiner Sauerstoff

Luft besteht etwa zum fünften Teil aus Sauerstoff. Zum Atmen und für normale Verbrennungsvorgänge reicht dies völlig aus. In der Technik und der Medizin wird aber häufig **reiner Sauerstoff** eingesetzt.

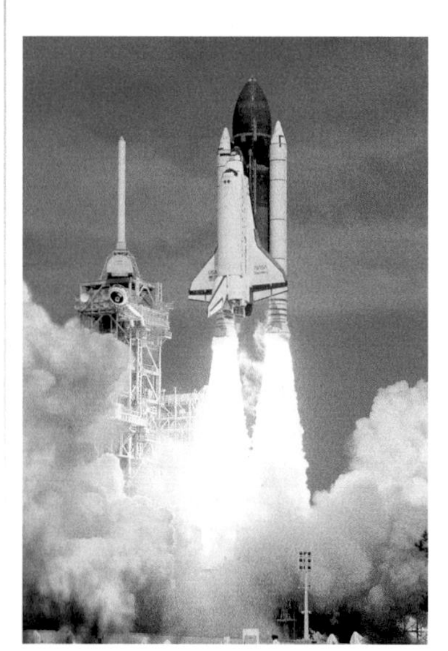

2 Raketen brauchen Sauerstoff.

Sauerstoff in der Technik

Beim Schweißen ist eine sehr heiße Flamme erforderlich. Diese ist nur mit reinem Sauerstoff erreichbar. Allgemein laufen Verbrennungen in reinem Sauerstoff wesentlich heftiger ab als in Luft.
Deshalb führen auch Raketen reinen Sauerstoff mit sich.

3 Nachweis von Sauerstoff

Sauerstoff ist lebenswichtig

In Krankenhäusern und Rettungswagen werden Sauerstoffgeräte zur künstlichen Beatmung eingesetzt. Taucher führen Sauerstoff mit sich, um unter Wasser atmen zu können. Auch Bergsteiger, die in große Höhen aufsteigen wollen, brauchen meist Sauerstoff aus einem Atemgerät. Ähnliches gilt für Feuerwehrleute, die bei einem Brand Menschen aus verqualmten Häusern retten.

4 Bergsteiger brauchen Sauerstoff.

Nachweis von Sauerstoff

Hältst du einen glimmenden Holzspan in ein Gefäß mit reinem Sauerstoff, so beginnt er mit heller Flamme zu brennen. Dieser Versuch heißt **Glimmspanprobe.** Er dient zum Nachweis von Sauerstoff.

■ In reinem Sauerstoff laufen Verbrennungsvorgänge sehr heftig ab. Sauerstoff wird mit der Glimmspanprobe nachgewiesen.

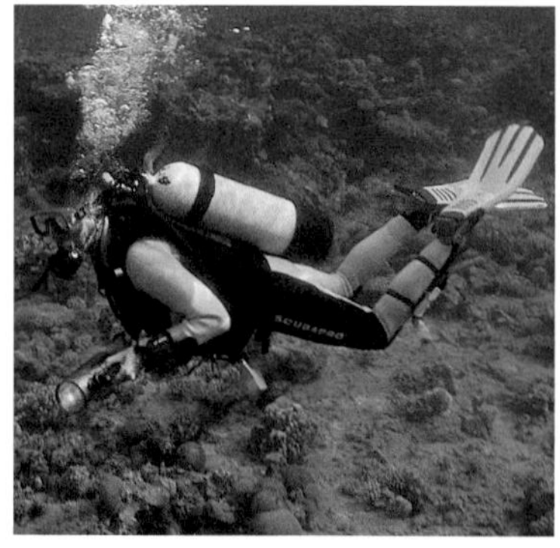

5 Taucher brauchen Sauerstoff.

Weitere Bestandteile der Luft

1. Nenne die Eigenschaften der beiden Hauptbestandteile der Luft.

2. Suche im Internet, einem Fachbuch oder Lexikon nach Beispielen für die Verwendung von Edelgasen.

3. Erkläre, warum in vielen Lebensmittelverpackungen die Luft durch Stickstoff ersetzt wird.

4. Informiere dich im Internet, einem Fachbuch oder Lexikon, wie hoch der Anteil von Kohlenstoffdioxid in der ausgeatmeten Luft ist.

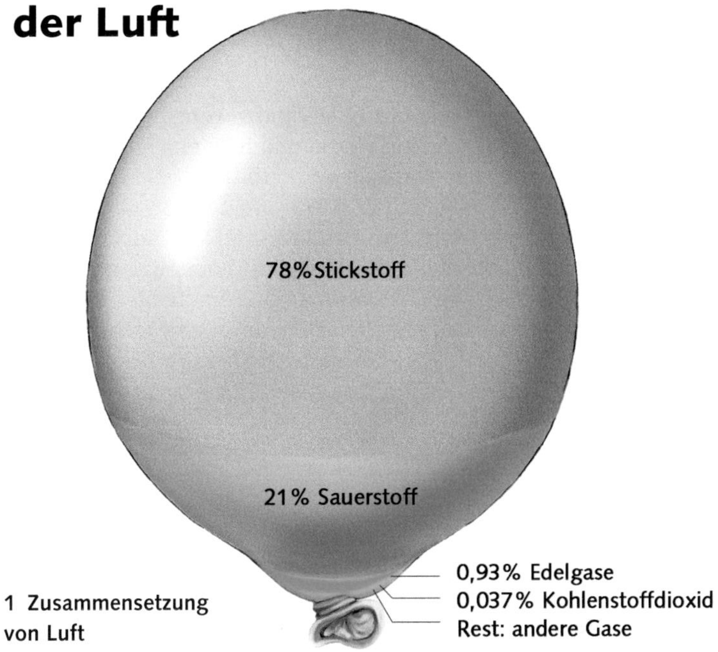

1 Zusammensetzung von Luft

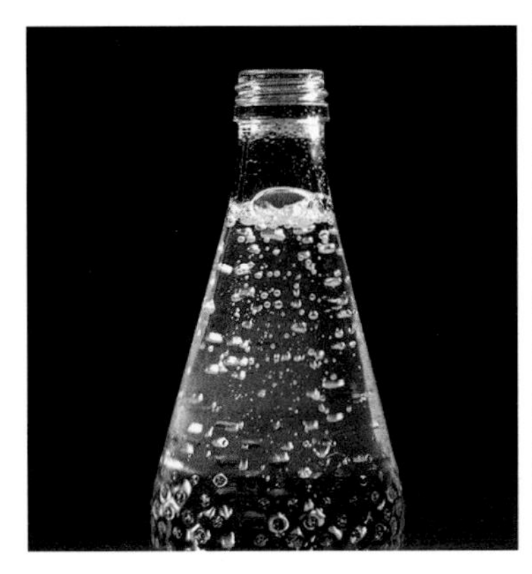

Stickstoff
- Der Hauptbestandteil der Luft ist Stickstoff.
- Stickstoff ist ein farb- und geruchloses Gas.
- In reinem Stickstoff würden Lebewesen ersticken.
- In Stickstoff kann nichts verbrennen. Eine Kerzenflamme erlischt darin.
- Obst, Gemüse und andere Lebensmittel werden in Stickstoff gelagert. Sie verderben dadurch nicht so schnell wie in Luft.

Edelgase
- Es sind sechs Edelgase bekannt: Helium, Neon, Argon, Krypton, Xenon, Radon.
- Alle Edelgase sind farb- und geruchlos.
- Helium ist leichter als Luft. Daher werden Ballons und Luftschiffe damit befüllt.
- Argon und Krypton werden in Glühlampen benutzt.
- In Leuchtstoffröhren erzeugen Helium, Neon und Krypton farbiges Licht.
- Manche Autos haben Xenonlicht.

Kohlenstoffdioxid
- Kohlenstoffdioxid ist farb- und geruchlos.
- Die Luft, die du ausatmest, enthält viel mehr Kohlenstoffdioxid als die eingeatmete Luft.
- Die Blasen in Mineralwasser bestehen aus Kohlenstoffdioxid.
- Der sehr geringe Anteil von Kohlenstoffdioxid an der Luft ist in den letzten Jahren gestiegen. Kohlenstoffdioxid wird für den Klimawandel als Hauptverursacher genannt.

■ Luft ist ein Gemisch aus verschiedenen Gasen. Sie besteht vorwiegend aus Stickstoff und Sauerstoff.

Stoffe verbrennen, neue Stoffe entstehen

1. Entzünde nacheinander eine Räucherkerze, eine Wunderkerze und eine Wachskerze. Schreibe jeweils deine Beobachtung auf. Welche Unterschiede konntest du feststellen?

2. Verbrenne getrocknetes Gras, Moos, Nadelholz, Trockenbrennstoff (Esbit®) und einige Tropfen Spiritus auf einer geeigneten Unterlage. Protokolliere die Verbrennungsvorgänge. Sortiere die Stoffe nach deinen Beobachtungen. Lege dazu in deinem Heft die folgende Tabelle an und vervollständige sie.

	Gras		
Wie verbrennt der Stoff?			
Was entsteht während der Verbrennung?			
Was bleibt übrig?			

3. Fülle in ein Reagenzglas einige Holzspäne. Erhitze sie über einer Brennerflamme. Welche Veränderungen kannst du im Reagenzglas beobachten? Überprüfe die frei werdenden Dämpfe, ob sie brennbar sind.

4. Wiederhole Versuch 3 mit Holzkohle. Vergleiche und deute den Unterschied in deinen Beobachtungen.

5. Halte ein großes trockenes Becherglas mit der Öffnung kurz über eine farblose Brennerflamme. Stelle Vermutungen an. Erkläre deine Beobachtung.

6. Halte ein Porzellanschälchen kurze Zeit in eine Kerzenflamme. Was beobachtest du?

Feuer und Flamme

Zu einer gelungenen Sommerparty gehört ein Grill. Für das richtige Licht sorgen Gartenfackeln. Bei besonderen Festen treten Feuerschlucker auf.

Die Holzkohle auf dem Grill glüht. Der Feuerschlucker erzeugt gelbe Flammen. Hier sorgen Verbrennungsvorgänge für gute Stimmung.

1 Feuerspucker in Aktion

Achtung! Lebensgefahr!
Werden brennbare Flüssigkeiten wie Brennspiritus zum Anzünden der Holzkohle verwendet, entstehen Stichflammen, die zu schweren Verletzungen führen können. Werden brennbare Flüssigkeiten auf die glühende Kohle gegossen, entstehen explosionsartig große Flammen, die zu schwersten Verbrennungen führen.

Was geschieht bei einer Verbrennung?

Der Brennstoff wird erwärmt. Er verbrennt, wenn er seine Entzündungstemperatur erreicht. Du erkennst das am Glühen oder an der Flammenbildung. Außerdem entstehen Rauch und nicht sichtbare Gase.

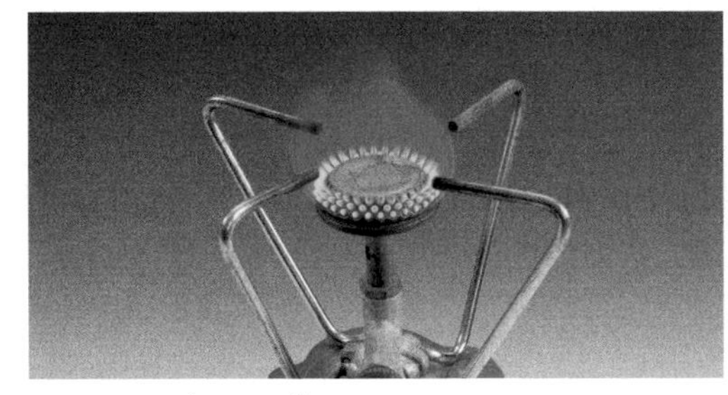

2 Campingbrennerflamme

Ausgangsstoff und Verbrennungsprodukt

Ein Stoff verändert sich beim Verbrennen. Farbe, Geruch und weitere Stoffeigenschaften sind nicht mehr vergleichbar mit dem **Ausgangsstoff.** Er hat sich zu einem oder mehreren neuen Stoffen umgewandelt. Diese neuen Stoffe werden **Verbrennungsprodukte** genannt.

■ Bei einer Verbrennung wandeln sich die Ausgangsstoffe in Verbrennungsprodukte mit neuen Stoffeigenschaften um.

3 Petroleumflamme

4 Glühende Holzkohle

5 Streichholzflamme

Gasförmige Brennstoffe

Gase wie Erdgas oder Butangas brennen bei ausreichender Luftzufuhr mit blauer Flamme. Die Verbrennungsprodukte, die dabei entstehen, sind gasförmig. Es sind hauptsächlich Kohlenstoffdioxid und Wasserdampf.

Flüssige Brennstoffe

Brennbare Flüssigkeiten wie Spiritus, Benzin und Öl verdampfen zuerst und werden gasförmig, bevor sie verbrennen.
Meistens verbrennen sie mit leuchtend gelber Flamme. Das liegt am Ruß, der aufsteigt und in der Flamme glüht.
Den Ruß kannst du nachweisen, wenn du einen Porzellanteller in die Kerzenflamme hältst.

Feste Brennstoffe

Viele feste Stoffe werden beim Erhitzen zunächst zersetzt. Es entstehen brennbare Gase, die mit leuchtender Flamme verbrennen. Dabei bilden sich Verbrennungsprodukte wie Wasserdampf und andere Gase.
Holzkohle enthält keine brennbaren Gase. Doch bei genügend hoher Temperatur verglüht der Kohlenstoff zu gasförmigen Verbrennungsprodukten.

Asche bleibt zurück

Holz, Kohle, Papier und viele andere feste Stoffe enthalten Bestandteile, die nicht brennbar sind. Diese bleiben nach der Verbrennung als Asche zurück.

■ Viele Stoffe enthalten brennbare Gase. Diese verbrennen mit einer Flamme. Verbrennungen, die ohne Flamme ablaufen, heißen Verglühen oder Glimmen.

Umgang mit Stoffen im Alltag

Stoffe erkennst du an ihren Eigenschaften. In einem **Steckbrief** werden die **Stoffeigenschaften** zusammengefasst.

Ein Stoff kann ein **Stoffgemisch** oder ein **Reinstoff** sein. Stoffgemische bestehen aus mindestens zwei verschiedenen Stoffen. Reinstoffe sind einheitlich zusammengesetzt und haben überall die gleichen Eigenschaften.

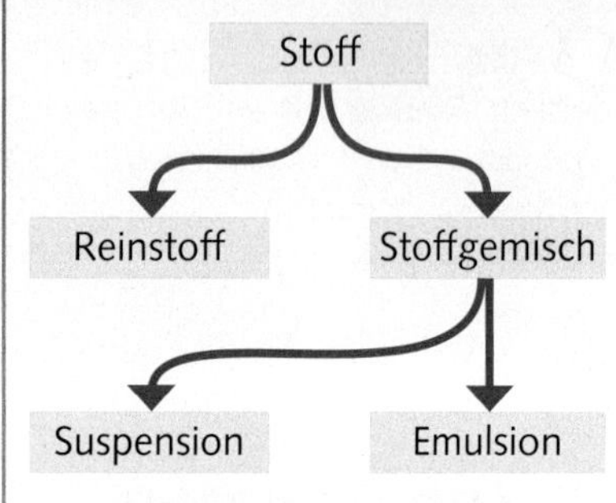

Nach dem **Teilchenmodell** bestehen alle Stoffe aus kleinsten, kugelförmigen Teilchen. Mithilfe des Teilchenmodells lassen sich Stoffeigenschaften erklären.

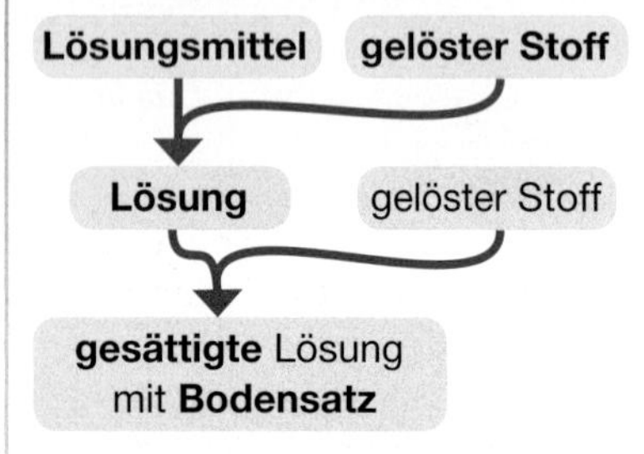

Lösungen trennen
Durch **Extrahieren** werden Farbstoffe und Aromastoffe aus Lösungen herausgelöst.

Durch **Verdunsten** oder **Eindampfen** wird aus einer Salzlösung das Salz zurückgewonnen.

Es gibt verschiedene **Trennverfahren** für Stoffgemische.

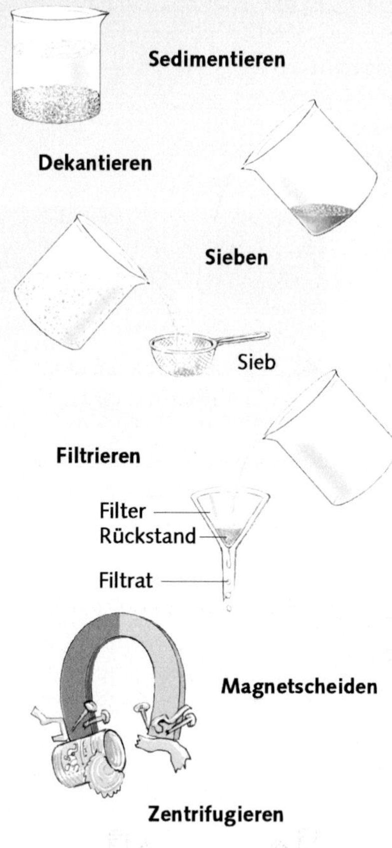

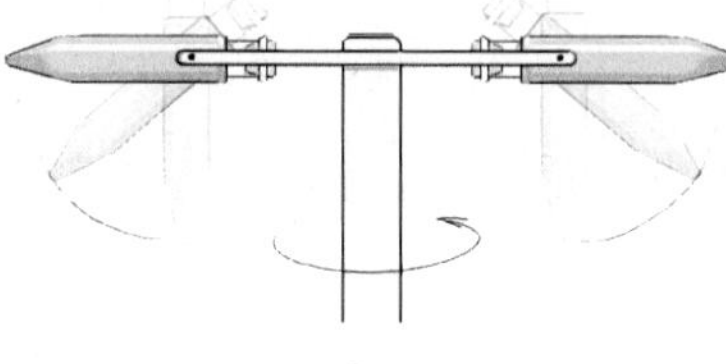

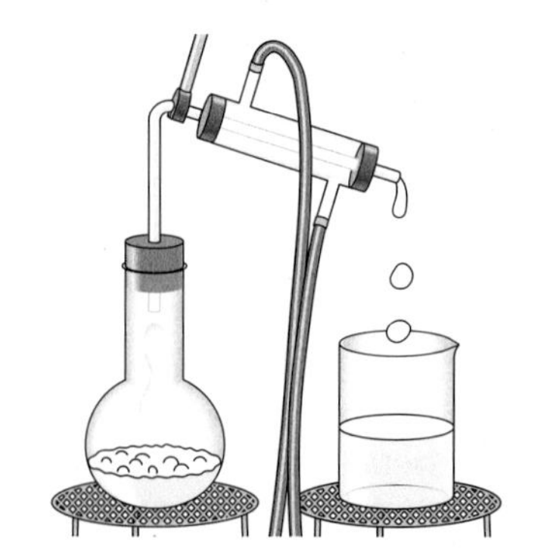

Mithilfe von **Destillation** lässt sich Salzwasser in Salz und Wasser trennen.

Werkstoffe können nach ihren Eigenschaften und Verwendungen sortiert werden.

Glas ist ein schon lange genutzter, sehr vielseitiger Werkstoff. Glas ist durchsichtig, hart und wasserdicht. Beim Erhitzen wird es zähflüssig, sodass es gut verarbeitet werden kann. Gefäße, Fensterscheiben, Kunstgegenstände und optische Geräte werden aus Glas gefertigt.

Die **Kunststoffe** sind eine sehr große Gruppe von Stoffen mit sehr unterschiedlichen Merkmalen und Verwendungsmöglichkeiten. Aus unserem Alltag sind sie nicht mehr wegzudenken.

Holz ist ein Werkstoff, der als Rohstoff immer wieder nachwächst. Seit langer Zeit wird er als Baumaterial und Brennstoff verwendet.

Metalle sind fest, aber auch biegsam und gut formbar. Sie leiten den elektrischen Strom und lassen sich zum Beispiel zu Werkzeugen verarbeiten.

Im Alltag finden ständig **Stoffumwandlungen** statt. Bei den Umwandlungsprozessen entsteht Wärme.

Müll besteht aus verschiedenen Müllsorten. Getrennte Müllsammlungen sind die Voraussetzung für eine **Wiederverwertung.** Die Menge des anfallenden Mülls wird nur dann geringer, wenn unnötiger Müll vermieden wird.
Der **grüne Punkt** steht auf Verpackungen, die aus Stoffen wie Papier, Glas, Kunststoffen oder Metall hergestellt sind. Solche Stoffe lassen sich gut wiederverwerten.

Umgang mit Stoffen im Alltag

1. Welche Stoffeigenschaften kannst du mit deinen Sinnesorganen feststellen?

2. Nenne Stoffeigenschaften, für deren Bestimmung du weitere Hilfsmittel benötigst. Nenne die Hilfsmittel.

3. Erstelle die Steckbriefe zweier Stoffe. Lass deine Nachbarin oder deinen Nachbarn herausfinden, um welchen Stoff es sich jeweils handelt.

4. Erkläre den Unterschied zwischen Stoffgemisch und Reinstoff an je drei Beispielen.

5. Was kennzeichnet eine Suspension? Nenne drei Beispiele.

6. Wo begegnen dir im Alltag Emulsionen? Nenne drei Beispiele.

7. Ordne den Tätigkeiten die richtigen Fachbegriffe zu:
a) vorsichtig abgießen
b) absetzen lassen.

8. Du bist in eine Pfütze getreten. Das Wasser ist nun trüb geworden. Bald wird es wieder klar. Schreibe in der richtigen Reihenfolge alle Vorgänge auf, die hier eine Rolle gespielt haben. Verwende dabei die Fachbegriffe.

9. Ein Gemisch aus Wasser, Sand und Eisen soll getrennt werden. Beschreibe, wie du vorgehen würdest.

10. Beschreibe die Verfahren, mit denen du eine Suspension in ihre Bestandteile auftrennen kannst.

11. Welche der folgenden Flüssigkeiten lösen sich in Wasser? Spiritus, Speiseöl, Benzin, Honig, Geschirrspülmittel, Essig, Shampoo, Hautlotion, Milch, Orangensaft

12. Woran erkennst du eine Lösung?

13. Warum kannst du eine Lösung nicht durch Filtrieren trennen?

14. Wie heißt eine Lösung, in der sich ein Bodensatz gebildet hat?

15. Wie kannst du einen Bodensatz in einer Lösung wieder auflösen?

16. a) Beschreibe drei Verfahren, wie du aus einer Salzlösung das Salz zurückgewinnen kannst.
b) Führe einen Versuch davon durch.

17. Dampfe von folgenden Wasserproben jeweils die gleiche Menge ein: Leitungswasser, Regenwasser, destilliertes Wasser und Mineralwasser. Bei welcher Wasserprobe bleibt nach dem Eindampfen der geringste Rückstand?

18. Zeichne eine Destillationsanlage und beschrifte sie.

19. Bei welchen der folgenden Verfahren handelt es sich um eine Extraktion: Tee zubereiten, Zucker auflösen, Rotkohl kochen, Filterkaffee zubereiten, Butter schmelzen, Wasser erwärmen, Tomaten zerquetschen, Kakaogetränk herstellen?

20. Schaue dich zuhause in deinem Zimmer um und fertige eine Liste mit Werkstoffen an. Sortiere sie in einer Tabelle nach Stoffgruppen.

21. Beschreibe die Herstellung von Glas in kurzen Sätzen.

22. Nenne Bereiche in deiner Umwelt, in denen Kunststoffe eingesetzt werden. Fertige dazu eine Tabelle an.

Kunststoffe	Eigenschaften	Verwendung

23. Nenne Gründe, warum bei dir zuhause viele Gegenstände aus Holz gefertigt sind.

24. Nenne Beispiele, wie du Müll vermeiden kannst.

25. a) Welche der folgenden Stoffe gehören in den Sondermüll? Medikamente, Leuchtstoffröhren, Glasflaschen, Ölfarben, Küchenabfälle, Batterien
b) Nenne weitere Beispiele für Sondermüll und beschreibe, wie solche Stoffe entsorgt werden.

Warum ist die Sonnenstrahlung notwendig, aber auch gefährlich?

Welche Messdaten sind für eine verlässliche Wettervorhersage notwendig?

Warum werden die Blätter im Herbst bunt?

Warum schützt das Eis die Blüten vor Erfrierungen?

Sonne, Wetter, Jahreszeiten

Die Jahreszeiten

1. Welche Monate werden den einzelnen Jahreszeiten zugerechnet?

2. Erkläre anhand von Bild 3, wie es zu den Jahreszeiten auf der Nordhalbkugel der Erde kommt.

3. Wie groß ist der Winkel zwischen der Erdachse und der Erdumlaufbahn?

4. Wieso gibt es auf der Nordhalbkugel und der Südhalbkugel der Erde zur selben Zeit unterschiedliche Jahreszeiten?

5. Erkläre mit Bild 1, warum es auf der Erde zur gleichen Zeit unterschiedlich warm ist.

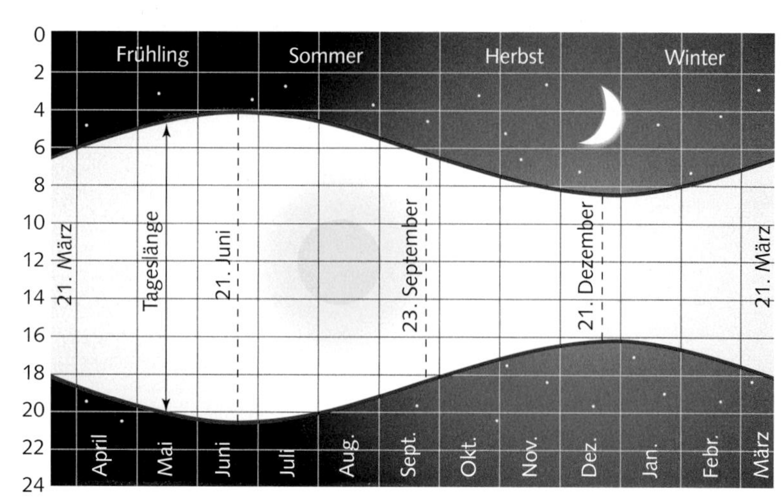

2 Jahreszeiten und Tageslänge

6. a) In Bild 2 kannst du senkrecht die Stunden eines Tages und waagerecht die Monate eine Jahres ablesen. Was stellen das gelbe Feld und die blauen Felder dar?
b) Die Darstellung beginnt und endet mit dem 21. März. Warum ist das ein besonderes Datum?
c) Lies den Beginn von allen vier Jahreszeiten ab.
d) Wie ändert sich die Tageslänge in den Jahreszeiten jeweils?
e) Wann ist der längste Tag im Jahr? Wann geht an diesem Tag die Sonne auf und wann unter? Wie lang ist die Zeit dazwischen?
f) Was haben Frühlingsanfang und Herbstanfang gemeinsam?
g) Warum ist der wärmste Monat im Jahr meistens der Juli und der kälteste Monat der Januar?
h) Bestimme mithilfe von Bild 2 und einem Jahreskalender die Länge der einzelnen Jahreszeiten in Tagen. Was fällt dir auf?

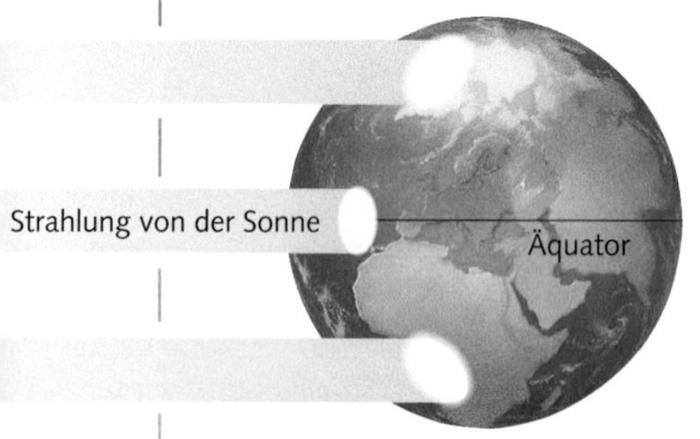

1 Die Sonne ist schuld an den verschiedenen Temperaturen.

Umrechnungen:
1 a = 365 d   1 d = 24 h   1 h = 60 min = 3600 s   1 min = 60 s

7. Zähle verschiedene Kalenderarten auf und gib deren Aufgaben an.

8. a) Der Mond dreht sich in 27,3 Tagen einmal um sich selbst und einmal um die Erde. Vergleiche diese Drehung mit der Drehung der Erde.
b) Wie oft dreht sich der Mond in einem Jahr um sich selbst?

9. In wie viele Monate würdest du ein Jahr einteilen, damit sie alle gleich lang sind?

10. Welche Bedeutung haben die Monatsnamen?

11. Wie heißt ein Jahr mit 366 Tagen?

12. a) Wie viele Sekunden hat ein Tag?
b) Wie viele Stunden (Minuten, Sekunden) hat ein Jahr?
c) Wie viele Stunden hat eine Woche?

13. Rechne in die Einheiten um, die in den Klammern angegeben sind: 120 h (d), 360 min (h), 5 min (s), 150 min (h), 15 min (h), 240 s (min), 730 d (a), 24 min (h), $\frac{3}{4}$ h (min), $\frac{1}{2}$ d (h), 1,5 h (min), 48 min (h)

14. Was bedeuten die folgenden Zeitangaben?
1 : 25 h; 4 : 45 min;
2 : 15 : 23 h; 2 : 15 s

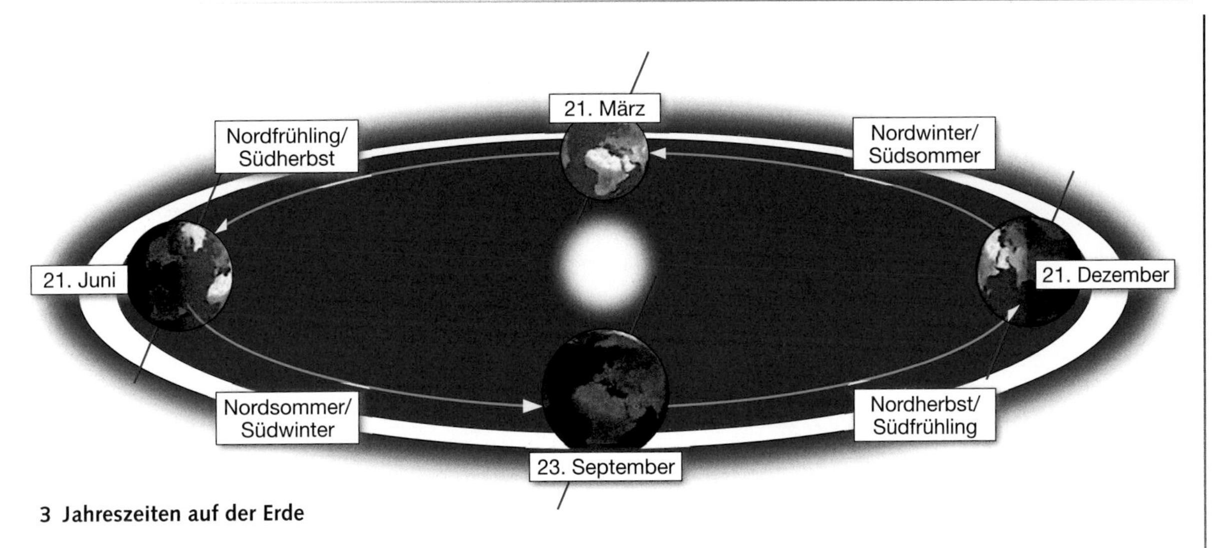

3 Jahreszeiten auf der Erde

Frühling, Sommer, Herbst und Winter

Endlich Frühling! Die Tage werden wieder länger und die ▸ Sonne steigt höher hinauf. Dann kommt der Sommer. Es ist warm und du kannst dich auf das Baden im Freien freuen. Im Herbst wird geerntet und schließlich im Winter kannst du Schlitten fahren. Wie kommt es zu der unterschiedlichen **Sonnenscheindauer** und warum steht die Sonne nicht immer gleich hoch über dem Horizont?
Du weißt, die ▸ Erde dreht sich um die Sonne und um sich selbst. Die **Erdachse** steht aber nicht senkrecht auf der Erdumlaufbahn, sondern ist leicht geneigt. Das erkennst du an jedem Globus (Bild 4).

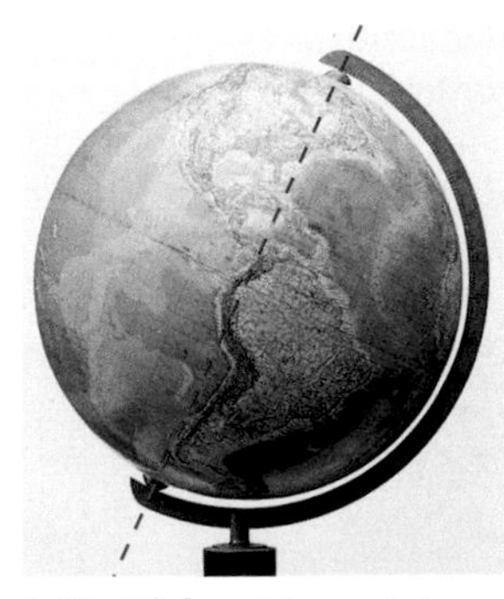

4 Ein Globus ist geneigt.

Durch diese Neigung ist die Nordhalbkugel der Erde eine Zeit lang mehr der Sonne zugeneigt. Dann herrscht dort Sommer und auf der Südhalbkugel ist Winter. Im Laufe des Jahres ändert sich das allmählich und nach einem halben Jahr wird die Südhalbkugel stärker beschienen. Dann herrscht dort Sommer (Bild 3).

Aus diesem Wechsel zwischen Sommer und Winter ergibt sich die unterschiedliche Sonnenscheindauer und damit die unterschiedliche Länge der Tage. Denn die Neigung der Erdachse bleibt bei jeder Stellung zur Sonne immer gleich. Du erkennst leicht, die Höhe der Sonne, der **Sonnenstand,** ist abhängig von der Länge des Tages (Bild 2).

Der Kalender

Die Beobachtung der Sonne und vor allem des Mondes führte schon in der frühen Geschichte der Menschen zur Einteilung des Jahres und damit zum Kalender. Es gab früher verschiedene **Kalender.** Der heute gebräuchliche ist der gregorianische Kalender, nach Papst Gregor XIII. benannt. Bei diesem Kalender ist das Jahr in 12 Monate oder 365 Tage eingeteilt. Das Wort Monat weist darauf hin, dass die wiederkehrende gleiche Stellung des ▸ Mondes maßgebend war für die Einteilung des Jahres. Ein Tag ist durch die Eigendrehung der Erde festgelegt. Leider harmonieren die Anzahl der Tage und der Monate im Jahr nicht miteinander. Ein Jahr hat 365,25 Tage. Deshalb wurde alle vier Jahre ein Schaltjahr eingerichtet.

Die Zeiteinheiten

Die Einteilung eines Tages in 24 Stunden stammt von den Babyloniern. Sie benutzten ein Zahlsystem, das auf der Zahl 6 und ihren Vielfachen aufgebaut war. Daraus ergab sich die Stundenzahl des Tages. Etwa ab dem 14. Jahrhundert hat sich diese Einteilung bei uns durchgesetzt. Seitdem wird eine Stunde in 60 Minuten und eine Minute in 60 Sekunden eingeteilt.

■ Die Jahreszeiten entstehen durch die Neigung der Erdachse. Der heute genutzte Kalender richtet sich nach der Stellung des Mondes. Die Einheiten der Zeit beruhen auf einem System um die Zahl 6.

Abkürzungen der Zeiteinheiten

Jahr	a	lateinisch annus – das Jahr
Tag	d	lateinisch dies – der Tag
Stunde	h	lateinisch hora – die Stunde
Minute	min	lateinisch minutus – zerstückelt
Sekunde	s	lateinisch secundus – der Zweite

Die Natur im Jahreslauf

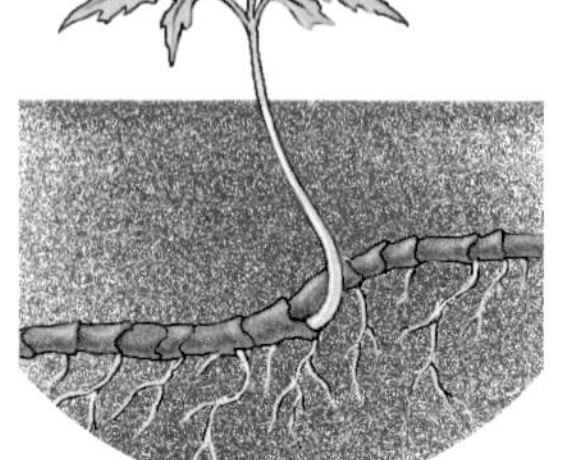

1. a) Was erkennst du auf dem Foto? In welcher Jahreszeit wurde es aufgenommen? Begründe deine Aussage.
b) Wie heißt die weiß blühende Pflanze, die den Boden bedeckt und die vergrößert dargestellt ist?
c) Beschreibe mithilfe des Informationstextes, warum sie den Lichtverhältnissen an ihrem Standort gut angepasst ist.

2. a) Pflanzt im Herbst Blumenzwiebeln im Umfeld eurer Schule ein und haltet euch genau an die Pflanzanweisungen.
b) Zeichnet einen Plan mit den Pflanzorten und tragt jeweils die gepflanzten Arten ein.
c) Beobachtet im Frühjahr, wann welche Pflanzen austreiben. Führt ein ▸ Naturtagebuch.
d) Fotografiert die Pflanzen und gestaltet eine Ausstellung.

3. a) Betrachtet die Bilder. In welchem Monat wurden sie jeweils aufgenommen? Begründet eure Aussagen.
b) Sucht für jeden Monat im Jahr ein typisches Bild und erstellt ein ▸ Plakat.

4. Die meisten Jungtiere kommen im Frühjahr zur Welt. Welchen Vorteil hat ein solcher Geburtstermin für die Tiere? Stelle den Sachverhalt an einem Beispiel dar.

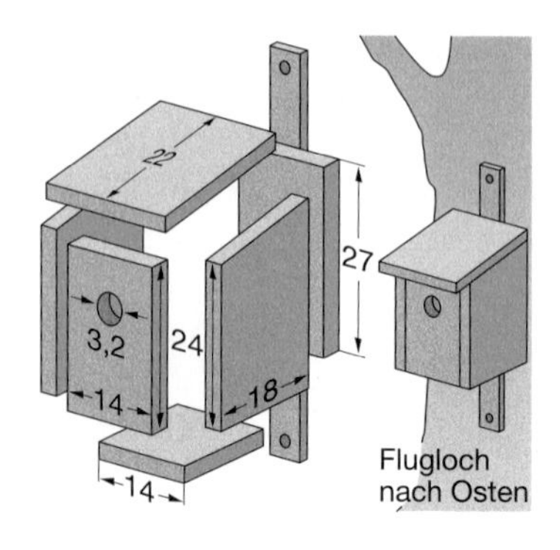

5. a) Fertigt gemäß der Abbildung einen Nistkasten für Höhlenbrüter an.
b) Sucht einen geeigneten Platz zum Aufhängen des Nistkastens. Bedenkt dabei die Gefährdung durch natürliche Feinde der Vögel wie Katzen und durch Witterungseinflüsse wie Wind, Regen oder Schnee.

Im Frühling werden die Tage länger

Buschwindröschen haben weiße Blüten und kommen in Laubwäldern häufig vor. Sie treiben aus, wenn die Sonne im Frühjahr den Waldboden erreicht und blühen schon im März. Dies ist möglich, da die Pflanzen des letzten Jahres durch die Vorgänge der ▸ Fotosynthese ausreichend ▸ Nährstoffe gebildet hatten. Diese Nährstoffe wurden in einem unterirdischen Stängel, dem Erdspross, gespeichert und werden jetzt im Frühjahr zum Austrieb verbraucht. Die frischen Blätter bilden nun mithilfe des Sonnenlichts wieder neue Nährstoffe, die für das nächste Jahr gespeichert werden. Während die Buschwindröschen blühen, entwickeln sich auch aus den ▸ Knospen der Bäume neue Triebe mit Blättern und Blüten.

Im Sommer scheinen Frühblüher wie die Buschwindröschen verschwunden zu sein. Da die Bäume und Sträucher ab April ein dichtes Blätterdach ausbilden, verwelken die oberirdischen Teile. So überdauern die Frühblüher den Rest des Jahres als unterirdische Speicherorgane.

Auch Tulpen und Schneeglöckchen gehören zu den Frühblühern. Als Speicherorgane haben sie Zwiebeln.

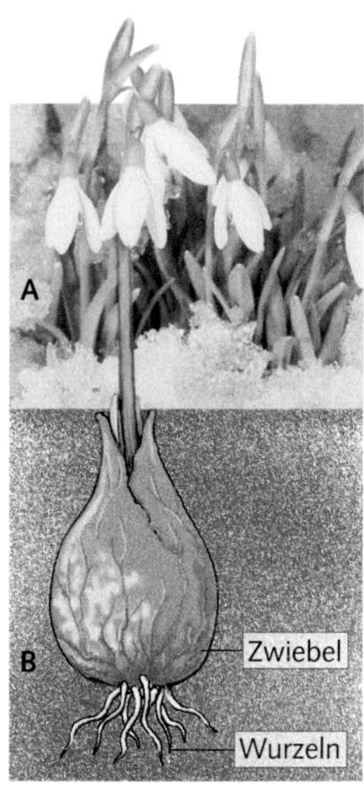

1 Frühblüher. A *Schneeglöckchen;* **B** *Zwiebel*

Im Frühling kommen die ▸ Zugvögel wieder zurück und Singvögel wie die Amsel beginnen schon früh am Morgen zu singen. Die Vogelmännchen grenzen mit ihrem arttypischen Gesang ihr Revier ab und locken Weibchen an. Es folgt die Paarung und der Nestbau. Nach der Eiablage brüten die Vögel die Eier aus und im Frühling und Frühsommer schlüpfen die Jungen. Höhlenbrüter wie die Blaumeisen benutzen zur Brut gern Nistkästen, die in Gärten aufgehängt werden können.

Auch alle anderen heimischen Tierarten beenden ihre jeweilige Form der ▸ Überwinterung. Lurche und Kriechtiere paaren sich und legen ihre Eier ab. Wildtiere wie Rehe oder Füchse bringen ihre Jungen zur Welt. Alle Jungtiere haben nun viele Monate Zeit, sich zu entwickeln und kräftig genug zu werden, um den nächsten Winter überleben zu können.

2 Reh mit Kitz

Sommer – die Zeit der Insekten

Bis zur Sommermitte haben die meisten Pflanzen aufgehört zu wachsen und stecken ihre Nährstoffe jetzt in die Produktion von ▸ Samen. Während des Sommers kann man viele Insekten beobachten. Auf artenreichen Wiesen finden sie unterschiedliche Lebensräume und genug Nahrung. Schmetterlinge wie das Tagpfauenauge oder der ▸ Zitronenfalter legen Eier an ihre jeweiligen Futterpflanzen. Aus diesen Eiern entwickelt sich dann eine neue Schmetterlingsgeneration.

Herbst – die Vorbereitung auf den Winter beginnt

Der Spätsommer und der Herbst ist die Zeit der Pilze, die beispielsweise Schnecken als Nahrung dienen. Viele Tierarten fressen sich jetzt ein dickes ▸ Fettpolster an und suchen sich geschützte Stellen, an denen sie überwintern können.

Pflanzen bereiten sich in verschiedener Weise auf den Winter vor. Laubbäume schützen sich beispielsweise durch ▸ Laubfall und ▸ Knospenbildung.

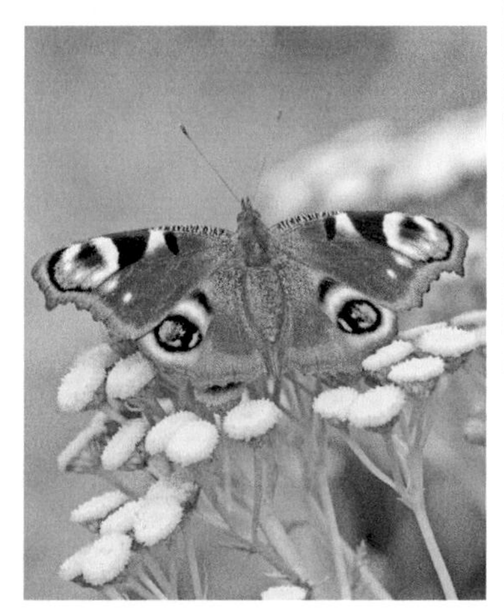

3 Tagpfauenauge

Ein Naturtagebuch führen

Ein Naturtagebuch erstellen
Suche dir zum Beispiel einen Laubbaum in deiner Umgebung, den du möglichst jeden Tag, mindestens aber einmal pro Woche beobachten kannst. Dieser Baum kann in eurem Garten stehen. Er kann sich aber auch auf einer nahe gelegenen Wiese, in einem Waldstück oder aber auf dem Schulweg befinden.

Macht bereits am Anfang des Schuljahres einen festen Termin aus, wann eure Naturtagebücher abgegeben werden sollen.

Was dein Naturtagebuch mindestens enthalten sollte:
- Deckblatt mit dem Namen und einem Foto des Baums
- Name des Verfassers und Klasse
- Standort und Alter des Baums (eventuell geschätzt)
- gepresste oder gezeichnete Blätter
- Abbildungen aus Büchern, die deinen Baum in den unterschiedlichen Jahreszeiten darstellen (Angaben zum Erscheinen der ersten Laubblätter, Blüten und Früchte, Beginn der Herbstfärbung)
- Tiere, die du an deinem Baum beobachtest

Bei Obstbäumen sind weitere Angaben sinnvoll:
- Beginn und Dauer der Blütezeit
- Aussehen der Blüte
- Beschreibung, wie aus der Blüte eine Frucht wird (mit Zeitangaben und Wetterbeobachtungen)
- Aussehen der Früchte zur Erntezeit
- Pflegemaßnahmen, z. B. Baumschnitt, Schutz gegen Schädlinge und Krankheiten

Weitere Ideen für dein Naturtagebuch:
Zusatzinformationen, Gedichte, Lieder, Rezepte, Geschichten, usw.

Nicht vergessen:
Alle Einträge mit Datum versehen und eine möglichst übersichtliche Darstellung wählen, beispielsweise Tabellen, Skizzen und Fotos verwenden.

Wir betrachten und untersuchen Pflanzen

1. Grabt zwei kleine, häufig vorkommende Pflanzen aus der Umgebung der Schule vorsichtig aus. Nehmt sie mit ins Klassenzimmer und vergleicht sie miteinander. Welche Teile haben alle Pflanzen gemeinsam?

2. Zeichnet eure Pflanzen oder den Klatschmohn sorgfältig ab und beschriftet die einzelnen Teile. Der Text hilft euch, die passenden Begriffe zu finden.

3. Stellt eure Pflanzen in der Klasse vor. Wenn ihr den Namen nicht wisst, könnt ihr in einem Bestimmungsbuch nachschlagen. Dort findet ihr noch weitere interessante Informationen über eure Pflanzen.

4. Überlegt euch einen Versuch, mit dem ihr zeigen könnt, dass die Pflanze in ihrem Stängel Wasser nach oben zu den Blättern und Blüten leitet und führt ihn durch. **Tipp:** Verwendet für euren Versuch weiß blühende Pflanzen wie z. B. ein Fleißiges Lieschen. – Wasser kann man mit Tinte färben.

5. Ihr seht hier einen Versuchsaufbau, mit dem die Verdunstung von Wasser bei einer Pflanze nachgewiesen werden kann. Baut den Versuch nach und stellt den Aufbau an einen hellen Standplatz im Klassenzimmer. Beobachtet den Versuch einige Tage und haltet fest, was sich verändert hat. Erklärt eure Beobachtungen.

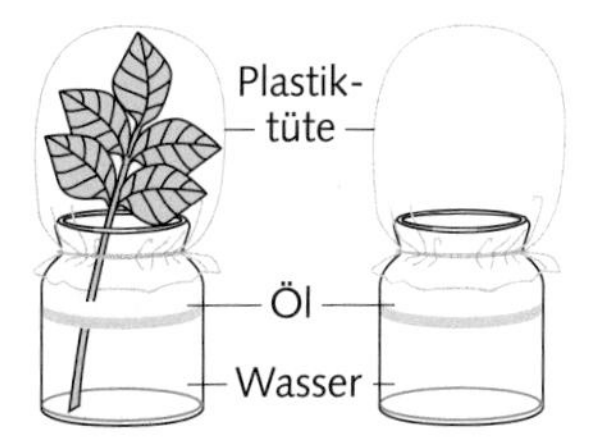

1 Klatschmohn

Alle Teile der Pflanzen, die über dem Boden zu sehen sind, bilden den **Spross.** Er besteht aus der Sprossachse, den Blättern und den Blüten in der Blütezeit.

Aus den **Blüten** entwickeln sich ▸ Früchte und ▸ Samen.

Beim Klatschmohn nennt man die Sprossachse **Stängel.** Er ist grün wie bei allen **krautigen Pflanzen.** Hier verlaufen die Leitungsbahnen, in denen Wasser, Mineralstoffe und Nährstoffe transportiert werden.

Bei **Sträuchern** verzweigt sich die Sprossachse kurz über dem Boden in mehrere verholzte Seitenstämme.

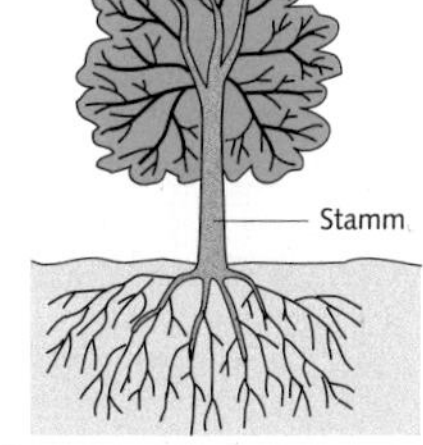

Bei **Bäumen** bezeichnet man die verholzte Sprossachse als Stamm. Oben befindet sich die Baumkrone.

In den **Blättern** kann man die Leitungsbahnen als Blattadern meist deutlich sehen. An den Blattunterseiten befinden sich winzige Öffnungen, die Spaltöffnungen. Durch sie verdunstet die Pflanze Wasser. Mithilfe von Sonnenlicht, Wasser und Kohlenstoffdioxid aus der Luft stellt die Pflanze in den grünen Blättern Nährstoffe her, die sie zum Wachsen benötigt. Außerdem setzt sie Sauerstoff frei, den alle Lebewesen zum Atmen brauchen. Diesen Vorgang bezeichnet man als ▸ Fotosynthese.

Die **Wurzel** besteht häufig aus einer Hauptwurzel und vielen Nebenwurzeln mit feinen Wurzelhaaren. Sie verankert die Pflanze im Boden und nimmt Wasser und Mineralstoffe aus dem Boden auf.

■ Alle Pflanzen mit einem Grundbauplan mit Blüten, Blättern, Sprossachse und Wurzeln sind **Blütenpflanzen.**

Untersuchungen an Blüten

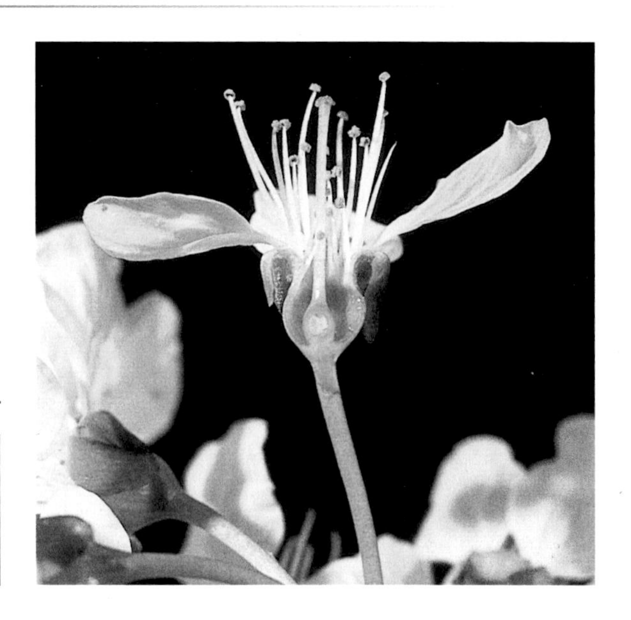

1. Fertige von dem abgebildeten Längsschnitt der Kirschblüte eine Zeichnung an und beschrifte diese.

2. Betrachte eine Kirschblüte mit der Lupe. Suche die einzelnen Blütenteile und notiere ihre Anzahl. Die Ergebnisse lassen sich übersichtlich in einer Tabelle darstellen.

Anzahl	Kirsche	Raps
Kelchblätter		
Kronblätter		
Staubblätter		
Stempel		

3. Untersuche die Blüten anderer Pflanzen. Beginne mit einer Apfelblüte, einer Rapsblüte oder einer Blüte des Wiesenschaumkrauts. Notiere ebenfalls die Anzahl der gefundenen Blütenteile und vergleiche sie mit deinen Aufzeichnungen über die Kirschblüte. Beschreibe Ähnlichkeiten und Unterschiede.

4. Von Blüten kann man Legebilder anfertigen. Du brauchst dazu
- eine Lupe
- eine Pinzette
- ein Stück durchsichtige Klebefolie (8 cm x 8 cm)
- schwarzen Zeichenkarton

Lege die Folie mit der Klebeseite nach oben auf den Tisch. Nimm die Pinzette und zupfe von deiner Blüte nach und nach die einzelnen Bestandteile der Blüte ab und ordne sie auf der Folie so wie in der Abbildung dargestellt. Drücke sie leicht an.

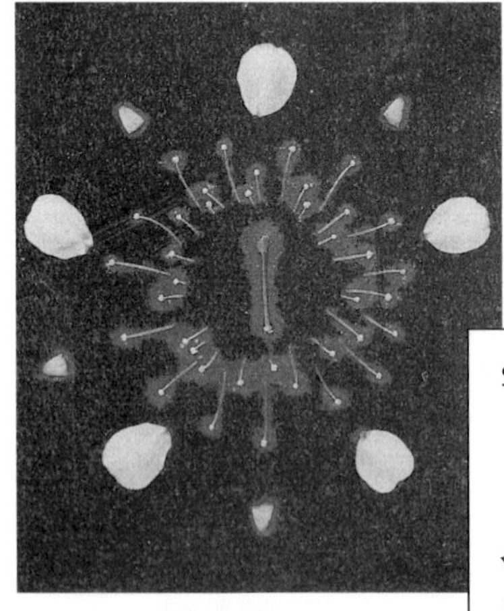

Drehe nun die Klebefolie mit den daran haftenden Blütenteilen um und klebe sie auf den Zeichenkarton. Stellt man die Anordnung der Blütenteile zeichnerisch vereinfacht dar, erhält man einen **Blütengrundriss** oder ein Blütendiagramm. Im Blütengrundriss sind die einzelnen Blütenteile farblich gekennzeichnet.

Stempel
Kelchblatt
Staubblatt
Kronblatt

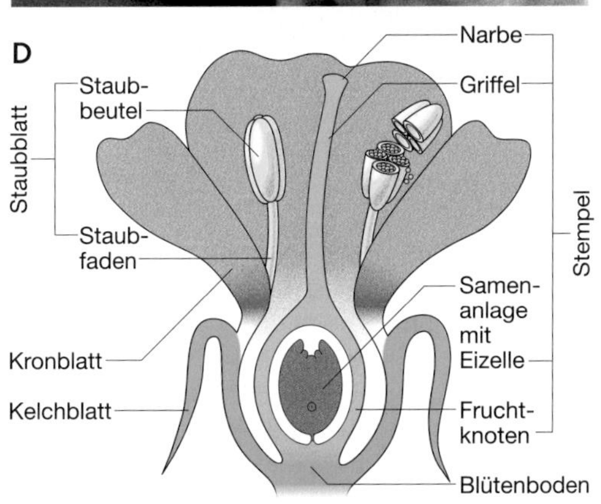

1 Kirschblüte. A *Blütenzweig;* **B** *Knospe;* **C** *Blüte;* **D** *Schema der Kirschblüte*

Im Mai stehen die Kirschbäume in voller Blüte. Wenn man einzelne Kirschblüten genauer betrachtet, kann man gut erkennen, wie sie gebaut sind.

Die äußere Hülle besteht aus fünf grünen **Kelchblättern.** Sie sitzen am Rand des kelchförmigen Blütenbodens. Bei Knospen und geschlossenen Blüten schützen sie das Blüteninnere.

Wenn die Blüten geöffnet sind, sieht man die fünf weißen **Kronblätter.** Sie locken Bienen und andere Insekten an.

Im Blüteninneren befinden sich etwa 30 fadenförmige **Staubblätter.** Jedes Staubblatt besteht aus einem Staubfaden und einem Staubbeutel an der Spitze. Im Staubbeutel wird der Blütenstaub oder Pollen gebildet. Er besteht aus winzig kleinen ▸ Pollenkörnern, in denen sich die männlichen Geschlechtszellen entwickeln. Staubblätter sind daher die männlichen Blütenorgane.

Aus der Mitte der Blüte ragt der **Stempel** heraus. Deutlich lassen sich die klebrige Narbe, der Griffel und der verdickte Fruchtknoten unterscheiden. Wenn man den Stempel längs aufschneidet, kann man die Samenanlage erkennen. Sie enthält eine Eizelle. Der Stempel ist also das weibliche Blütenorgan. Aus ihm entwickelt sich später die Kirsche.

Viele Blüten scheiden am Blütenboden eine zuckerhaltige Flüssigkeit, den **Nektar,** aus. Er lockt Insekten an. Nektar und Pollen sind wichtige Nahrungsquellen für Insekten.

■ Obwohl Blüten unterschiedlicher Pflanzenarten sehr verschieden aussehen, findet man bei fast allen Blütenformen die gleichen Bestandteile.

Von der Blüte zur Frucht

1. Beobachtet die Entwicklung der Kirschen an einem Baum. Erstellt ein ► Naturtagebuch.

2. Beschreibe den Vorgang der Bestäubung bei einer Kirschblüte. Was muss als nächstes geschehen, damit sich nach einigen Wochen eine reife Kirsche entwickelt?

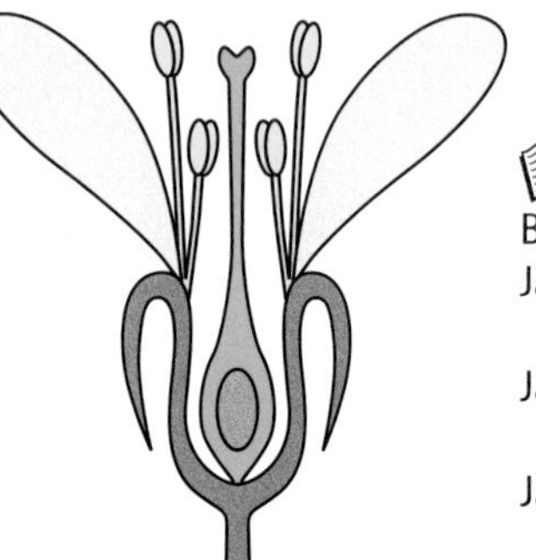

3. In welchem Jahr gibt es wohl die beste Kirschernte? Begründe deine Meinung.

Jahr 1: Der Frühling ist warm, aber sehr regnerisch und windig.
Jahr 2: Der Frühling ist warm. In der Zeit der Kirschblüte gibt es mehrere Nächte mit starkem Frost.
Jahr 3: Der Frühling ist warm und der Wind weht nur schwach.

4. Es gibt Pflanzen, die durch den Wind bestäubt werden. Zu ihnen gehört zum Beispiel der Haselstrauch, der bereits im Februar blüht. Die Laubblätter entwickeln sich erst später.

a) Begründe, warum diese zeitliche Abfolge für die Pflanze sinnvoll ist.

b) Nenne andere Pflanzen, die durch den Wind bestäubt werden.

5. a) Benenne die abgebildeten Früchte.

b) Erstelle eine Tabelle mit den Monaten des Jahres und den Namen der Früchte. Kreuze die Monate an, in denen die Früchte geerntet werden.

c) Trage weitere heimische Früchte und ihre Erntezeit in die Tabelle ein.

d) Erstelle die gleiche Art von Tabelle für unterschiedliche heimische Gemüsesorten.

Eine Kirsche entwickelt sich

Bei der Nahrungssuche fliegen Bienen von Blüte zu Blüte. Dabei besuchen sie über einen längeren Zeitraum hinweg nur Blüten einer Pflanzenart. An ihren behaarten Körpern bleiben viele **Pollenkörner** haften. Bei weiteren Blütenbesuchen tragen sie die Pollenkörner auf die klebrige Narbe anderer Blüten der gleichen Art. Diesen Vorgang nennt man **Bestäubung.** Zu den Pflanzen, die durch Insekten wie die Biene bestäubt werden, gehören viele Obstbäume, Sträucher und Wildkräuter.

Nach der Bestäubung keimen die Pollenkörner auf der Narbe. Mithilfe des Mikroskops kann man erkennen, dass sich aus jedem Pollenkorn ein Pollenschlauch entwickelt. Dieser wächst durch den Griffel bis ins Innere des Fruchtknotens.
Der Pollenschlauch, der am schnellsten wächst, dringt in die Samenanlage ein. Hier öffnet er sich und setzt eine männliche Geschlechtszelle frei. Sie verschmilzt mit der Eizelle. Das Verschmelzen des männlichen Zellkerns mit dem Zellkern der weiblichen Eizelle nennt man **Befruchtung.**

In den Wochen nach der Befruchtung entwickelt sich aus der Blüte die **Frucht,** zum Beispiel eine Kirsche. Zuerst werden die Kronblätter der Blüte braun und fallen ab. Der Griffel und die Narbe vertrocknen. Der Fruchtknoten wird immer dicker und man erkennt mit der Zeit die Kirsche. Am Anfang ist sie noch grün. Aus der Wand des Fruchtknotens entwickelt sich die glatte Außenhaut, das rote Fruchtfleisch und die steinharte innere Fruchtwand um den Kirschkern. Im Inneren des Kirschkerns hat sich aus der Samenanlage mit der befruchteten Eizelle der **Samen** gebildet. Gelangt ein Kirschkern in den Boden, kann daraus ein neuer Kirschbaum heranwachsen.

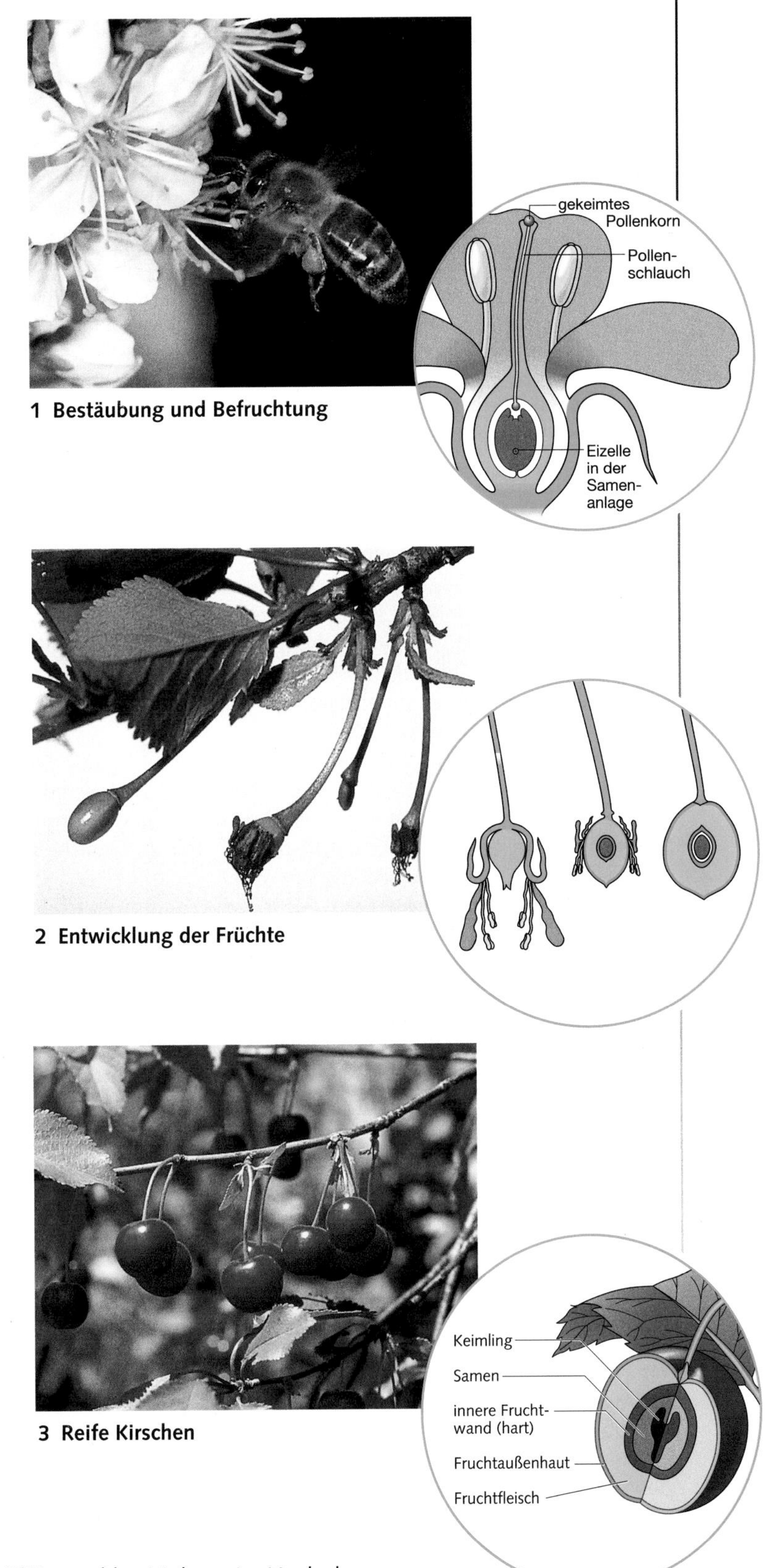

1 Bestäubung und Befruchtung

2 Entwicklung der Früchte

3 Reife Kirschen

■ Insekten übertragen Pollen von Blüte zu Blüte und bestäuben sie. Nach der Befruchtung entwickelt sich aus der Blüte die Frucht.

Aus Samen entwickeln sich Pflanzen

1. Beschreibe, wie sich aus einem Samen eine Pflanze entwickelt.

2. Besorgt euch Samen der Feuerbohne, einen großen Eimer und ein Marmeladenglas mit Deckel. Füllt das Marmeladenglas randvoll mit trockenen Bohnen. Gebt dann ebenfalls bis zum Rand Wasser hinzu. Verschließt das Glas mit dem Deckel und stellt es in den Eimer. Beschreibt eure Beobachtungen nach einem Tag und erklärt das Versuchsergebnis.

3. Wie ist der Samen einer Feuerbohne aufgebaut? Legt dazu Samen der Feuerbohne etwa 2 Tage lang ins Wasser. Untersucht die gequollenen Samen mit der Lupe. Entfernt die Samenschale vorsichtig mit einem Küchenmesser. Klappt dann die beiden Hälften auseinander und betrachtet die Innenseiten. Beschreibt, zeichnet und beschriftet.

4. Überlegt euch Versuche, mit denen ihr herausfinden könnt, welche der Bedingungen Wasser, Wärme, Erde, Licht und Luft für die Keimung eines Samens notwendig sind. Begründet eure Vorgehensweisen. Führt die Versuche durch und beschreibt die Ergebnisse.

5. Wenn ihr wissen möchtet, wie eine Feuerbohne wächst, braucht ihr
- Samen der Feuerbohne
- Blumenerde
- Marmeladengläser
- Wasser
- Papier, Bleistift und Lineal

Legt die Bohnen zwei Tage lang ins Wasser. Füllt Erde in eure Marmeladengläser. Drückt die Bohnensamen ganz am Rand etwa vier Zentimeter in die Erde, sodass ihr die Samen von außen sehen könnt. Beschriftet die Gläser mit euren Namen und stellt sie hell und warm auf. Denkt daran, eure Pflanzen feucht zu halten.
a) Messt vier Wochen lang jeden zweiten Tag die Länge des Keimstängels und schreibt die Werte auf.
b) Fertigt ein Verlaufsdiagramm über das Wachstum eurer Pflanze an.

Bau eines Samens
Aus den ▸ Blüten von Feuerbohnen entwickeln sich ▸ Früchte mit Samen, die Bohnen. In trockenem Zustand kann ein Samen lange Trockenzeiten oder Frost ohne Schaden überstehen. Wenn er aber in Wasser oder feuchte Erde gelegt wird, nimmt er Wasser auf und quillt. Bei der **Quellung** wird der Samen größer und schwerer. Lässt man eine Bohne einige Zeit im Wasser quellen und klappt dann die Hälften auseinander, sieht man im Inneren ein kleines Pflänzchen, den **Embryo.**
Er besteht aus zwei winzigen Laubblättern, der Keimwurzel und dem Keimstängel. Die beiden weißlichen Hälften der Bohne werden **Keimblätter** genannt. Sie speichern die Nährstoffe, die zur Keimung nötig sind. Der Keimling benötigt daher zum Keimen kein Licht.

Der Samen keimt
Die Keimung vollzieht sich ohne Licht in der feuchten Erde. Nach einigen Tagen platzt die Samenschale auf und die **Keimwurzel** bricht durch. Sie dringt senkrecht in die Erde ein und bald bilden sich Seitenwurzeln.
Erst jetzt streckt sich der **Keimstängel** und wächst aus der Samenschale heraus nach oben. Nach einigen Tagen durchbricht der Keimstängel mit den Laubblättern die Erdoberfläche.

Die Pflanze wächst
Nach der Keimung beginnt die Bohnenpflanze zu wachsen. Sie bildet grüne Blätter und nutzt jetzt das Sonnenlicht zur ▸ Fotosynthese. Bei Trockenheit muss die Pflanze gegossen werden. Über ihre ▸ Wurzeln leitet sie das Wasser und die Mineralstoffe in die Zellen der grünen ▸ Blätter.

Blütenpflanzen wie die Feuerbohne haben zwei Keimblätter. Deshalb nennt man sie auch zweikeimblättrige Pflanzen. Die Samen anderer Pflanzen, zum Beispiel der Gräser, haben nur ein Keimblatt. Sie sind einkeimblättrig.

■ Pflanzen entwickeln sich aus Samen durch Wachstumsvorgänge von Keimwurzel und Keimstängel.

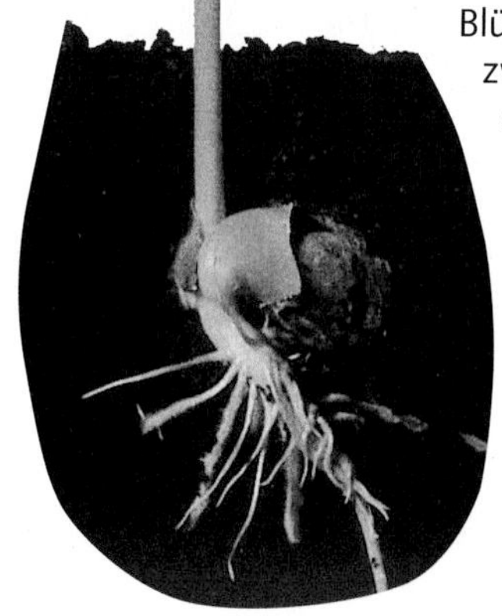

1 Feuerbohne

Ein Informationsplakat entsteht

Plakate begegnen uns ständig. Mit großen auffallenden Bildern oder Schriften werben viele für Produkte, Firmen, Vereine oder auch politische Parteien. Manche informieren auch nur zu bestimmten Themen. Alle haben etwas gemeinsam: Sie fallen sofort auf. Und wir erkennen schnell, worum es geht.

Hast du Informationen zu einem bestimmten Thema gesammelt, kannst du sie auf einem **Plakat** zeigen.

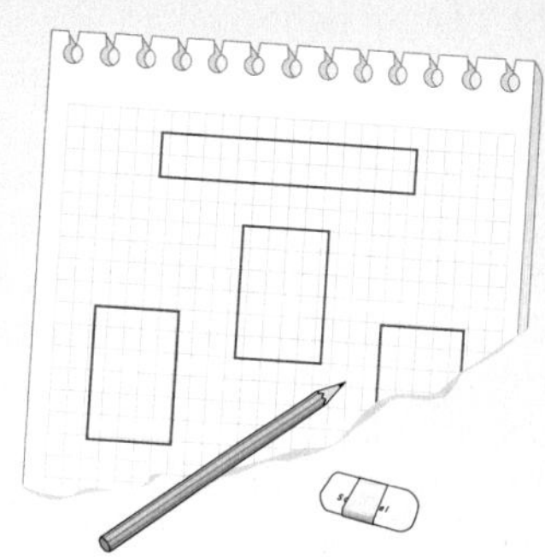

Was du beim Erstellen eines Plakates beachten musst und wie du vorgehst:

- Erstelle eine Skizze, die zeigt, wie dein Plakat gestaltet werden soll.
- Ordne die Inhalte, die du zeigen möchtest, nach der Wichtigkeit.
- Bedenke: Der Platz ist begrenzt!

Finde eine passende Überschrift. Schreibe diese groß und deutlich auf das Plakat. Sie sollte auch aus einem Abstand von drei bis vier Metern gut lesbar sein.

Verwende nur einige ausgewählte Bilder. Diese sollten einfach gestaltet sein.

Für den Hintergrund des Plakats eignen sich viele Farben. Die Schrift muss sich vom Hintergrund jedoch gut abheben.

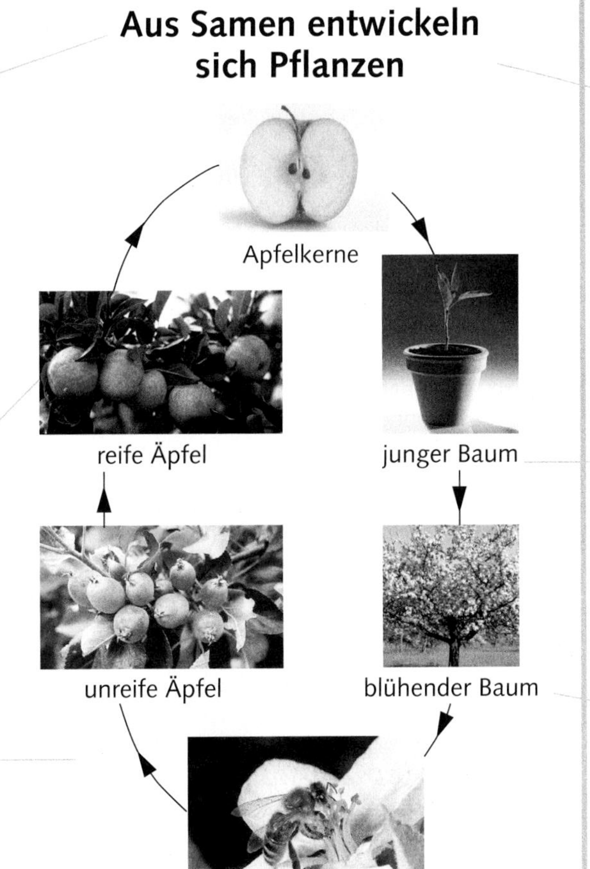

Plane nur so viel Text ein, wie unbedingt nötig ist.

Schreibe den Text möglichst mit dem Computer oder handschriftlich ordentlich mit einem dickem Stift.

Verwende für die Beschriftung nicht zu viele unterschiedliche Farben.

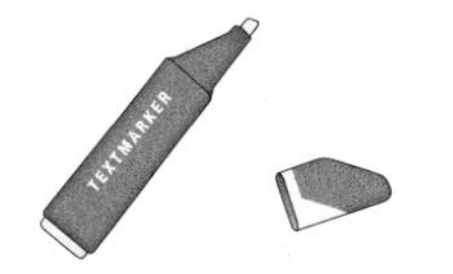

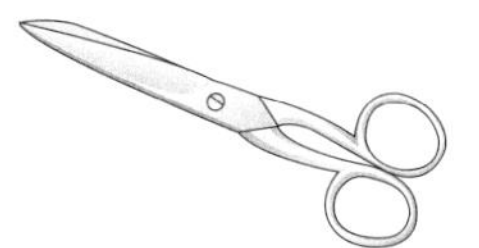

Wie verbreiten sich Pflanzen?

1. Betrachte die beiden Abbildungen.
a) Beschreibe, was du siehst und stelle einen Zusammenhang zwischen den beiden Fotos her.
b) Warum sieht man an Straßenrändern oder auf Mauern oft einzelne Löwenzahnpflanzen?

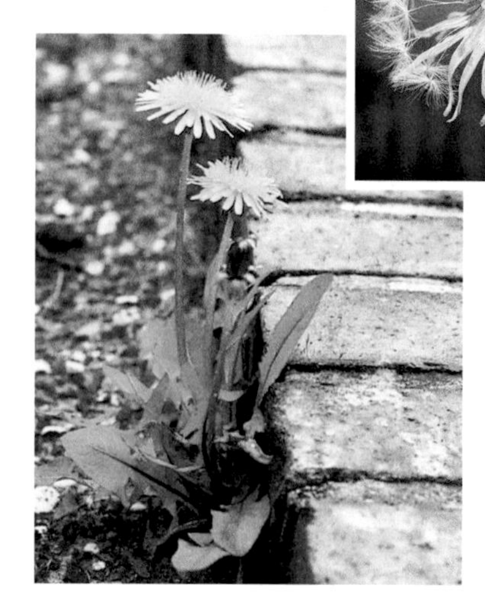

2. a) Betrachte eine Löwenzahnfrucht mit der Lupe und zeichne. Wozu dienen die einzelnen Teile der Frucht?
b) Betrachte den unteren Teil der Frucht vom Löwenzahn ohne das Schirmchen mit einer Stereolupe.
Überlege dir einen Versuch, mit dem du die Bedeutung deiner Entdeckung demonstrieren kannst.
Tipp: Benutze mehrere Löwenzahnfrüchte ohne Schirmchen, ein Blatt Papier und ein Wolltuch.

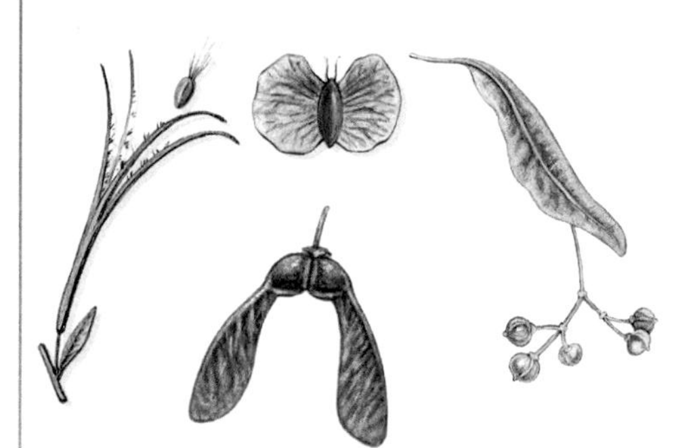

3. Viele Früchte werden durch den Wind verbreitet.
a) Sammelt Flugfrüchte von Bäumen und führt Flugversuche durch. Welche Einrichtungen haben die Flugfrüchte, damit sie möglichst lange in der Luft bleiben können?
b) Zeichnet einige Flugfrüchte und erstellt Steckbriefe der dazugehörenden Pflanzen.

4. Benennt die abgebildeten Arten. Benutzt dazu ein Bestimmungsbuch.

5. Du siehst hier Früchte von Klette (A), Eberesche (B) und Hasel (C). Diese werden durch Tiere verbreitet. Wie geschieht die Verbreitung der gezeigten Früchte, und welche Tiere kommen dafür in Frage?

6. Nenne weitere Pflanzenarten, deren Früchte auf die gleiche Weise verbreitet werden.

A

B

C

Überlegt euch einmal, was passieren würde, wenn alle Samen von Pflanzen senkrecht zu Boden fielen und dort keimen würden.
Die kleinen Pflanzen stünden so dicht, dass sie weder ausreichend Licht noch Wasser oder ▸ Mineralstoffe bekämen. Deshalb sind die Samen oder Früchte von Pflanzen mit den unterschiedlichsten Einrichtungen ausgestattet, die den Transport und das Keimen in einiger Entfernung von der Mutterpflanze ermöglichen.

Verbreitung durch den Wind

Die Samen von Pflanzen wie dem Löwenzahn oder vieler Bäume werden durch den Wind verbreitet. Ihre Früchte besitzen fallschirmartige oder flügelartige Fortsätze. Nach der Landung verhaken sie sich auf dem Untergrund, keimen und wachsen zu einer neuen Pflanze heran.

Selbstverbreitung

Pflanzen wie Ginster, Springkraut oder Bohnen verbreiten sich von selbst. Wenn ihre Früchte reif sind, trocknen sie aus und brechen auf. Die Hüllen der Früchte verdrehen sich dabei und schleudern die Samen heraus.

1 Selbstverbreitung beim Springkraut

2 Veilchensamen werden von Ameisen verbreitet

Verbreitung durch Tiere

Manche Früchte wie beispielsweise die Kletten haben kleine Widerhaken, mit denen sie sich am Fell von Tieren verhaken. Andere Früchte locken Vögel und andere Tiere mit leuchtenden Farben und zuckerhaltigem Fruchtfleisch an. Die Tiere fressen dann die Früchte. Die in den Früchten liegenden Samen haben unverdauliche Schalen und werden mit dem Kot der Tiere an anderer Stelle ausgeschieden.
Auch Ameisen tragen zur Samenverbreitung bei. Veilchensamen haben beispielsweise nahrhafte Anhängsel. Wenn die Ameisen die Samen zu ihrem Bau schleppen, fressen sie unterwegs das Anhängsel und lassen den Samen liegen.
Andere Tiere wie ▸ Eichhörnchen oder Eichelhäher tragen ebenfalls zur Samenverbreitung bei. Sie vergraben Nüsse als Wintervorrat und finden später nicht mehr alle wieder.

Verbreitung durch Wasser

Wasserpflanzen wie der Wasserhahnenfuß haben Schwimmfrüchte. Sie enthalten Luft und können mit der Strömung weit fortgetrieben werden.
Auch Kokosnüsse mit ihrer harten, wasserfesten Schale werden über das Wasser verbreitet.

■ Früchte und Samen werden durch Wind, Tiere und Wasser verbreitet. Manche Pflanzen verbreiten sich von selbst.

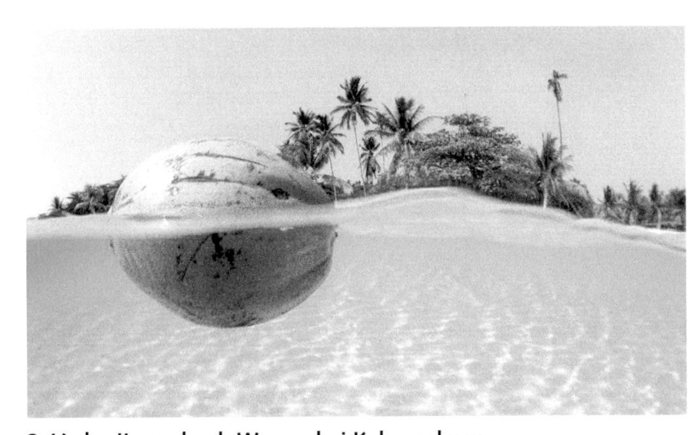

3 Verbreitung durch Wasser bei Kokospalmen

Pflanzen verhungern ohne Sonnenlicht

1. Erläutere die Aussage: „Alle Lebewesen auf der Erde würden verhungern ohne das Sonnenlicht.“

2. Erkläre den Vorgang der Fotosynthese mithilfe der Abbildungen und des Informationstextes.

3. Bringt einen beblätterten Fliederzweig in ein Gefäß mit Wasser. Stellt das Gewicht zu Beginn des Versuches und nach zwei Stunden fest. Entfernt nun vom Zweig die Hälfte der Blätter und wiederholt den Versuch. Was stellt ihr fest? Erläutert das Versuchsergebnis.

4. Wenn ihr überprüfen wollt, ob in einer von euch gewählten Pflanze bei Sonnenlicht in den Blättern Stärke gebildet wird, könnt ihr folgendes Experiment durchführen:
Umwickelt ein Blatt der Pflanze an einer Stelle mit Alufolie. Stellt die Pflanze über Nacht dunkel. Belichtet das Blatt am nächsten Morgen mehrere Stunden lang. Geht dann weiter wie im folgenden Schema vor:

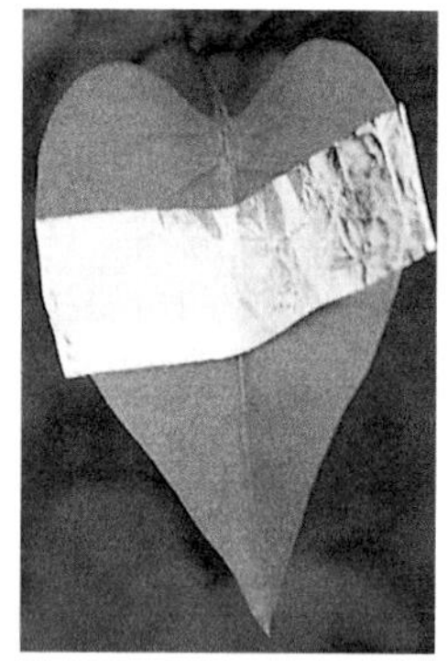

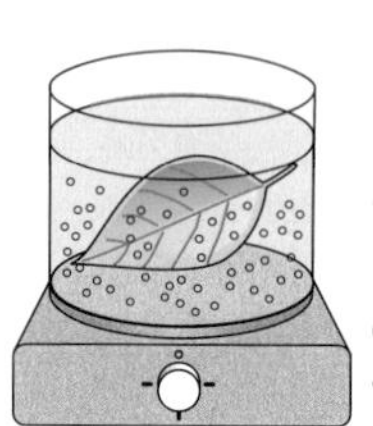

Das Blatt wird in siedendes Wasser getaucht. Die Zellen des Blattes werden dabei so weit aufgebrochen ...

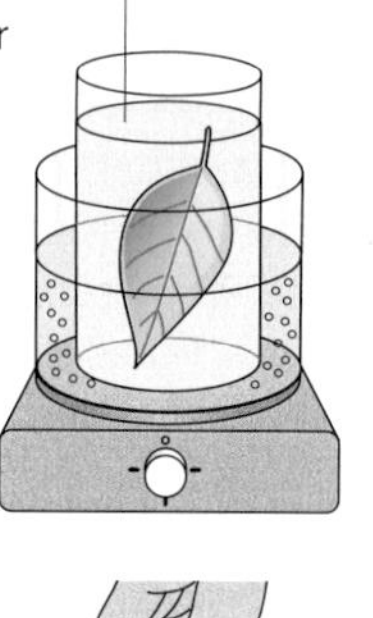

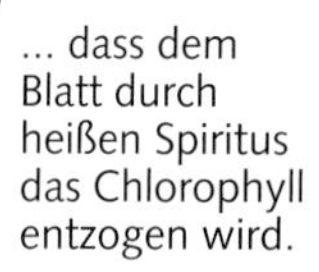

... dass dem Blatt durch heißen Spiritus das Chlorophyll entzogen wird.

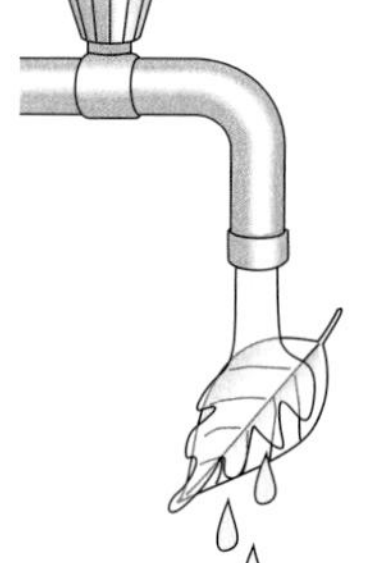

Das entfärbte Blatt wird unter Wasser abgespült und ...

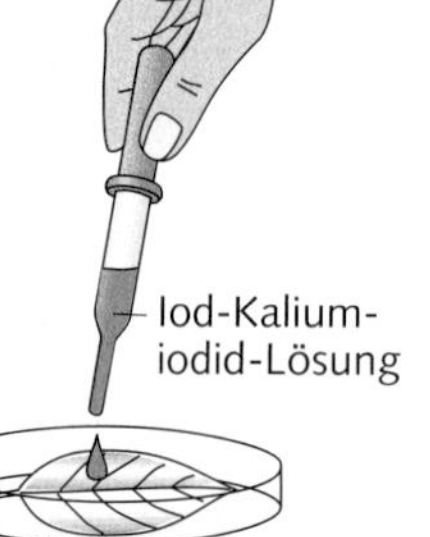

... mit Iod-Kaliumiodid-Lösung betropft: Das Blatt färbt sich blauviolett.

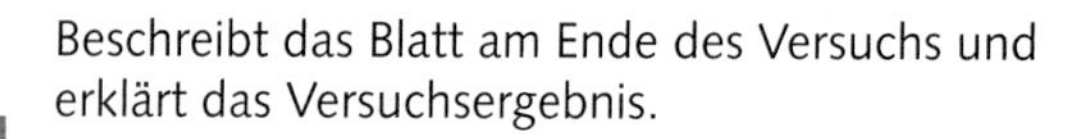

Beschreibt das Blatt am Ende des Versuchs und erklärt das Versuchsergebnis.

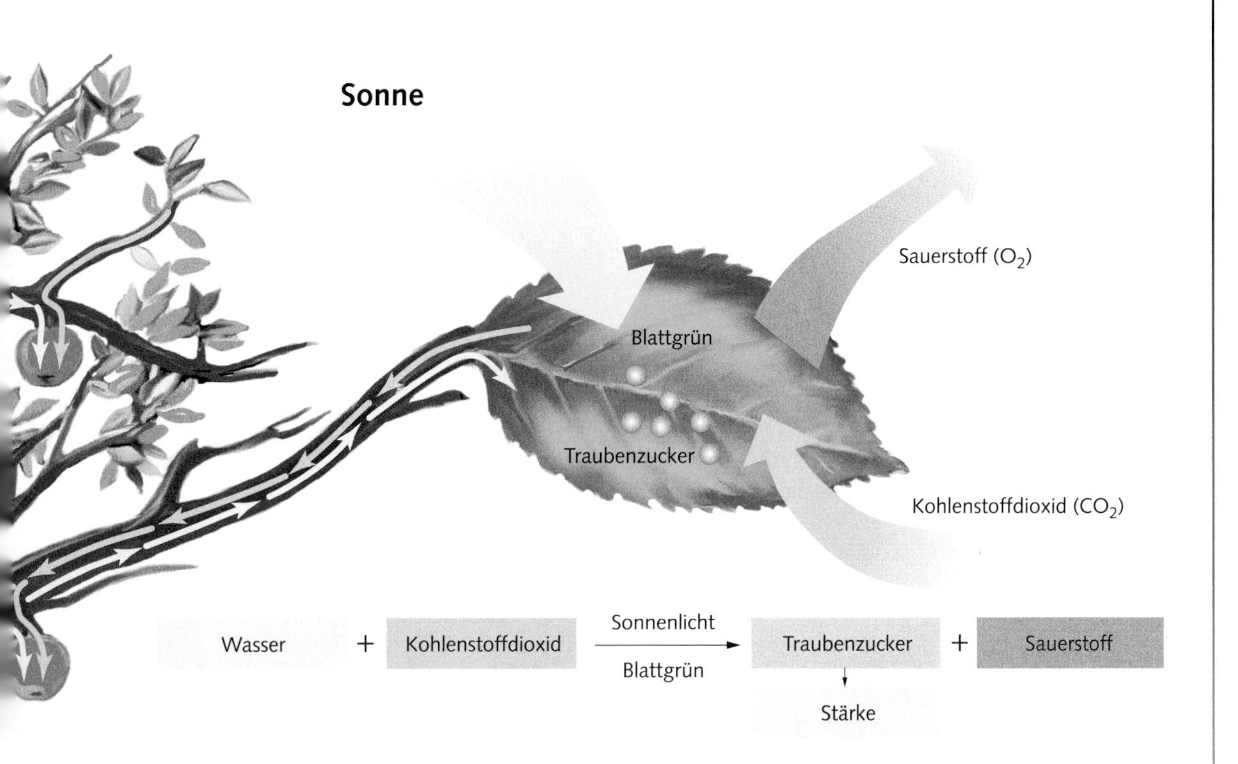

Pflanzen sind die einzigen Lebewesen, die ihre Nahrung selbst produzieren. Das geschieht vor allem in den grünen Laubblättern.

Was im Blatt passiert

In den „Blattgrünkörnern" der Blätter befindet sich ein grüner Farbstoff, der **Chlorophyll** genannt wird. Mithilfe des Chlorophylls nutzen die ▸ Blätter das Sonnenlicht zur Herstellung von Traubenzucker. Im Traubenzucker ist also ein Teil der Sonnenenergie gespeichert. Als Ausgangsstoffe für die Herstellung von Traubenzucker benötigt die Pflanze Wasser (H_2O) und Kohlenstoffdioxid (CO_2). Wasser wird über die ▸ Wurzeln aufgenommen und gelangt über Leitungsbahnen in Stamm, Ästen, Zweigen und Blattadern ins Blattinnere. Kohlenstoffdioxid nimmt das Blatt über kleine Öffnungen in den Blattflächen, den Spaltöffnungen, direkt aus der Luft auf.

Dieser Aufbauvorgang, bei dem aus Wasser und Kohlenstoffdioxid Traubenzucker entsteht, ist eine **Synthese.** Weil die Pflanze dabei das Sonnenlicht (griechisch: photos = Licht) nutzt, spricht man von Fotosynthese. Neben Traubenzucker wird bei der **Fotosynthese** auch noch Sauerstoff freigesetzt. Den Sauerstoff gibt das Blatt über die Spaltöffnungen direkt an die Luft ab. Er dient Pflanzen, Tieren und Menschen zur Atmung. Aus dem Traubenzucker und den Mineralstoffen, die die Pflanzen mit dem Wasser aus dem Boden aufnehmen, können die Pflanzen alle Nährstoffe aufbauen, die sie selbst zum Leben und Wachsen brauchen. Dazu gehören Eiweiße und Fette sowie Zellulose, die der Hauptbestandteil der Zellwände von Pflanzenzellen ist.

Nährstoffe werden gespeichert

Pflanzen speichern die gebildeten Nährstoffe in den Wurzeln, in Früchten oder Knollen. In Früchten wie Äpfeln befindet sich vor allem Traubenzucker. Deshalb schmecken sie süß. In Zwiebeln und Möhren ist ebenfalls Traubenzucker gespeichert. In Kartoffeln oder Getreide wird der gebildete Zucker in Form von Stärke gespeichert. Stärke setzt sich aus vielen einzelnen Zuckerbausteinen zusammen.
Bohnen oder Linsen enthalten viel Eiweiß und manche Samen wie beispielsweise Nüsse enthalten Fett als Speicherstoff. Außerdem liefern uns Pflanzen Vitamine und andere Stoffe, die unser Körper nicht selbst herstellen kann.

■ Pflanzen stellen Traubenzucker her und setzen Sauerstoff frei. Damit sind sie für das Leben von Tieren und Menschen unverzichtbar. Sie selbst könnten ohne die Energie der Sonne nicht leben. Über Nahrungsketten wird die Energie der Sonne an andere Lebewesen, die Verbraucher, weitergegeben.

Bäume und Zugvögel im Herbst

1. Beschreibt, woran ihr erkennt, dass der Herbst kommt. Ihr könnt dazu ▸ Informationsplakate mit Zeichnungen und Fotos gestalten.

2. a) Viele Vogelarten fliegen im Herbst in den Süden. Welche kennt ihr? Warum tun sie das? Informationen findet ihr im Text auf der nächsten Seite.
b) Informiert euch über die Zugziele einiger Arten und schätzt die Länge der Zugwege.

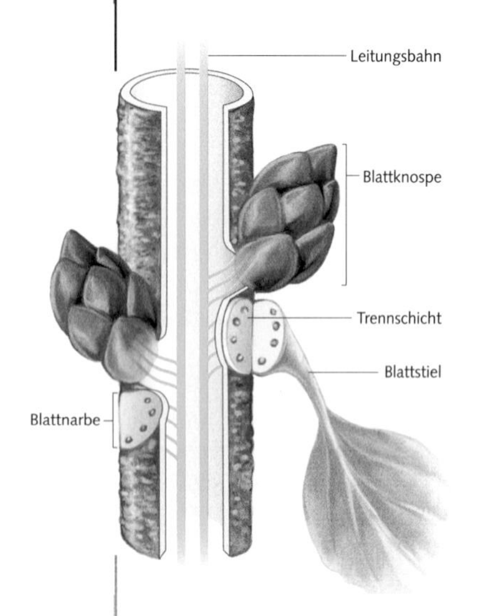

3. Im Spätherbst genügt schon ein Windstoß, um Blätter von den Bäumen zu lösen. Wie ist das möglich? Die Abbildung und der Text auf der nächsten Seite geben euch Hinweise.

4. a) Störche sind in Mitteleuropa heimisch. Informiert euch über ihre Lebensweise. Informationen findet ihr z. B. unter http://www.natur-lexikon.com. Haltet einen kurzen Vortrag.
b) Betrachtet die Karte und macht Aussagen zu den Zugwegen von Störchen.

5. Warum ist es für Laubbäume wichtig, dass im Herbst alle Blätter abfallen? Überlegt euch in diesem Zusammenhang, was mit Wasser bei Minusgraden passiert und welche Auswirkungen dieser Vorgang haben kann. Sammelt eure Vermutungen und tragt sie in der Klasse vor.

Warum Blätter im Herbst abfallen
Im Sommer bilden die grünen ▸ Blätter bei der ▸ Fotosynthese mithilfe von Licht aus Wasser und Kohlenstoffdioxid Nährstoffe. Die Nährstoffe werden in der Pflanze verteilt und zum Beispiel in den ▸ Früchten gespeichert. Zudem verdunstet ein Baum über die Blätter täglich viele hundert Liter Wasser, das er mit seinen ▸ Wurzeln der Erde entnimmt.
Im Winter aber können Blätter für einen Baum lebensgefährlich werden: der Boden ist oft gefroren, sodass die Bäume kein Wasser mehr aufnehmen können. Sie müssten „verdursten", wenn weiterhin Wasser aus den Blättern verdunsten würde. Außerdem würde das Wasser in den Blättern ebenfalls gefrieren und die feinen Leitungsbahnen zerstören. Ohne Blätter ist der Baum auch bei Schneefall gut geschützt. Der Schnee würde auf den Blättern liegen bleiben. Dies könnte dazu führen, dass der Baum unter dem schweren Gewicht zusammenbricht.

Laubfall im Herbst

Dort, wo sich die Blätter vom Zweig lösen werden, wächst zunächst eine **Trennschicht** aus Korkzellen, die später das Eindringen von Wasser verhindert. Wenn die Blätter vom Blattrand her zu trocknen beginnen, hängen sie nur noch lose an dieser „Sollbruchstelle". Jetzt genügt ein Windstoß und die Blätter fallen ab. Sie hinterlassen gut sichtbare Blattnarben. Zur Ausbildung der Trennschicht werden Energie und Baustoffe benötigt, die über Leitungsbahnen transportiert werden. Knicken blatttragende Äste oder Zweige ab, wird der Transport unterbrochen, die Trennschicht kann sich nicht vollständig ausbilden und die Blätter fallen nicht ab.

Warum Laubbäume bunt werden

Bevor die Blätter abfallen, baut der Baum den grünen Farbstoff in den Blättern ab. Die Abbauprodukte transportiert er in den Stamm und die Wurzeln. Dort stehen sie für den erneuten Blattaustrieb im nächsten Frühjahr zur Verfügung. Zurück bleiben gelbe und rote Farbstoffe, die sich auch im Sommer schon in den Blättern befinden, aber von Blattgrün überdeckt werden.

Verdunstung
Wasser und Mineralstoffe führende Leitungsbahnen
Niederschlag
Nährstoffe führende Leitungsbahnen

1 Rosskastanie im Herbst

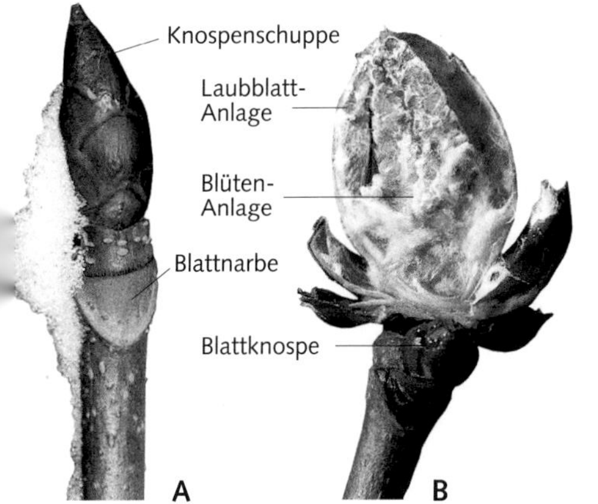

2 Kastanienknospen im Winter
A *Zweigende mit Knospen;* **B** *Blütenknospe (Längsschnitt)*

Was in den Knospen steckt

Nach dem Laubfall beginnt die Winterruhe. In den Knospen sind aber bereits wieder Blätter und Blüten angelegt. Im Winter umhüllen harte, ledrige Knospenschuppen die zarten Sprossteile und schützen sie vor dem Austrocknen sowie vor Nässe und Krankheitserregern. Im Inneren der Knospen befinden sich haarige Fasern. Sie schützen die Sprossteile vor Kälte.

Zugvögel verlassen ihre Brutgebiete

Schon Ende August kann man beobachten, wie sich Rauchschwalben auf Leitungsdrähten sammeln. Sie verlassen ihre Brutgebiete bei uns, weil sie im Winter nicht mehr genügend Insekten als Nahrung finden würden. Auch andere Vögel wie Störche oder Stare ziehen im Herbst in wärmere Gebiete, um der Kälte und dem Nahrungsmangel im Winter zu entgehen. Einige Arten wie die Störche fliegen bis Südafrika. Der **Vogelzug** wird durch die abnehmende Tageslänge, die zurückgehenden Temperaturen und den Nahrungsmangel gegen Ende des Sommers ausgelöst. Außerdem besitzen Zugvögel eine „innere Uhr", die den ungefähren Zeitpunkt des Abflugs angibt. Während des Flug orientieren sich die Vögel am Stand der Sonne, nachts am Sternenhimmel und am Magnetfeld der Erde.

■ Durch Abwerfen der Blätter und Anlegen der Knospen überdauern Laubbäume den Winter. Zugvögel überwintern in wärmeren Ländern.

Aktiv durch den Winter

1. Auf dieser Seite sind zwei Tierarten abgebildet, die im Winter nicht aktiv sind. Finde heraus, um welche es sich handelt und begründe deine Entscheidung. **Tipp:** Nutze auch den Informationstext auf der nächsten Seite

2. Im Winter schützen wir uns mit besonderer Kleidung vor der Kälte. Welche Schutzeinrichtungen helfen Tieren bei Kälte?

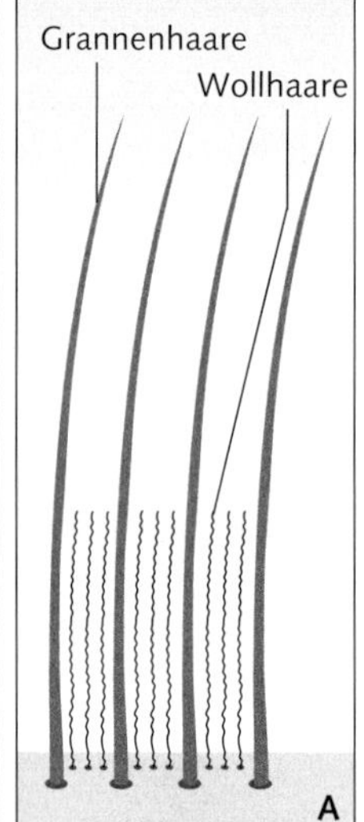

3. Beschreibe die Unterschiede zwischen Sommerfell (A) und Winterfell (B) des Hermelins.

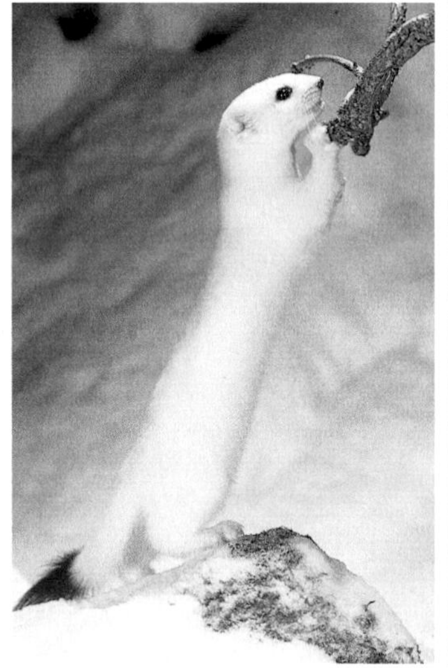

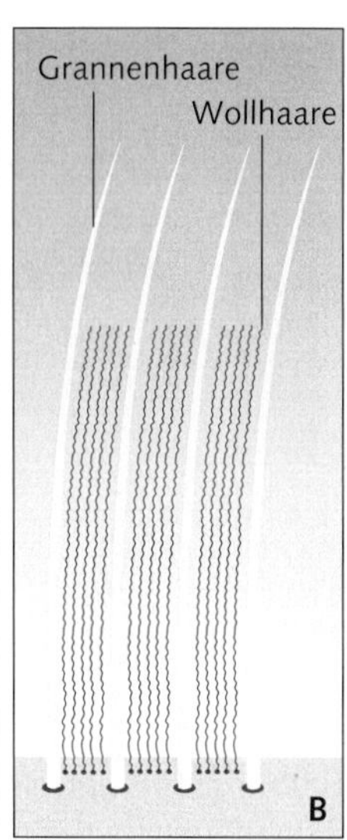

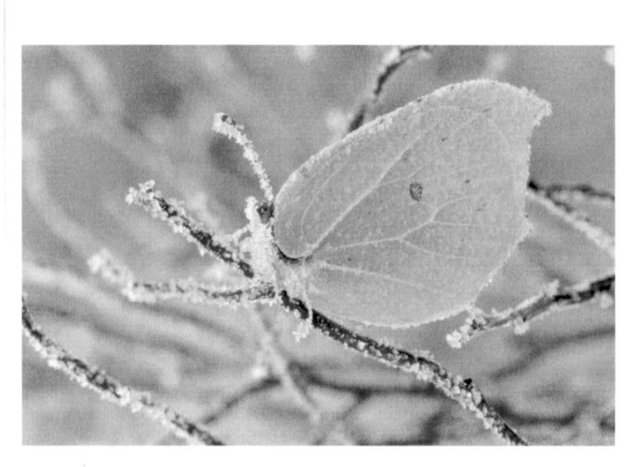

4. Ein Zitronenfalter hängt bei Frost an einem Ast. Erkläre, warum er nicht erfriert.

5. Manche Tiere sind im Winter besonders gefährdet. Nenne Maßnahmen, mit denen wir den Tieren im Winter helfen können.

Nicht alle einheimischen Tiere haben wie die ▸ Zugvögel die Möglichkeit, in den warmen Süden zu fliegen, um dort den Winter zu verbringen. Deshalb sind sie an die lebensfeindliche Winterzeit auf unterschiedliche Weisen angepasst.

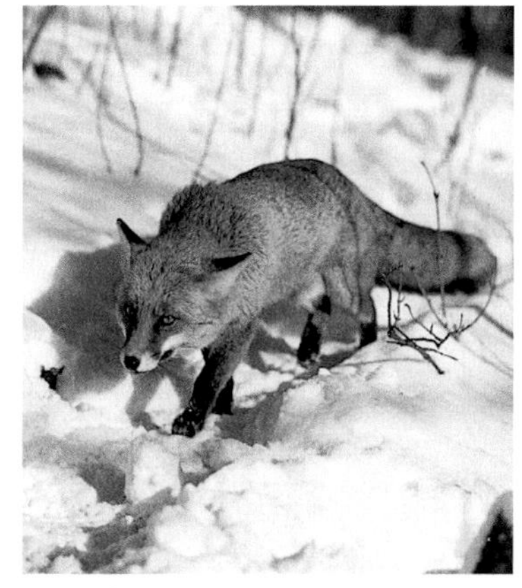

1 Fuchs

Winteraktive Tiere

Rehe, Wildschweine und Füchse sind den Winter über aktiv. Sie brauchen auch während der Wintermonate Nahrung. Damit sie Energie sparen, bewegen sie sich aber möglichst wenig. Viele Säugetiere haben sich im Herbst, wenn es zahlreiche Früchte gibt, ein Winterpolster angefressen. Das hilft ihnen, ungünstige Bedingungen wie beispielsweise hohen Schnee oder Dauerfrost zu überstehen.

Während wir uns mit Mänteln oder Schals vor Kälte schützen, bekommen diese Arten ein besonders dichtes **Winterfell.** Das Haarkleid der Tiere wird im Herbst nach und nach ausgetauscht und durch einen dichteren Pelz mit zusätzlichen langen Wollhaaren ersetzt. Zwischen den Haaren wird Luft festgehalten. Sie ist ein schlechter Wärmeleiter und dient dadurch als Isolierschicht. Wir kennen diesen Felltausch von Hunden und Hauskatzen. Aber auch Wildtiere wie Wölfe und Hasen schützen sich so. Im Frühjahr wird dann ein neues Sommerfell gebildet. Beim Hermelin unterscheidet sich das Winterfell auch in der Farbe vom Sommerpelz. Im Winter ist der Pelz weiß wie der Schnee und dient so gleichzeitig der Tarnung.

2 Aufgeplustertes Rotkehlchen

Während Zugvögel den Winter über in wärmere Regionen ziehen, bleiben **Standvögel** bei uns. Auch sie gehören zu den winteraktiven Tierarten. Wir können sie häufig auf ihrer Nahrungssuche beobachten. Amseln, Rotkehlchen und Stieglitz sind solche Standvögel. Aber auch Greifvögel wie der Mäusebussard verbringen den Winter hier. Bei hohen Minustemperaturen plustern Standvögel ihr Gefieder auf und speichern Luft zwischen den Federn. Unsere Daunenjacken funktionieren nach dem gleichen Prinzip.

3 Meisen am Futternetz

Frostschutzmittel im Tierreich

Würde die Körperflüssigkeit im Tierkörper gefrieren, könnten sich feine Eiskristalle bilden und die Körperzellen zerstören. Um das Gefrieren zu verhindern, produzieren einige Tiere eine Art „Frostschutzmittel". Diesen „Trick" benutzen einige Frösche und Insektenarten. Blattläuse können so Temperaturen von –14 °C überleben. Der Zitronenfalter übersteht kurzfristig sogar Temperaturen von –20 °C.

Tierschutz im Winter

Gerade im Winter sollten Störungen vermieden werden, die den Wildtieren zusätzlichen Stress bereiten. Die Energievorräte könnten dann durch Aufwecken oder Fluchtreaktionen zu früh aufgebraucht werden. Da viele Tiere im Winter geschützte Plätze in Laubhaufen, Höhlen oder Baumstämmen aufsuchen, können wir ihnen helfen, indem wir unsere Gärten möglichst naturnah gestalten und Überwinterungsmöglichkeiten schaffen.
Viele Naturfreunde versorgen Vögel mit Vogelfutter. Allerdings sollte nur bei starkem Frost und geschlossener Schneedecke regelmäßig gefüttert werden.

■ Winteraktive Tiere sind an die Lebensbedingungen im Winter angepasst.

Überleben auf Sparflamme

1. Obwohl viele Tiere nicht in wärmere Länder ziehen können, kann man sie im Winter nicht sehen. Nenne Beispiele für solche Tierarten. Wo halten sie sich im Winter auf?

2. Beschreibe die Unterschiede zwischen Winterruhe, Winterstarre und Winterschlaf. Erstelle eine Tabelle.

3. Tiere wie Zauneidechse, Igel und Eichhörnchen haben unterschiedliche Methoden entwickelt, um im Winter den Energieverbrauch zu senken. Haltet kurze ▸ Vorträge über die drei Tierarten und ihre Energiesparmaßnahmen im Winter.

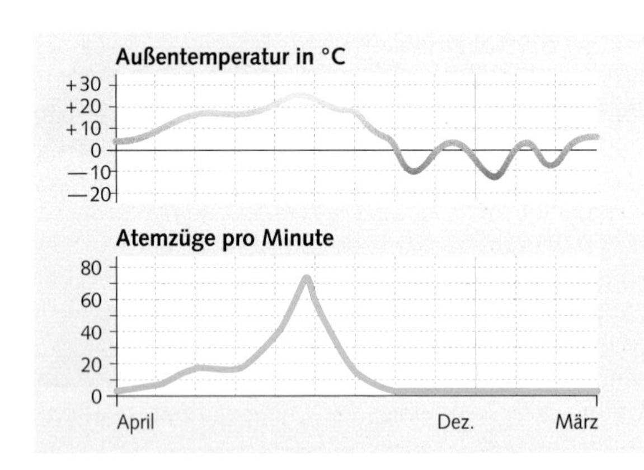

4. Vergleiche die drei Diagramme, in denen der Jahresverlauf der Außentemperatur und die Körperfunktionen von drei Tierarten mit unterschiedlichen Winterangepasstheiten dargestellt sind. Ordne sie den Begriffen Winterruhe, Winterstarre und Winterschlaf zu. Begründe deine Entscheidung.

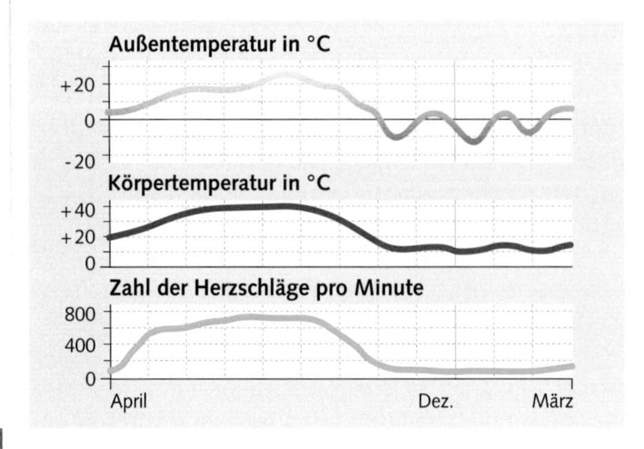

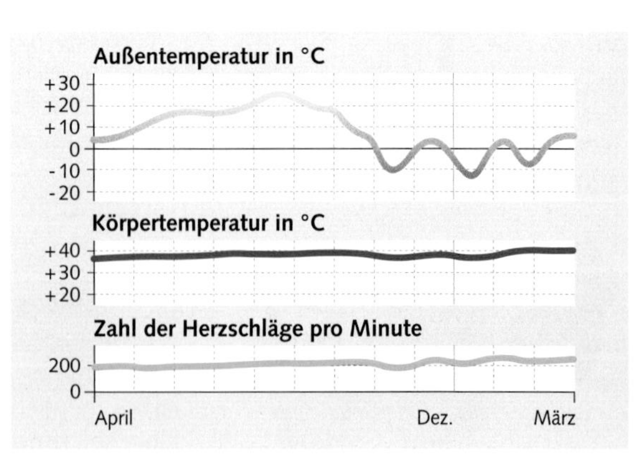

5. Erkläre, weshalb sich Zauneidechsen im Gegensatz zu Igeln im Herbst kein spezielles Fettgewebe anlegen.

Im Winter ist das Nahrungsangebot für Tiere stark eingeschränkt. Sie können deshalb auch nur wenig Energie über die Nahrung zu sich nehmen. Es gibt verschiedene Möglichkeiten, wie Tiere Energie sparen.

1 Feldhamster

Winterschlaf

Kleinere Säugetiere wie Igel, Fledermäuse, Siebenschläfer oder Feldhamster verschlafen die kalte Jahreszeit in frostsicheren Verstecken. Sie verbringen dort den ganzen Winter, bis im Frühjahr wärmere Temperaturen einsetzen. Igel überwintern in Laubhaufen und Feldhamster in Schlafkammern unter der Erde. Fledermäuse suchen sich frostgeschützte Höhlen und Siebenschläfer nutzen häufig Nistkästen für Vögel oder Baumhöhlen als Winterquartiere. Dort senken sie ihren Energiebedarf auf ein Minimum. Der Pulsschlag und die Atmung werden stark verringert. Die Körpertemperatur sinkt bis auf 5 °C ab. Die meisten Winterschläfer leben in dieser Zeit von den im Herbst angefressenen Fettreserven.

2 Dachs

Winterruhe

Säugetiere wie das Eichhörnchen sieht man im Winter nur selten. Sie verschlafen einen Großteil der kalten Jahreszeit in kugelförmigen Nestern, den Kobeln. Dieser ist mit Laub und anderen Materialien auspolstert. In den Schlafphasen nehmen Körpertemperatur und die Zahl der Herzschläge nur minimal ab. Von Zeit zu Zeit erwachen die Eichhörnchen aus ihrer Winterruhe. Sie fressen dann Nüsse, Eicheln und Bucheckern, die sie im Herbst gesammelt und versteckt oder vergraben haben.
Auch Dachse und Bären halten in geschützten Unterkünften Winterruhe. Sie legen sich jedoch keine Vorräte an, sondern fressen sich im Sommer ein dickes **Fettpolster** an. Während des Winters dient diese Fettreserve als Energiequelle. Wenn die Tiere vorrübergehend erwachen, gehen sie zusätzlich auf die Suche nach Fressbarem.

Winterstarre

Bei wechselwarmen Tieren wie Kriechtieren, Lurchen oder Fischen ist die Körpertemperatur von der Umgebungstemperatur abhängig. Um nicht zu erfrieren, graben sich beispielsweise Kröten ins frostsichere Erdreich ein. Fische suchen den wärmeren Gewässergrund auf. Dort fallen sie in Winter- oder Kältestarre und alle Lebensaktivitäten, die Energie benötigen, werden nahezu eingestellt. Auf das Anlegen von Energiereserven im Herbst sind diese Tiere also nicht angewiesen. Wenn jedoch bei extrem kalten Temperaturen die Ruheplätze gefrieren, sterben die Tiere dann den Erfrierungstod.

3 Karpfen

■ Säugetiere können durch Winterschlaf oder Winterruhe den Winter überdauern. Wechselwarme Tiere fallen in Kältestarre.

Spezialisten im Eis

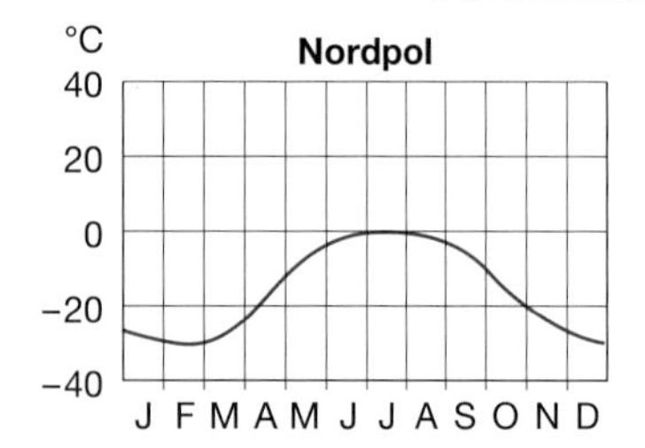

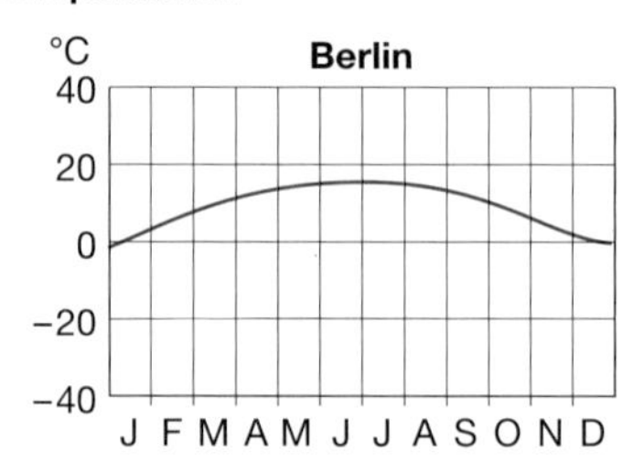

Durchschnittstemperaturen am Südpol

Monat	J	F	M	A	M	J	J	A	S	O	N	D
°C	– 29	– 40	– 54	– 59	– 57	– 57	– 59	– 59	– 59	– 51	– 38	– 28

1. a) Die Klimadiagramme zeigen Durchschnittstemperaturen am Nordpol und in Berlin. Beschreibt die Temperaturen im Jahresverlauf in einem kurzen Text.
b) Fertigt mithilfe der Angaben in der Tabelle ein ▸ Diagramm für den Südpol an.
c) Wie unterscheiden sich Sommer und Winter in den Polargebieten? Welche Unterschiede bestehen zwischen Nord- und Südpol? Notiert eure Ergebnisse.

2. a) Plant einen einfachen ▸ Versuch, durch den ihr herausfinden könnt, ob Fell, Federn und Fett vor Kälte schützen. Führt den Versuch durch.
b) Schreibt ein ausführliches ▸ Versuchsprotokoll.
c) Wenn ihr herausfinden wollt, warum Pinguine bei extremer Kälte dicht beieinander stehen, könnt ihr einen Modellversuch mit mehreren zusammengebundenen Reagenzgläsern durchführen. Ein Reagenzglas mit warmem Wasser steht für einen Pinguin.
Tipp: Die abgebildeten Gegenstände sind nützlich bei der Versuchsdurchführung.

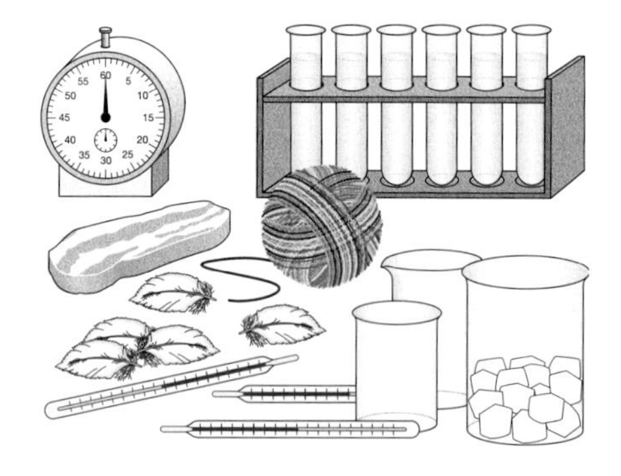

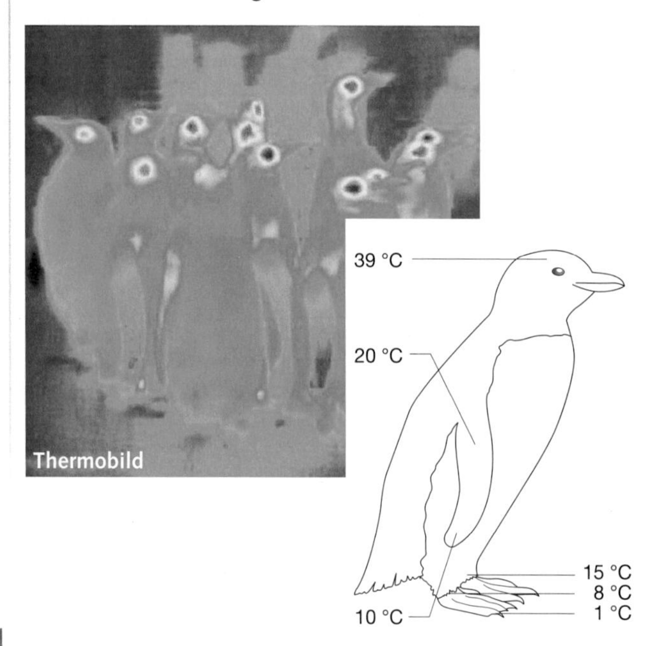

Thermobild

3. Eisbären und Pinguine sind perfekt an ihre Lebensräume angepasst.
Informiert euch über Anpassungsmerkmale. Bildet einen Eisbären und einen Pinguin jeweils auf einem DIN-A3-Blatt Papier ab. Kennzeichnet körperliche Besonderheiten durch Pfeile und kurze Texte.

4. Fertigt Lebensbilder des Eisbären und des Kaiserpinguins an. Sammelt dafür Informationen zu folgenden Stichwörtern: Nahrung, Überwinterung, Zusammenleben mit Artgenossen, Aufzucht der Jungen, Gefahren. Gestaltet Plakate. Präsentiert sie in der Klasse.

5. Warum friert der Pinguin auf dem Eis nicht fest? Das Thermobild der Pinguine gibt euch Hinweise.

Überleben in den Polargebieten

Große Flächen der Polargebiete sind von Eis bedeckt. Die **Arktis,** das Nordpolargebiet, ist ein eisbedecktes Meer.
Von Oktober bis März herrschen Dunkelheit, strenger Frost und eisige Schneestürme. Viele **Eisbären** (▶ Säugetiere) überwintern in selbst gegrabenen Schneehöhlen. Dort bringen die Bärinnen auch ihre Jungen zur Welt. Während der Wintermonate zehren die Eisbären von ihrer bis zu 4 cm dicken und 100 kg schweren Fettschicht unter der Haut. Im Frühjahr sind die Eisbärenmütter abgemagert. Sie begeben sich auf die Jagd. Robben, aber hin und wieder auch Walrosse, sind ihre Hauptnahrung.

Eisbären sind für das Leben in der Arktis gut ausgerüstet. Ihr Körper ist mit dichtem Fell bedeckt, nur Nasenspitze und Fußballen sind unbehaart. Das Fell wirkt weiß, weil die äußeren Haare hohl sind. Dadurch wird die Wärmeisolation erhöht. Die dunkle Haut nimmt Wärme von außen auf. Eisbären bewegen sich geschickt auf Schnee und Eis. Die breiten, krallenbewehrten Tatzen und Schwimmhäute zwischen den Zehen wirken wie Schneeschuhe. Mühelos klettern Eisbären auf Eisschollen oder Eisberge. Auch im Wasser können sie sich sehr gut fortbewegen. Die Stromlinienform ihres Körpers trägt dazu bei, dass sie ausdauernd und schnell schwimmen können. Sie wurden schon bis zu 100 km vom Land oder von Eisfeldern entfernt angetroffen.

1 Kaiserpinguine

2 Eisbären

In der **Antarktis,** dem Kontinent am Südpol, ist der Boden ständig gefroren. Im Sommer wird es selten über –10 °C warm. Im Winter, der im Mai beginnt, sinken die Temperaturen bis auf –50 °C. Die **Kaiserpinguine** (▶ Vögel) suchen jetzt ihre Brutplätze auf dem Eis auf. Viele Tiere stehen dicht beieinander und bilden eine Kolonie. So wärmen sie sich gegenseitig.
Obwohl Pinguine an Land ständig auf der Eisfläche stehen, frieren ihre Füße auf der Oberfläche nicht fest. Mit einer Wärmebildkamera kann man untersuchen, an welcher Stelle ein Tier Wärme an die Umgebung abgibt. Das Wärmebild von Pinguinen zeigt, dass die Temperatur in Flossen, Beinen und Füßen wesentlich niedriger ist als im Körperkern und im Kopf. Über die Füße wird kaum Wärme an die Umgebung abgegeben, sodass das Eis unter den Füßen der Pinguine nicht schmilzt. Diese Angepasstheit hält den Wärmeverlust der Tiere sehr gering. Ein weiteres Merkmal sind die Pinguinfedern. Sie liegen schuppenartig übereinander. Durch diese Anordnung entsteht eine wasserundurchlässige Schicht. Darunter liegende Daunen schützen den Körper auch vor Unterkühlung. Ebenso wie bei den Eisbären sorgt eine dicke Fettschicht für Schutz vor Kälte und dient als Energiereserve.

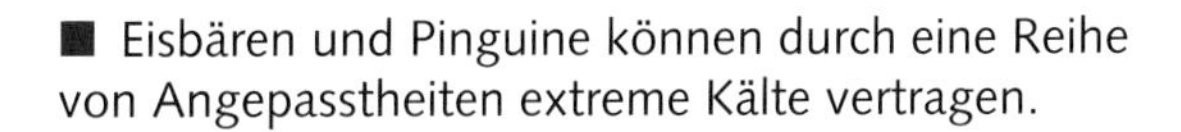

■ Eisbären und Pinguine können durch eine Reihe von Angepasstheiten extreme Kälte vertragen.

Wie leben Pflanzen und Tiere in der Wüste?

1. Wüsten gibt es nicht nur in Afrika, sondern auch in anderen Erdteilen. Zeichnet in die Kopie einer Weltkarte die großen Wüsten der Erde und ihre Namen ein. Nehmt einen Atlas zu Hilfe.

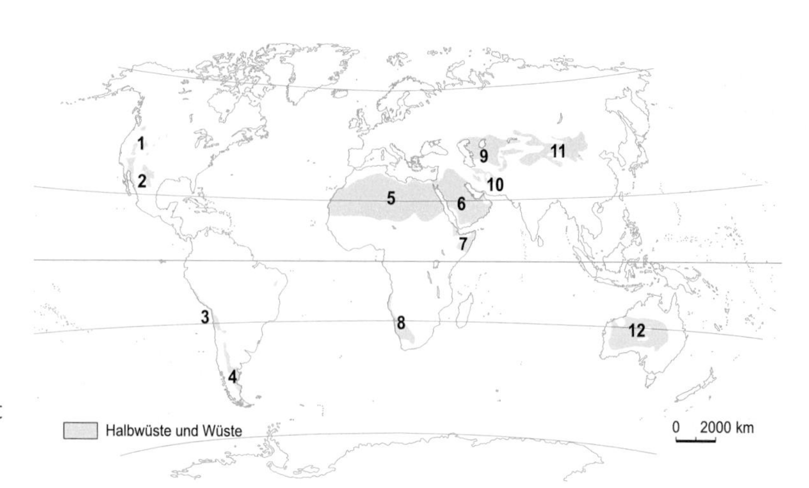

2. Sicherlich habt ihr schon etwas über Wüsten gehört, gelesen oder Berichte im Fernsehen darüber gesehen. Berichtet, was ihr über Wüsten wisst. Erstellt eine ► Mindmap zum Thema.

3. Wüsten sind extreme Lebensräume. Mit welchen Umweltbedingungen müssen Pflanzen, Tiere und Menschen in der Wüste zurechtkommen? Stellt euer Wissen auf einem ► Plakat übersichtlich dar.

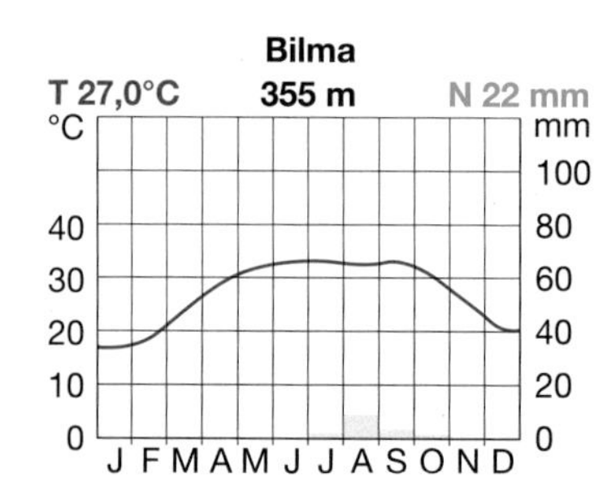

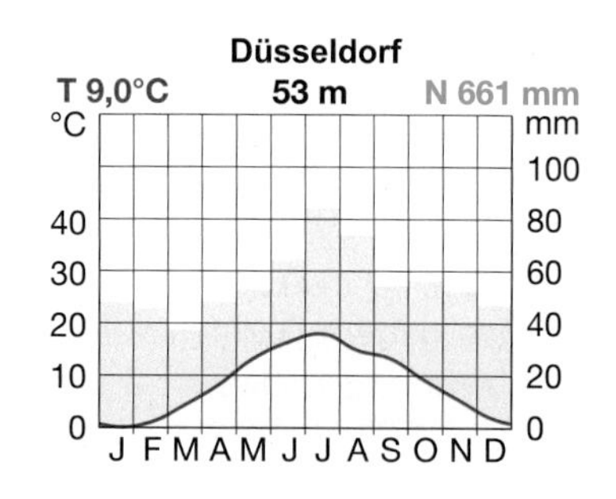

4. Bilma ist eine Stadt in Niger. Sie liegt in der Sahelzone. Düsseldorf ist eine Stadt in Nordrhein-Westfalen. Welche Informationen liefern euch die beiden Diagramme? Vergleicht Jahrestemperaturen und Niederschläge von Bilma mit denen von Düsseldorf.

5. Sucht in Lexika, Erdkundebüchern, Fachbüchern oder im ► Internet nach Pflanzen und Tieren, die in Wüsten leben. Ihr könnt euch auch in Gartenbaufachgeschäften und in Zoos oder Botanischen Gärten erkundigen. Erstellt ► Steckbriefe ausgewählter Pflanzen und Tiere. Stellt besonders heraus, wie sie an die extremen Bedingungen des Wüstenlebens angepasst sind.

6. Die Abbildung zeigt Abschnitte vom Saguarokaktus. Erkläre das unterschiedliche Aussehen.

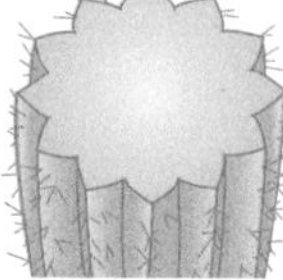

A *nach längerer Trockenheit*

B *nach Regen*

7. Die Hauswurz ist eine Pflanze, die in unseren Breiten wächst. Sie hat dicke, fleischige Blätter und kurze Wurzeln. Die Hauswurz braucht nur wenig Wasser. Damit ähnelt sie den Wüstenpflanzen.

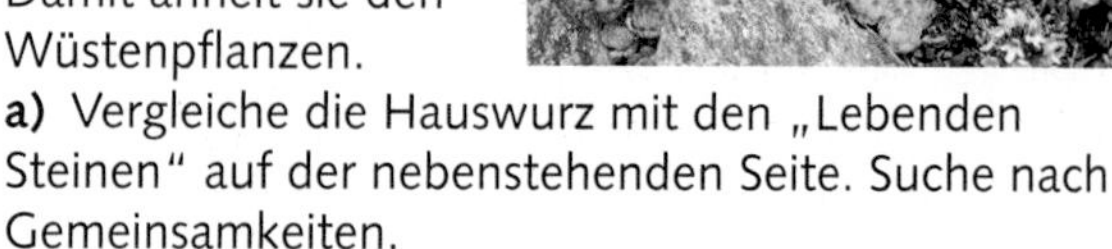

a) Vergleiche die Hauswurz mit den „Lebenden Steinen" auf der nebenstehenden Seite. Suche nach Gemeinsamkeiten.

b) An welchen Standorten kommt die Hauswurz bei uns vor? Begründe deine Meinung.

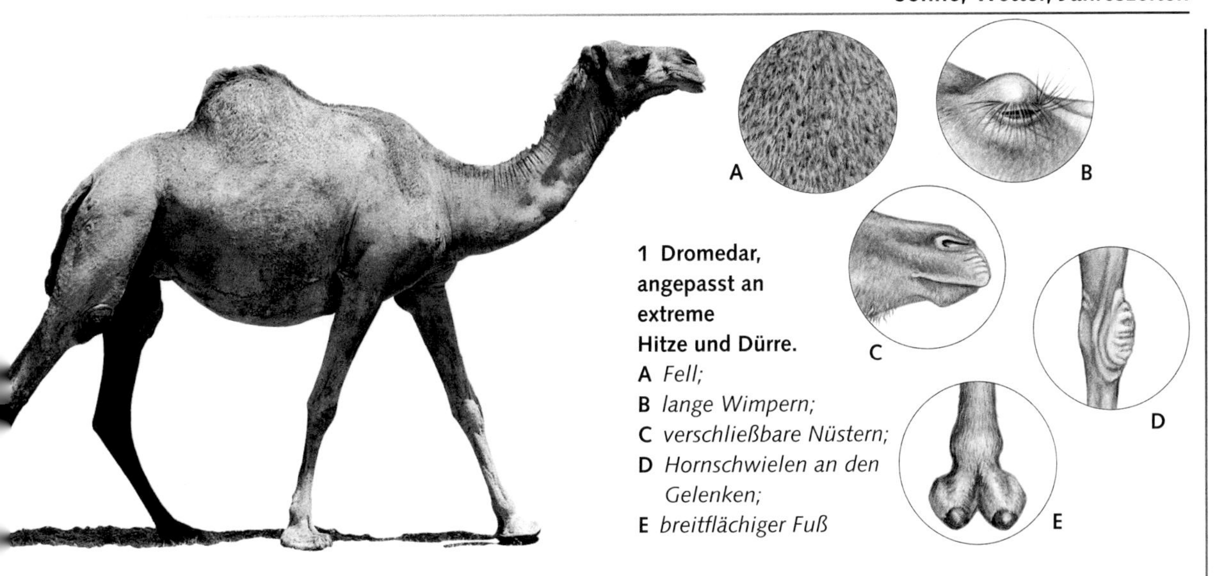

1 Dromedar, angepasst an extreme Hitze und Dürre.
A *Fell;*
B *lange Wimpern;*
C *verschließbare Nüstern;*
D *Hornschwielen an den Gelenken;*
E *breitflächiger Fuß*

Dromedare – ein Leben in der Hitzewüste

Dromedare werden von den Beduinen als Reit- und Lasttiere eingesetzt. Sie sind in mehrfacher Weise an den extremen Lebensraum Wüste angepasst. Ein dichtes Fell schützt das Dromedar nachts vor Kälte und tagsüber vor Hitze. Außerdem kann das Tier seine Körpertemperatur bis auf 42 °C ansteigen lassen. Erst dann beginnt es zu schwitzen. Die Ohren sind durch dichte Behaarung, die Augen durch lange Wimpern vor Flugsand geschützt. Die Nasenlöcher kann das Dromedar schließen.
Beim Laufen verhindern breitflächige Füße ein tiefes Einsinken in den Sand. Harte Hornschwielen an den Füßen, den Beingelenken sowie an der Brust schützen vor der Hitze des Bodens.

Im Gegensatz zum Menschen kommt ein Dromedar bis zu einer Woche ohne Wasser aus. Gelangt das Tier an eine Wasserstelle, kann es in wenigen Minuten bis zu 100 Liter Wasser aufnehmen. Von diesem Wasser zehrt das Dromedar dann auf dem Weitermarsch. Das im Höcker gespeicherte Fett kann als „Reserve" genutzt werden.

2 Wüstenpflanzen.
A *Saguaro;* **B** *„Lebende Steine"*

Wüstenpflanzen

Um in der Wüste überleben zu können, müssen Pflanzen an die extremen Umweltbedingungen angepasst sein.
Manche Pflanzen haben dicht unter der Erdoberfläche ein riesiges Wurzelsystem, mit dem sie jeden Regen- oder Tautropfen aufsaugen. Bäume wie die Akazien dringen hingegen mit ihren Wurzeln bis zu 35 m tief direkt bis zum Grundwasser vor.
Kakteen sind ausgezeichnete Wasserspeicher. Der Saguarokaktus zum Beispiel sammelt in seinem „Stamm" einige tausend Liter Wasser, mit dem er bis zu zwei Jahre Trockenheit überleben kann. Er ist ein Riese unter den Kakteen, kann bis zu 15 m hoch werden und ein Gewicht von zehn Tonnen erreichen.
„Lebende Steine" zeigen eine besondere Überlebensstrategie. Da sie in ihren dickfleischigen Blättern viel Wasser sammeln, werden sie gern von durstigen Tieren gefressen. Weil sie aber durch ihr steinähnliches Aussehen hervorragend getarnt sind, werden sie von den Tieren oft übersehen.

■ Pflanzen und Tiere der Wüste geben nur wenig Wasser ab. Die meisten Lebewesen der Wüste können gut Wasser speichern.

Sonne, Wolken, Niederschläge

1 Die Erde und ihre Lufthülle

2 Der Mond hat keine Lufthülle.

3 Wasserdampf trifft Glasscheibe.

1. a) Vergleiche anhand der Bilder 1 und 2 die Ansichten von Erde und Mond aus dem Weltall.
b) Warum sind vom Weltall aus auf der Mondoberfläche mehr Einzelheiten zu erkennen als auf der Erde?

2. Erwärme Wasser, bis es siedet. Halte eine Glasscheibe über das siedende Wasser. Was kannst du beobachten?

3. Warum beschlagen nach dem Duschen mit heißem Wasser oft Spiegel und Fenster?

4. Informiere dich über die verschiedenen Wolkenarten und gestalte ein Plakat dazu.

5. Erläutere die Luftbewegungen in einem Hoch- und in einem Tiefdruckgebiet.

Wie entsteht das Wetter?

Auf der Mondoberfläche können die ▸ Temperaturen sehr unterschiedlich sein. Die Oberfläche der sonnenzugewandten Seite kann sich bis auf 120 °C erwärmen. Dagegen kann die Temperatur auf der sonnenabgewandten Seite auf –150 °C sinken.

Solche extremen Temperaturen treten auf der ▸ Erde nicht auf. Sie werden durch die Lufthülle und die großen Wasserflächen auf der Erdoberfläche verhindert. Wettererscheinungen wie ▸ Wind und Regen sorgen ebenfalls für einen Austausch von kalter und warmer ▸ Luft. Auf dem Mond gibt es weder Regen noch Wind, da er keine Lufthülle hat.

Die Ursachen für das Wetter

Nur wenn **Sonneneinstrahlung**, **Luft** und ▸ **Wasser** zusammenwirken, kann das Wetter entstehen. Deswegen kann auf dem Mond auch kein Wetter herrschen.

4 Wolken. A *Haufenwolken*; B *Federwolken*; C *Regenwolken*

Luftfeuchtigkeit

Die Wäsche auf der Leine trocknet nach einer Weile, weil ▸ Wasserteilchen in die Luft entweichen. Das Wasser ist dann in der Luft gespeichert. Je mehr Wasserteilchen in der Luft vorhanden sind, desto größer ist die **Luftfeuchtigkeit**.
Kühlt sich die Luft ab, bilden sich aus den gespeicherten Wasserteilchen kleine Wassertröpfchen, die in der Luft schweben. Du kannst sie als Nebelschwaden sehen.

Warum regnet es?

Durch die Sonnenstrahlung erwärmt sich die Luft über der Erdoberfläche. Die erwärmte Luft steigt in kältere Luftschichten auf. Dort bilden sich **Wolken**. Je mehr feuchte Warmluft aufsteigt, desto stärker ist dieser Prozess. Die Wassertröpfchen in den Wolken werden immer größer und schwerer und können bald nicht mehr in der Luft schweben. Sie fallen dann als **Regen** zur Erde.

Schnee und Hagel

In sehr großer Höhe bestehen die Wolken oft nicht aus Wassertropfen, sondern aus Eiskristallen. Fallen diese durch Wasserwolken, können sie zu **Schneeflocken** anwachsen. Wenn auch die unteren Luftschichten kalt sind, dann fallen die Schneeflocken bis auf den Erdboden. Sind die unteren Luftschichten zu warm, dann tauen die Flocken wieder und es regnet.

5 Starker Schneefall

Manchmal sind sogar Sommergewitter mit heftigem Hagel verbunden. Hagelkörner entstehen, wenn Regentropfen in großer Höhe bei sehr tiefen Temperaturen zu Eis werden. Die Hagelkörner sind dann so schwer, dass sie schnell zur Erde fallen und trotz der hohen Temperatur vorher nicht auftauen.

6 Hagelkörner

Hoch- und Tiefdruckgebiet

Die Lufthülle der Erde drückt auf alle Pflanzen, Tiere, Menschen und Gegenstände auf der Erdoberfläche. Diesen ▶ **Luftdruck** kannst du aber nicht spüren, weil er von allen Seiten wirkt und gleich groß ist.

Die Luft über einem Gebiet der Erde ist nicht überall gleich warm. Da warme Luft leichter ist als kalte Luft, steigt sie nach oben. Warme, leichtere Luft übt einen niedrigeren Druck aus, es entsteht ein **Tiefdruckgebiet**. Ein Bereich mit hohem Luftdruck wird als **Hochdruckgebiet** bezeichnet. Oft werden die beiden verschiedenen Druckgebiete einfach **Tief** und **Hoch** genannt. Große Druckgebiete, die das Wetter stark beeinflussen, erhalten Namen, die in jedem Jahr der Reihenfolge des Alphabetes folgen.

Die Luft in Hoch- oder Tiefdruckgebieten führt immer eine Drehbewegung aus. Auf der Nordhalbkugel drehen sich die Tiefs entgegen dem Uhrzeigersinn, die Hochs im Uhrzeigersinn. Ein Tief bringt meist Wolken und Niederschläge mit sich. Beim Aufsteigen der warmen Luft entstehen durch die Luftfeuchtigkeit Wolken. Bei einem Hoch dagegen lösen sich die Wolken durch die herabsinkende Luft auf und die Sonnenstrahlen können ungehindert zur Erde gelangen.

Warmfront und Kaltfront

Die Berührungsfläche zwischen Luftmassen unterschiedlicher Temperaturen wird als **Front** bezeichnet.

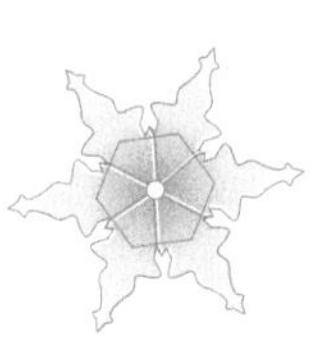

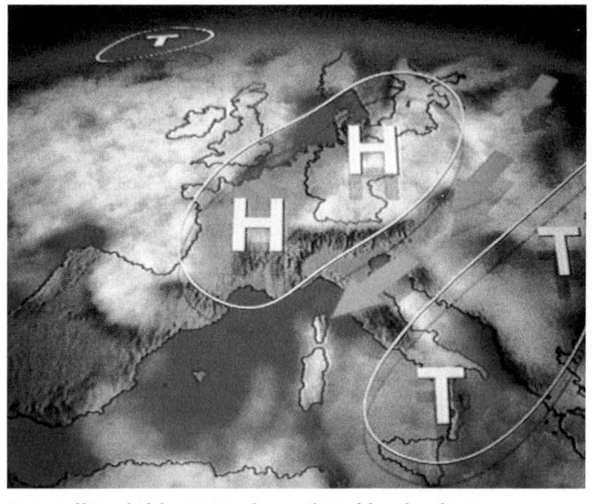

7 Satellitenbild mit Hoch- und Tiefdruckgebieten

Bei einer **Kaltfront** trifft kalte Luft auf warme Luft. Da die kalte Luft schwerer ist als die warme Luft, schiebt sie sich unter die Warmluft und drängt diese nach oben. Dabei entstehen sehr schnell große Wolken und es können heftige Niederschläge auftreten. Die Temperaturen über diesem Gebiet sinken.

Bei einer **Warmfront** trifft Warmluft auf kalte Luft. Die leichtere Warmluft schiebt sich über die Kaltluft. Beim Aufsteigen kühlt sie sich ab. Dadurch entstehen auch bei einer Warmfront Wolken und es können Niederschläge auftreten. Danach steigen die Temperaturen oft an.

Der Wasserkreislauf der Natur

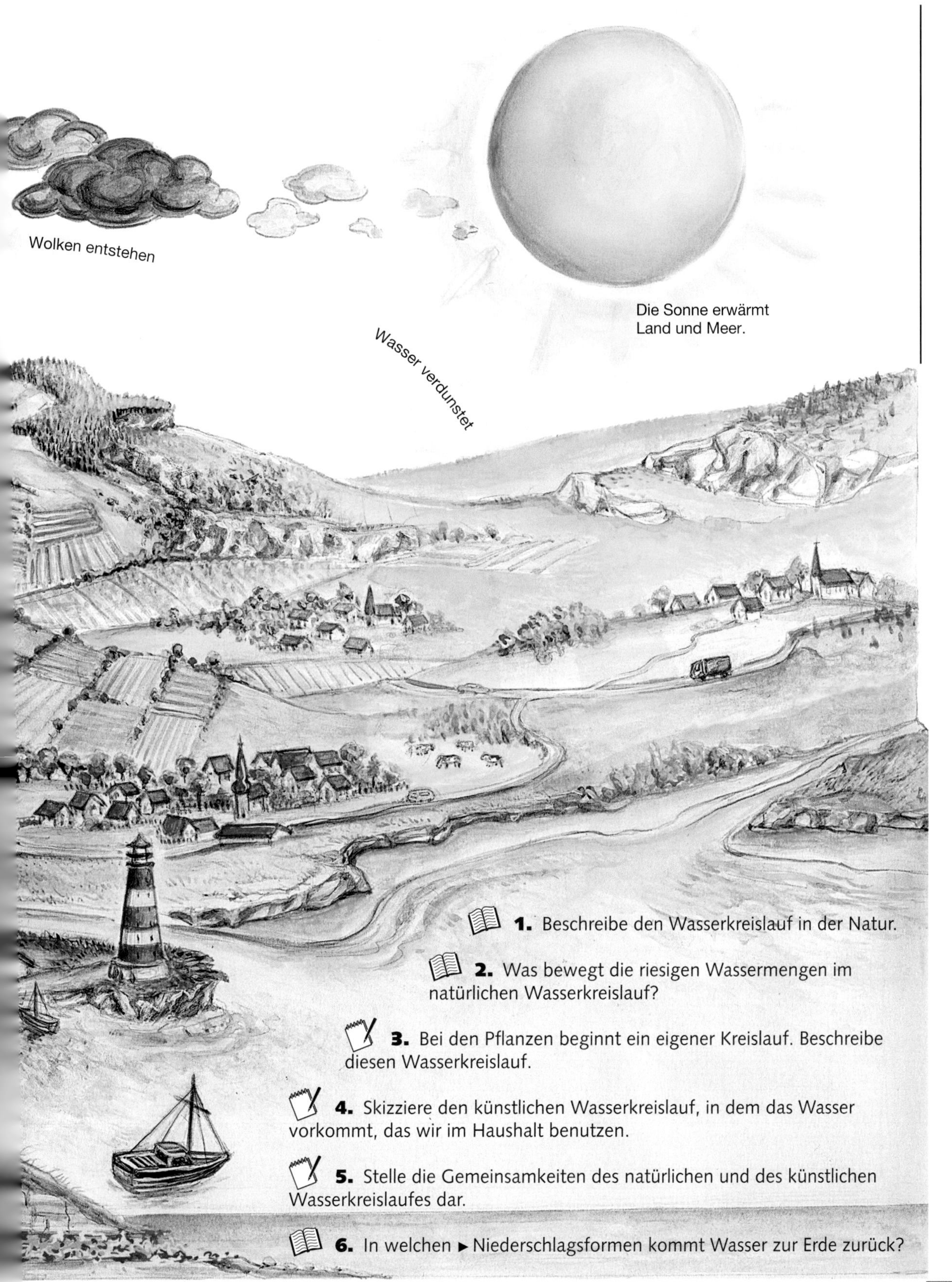

1. Beschreibe den Wasserkreislauf in der Natur.

2. Was bewegt die riesigen Wassermengen im natürlichen Wasserkreislauf?

3. Bei den Pflanzen beginnt ein eigener Kreislauf. Beschreibe diesen Wasserkreislauf.

4. Skizziere den künstlichen Wasserkreislauf, in dem das Wasser vorkommt, das wir im Haushalt benutzen.

5. Stelle die Gemeinsamkeiten des natürlichen und des künstlichen Wasserkreislaufes dar.

6. In welchen ▸ Niederschlagsformen kommt Wasser zur Erde zurück?

Wind und Wetter

1. Entzünde eine Kerze und halte sie vor einer spaltbreit geöffneten Tür in verschiedenen Höhen. Was kannst du beobachten?

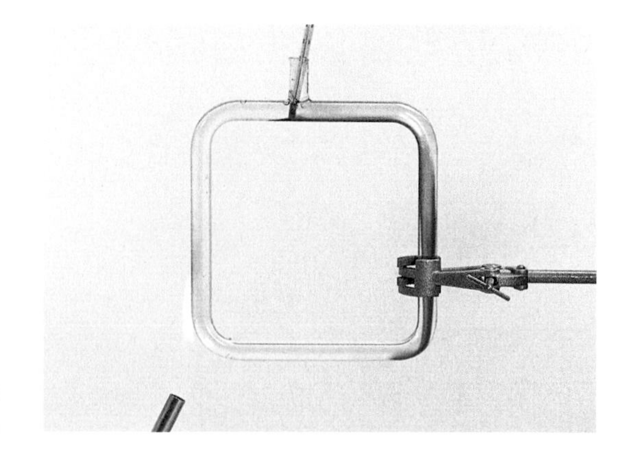

1 Wasser im Glasrohr wird erhitzt.

2. a) Fülle ein Glasrohr wie in Bild 1 mit Wasser und spanne es in ein Stativ. Gib eine Spatelspitze farbige Kristalle dazu und stelle ein Thermometer in die Öffnung.

b) Erhitze das Glasrohr an einer unteren Ecke mit einer kleinen Flamme. Beobachte und lies die Temperatur mehrfach ab.

c) Stelle die Flamme unter die andere Ecke. Beschreibe und begründe deine Beobachtungen.

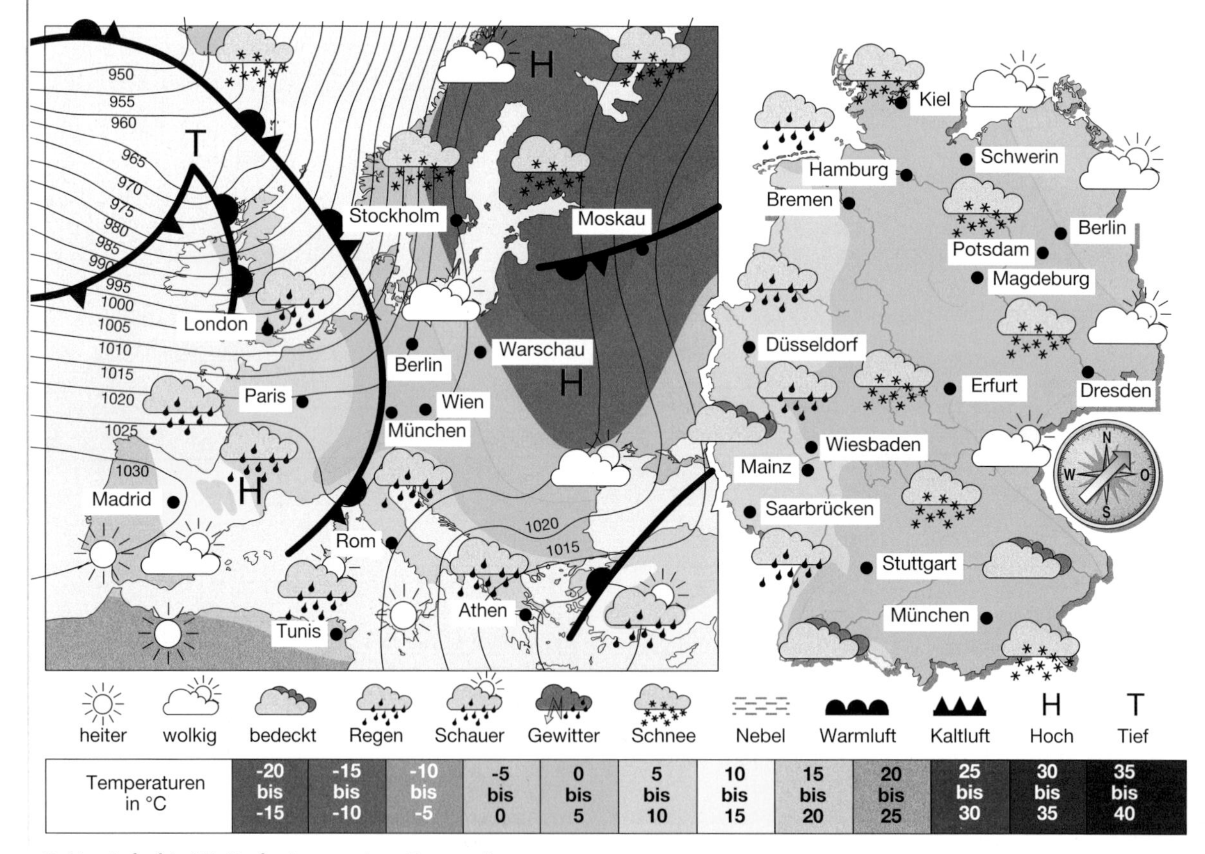

Temperaturen in °C	-20 bis -15	-15 bis -10	-10 bis -5	-5 bis 0	0 bis 5	5 bis 10	10 bis 15	15 bis 20	20 bis 25	25 bis 30	30 bis 35	35 bis 40

2 Vereinfachte Wetterkarte aus einer Tageszeitung

3. Beschreibe die in Bild 2 abgebildete Wetterlage
a) von Europa,
b) von Deutschland.

4. Erläutere die Wetterlage für Niedersachsen in Bild 2. Schreibe eine kurze Wettervorhersage.

5. Begründe, aus welcher Jahreszeit die Karte stammen könnte.

Wie entsteht der Wind?

Die ▸ Sonne erwärmt nicht nur den Erdboden, sondern auch die Luft darüber. Die erwärmte Luft steigt nach oben und es kann ein Tief entstehen. Die aufgestiegene Luft schiebt sich in großer Höhe über andere Luftmassen. So entsteht gewissermaßen ein Luftberg. Dort ist der Luftdruck erhöht und es entsteht ein Hoch.

Die Luft in einem Hochdruckgebiet drängt am Boden dorthin, wo die Luft weniger dicht ist, also dorthin, wo das Tiefdruckgebiet ist. Die Luft steigt im Tief durch Erwärmung auf, zieht nach oben zum Hoch, steigt hier ab und weht in Bodennähe zum Tief zurück. Diese Luftbewegungen zwischen zwei Gebieten mit unterschiedlichem Luftdruck kennst du als **Wind**.

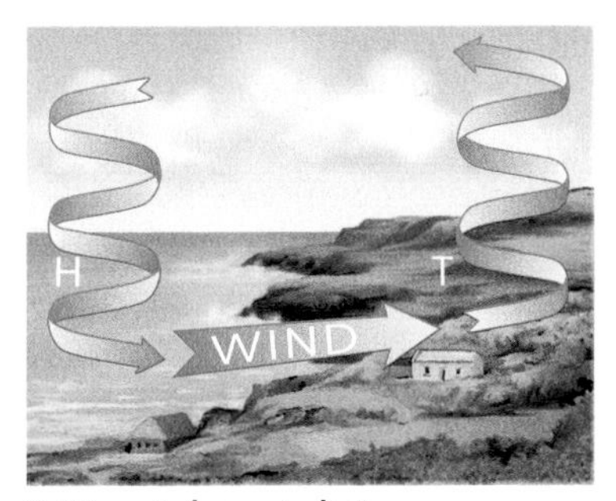

3 Hier wird es windig!

Je stärker die Luft über dem Erdboden erwärmt wird, desto häufiger entstehen Tiefdruckgebiete. Deshalb gibt es wegen der starken Sonneneinstrahlung sehr viele Tiefs in der Nähe des Äquators. In Mitteleuropa wird das Wetter oft durch Tiefdruckgebiete, die über dem Nordatlantik entstehen, beeinflusst. Dort gibt es eine aus Süden kommende, sehr warme Meeresströmung. Es ist der **Golfstrom**. Durch den Golfstrom wird die Luft über dem Ozean viel stärker erwärmt als an anderen Stellen. Deshalb entstehen dort sehr viele Tiefs.

4 Hurrikan Katrina

Hurrikan oder Taifun?

Hochdruckluft kann nicht auf direktem Weg in ein Tiefdruckgebiet wehen. Wegen der Erddrehung zieht sie im Kreis um das Tief. Dabei entstehen linksdrehende Wirbel.
Über den tropischen Meeren kann besonders viel feuchtwarme Luft aufsteigen. Da dies sehr schnell geschieht, entsteht eine Wolkenspirale, die viel Luft ansaugt. Daraus können sich gefährliche **Wirbelstürme** entwickeln. In einem Wirbelsturm bewegen sich die Luftmassen mit Geschwindigkeiten von bis zu 300 $\frac{km}{h}$.

Die vor der Westküste Afrikas entstehenden Wirbelstürme werden **Hurrikans** genannt. Sie bewegen sich von ihrem Entstehungsgebiet aus auf die Karibik und den Süden der USA zu.
Im Westen des Pazifischen Ozeans treten ähnliche Wirbelstürme auf. Sie heißen dort **Taifune**. Durch Wirbelstürme werden jährlich Schäden in Millionenhöhe verursacht.

Was steht in einer Wetterkarte?

Symbole und Linien einer Wetterkarte haben genau festgelegte Bedeutungen. Mit ihrer Hilfe kannst du sogar die Wetterkarte in einer ausländischen Zeitung richtig lesen.
Das Zentrum eines Hochdruckgebietes wird mit einem **H**, das eines Tiefdruckgebietes mit einem **T** gekennzeichnet. Darum herum verlaufen in immer größeren Abständen geschlossenen Linien, die **Isobaren**. Sie verbinden Orte mit gleichem Luftdruck.
Die stärkeren Linien markieren Fronten und Luftströmungen. Zieht kalte Luft mit einer Kaltfront heran, werden die Linien mit kleinen Dreiecken versehen. Wird eine Warmfront dargestellt, so sind die Linien mit kleinen Halbkreisen gekennzeichnet.
Neben den Temperaturen werden auch Symbole für Bewölkung, Windrichtung und Niederschläge in eine Wetterkarte eingetragen.

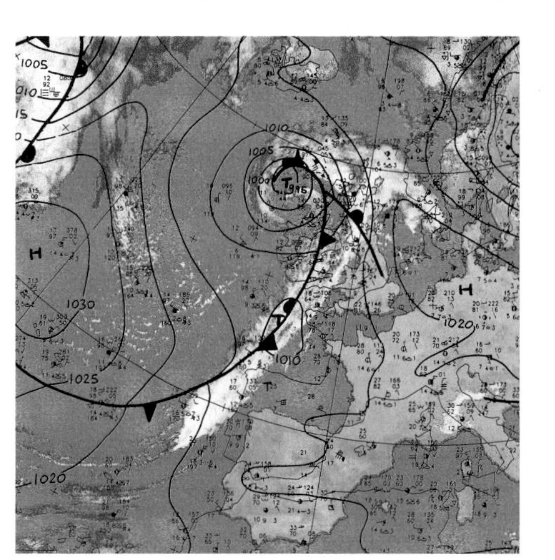

■ Wetter kann man mit Wetterkarten beschreiben. Solche Karten enthalten festgelegte Symbole für Hoch- und Tiefdruckgebiete, Temperatur, Windrichtung, Bewölkung und Niederschläge

5 Satellitenbild mit Wetterkarte

Wie entstehen Blitz und Donner?

1. a) Demonstrationsversuch: Mit der Influenzmaschine werden Blitze erzeugt. Dabei wird ein Stück Papier zwischen die Kugeln gehalten.
b) Schau dir das Papier gegen das Licht genau an. Was stellst du fest?

2. Zähle Möglichkeiten auf, wo es im Alltag zu kleinen Entladungen oder Blitzen kommen kann.

1 Gewitterwolke mit Erdblitz

Ladungstrennung beim Gewitter

Vor einem Gewitter erhitzt die Sonne die Erde und die Luft darüber. Wenn aufsteigende warme Luft viel Wasserdampf enthält, kondensiert dieser in großen Höhen zu Wasser. Es entsteht eine Wolke, die immer höher wächst. Manchmal wird daraus eine Gewitterwolke. Im Innern dieser Wolke gibt es kräftige Aufwinde. Sie bewirken, dass Regentropfen so hoch nach oben geschleudert werden, dass sie zu Eis werden. Stoßen aufsteigende und hinabfallende Teilchen aus Wasser oder Eis aneinander, werden Ladungen getrennt (Bild 2A). Durch die Ladungstrennung entstehen Spannungen von vielen Millionen Volt.

Blitzentladungen

Neun von zehn Blitzen finden innerhalb der Wolken statt. Wenn die Spannung hoch genug ist, kommt es aber auch zu Blitzen zwischen Wolke und Erde. Zunächst macht ein Leitblitz die Luft leitfähig (Bild 2B). Ihm wachsen vom Boden aus Fangentladungen entgegen (Bild 2C). Treffen sich beide, kommt es zur Hauptentladung, dem Hauptblitz (Bild 2D).

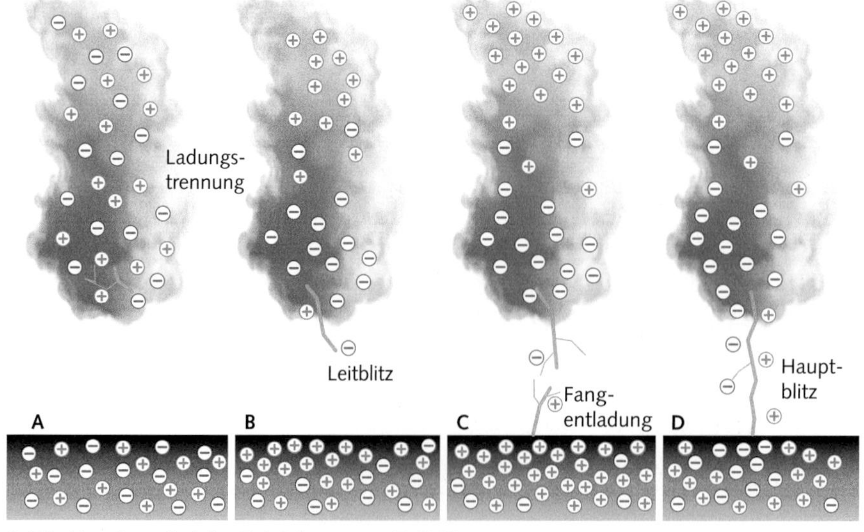

2 Die Vorgänge bei der Entstehung von Erdblitzen

Blitz und Donner

Die auftretenden Stromstärken erreichen vermutlich weit über 100 000 A. Durch diesen gewaltigen Strom wird die Luft für einen kurzen Augenblick extrem heiß. Sie leuchtet hell auf und dehnt sich schlagartig aus.
Der Blitz hat nur einen Durchmesser von etwa 12 mm, das grelle Licht lässt ihn breiter erscheinen. Seine Länge kann mehrere Kilometer betragen.

Durch die schlagartige Ausdehnung der Luft entsteht eine Druckwelle, die wir als Knall oder Donner wahrnehmen.

■ Durch Luftbewegung reiben in Gewitterwolken Wasser und Eis aneinander und laden sich elektrisch auf. Entladen sich diese Spannungen schlagartig, entstehen Blitz und Donner.

Gefahren durch Blitzschlag

1. Recherchiere im Internet oder in der Tageszeitung über Unglücksfälle durch Blitzschlag. Was haben alle Unfälle gemeinsam?

2. Informiere dich darüber, wo du bei Gewitter besonders gefährdet bist. Überlege und notiere, wie du diese Gefahren vermeiden kannst.

3. Wie kommt es zu der zerstörerischen Wirkung von Blitzen, die in Bäume einschlagen?

4. Was haben eine lange Eisenstange, wie BENJAMIN FRANKLIN sie als Blitzableiter benutzte, und ein Regenschirm gemeinsam?

Gefahren
Ein Gewitter bedeutet für dich vor allem dann Gefahr, wenn du dich im Freien aufhältst. Erdblitze schlagen bevorzugt in erhöhte Objekte ein. Das kann ein Baum, ein Mast oder du selbst kannst es sein, vor allem wenn du auf einem Hügel stehst. Dabei kann dich der Blitz direkt treffen. Eine andere Möglichkeit ist, dass der Blitz in ein Objekt einschlägt und dann auf dich überspringt. Trifft dich der Blitz, rufen die hohen Temperaturen Verbrennungen hervor. Die hohen Stromstärken sind lebensgefährlich.

Schrittspannung
Ein Blitz kann auch gefährlich sein, wenn er in deiner Nähe einschlägt. Die Spannung breitet sich im Boden kreisförmig um den Einschlagspunkt aus und nimmt dabei ab. Stehst du in diesem Bereich, baut sich zwischen deinen Füßen eine **Schrittspannung** auf. Ist sie über 60 V hoch, entsteht in deinem Körper eine gefährliche Stromstärke. Sie kann zum Herzstillstand führen. Gehst du mit geschlossenen Füßen in die Hocke, kannst du eine hohe Schrittspannung vermeiden.

1 Schrittspannung bei einem Naheinschlag

Verhalten bei Gewitter
Informiere dich vor Wanderungen über mögliche Wetteränderungen. Überrascht dich dennoch ein Gewitter im Freien, solltest du zu deinem eigenen Schutz Folgendes beachten:

- Meide die direkte Nähe von einzelnen Bäumen und Masten, von denen der Blitz auf dich überschlagen kann.
- Verlasse ungeschützte Plätze wie Fußballfelder.
- Benutze keinen Regenschirm.
- Verlasse so schnell wie möglich das Wasser, wenn du schwimmst oder Boot fährst.
- Bist du mit dem Fahrrad unterwegs, stelle es ab und entferne dich mindestens 3 m von ihm.
- Suche eine Mulde und gehe mit geschlossenen Füßen in die Hocke.

Erste Hilfe bei Blitzschlag
Ist ein Mensch durch einen Blitzeinschlag verletzt worden, musst du sofort ärztliche Hilfe über den **Notruf 112** anfordern. Gleichzeitig müssen folgende Maßnahmen der Ersten Hilfe durchgeführt werden:

- Überprüfe Bewusstsein, Atmung und Kreislauf. Führe gegebenenfalls wiederbelebende Maßnahmen durch.
- Um den Kreislauf zu stabilisieren, lege dem Unfallopfer die Beine hoch. Bei Bewusstlosigkeit ist die stabile Seitenlage wichtig.
- Beruhige den Verletzten und lass ihn nicht allein.
- Decke das Opfer zum Schutz vor Auskühlung mit einer Decke oder Rettungsfolie zu.
- Decke Verbrennungen mit sterilem Verbandsmaterial ab.

Wetterbeobachtung

Wetterberichte kennst du aus dem Fernsehen, dem Rundfunk oder aus Zeitungen. Zur Erstellung der Berichte werden an vielen Messstationen Informationen zum Wetter gesammelt. Über den ganzen Tag verteilt werden in regelmäßigen Abständen die Windrichtung, die Windgeschwindigkeit, die Lufttemperatur, der Luftdruck, die Luftfeuchtigkeit und die Niederschlagsmenge gemessen.
Satelliten fotografieren aus dem Weltall die Wolken und ihre Bewegungen. Die Bilder werden zur Erde gesendet und dort ausgewertet. Aus allen gesammelten Informationen werden Vorhersagen über die Wetterentwicklung erstellt. Dabei helfen auch die über einen langen Zeitraum gemachten Erfahrungen. Trotz genauer Messungen und trotz des großen technischen Aufwands lässt sich das Wetter nicht ganz genau voraussagen.

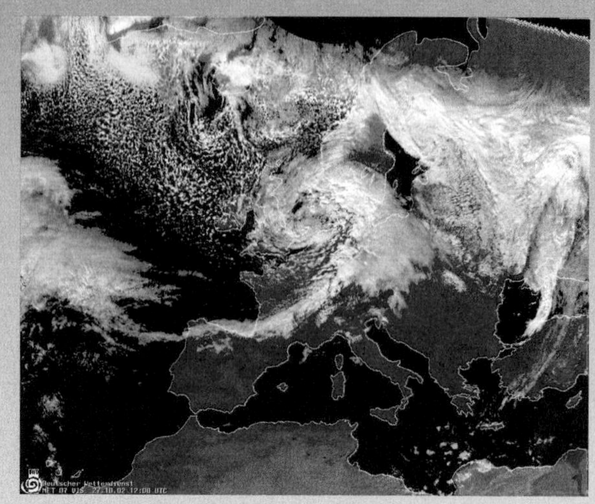

1 Satellitenfoto

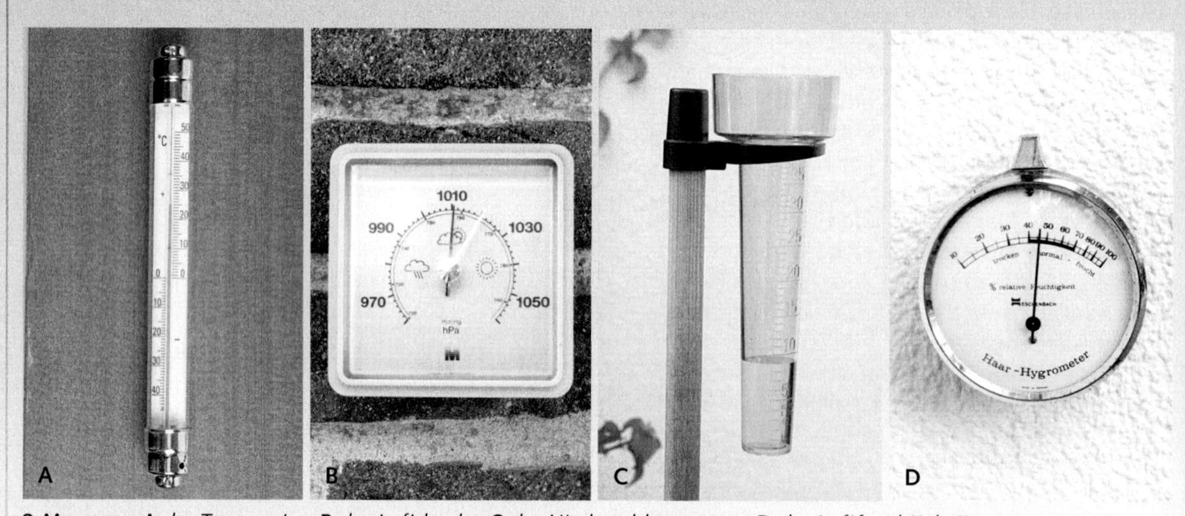

2 Messung. A *der Temperatur;* **B** *des Luftdrucks;* **C** *der Niederschlagsmenge;* **D** *der Luftfeuchtigkeit*

Die Temperatur

Die Temperatur wird mit einem ▸ **Thermometer** gemessen. Die Messung erfolgt an einer schattigen Stelle. Oft befindet sich das Thermometer in einer gut belüfteten Wetterstation.

Der Luftdruck

Du hast schon von „Hochdruckgebieten über den Azoren" oder einem „Tiefdruckgebiet über Island" gehört. Je nach den Bewegungen der Luft und ihrer Verteilung herrscht an den einzelnen Orten ein unterschiedlicher Luftdruck. Das Messgerät für den Luftdruck heißt **Barometer.**

Die Niederschlagsmenge

In der Zeitung ist zu lesen: „Bei einem Gewitter gingen in drei Stunden 40 Liter Regen pro Quadratmeter nieder."
Wird ein Liter Flüssigkeit auf 1 m^2 verteilt, so steht das Wasser in einem **Regenmesser** 1 mm hoch.

Die Luftfeuchtigkeit

Wasser liegt in der Luft in Form von Wasserdampf vor. Den Anteil dieses Dampfes an der Luft wird als Luftfeuchtigkeit bezeichnet. Wetterstationen verfügen über ein Messgerät für die Luftfeuchtigkeit, ein **Hygrometer.**

Schon seit langer Zeit beobachteten die Menschen das Wetter und fertigten Aufzeichnungen darüber an. Viele Erfahrungen wurden in „Bauernregeln“ formuliert. Dabei spielen oft besondere Tage des Jahres wie der Siebenschläfer eine Rolle. Aus dem Wetter an diesem Tag werden Vorhersagen über die weitere Wetterentwicklung getroffen. Heute beschäftigt sich die **Meteorologie** mit Wetterbeobachtungen, Wetteraufzeichnungen und Wettervorhersagen.

In diesem Projekt sollt ihr selbst in Gruppen Beobachtungen zum Wetter durchführen und diese mit den Beobachtungen anderer Teams vergleichen.
Jede Gruppe hat dabei die gleichen Aufgaben.

Aufgaben für alle Gruppen

1. Sammelt aus einer Zeitung über einen Zeitraum von einer Woche Wetterberichte. Vergleicht die Vorhersagen mit euren Beobachtungen. Welche Abweichungen gab es?

2. Informiert euch im Internet über Wetterstationen in eurer Region. Welche Daten werden dort erfasst? Wo werden die Daten ausgewertet?

3. Jeder Teilnehmer der Gruppe ist für eine bestimmte Tätigkeit zuständig: allgemeine Beschreibung des Wetters und der Bewölkung, Messung von Temperatur, Luftdruck, Niederschlagsmenge oder Luftfeuchtigkeit.

4. Welche Größen mit welchen Messgeräten gemessen werden können, erfahrt ihr von eurer Lehrerin oder eurem Lehrer. Überlegt in der Gruppe, in welcher Form die gemessenen Werte und Beobachtungen erfasst werden.

„Regnet es am Siebenschläfer, dann regnet es sieben Wochen lang.“

5. Jedes Teammitglied macht sich mit der von ihm zu untersuchenden Größe und dem Messgerät vertraut.

„März trocken, April nass, Mai lustig von beidem was, bringt Korn in'n Sack und Wein ins Fass.“

6. Beschreibt den anderen Gruppenmitgliedern, wie ihr eure Messung durchführen werdet.

7. Führt die Beobachtungen in der Schule oder zu Hause durch. Erfasst die Werte und tragt sie in eine Tabelle ein.

„Wenn die Bäume zweimal blühen, wird sich der Winter bis Mai hinziehen.“

8. Jedes Gruppenmitglied teilt die ermittelten Werte den anderen Teammitgliedern mit und erläutert ihnen die Werte.

9. Stellt die Beobachtungen und Messergebnisse der Gruppe zusammen. Überlegt gemeinsam Möglichkeiten, wie ihr eure Werte den anderen Teams präsentieren könnt.

„Pankrazi, Servazi und Bonifazi sind drei frostige Bazi und zum Schluss fehlt nie die kalte Sophie.“

10. Vergleicht die Ergebnisse der einzelnen Gruppen miteinander. Überlegt gemeinsam, welche Fehler die Messungen beeinflussen können.

11. Stellt eure Ergebnisse in der Klasse vor. Diskutiert die Ursachen unterschiedlicher Ergebnisse bei den verschiedenen Gruppen.

Die Luft hält uns unter Druck

1. Fülle in einen kleinen, leeren Metallkanister eine geringe Menge Wasser. Erhitze ihn, bis das Wasser siedet. Verschließe die Öffnung sorgfältig und lass ihn abkühlen. Beobachte und erkläre.

2. Ermittle Luftdruckrekorde, die in Deutschland gemessen wurden.

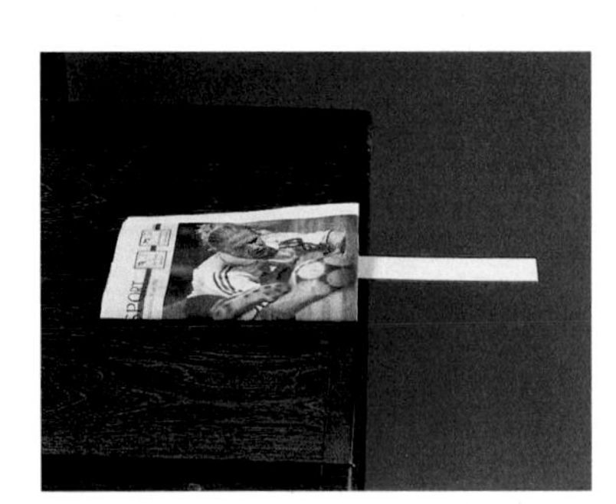

3. Informiere dich über die Höhenkrankheit bei Bergsteigern.

4. a) Nimm eine Doppelseite einer Zeitung und falte sie mehrfach. Lege sie auf ein dünnes Holzlineal, das über die Tischkante ragt. Schlage heftig und schnell von der Seite auf das überstehende Lineal.
b) Wiederhole den Versuch a) mit der aufgefalteten Doppelseite. Beschreibe deine Beobachtungen, vergleiche und erläutere sie.

Der Luftdruck

Der Luftdruck entsteht durch die Masse der Atmosphäre, die auf der Erdoberfläche liegt. Er ergibt sich durch die Gewichtskraft einer Luftsäule, die sich von der Erdoberfläche bis zur äußeren Grenze der Atmosphäre erstreckt. Die Höhe dieser Säule beträgt etwa 10 km. Damit lasten auf jedem Quadratmeter etwa 10 t. Das entspricht dem Druck durch einen Stahlquader gleicher Grundfläche mit einer Höhe von 1,31 m. Der Luftdruck wird in Hektopascal (hPa) angegeben.

Der Luftdruck ist ortsabhängig

Auf der Erdoberfläche ist der Luftdruck in Meereshöhe am größten. Er beträgt dort im Mittel 1013,25 hPa. Je größer die Entfernung zum Erdmittelpunkt ist, desto geringer wird der Luftdruck (Bild 2). Im Hochgebirge ist der Druck so gering, dass es beim Menschen zur Höhenkrankheit kommen kann. Sie kann eintreten, wenn ein Bergsteiger innerhalb eines Tages einen Höhenunterschied von mehr als 2400 m überwindet. In Flugzeugen wird daher in der Kabine künstlich ein Luftdruck erzeugt, wie er in etwa 2300 m Höhe herrscht.

Druck auf den Ohren

Viele Menschen spüren z. B. bei Fahrten im Gebirge einen deutlichen Druck auf den Ohren. Sie halten sich die Nase zu und drücken Luft in den Mund-Nasen-Raum. Nach einem deutlichen Knacken sind die Ohren wieder frei.

Die Luft lastet auf dem Trommelfell des Ohres. Geht es bergab wird es durch den steigenden Luftdruck nach innen gedehnt. Beim Schlucken, Gähnen oder Luft in den Mund-Nasen-Raum Drücken geht es in die ursprüngliche Stellung zurück

■ Durch das Gewicht der etwa 10 km hohen Luftschicht der Atmosphäre entsteht der Luftdruck. Je höher wir aber in der Luftschicht aufsteigen, umso weniger Luft liegt über uns und um so niedriger wird der Luftdruck.

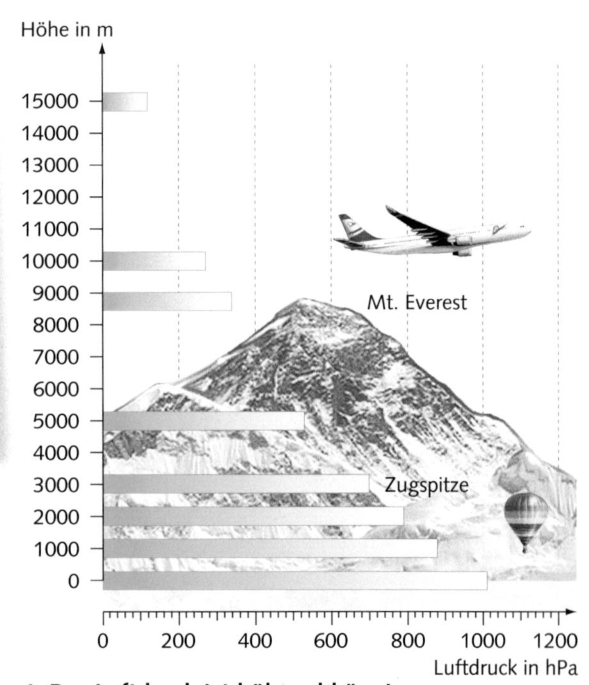

1 Der Luftdruck ist höhenabhängig.

Ein Teufel kann tauchen

Die Teufelchen in Bild 1 bestehen aus Glas. Sie sind hohl und haben eine Öffnung. Sie sind so gebaut, dass sie im Wasser immer senkrecht stehen. Sie können schwimmen, sinken oder aufsteigen. Sie können auch in einer beliebigen Höhe im Wasser schweben.

Eine solche Figur ist mit Luft gefüllt. Dadurch ist sie so leicht, dass sie schwimmt. Gelangt Wasser hinein, wird sie schwerer. Dadurch kann sie sinken. Wenn das Wasser wieder aus der Figur herauskommt, steigt sie auf.

Das Gefäß für die Taucher muss bis oben hin voll Wasser sein. Der Verschluss muss dicht schließen, aber elastisch sein. Wenn jetzt jemand von oben mit einem Korken oder einer Kappe auf das Wasser drückt, bewegen sich die Figuren.

1 Teufel als Taucher

Materialvorschläge

– für die **Gefäße:**
kleine oder große Getränkeflasche mit passendem Korken;
Glas mit Schraubdeckel;
feste Plastikfolie;
Gummikappe

– für die Taucher:
Backaromafläschchen aus Glas mit Plastikdeckel;
Fläschchen von Parfümproben mit Plastikdeckel;
Medizinfläschchen aus Glas oder Kunststoff mit Plastikdeckel;
Tablettenröhrchen aus Metall mit Verschluss;
Alu-Folie

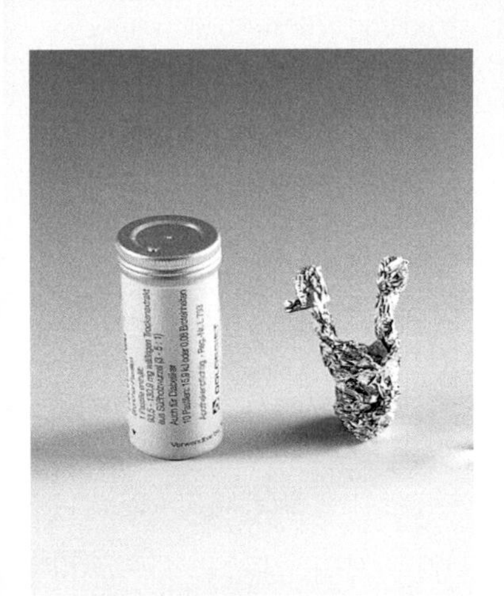

2 Weitere Taucher

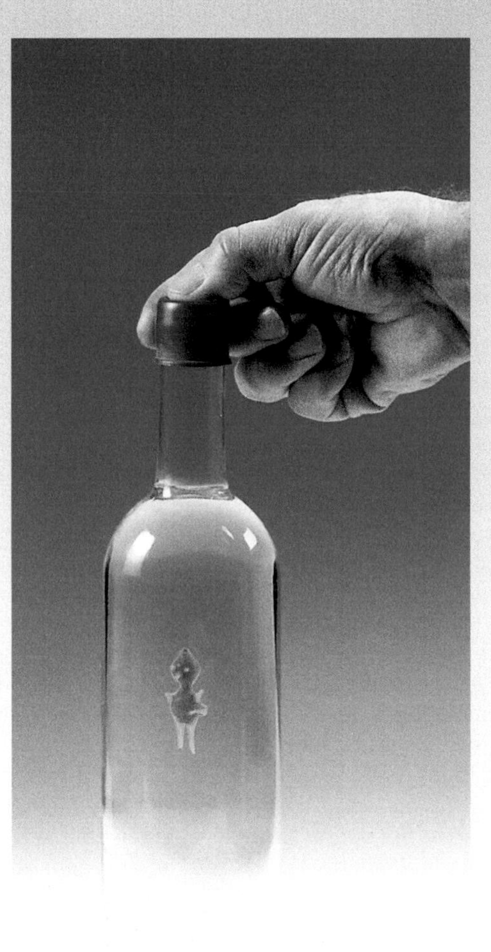

3 Ein Flaschenteufel

Vorbereitung
Bildet kleine Gruppen. Wählt euch ein Gefäß und einen passenden Verschluss. Jede Gruppe kann eine beliebige Tauchfigur benutzen. Untersucht zunächst, warum die fertigen Glasfiguren (Bild 1) im Wasser sinken oder steigen.

Baut euch dann eigene Tauchfiguren, zum Beispiel aus Glasfläschchen oder mit Alu-Folie. Ihr könnt eure Figuren auch bemalen. Tauchfiguren aus Alu-Folie können beliebige Formen haben.

Führt am Ende den anderen Gruppen eure Figuren vor und erklärt, wie sie funktionieren.

Zum Vorführen könnt ihr die Gläser oder Flaschen mit einer starken Lampe beleuchten und das Tanzen der Figuren als Schattenbild auf eine helle Wand projizieren.

Wie kommt die Wärme der Sonne zur Erde?

1. Fülle zwei Reagenzgläser zur Hälfte mit Wasser und stelle sie im Abstand von 10 cm vor eine starke Reflektorlampe. Stelle wie in Bild 1 ein Blatt Papier vor das linke Glas. Miss die Temperatur des Wassers. Schalte die Lampe ein und miss nach 5 min erneut die Temperatur des Wassers. Erkläre deine Beobachtung.

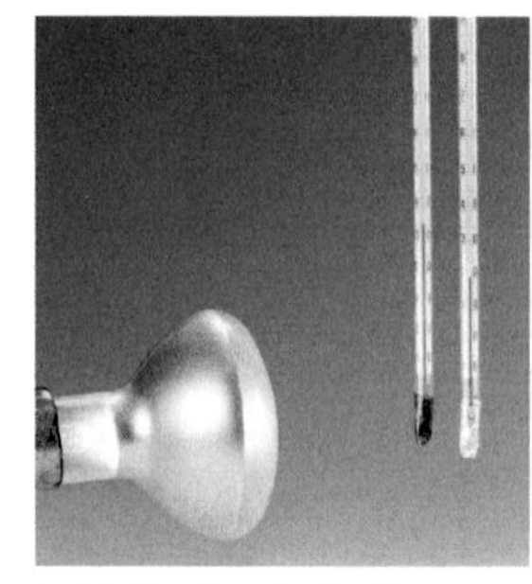

2 Hell oder dunkel?

3. a) Erhitze wie in Bild 3 in einem Wasserbad von 70 °C gleiche Mengen Sand, Wasser und Öl.
b) Nimm die Gläser nach 5 min aus dem Wasserbad. Stelle jedes in ein 50 ml-Becherglas mit 30 ml Wasser mit Zimmertemperatur. Miss nach 5 min die Temperatur des Wassers in den Bechergläsern. Welcher Stoff hat die meiste Wärme abgegeben, welcher Stoff hatte vorher die meiste Wärme aufgenommen und gespeichert?

1 Erwärmung durch Strahlung

2. Nimm zwei gleichartige Thermometer und umwickle die Thermometergefäße mit Alufolie. Berуße die Folie an einem Thermometer (Bild 2). Stelle beide Thermometer für 5 min im gleichen Abstand vor eine Reflektorlampe. Was beobachtest du?

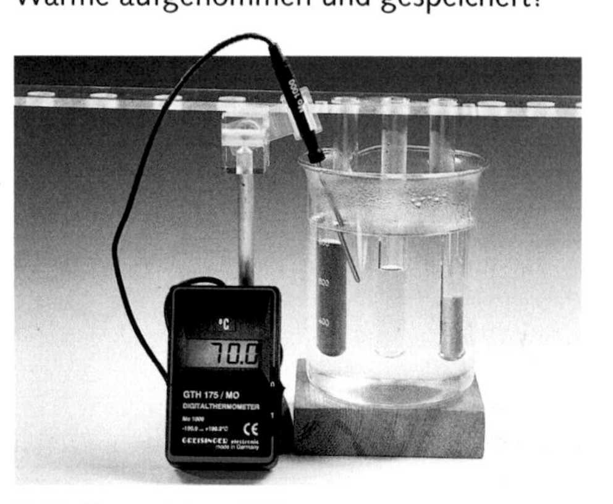

3 Stoffe speichern Wärme.

Wie kommt Wärme von der Sonne zur Erde?
Stehst du vor einem Lagerfeuer oder Kaminfeuer, so wird die dem Feuer zugewandte Körperseite erwärmt. Obwohl du keinen Kontakt zur ▸ Wärmequelle hast, spürst du die Wärme. Auch die Wärme, die von anderen Wärmequellen wie Herdplatte oder Glühlampe abgegeben wird, kannst du spüren, ohne dass du diese Wärmequellen berührst.

Die Sonne versorgt die Erde mit Wärme, obwohl sie 150 Millionen km entfernt ist. Zwischen Erde und Sonne befindet sich aber kein ▸ Stoff, der die Wärme transportieren könnte. Die Wärme kommt durch **Wärmestrahlung** zur Erde.

Die Wärme wird mit dem ▸ Licht der Sonne zur Erde übertragen. Trifft die Strahlung auf einen ▸ Körper mit heller oder glatter Oberfläche, so wird ein Teil davon zurückgeworfen. Dieser Teil wird **reflektiert**.

Trifft die Strahlung auf einen Körper mit dunkler oder rauer Oberfläche, so wird die auftreffende Wärme aufgenommen. Sie wird von dem Körper **absorbiert**. Deshalb erwärmen sich dunkle Körper in der Sonne stärker als helle Körper.

Wärme kann gespeichert werden
Wird gleichen Mengen von Stoffen wie Sand, Wasser oder Öl die gleiche Wärmemenge zugeführt, so haben sie anschließend unterschiedliche Temperaturen. Dem Wasser muss noch weiter Wärme zugeführt werden, damit es die Temperatur des Öls erlangt. Wasser kann also bei gleicher Endtemperatur wie das Öl mehr Wärme aufnehmen. Wasser ist deshalb zur **Wärmespeicherung** im Haushalt gut geeignet. Es wird bei der Heizung eingesetzt, um möglichst viel Wärme vom Heizkessel im Keller zu den Heizkörpern in den Räumen transportieren zu können.
Bestimmt hast du schon einmal an kalten Wintertagen eine Wärmflasche im Bett gehabt. Sie ist mit heißem Wasser gefüllt und hat Wärme gespeichert, die sie dann an deine kalten Füße abgeben kann.

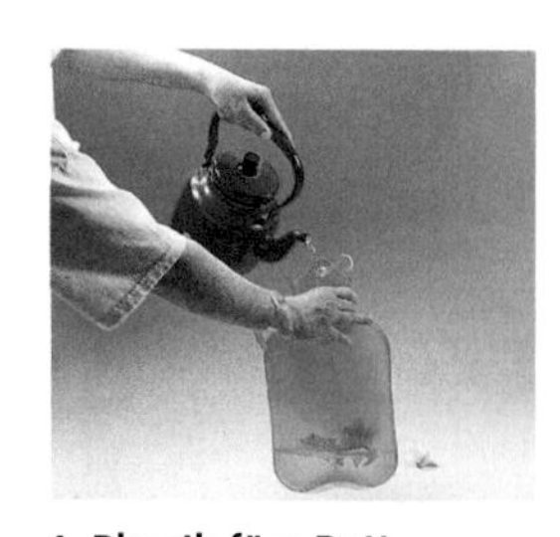

4 Physik fürs Bett

■ Wärme kommt mit dem Licht der Sonne zur Erde. Wasser ist ein guter Wärmespeicher.

Was geschieht in Lichtquellen?

1 Gasfeuerzeug

Eine Lampe kann nur dann Licht aussenden, wenn ihr irgendetwas aus der Batterie zugeführt wird. Dieses „Etwas" wird **Energie** genannt. Die Glühlampe wandelt **elektrische Energie** in Licht um. Sie ist ein **Energiewandler**. Wenn du schon einmal eine leuchtende Lampe berührt hast, weißt du, dass bei dem Vorgang der Energieumwandlung auch sehr viel Wärme frei wird. Jetzt wird dir klar, woher der Name Glühlampe kommt.

1. a) Betätige ein Gasfeuerzeug und beobachte.
b) In welcher Form ist die Energie vor dem Zünden im Feuerzeug gespeichert? In welche Form wird sie danach umgewandelt?

2. Nenne Energiewandler, die elektrische Energie in Licht umwandeln.

3. Welche Energie wird von einer Öllampe in Licht umgewandelt?

4. Überlege, was geschehen würde, wenn in der Sonne keine atomare Energie mehr vorhanden wäre.

5. Erkläre den Begriff Glühlampe. Nenne dabei alle Energieformen, die bei der Lampe eine Rolle spielen.

Wie erzeugt eine Kerze Licht?

Kerzen bestehen aus Bienenwachs, Paraffin oder Stearin. Durch das brennende Streichholz wird das Stearin flüssig, steigt im Docht auf und verdampft. Dabei verbrennt der Stearindampf und es entstehen Licht und Wärme. Das Stearin führt der Flamme auch ein „Etwas" zu, das in Licht und Wärme umgewandelt wird. Dieses „Etwas" ist die **chemische Energie,** die im Stearin steckt. Die Kerze ist ein Energiewandler, der die chemische Energie des Stearins in Licht und Wärme umwandelt. Dabei entsteht die leuchtende Kerzenflamme.

3 Kerze

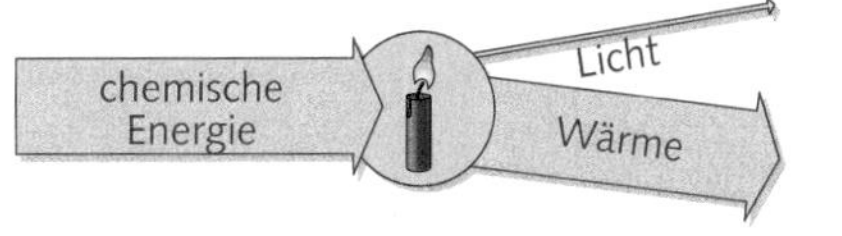

Die Energie der Sonne

Das Leben auf der Erde ist von der Sonne abhängig. Sie ist die wichtigste Lichtquelle. Welches „Etwas" wird von ihr in Licht umgewandelt?
In der Sonne läuft ein Vorgang ab, bei dem kleinste Teilchen, die *Atome,* miteinander verschmolzen werden. Die Energie, die dabei frei wird, heißt **atomare Energie**. In der Sonne wird diese Energie in Licht und Wärme umgewandelt.

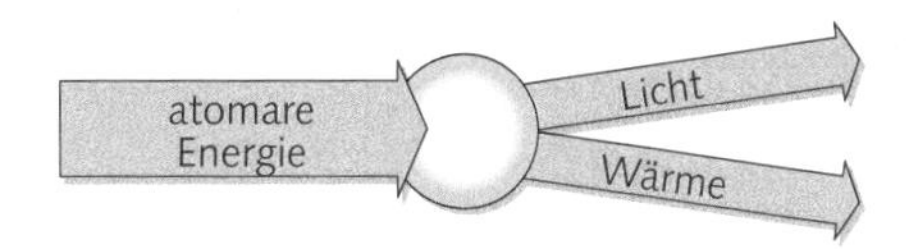

2 Glühlampe

Elektrische, chemische und atomare Energie sowie Licht und Wärme sind verschiedene **Energieformen.**

■ Lichtquellen wandeln elektrische, chemische und atomare Energie in Licht um. Dabei entsteht zusätzlich Wärme.

Sonnenkollektoren

1. Lege einen mit Wasser gefüllten Gartenschlauch in die Sonne. Miss die Temperatur des Wassers vor dem Einfüllen und nach zwei Stunden und vergleiche.

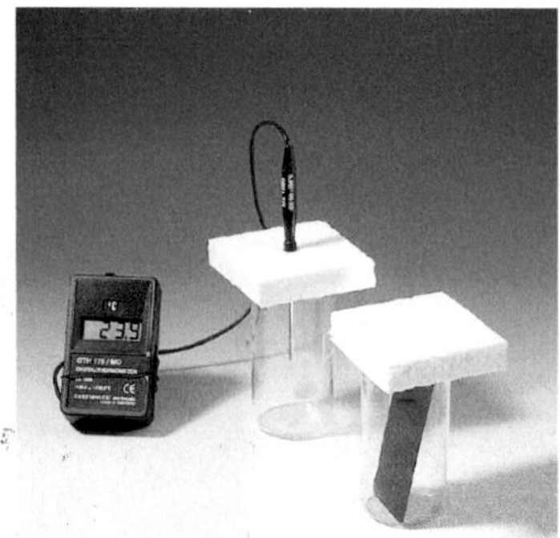

1 Erwärmt sich die Luft im Glas?

2. Stelle wie in Bild 1 ein passend zugeschnittenes Stück schwarzen Karton in ein Becherglas. Decke die zwei gleich großen Bechergläser mit je einem Stück Styropor® ab. Stelle die Gläser in die Sonne. Bestimme die Temperatur in beiden Bechergläsern mit einem Messfühler, den du durch die Styropor®-Platte steckst. Miss vor dem Versuch und dann dreimal im Abstand von 5 min. Notiere deine Ergebnisse und vergleiche.

3. Lege eine weiße und eine schwarze Platte aus gleichem Material in die Sonne und miss jeweils nach 15 min ihre Oberflächentemperatur mittels eines Messfühlers. Was stellst du fest?

4. In welcher Himmelsrichtung sollen Dachflächen liegen, auf denen Sonnenkollektoren befestigt werden?

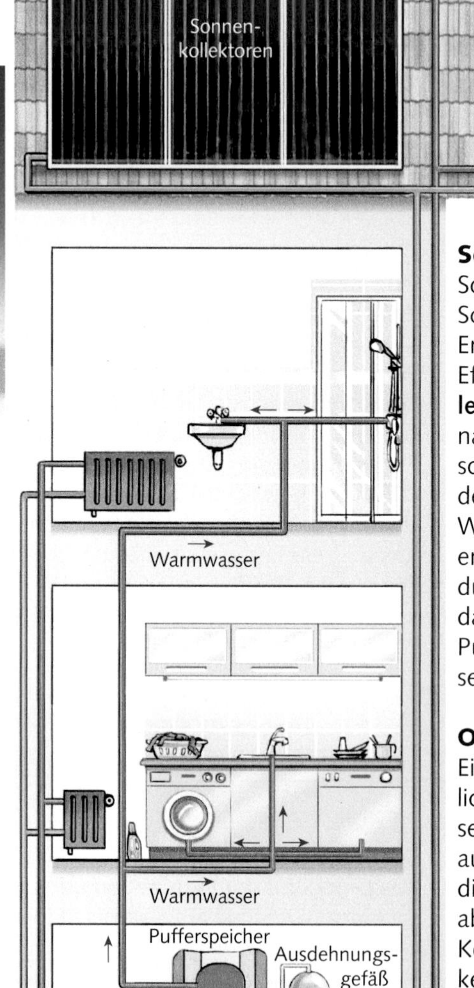

2 Solare Wassererwärmung

Sonnenenergie wird genutzt
Schwarze Körper absorbieren Sonnenlicht. Sie wandeln die Energie in Wärme um. Dieser Effekt wird bei den **Sonnenkollektoren** genutzt.Die Wärmeaufnahme geschieht in einem schwarz beschichteten Behälter, dem **Absorber**. Er wird von Wasser, das Frostschutzmittel enthält, in dünnen Rohren durchflossen. Wasser nimmt dabei Wärme auf und gibt sie im Pufferspeicher an das Brauchwasser ab.

Ohne Technik geht es nicht
Ein Sonnenkollektor soll möglichst nach Süden ausgerichtet sein. Damit möglichst viel Wärme aufgenommen werden kann, sind die Kollektoren mit Glasscheiben abgedeckt. Die Rückseiten der Kollektoren sind so gebaut, dass keine Wärme an die Dachfläche abgegeben wird.
Ist das Wasser in den Kollektoren warm genug, schaltet sich eine Pumpe ein. Sie sorgt dafür, dass das warme Wasser zum Speicher kommt. Mit dem warmen Wasser kannst du duschen, baden oder Geschirr spülen.

■ Mithilfe von Sonnenkollektoren kann Wasser erwärmt werden. Das warme Wasser kann gespeichert und später genutzt werden.

Aus Licht wird Energie anderer Form

1 Lichtmühle

Die Lichtmühle

In Bild 1 siehst du eine Lichtmühle. Sie besteht aus einem Glaskolben, in dem sich ein vierteiliges Flügelrad befindet. Jeder Flügel besitzt eine schwarze und eine silberne Seite. Aus dem Kolben ist ein Teil der Luft herausgepumpt worden.

Trifft Licht auf die schwarzen Seiten der Flügel, werden diese warm. Die Mühle beginnt sich zu drehen. Das Licht wird also durch die Mühle in Bewegungsenergie umgewandelt.

Der Parkscheinautomat

An öffentlichen Parkplätzen hast du sicher schon einmal Parkscheinautomaten gesehen, die mit Solarzellen betrieben werden (Bild 2). Diese sind nach Süden zur Sonne hin ausgerichtet. Wenn sie von der Sonne beschienen werden, entsteht in ihrem Inneren elektrische Energie für die Arbeit des Parkscheinautomaten. Die **Solarzelle** wandelt Licht in elektrische Energie um.

Die Fotosynthese

Neben Wasser und Mineralsalzen brauchen Pflanzen das Gas Kohlenstoffdioxid aus der Luft und vor allem Licht, um zu wachsen. Werden sie von der Sonne beschienen, wird mithilfe des grünen Blattfarbstoffes aus Wasser und Kohlenstoffdioxid Zucker. In diesem ist die Energie des Sonnenlichtes gespeichert. Die Pflanzen wandeln Licht in chemische Energie um.
Dieser Vorgang heißt **Fotosynthese.** Die Pflanzen sind Nahrungsmittel für Tiere und Menschen und liefern an diese die gespeicherte Energie weiter.

3 Pflanze, die Licht aufnimmt

■ Lichtmühlen, Solarzellen und Pflanzen sind Energiewandler. Sie wandeln Licht in Bewegungsenergie, elektrische Energie oder chemische Energie um.
Bei diesen Vorgängen wird Wärme frei.

1. **a)** Wer ist der Energiewandler, wenn du ein Stück Zucker isst?
b) Aus welcher Form wird dabei Energie in eine andere Form umgewandelt?

2. Woher stammt die Energie, die du als chemische Energie zu dir nimmst, wenn du grünen Salat isst?

3. **a)** Zähle Gegenstände auf, die mit einer Solarzelle betrieben werden. In welche Formen von Energie wird das Licht umgewandelt?
b) Begründe, ob die Solarzelle ein Sender oder Empfänger ist.

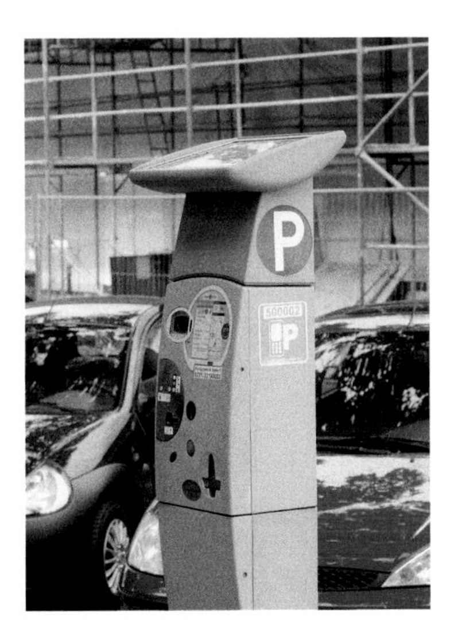

2 Parkautomat mit Solarzelle

Es wird wärmer – leider!

1 Verursacher des zusätzlichen Treibhauseffektes

1. Nenne mögliche Ursachen und Folgen der Klimaveränderung.

2. Erkläre den Unterschied zwischen dem natürlichen und dem zusätzlichen Treibhauseffekt.

Der natürliche und zusätzliche Treibhauseffekt

Wasser, Boden und Luft werden tagsüber von der Sonne erwärmt und geben nachts die aufgenommene Energie in Form von Wärmestrahlung in Richtung ▸ Weltall ab. Da Wolken und Gase der Lufthülle ähnlich wie das Glasdach eines Gewächshauses wirken, kann nur ein Teil der Wärme ins Weltall gelangen. Das ist der **natürliche Treibhauseffekt**. Durch ihn bleibt die Durchschnittstemperatur der Erde bei 15 °C. Ohne ihn würde die Durchschnittstemperatur –18 °C betragen. Seit einiger Zeit steigt die Durchschnittstemperatur der Erde. Ursache dafür ist das vermehrte Auftreten von bestimmten Gasen in der Lufthülle, die die Wärmeabstrahlung ins Weltall noch zusätzlich behindern. Sie werden **Treibhausgase** genannt (Bild 1). Es entsteht der vom Menschen verursachte **zusätzliche Treibhauseffekt**. Hauptverursacher sind die Gase Kohlenstoffdioxid, Stickstoffoxide, Methan und Fluor-Chlor-Kohlenwasserstoffe (FCKW).

Auswirkungen

Durch den zusätzlichen Treibhauseffekt entstehen vermehrt Unwetter, das Eis der Polregionen schmilzt ab und lässt den Meereswasserspiegel ansteigen.

■ Treibhausgase erhöhen die Durchschnittstemperatur auf der Erde durch den zusätzlichen Treibhauseffekt.

Praktikum

Bau eines Treibhauses

1. Kleide zwei gleiche Schuhkartons mit Hartschaumplatten aus. Bringe je ein Thermometer an. Decke den zweiten Karton mit einer Glasplatte ab. Bestrahle beide Kartons 10 min mit je einer starken Reflektorlampe und lies die Innentemperaturen ab. Erkläre die Temperaturunterschiede.

2. Gib statt der Thermometer je eine Petrischale, deren Boden mit feuchter Watte bedeckt ist, in die Kartons. Gib Kressesamen auf die Watte, stelle die Kartons an einen sonnigen Platz und beobachte die Schalen zwei Wochen lang. Erkläre die Ergebnisse.

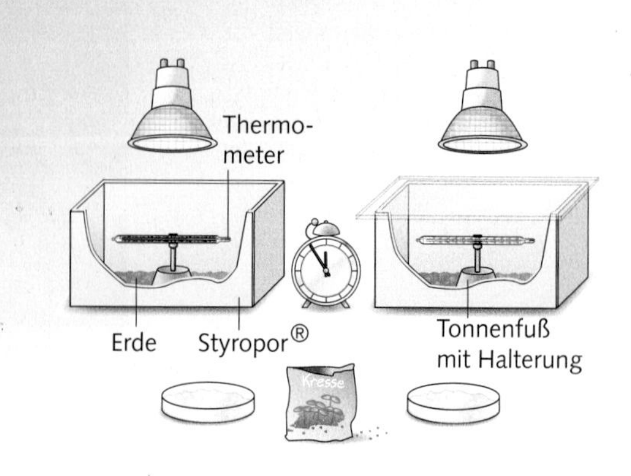

Schutz vor UV-Strahlung

Die Sonnenstrahlung besteht nicht nur aus Wärme und wahrnehmbarem Licht. Sie enthält auch ultraviolettes Licht, das du mit dem Auge nicht wahrnehmen kannst. Dieses Licht kennst du als **UV-Strahlung.**

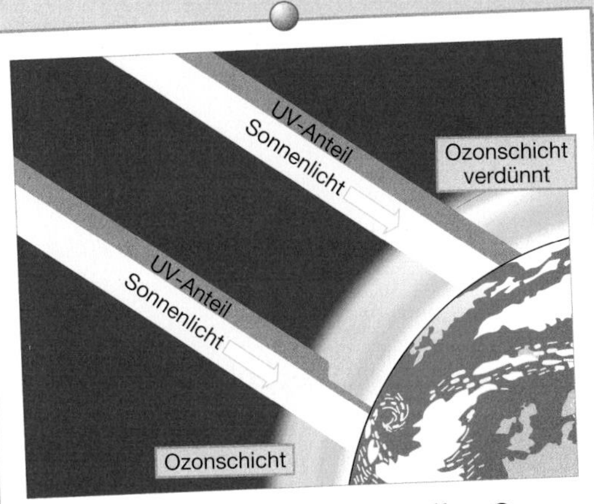

Ozon ist eine Form des Sauerstoffes. Ozon bildet sich in der Atmosphäre in großer Höhe und absorbiert dort die gefährliche UV-Strahlung der Sonne. Schadstoffe in der Luft, vor allem die FCKW, schädigen diese Schicht. Dadurch werden die Strahlen nicht mehr so stark absorbiert und gelangen stärker auf die Erde. Die stärker einfallende UV-Strahlung kann Ursache für die Entstehung von ▸ Hautkrebs sein.

1. Über welchen Ländern ist die Ozonschicht besonders stark geschädigt? Atlas und Internet helfen dir bei der Beantwortung der Frage.

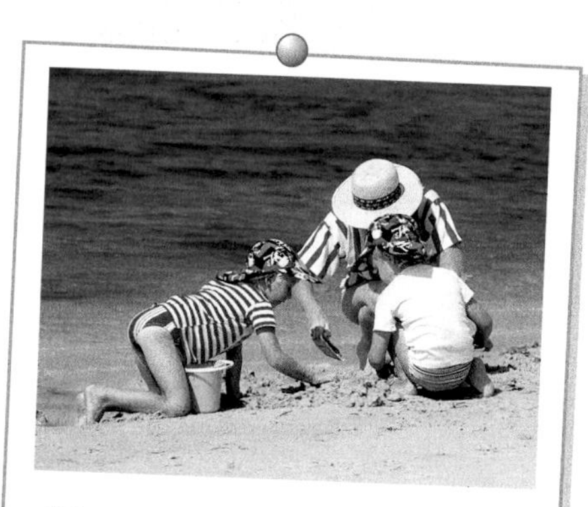

2. Wodurch und weshalb schützen sich diese Personen vor zu starker Sonneneinstrahlung?

Sonnenschutzmittel schützen deine Haut vor gefährlicher UV-Strahlung. Der Lichtschutzfaktor gibt die Stärke des Schutzes an. Mit dem **Lichtschutzfaktor** 10 geschützt kannst du zehn Mal länger in der Sonne bleiben als ungeschützt. Je höher der Lichtschutzfaktor ist, desto besser bist du geschützt.

3. Nenne weitere Möglichkeiten, sich vor gefährlicher UV-Strahlung zu schützen.

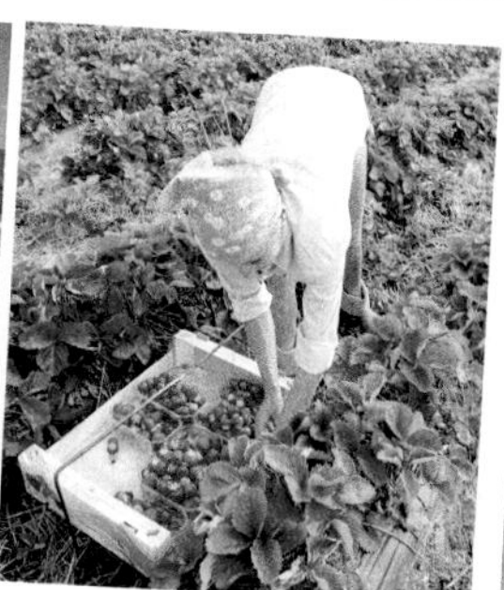

4. Nenne Berufe, bei denen die Menschen verstärkt der UV-Strahlung ausgesetzt sind.

5. Welche Auswirkungen können zu lange Sonnenbäder haben? Unterscheide dabei zwischen Kurzzeitfolgen und Langzeitfolgen.

6. Welche Bedeutung haben Hautvorsorgeuntersuchungen?

7. Informiere dich über die Heilungschancen bei Hautkrebs.

Volumenänderung bei Gasen

1. a) Baue den Versuch nach Bild 1 auf. Notiere deine Beobachtungen.
b) Nimm die Kerze weg. Notiere die Veränderungen.
c) Kühle den Erlenmeyerkolben mit kaltem Wasser ab. Beobachte und erkläre die Veränderungen.

2. a) Entferne das Glasrohr aus Versuch 1 aus dem Stopfen und gib einen kleinen Tropfen gefärbtes Wasser so in das Glasrohr hinein, dass er in die Nähe des Knicks gelangt. Stecke das Glasrohr wieder in den Stopfen und erwärme den Kolben mit deinen Händen. Beschreibe, was passiert.
b) Kühle den Erlenmeyerkolben ab und beobachte den Tropfen. Erkläre deine Beobachtungen.

3. a) Stelle den Erlenmeyerkolben aus Versuch 1 zusammen mit einem Thermometer in kaltes Wasser. Markiere die Position des Tropfens und notiere die Temperatur.
b) Erwärme das Wasser und markiere die Position des Tropfens bei einer Erwärmung von jeweils 5 K. Fahre damit fort, bis der Tropfen kurz vor dem Ende des Rohres steht.
c) Stelle den Erlenmeyerkolben und das Thermometer wieder in kaltes Wasser und vergleiche die Position des Tropfens und die Thermometeranzeige. Berichte über deine Beobachtungen.

4. a) Warum musst du in Versuch 1 Wasser zu Hilfe nehmen, um die Ausdehnung der Luft zu zeigen?
b) In Versuch 3 hast du ein Gasthermometer gebaut. Beschreibe die Funktionsweise.

5. a) Demonstrationsversuch: Drei gleiche Kolbenprober werden jeweils mit der gleichen Menge Luft, Erdgas und Kohlenstoffdioxid gefüllt. Dann werden sie in Eiswasser gestellt (Bild 2).
b) Die Kolbenprober werden aus dem kalten Wasser herausgenommen und in warmes Wasser gestellt. Beschreibe deine Beobachtungen.
c) Was folgt aus deinen Beobachtungen für die Ausdehnung verschiedener Gase?

6. Wie bekommst du Wasser in ein Reagenzglas, das mit einem durchbohrten Stopfen verschlossen ist? Probiere aus.

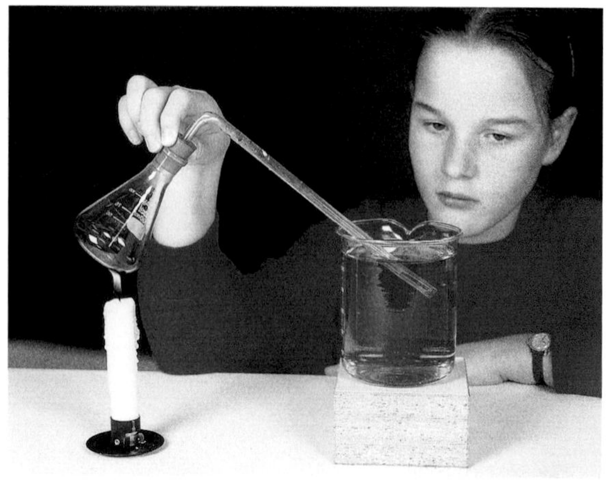

1 Erwärmung von Luft

Erwärmung unterschiedlicher Gase

Gase dehnen sich beim Erwärmen aus. Das kannst du an dem Gasgemisch Luft untersuchen. Doch weil Luft unsichtbar ist, sind Versuche damit nicht ganz einfach. Du siehst nicht, was beim Erwärmen geschieht. Hältst du jedoch das Glasrohr des erwärmten Kolbens ins Wasser, siehst du Blasen aufsteigen. Das kann nur die erwärmte Luft aus dem Kolben gewesen sein. Luft dehnt sich demnach bei Erwärmung aus. Im Vergleich zu Wasser dehnt sich die Luft sogar zehnmal so stark aus.
Untersuchst du die Ausdehnung beim Erwärmen verschiedener Gase, zeigt sich, dass sich alle Gase bei gleicher Erwärmung gleich stark ausdehnen (Bild 2). Beim Abkühlen ziehen sich alle Gase wieder zusammen.

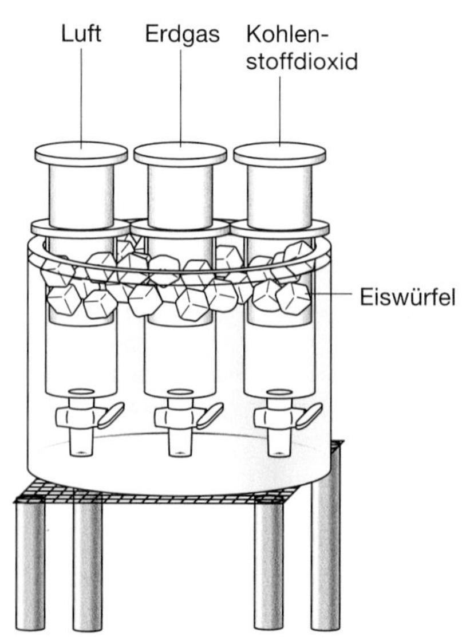

2 Erwärmung von Gasen

■ Alle Gase dehnen sich beim Erwärmen gleich stark aus. Die Ausdehnung von Gasen ist etwa zehnmal so groß wie die Ausdehnung von Wasser. Beim Abkühlen ziehen sich die Gase wieder zusammen.

Bau eines Heißluftballons

Materialliste
- Schere
- Bohrer
- Plastiksack aus möglichst dünner Folie
- 4 Trinkhalme
- Klebestreifen
- Teelicht
- dünner Kupferdraht
- Zwirn (ca. 10 m)
- Wattebausch
- flüssiger Grillanzünder

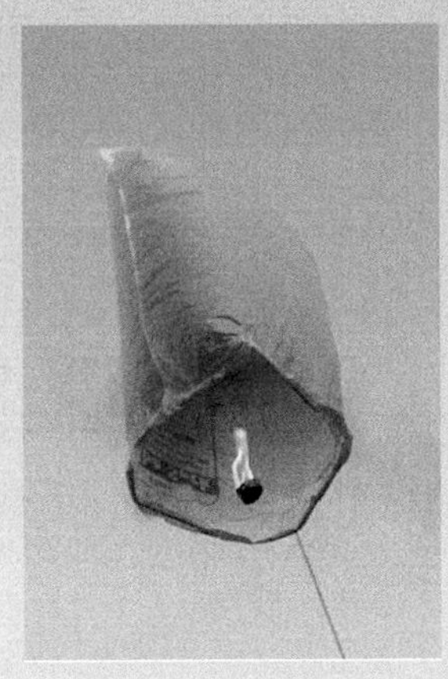

Warnhinweise
- Lasst den Ballon durch die Lehrerin oder den Lehrer kontrollieren und führt den Versuch nur unter Aufsicht durch.
- Beachtet die Hinweise zum Arbeits- und Brandschutz.
- Führt den Versuch im Freien bei Windstille oder an einem windgeschützten Ort durch.
- Achtet darauf, dass sich in der Nähe des Startortes keine Hochspannungsleitungen befinden.
- Achtet auf eine senkrechte Stellung des Ballons.
- Sichert den Ballon durch die Leine.

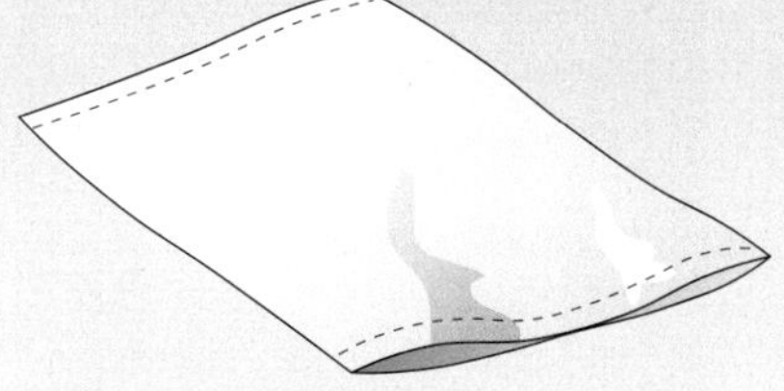

leichter, großer Müllsack

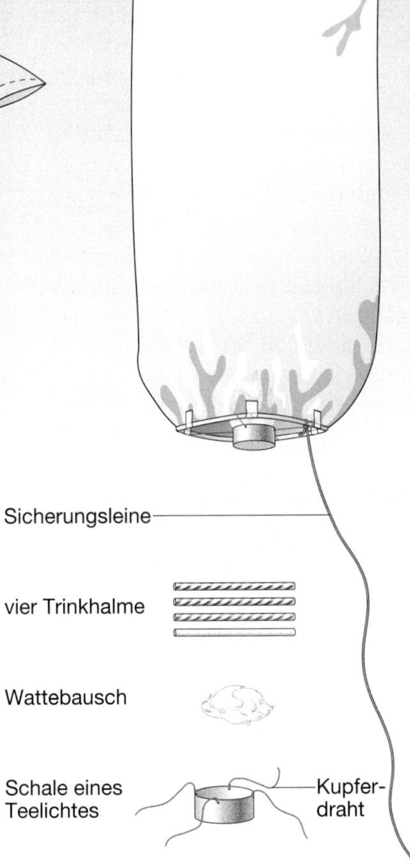

Bauanleitung
1. Klebt die vier Trinkhalme mit Klebestreifen in das offene Ende des Foliensacks ein, damit die Öffnung des Sackes stabilisiert wird.
2. Bohrt in die Schale des Teelichts kleine Löcher und befestigt in ihnen den Kupferdraht.
3. Befestigt das andere Ende des Kupferdrahtes an den Trinkhalmen oder an der Folie. Achtet dabei darauf, dass die Teelichtschale sich etwa in der Mitte der Öffnung des Plastiksacks und auf Höhe der Trinkhalme befindet.
4. Befestigt den Zwirn als Sicherungsleine am Ballon.

Ballonstart
1. Ein Partner hält den Ballon senkrecht, ein weiterer hält die Sicherungsleine.
2. Lege den Wattebausch in die Teelichtschale und tränke ihn mit dem Grillanzünder.
3. Entzünde den Grillanzünder.
4. Lass den Ballon bei genügendem Auftrieb los.

Ausdehnung durch Wärme

1. a) Fülle einen Stehkolben randvoll mit Wasser und erwärme ihn. Beobachte dabei den Wasserstand und notiere.
b) Stelle den Stehkolben nach dem Erwärmen in ein Gefäß mit Eiswasser. Beobachte den Wasserstand erneut. Erkläre deine Beobachtungen.

2. a) Baue den Versuch nach Bild 3 auf. Achte darauf, dass zu Beginn alle Flüssigkeiten im Steigrohr gleich hoch stehen und die gleiche Temperatur haben.
b) Stelle die drei Stehkolben gleichzeitig in warmes Wasser. Beobachte und notiere die Veränderungen.
c) Warum ist es wichtig, dass alle drei Kolben in demselben Wasserbad erwärmt werden?

3. Wie müsste die Skala eines selbst gebauten Thermometers geändert werden, wenn du als Flüssigkeit statt Wasser Alkohol verwenden würdest?

4. Welche der Flüssigkeiten aus Versuch 2 wäre als Füllung in einem Thermometer geeignet, um kleine Temperaturunterschiede anzuzeigen?

5. Warum sind Getränkeflaschen nie vollständig gefüllt?

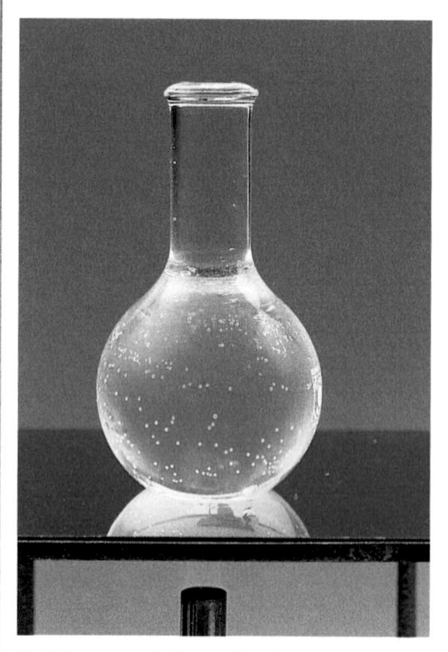
1 **Wasser wird erwärmt.**

Flüssigkeiten dehnen sich aus

Werden wie in Bild 3 die jeweiligen Höhen in den Steigrohren untersucht, dann zeigt sich, dass sich Flüssigkeiten bei Erwärmung ausdehnen. Die gleiche Menge Flüssigkeit braucht mehr Platz, das Volumen vergrößert sich.

Verschiedene Flüssigkeiten dehnen sich beim Erwärmen unterschiedlich stark aus. Bei gleicher Erwärmung dehnt sich Alkohol fast fünfmal mehr aus als Wasser.
Umgekehrt ziehen sich die Flüssigkeiten wieder zusammen, wenn sie abgekühlt werden.

2 **Wasser kühlt sich ab.**

3 **Ausdehnung verschiedener Flüssigkeiten.**
A *Wasser;* B *Glycol;* C *Spiritus*

■ Flüssigkeiten dehnen sich beim Erwärmen aus und ziehen sich beim Abkühlen zusammen. Verschiedene Flüssigkeiten dehnen sich bei gleicher Erwärmung unterschiedlich stark aus.

Ausdehnung von Wasser und Luft

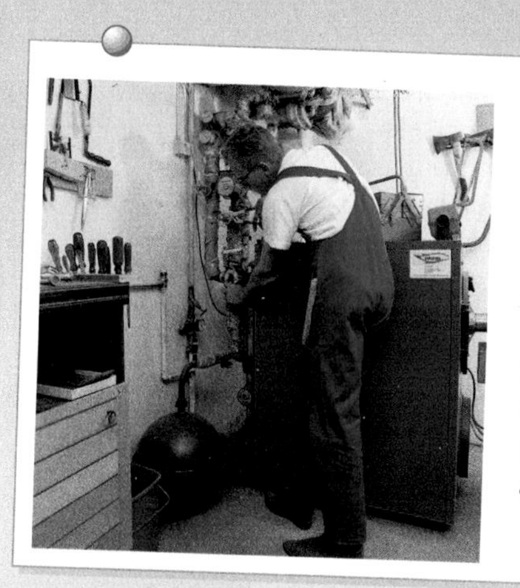

Die Volumenausdehnung bei der Erwärmung von Flüssigkeiten kann zur Zerstörung geschlossener Gefäße führen. Deshalb sind geschlossene Wasserkreisläufe mit **Ausdehnungsgefäßen** versehen, welche die sich ausdehnenden Flüssigkeiten aufnehmen.

1. a) Welches Wasser führende System im Auto muss mit Frostschutzmittel aufgefüllt werden?
b) Finde weitere Systeme, die mit Frostschutzmitteln vor dem Einfrieren geschützt werden müssen.

Rohrleitungen, die bei Ausdehnung während des Erstarrens des Wassers und der Eisbildung platzen können, müssen durch **Isolierungen** geschützt werden.

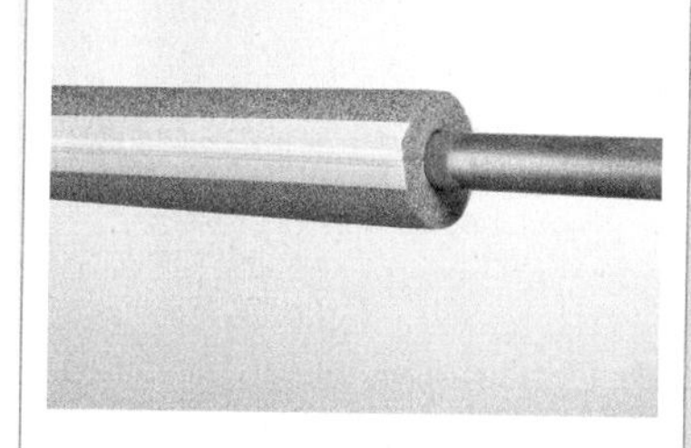

2. Recherchiere, was unternommen wird, um Wasserrohre während einer Frostperiode vor dem Einfrieren zu schützen.

3. Erkläre, warum es nicht zu jeder Jahreszeit sinnvoll ist, Getränkekisten im Freien aufzubewahren, um die Wasserflaschen kühl zu lagern.

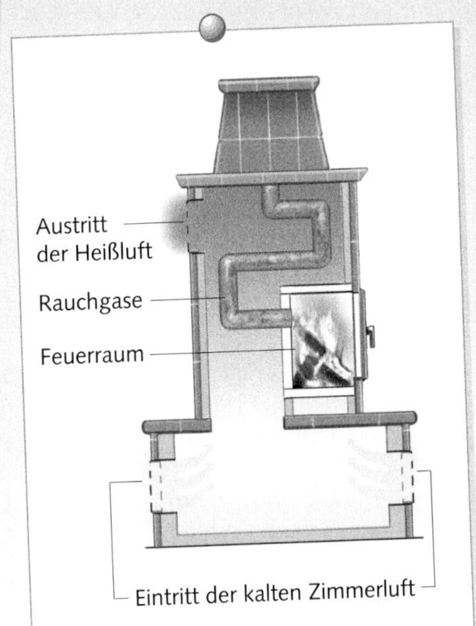

Bei Öfen wird die erwärmte und sich ausdehnende Luft oben abgeführt. Bei **Kachelöfen** sind dafür Luftaustrittsöffnungen vorgesehen. Im Ofen sind die Luft führenden Kanäle so angelegt, dass die Luft aus dem Raum an den erwärmten Kacheln vorbeiströmen kann. Dabei erwärmt sie sich.

Die Ausdehnung der Luft bei Erwärmung findest du auch bei der Ballonfahrt.
Die Hülle des **Heißluftballons** ist aus einem nicht dehnbaren Stoff hergestellt. Wird die darin befindliche Luft erwärmt, kann die überschüssige Luft durch die untere Öffnung entweichen.

4. Was passiert mit der Luft im Heißluftballon, wenn Gasbrenner gezündet werden?

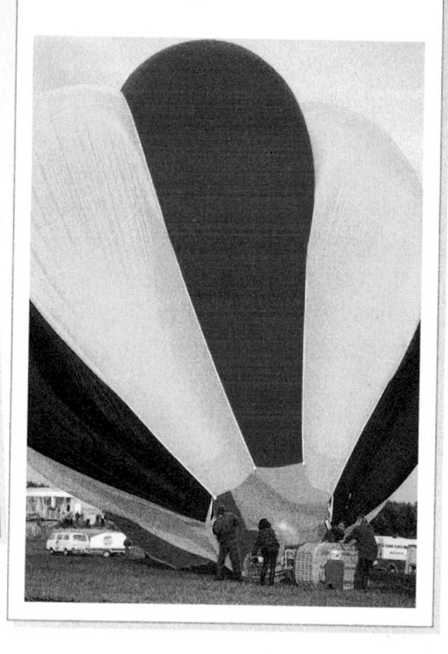

Die Ausdehnung von Wasser

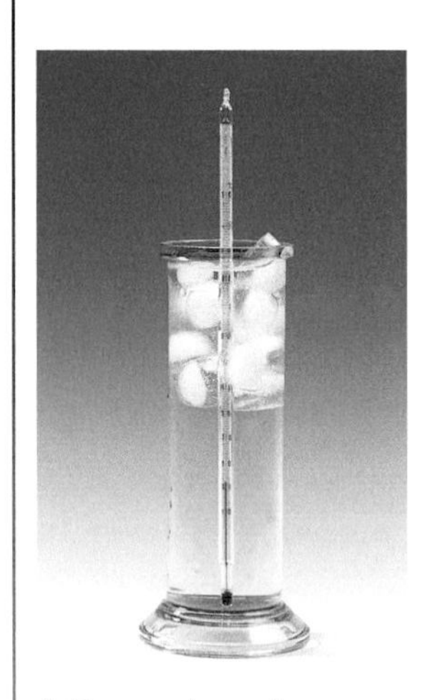

1 Temperaturen in Eiswasser

1. a) Fülle einen hohen Standzylinder zur Hälfte mit kaltem Wasser und gib Eis hinzu. Beschreibe den Versuchsaufbau.
b) Miss ohne inzwischen umzurühren nach etwa 20 min die Temperaturen in verschiedenen Tiefen. Notiere die Messwerte und erkläre sie.

2. Bringe Kerzenwachs in einer Teelichthülle zum Schmelzen. Gib dann ein kleines Stück festes Wachs hinein. Notiere die Beobachtungen und gehe auf die Unterschiede zu Versuch 1 a) ein.

3. Fülle eine leere Teelichthülle mit Wasser und eine zweite gleich hoch mit flüssigem Kerzenwachs. Stelle beide ins Gefrierfach. Nimm sie nach einiger Zeit heraus und beschreibe das Aussehen der beiden Oberflächen. Deute deine Beobachtungen.

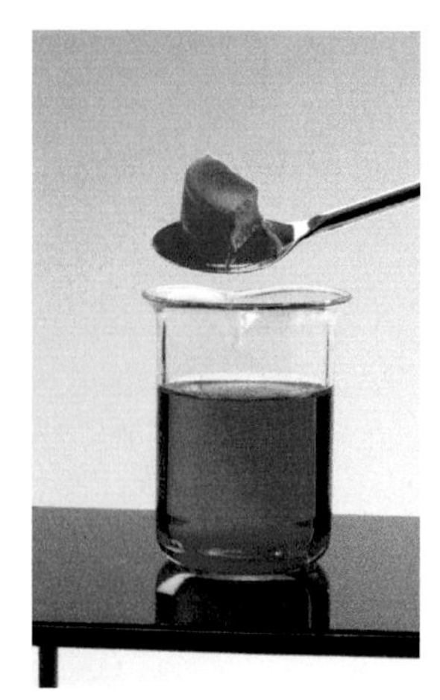

2 Festes und flüssiges Wachs

Wasser verhält sich anders
Eis schwimmt immer oben auf dem Wasser. Das ist schon etwas Besonderes, denn bei allen anderen Stoffen ist es genau umgekehrt. Hier sinkt der feste Körper in der Flüssigkeit auf den Boden. Gibst du beim Zinngießen festes Zinn in das schon flüssige Metall, so sinkt der feste Körper sofort nach unten. Das Gleiche geschieht mit festem Fett, wenn du es zu bereits geschmolzenem Fett in einer Fritteuse gibst.

Die Anomalie des Wassers
Wasser dehnt sich beim Erstarren aus. Das unterscheidet diesen Stoff von allen anderen Stoffen. Aus 1 l Wasser werden 1,1 l Eis.
In der Umgebung von Eiswürfeln hat Wasser eine Temperatur von etwa 0 °C (Bild 1). Am Boden des Standzylinders hat das Wasser dagegen eine Temperatur von 4 °C. Bei allen anderen Flüssigkeiten würdest du auf dem Boden die tiefste Temperatur messen. Wasser bildet auch hier wieder eine Ausnahme: Wasser von 4 °C ist schwerer als die gleiche Menge Wasser von 0 °C und sinkt deshalb nach unten.
Diese Abweichungen des Wassers zum Verhalten anderer Stoffe heißen **Anomalie des Wassers.**

In der Natur ist die Anomalie des Wasser von großer Bedeutung. Stehende Gewässer und ruhig fließende Flüsse gefrieren bei Frost immer von oben zu und können nicht bis auf den Grund zufrieren.

■ Wasser nimmt bei 4 °C den geringsten Raum ein. Es dehnt sich beim Erstarren aus. Diese Besonderheiten gegenüber allen anderen Stoffen werden als Anomalie des Wassers bezeichnet.

Dichte

Bei allen Stoffen sind das Volumen und die Masse proportional zueinander. Der Proportionalitätsfaktor ist die Dichte ρ (griech. Buchstabe, gelesen rho).

$$m = \rho \cdot V \Leftrightarrow \rho = \frac{m}{V}$$

Bei 4 °C hat Wasser sein geringstes Volumen und somit seine größte Dichte. 1 cm^3 Wasser hat dann die Masse 1 g. Die Dichte von Wasser beträgt somit $\rho = 1\ \frac{g}{cm^3}$.
Ist die Dichte eines Stoffes $\rho > 1\ \frac{g}{cm^3}$, dann ist er schwerer als Wasser. Ist die Dichte $\rho < 1\ \frac{g}{cm^3}$, ist der Stoff leichter als Wasser.

	Dichte ρ
feste Stoffe (bei 20 °C)	**in $\frac{g}{cm^3}$**
Holz (Eiche)	0,5…1,3
Grafit	1,9…2,3
Papier	0,7…1,2
Silber	10,5
Flüssigkeiten (bei 20 °C)	**in $\frac{g}{cm^3}$**
Benzin	0,68…0,72
Glycerin	1,26
Meerwasser	1,02
Spiritus	0,83
Gase (bei 0 °C)	**in $\frac{g}{l}$**
Chlor	3,214
Luft	1,29
Kohlenstoffdioxid	1,977
Wasserstoff	0,0899

Auswirkungen der Anomalie

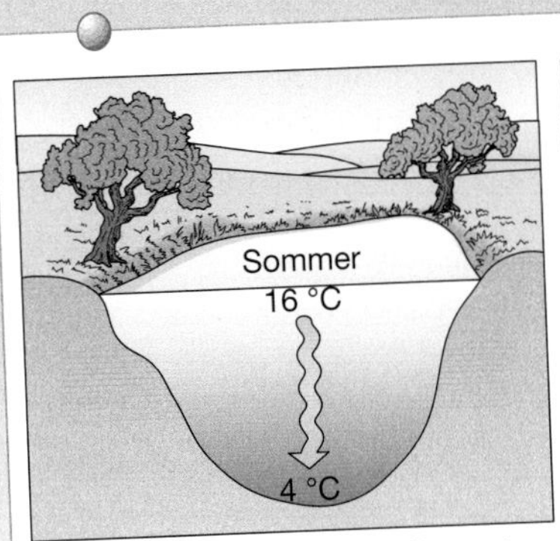

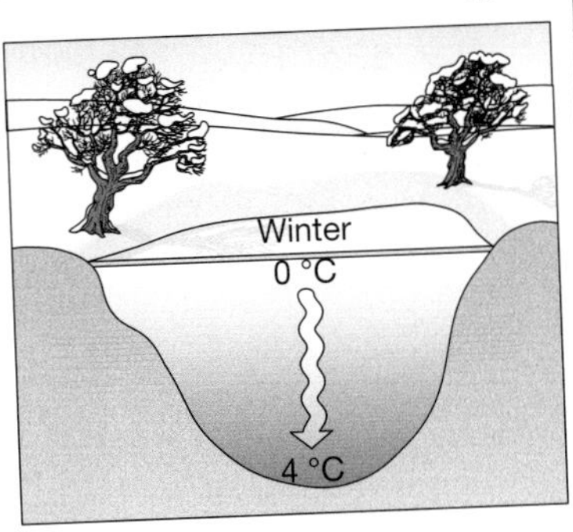

Wasser von 4 °C ist am schwersten und sinkt nach unten.

1. Wie wirkt sich die Anomalie des Wassers in einem See im Winter aus?

Frostaufbrüche: Wasser dringt in alle Ritzen im Asphalt ein und gefriert dort. Da Eis mehr Raum benötigt als Wasser, wird der Straßenbelag aufgesprengt.

eld im Herbst

Dasselbe Feld im Frühjahr

2. Beschreibe anhand der Fotos, wie die Folgen der nomalie des Wassers in der Landwirtschaft ausgenutzt erden.

3. Was würde mit den Fischen passieren, wenn Seen on unten nach oben zufrieren würden?

4. Warum wird der Scheibenwaschanlage im Auto vährend des Winters ein Frostschutzmittel zugefügt?

5. Warum darfst du eine volle Mineralwasserflasche icht zum Kühlen in das Gefrierfach eines Kühlschrankes egen?

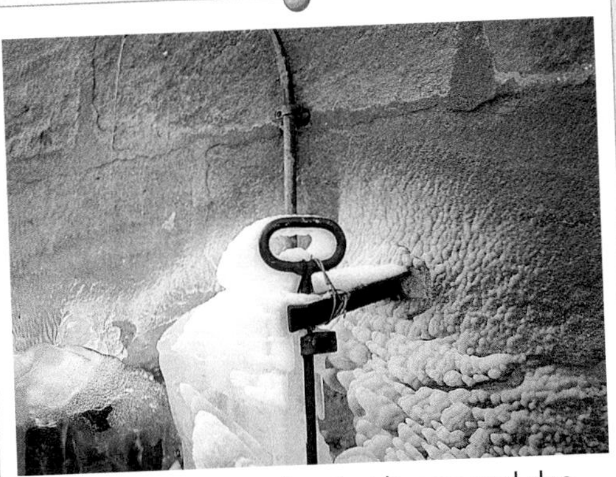

Wenn im Winter Rohre frei liegen und das Wasser daraus nicht abgelassen wurde, kann es zu einem Rohrbruch kommen.

6. Erkläre die Entstehung eines Rohrbruches.

Erwärmung fester Gegenstände

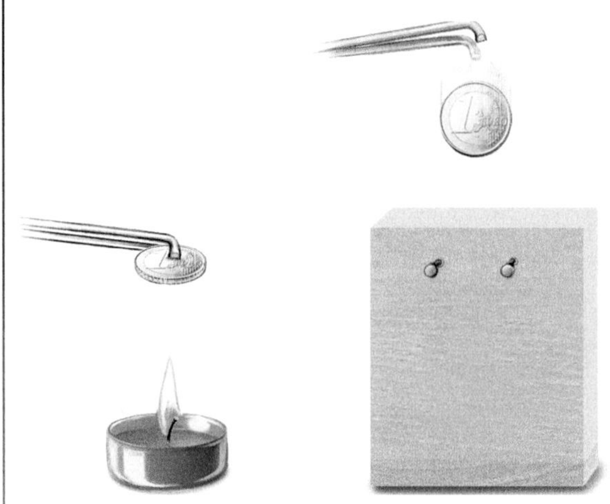

1 Passt die Münze hindurch?

2 Ein heißer Sommer

1. **a)** Schlage zwei Nägel wie in Bild 1 so in ein Holzbrett, dass eine Münze gerade noch hindurchpasst.
b) Erwärme die Münze und versuche, ob sie zwischen den Nägeln durchrutscht.
c) Kühle die Münze ab und wiederhole den Versuch. Berichte über deine Beobachtungen und erkläre.

2. **a)** Spanne einen Eisendraht wie in Bild 3 straff zwischen zwei Halterungen ein. Erwärme den Draht auf der ganzen Länge vorsichtig mit einem Bunsenbrenner und beobachte.
b) Kühle den Draht ab. Beschreibe jeweils deine Beobachtung.

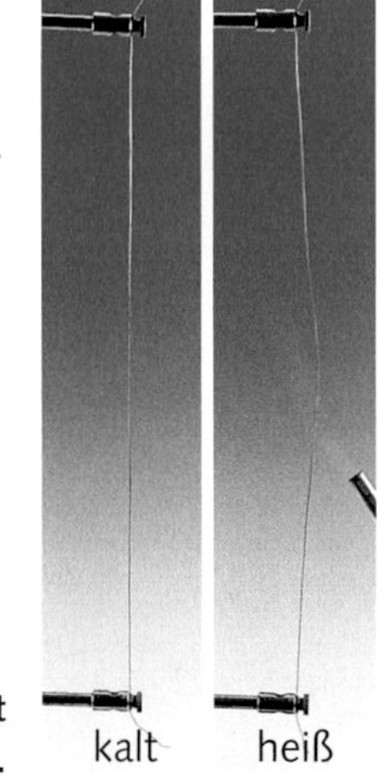

3 Ein Draht wird erhitzt.

3. **a)** Halte eine Metallkugel wie in Bild 4 in eine Brennerflamme und lege sie dann auf den Ring.
b) Kühle die heiße Kugel mit Eiswasser ab. Lege sie dann erneut auf den Ring.
c) Beschreibe jeweils deine Beobachtungen.

Längenausdehnung

Erwärmst du einen straff gespannten Draht, kannst du eine Längenzunahme beobachten. Umgekehrt zieht sich dieser Draht beim Abkühlen wieder zusammen. Der Schienenstrang in Bild 2 erfährt bei großer Erwärmung auch eine Längenzunahme, die zu großen Verwerfungen im Gleisbett führen kann.

Ausdehnung nach allen Seiten

Die Münze verhält sich genauso wie der Draht. Ihr Durchmesser vergrößert sich bei Erwärmung und schrumpft bei Abkühlung. Erwärmst du eine Kugel, so kannst du die Ausdehnung in alle Richtungen besonders gut beobachten. Die heiße Kugel passt nicht mehr durch den Ring, wie immer du sie auch drehst. Bei genauer Messung könntest du feststellen, dass auch der erwärmte Draht und die erwärmte Münze sich nach allen Seiten hin ausdehnen. Umgekehrt ziehen sich alle Gegenstände bei Abkühlung wieder zusammen.

■ Feste Gegenstände dehnen sich beim Erwärmen nach allen Seiten hin aus und ziehen sich beim Abkühlen wieder zusammen.

4 Eine Kugel wird erwärmt.

Messen der Ausdehnung

1. a) Baue den Versuch nach Bild 1 auf. Ein Trinkhalm, der auf der Nähnadel steckt, dient als Zeiger.
b) Stelle den Zeiger senkrecht. Erwärme die Stricknadel gleichmäßig und beobachte.
c) Wie bewegt sich der Zeiger, wenn du die Stricknadel rasch abkühlst?

2. a) Baue den Versuch nach Bild 2 auf und stelle den Zeiger auf 0. Verwende ein Messingrohr.
b) Gieße 1 l Wasser von 60 °C in den Trichter. Beobachte den Zeiger und notiere den Zeigerausschlag.
c) Wiederhole den Versuch mit Rohren aus Eisen, Aluminium und Kupfer.
d) Vergleiche jeweils die abgelesenen Skalenwerte mit den Werten aus der Tabelle.

3. a) Warum müssen die Messrohre in Versuch 2 an einem Ende fest eingespannt werden?
b) Wie müsstest du den Versuch abändern, um den Vorgang bei Abkühlung messen zu können?

1 **Ausdehnung einer Stricknadel**

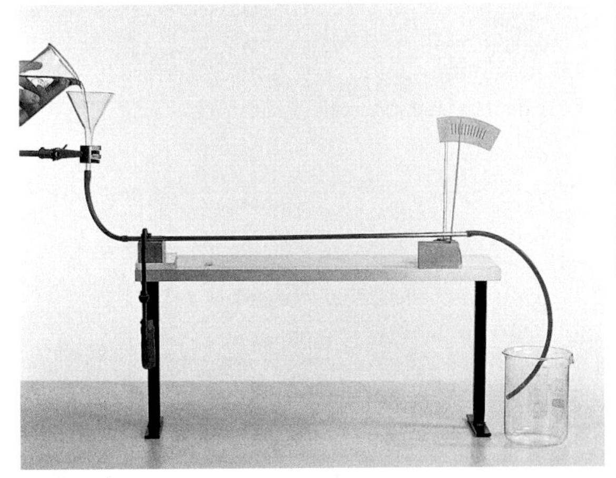

2 **Dilatometer als Messeinrichtung**

Messeinrichtung

Wenn eine Brücke aus Stahl und Beton gebaut wird, muss schon bei der Planung die Wärmeausdehnung der Baustoffe berücksichtigt werden. Ebenso wichtig ist es, für die Winterzeit die entsprechende Verkürzung einzuplanen. Die Längenveränderung der Brücke lässt sich berechnen. Dazu werden Werte benutzt, wie sie sich zum Beispiel aus Versuch 2 ergeben.

Bild 1 stellt einen vereinfachten Aufbau zur Beobachtung der Längenausdehnung dar. Die Ausdehnung der Stricknadel bewirkt eine Drehung der Nähnadel. Dabei wird der Zeiger bewegt.
Für Messungen ist das Gerät in Bild 2 geeignet. Hier wird ein Zeiger vor einer Skala gedreht, wenn sich die Länge des Versuchsrohres durch den Einfluss von Wärme verändert. Diese Messeinrichtung heißt **Dilatometer.**

Die Ausdehnung bei verschiedenen Stoffen

In der folgenden Tabelle sind Ausdehnungswerte zusammengestellt. Verglichen werden jeweils 100 cm lange Rohre, die um 100 K erwärmt wurden. Du siehst die Materialabhängigkeit der Ausdehnung. Das Aluminiumrohr dehnt sich doppelt so stark aus wie das Eisenrohr.

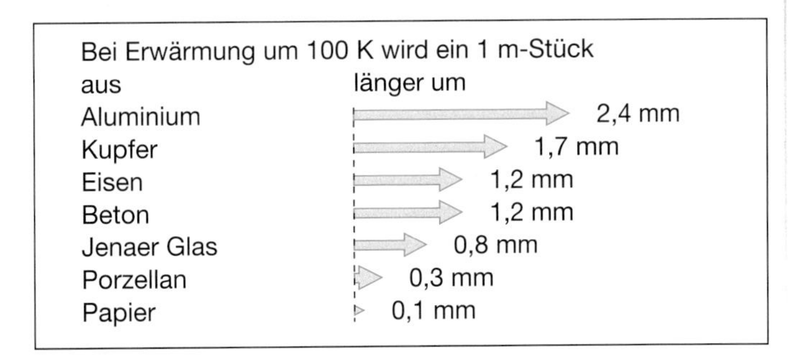

Bei Erwärmung um 100 K wird ein 1 m-Stück

aus	länger um
Aluminium	2,4 mm
Kupfer	1,7 mm
Eisen	1,2 mm
Beton	1,2 mm
Jenaer Glas	0,8 mm
Porzellan	0,3 mm
Papier	0,1 mm

■ Metalle dehnen sich aus, wenn sie erwärmt werden, und ziehen sich zusammen, wenn sie abgekühlt werden. Bei festen Körpern ist die Längenausdehnung abhängig von dem Stoff, aus dem sie bestehen.

Längenausdehnung in der Technik

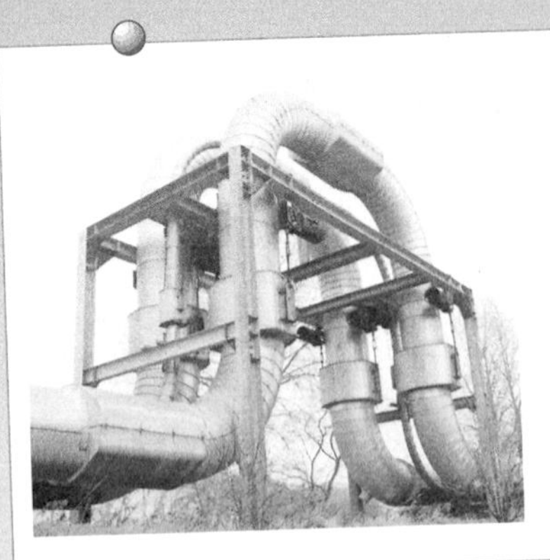

Rohrleitungen in Industrieanlagen müssen oft hohe Temperaturunterschiede aushalten. Deshalb werden sie entweder in Abständen zu Schleifen gezogen (Bild links) oder mit zieharmonika-ähnlichen Zwischenstücken versehen (Bild rechts). Dadurch können sich Rohre beim Erwärmen oder Abkühlen ausdehnen oder zusammenziehen, ohne dass sie dabei zerstört werden.

Auch Brücken ändern durch Temperaturschwankungen ihre Länge. Deshalb werden beim Bau Spalten zwischen der Straße und der Brücke eingeplant. Diese Spalten heißen **Dehnungsfugen.** Die Stoßstellen werden mit Eisenblechen überdeckt, die mit Zähnen ineinander greifen (Bild links). So können die Autos leicht über die Fugen hinwegrollen.

Damit bei der Längenänderung keine Schäden an den Auflagestellen der Brücke entstehen, wird sie zusätzlich auf Gleitlagern beweglich gelagert.

Wenn Brücken sehr lang sind, benötigen sie Stützpfeiler. Auf diesen ist die Brücke mit Rollen beweglich gelagert.

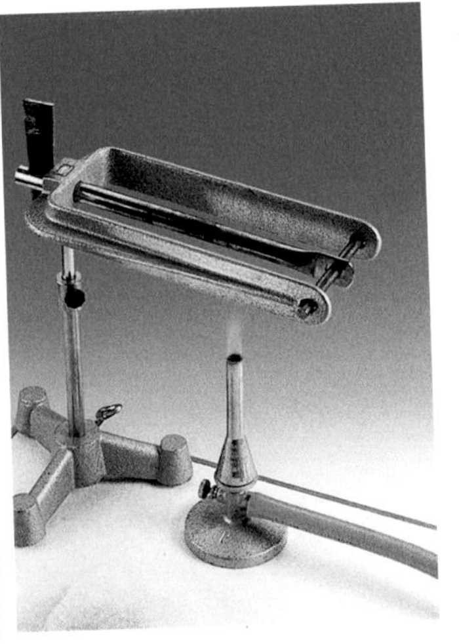

1. a) **Demonstrationsversuch:** Die Mittelstange des Bolzensprengapparates wird an der Vorderseite mit einem Querbolzen aus sprödem Gusseisen befestigt. An der Rückseite wird sie mit einem Keil eingespannt. Dann wird die Mittelstange mit der Brennerflamme gleichmäßig erhitzt. Dabei muss der Keil noch weiter eingetrieben werden. Dann bleibt der Apparat zum Abkühlen stehen.
b) Beschreibe deine Beobachtung. Wie kommt es zur Zerstörung des Querbolzens?

2. Überlege, warum der Keil am hinteren Ende der Mittelstange beim Erwärmen weiter eingeschlagen werden muss.

Eisenbahnräder für Güterwagen bestehen aus einer Stahlscheibe, dem Radkörper, und dem Radkranz. Auf dem Bild in der Mitte wird der Radkranz auf den Radkörper aufgeschrumpft. Dazu wird der Kranz gleichmäßig erhitzt. Beim Abkühlen zieht er sich zusammen und sitzt dann fest auf dem Radkörper. Auf dem rechten Bild erkennst du die einzelnen Ringe des Rades an einem Güterwagen.

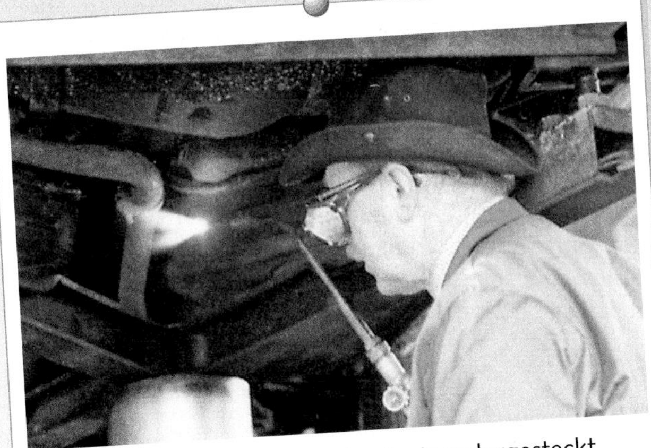

Auspuffrohre am Auto werden ineinandergesteckt. Wenn sie ausgewechselt werden müssen, sitzen sie meistens fest. Deshalb wird das äußere Rohr erwärmt. Es dehnt sich aus. Jetzt kann es leichter vom inneren Rohr abgezogen werden.

berlandleitungen unserer Stromversorung hängen immer in einem Bogen vischen den Gittermasten. Die Drähte erden am besten bei niedriger Lufttemeratur gespannt. Im Sommer können sie :h dann ausdehnen.

3. Wie werden sich die Rohrschleifen im Bild auf der linken Seite verändern, wenn die Rohre warm werden; wie, wenn sie kalt werden? Zeichne beide Fälle.

4. Schneide aus Pappe zwei Zahnreihen aus, wie im Bild auf der linken Seite zu sehen ist. Klebe sie so auf zwei Kartons, dass die Zähne über den Rand der Kartons hinaus stehen. Lege die Zahnreihen gegeneinander und fahre dann mit einem Spielzeugauto über diesen Spalt bei „Sommer-“ und bei „Wintertemperatur“.

5. Suche in eurer Schule Dehnungsfugen zwischen den Gebäudeteilen. Womit sind sie gefüllt? Warum sind sie nötig?

6. Welchen Sinn haben die Rollen unter einer Brücke wie auf dem Bild auf der linken Seite?

7. Warum wäre es unklug, Überlandleitungen im heißen Sommer zu spannen?

Sonne, Wetter, Jahreszeiten

Wasser
Wasser bewegt sich in der Natur in einem Kreislauf, der von der Sonne angetrieben wird.

Wasser und seine Aggregatzustände
Wasser gibt es in den drei **Aggregatzuständen** fest, flüssig und gasförmig.

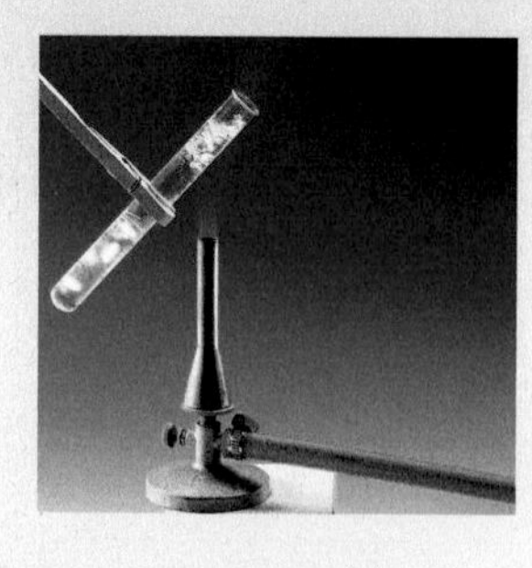

Bei der Schmelztemperatur geht das Wasser vom festen Zustand Eis in den flüssigen Zustand über. Der Vorgang heißt **Schmelzen**. Der umgekehrte Vorgang heißt **Erstarren**. Bei der Siedetemperatur geht das Wasser vom flüssigen Zustand in den gasförmigen Zustand Wasserdampf über. Dieser Vorgang heißt **Verdampfen**. Der umgekehrte Vorgang heißt **Kondensieren**.

Das Wetter
Zur Wetterbeobachtung und zur Wettervorhersage werden die Temperatur, der Luftdruck, die Niederschlagsmenge, die Luftfeuchtigkeit, die Windrichtung und die Windgeschwindigkeit gemessen. Wichtige Hilfen zur Vorhersage sind die Messergebnisse aus Wetterstationen und die Beobachtung durch Wettersatelliten.

Fotosynthese der Pflanzen
Aus Kohlenstoffdioxid der Luft und Wasser aus dem Erdboden stellen Pflanzen mithilfe von Blattgrün (Chlorophyll) Traubenzucker her. Dabei wird Sauerstoff frei, der an die Luft abgegeben wird. Das Sonnenlicht liefert die Energie. Dieser Vorgang wird als **Fotosynthese** bezeichnet. Der Traubenzucker wird zu weiteren organischen Stoffen umgebaut.

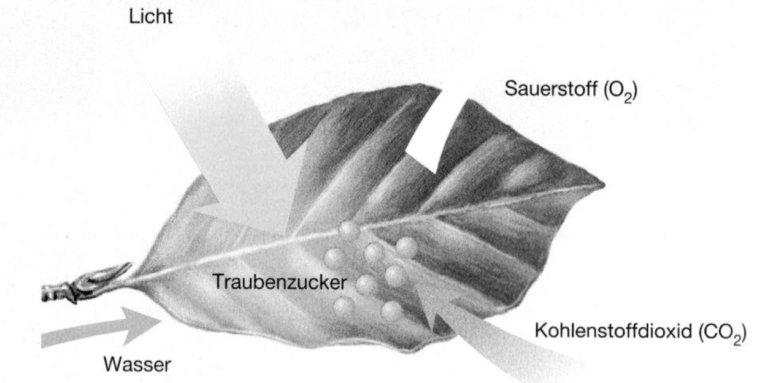

Tiere im Jahreslauf
Die Jahreszeiten beeinflussen auch die Tiere. Die meisten Jungtiere werden im Frühjahr geboren. Sie haben nun viele Monate Zeit sich zu entwickeln. Der Sommer ist die Zeit der Insekten. Sie finden auf unzähligen Blüten reichlich Nahrung.

Im Herbst bereiten sich die Tiere auf die kalten Temperaturen und den Nahrungsmangel im Winter vor. Viele Arten wie beispielsweise Igel fressen sich Fettpolster an. Andere Tierarten entwickeln ein Winterfell oder legen Nahrungsvorräte an. Dagegen verlassen Zugvögel ihre Brutgebiete.

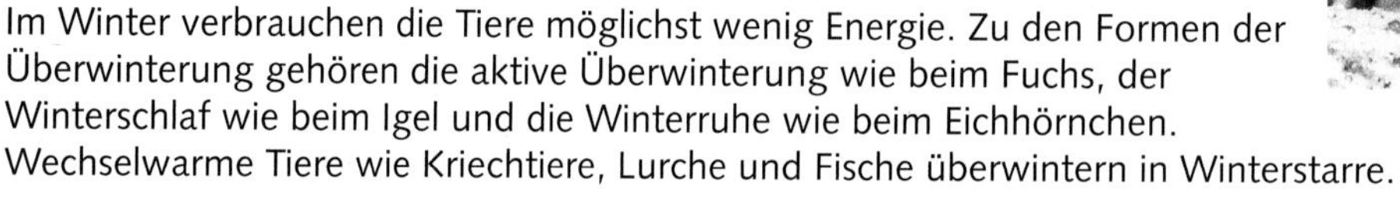

Im Winter verbrauchen die Tiere möglichst wenig Energie. Zu den Formen der Überwinterung gehören die aktive Überwinterung wie beim Fuchs, der Winterschlaf wie beim Igel und die Winterruhe wie beim Eichhörnchen. Wechselwarme Tiere wie Kriechtiere, Lurche und Fische überwintern in Winterstarre.

Wärmestrahlung und Treibhauseffekt
Die Sonnenenergie kommt in Form von **Wärmestrahlung** zur Erde, damit ergibt sich der **natürliche Treibhauseffekt**. Durch den **zusätzlichen, vom Menschen verursachten Treibhauseffekt** erhöht sich die Durchschnittstemperatur der Erde.

Nutzung der Sonnenenergie
Sonnenenergie kann in **Sonnenkollektoren** genutzt werden. Sie absorbieren wie andere schwarze Körper die Wärmestrahlung und speichern die Wärme. Mithilfe von **Solarzellen** wird die Sonnenenergie in elektrische Energie umgewandelt.

Sonne, Wetter, Jahreszeiten

1. Schreibe aus einem Wetterbericht die Messergebnisse zur Temperatur, zum Luftdruck, zur Niederschlagsmenge, zur Luftfeuchtigkeit, zur Windrichtung und zur Windstärke auf. Vergleiche sie mit den Vorhersagen in der Zeitung des vergangenen Tages.

2. Erkläre die Begriffe Kaltfront und Warmfront.

3. a) Nenne die drei Aggregatzustände.
b) Wie heißt Wasser in den Zuständen fest und gasförmig?

4. Nenne Schmelz- und Siedetemperatur des Wassers.

5. Zeichne die folgende Grafik ab und ergänze sie.

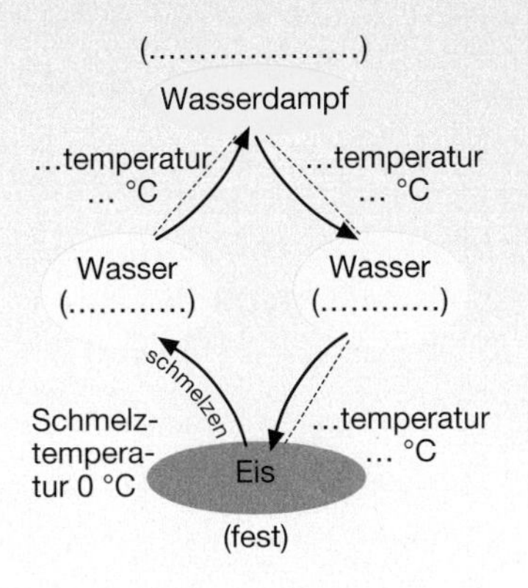

6. Was stellst du fest, wenn du die Schmelz- und Erstarrungstemperatur von Wasser und seine Siede- und Kondensationstemperatur jeweils miteinander vergleichst?

7. Welche Aussagen sind richtig? Die Fotosynthese
a) ist die Atmung der grünen Pflanzen.
b) ist der Aufbau von Kohlenstoffdioxid und Wasser.
c) ist abhängig vom Licht.

8. Betrachte die Bilder der Rosskastanie und beschreibe, welche Entwicklungsmerkmale in den verschiedenen Jahreszeiten zu beobachten sind.

9. Wie kannst du untersuchen, unter welchen Voraussetzungen Samen keimen?
Schreibe auf, welche Versuche du hierfür durchführst.

10. Die Tabelle zeigt die Umgebungstemperatur, die Körpertemperatur und die Anzahl der Herzschläge eines Igels in zwei unterschiedlichen Jahreszeiten.
Um welche Jahreszeiten handelt es sich jeweils? Begründe deine Aussage.

Jahreszeit	a)	b)
Umgebungstemperatur	2 °C	17 °C
Körpertemperatur	5 °C	35 °C
Herzschläge in 1 min	19	300

11. Tiere überwintern auf unterschiedliche Weise. Erkläre die Begriffe und nenne jeweils zwei Beispiele für
a) aktive Überwinterung,
b) Winterruhe,
c) Kälte- oder Winterstarre.

12. Wie kann die Wärme der Sonne durch das luftleere Weltall zu uns kommen?

13. Warum werden dunkle Steine in der Sonne heißer als helle Steine?

14. Erkläre den Unterschied zwischen Sonnenkollektoren und Solarzellen.

15. a) Nenne drei Verursacher des zusätzlichen Treibhauseffektes.
b) Was bewirkt der zusätzliche Treibhauseffekt?

Welt des Großen – Welt des Kleinen

Vergrößert oder verkleinert ein Fernrohr? Sieht man durch ein Fernrohr auf der Erde alles verkehrt herum?

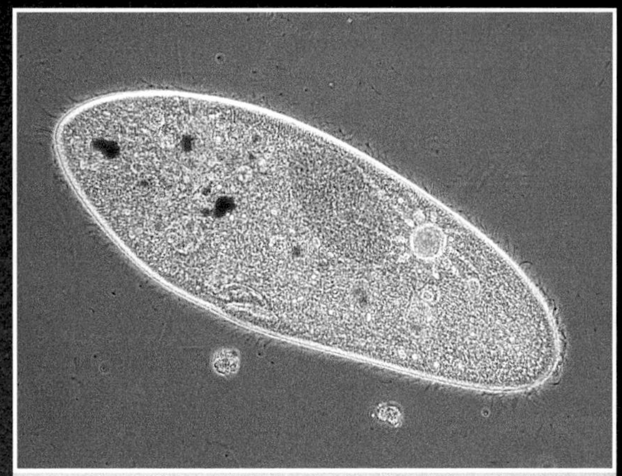

Ist dies ein Lebewesen oder eine Zelle – oder gibt es Lebewesen aus nur einer Zelle?

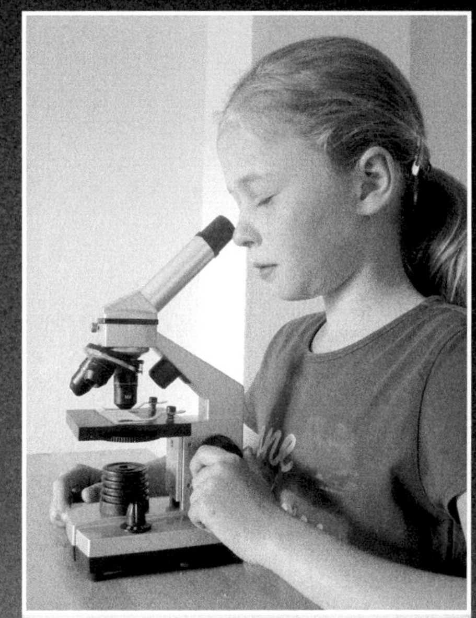

Wie ist ein Mikroskop gebaut und wie arbeitet man damit richtig?

Ein Salzkristall – und so etwas in der Suppe? Gibt es solche Kristalle auch bei anderen Stoffen?

Blick in das Weltall

1. Beim Einprägen der Namen der Planeten kann dir der Satz „**M**ein **V**ater **e**rklärt **m**ir **j**eden **S**onntag **u**nsere **N**achbarplaneten." helfen. Überlege dir eine andere Eselsbrücke.

2. a) Die Planeten sind auf dieser Seite in einem bestimmten Maßstab gezeichnet. Bestimme den Maßstab. Beachte dabei, dass der wahre Durchmesser der Erde 12742 km beträgt.
b) Berechne die Durchmesser der anderen Planeten.

3. Drucke dir aus dem Internet eine Sternkarte mit den wichtigsten Sternbildern aus. Befestige mit Heftklammern ein passendes Stück Papier hinter der Sternkarte. Stich mit einer Nadel die markierten Sterne einzelner Sternbilder durch. Halte das Papier gegen das Licht und versuche Sternbilder auch ohne Verbindungslinien zu erkennen.

Jupit
Merkur
Venus
Erde
Mars

Die Astronomie
Wenn du in einer wolkenlosen Nacht zum Himmel blickst, kannst du den Mond und viele helle Lichtpunkte, die **Sterne** und **Planeten** sehen.
Die Abhängigkeit der Menschen von ihrer natürlichen Umgebung führte dazu, dass bereits die Menschen der Steinzeit den Nachthimmel aufmerksam beobachteten. In dieser frühen Geschichte der Menschheit hat die Wissenschaft **Astronomie** ihren Ursprung. Zu dieser Zeit hatten die Beobachtungen des Himmels für die Menschen vor allem praktische Bedeutung. Sie dienten der Einteilung der Zeit und bestimmten so den Lebensrhythmus. Außerdem benutzten die Menschen den Sternhimmel zur Orientierung auf der Erde.

Sterne und Sternbilder
Der überwiegende Teil der hellen Lichtpunkte, die du am Nachthimmel beobachten kannst, sind Sterne. Sterne sind **selbstleuchtende Körper.** Der einzige Stern, den du auch am Taghimmel sehen kannst, ist unsere Sonne. Sie ist eine riesige Gaskugel und besteht größtenteils aus Wasserstoff und Helium. Obwohl sie etwa 150 Millionen km von der Erde entfernt ist, ist sie der uns nächste Stern. Der Stern mit der zweitkleinsten Entfernung hat bereits einen Abstand von 40 Billionen km von der Erde. Weil die Sterne so weit entfernt sind, kannst du sie nur als kleine Lichtpunkte sehen. Viele dieser Lichtpunkte scheinen direkt nebeneinander zu liegen. Diese scheinbar benachbarten Sterne wurden schon sehr frühzeitig von den Menschen gedanklich zu **Sternbildern** verbunden. Die von der Erde aus sichtbaren Sterne und Sternbilder werden auf einer **Sternkarte** abgebildet (Bild 2).

Maßstab
Die großen Entfernungen im Weltall müssen für die Darstellung in einem Bild verkleinert werden. Dazu wird ein **Maßstab** benutzt, wie du ihn von Landkarten her kennst. Die Angabe 1:1000 (lies: eins zu eintausend) bedeutet, 1 cm im Bild entspricht 1000 cm = 10 m in der Wirklichkeit.

Planeten

Im Gegensatz zu den Sternen leuchten die Planeten nicht selber. Du kannst sie als kleine Lichtpunkte sehen, weil sie von der Sonne beleuchtet werden. Planeten sind **beleuchtete Körper.** Sie bewegen sich auf kreisähnlichen Bahnen um die Sonne. Diese Bahnen werden **Ellipsen** genannt. Unsere Sonne wird von acht Planeten umkreist. Diese Planeten bestehen aus sehr verschiedenen Stoffen und haben auch sehr verschiedene physikalische Eigenschaften. Der sonnennächste Planet ist der **Merkur,** gefolgt von **Venus,** die fast doppelt so weit von der Sonne entfernt ist. In der Reihenfolge des größer werdenden Sonnenabstandes folgen die Planeten **Erde, Mars, Jupiter, Saturn** und **Uranus.** Am weitesten von der Sonne entfernt ist der Planet **Neptun.**

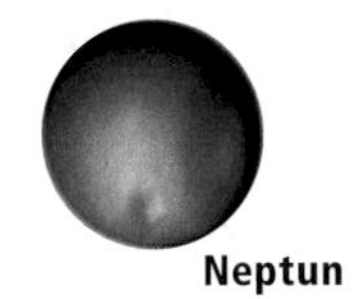

Monde

Von den acht Planeten, die sich um die Sonne bewegen, werden sechs ebenfalls von kugel-ähnlichen Körpern umkreist. Diese Art von Himmelskörpern wird als **Mond** oder Tra-bant bezeichnet. In der Umgangssprache ist mit dem Begriff Mond fast immer der Begleiter des Planeten Erde gemeint. Monde sind ebenfalls beleuchtete Körper. Du kannst sie sehen, weil sie vom Licht der Sonne angestrahlt werden. Genau wie die Planeten haben auch ihre Monde sehr unterschiedliche Eigenschaften. Die Anzahl der Monde, die einen Planeten umkreisen, ist sehr verschieden. Die Planeten Mer-kur und Venus haben gar keinen Mond. Die Erde hat einen ▸ Mond, der Mars zwei, Jupiter und Saturn haben jeder dagegen etwa 60 Monde.

Saturn

Uranus

■ Sterne sind selbstleuchtende Körper. Planeten sind beleuchtete Körper, die um die Sonne kreisen. Um die Planeten herum kreisen Monde.

Wo Licht ist, da ist Schatten!

Planeten und Monde werfen einen **Schatten,** da sie von der Sonne beleuchtet werden. Hinter jedem lichtundurchlässigen beleuchteten Körper entsteht ein dunkler **Schattenraum.**

Wird der Körper von einer ausgedehnten Lichtquelle wie unserer Sonne beleuchtet, ist der Schattenraum teilweise aufgehellt. Nur ein geringer Teil des Schattenraumes bleibt lichtfrei. Dieser lichtlose Raum heißt **Kernschatten,** der teilweise aufgehellte Bereich wird **Halbschatten** genannt (Bild 1).

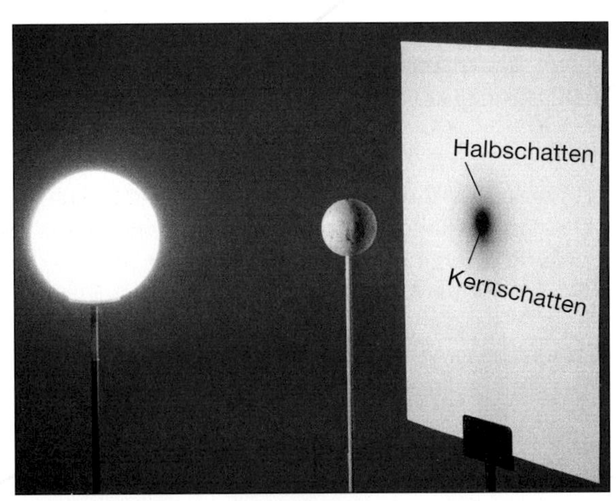

1 Verschiedene Schattenarten

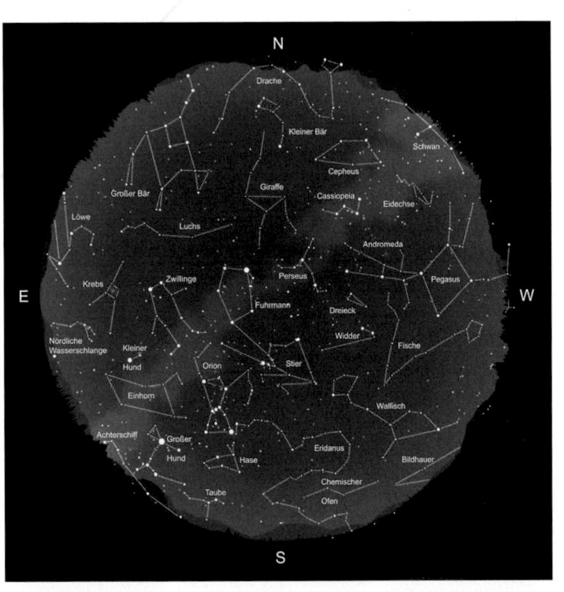

2 Sternbilder des Nordhimmels im Winter

Schatten im Weltall

1. Beleuchte einen Globus von der Seite mit einer Experimentierleuchte (Bild 1). Suche deinen Wohnort und drehe den Globus. Wie kommt es zu Tag und Nacht?

2. a) Setze dich auf einen Drehhocker. Lass wie in Bild 2 eine weiße Kugel, die den Mond darstellt, von einer Lampe als Sonne beleuchten. Dreh dich mit der Kugel um dich selbst. Betrachte die helle Fläche der Kugel an den verschiedenen Positionen. An welcher Stelle ist Neumond?
b) Wie musst du die Kugel halten, damit du Vollmond siehst?
c) Vergleiche die Gestalt der beleuchteten Kugelfläche mit den Mondphasen im unteren Bild.

3. Erkläre, wieso Vollmond nur bei Nacht und Neumond nur am Tage auftreten können.

1 Tag und Nacht auf der Erde

2 Entstehung der Mondphasen

Schatten im Weltraum

Trifft das Licht der Sonne auf die Erde, so ist auf dieser Seite der Erdkugel **Tag.** Die andere Seite liegt im eigenen Schattenraum, hier ist **Nacht** (Bild 1). Weil sich die Erde um ihre eigene Achse dreht, wechseln sich für jeden Ort Tag und Nacht miteinander ab.
Auch der Mond hat eine Tag- und Nachtseite. Er kann das auftreffende Licht der Sonne in unser Auge lenken. Du siehst ihn als hell leuchtenden Himmelskörper. Wenn du im Verlauf eines Monats den Mond betrachtest, kannst du die scheinbare Veränderung seiner Gestalt beobachten.
Etwas mehr als 12-mal im Jahr wechselt sie von Neumond über Vollmond wieder zu Neumond. Diese verschiedenen Erscheinungsbilder heißen **Mondphasen.** Die Ursache für ihre Entstehung liegt darin, dass der Mond die Erde in 29,5 Tagen einmal umkreist.

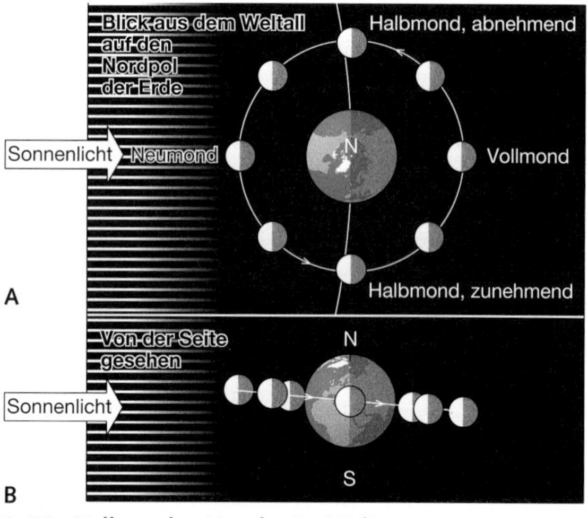

3 Die Stellung des Mondes im Weltraum

Vollmond und Neumond

Schickt die voll beleuchtete Hälfte des Mondes das Licht zur Erde, siehst du den Mond als vollen Kreis. Für uns ist **Vollmond.** Ist die beleuchtete Mondhälfte nur teilweise der Erde zugewandt, erscheint uns der Mond je nach Stellung in der bekannten Sichelform oder als Halbkreis (Bild 3A). Dann ist für uns zum Beispiel **Halbmond.**
Während einer gewissen Zeit entschwindet der Mond bei Nacht unseren Blicken ganz. Dann wendet er der Erde seine Nachtseite zu. Diese Stellung heißt **Neumond** (Bild 3 B).

■ Erde und Mond haben eine Tag- und eine Nachtseite. Die Nacht entsteht durch den jeweils eigenen Schattenraum von Erde und Mond.

Sonnen- und Mondfinsternis

1. Setze dich als Erde auf einen Drehhocker vor eine Experimentierleuchte, die die Sonne darstellt. Halte eine weiße Kugel als Mond zwischen dich und die Leuchte. Wie musst du die Kugel halten, damit du eine Sonnenfinsternis erzeugst?

2. Überlege, wie eine partielle, also teilweise Sonnenfinsternis entsteht. Probiere aus.

3. Dreh dich mit dem Rücken zur Leuchte. Halte die weiße Kugel vor dich. Welche Finsternis ist jetzt entstanden?

4. Überlege, wie die Mondkugel für eine partielle Mondfinsternis gehalten werden muss. Probiere aus.

5. Überlege und begründe, ob Sonnen- und Mondfinsternis gleichzeitig stattfinden können.

Sonnenfinsternis

Die Finsternisse kommen dadurch zustande, dass sowohl die Erde als auch der Mond im Weltraum ▸ Kern- und Halbschatten bilden. Die Kernschatten sind kegelförmig (Bild 1A). Die Halbschatten ergeben sich, weil die Sonne für Erde und Mond eine ausgedehnte Lichtquelle ist.
Wenn der Mond auf seiner Bahn um die Erde gelegentlich genau zwischen Sonne und Erde steht, fällt sein Schatten auf die Erde. Der Mond verdeckt dann für die Bewohner im Schatten die Sonne. Dadurch kommt eine **Sonnenfinsternis** zustande (Bild 1B). Im Kernschatten des Mondes erleben sie eine **totale Sonnenfinsternis.** Für Beobachter im Halbschatten verdeckt der Mond nur einen Teil der Sonne. Sie erleben eine **partielle Sonnenfinsternis.**

Der Schatten des Mondes hat einen Durchmesser von ungefähr 300 km und wandert infolge der Erddrehung in einem schmalen Streifen über die Erde hinweg. Deshalb kann eine Sonnenfinsternis immer nur auf einem kleinen Teil der Erde beobachtet werden. In Deutschland fand die letzte totale Sonnenfinsternis am 11. August 1999 statt. Sie war in Süddeutschland wie auf dem Bild unten auf dieser Seite zu sehen.

Mondfinsternis

Steht der Mond im Kernschattenraum der Erde, fällt kein Licht auf ihn. Die Erdbewohner sehen dann eine **totale Mondfinsternis** (Bild 1C). Befindet sich der Mond nur teilweise im Kernschatten der Erde, ist er teilweise beleuchtet. Die Menschen sehen dann den Mond sichelförmig verdunkelt. Jetzt herrscht **partielle Mondfinsternis.**

Die Bahn des Mondes um die Erde ist gegen die Bahn der Erde um die Sonne etwas geneigt. Deshalb findet nicht bei jedem Vollmond eine Mondfinsternis statt. Auch bei Neumond ist nicht immer eine Sonnenfinsternis zu beobachten.

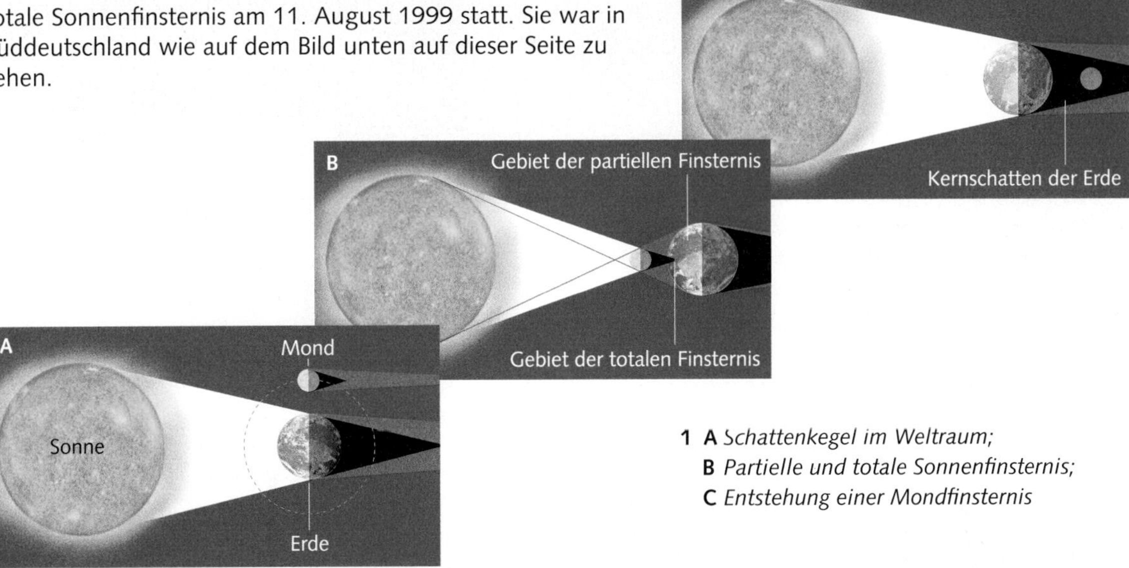

1 A *Schattenkegel im Weltraum;*
B *Partielle und totale Sonnenfinsternis;*
C *Entstehung einer Mondfinsternis*

Bau einer Sonnenuhr

Bereits 5000 v. Chr. wurden Sonnenuhren zur Zeitmessung verwendet. Je nach Sonnenstand wirft ein Stab einen Schatten auf die in Stunden unterteilte Skala und gibt die **wahre Ortszeit WOZ** an. Hat die Sonne ihren höchsten Stand erreicht, ist es 12.00 Uhr Mittag. Dieser Stand wird nicht an allen Orten zur gleichen Zeit erreicht, weil sich die Erde dreht. Jeder Ort hat dadurch seine eigene WOZ.
Um Zeiten vergleichen zu können, wurde die Erde in Zeitzonen eingeteilt. Innerhalb einer Zeitzone, die jeweils 15 Längengrade breit ist, gilt die gleiche Zeit. Eine Zeitzone weiter östlich ist es zum gleichen Zeitpunkt eine Stunde später. Wir leben nach der **mitteleuropäischen Zeit MEZ,** die sich nach der WOZ von Görlitz richtet. Hat die Sonne in Görlitz ihren Höchststand erreicht, fällt der Schatten des Stabes einer Sonnenuhr genau auf 12.00 Uhr. Diese Schattenlinie wird als **Mittagslinie** bezeichnet.

1 Grundkonstruktion

Mittagslinie
N
20 19 18 17 16 15 14 13 12 11 10 9 8 7 6 5 4

Sommersonnenuhr für MEZ

Um die WOZ in die MEZ umrechnen zu können, benötigt ihr den Längengrad eures Wohnortes. Berlin liegt auf 13° östlicher Länge, für Görlitz sind es 15°. Daraus ergibt sich eine Differenz von 15° – 13° = 2°. Da pro Längengrad eine Zeitverschiebung von 4 Minuten zu beachten ist, ergibt sich 2 · 4 min = 8 min. Zeigt die Sonnenuhr in Berlin 12 Uhr WOZ an, müsst ihr zu dieser abgelesenen Zeit 8 Minuten addieren. Somit ist es um 12.00 Uhr WOZ 12.08 Uhr MEZ. Auf diese Weise müsst ihr auch die Zeitverschiebung für euren Ort berechnen.

Wollt ihr euer Zifferblatt nach der MEZ ausrichten, müsst ihr diese Berechnung berücksichtigen und euer Zifferblatt so drehen, dass die Zahl für MEZ auf der Mittagslinie liegt. Im Sommer kommt noch eine Stunde für die Sommerzeit hinzu.

Sommersonnenuhr für WOZ

Es gibt verschiedene Sonnenuhrtypen, die ein gleichmäßig aufgeteiltes Zifferblatt haben wie in Bild 1. Der Winkel zwischen den Stundenlinien beträgt jeweils 15°. Um die WOZ ablesen zu können, wird durch den Mittelpunkt der Kreisscheibe ein Stab geschoben, der mit dem Zifferblatt einen rechten Winkel bildet. Dieser Schattenstab muss bei allen Sonnenuhren zum Polarstern zeigen, der auch **Himmelsnordpol** genannt wird. Dies erreicht ihr, indem ihr das Zifferblatt mit dem Schattenstab wie in Bild 2 auf einer Grundplatte ausrichtet. Der Stab bildet mit der waagerechten Grundplatte einen Neigungswinkel, der vom Breitengrad eures Wohnortes abhängig ist. Für Berlin ist das der Winkel 52°, denn Berlin liegt auf 52° nördlicher Breite.
Jetzt müsst ihr eure Sonnenuhr an einen sonnigen Platz tragen und mit dem Kompass so ausrichten, dass die Mittagslinie genau nach Norden zeigt. Der Stab zeigt dann zum Polarstern.

Material

Für den Bau einer Sonnenuhr benötigt ihr Karton, Zirkel, Geodreieck, Schere, Kleber, Stab, Stifte, ein langes Lineal und einen Atlas. Eure Sonnenuhr könnt ihr auch aus wetterfestem Material wie Ton, Holz oder Stein gestalten.

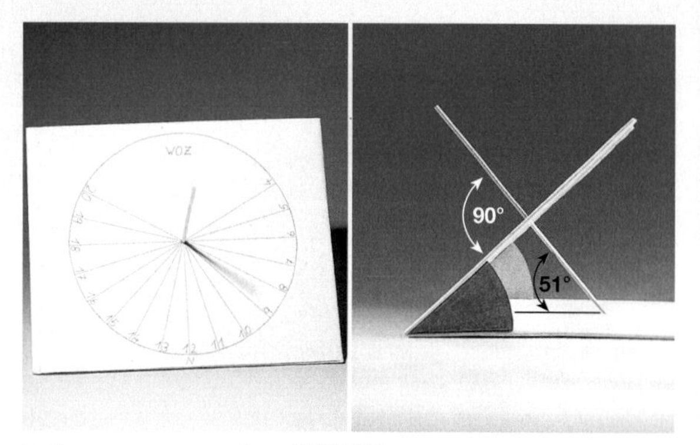

2 Sommersonnenuhr mit WOZ

Gruppe 1: Sommersonnenuhr mit WOZ und MEZ

Baut eine Sommersonnenuhr nach Bild 1, die die WOZ anzeigt. Rechnet die WOZ in die MEZ um und schreibt sie ebenfalls auf das Zifferblatt. Damit ihr beide Zeiten gut unterscheiden könnt, ist es sinnvoll, das Zifferblatt eckig zu gestalten. Habt ihr das Zifferblatt konstruiert, könnt ihr in den Kreis die MEZ und auf den eckigen Rand die WOZ schreiben.

Stellt eine Grundplatte her, auf der ihr das Zifferblatt mit dem Schattenstab ausrichtet und festklebt. Stellt eure Sonnenuhr an einem sonnigen Platz auf und richtet sie mit dem Kompass aus.

Da die Sonne im Sommer höher steht als im Winter, kann eure Sonnenuhr vom 21. März bis zum 21. September WOZ und MEZ anzeigen. In der übrigen Zeit fällt der Schatten unter das Zifferblatt.

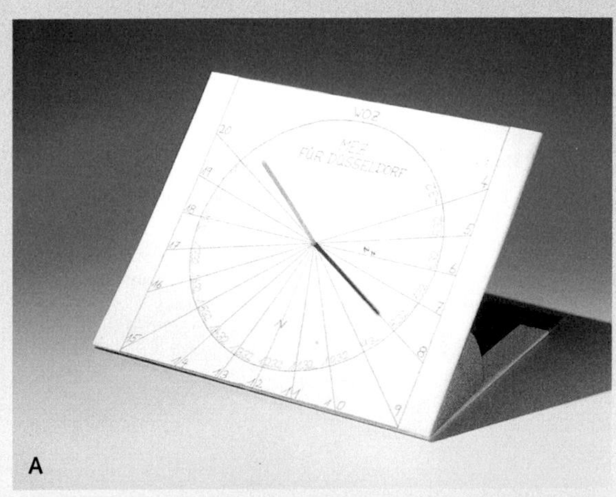

3 Sommersonnenuhr. A *mit WOZ und MEZ;* **B** *mit WOZ, MEZ und Sommerzeit*

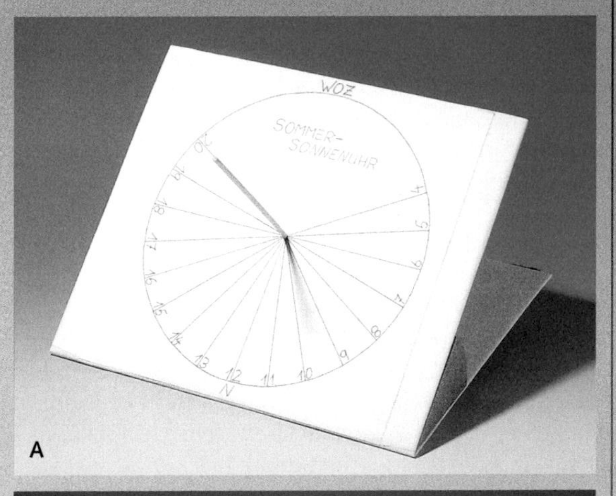

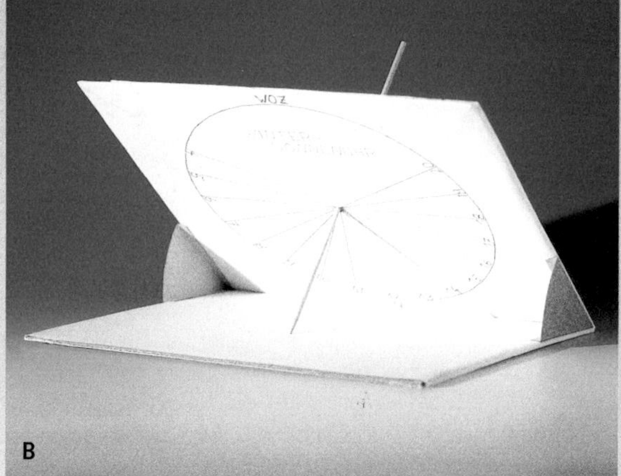

4 Ganzjahressonnenuhr. A *Vorderseite;* **B** *Rückseite*

Gruppe 2: Ganzjahressonnenuhr

Baut wie in Bild 1 eine Sommersonnenuhr, die die WOZ anzeigt. Für eine Sonnenuhr, an der ihr das ganze Jahr die Zeit ablesen könnt, benötigt ihr noch ein zweites Zifferblatt auf der Unterseite. Durchbohrt die Pappe im Mittelpunkt. Konstruiert auf der Unterseite ein Zifferblatt. Zeichnet die Mittagslinie auf der gleichen Stelle wie auf der Oberseite ein. Die Zeiten müsst ihr dann rechts und links von der Mittagslinie vertauschen, da der Schatten im Sommerhalbjahr – 21. März bis 21. September – auf das obere und im Winterhalbjahr – 21. September bis 21. März – auf das untere Zifferblatt fällt. Fertigt eine Grundplatte an, auf der ihr das Zifferblatt mit dem Schattenstab ausrichtet und festklebt. Stellt eure Sonnenuhr an einem sonnigen Platz auf und richtet sie mit dem Kompass so aus, dass die Mittagslinie nach Norden zeigt.

Unser Sonnensystem

1. a) Wie heißen die Planeten in der Reihenfolge ihres Sonnenabstandes?
b) Sortiere die Planeten nach der Größe ihrer Durchmesser. Beginne mit dem kleinsten.

2. Erarbeite mit einem geeigneten Nachschlagewerk oder mithilfe des Internets eine Übersicht über die Anzahl der Monde der einzelnen Planeten.

3. a) Nenne alle Arten von Himmelskörpern in unserem Sonnensystem.
b) Worin unterscheidet sich die Sonne von den anderen Himmelskörpern im Sonnensystem?

Verschiedene Körper – ein System
Neben den ▸ Planeten und ▸ Monden wird die Sonne auch von kleineren Himmelskörpern umkreist. Diese kleineren Körper werden oft unter der Bezeichnung **Kleinkörper** des Sonnensystems zusammengefasst. Die Sonne und alle Körper, die sich um sie bewegen, bilden das **Sonnensystem.** Unser Sonnensystem ist wiederum Teil eines noch größeren Systems, einer **Galaxie.** Eine Galaxie ist eine Anhäufung von vielen Milliarden Sternen. Die Galaxie, zu der unser Sonnensystem gehört, heißt **Milchstraße.**

Kleinkörper
Zwischen den Planeten Mars und Jupiter befinden sich die Bahnen von wahrscheinlich mehr als einer Millionen **Asteroiden,** die sich um die Sonne bewegen. Sie haben eine sehr unregelmäßige Gestalt und drehen sich um ihre eigene Achse. Eisige Himmelskörper, die mit einer Gashülle umgeben sind, heißen **Kometen.** Sie kreisen ebenso wie Asteroiden auf ellipsenförmigen Bahnen um die Sonne. Im Gegensatz zu den Bahnen der Asteroiden sind die Bahnen der Kometen jedoch sehr lang gestreckt. Auch **Meteore** sind kleine Himmelskörper. Sie können winzig wie Staubkörner sein, aber auch größere Gesteinsbrocken. Wenn sie beim Eindringen in die Erdatmosphäre verglühen, kannst du sie als **Sternschnuppe** sehen. Der Raum zwischen der Sonne und den Himmelskörpern scheint vollkommen leer zu sein. Es gibt dort aber sehr kleine Staubteilchen und verschiedene Gase.

■ Unser Sonnensystem besteht aus der Sonne, den Planeten und ihren Monden sowie Kleinkörpern wie Asteroiden, Kometen und Meteoren.

Das Planetensystem

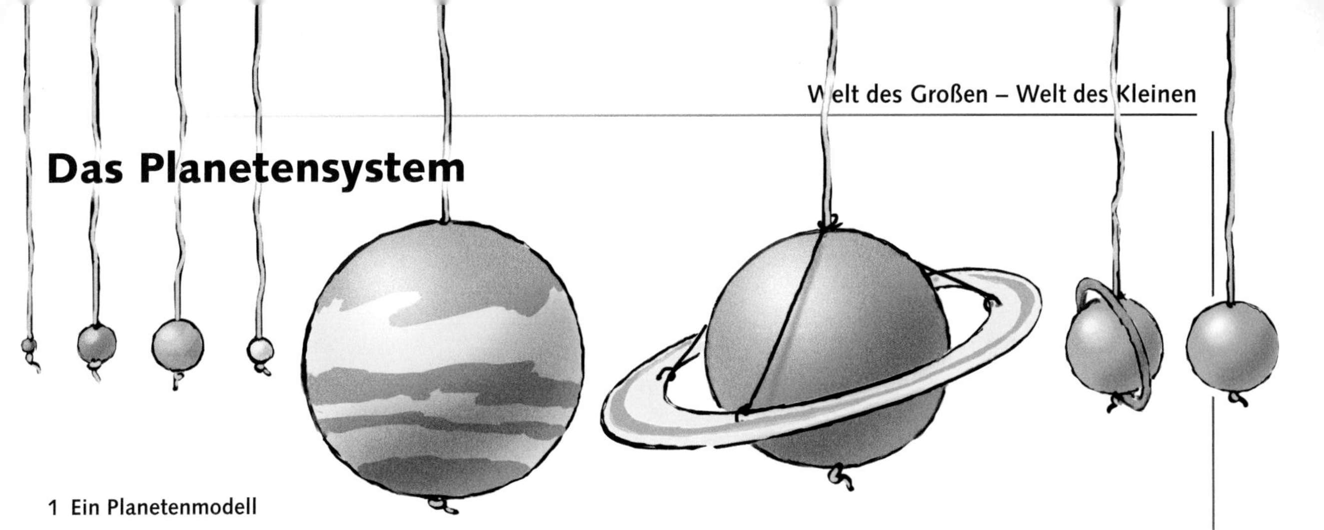

1 Ein Planetenmodell

1. a) Baue ein Modell wie in Bild 1. Runde die Werte der Durchmesser der Planeten so, dass du die Modellplaneten im Maßstab 1: 1000000000 herstellen kannst.
b) Welchen Maßstab musst du für die richtige Darstellung der Abstände zur Sonne benutzen?

2. a) Finde heraus, warum die Venus auch Morgen- oder Abendstern genannt wird.
b) Informiere dich auch über die Zeiträume, zu denen die anderen Planeten von der Erde aus beobachtet werden können.
c) Welche Planeten sind mit dem bloßen Auge nicht zu erkennen?

3. Ordne die Planeten
a) nach ihrem Radius.
b) nach ihrer Masse.
c) nach ihrer Dichte.
d) nach der Anzahl ihrer Monde.

4. Teile die Planeten mit den Ergebnissen aus Aufgabe 3 in Gruppen mit gleichen Eigenschaften.

Einteilung der Planeten

Die acht ▸ Planeten unseres Sonnensystems tragen Namen von Göttinnen und Göttern der Antike. Die Planeten bestehen aus verschiedenen Stoffen und unterscheiden sich erheblich in Masse, Dichte und Radius. Entsprechend ihrer unterschiedlichen physikalischen Eigenschaften werden die Planeten in **erdähnliche Planeten** und **jupiterähnliche Planeten** unterteilt. Gemeinsam bilden sie das **Planetensystem,** das ein Teil unseres Sonnensystems ist.

Dichte

Die **Dichte** ρ (griech. Buchstabe, gelesen rho) eines Stoffes erhältst du, wenn du die ▸ Masse m eines Körpers aus diesem Stoff durch sein ▸ Volumen V teilst.

Es gilt: $\rho = \frac{m}{V}$

$\rho_{\text{Wasser}} = 1\ \frac{\text{g}}{\text{cm}^3}$, $\rho_{\text{Gold}} = 19{,}3\ \frac{\text{g}}{\text{cm}^3}$

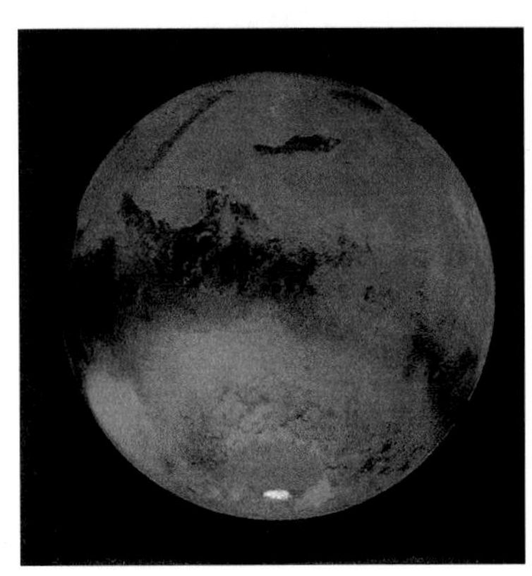

2 Der rote Planet: Mars

■ Die Planeten unseres Sonnensystems werden in erdähnliche Gesteins- und jupiterähnliche Gasplaneten unterteilt.

Erdähnliche Planeten

Diese Planeten ähneln in ihren Eigenschaften der Erde. Es sind Merkur, Venus und Mars (Bild 2). Sie besitzen eine geringe Masse, einen kleinen Radius und eine große Dichte. Da alle vier Planeten aus Gestein bestehen, werden sie auch **Gesteinsplaneten** genannt. Auch der innere Aufbau ähnelt dem der Erde. Es gibt Kern, Mantel und Kruste.

3 Von Ringen umgeben: Saturn

Jupiterähnliche Planeten

Diese Planeten haben wie der Jupiter einen großen Radius, eine große Masse und eine geringe Dichte. Es sind die Planeten Saturn (Bild 3), Uranus und Neptun. Alle vier Planeten bestehen überwiegend aus Gasen und werden auch **Gasplaneten** genannt. Ein besonders äußeres Merkmal der jupiterähnlichen Planeten ist das sie umgebende Ringsystem.

Mit Lupen die Welt des Kleinen entdecken

Rote Waldameise
9–12 mm

Geht auch mit kleinen Tieren vorsichtig um. Bringt sie baldmöglichst wieder dahin, wo ihr sie hergeholt habt.

1. Bringe in einem Schraubglas etwas Waldboden mit. Auch Boden vom Park oder Komposterde eignen sich.
a) Gib die Bodenprobe in eine flache Schale und betrachte sie mit einer Lupe. Beschreibe, was du entdeckst.
b) Vielleicht hast du lebendige oder tote Tiere gefunden. Erkläre, woran du erkennen kannst, dass ein Tier lebendig ist.
c) Beschreibe, was an nicht Lebendigem in der Erde zu sehen ist. Sortiere und benenne unterschiedliche Bestandteile.

Wolfsspinne
3–7 mm

2. Mit der nebenstehend gezeichneten Fangvorrichtung für Bodentiere könnt ihr Tiere aus der Laubstreu oder dem Boden auf das feuchte Filterpapier im dunklen Karton vertreiben. Nach etwa einer halben Stunde könnt ihr die gefangenen Tiere untersuchen.
Mithilfe einer Stereolupe könnt ihr am meisten entdecken.
a) Beobachtet die Tiere genau. Wie ist ihre Form und Farbe, wie viele Beine haben sie? Bestimmt mithilfe eines Lineals auch die ungefähre Größe der Tiere. Notiert eure Ergebnisse.
b) Versucht mithilfe der am Rand gezeichneten Abbildungen einige der Tiere namentlich zu bestimmen.
c) Beschreibt die Bewegungen und das Verhalten der Tiere.
d) Wie haben die Tiere offensichtlich auf Licht, Wärme und Trockenheit reagiert, damit ihr sie in der gezeigten Fangvorrichtung fangen konntet?

Mistkäfer
bis 20 mm

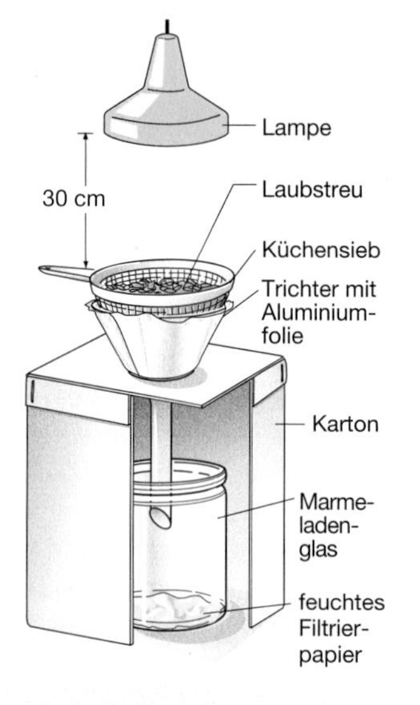

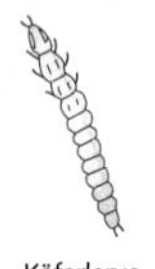
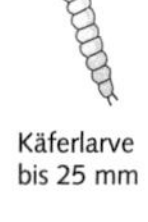

Käferlarve
bis 25 mm

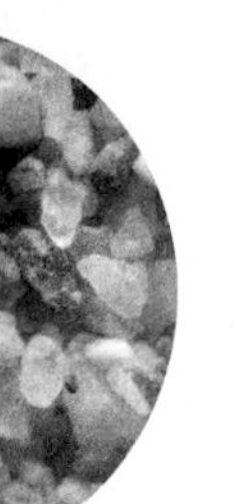

3. Untersucht eine Sandprobe unter der Stereolupe.
a) Betrachtet und vergleicht die Sandkörner. Beschreibt ihre Formen, Farben und Größen.
b) Mithilfe eines Zahnstochers könnt ihr verschiedenartige Sandkörner aussortieren und eine Miniatur-Mineraliensammlung anlegen.

4. Benenne die auf dieser Doppelseite gezeigten Lupen und stelle in einer Tabelle jeweils Vor- und Nachteile dieser Lupentypen gegenüber.

5. a) Überlege und erkläre: Wovon ernähren sich verschiedene Bodentiere?
b) Was scheiden die Tiere aus und wie verändern sie dadurch den Boden?
c) Begründe, warum man Bodentiere nicht zu lange in einem kleinen verschlossenen Schraubglas halten darf.

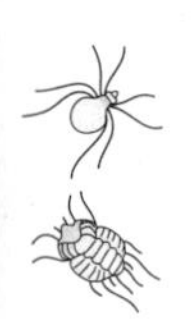

Milben
bis 2 mm

Umgang mit der Stereolupe

1. Lege das, was du untersuchen möchtest, in eine flache Glas- oder Kunststoffschale, z. B. in eine Petrischale.
2. Passe den Abstand der beiden Okulare deinem Augenabstand an.
3. Blicke durch beide Okulare und stelle das Bild mithilfe des Triebrades scharf.

Zwergfüßer
etwa 8 mm

Borstenschwanz
bis 20 mm

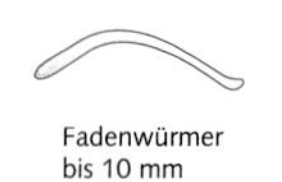

Fadenwürmer
bis 10 mm

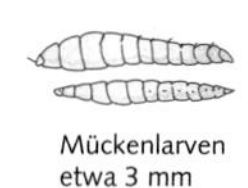

Mückenlarven
etwa 3 mm

Boden

Auf den ersten Blick erscheint Boden als braune, einheitliche Masse. Schaut man jedoch genauer hin oder untersucht ihn mit einer **Lupe,** so stellt man fest, dass er aus verschiedenen Bestandteilen besteht. Da gibt es kleine Steine, Lehmkrümel oder Sandkörner. Dies sind **mineralische Bestandteile** des Bodens. Daneben finden sich abgestorbene Pflanzenteile wie Halme oder Blattreste. Auch Reste von Tieren wie leere Schneckenhäuser oder Insektenhüllen finden sich im Boden. Neben diesen nicht oder nicht mehr lebendigen Bestandteilen kann man aber auch viele **Lebewesen** entdecken. Die Tiere erkennt man leicht, wenn sie sich bewegen. Oft reagieren sie auf ▸ Reize wie Licht oder Berührung.

Mit Lupen kann man noch nicht alle Lebewesen des Bodens entdecken. Um die Schimmelpilze oder Bakterien zu sehen, braucht man ein ▸ Mikroskop.

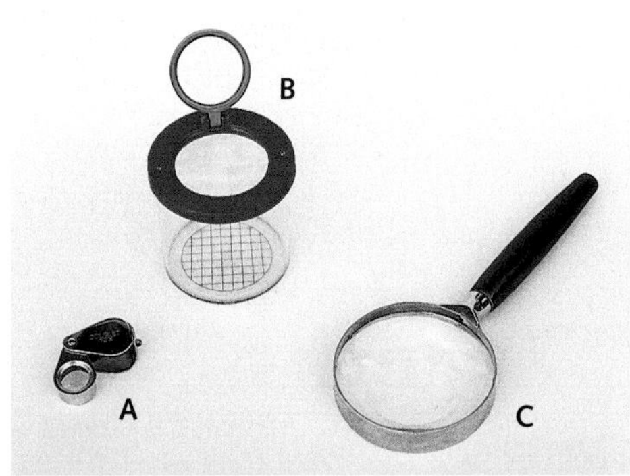

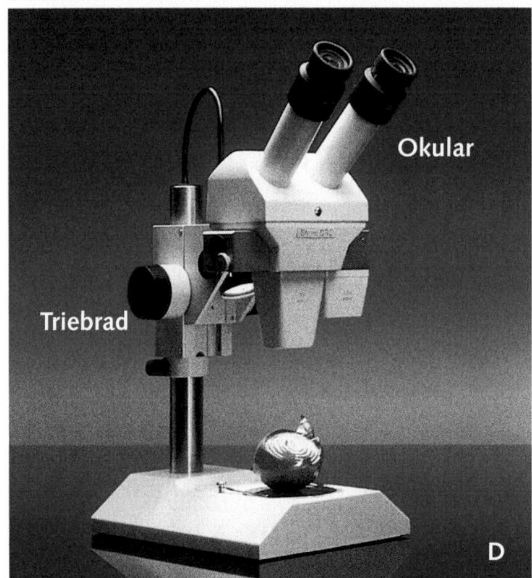

1 Lupentypen. A *Einschlaglupe;* **B** *Becherlupe;* **C** *Stiellupe;* **D** *Stereolupe*

2 Bodentiere zersetzen Laub

Wie leben die Tiere im Boden?

Manche Bodentiere wie Asseln oder Springschwänze ernähren sich von abgestorbenen Pflanzenteilen und zersetzen so beispielsweise abgefallene Blätter. Hundertfüßer oder Spinnen sind hingegen Jäger und fressen andere Bodentiere. Alle Tiere scheiden Kot aus. Ebenso wie große Tiere müssen auch die meisten Bodentiere atmen und brauchen lockeren, luftigen Boden. Viele Tiere legen Eier, aus denen Jungtiere schlüpfen und heranwachsen, um sich dann wieder fortzupflanzen.

Lupen

Lupen helfen beim Betrachten kleiner Objekte. Hält man eine Lupe in geeignetem Abstand zwischen das Auge und das Objekt, so sieht man ein etwa 10-fach vergrößertes Bild. Eine Lupe ist immer eine ▸ Sammellinse, die in der Mitte dicker ist als am Rand.

Verschiedene **Lupentypen** eignen sich für bestimmte Zwecke besonders gut. Die kleinen Einschlaglupen vergrößern relativ stark und lassen sich gut auch beim Arbeiten im Freiland mitnehmen. Die großen Stiellupen sind meist schwächer, haben aber eine größeres Gesichtsfeld. Aus Becherlupen können kleine, bewegliche Tiere nicht entkommen.

Eine **Stereolupe,** auch Binokular genannt, ist ein größeres und teureres Laborgerät. Sie besteht aus mehreren Linsen und vergrößert etwa 20- bis 40-fach. Man kann mit beiden Augen hineinschauen und erhält ein räumliches Bild.

Größenordnungen im Kleinen

Sehr winzige Gegenstände sind oft kleiner als ein Millimeter. Daher hat man für Bruchteile von Millimetern noch weitere Bezeichnungen eingeführt. Die folgende Tabelle gibt eine Übersicht.

Bezeichnung	Abkürzung	Umrechnung
Mikrometer	µm	$1\ \mu m = \frac{1}{1000}$ mm
Nanometer	nm	$1\ nm = \frac{1}{1000}\ \mu m$

3 Größenordnungen im Kleinen

Arbeiten mit dem Mikroskop

Durch das **Okular** blickst du in das Mikroskop. Es enthält Linsen, die wie eine Lupe das Bild vergrößern, z. B. 10-mal.

Am **Stativ** kannst du das Mikroskop sicher tragen.

Mit dem **Grobtrieb** und dem **Feintrieb** stellst du das Bild scharf. Die Triebräder verändern den Abstand zwischen dem Objekttisch und dem Objektiv.

Der **Fuß** sorgt für einen sicheren Stand.

Durch Drehen am **Objektivrevolver** schaltest du Objektive mit verschiedenen Vergrößerungen ein.

Jedes **Objektiv** enthält Linsen, die das Bild vergrößern. Das längste Objektiv vergrößert am stärksten, z. B. 40-mal.

Auf den **Objekttisch** legst du den Objektträger mit dem Objekt.

Mit der **Blende** regelst du den Kontrast und die Helligkeit des Bildes.

Zur **Beleuchtung** dient eine Lampe oder ein drehbarer Spiegel.

1 Lichtmikroskop

Sicherer Umgang

Ein Mikroskop ist ein wertvolles Gerät, mit dem man sorgfältig umgehen muss. Mache dich darum mit ihm vertraut, bevor du anfängst zu mikroskopieren. Beachte diese Sicherheitshinweise:

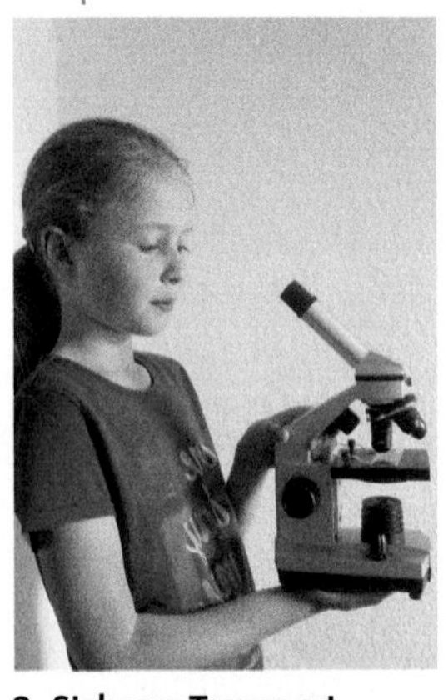

2 Sicherer Transport

- Trage das Mikroskop aufrecht und sicher mit einer Hand am Stativ und der anderen Hand am Fuß des Mikroskops.
- Fasse nie an die Linsen des Okulars oder der Objektive. Für die Reinigung ist nur die Lehrkraft zuständig.
- Das Objektiv darf nie auf das Objekt stoßen. Vor allem bei der größten Vergrößerung musst du aufpassen.

Die Vergrößerung

Auf dem Objektiv kann man ablesen, wie viel mal das Objektiv das Bild des Objekts vergrößert, z. B. x40. Dieses Bild wird dann durch das Okular noch einmal vergrößert. Wenn man auf dem Okular x10 abliest, so wird das Bild noch zehnfach vergrößert.

Die Gesamtvergrößerung des Mikroskops erhältst du durch Multiplizieren der beiden Vergrößerungen von Objektiv und Okular. In unserem Beispiel:

$$40 \times 10 = 400$$

Bei dieser Einstellung vergrößert das Mikroskop also 400-fach.

Gute Lichtmikroskope vergrößern bis zu etwa 1000-fach.

Erste Untersuchungen
Mikroskopiere zuerst ein Trockenpräparat, das du einfach auf den Objektträger legst. Untersuche zum Beispiel ein Haar mit Haarwurzel, eine Feder, eine Fischschuppe oder einen Insektenflügel.
Auch Salzkristalle, Sandkörner oder ein abgezupfter Fetzen Papier sind interessante Objekte.
Tipp: Wenn du die Objekte von der Seite mit einer kleinen Taschenlampe beleuchtest, siehst du sie besonders deutlich.

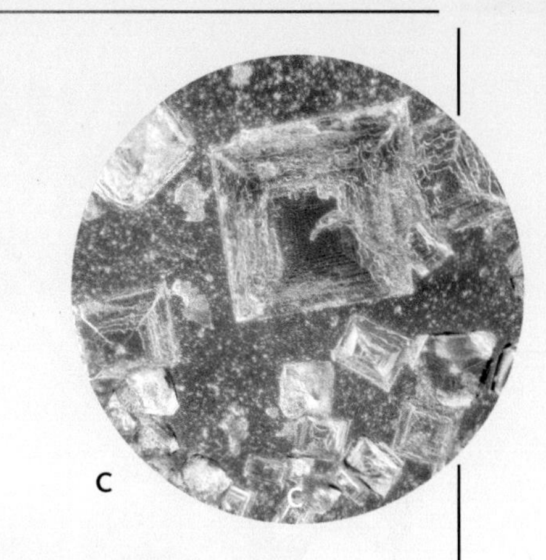

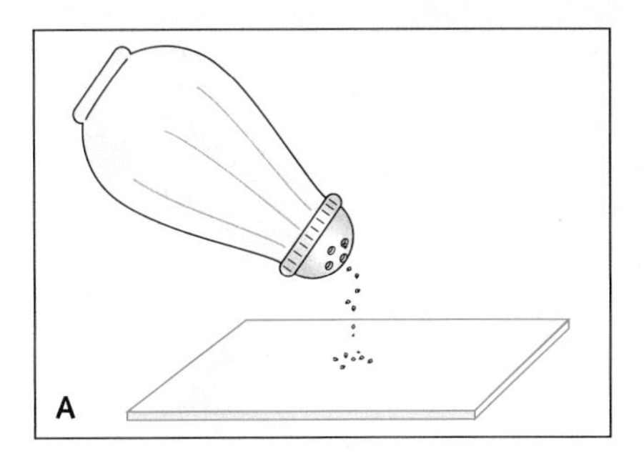

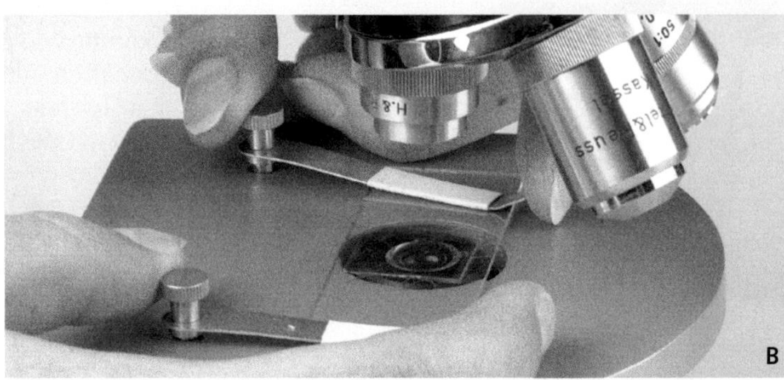

Für Nasspräparate zum Beispiel von Pflanzenteilen setzt du mit dem Finger oder einer Pipette einen Tropfen Wasser in die Mitte des Objektträgers, gibst das Objekt hinein und deckst es mit einem Deckgläschen ab.

3 Anfertigung eines Trockenpräparates. A *Trockenpräparat;* **B** *auf dem Objekttisch;* **C** *Kochsalzkristalle*

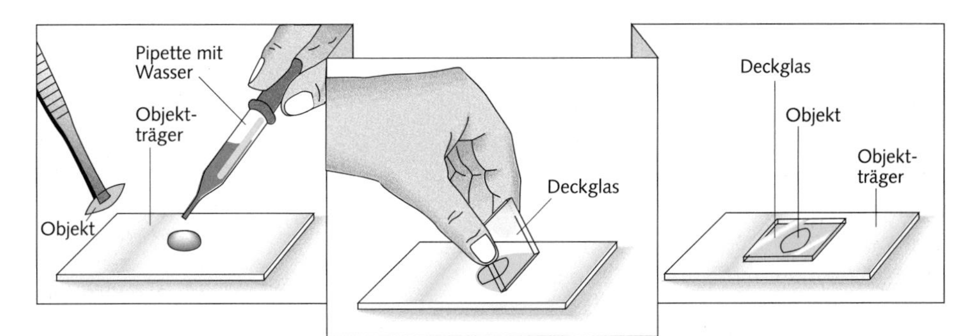

4 Anfertigung eines Nasspräparates

Regeln zum richtigen Mikroskopieren
1. Schalte die Beleuchtung ein.
2. Stelle mit dem Objektivrevolver die kleinste Vergrößerung, also das kürzeste Objektiv, ein.
3. Lege den Objektträger so auf den Objekttisch, dass das Präparat direkt über der beleuchteten Öffnung liegt.
4. Schaue durch das Okular und drehe am Grobtrieb, bis das Bild scharf zu sehen ist. Mit dem Feintrieb kannst du nachregulieren.
5. Regle mit der Blende die Helligkeit und den Bildkontrast.
6. Suche durch Verschieben des Objektträgers auf dem Objekttisch einen geeigneten Bildausschnitt.
7. Erst wenn das Bild scharf ist, darfst du mit dem Objektivrevolver die nächste Vergrößerung einstellen. Dann brauchst du die Bildschärfe nur noch mit dem Feintrieb nachzuregulieren.

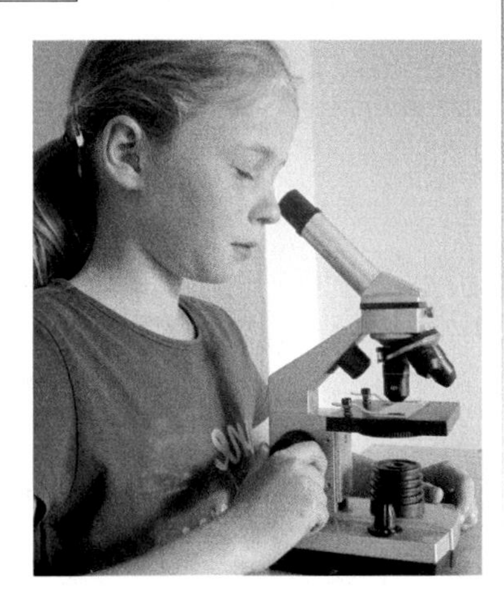

Lebewesen bestehen aus Zellen

1. Mikroskopiere Blättchen der Wasserpest. Diese Wasserpflanze bekommst du in Aquariengeschäften oder du findest sie in Teichen.
Zupfe mit der Pinzette ein Blättchen ab und lege es in einen Tropfen Wasser auf den Objektträger. Decke das Blättchen mit einem Deckgläschen ab. Mikroskopiere und zeichne die Zellen der Wasserpest. Beachte dabei die Methodenseiten zum richtigen ▸ Arbeiten mit dem Mikroskop und zum Anfertigen einer ▸ mikroskopischen Zeichnung.

2. a) Untersuche Zellen aus deinem eigenen Mund unter dem Mikroskop.
Schabe dazu mit einem abgeschnittenen Trinkhalm am Inneren deiner Wange entlang und streiche das Abgeschabte auf die Mitte eines Objektträgers. Gib darauf einen Tropfen des Farbstoffs ▸ Methylenblau und decke mit einem Deckgläschen ab.
b) Mikroskopiere und zeichne die Zellen der Mundschleimhaut. Beachte dabei die Methodenseiten zum ▸ Arbeiten mit dem Mikroskop, ▸ Präparieren, Färben und Anfertigen einer ▸ mikroskopischen Zeichnung.

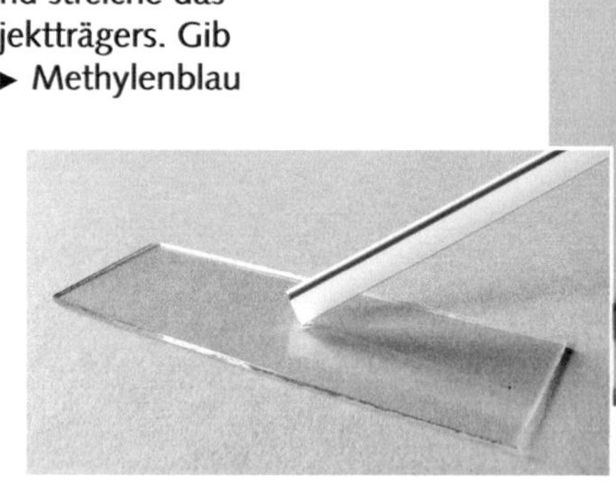

3. Erforsche die Zellgröße. Kopiere dazu Millimeterpapier auf eine durchsichtige Folie. Schneide ein Folienstück von etwa einem Quadratzentimeter aus und lege es auf den Objektträger.
Fertige darauf wie gewohnt das Zellpräparat an, zum Beispiel von der Wasserpest, von der ▸ Zwiebelhaut oder der Mundschleimhaut. Mikroskopiere und schätze ab, den wievielten Teil eines Millimeters eine Zelle etwa lang ist.

4. Erstelle eine Tabelle mit den Bestandteilen einer typischen Pflanzenzelle und den Funktionen, die die verschiedenen Teile für die Zelle erfüllen.

5. Vergleiche pflanzliche und tierische Zellen. Nenne Gemeinsamkeiten und Unterschiede.

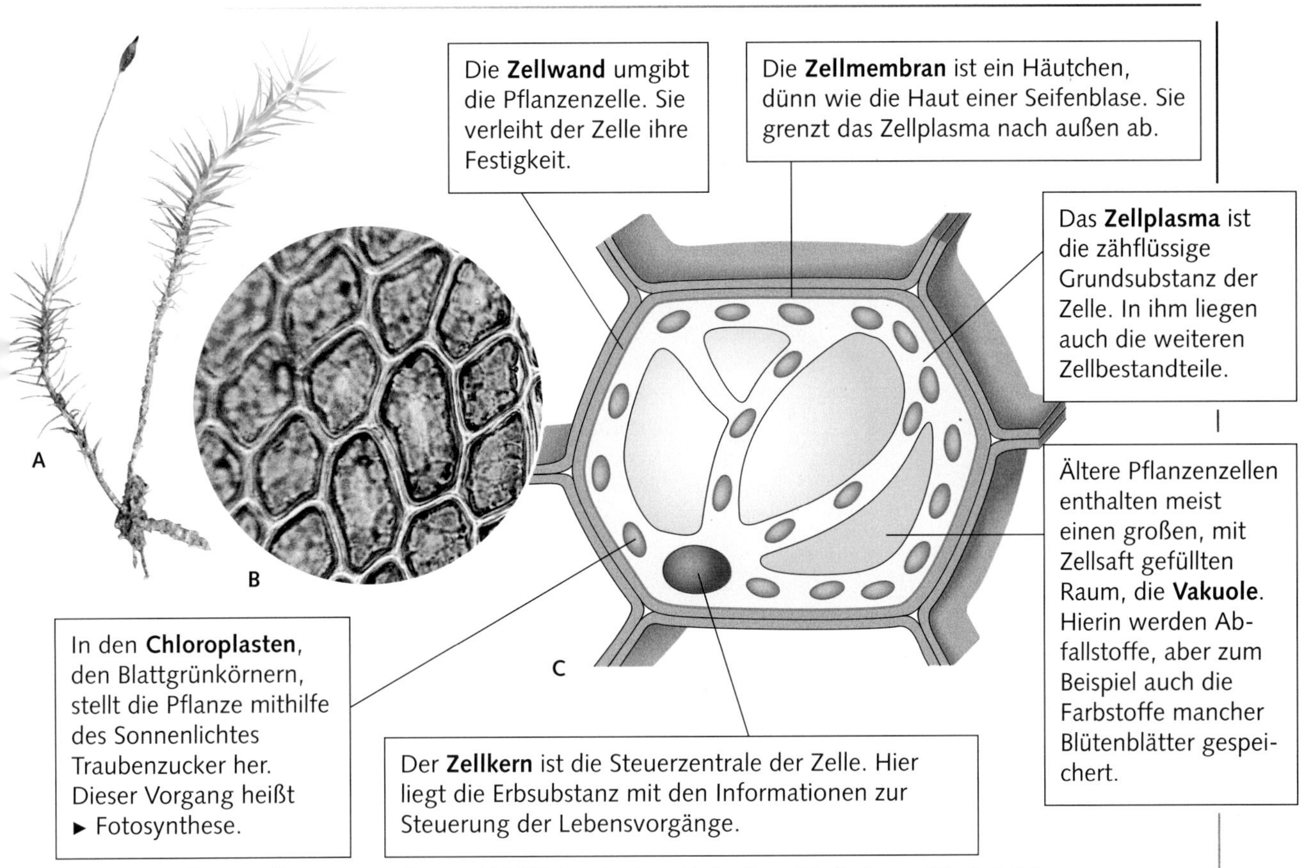

1 Bau einer Pflanzenzelle. A *Moospflanze mit Blättchen;* **B** *Moosblattzellen 100-fach vergrößert;* **C** *Schema*

Untersucht man Pflanzen und Tiere genauer und bringt ihre Organe oder dünne Schnitte davon unter das Mikroskop, so stellt man fest, dass alle Pflanzen, Tiere und auch Menschen aus **Zellen** bestehen. Häufig liegen gleichartige Zellen dicht nebeneinander und bilden ein **Gewebe**. Im Blatt der Wasserpest oder in der Zwiebelhaut erkennst du die Zellen als mauerartiges Muster bereits mit der schwächsten Vergrößerung.
Bei stärkerer Vergrößerung wird der Aufbau einer typischen **Pflanzenzelle** erkennbar. Die Bestandteile, die sich im Zellplasma befinden, wie beispielsweise der Zellkern, die Chloroplasten und die Vakuolen bezeichnet man als **Zellorganellen.** Sie erfüllen bestimmte Funktionen im Leben der Zelle, so wie die Organe eines Menschen bestimmte Funktionen in seinem Körper haben.

Tierische Zellen haben keine Zellwand, die ihnen eine feste Form gibt. Auch große Vakuolen und Chloroplasten fehlen. Ansonsten verfügen sie über die gleichen Bestandteile mit denselben Funktionen wie bei den Pflanzenzellen.

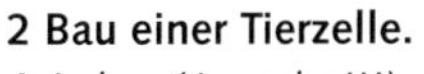

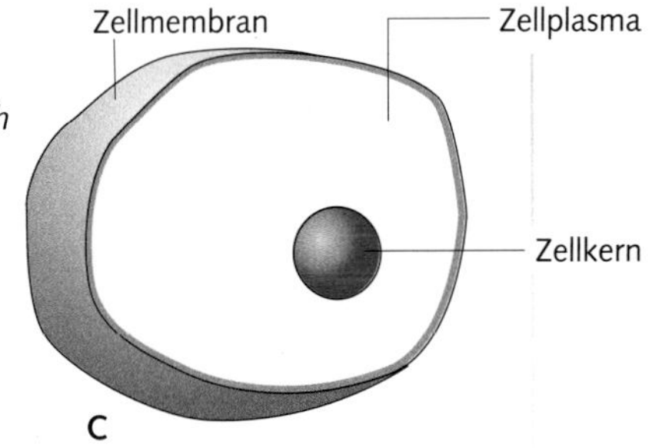

2 Bau einer Tierzelle. **A** *Leber (Ausschnitt);* **B** *Leberzellen (100-fach vergrößert);* **C** *Schema*

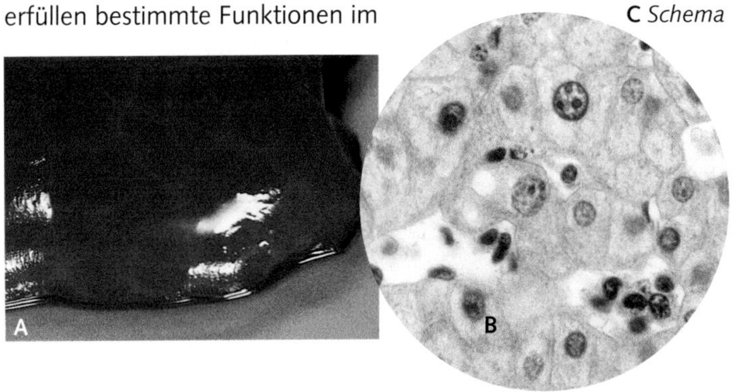

■ Der Zellkern, das Zellplasma und die Zellmembran sind gemeinsame Bestandteile, die sowohl in Pflanzen- als auch in Tierzellen vorkommen.

Präparieren und Färben

Hier siehst du, wie man ein Objekt zum Mikroskopieren vorbereitet, also wie ein mikroskopisches **Präparat** hergestellt wird.
Bei manchen sehr durchscheinenden Objekten treten die Strukturen im mikroskopischen Bild erst nach dem **Färben** deutlich hervor.

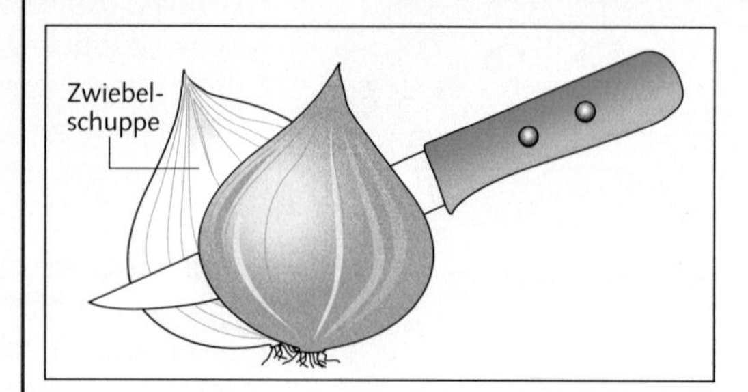

Präparation von Zwiebelhautzellen

1. Schneide eine Zwiebel zweimal längs durch, sodass du vier Teile erhältst. Entnimm eine Zwiebelschuppe.

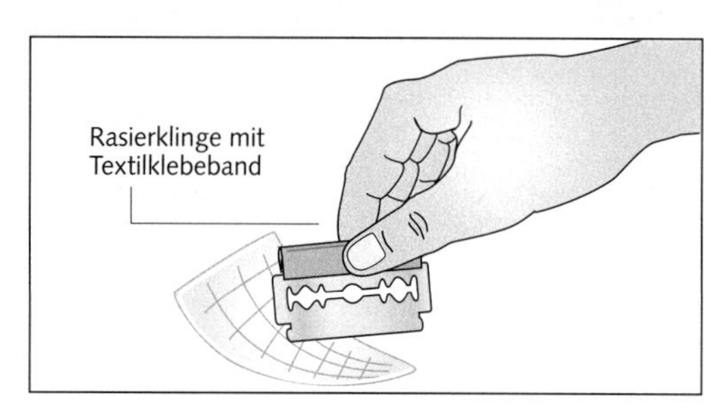

2. Schneide an der Innenseite mit der Rasierklinge ein Raster in das Gewebe ein. Die kleinen Vierecke, die dabei entstehen, sollten eine Kantenlänge von etwa 4 mm besitzen.

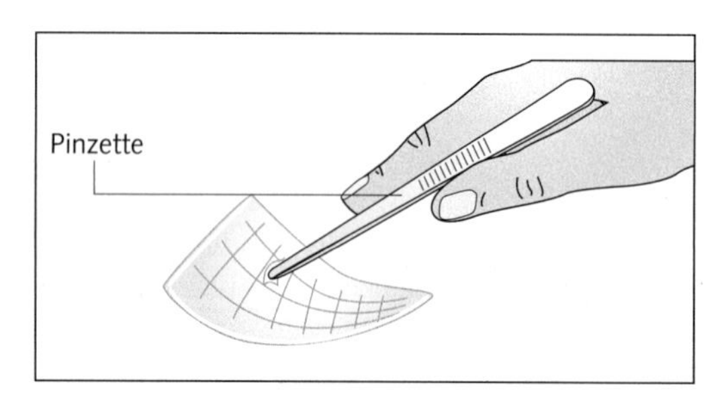

3. Entnimm aus diesem Viereck mit der Pinzette das oberste feine Häutchen und lege es ohne Falten auf den Objektträger in einen Wassertropfen. Decke das Präparat mit einem Deckgläschen ab. Tupfe überschüssiges Wasser mit einem Stück Filterpapier ab.

Färben des Präparates

Ein häufig benutzter Farbstoff ist Methylenblau. Er färbt besonders die Zellkerne und auch das Zellplasma hellblau. Der Farbstoff kann mittels Pipette vorsichtig auf das Präparat getropft werden, bevor es mit dem Deckgläschen luftblasenfrei abgedeckt wird.

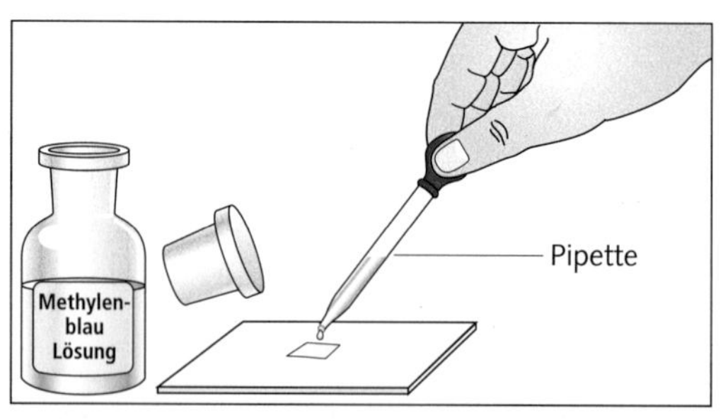

Alternativ kannst du das Präparat auch direkt in einen Tropfen Farblösung legen und anschließend mit dem Deckgläschen abdecken.

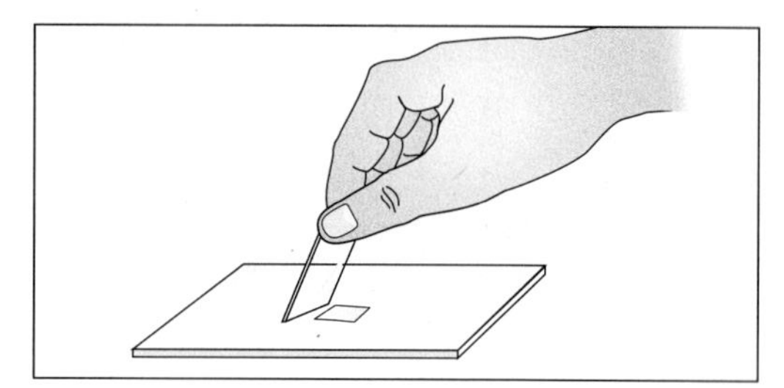

Eine mikroskopische Zeichnung anfertigen

Wenn du ein gutes Präparat unter dem Mikroskop hast, lohnt es sich, eine Zeichnung anzufertigen, die das zeigt, was du gesehen hast.

Zeichne das Objekt möglichst genau. Achte zum Beispiel bei Zellen auf ihre Form und auf die Lage der Zellbestandteile.
Bei deiner Zeichnung kannst du zudem manches deutlicher hervorheben, als es vielleicht zu sehen ist: Zum Beispiel grenzt du die Vakuole durch eine durchgehende Linie ab, auch wenn dies nicht überall scharf im Bild zu sehen ist.

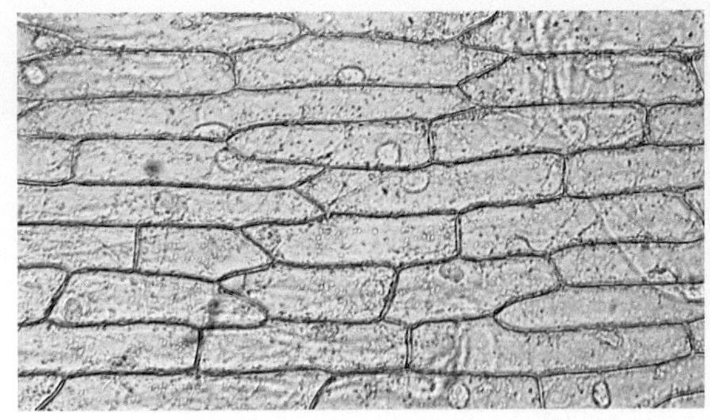

1 Foto von Zwiebelhautzellen unter dem Lichtmikroskop

Lege deine Zeichnung **möglichst groß** an, mindestens auf einer halben Seite.

Notiere den Namen des **Objektes**, das **Datum** und deinen **eigenen Namen**.
Halte bei mikroskopischen Zeichnungen die eingestellte Vergrößerung fest.

Zeichne mit **Bleistift** auf **weißem Papier.** Verwende zum farbigen Markieren Buntstifte.

Zeichne deutlich mit **durchgehenden Linien**, strichele nicht.

Beschrifte die gezeichneten Bestandteile des Objektes mit den entsprechenden **Fachbegriffen.**

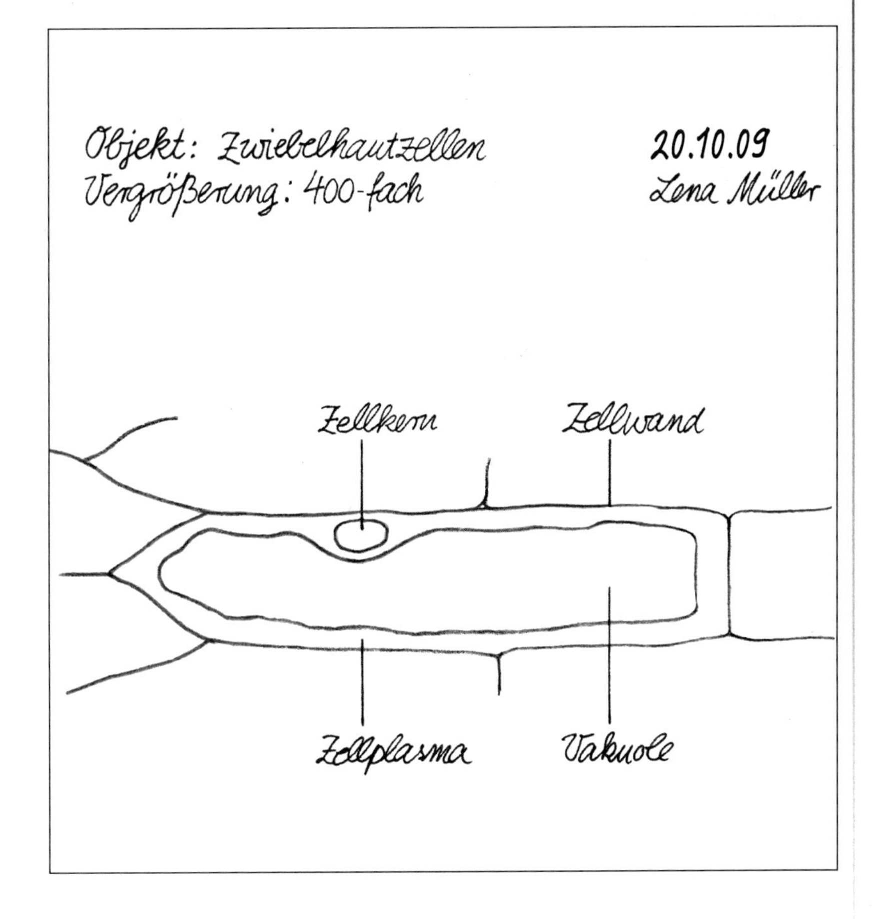

1. Überprüfe: Welche der Zeichenregeln gelten auch dann, wenn du von einem anderen biologischen Objekt wie einer Pflanze, einer Blüte oder einem Insektenflügel eine nichtmokroskopische Zeichnung anfertigen möchtest?

2. Fertige von demselben mikroskopischen Objekt ein Mikrofoto und eine Zeichnung an. Welche Vorteile hat das Foto, welche die Zeichnung?

Von der Lupe zu Mikroskop und Fernrohr

1. Betrachte den Text der Buchseite mit einer Lupe. Welchen Abstand muss die Lupe haben, damit ein scharfes Bild entsteht?

2. a) Beschreibe eine Sammellinse und begründe ihren Namen.
b) Beschreibe eine Zerstreuungslinse und begründe ihren Namen.

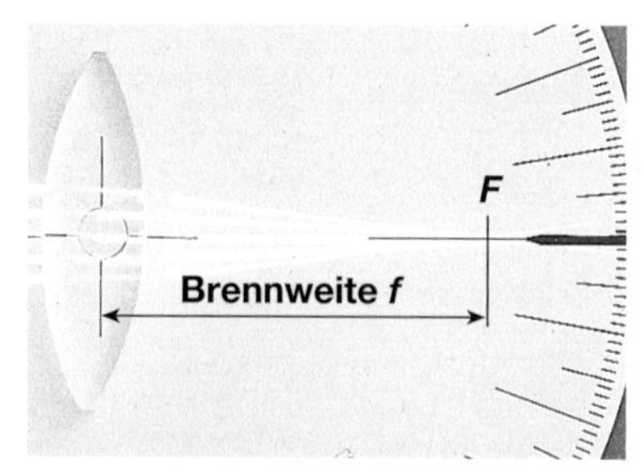

1 Die Linsenkrümmung bestimmt die Brennweite.

3. Informiere dich in einem Nachschlagewerk oder im Internet, welche verschiedenen
a) Lupenarten es gibt und wofür sie eingesetzt werden.
b) Fernrohre es gibt und wofür sie eingesetzt werden.

4. Vergleiche die Brennweiten von Okular und Objektiv bei einem astronomischen Fernrohr.

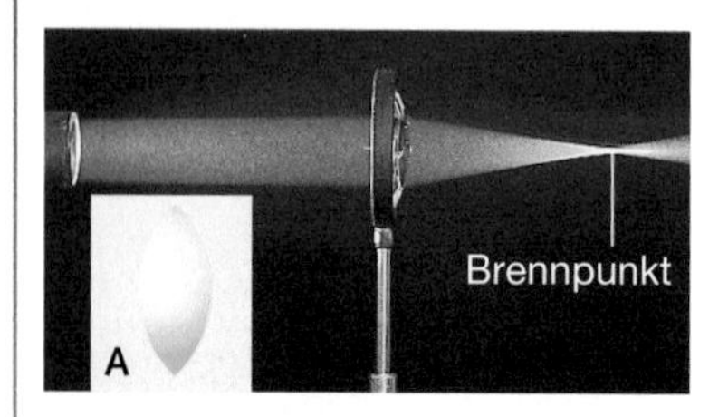

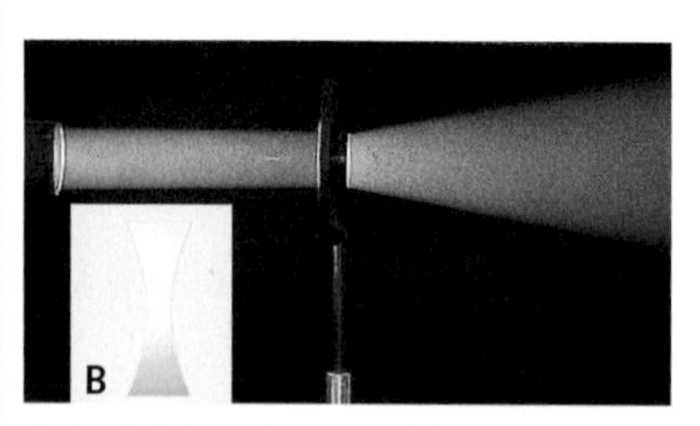

2 A *Licht und Sammellinse;*
B *Licht und Zerstreuungslinse*

Optische Linsen

Bei einer ▸ **Sammellinse** (Bild 2A) werden die auftreffenden Lichtbündel so abgelenkt, dass sie hinter der Linse in einem Punkt, dem **Brennpunkt** *F*, gesammelt werden. Der Abstand von der Mitte der Linse bis zum Brennpunkt ist die **Brennweite** *f*. Sie wird in mm oder in cm angegeben.

Eine Linse, deren Glasköper in der Mitte dünner als am Rand ist, heißt ▸ **Zerstreuungslinse** (Bild 2B). Lässt du auf eine solche Linse paralleles Licht fallen, wird das Licht hinter der Linse zerstreut.

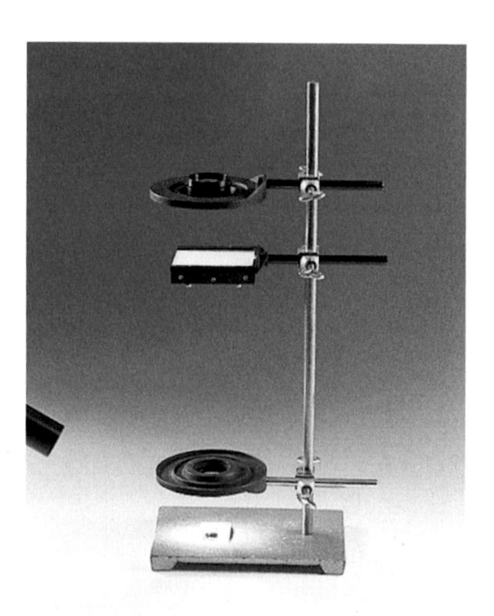
3 Ein Modellmikroskop

Lupe und Mikroskop

Einzelne Sammellinsen kannst du als ▸ **Lupe benutzen**. Die Sammellinse muss eine kleine Brennweite haben. Dabei musst du die Lupe so vor den Gegenstand halten, dass er sich ungefähr im Abstand der Brennweite vor der Linse befindet.

Auch mit einem ▸ **Mikroskop** kannst du sehr kleine Gegenstände vergrößert betrachten. Es besteht aus zwei Sammellinsen mit sehr kleinen Brennweiten. Das **Objektiv** erzeugt im Tubus ein etwas vergrößertes Zwischenbild vom Gegenstand. Durch die zweite Sammellinse, das **Okular**, wird der Gegenstand noch einmal vergrößert betrachtet. Das Okular ist eine Lupe. Bei der Scharfeinstellung wird der Abstand zwischen Gegenstand und Objektiv verändert.

Fernrohre

Fernrohre werden benutzt, um weit entfernte Gegenstände vergrößert zu betrachten. **Astronomische Fernrohre** werden für Himmelsbeobachtungen eingesetzt. Sie bestehen aus zwei Sammellinsen. Das Objektiv erzeugt ein kleines Bild, das durch das Okular vergrößert wird.
Bei Beobachtungen auf der Erde fällt aber auf, dass diese Fernrohre ein auf dem Kopf stehendes und seitenverkehrtes Bild liefern. Deshalb benutzt man dafür Fernrohre, deren Okular eine Zerstreuungslinse ist. Diese hebt die Wirkung der Augenlinse auf. Das vom Objektiv, einer Sammellinse, erzeugte Bild entsteht also gleich auf der Netzhaut. Ein solches Fernrohr heißt **galileisches Fernrohr**, benannt nach Galileo Galilei (1564–1642).

■ Sammellinsen sammeln parallele Lichtstrahlen im Brennpunkt. Zerstreuungslinsen bewirken das Gegenteil und streuen das Licht auseinander. Beide Arten von Linsen werden in optischen Geräten eingesetzt.

Elektronen- und Rastertunnelmikroskop

Das Elektronenmikroskop

Die Vergrößerungen, die mit ▸ Lupe und ▸ Lichtmikroskop erreicht werden können, sind für viele wissenschaftliche Untersuchungen nicht ausreichend. So konnte der ▸ Zellkern mit einem Lichtmikroskop abgebildet werden. Die Untersuchung des Zellinneren war aber nicht möglich. Durch die Eigenschaften des Lichtes war eine weitere Steigerung der Vergrößerungswerte unmöglich. Um auch die Feinstrukturen von Zellen oder die Oberflächenstrukturen von Stoffen untersuchen zu können, suchten die Wissenschaftler nach neuen Methoden der Mikroskopie.

Das erste nicht mit Licht arbeitende Mikroskop bauten die beiden deutschen Wissenschaftler Ernst Ruska (1906–1988) und Max Knoll (1897–1969) im Jahr 1931. Bei dem von ihnen entwickelten **Elektronenmikroskop** werden zur Erzeugung des Bildes anstelle des Lichtes Elektronenstrahlen benutzt. Elektronen sind elektrisch geladene kleine Teilchen. Die geschliffenen Glaslinsen des Lichtmikroskopes müssen beim Elektronenmikroskop durch besondere Linsen ersetzt werden. Diese Linsen haben magnetische Eigenschaften und können so den Elektronenstrahl durch ihre anziehende oder abstoßende Wirkung steuern.

Heute sind mit einem Elektronenmikroskop 500 000-fach vergrößerte Abbildungen möglich. Besonders große Bedeutung erlangte das Elektronenmikroskop bei der Erforschung von Krankheiten, die durch Viren hervorgerufen werden. Diese Krankheitserreger sind für die genaue Untersuchung mit Lichtmikroskopen zu klein.

2 Rastertunnelmikroskop

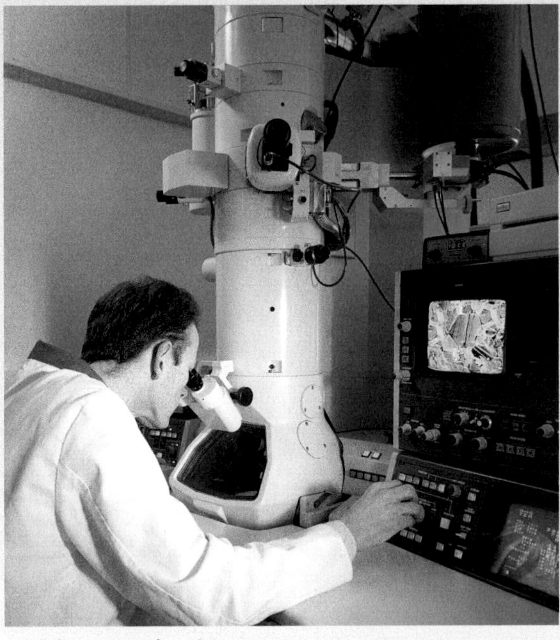

1 Elektronenmikroskop

Das Rastertunnelmikroskop

Genau wie das Elektronenmikroskop arbeitet auch das **Rastertunnelmikroskop** nicht mit Licht, sondern mit Elektrizität.
Diese Mikroskope werden oft zur Untersuchung von Materialoberflächen eingesetzt. Durch eine spitze Sonde wird die Oberfläche des Materials abgetastet. Der Abstand zwischen der Sonde und der Oberfläche beträgt nur winzige Bruchteile von 1 mm. Aus den Daten, die die Sonde beim Abtasten übermittelt, errechnet ein Computer das Bild der Oberfläche mit sehr großer Genauigkeit. Dieses Bild wird dann auf dem Bildschirm des Computers dargestellt.
Ein großer Vorteil dieser Methode besteht darin, dass das untersuchte Material nicht zerstört wird. Außerdem können Rastertunnelmikroskope nicht nur in unserer natürlichen Umwelt, also in Luft, genutzt werden. Ihr Einsatz ist auch im Vakuum und in Flüssigkeiten möglich. Viele chemische oder biologische Untersuchungen können so unter natürlichen Bedingungen durchgeführt werden.

1986 erhielten Heinrich Rohrer (*1933) und Gerd Binning (*1947) für die Erfindung des Rastertunnelmikroskopes gemeinsam mit Ernst Ruska für die Erfindung des Elektronenmikroskopes den Nobelpreis für Physik.

Bau von optischen Geräten

Optische Geräte sind von jeher auch Meisterwerke der Feinmechanik. Ihr Bau hat eine lange Tradition. Einer der ersten Naturforscher, der optische Geräte baute, war der Italiener GALILEO GALILEI (1564–1642). Er gilt als der Erfinder des ▸ galileischen Fernrohres.

Heute stellt das Weltraumteleskop Hubble die neueste Entwicklung dar. Optische Geräte wie Fernrohr, Mikroskop, Kaleidoskop oder Lochkamera könnt ihr selbst bauen. Preiswerte Linsen könnt ihr beim Optiker oder in Läden für Bastelbedarf erwerben.

Gruppe 1: Kaleidoskop

Mit einem **Kaleidoskop** lassen sich kleine Gegenstände betrachten, die mehrfach abgebildet werden und dabei ein symmetrisches Muster ergeben. Beim Drehen des Kaleidoskopes entstehen immer neue Muster.
Das Kaleidoskop besteht aus einem Rohr, in dem mehrere Spiegel unter einem bestimmten Winkel zueinander angeordnet sind.

Kleine Gegenstände wie Glasperlen, farbige Papierschnipsel oder Glasbruchstücke werden in einen Pappring gelegt, dessen Querschnittsflächen mit Transparentpapier und Klarsichtfolie verschlossen werden. Dieser Ring wird an einem Ende in das Rohr eingesetzt. Das andere Ende wird mit einer passenden Sammellinse verschlossen. Jetzt könnt ihr in die zauberhafte Welt der tausend Spiegelbilder eintauchen. Dabei gleicht kein Bild dem anderen.

A

Gruppe 2: Periskop

Ein **Periskop** oder Sehrohr wie in Bild 1 gestattet dem Benutzer den Blick um die Ecke, ohne dass er selbst gesehen wird. Für die Herstellung werden in einem Vierkantrohr aus Pappe an den Enden zwei Spiegel unter einem Winkel von 45° zur Längsrichtung des Rohres eingesetzt. Die Spiegelflächen sind parallel zueinander. Damit könnt ihr eure Umwelt um die Ecke betrachten.

B

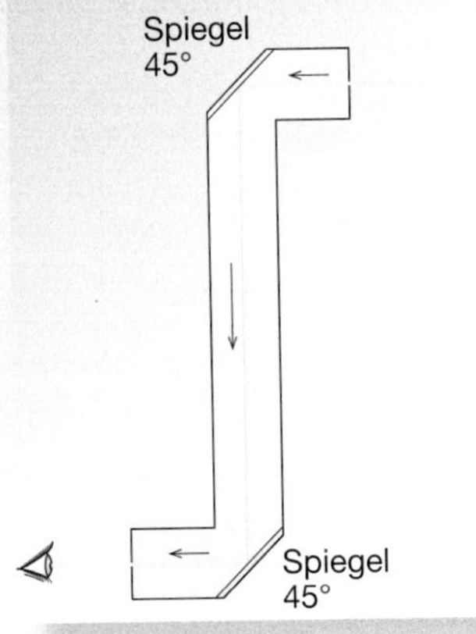

Gruppe 3: Fernrohr

Für ein **Fernrohr** benötigt ihr zwei Linsen mit unterschiedlichen Brennweiten. Das Brennweitenverhältnis sollte etwa 1:10 betragen, beispielsweise 3 cm für das Okular und 30 cm für das Objektiv.
Das Fernrohr besteht aus zwei genau ineinander passenden Papprröhren. Die eine kann lichtdicht in der anderen verschoben werden. Am freien Ende des äußeren Rohres wird die Objektivlinse eingesetzt. Das Okular wird am Ende des inneren Rohres eingesetzt. Durch Verschieben der Rohre gegeneinander kann der Abstand der Linsen genau aufeinander abgestimmt werden, sodass ein scharfes Bild entsteht. Damit könnt ihr euch entfernte Objekte 10-fach vergrößert anschauen.

Gruppe 4: Mikroskop

Mit einem ▸ **Mikroskop** lassen sich kleine Gegenstände vergrößert betrachten. Ihr benötigt zwei Linsen mit kurzer Brennweite, zum Beispiel 4 cm für das Objektiv und 3 cm für das Okular. Es werden zwei Kartonröhren verwendet, die gut ineinander passen. Zwei schmale Ringabschnitte von der inneren Röhre dienen als Halterung für die Objektivlinse. Der erste wird 1 Zentimeter vom Rand innen in das äußere, größere Rohr geklebt. Dann folgt die Objektivlinse. Sie wird durch den zweiten Ring, der ebenfalls eingeklebt wird, gehalten. Die Okularlinse muss innen in dem freien Ende des inneren Rohres befestigt werden. Hierfür eignet sich Heißkleber. Damit können innen, etwa 5 mm vom Rand, 4 Klebepunkte gesetzt werden. Nach dem Erkalten wird darauf die Linse gesetzt. Sie lässt sich dann mit weiteren Klebepunkten befestigen. Da die Gesamtvergrößerung durch das Mikroskop von den Brennweiten der Linsen abhängt, müssen vor dem Einsetzen der Linsen ihre Positionen aufeinander abgestimmt werden. Der Brennpunkt der Okularlinse muss sich etwa an der Stelle befinden, an der das Objektiv ein Zwischenbild erzeugt. Das Scharfstellen erfolgt durch Verändern des Abstandes zwischen Gegenstand und Objektiv. Als erstes Untersuchungsobjekt eignet sich die Haut einer Zwiebel.

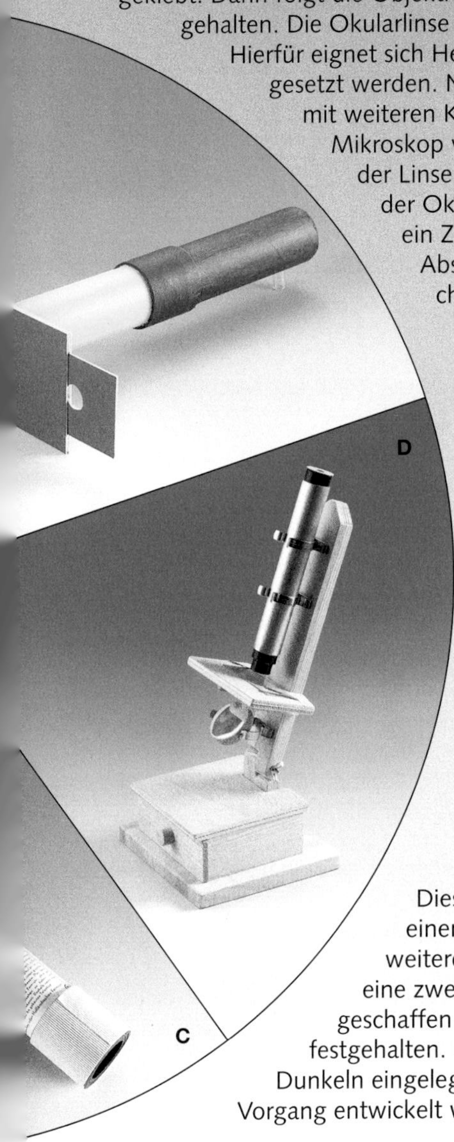

D

Gruppe 5: Lochkamera mit Linse

Eine Lochkamera mit einer Linse wie in Bild 3 erzeugt ein helles Bild, das sich gut betrachten lässt. Die Linse sollte eine Brennweite von 10 cm bis 20 cm haben.

Für die Lochkamera werden zwei ineinander verschiebbare Pappröhren benötigt. Auf die innere wird eine Mattscheibe aus Transparentpapier geklebt. Ein kurzer Rohrabschnitt der inneren Röhre dient als Halterung für die Linse und die Blende. Die Linse lässt sich gut mit Heißkleber befestigen. Für die Blende eignet sich schwarzes Papier. Daraus könnt ihr eine Schiebeblende mit verschiedenen Öffnungen herstellen. Die kleinste sollte etwa 3 mm betragen.

C

Diese Lochkamera kann noch zu einer einfachen Fotokamera weiterentwickelt werden. Dazu muss eine zweite Halterung für Fotopapier geschaffen werden. Darauf wird das Bild festgehalten. Das Fotopapier muss im Dunkeln eingelegt und in einem gesonderten Vorgang entwickelt werden.

Eine Lochkamera mit Linse

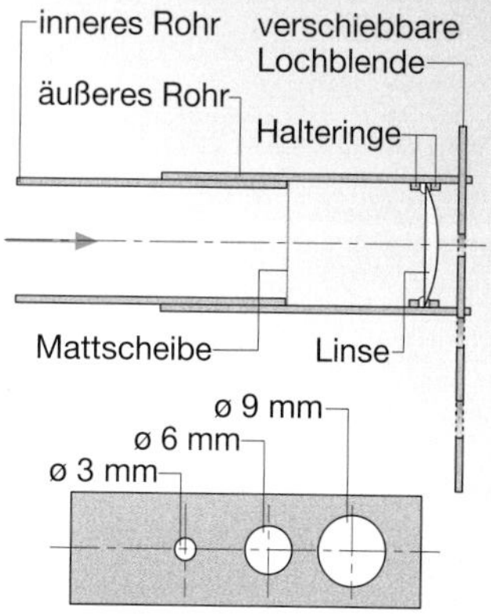

inneres Rohr
verschiebbare Lochblende
äußeres Rohr
Halteringe
Mattscheibe
Linse
ø 9 mm
ø 6 mm
ø 3 mm

2 Optische Geräte: *Kaleidoskop (A); Periskop (B); Fernrohr (C); Mikroskop (D); Lochkamera mit Linse (E)*

Der Weg des Lichtes

 **1.** Beschreibe Bild 1.

2. Decke eine mit kleinen Löchern versehene Alufolie über eine leuchtende Taschenlampe. Bewege ein Stück Papier vor der Lampe. Verfolge die Ausbreitung des Lichtes. Beschreibe deine Beobachtungen.

3. Stelle vor eine Experimentierlampe verschiedene Spaltblenden. Verändere die Spaltanzahl, die Spaltbreite und die Spaltform. Beschreibe jeweils Form und Verlauf des Lichtbündels.

1 Sonnenlicht im Wald

4. Warum kannst du mit einem Scheinwerfer eine Kurve nicht vollständig ausleuchten?

5. Warum breitet sich Licht nicht bei allen Lampen allseitig aus?

Wie breitet sich Licht aus?

An einem Septembermorgen siehst du in einem Wald das Licht der Sonne durch die Bäume bis auf den Waldboden scheinen. Du kannst deutlich den Weg des Lichtes erkennen. Das Licht der Sonne wird durch die Bäume in Lichtbündel aufgefächert. Jedes einzelne Lichtbündel ist **geradlinig** begrenzt.

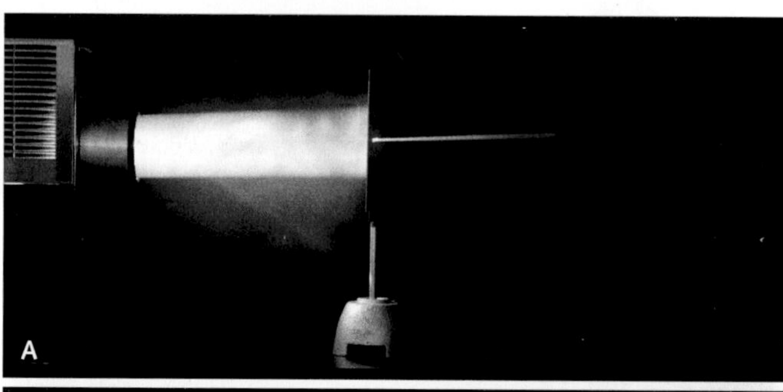

2 Licht fällt durch eine Blende. A *einspaltig;* **B** *dreispaltig*

Bei der mit Löchern versehenen Alufolie erzeugt jedes Loch ein schmales Lichtbündel. Alle Lichtbündel zusammen zeigen einen ähnlichen Verlauf. Das Licht breitet sich nach **allen Seiten** geradlinig aus. Fällt Licht durch verschiedene Blenden, so kannst du verschieden geformte Lichtbündel beobachten. Die einzelnen Lichtbündel sind scharf abgegrenzt. An einer Lochblende entsteht ein Lichtbündel mit kreisförmigem Querschnitt.

■ Das Licht breitet sich nach allen Seiten geradlinig aus.

Das Modell Lichtstrahl

1. Stelle wie in Bild 1 vier Pappscheiben als Blenden nacheinander zwischen eine Taschenlampe und einen Schirm. Dabei soll die Lochgröße der Blenden von der Lampe aus abnehmen. Beschreibe, wie sich der Lichtfleck auf dem Schirm jeweils verändert.

2. Wie würde der Lichtfleck in Versuch 1 aussehen, wenn du die Anzahl der Blenden verdoppeln würdest?

3. a) Suche aus deiner Umgebung verschiedene Beispiele für Modelle.
b) Stelle in deiner Klasse ein Modell vor und sprich über seine Eigenschaften.

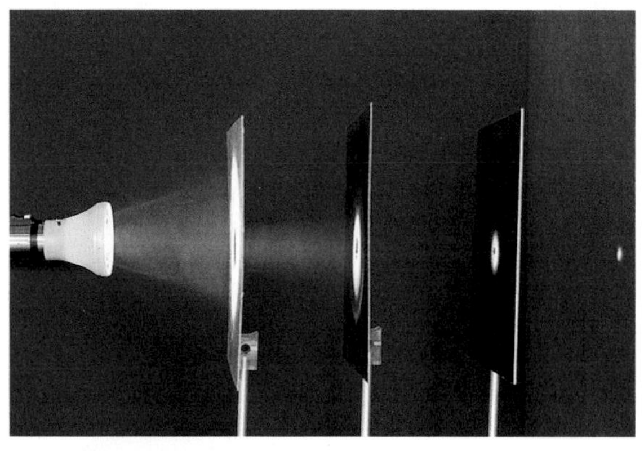

1 Blenden engen das Licht ein.

Modelle helfen die Wirklichkeit zu verstehen

Du kennst Modellbauten von Eisenbahnen, Autos oder Flugzeugen. In Erdkunde arbeitest du mit dem Globus, einem Modell der Erdkugel. Bei diesen Modellen werden Gegenstände verkleinert und mit ihren wesentlichen Eigenschaften dargestellt. Aus der Biologie kennst du das Modell der Katzenkralle, ein Funktionsmodell.
Auch in der Physik werden Modelle genutzt, um schwierige Sachverhalte anschaulich zu machen oder um die Eigenschaften und das Verhalten von Körpern zu erklären. Dabei werden sowohl Funktionsmodelle als auch theoretische Modelle verwendet.

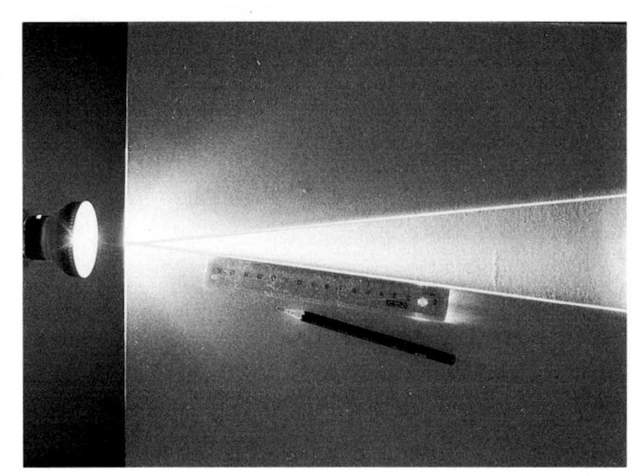

2 Lichtbündel mit Randstrahlen

■ Modelle sind vereinfachte Darstellungen, die helfen, die Wirklichkeit zu verstehen. Dabei werden bestimmte Eigenschaften hervorgehoben und unwesentliche Eigenschaften weggelassen.

Vom Lichtbündel zum Modell Lichtstrahl

Um den Verlauf und bestimmte Eigenschaften des Lichtes darstellen zu können, wird das Lichtbündel unter Verwendung wesentlicher Eigenschaften vereinfacht. Wird das Lichtbündel auf einer Unterlage sichtbar gemacht, so erkennst du eine klare Abgrenzung des Bündels durch gerade Linien. Für die Darstellung des Lichtbündels genügen diese Begrenzungslinien. Sie werden durch **Randstrahlen** dargestellt, die von der Lichtquelle ausgehen (Bild 2).

Soll nur der Verlauf des Lichtweges dargestellt werden, so wird das Lichtbündel innerhalb der Randstrahlen in Gedanken verkleinert, bis die Randstrahlen zu einem einzelnen **Lichtstrahl** zusammengeführt sind (Bild 3).

Das Modell Lichtstrahl dient beispielsweise zur Konstruktion von Schattenbildern. Damit kannst du Versuchsergebnisse nachzeichnen oder ausprobieren, welches Ergebnis ein Versuch haben könnte.

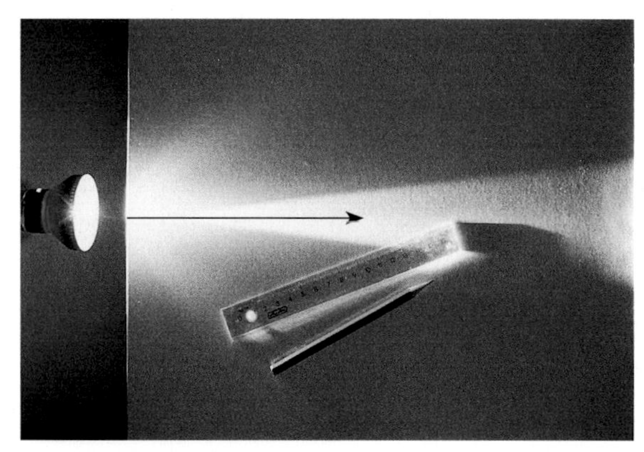

3 Modell Lichtstrahl

Selbst leuchtende und beleuchtete Körper

1. Erstelle eine Liste von Körpern, die sich in eurem Unterrichtsraum befinden. Entscheide, ob diese Körper Licht aussenden können oder nicht.

2. Ordne die in den Bildern 1 bis 3 gezeigten Körper in zwei Gruppen: Körper, die Licht aussenden, und Körper, die selbst kein Licht aussenden.

3. Beschreibe Situationen, in denen Lichtquellen die Aufgabe haben, auf etwas aufmerksam zu machen.

4. Welche Möglichkeiten der Beleuchtung gab es früher, welche gibt es heute?

1 Verschiedene Lichtquellen

Selbst leuchtende Körper

Es gibt Körper, die unter bestimmten Bedingungen von selbst Licht abgeben können. Es sind **selbst leuchtende Körper.** Alle selbst leuchtenden Körper sind Lichtquellen. Die Sonne oder eine Fackel senden wegen ihrer hohen Temperatur Licht aus. Die Glühwendel einer Glühlampe, Leuchtstofflampen oder Dioden werden durch elektrischen Strom zum Leuchten angeregt. Weitere Lichtquellen sind Kerzen und Gas- oder Petroleumlampen.

■ Es gibt selbst leuchtende und beleuchtete Körper. Alle selbst leuchtenden Körper sind Lichtquellen, die Licht aussenden. Beleuchtete Körper lenken das Licht einer Lichtquelle um und werden dadurch sichtbar.

Beleuchtete Körper

Die Gegenstände in deinem Zimmer sind bei Dämmerung immer schlechter zu sehen, die Buchstaben verschwimmen vor deinen Augen. Weil sich im Zimmer keine Lichtquelle befindet, kann auch kein Licht bis zu deinem Auge gelangen.
Dann schaltest du die Schreibtischlampe oder die Deckenbeleuchtung ein. Denn Tisch, Bett und Schrank müssen beleuchtet werden, damit du sie sehen kannst. Sie müssen das Licht in dein Auge umlenken. Es sind **beleuchtete Körper.** Die meisten Körper können selbst kein Licht aussenden. Sie sind nur sichtbar, weil sie das Licht einer Lichtquelle weiterleiten.

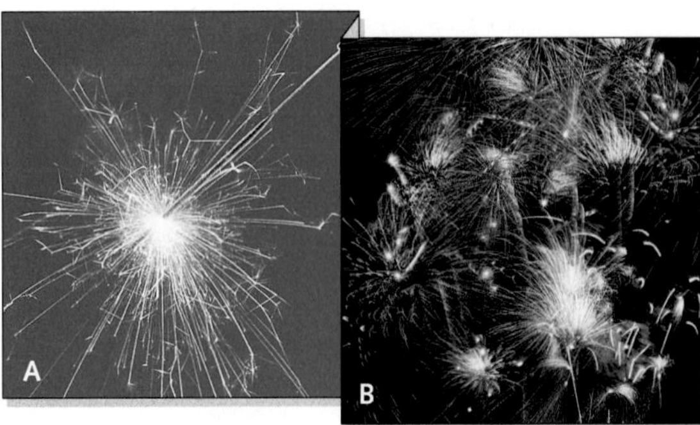

2 Selbst leuchtende Körper

3 Beleuchtete Körper

Wer leuchtet denn da?

1 Weißt du wie viel Sternlein stehen ...

Sender und Empfänger

Bei klarem Wetter kannst du eine Vielzahl leuchtender Punkte am Nachthimmel beobachten.
Alle Leuchtpunkte, die du siehst, geben Informationen in Form von Licht ab. Sie sind **Sender.** Dein Auge empfängt von jedem der Körper diese Informationen. Es ist der **Empfänger** der Informationen.

Du kannst den Mond und die Sterne erkennen. Einige der leuchtenden Punkte sind vielleicht Planeten wie Jupiter oder Venus. Manchmal zieht ein Komet über den Sternenhimmel. Auch die internationale Raumstation ISS (engl.: International Space Station) ist mit bloßem Auge als sich bewegendes Objekt zu erkennen. Plötzlich tauchen Leuchtpunkte auf, die sich sehr schnell über den Sternenhimmel bewegen. Das können nur eine Sternschnuppe oder die Lichter eines Flugzeugs sein, das sich in geringer Höhe bewegt.

Beleuchtete Körper

Einen Teil der Körper siehst du allerdings nur, weil sie das von Lichtquellen abgegebene Licht weiterleiten. Sie sind beleuchtete Körper. Der Mond ist nur sichtbar, weil er von der Sonne angestrahlt wird. Auch die Planeten werden von der Sonne beleuchtet. Die ISS leitet das auftreffende Licht der Sonne zur Erde weiter.

Selbst leuchtende Körper

Meteoriten leuchten erst auf, wenn sie in der Erdatmosphäre verglühen. Sie sind dann als Sternschnuppen zu sehen. Kometen leuchten in Sonnennähe von selbst. Jeder Stern ist wie die Sonne ein selbst leuchtender, sehr heißer Himmelskörper.

1. Ordne die Körper in Bild 2 in selbst leuchtende und beleuchtete Körper ein.

2 Astronomische Objekte – selbst leuchtende oder beleuchtete Körper?

Streuung und Reflexion

1. Erkläre die Bilder 1A und 1B. Worin besteht der Unterschied zwischen A und B?

1 Licht selbst ist nicht sichtbar.

2. Erhitze Wasser in einem Becherglas, bis Wasserdampf aufsteigt und sich Nebel bildet. Leuchte im verdunkelten Raum mit einer Taschenlampe in den Nebel. Was beobachtest du?

3. Lenke im verdunkelten Klassenraum das Licht einer Taschenlampe kurz auf das Gesicht einer Mitschülerin oder eines Mitschülers mithilfe
a) eines weißen Zeichenblocks,
b) eines Spiegels.
Schreibe deine Beobachtungen auf.

4. Warum ist es tagsüber hell, auch wenn du keine Sonne sehen kannst?

5. Nenne den Unterschied zwischen Streuung und Reflexion.

Licht ist unsichtbar

Du befindest dich im Kino. Es ist dunkel. Nur auf der Leinwand siehst du die hellen Bilder des Films. Der Projektor sendet sie mit dem Licht nach vorne. Die Luft im Kino enthält aber auch immer Staub. Dieser lenkt einen Teil des Lichtes aus dem Lichtbündel in dein Auge. Die Staubteilchen machen so den Weg des Lichtes sichtbar. Du siehst den Staub, das Licht selbst ist unsichtbar.

2 Licht wird gestreut.

Streuung

Soll ein Gesicht möglichst gut ausgeleuchtet werden, benutzt der Fotograf eine raue, helle Fläche, auf die er das Licht der Scheinwerfer fallen lässt. Die Fläche wird so gestellt, dass sie das Licht auf das Gesicht weiterleitet (Bild 2).
Das Licht wird von der unebenen Oberfläche in alle Richtungen in den Raum gelenkt. Dieser Vorgang heißt **Streuung.**

Reflexion

Soll alles Licht in eine bestimmte Richtung gelenkt werden, eignen sich dafür glatte, glänzende Oberflächen. Ein Spiegel hat eine solche Oberfläche. Er wirft das auffallende Lichtbündel vollständig in eine bestimmte Richtung (Bild 3). Dieser Vorgang heißt **Reflexion.**

3 Licht wird reflektiert.

■ Gegenstände sind sichtbar, wenn sie beleuchtet werden und das von ihnen zurückgeworfene Licht ins Auge des Betrachters fällt. Licht selbst ist unsichtbar. Raue Flächen streuen das Licht in alle Richtungen. An glatten Flächen wird das Licht in eine bestimmte Richtung reflektiert.

Mehr Sicherheit durch Reflektoren

Katzenaugen

Der Engländer Percy Shaw wurde 1934 durch die hell aufleuchtenden Augen einer Katze vor einem Unfall bewahrt. Dieses Erlebnis führte dazu, dass er noch im selben Jahr einen **Rückstrahler** erfand. Weil Rückstrahler in der Dunkelheit das einfallende Licht reflektieren, ähnlich wie die Augen einer Katze, heißen sie auch Katzenaugen. Von einem Rückstrahler, auch **Reflektor** genannt, wird das einfallende Licht immer in Richtung der Lichtquelle reflektiert. Das geschieht durch eine besondere Spiegelanordnung. Jeweils drei zueinander senkrecht stehende Spiegelflächen bilden einen **Tripelspiegel** (Bild 2). In einem Reflektor sind viele dieser kleinen Tripelspiegel nebeneinander angeordnet.

1 Reflektierende Katzenaugen

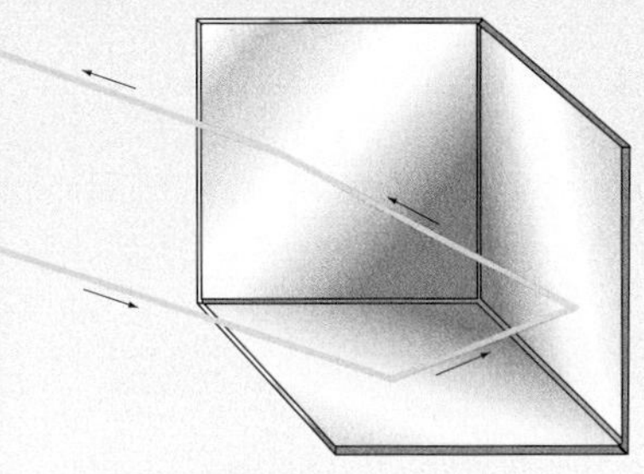

2 Tripelspiegel

Katzenaugen werden nicht nur als Rückstrahler für Anhänger, Fahrräder und Lkw genutzt. Sie dienen auch zur Markierung von Fahrbahnrändern. Dazu werden sie auf Schutzplanken und Leitpfosten montiert.

1. Informiere dich,

a) welche Bedeutung die Farben und Formen der Katzenaugen haben, die auf Leitpfosten montiert werden.

b) wo die verschiedenen farbigen Reflektoren für Fahrräder jeweils montiert sein müssen.

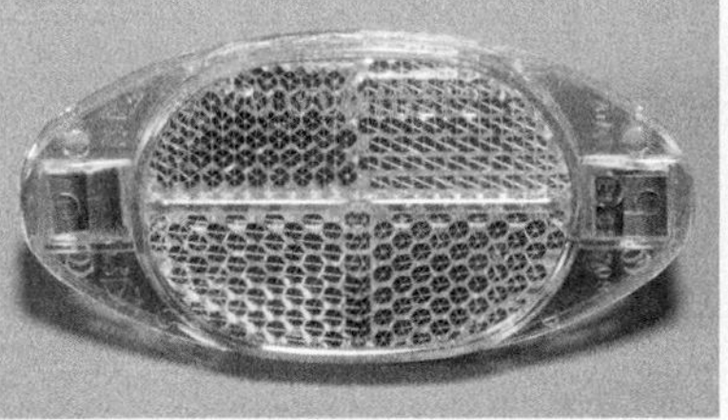

3 Reflektoren am Fahrrad

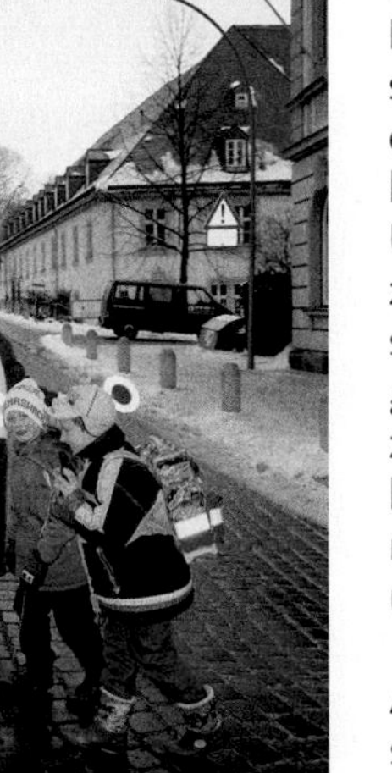

4 Gut sichtbar im Straßenverkehr

Reflexionsstreifen

Reflexionsstreifen sind so biegsam, dass sie in Kleidungsstücke eingearbeitet werden können. Sie bestehen aus einem spiegelnden Untergrund, auf dem sich winzige Kugeln aus Glas oder Kunststoff befinden. Durch diese Kugeln wird das einfallende Licht zurückgestreut. Über den Kugeln liegen eine durchscheinende, meist gelbe oder silbrige Folie und eine Schutzschicht.

Auch Autokennzeichen leuchten sehr hell, wenn in der Dunkelheit Licht auf sie fällt. Sie werden mit einem besonders stark reflektierenden Material beschichtet.

5 Gut sichtbar beim Einsatz

2. Suche nach weiteren Beispielen für die Erhöhung der Verkehrssicherheit durch Reflektoren oder reflektierende Beschichtungen.

Sehen und gesehen werden

Sehen und gesehen werden sind im Straßenverkehr sehr wichtig. Radfahrer und Fußgänger sind jedoch in der Dunkelheit besonders gefährdet. Immer wieder passieren Unfälle, wenn sie gar nicht oder zu spät gesehen werden. Wenn Radfahrer und Fußgänger darauf achten, dass sie im Dunkeln gut zu sehen sind, können viele Unfälle vermieden werden.

1. a) Auf den Bildern dieser Pinnwand siehst du verschiedene Verkehrssituationen. Finde zunächst heraus, auf welchen Bildern die Verkehrsteilnehmer die Regeln für ihre Sicherheit beachten. Begründe deine Entscheidungen.
b) Erkläre, wie die Verkehrsteilnehmer in den anderen Beispielen ihre eigene Sicherheit erhöhen können.

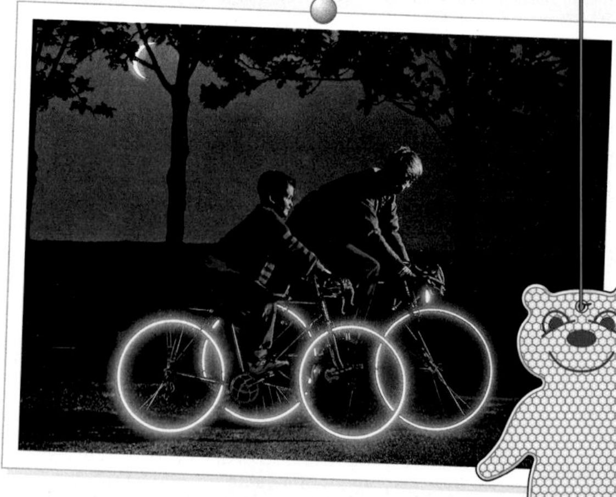

Sehen bei Dämmerung und Nebel

1. Betrachte ein farbiges Bild, während der Unterrichtsraum verdunkelt wird. Beschreibe, wie sich deine Wahrnehmung des Bildes dabei verändert.

2. a) Welche Sinneszellen befinden sich auf der Netzhaut des Auges?
b) Welche Aufgaben haben sie?

3. Erkundige dich, welche Auswirkungen eine Fehlfunktion der Zapfen haben kann.

4. Erzeuge mit siedendem Wasser Nebel. Beschreibe, was du beobachtest, wenn du mit einer Taschenlampe in den Nebel hinein leuchtest.

5. a) Erläutere das Sprichwort „Nachts sind alle Katzen grau“.
b) Erläutere die Ansage: „Achtung Nebel! Sichtweite unter 50 m“.

6. Worauf musst du achten, wenn du in der Dämmerung oder bei Nebel im Straßenverkehr unterwegs bist?

1 Nebel reduziert die Sichtweite.

Sehen bei Dämmerung

Zwischen Tageshelligkeit und völliger Dunkelheit gibt es den Zeitraum der Abenddämmerung. In dieser Zeit kannst du Farben immer schlechter erkennen. Zunehmend siehst du die Gegenstände deiner Umgebung in verschiedenen Grautönen.

Das Bild eines Gegenstandes wird auf der Netzhaut deines Auges erzeugt. Auf der Netzhaut befinden sich verschiedene Sinneszellen, die **Zapfen** und die **Stäbchen**. Die verschiedenen Farben des Gegenstandes werden von den Zapfen wahrgenommen. Dazu ist viel Licht notwendig. Während der Dämmerung fehlt das Licht und die Zapfen reagieren nicht mehr. Du kannst keine Farben mehr erkennen.

Die Stäbchen nehmen nur die Helligkeitsunterschiede der Umgebung wahr. Bei Dämmerung weiten sich die Pupillen deiner Augen. Dadurch fällt genug Licht für die Stäbchen auf die Netzhaut. Du kannst deine Umgebung dann gerade noch erkennen. Nimmt das Licht weiter ab, lässt auch das Sehen nach.

Geringe Sichtweite durch Nebel

Immer wieder kannst du in den Verkehrsnachrichten im Radio hören, dass vor Nebel gewarnt wird. Das geschieht immer dann, wenn in der Luft so viele fein verteilte Wassertröpfchen sind, dass die Sichtweite mindestens unter einem Kilometer liegt. In Bild 1 erkennst du, dass bereits leichter Nebel die Sichtweite im Vergleich zu sonnigem Wetter deutlich einschränkt.

Wenn du mit dem Scheinwerfer deines Fahrrades in den Nebel hineinleuchtest, wirst du geblendet. Verantwortlich dafür sind die vielen kleinen Wassertropfen in der Luft, die das Licht zu dir zurückstreuen.

■ Bei Dämmerung kannst du zuerst keine Farben mehr unterscheiden. Bei weiter abnehmendem Licht kannst du schließlich auch keine Grautöne mehr unterscheiden. Im Nebel wird das Licht an den Wassertröpfchen in der Luft gestreut.

Das Reflexionsgesetz

1. Beschreibe Bild 1.

1 Spiegelbilder an einer Wasseroberfläche

2 Schau mir in die Augen!

2. a) Versuche wie in Bild 2 über einen Spiegel in die Augen einer Mitschülerin oder eines Mitschülers zu sehen. Bitte einen weiteren Schüler, den Weg des Lichtes nach deinen Anweisungen mithilfe eines Fadens zu markieren (Bild 2). Was vermutest du über die beiden am Spiegel entstandenen Winkel?
b) Überprüfe deine Vermutung. Stelle dazu einen Spiegel senkrecht auf den Durchmesser einer optischen Scheibe. Untersuche nun mithilfe der Experimentierleuchte, nach welcher Gesetzmäßigkeit Licht reflektiert wird.

3. Zeichne den reflektierten Lichtstrahl, der entsteht, wenn Licht mit einem Einfallswinkel von 30° auf einen Spiegel fällt.

4. Begründe, warum du in Bild 3 die Raumstation und die Astronauten sehen kannst, der Weltraum hinter ihnen dagegen tiefschwarz ist.

5. Ein Spiegel steht senkrecht auf einem anderen. Zeichne den Weg, den ein Lichtstrahl nimmt, der im Winkel von 45° auf einen der beiden Spiegel fällt.

6. Beschreibe jeweils dein Spiegelbild, wenn du dich in einem Spiegel, einer polierten Metallplatte, einer nicht glänzenden Metallplatte oder einer Plexiglasscheibe betrachtest.

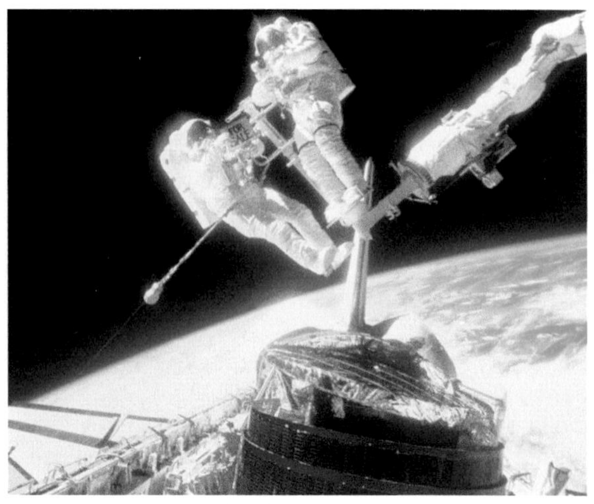

3 Astronauten im Weltall

Reflexion an ebenen Flächen

Betrachtest du die Wasseroberfläche eines Sees, erkennst du Spiegelbilder seiner Umgebung. Sie entstehen durch Reflexion des Lichtes an der ebenen Oberfläche des Wassers.

Wenn du untersuchen willst, nach welchen Gesetzmäßigkeiten das Licht reflektiert wird, musst du den **Einfallswinkel** α und den **Reflexionswinkel** β messen. Für diese Messung benötigst du eine Hilfslinie, das **Lot.** Das Lot ist eine Senkrechte zum Spiegel im Auftreffpunkt des Lichtes (Bild 4). Die beiden Winkel befinden sich in derselben Ebene wie das Lot. Diese Ebene ist im Bild das Geodreieck. Zwischen dem Lot und dem einfallenden sowie dem reflektierten Lichtbündel kannst du nun die beiden Winkel messen. Vergleichst du die Größe der beiden Winkel, erkennst du das **Reflexionsgesetz.**

Reflexionsgesetz: Bei der Reflexion des Lichtes sind der Einfallswinkel α und der Reflexionswinkel β gleich groß. Dabei liegen einfallendes Lichtbündel, reflektiertes Lichtbündel und Lot in einer Ebene.

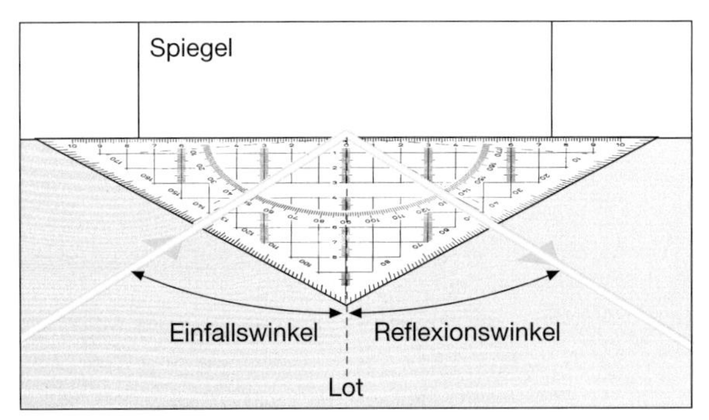

4 Das Geodreieck hilft bei der Winkelmessung.

5 Streuung an einer rauen Oberfläche

Reflexion an rauen Flächen

Auch bei der Streuung des Lichtes an rauen Flächen gilt das Reflexionsgesetz. Eine raue Fläche kannst du dir in viele kleine ebene Flächen zerlegt vorstellen. Betrachtest du eine solche Oberfläche durch ein Mikroskop, kannst du diese kleinen ebenen Flächen auch sehen.

An jeder dieser Flächen wird das Licht entsprechend dem Reflexionsgesetz reflektiert. Da diese Flächen unregelmäßig angeordnet sind, wird das Licht an ihnen in alle Richtungen reflektiert, es wird gestreut. Dadurch entsteht **diffuses Licht.** Schatten, die dabei auftreten, sind nicht scharf begrenzt. Dieses Licht benutzen Fotografen, um Schattenbildung zu vermeiden.

■ Wenn Licht auf ebene Flächen fällt, gilt das Reflexionsgesetz. Raue Oberflächen streuen das Licht. Dabei gilt für jede ebene Teilfläche der rauen Oberfläche das Reflexionsgesetz.

6 Diffuses Licht

Löcher erzeugen Bilder

1. a) Stelle einen Karton mit einem Loch (Durchmesser 1,5 mm) als Lochblende zwischen eine Kerze und einen Schirm (Bild 1). Beschreibe das Bild der Kerze auf dem Schirm.
b) Übertrage Bild 1B in dein Heft. Zeichne den vollständigen Strahlenverlauf und das Bild auf dem Schirm.
c) Puste von der Seite leicht gegen die Flamme. Wie verändert sich das Bild der Flamme?
d) Verschiebe die Lochblende in Richtung der Kerze und zurück. Wie verändert sich das Bild?

Die Lochkamera
Mit nichts weiter als einem kleinen Loch können in einem geschlossenen Kasten Bilder auf einem Schirm erzeugt werden. Diese einfachste Vorrichtung zum Fotografieren heißt **Lochkamera.**

Jede Stelle eines sichtbaren Gegenstands sendet Licht nach allen Seiten geradlinig aus. Von jeder Stelle trifft deshalb Licht durch das Loch. Auf dem gegenüberliegenden Schirm entsteht das Abbild der zugehörigen Stelle des Gegenstandes.

Jeder Gegenstandspunkt erzeugt einen Bildpunkt auf dem Schirm, wobei rechts und links vertauscht sind. Unten liegende Punkte werden oben abgebildet. Auf diese Weise setzt sich aus den vielen Bildpunkten das ganze Bild zusammen. Das Bild ist farbig, aber sehr lichtschwach.

■ Mit einer Lochkamera lassen sich auf einem Schirm Bilder erzeugen. Bei ihnen sind oben und unten sowie rechts und links vertauscht.

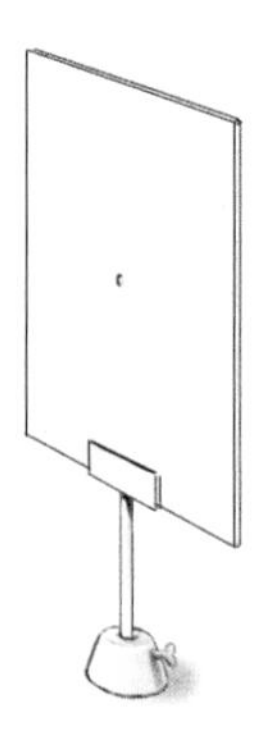

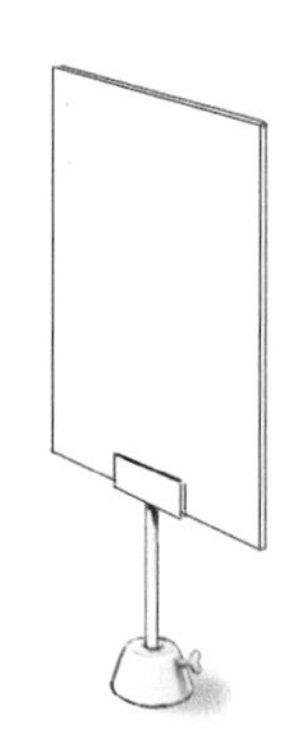

1 **Lochkamera. A** *Modell;* **B** *Lichtverlauf*

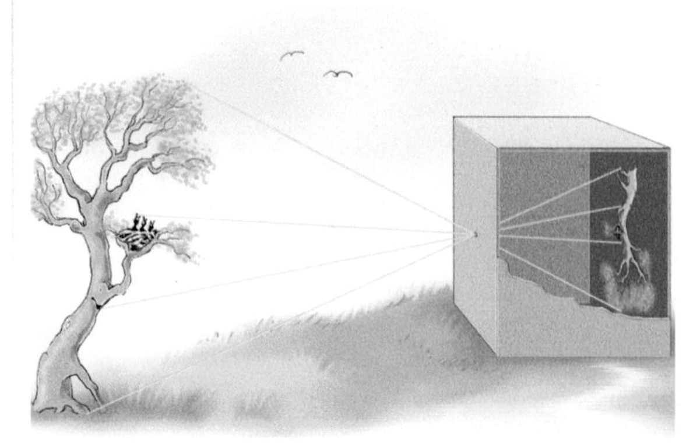

2 **Eine „camera obscura"**

Eine dunkle Kammer
Die Lochkamera kannten Zeichner und Maler schon vor vielen hundert Jahren. Sie benutzten für ihre Arbeit transportable, geschlossene Kisten. Diese waren so groß, dass sie sich hineinsetzen konnten. Mithilfe des kleinen Lochs in der Vorderseite der Kiste entstanden die Bilder von Städten oder Landschaften, die sie dann nachzeichneten. Sie nannten die Kisten **„camera obscura",** das heißt „dunkle Kammer".

Eine tragbare camera obscura wird Lochkamera genannt. Daher kommt das Wort **Kamera** als Bezeichnung für den heutigen Fotoapparat.

Bau einer Lochkamera

Eine Lochkamera könnt ihr leicht selbst herstellen. Ihr benötigt dazu ein Gehäuse, eine Lochblende und eine **Mattscheibe.** Das ist eine durchscheinende Fläche, auf der das Bild aufgefangen und von hinten betrachtet werden kann. Dabei müsst ihr allerdings beachten, dass das Bild der Lochkamera sehr lichtschwach ist. Deshalb darf kein anderes Licht von außen auf die Mattscheibe fallen.

1 Blende

2 Mattscheibe

3 Material für die Lochkamera

1. a) Betrachte mit den Lochkameras eine leuchtende Klarglas-Glühlampe.
b) Blicke durch ein Fenster nach draußen.

2. Probiere bei den ausziehbaren Kameras verschiedene Auszuglängen aus.

3. Vergleiche die Veränderung der Abbildungen bei unterschiedlichen Lochdurchmessern.

4. Überlege dir, ob diese Kameras auch zum Fotografieren geeignet sind.

Material

– Lochblende: dünner schwarzer Karton oder starke Aluminiumfolie;
– für die Löcher: mittelgroße Nähnadeln (Lochdurchmesser 1 mm, 2 mm und 3 mm);
– Mattscheibe: transparentes Zeichenpapier;
Hinweis: Damit es glatt liegt, wird es auf einen Rahmen aufgeklebt.
– Verschiedene Möglichkeiten für den Bau des Gehäuses:
a) fester Pappkarton
Hinweis: Lochblende und Mattscheibe auf gegenüberliegenden Seiten anbringen. Nachteil: Hierbei muss das Bild unter einem dunklen Tuch betrachtet werden.
b) zwei ineinander passende Pappröhren
Hinweis: An der äußeren Röhre die Lochblende, an der inneren die Mattscheibe anbringen. Vorteil: So fällt wenig Streulicht auf die Mattscheibe.
c) feste Pappröhre als Innenrohr, schwarzer Karton für das Außenrohr.
Hinweis: Das Innenrohr dient als Passform zum Zusammenkleben des Außenrohres.

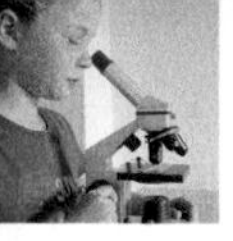

Bilder am ebenen Spiegel

1. Stell dich vor einen Spiegel und hebe den rechten Arm. Welchen Arm hebt dein Spiegelbild?

2. a) Wie muss ein Buchstabe stehen, damit du ihn im Spiegel richtig lesen kannst? Erkläre deine Beobachtungen und verwende die Begriffe Vorderseite und Rückseite.
b) Welche Unterschiede ergeben sich, wenn du den Buchstaben um 90° drehst oder wenn er vor dem Spiegel liegt?

3. Sind die Spielkarten Bube, Dame und König durch Spiegeln der beiden Bildhälften entstanden? Probiere aus und erkläre deine Beobachtung.

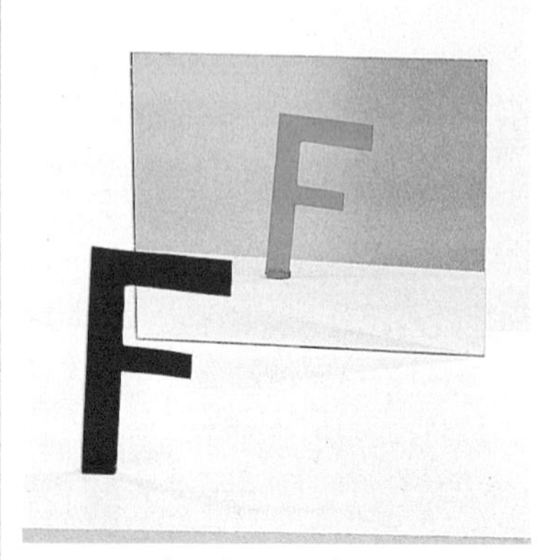

1 Der Buchstabe F und sein Spiegelbild

■ Ein ebener Spiegel erzeugt virtuelle Bilder. Es sind scheinbare, aufrechte und naturgetreue Bilder, bei denen Vorderseite und Rückseite vertauscht sind. Bild und Original haben den gleichen Abstand vom Spiegel.

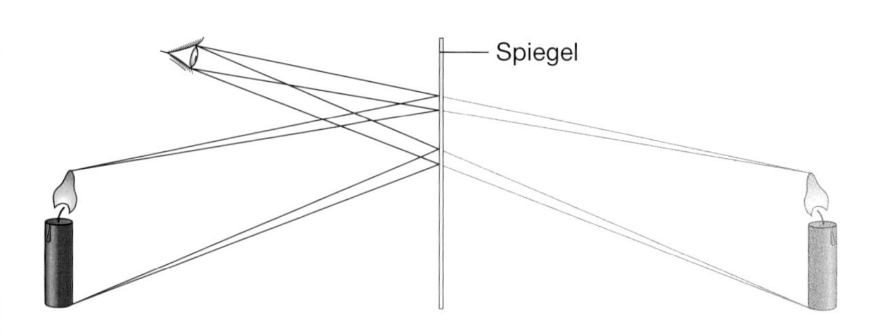

2 Konstruktion des Spiegelbildes einer Kerze

Eigenschaften von Spiegelbildern

Das Spiegelbild ist aufrecht. Die Eigenschaften von Spiegelbildern kannst du überprüfen, indem du die rechte Hand hebst. Das Spiegelbild hebt dann auf der gleichen Seite die Hand. In Bild 3 ist zu sehen, dass der Teddy den rechten Arm hebt. Aus der Sicht des Teddys im Spiegel wird jedoch der linke Arm gehoben.

Die Größenverhältnisse und Farben von Original und Bild stimmen überein. Dein Bild scheint sogar genauso weit hinter dem Spiegel zu stehen, wie du vor dem Spiegel stehst. In Bild 1 siehst du, dass Vorderseite und Rückseite vertauscht sind.

3 Original und Spiegelbild

Wie entsteht ein Spiegelbild?

Von jedem Punkt einer Kerze in Bild 2 geht Licht in alle Richtungen aus. Jeder Lichtstrahl, der von der Spitze der Flamme und vom unteren Ende der Kerze auf den Spiegel fällt, wird am Spiegel nach dem Reflexionsgesetz reflektiert.

Verlängerst du in der Zeichnung die reflektierten Strahlen hinter dem Spiegel, so erhältst du dort Schnittpunkte. Das sind die Bildpunkte von der Spitze und vom unteren Ende der Kerze.

Scheinbare Bilder

Das Bild entsteht also hinter dem Spiegel. Dort kann es natürlich nicht wirklich sein, denn der Spiegel ist undurchsichtig. Nur scheinbar befindet sich hinter dem Spiegel ein Bild. Ein solches Bild heißt **scheinbares** oder **virtuelles Bild.** Im Gegensatz zu **reellen Bildern,** die auf einem Schirm aufgefangen werden können, ist es nicht auffangbar. Vergleichst du die Kerzenflamme und ihr Bild, so stellst du fest, dass sich das Aussehen der Flamme im Spiegel nicht verändert hat.

■ Ein Bild, das auf einem Schirm auffangbar ist, heißt reelles Bild.

Reflexion an ebenen Spiegeln

1. Nenne Beispiele zur Reflexion an ebenen Spiegeln.

2. Zum Entspiegeln erhalten Brillengläser eine spezielle Beschichtung. Dadurch gelangt fast alles Licht durch das Glas, kaum etwas wird reflektiert. Welchen Vorteil haben diese Brillen im Gegensatz zu einer verspiegelten Sonnenbrille?

3. Wie solltest du ein Bild hinter einem Glasrahmen aufhängen, damit du das Bild hinter der Glasscheibe gut erkennen kannst?

A

B

Schaufensterscheiben wirken wie ein Spiegel, deshalb kannst du häufig die Auslagen dahinter nicht sehen (Bild A). Um dieses Problem zu umgehen, werden die Schaufenster entweder durch eine Markise beschattet (Bild B) oder die Scheiben werden schräg eingebaut.

Gebäude mit großen Fensterfronten heizen sich bei intensiver Sonneneinstrahlung im Inneren stark auf. Die Glasindustrie hat dagegen **Sonnenschutzglas** entwickelt, das viel Licht, aber wenig Wärme durchlässt. Solche Spezialscheiben bestehen aus zwei Glasscheiben, zwischen denen ein besonderes Gas eingeschlossen ist. Licht und Wärme werden an der metallbedampften Außenseite der Innenscheibe reflektiert. Je dicker die Metallschicht ist, desto mehr wird reflektiert. Wegen dieser Spezialscheiben kannst du auch nicht in das Gebäude hineinsehen.

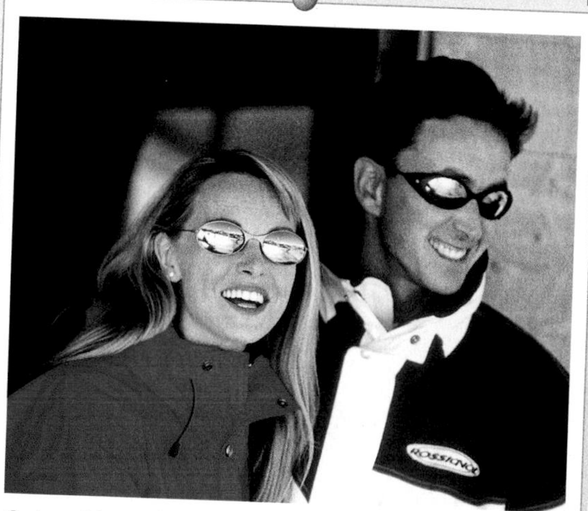

Spiegel bestehen aus Glas, das auf der Rückseite mit Silber oder Aluminium bedampft wurde. Dadurch wird das auftreffende Licht fast vollständig reflektiert.
Ähnlich werden Ski- und Bergsportbrillen beschichtet. Dadurch entsteht die spiegelnde Oberfläche, die einen Teil des Sonnenlichtes reflektiert und so das Auge vor UV-Strahlung oder zu hellem Licht schützt.

Linsen

1. a) Lass Sonnenlicht durch ein Brennglas auf Zeitungspapier fallen. Was passiert?
b) Beschreibe, wie du vorgegangen bist. Erkläre, wie das Glas zu seinem Namen gekommen ist.
c) Wiederhole den Versuch mit dem Licht einer Experimentierleuchte.

2. Baue den Versuch aus Bild 1A auf. Verschiebe die Linse zwischen Kerze und Schirm, bis du ein scharfes Bild auf dem Schirm erhältst. Beschreibe das Bild.

3. Schiebe ein Blatt Papier von links vor die Kerze. Beobachte den Schatten auf dem Schirm. Was stellst du fest?

4. Betrachte auf Bild 1A die Lichtstrahlen, die vom Fuß und von der Spitze der Kerzenflamme ausgehen. Begründe mit deren Verlauf, warum das Bild umgekehrt auf dem Schirm erscheint.

5. Recherchiere, weshalb du die Gegenstände nicht umgekehrt, sondern aufrecht siehst.

Die Sammellinse

Ein **Brennglas** wie in Bild 1A ist ein gewölbter Glaskörper, der in der Mitte dicker ist als am Rand. Es sammelt das Licht von der Sonne oder einer Experimentierleuchte auf einen sehr kleinen Lichtfleck. Deshalb heißt der Glaskörper **Sammellinse.**

■ Eine Linse, die in der Mitte dicker ist als am Rand, heißt Sammellinse.

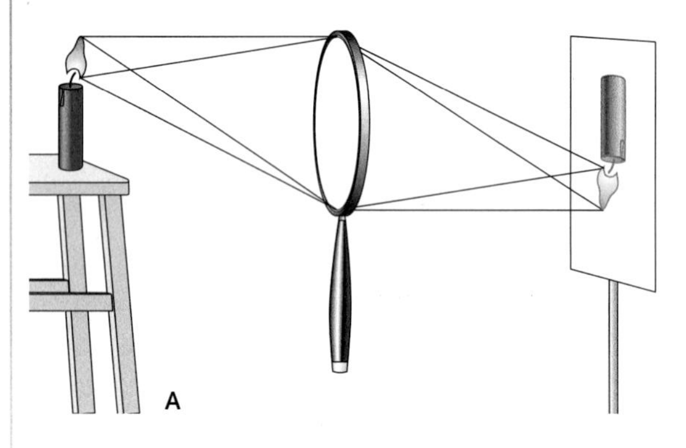

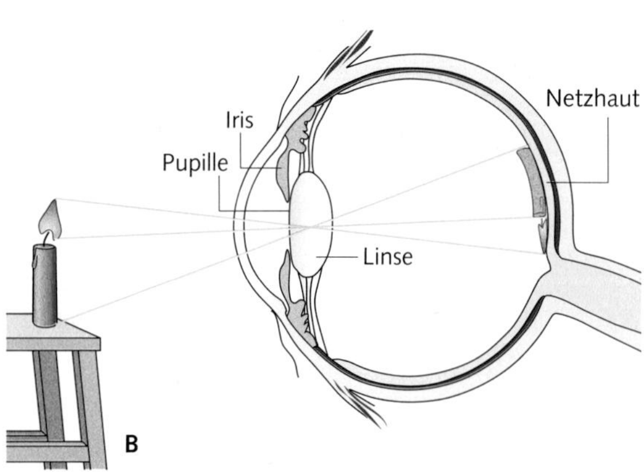

1 Eine Linse erzeugt ein Bild. A *auf dem Schirm;* **B** *auf der Netzhaut des Auges*

Linsen erzeugen Bilder

Mit einer ▸ Sammellinse kannst du ein Bild von einer leuchtenden Kerze auf einem Schirm erzeugen. Die Kerze sendet Licht auf die Sammellinse. Diese lässt die einzelnen Lichtbündel wie in Bild 1A auf den Schirm fallen. Dabei werden oben und unten und rechts und links vertauscht. So entsteht bei richtigem Abstand der Linse zur Kerze und zum Schirm ein scharfes, reelles Bild. Dieses Bild kann kleiner oder größer sein als die Kerze. Seine Größe hängt von den Abständen zwischen Kerze, Linse und Schirm ab.

Das menschliche Auge

Das menschliche Auge funktioniert so ähnlich wie die ▸ Lochkamera. Es besitzt aber anstelle des Loches eine Linse. Mithilfe der Iris kann die Pupille verkleinert oder vergrößert werden. Dadurch wird die Lichtmenge reguliert. Die Pupille ist also eine Lochblende.

Gelangt Licht durch die Pupille in das ▸ Auge, fällt es auf die Netzhaut an der hinteren Innenwand. Sie ist mit dem Schirm in Bild 1A vergleichbar. Auf der Netzhaut wird ein reelles Bild aufgefangen, bei dem oben und unten, rechts und links vertauscht sind. Die Bildinformationen werden an das Gehirn weitergeleitet und dort als Bild wahrgenommen.

Bilder im Vergleich

1. Stelle einen Karton mit drei Löchern mit einem Durchmesser von 2 mm, 3 mm und 5 mm zwischen eine Kerze und einen Schirm. Beschreibe jeweils das Bild auf dem Schirm.

2. a) Ersetze den Karton aus Versuch 1 durch eine Linse und erzeuge ein scharfes Bild auf dem Schirm. Vergleiche das Bild der Kerze mit den Bildern aus Versuch 1.
b) Halte deine Hand neben die Kerze und beobachte dabei das Bild auf dem Schirm. Bewege deine Hand nun langsam hinter die Kerze. Was fällt dir auf?

3. a) Stelle die Kerze vor einen Spiegel. Vergleiche das Spiegelbild der Kerze mit den Bildern aus den Versuchen 1 und 2.
b) Wiederhole auch Versuch 2 b) und vergleiche erneut.

4. Betrachte eine Kerze durch eine digitale Kamera. Wackele mit der Kamera während der Aufnahme hin und her, ohne dabei die Kerze aus dem Sucher zu verlieren. Wie beurteilst du diese Aufnahme?

5. Die Bilder A bis E wurden wie folgt fotografiert:
- mit einer Kamera vom Stativ;
- mit einer Kamera aus der Hand;
- als Spiegelbild;
- mit einer Lochkamera, mit einem Lochdurchmesser von 0,5 mm;
- mit einer Lochkamera, mit einem Lochdurchmesser von 2 mm;

Ordne die Bilder zu und vergleiche die Bildqualität.

6. Welche Ursachen gibt es für die unterschiedliche Qualität der Bilder A bis E?

1 Verschiedene Bildqualitäten

Lochkamerabilder
Für die Entstehung von Bildern auf einer Leinwand spielt ein kleines Loch in einer Blende die entscheidende Rolle. Bilder, die mit einer ▸ Lochkamera aufgenommen werden, sind wegen der sehr kleinen Öffnung lichtschwach. Wird das Loch vergrößert, werden die Bilder heller, aber unscharf.

Bilder mit Sammellinse
Das Problem wird gelöst, wenn das Loch stark vergrößert und in die Öffnung eine ▸ Sammellinse eingesetzt wird. Die Linse bündelt das einfallende Licht und erzeugt die Bildpunkte. Durch die größere Öffnung fällt mehr Licht in die Kamera und die Bilder sind lichtstärker. Diese Bauweise ist zum Beispiel bei den Augen der Säugetiere, beim Fotoapparat und bei Filmkameras verwirklicht.

Bilder im Spiegel
Bei einer Sammellinse werden nur die Punkte des Gegenstandes scharf abgebildet, die gleich weit von ihr entfernt in einer Ebene liegen. Die anderen Punkte sind unscharf. Je weiter die Punkte von der Ebene entfernt sind, desto unschärfer wird der Bildhintergrund. Im Gegensatz dazu sind die Bilder im Spiegel immer scharf. Bei ihnen sind nur die Seiten vertauscht.

Vermeidbare Fehler
Du hast einen großen Einfluss auf die Qualität der Bilder. Bei der Aufnahme musst du die Kamera ruhig halten. Benutze ein Stativ, wenn du sicher sein willst, dass das Bild scharf wird.

■ Die Qualität eines Bildes hängt von der Kamera und dem Können des Fotografen ab.

Brechung des Lichtes

1. Stelle einen Stab in ein leeres Becherglas, das vor dir auf dem Tisch steht. Fülle langsam Wasser in das Glas und beobachte den Stab. Blicke dabei schräg von oben auf den Stab.

2. a) Blicke von der Seite so in eine Tasse, dass du den Boden nicht mehr sehen kannst. Lege eine Münze auf den Boden. Was beobachtest du, wenn du Wasser in die Tasse gießt?
b) Prüfe, ob du mit anderen klaren Flüssigkeiten zum gleichen Ergebnis kommst.

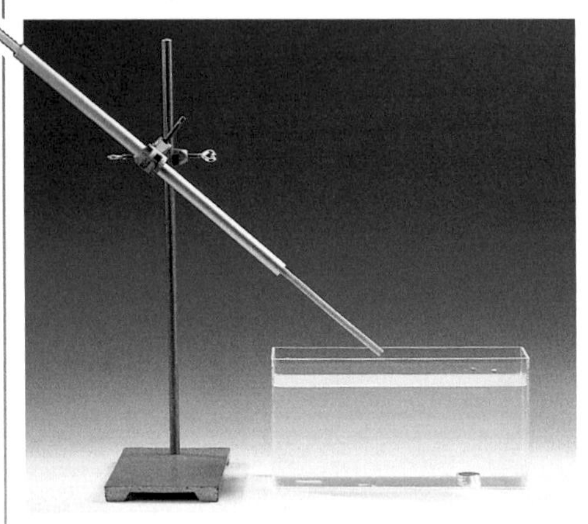

1 **Triffst du die Münze?**

3. a) Peile wie in Bild 1 die Münze auf dem Boden durch ein Rohr an. Lass nun einen dünnen Stab durch das Rohr gleiten. Hast du die Münze getroffen?
b) Skizziere den Weg des Lichtes von der Münze zu deinem Auge.
c) Wie musst du die Einstellung des Rohres verändern, damit du die Münze triffst?

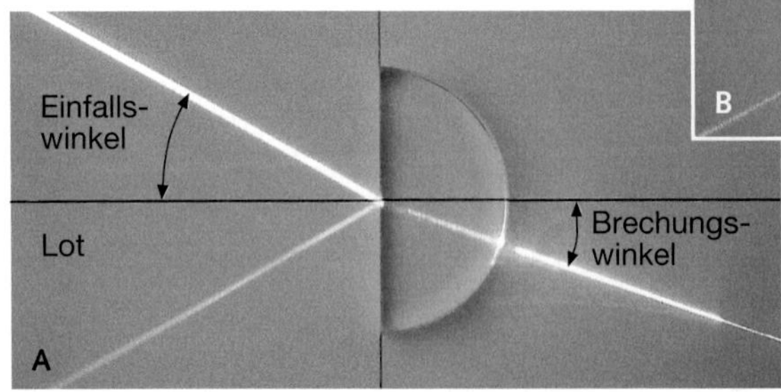

4. Beschreibe, wie ein eingetauchtes Paddel aussieht. Erkläre deine Beschreibung.

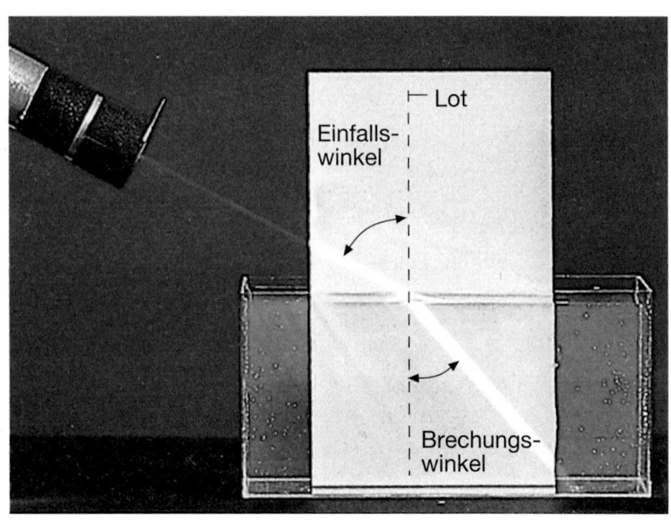

2 **Licht geht von Luft in Wasser.**

5. Lass ein schmales Lichtbündel wie in Bild 2 schräg auf eine Wasseroberfläche fallen. Verändere den Einfallswinkel und beschreibe die Veränderung des Brechungswinkels.

6. Führe die in den Bildern 3A und 3B dargestellten Experimente mit verschiedenen Einfallswinkeln durch. Formuliere jeweils einen Je-desto-Satz für den Zusammenhang zwischen Einfalls- und Brechungswinkel.

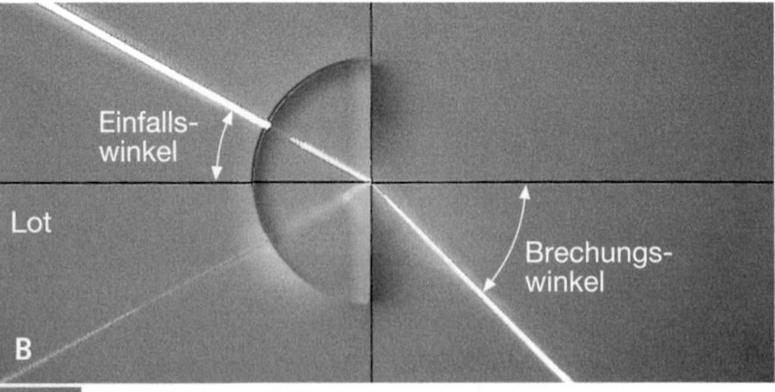

3 **A** *Licht geht von Luft in Glas;* **B** *Licht geht von Glas in Luft.*

7. a) Lege einen Spiegel auf den Boden einer Glaswanne. Lass ein Lichtbündel so auf die Wasseroberfläche fallen, dass es am Spiegel reflektiert wird. Vergleiche den Einfallswinkel mit dem Winkel, unter dem das Licht aus dem Wasser wieder austritt.
b) Skizziere den Verlauf des Lichtes.

Licht verändert seine Richtung

Manche Indianer haben Fische mit Speeren gefangen. Dazu gehört sehr viel Erfahrung, denn der Fisch befindet sich nicht da, wo er gesehen wird. Zeichnest du den Weg des Lichtes, stellst du fest, dass der Lichtstrahl an der Wasseroberfläche abgeknickt sein muss. Das Abknicken wird umso stärker, je flacher das Licht auftrifft. Dieser Vorgang wird als **Brechung** des Lichtes bezeichnet.

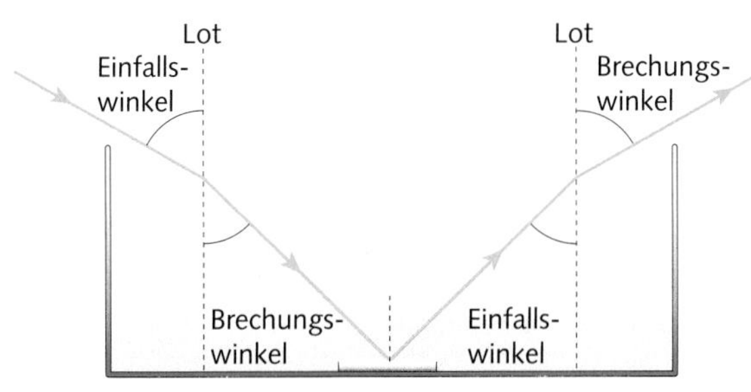

4 Darstellung des Lichtweges

Wenn du Gegenstände betrachtest, die sich unter Wasser befinden, scheint sich ihre Lage verändert zu haben. Das Licht, das von den Körpern ausgeht, wird an der Wasseroberfläche gebrochen und gelangt so in dein Auge. Das Gehirn geht jedoch von einer geradlinigen Ausbreitung des Lichtes aus. Es verlegt den Ausgangspunkt des Lichtes an den Ort, wo es ohne Brechung herkommen würde. Deshalb scheint die Münze in Bild 5 angehoben zu sein.

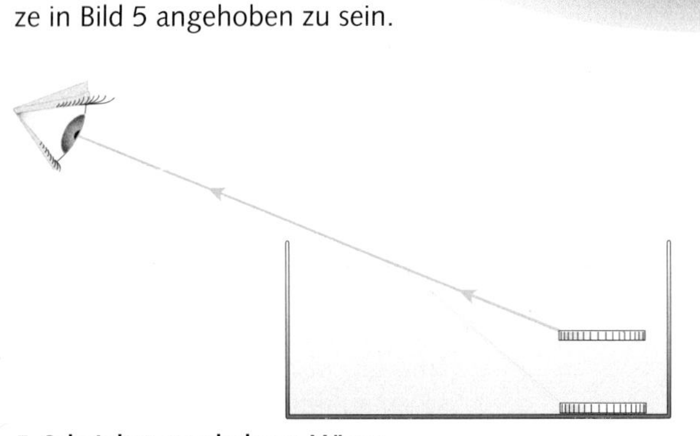

5 Scheinbar angehobene Münze

Zum Lot hin oder vom Lot weg

Auch bei der Brechung des Lichtes werden die Winkel zwischen Lichtstrahl und Lot gemessen. Der Winkel zwischen einfallendem Licht und Einfallslot heißt **Einfallswinkel,** der zwischen Lot und gebrochenem Licht heißt **Brechungswinkel.**

Beim Übergang des Lichtes von Luft in Wasser ist der Einfallswinkel größer als der Brechungswinkel. Denselben Zusammenhang kannst du beim Übergang des Lichtes von Luft in Glas beobachten. In beiden Fällen wird das Licht **zum Lot hin** gebrochen. Betrachtest du jeweils den umgekehrten Lichtweg, so ist der Einfallswinkel kleiner als der Brechungswinkel, das Licht wird **vom Lot weg** gebrochen.

■ Licht wird beim Übergang von Luft in Wasser oder in Glas zum Lot hin gebrochen. Beim Übergang von Wasser oder Glas in Luft wird es vom Lot weg gebrochen.

Zweifache Brechung

Legst du einen Glasquader auf eine Buchseite, so erscheint die Schrift parallel verschoben. Das von der Buchseite reflektierte Licht wird dabei zweimal gebrochen. Beim Übergang von Luft in Glas erfolgt an der Unterseite der Glasplatte eine Brechung zum Lot hin. An der Oberseite der Glasplatte erfolgt beim Übergang in die Luft eine Brechung vom Lot weg.

6 Zweifache Brechung

Totalreflexion

1. Lass ein schmales Lichtbündel auf die runde Seite eines Licht durchlässigen Halbzylinders fallen. Das Licht muss dabei auf den Mittelpunkt der geraden Seite treffen. Untersuche, wie sich der Brechungswinkel verändert, wenn du den Einfallswinkel vergrößerst.

2. Welche Arten der Lichtablenkung treten in Versuch 1 auf?

3. Beschreibe den Verlauf der Lichtbündel A bis H in Bild 1.

1 Der Lichtweg wird verändert.

2 Glasfaserlampe

4. Erläutere den Vorgang der Totalreflexion.

5. Erkläre, warum die Spitzen der Lampe in Bild 2 besonders hell leuchten.

6. Warum kann keine Totalreflexion auftreten, wenn das Licht von Luft in Wasser oder Glas übergeht?

7. Erkundige dich, wo Glasfasern in der Technik benutzt werden.

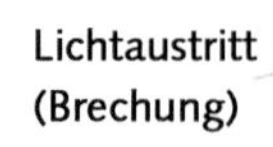

Erst Brechung, dann Reflexion

Wenn Licht von Wasser oder Glas in Luft übergeht, wird es vom Lot weg gebrochen. Dabei gibt es einen bestimmten Einfallswinkel, bei dem der gebrochene Lichtstrahl genau an der Wasser- oder Glasoberfläche entlangläuft. Vergrößerst du den Einfallswinkel weiter, wird das Licht plötzlich nicht mehr gebrochen, sondern wie an einem Spiegel an der Grenzfläche vollständig reflektiert. Dieser Vorgang heißt **Totalreflexion.**
Der Einfallswinkel, bei dem der Brechungswinkel 90° beträgt, wird **Grenzwinkel** genannt. Für den Übergang von Wasser in Luft beträgt der Grenzwinkel etwa 49°.

■ Totalreflexion tritt auf, wenn Licht aus Wasser oder Glas in Luft übergeht und der Einfallswinkel größer ist als der Grenzwinkel.

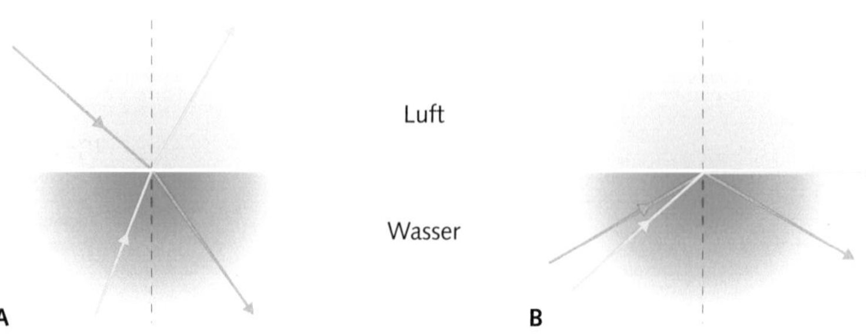

3 **A** *Totalreflexion ist nicht möglich;* **B** *Totalreflexion ist möglich.*

Glasfasertechnik

Glasfasern sind lange, sehr dünne Fasern, die aus Glas bestehen. Sie entstehen, wenn geschmolzenes Glas zu dünnen Fäden gezogen wird.

Bei der Lampe in Bild 2 tritt das Licht unten in die Glasfäden ein und wird an den Innenflächen der Fasern totalreflektiert. Daher leuchten nur die Enden der Fäden, wo das Licht wieder austritt.
Glasfaserkabel werden nicht nur für die Weiterleitung von Licht, sondern auch für die Übertragung von Informationen mithilfe von Licht genutzt.

Pinnwand

Anwendung der Glasfasertechnik

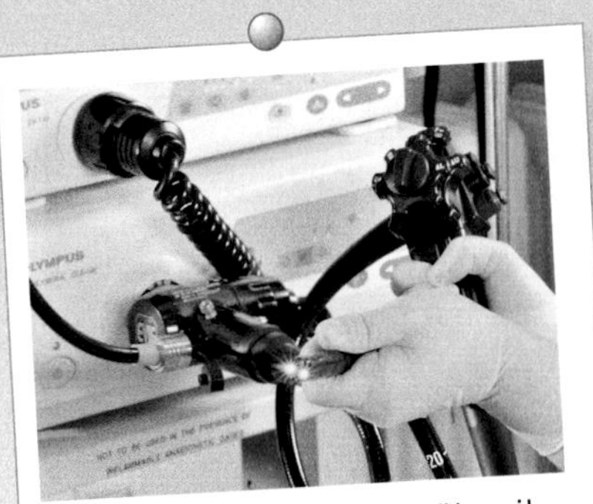

Das **Endoskop** ist ein Gerät, mit dem von außen nicht einsehbare Bereiche eines Körpers untersucht werden. In Endoskopen werden Glasfasern sowohl zur Bildübertragung als auch zur Beleuchtung benutzt.

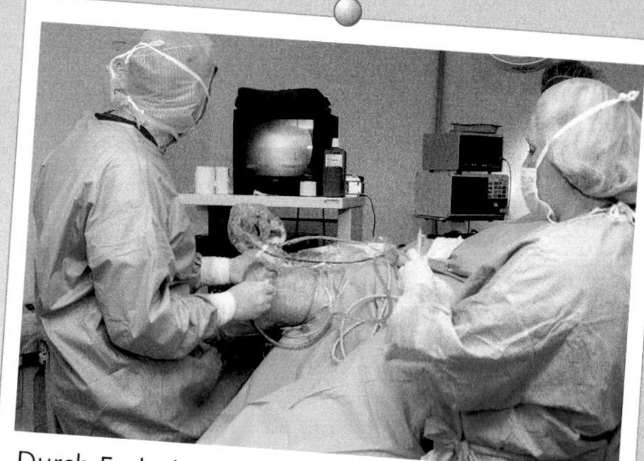

Durch Endoskope können Schäden oder Abnutzungserscheinungen an der Knorpelschicht in Gelenken betrachtet werden.

Mithilfe von **Glasfaserkabeln** werden weltweit Telefongespräche übertragen. Dazu müssen die Kabel auch auf dem Boden der Ozeane verlegt werden.

977 In den USA wird zum ersten Mal ein Glasaserkabel zur kostenpflichtigen Datenübertragung ingesetzt.
979 In das Telefonfernnetz zwischen Frankfurt und)berursel (15,4 km) wird eine Glasfaserstrecke ein-;ebaut. Es können 480 Gespräche gleichzeitig über-ragen werden.
1980 In Großbritannien wird ein Unterwasser-;lasfaserkabel über 9,5 km durch Loch Fyne verlegt.
1984 Ein Glasfaserkabel mit 60 Fasern kann zwischen Hamburg und Hannover 1920 Gespräche gleichzeitig ibertragen.
1988 Das erste Glasfaser-Transatlantik-Kabel wird am 14. Dezember in Betrieb genommen. Es ist 6700 km ang und kann bis zu 7560 Gespräche gleichzeitig übertragen.
2000 In Laboratorien gelingt es, eine Datenmenge, die 100000000 Telefongesprächen entspricht, durch eine einzige Glasfaser zu senden.

1. Überlege, warum eine Untersuchung mit einem Endoskop für den Patienten sehr schonend ist.

2. a) Endoskope werden auch für die Untersuchung von Hohlräumen in Maschinen eingesetzt.
Welche Vorteile ergeben sich für die Betreiber von Fluglinien, wenn die Triebwerke der Flugzeuge endoskopisch untersucht werden?
b) Recherchiere im Internet nach weiteren technischen Anwendungen von Endoskopen.

Welt des Großen – Welt des Kleinen

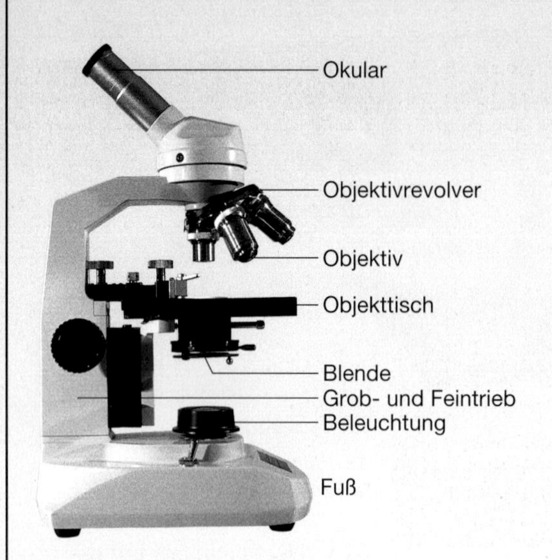

Das Mikroskop
Mit **Lichtmikroskopen** kann man bis etwa 1000-fach vergrößern. Damit lassen sich pflanzliche und tierische Zellen sichtbar machen und Einzeller lebend beobachten.
Ein Mikroskop hat als **Objektiv** und **Okular** Sammellinsen. Das Okular wirkt als **Lupe.**

Das Fernrohr
Fernrohre dienen dazu, entfernte Gegenstände vergrößert abzubilden. Das **astronomische Fernrohr** hat zwei **Sammellinsen.** Ein Gegenstand erscheint darin umgekehrt. Das **galileische Fernrohr** hat als Objektiv eine Sammellinse, als Okular eine **Zerstreuungslinse.** Das Bild ist aufrecht.

Das Sonnensystem
Alle Körper, die sich auf Bahnen um einen Stern bewegen, bilden ein **Sonnensystem.** Es sind neben dem Stern die Himmelskörper Planeten, Zwergplaneten, Monde, Asteroide, Meteore und Kometen.

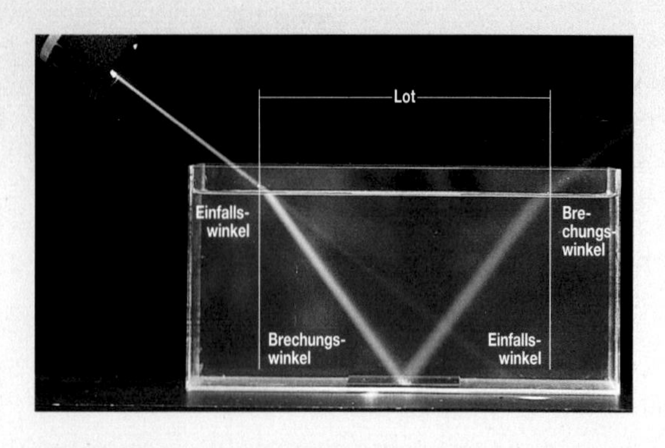

Streuung und Reflexion
Gegenstände sind nur sichtbar, wenn das von ihnen ausgehende oder zurückgeworfene Licht ins Auge des Betrachters fällt. Licht selbst ist unsichtbar.
Glatte Oberflächen reflektieren das Licht in eine bestimmte Richtung. Raue Oberflächen streuen das Licht in alle Richtungen.
Licht wird an ebenen Flächen nach dem **Reflexionsgesetz** reflektiert. Es gilt: Einfallswinkel und Reflexionswinkel sind gleich groß. Dabei liegen einfallendes Lichtbündel, Lot und reflektiertes Lichtbündel in einer Ebene.

Brechung
Beim Übergang von Luft in Wasser oder von Luft in Glas wird das Licht zum Lot hin gebrochen. Beim umgekehrten Übergang erfolgt die **Brechung** vom Lot weg. Grenzwinkel.

Bilder
In einer **Lochkamera** entsteht auf dem Schirm ein Bild, bei dem rechts und links sowie unten und oben vertauscht sind.

Sammellinsen sind Glaskörper, die in der Mitte dicker sind als am Rand.
Bei richtigem Abstand der Sammellinse zum Gegenstand und zum Schirm entsteht auf dem Schirm ein scharfes Bild. Beim Bild sind oben und unten sowie rechts und links vertauscht.

Das Planetensystem
In unserem Sonnensystem bewegen sich die acht **Planeten** Merkur, Venus, Erde, Mars, Jupiter, Saturn, Uranus und Neptun auf Ellipsenbahnen um den Stern Sonne. Die Planeten werden nach Masse, Radius und Dichte in **erdähnliche und jupiterähnliche Planeten** unterteilt.

Welt des Großen – Welt des Kleinen

1. Stelle die Bauteile des Mikroskops und ihre Aufgaben in einer Tabelle zusammen.

2. Bei einem Mikroskop mit einem 12er Okular ist das 40iger Objektiv eingestellt. Berechne die Gesamtvergrößerung.

3. „Das Zellplasma ist die zähe Flüssigkeit im Inneren der Zelle. Es ist umhüllt von..." Setze die Beschreibung einer Pflanzenzelle fort. Beschreibe ausführlich in eigenen Worten. Verwende dabei alle wichtigen Fachbegriffe.

4. Entscheide, welches der beiden folgenden Bilder Pflanzenzellen und welches Tierzellen zeigt. Begründe deine Entscheidung mit mehreren Argumenten.

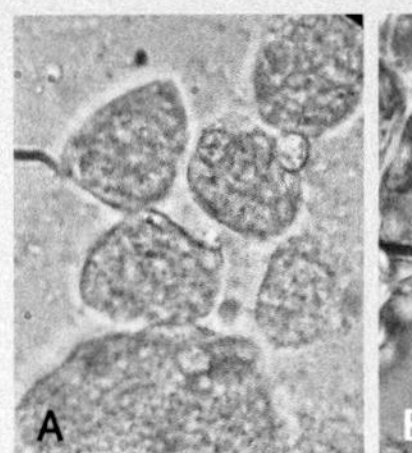

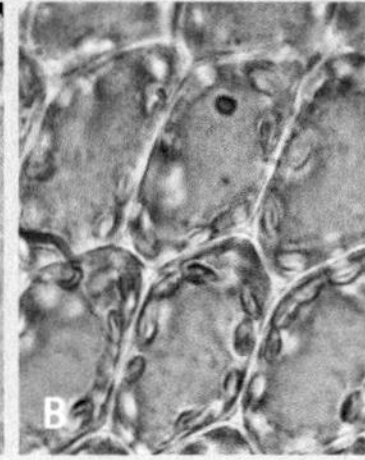

5. a) Zeichne eine Sammellinse, auf die paralleles Licht fällt. Welcher besondere Punkt wird erkennbar?
b) Wie heißt seine Entfernung zur Linse?

6. Beschreibe den Verlauf des Lichtes, das durch eine Zerstreuungslinse fällt.

7. Bei manchen Mikroskopen lässt sich der Objektivtisch, bei anderen der Tubus verschieben. Was wird dadurch jeweils verändert?

8. Vergleiche den Aufbau von Mikroskop und Fernrohr.

9. Zeichne, welchen Einfluss der Abstand von Gegenstand und Lichtquelle auf die Schattengröße hat.

10. Warum ist nicht bei jedem Vollmond Mondfinsternis?

11. Beobachte über 29 Tage den Mond im Abstand von mehreren Tagen und zeichne seine Form auf ein Blatt. Beginne bei Vollmond.

12. Zeichne, wie Sonne, Erde und Mond bei Halbmond zueinander stehen.

13. Nenne die acht Planeten unseres Sonnensystems in der richtigen Reihenfolge von der Sonne aus gesehen.

14. Erkläre mithilfe von Versuchen das Entstehen von Schatten. Dabei sollen entstehen
a) ein Kernschatten;
b) ein Kernschatten und zwei Halbschatten;
c) zwei Halbschatten.

15. Baue den obigen Versuch auf und stelle senkrecht ein weißes Blatt Papier auf die Flächen. Beleuchte die Flächen schräg von oben. Erkläre deine Beobachtungen. Benutze dabei die Fachbegriffe Streuung und Reflexion.

16. Worin besteht der Unterschied zwischen Streuung und Reflexion?

17. Was besagt das Reflexionsgesetz?

18. Begründe, warum es sinnvoll ist, Rettungsfahrzeuge auf der Vorderseite in Spiegelschrift zu beschriften.

19. Erkläre mithilfe einer Zeichnung, wie in einer Lochkamera das Bild einer Kerze entsteht.

20. Weshalb ist das Bild in einer Lochkamera entweder lichtschwach oder unscharf?

21. Beschreibe den Verlauf des Lichtes beim Übergang von Luft in Wasser und umgekehrt.

22. Erkläre, warum ein eingetauchtes Paddel anders aussieht als in Luft.

Körper und Gesundheit

Wie ernähre ich mich gesund?

Manchen geht schon beim Joggen die Luft aus, andere üben sich im Freitauchen. Wozu müssen wir überhaupt atmen?

Sinne erschließen die Welt

1. Auf einer Kirmes wirken viele Sinneseindrücke auf dich ein.
a) Nenne solche Sinneseindrücke.
b) Ordne jeweils das Sinnesorgan zu, das diesen Eindruck ermöglicht.
c) Beschreibe, wie die Kirmesbetreiber versuchen, das Erlebnis der Besucher gezielt zu beeinflussen.

2. Nenne Geruchs- und Geschmacksrichtungen, die dich auf einer Kirmes zum Naschen verführen könnten. Nenne auch Dinge, die du nicht magst.

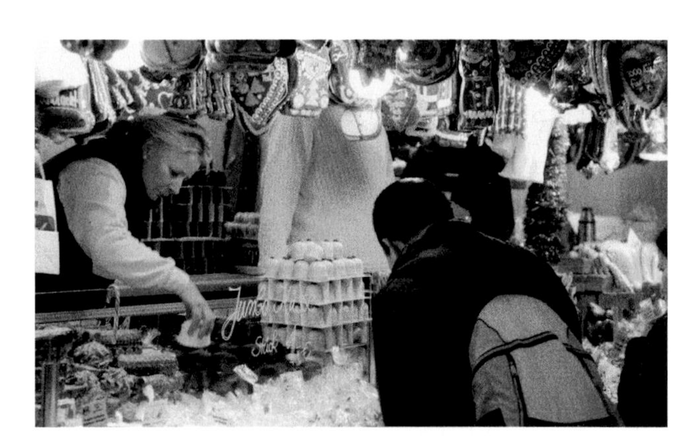

3. a) Schließe die Augen und stelle dir eine Kirmesszene vor. Beschreibe, was du wohl alles hören würdest.
b) Schließe für etwa eine Minute die Augen und achte auf alle Geräusche, die du jetzt hörst.
Schreibe sie möglichst genau auf.

4. „Das Auge isst mit" heißt es oft.
Hilf bei der Beschriftung der Zuckerstangen. Welches Schild gehört wohin? Wonach hast du sie zugeordnet?

5. Wie beeinflusst die Farbe eines Lebensmittels unser Geschmacksempfinden? Ihr könnt dies durch ungewöhnliche Kombinationen von Farbe und Geschmack testen.
Stellt dazu aus 250 g Puderzucker und einem Esslöffel Wasser Zuckerguss her. Verteilt ihn auf mehrere Schälchen und färbt verschiedene Portionen mit Lebensmittelfarbe rot, orange, gelb, grün und blau. Überlegt dann, welchen Portionen ihr Geschmack durch Zitronen-, Erdbeer- oder Waldmeisteraroma geben wollt. Bestreicht mit dem Zuckerguss einfache Butterkekse. Führt dann Geschmackstests durch. Bei welchen Proben werden die Geschmacksrichtungen erkannt und deutlich geschmeckt, bei welchen nicht? Versucht eine Erklärung für eure Ergebnisse zu finden.

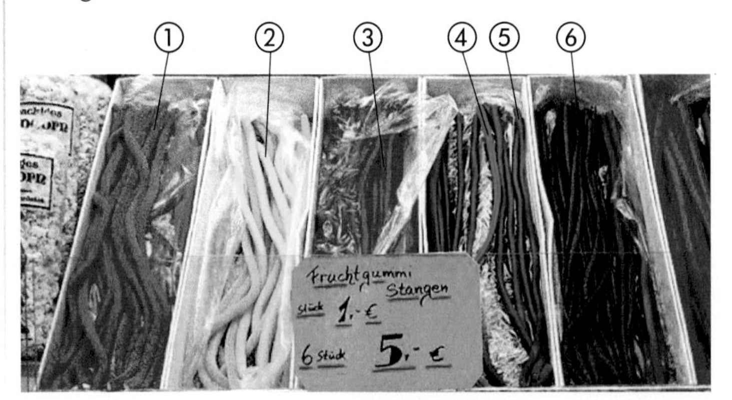

Erdbeere

Waldmeister

Waldbeere

Orange

Zitrone

Cola

Auf dem Weg zur Kirmes hören wir schon von Ferne die laute Musik. Da muss was los sein. Die Musik sorgt für gute Stimmung.
Kommen wir näher, werden wir über Lautsprecher aufgefordert, etwas zu erleben. Bunte Lichter wecken unsere Aufmerksamkeit, Gerüche verlocken uns oder stoßen uns ab.
Auf dem Karussell lassen wir uns in weichen Polstern nieder und halten uns an kalten Metallgriffen fest – und ab geht's.

Zusammenspiel der Sinne
Ein solches Erlebnis und auch die Orientierung in unserer Umwelt ist durch das Zusammenspiel unserer Sinne möglich. Jedes **Sinnesorgan** kann jedoch nur bestimmte **Reize** aufnehmen. Die Informationen über die Umwelt werden dabei in elektrische Impulse umgesetzt und durch die **Nerven** an das **Gehirn** weitergeleitet. Dort werden die Informationen verarbeitet und führen zu einer Wahrnehmung.

Nase und Zunge
Sie sind für die Aufnahme von Geruchs- und Geschmacksreizen zuständig. Im **Gehirn** werden die Eindrücke zu einer umfassenden Geruchs- und Geschmacksempfindung verarbeitet.

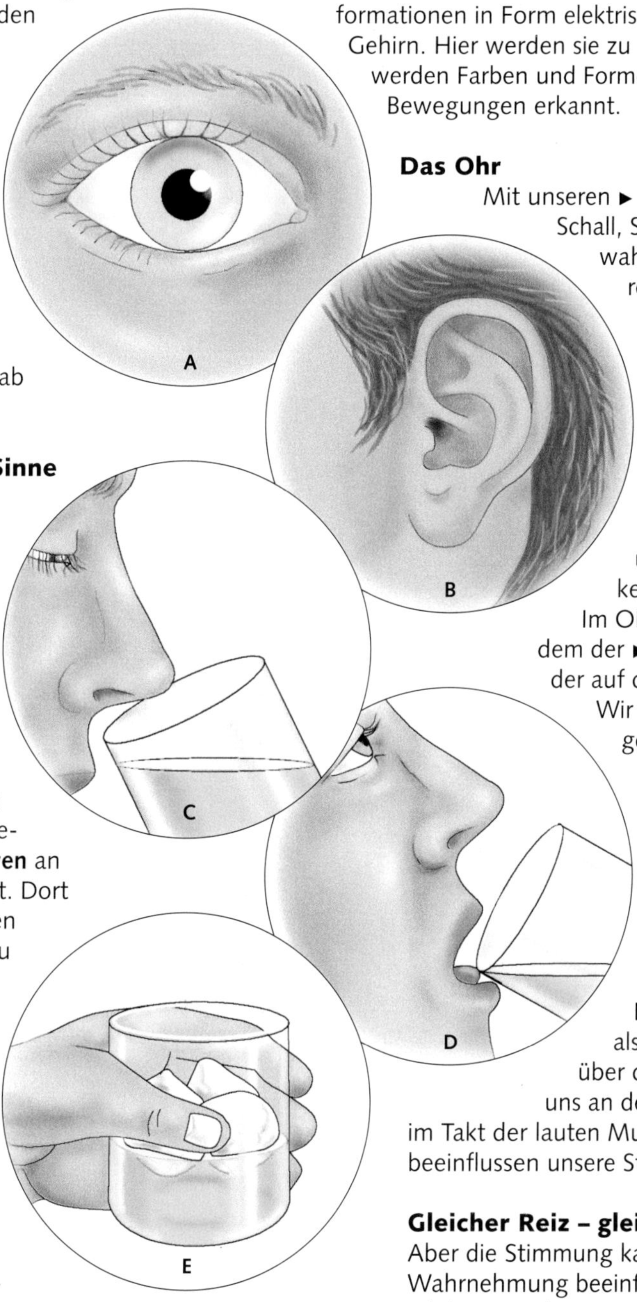

Die Haut
Sie ist ein besonders vielfältiges Sinnesorgan. Über die Haut nehmen wir Tast-, Druck-, Wärme-, Kälte- und Schmerzreize auf. Das Gehirn sorgt dafür, dass die entsprechenden Nervenimpulse verarbeitet und als Empfindungen wahrgenommen werden.

A B C D E

1 Sinnesorgane. A *Auge;* **B** *Ohr;* **C** *Nase;* **D** *Zunge;* **E** *Haut*

Das Auge
Mit unseren ▸ Augen nehmen wir Lichtreize auf. Mehrere Millionen Nervenzellen leiten die Informationen in Form elektrischer Impulse an das Gehirn. Hier werden sie zu Bildern verarbeitet. Es werden Farben und Formen, Entfernungen und Bewegungen erkannt.

Das Ohr
Mit unseren ▸ Ohren nehmen wir Schall, Schwingungen der Luft, wahr. Die Schwingungen reizen die Sinneszellen, die dann ebenfalls Nervenimpulse verursachen, die zum Gehirn geleitet und dort verarbeitet werden. So können wir Musik hören, Gespräche verstehen und uns im Straßenverkehr zurechtfinden.
Im Ohr befindet sich außerdem der ▸ Gleichgewichtssinn, der auf die Schwerkraft reagiert. Wir brauchen ihn, um uns geordnet im Raum bewegen zu können. Auf einem Karussell wird der Gleichgewichtssinn auf eine harte Probe gestellt.

Viele Reize – eine Wahrnehmung
Die Kirmes erleben wir als frohes Fest, staunen über die Farbeffekte, halten uns an den Händen und wippen im Takt der lauten Musik. Alle diese Reize beeinflussen unsere Stimmung.

Gleicher Reiz – gleiche Wahrnehmung?
Aber die Stimmung kann auch unsere Wahrnehmung beeinflussen: laute Musik erleben wir als störend, wenn wir uns unterhalten wollen oder Ruhe brauchen.

■ Die Wahrnehmung unserer Umgebung erfolgt durch ein Zusammenspiel unserer Sinne. Jedes Sinnesorgan kann nur bestimmte Reize aufnehmen.

Wie wir sehen

1. a) Welche Teile des Auges kannst du im Taschenspiegel erkennen? Fertige eine beschriftete Skizze an. Nenne die Aufgaben der Teile, insbesondere ihre Schutzfunktion.
b) Beobachte im Spiegel auch, in welche Richtungen sich das Auge bewegen lässt.

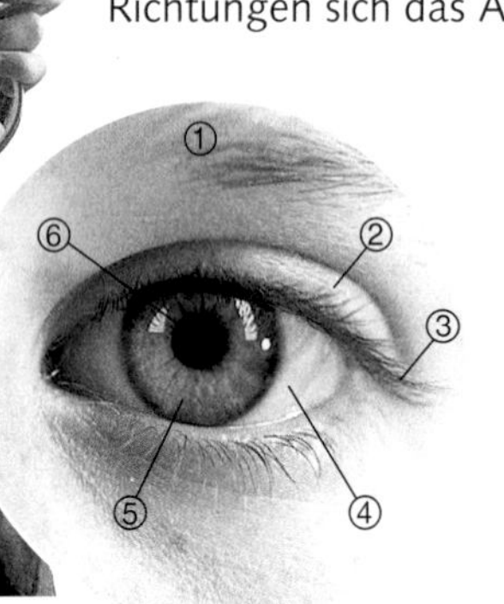

Augenbraue
Augenlid
Wimpern
Hornhaut
Iris
Pupille

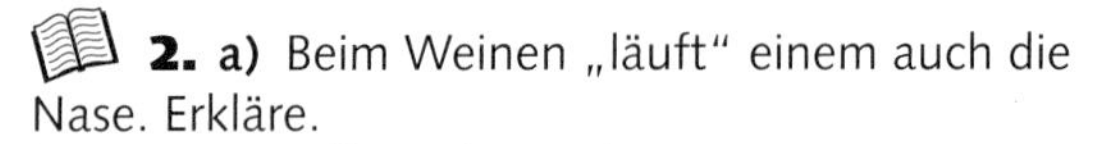

2. a) Beim Weinen „läuft" einem auch die Nase. Erkläre.
b) Wenn Sandkörnchen oder Wimpern ins Auge gelangen, beginnt das Auge heftig zu tränen. Was wird dadurch erreicht?

3. Dein Versuchspartner bläst mit Gummischlauch und Blasebalg unerwartet Luft seitlich in eine Schutzbrille. Wie reagiert das Auge? Was sagt die Reaktion aus über die Schutzfunktion der Lider in Alltagssituationen?

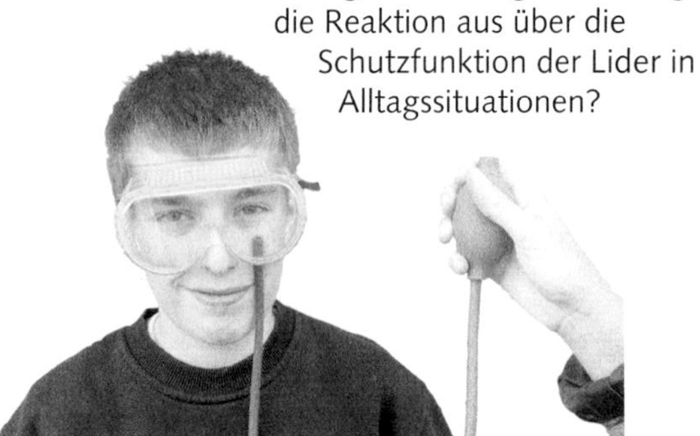

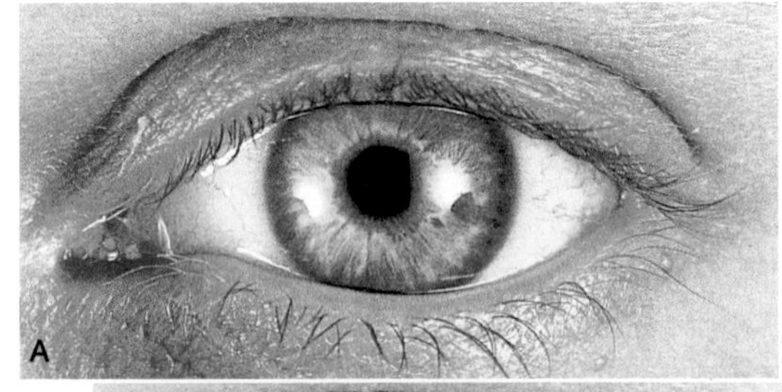

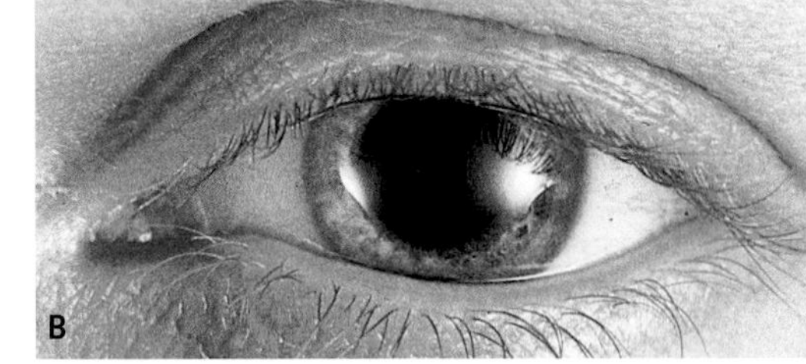

4. a) Eine Versuchsperson schließt 30 Sekunden lang beide Augen und deckt sie zusätzlich mit den Händen ab. Anschließend blickt sie zu einem hellen Fenster oder zu einer Lampe. Der Partner beobachtet dabei die Pupillen. Wie verändert sich deren Größe?
b) Erklärt die Bedeutung der Pupillenreaktion.

5. Beschreibe und erkläre das unterschiedliche Aussehen desselben Auges bei verschiedenen Bedingungen.

6. a) Halte das Biologiebuch in Armlänge vor deine Augen. Schließe das linke Auge und fixiere mit dem rechten unentwegt die abgebildete Katze. Bewege das Buch nun langsam an dich heran. Was geschieht mit der Maus? Deute das Versuchsergebnis.
b) Was siehst du, wenn du das Buch noch näher heranführst?
c) Recherchiere, was es mit dem „blinden Fleck" auf sich hat. Vergleiche auch mit Abbildung 1.

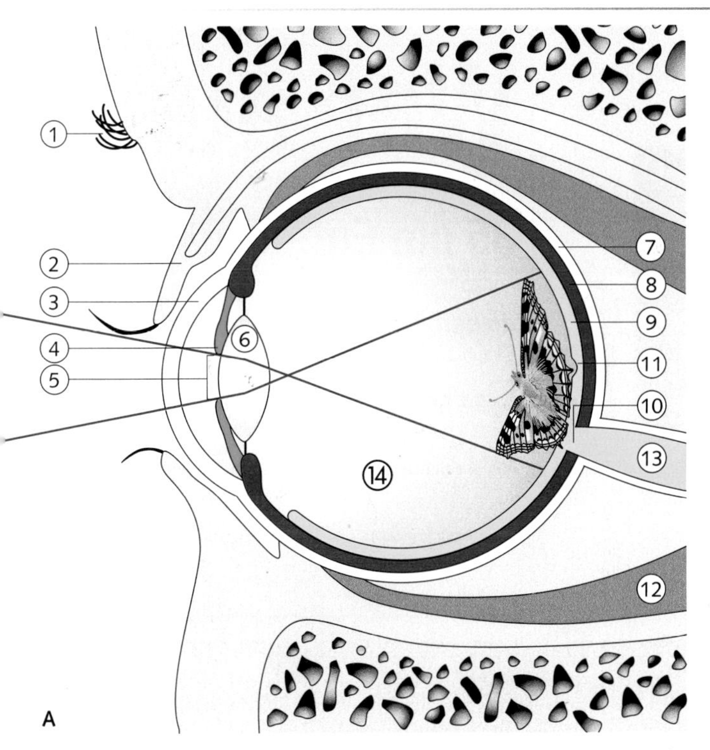

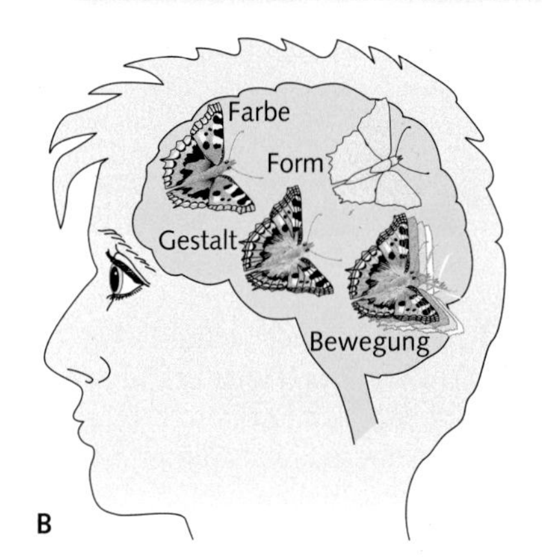

1 Auge und Sehvorgang. A *Bau des Auges;* **B** *Vom Auge zum Gehirn*

Guter Schutz für empfindliche Augen

Das Auge ist ein wichtiges, aber auch ein empfindliches Sinnesorgan. Von außen erkennen wir bereits verschiedene Schutzeinrichtungen. Die **Augenbrauen** leiten Regen- oder Schweißtropfen zu den Seiten ab. Die **Wimpern** schützen vor Staub. Nähern sich Fremdkörper dem Auge, so schließen sich blitzschnell die **Augenlider.** Dieser Schutzreflex bewahrt das Auge vor Verletzungen. Auch bei zu grellem Licht und starkem Wind verhindern die Lider, dass das Auge geblendet wird oder austrocknet.
Die salzig schmeckende **Tränenflüssigkeit** wird in der Tränendrüse produziert und durch den Lidschlag gleichmäßig auf dem Auge verteilt. Auf diese Weise wird die empfindliche **Hornhaut** ständig feucht gehalten. Würde sie austrocknen, wäre sie bald trüb. Außerdem spült die Tränenflüssigkeit Schmutz und Krankheitserreger aus dem Auge.
Als Weißes im Auge sehen wir den vorderen Teil der stabilen **Lederhaut,** die den Augapfel vor Verletzungen schützt und ihm die Form gibt. Vorne geht die Lederhaut in die durchsichtige Hornhaut über. Der Augapfel ist außerdem in die mit Fett ausgepolsterte, knöcherne **Augenhöhle** eingebettet.

Immer die richtige Helligkeit

Wenn wir von braunen, blauen oder grünen Augen sprechen, meinen wir die Farbe der **Regenbogenhaut** oder **Iris.** Die Iris umschließt die **Pupille,** die dunkle Öffnung, durch die das Licht ins Auge fällt.
Bei dem „automatischen" Pupillenreflex regelt die Iris die **Hell-Dunkel-Anpassung** (Adaptation). Sie zieht sich bei hellem Licht zusammen, die Pupille wird kleiner und der Lichteinfall ins Auge verringert sich. Umgekehrt wird die Pupille bei wenig Licht größer. Auf diese Weise können wir auch bei geringer Helligkeit und in der Dämmerung noch sehen.

Wie wir sehen

Im Bereich der Pupille fällt das Licht ins Auge. Es durchläuft die Linse und den Glaskörper, der als durchsichtige, gallertartige Substanz das Innere des Augapfels ausfüllt. Die **Linse** beeinflusst die Lichtstrahlen so, dass auf dem Hintergrund des Auges ein scharfes, umgekehrtes Bild entsteht. Dort trifft das Licht auf die **Netzhaut** mit den **lichtempfindlichen Sinneszellen.** Diese erzeugen bei Lichteinfall elektrische Impulse, die vom **Sehnerv** ins **Gehirn** geleitet werden. Im Gehirn werden die Informationen zur Sehwahrnehmung verarbeitet. Am dichtesten liegen die Sinneszellen im Bereich des **gelben Flecks,** dem Bereich des schärfsten Sehens. Im **blinden Fleck** dagegen fehlen die Sinneszellen, weil hier der Sehnerv das Auge verlässt.

■ Verschiedene Einrichtungen schützen das Auge. Die Iris reguliert die in das Auge einfallende Lichtmenge. Lichtsinneszellen wandeln Licht in Nervensignale um. Im Gehirn entsteht daraus ein Seheindruck.

Wie ein Bild entsteht

1. Mit dem abgebildeten Versuchsaufbau kannst du Bilder von Gegenständen wie Kerzen, Lampen oder hellen Fenstern erzeugen. Besorge dir eine oder mehrere Sammellinsen, einen Bildschirm und eine Glühlampe aus der Physiksammlung. Du kannst auch eine Lupe als Linse, ein Stück weißen Karton als Bildschirm und eine Kerze als Gegenstand benutzen.

a) Stelle wie in der Abbildung Lampe, Linse und Bildschirm hintereinander auf. Verschiebe nun den Bildschirm, bis du ein möglichst scharfes Bild der Glühlampe siehst. Wenn sich zunächst kein Bild ergibt, schiebe die Lampe weiter von der Linse fort. Beschreibe das Bild im Vergleich zum Gegenstand, hier der Glühlampe.

b) Verändere den Abstand zwischen Glühlampe und Linse. Untersuche, wo dann das scharfe Bild entsteht und wie es sich verändert. Beschreibe deine Beobachtungen möglichst genau.

c) Untersuche die Veränderungen, die sich durch Verwenden einer dickeren oder dünneren Linse ergeben.

Wer aus

35 cm Entfernung

diesen Text nicht bis zum Ende

lesen kann, der sollte einmal seine

Augen von einem Augenarzt untersuchen lassen!

Dieser kann feststellen, ob die Augen gesund sind

oder ob man eine Brille braucht.

2. **a)** Überprüfe die Sehleistung deiner Augen mit der Tafel oben.

b) Warum müssen sich Führerscheinkandidaten einem Sehtest unterziehen? Wie können ▸ Sehfehler ausgeglichen werden?

c) Überprüfe dein Farbsehvermögen. Wenn du in der Abbildung unten eine Zahl erkennst, ist dies ein Hinweis auf eine Farbsehschwäche.

3. Finde im Internet weitere Farbsehtests. Nützliche Stichworte: Rot-Grün-Blindheit; Farbsehtest, Farbenblindheit.

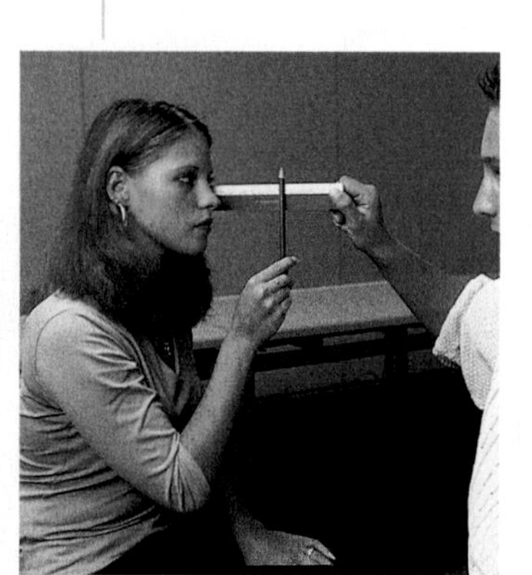

4. Wie nah kannst du einen Gegenstand, beispielsweise einen Bleistift, ans Auge heranführen und ihn gerade noch scharf sehen? Diese untere Grenze der Nahanpassungsfähigkeit des Auges nennt man den Nahpunkt.

a) Miss in dieser Position den Abstand zwischen dem Bleistift und deinem Auge mit dem Lineal aus.

b) Vergleicht die Nahpunkte verschiedener Schülerinnen und Schüler. Welche individuellen Unterschiede zeigen sich?

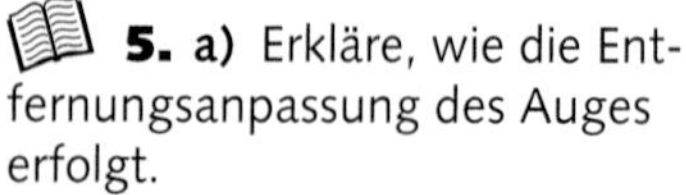

5. **a)** Erkläre, wie die Entfernungsanpassung des Auges erfolgt.

b) Warum funktioniert dies bei älteren Menschen nicht mehr und führt zur Altersweitsichtigkeit?

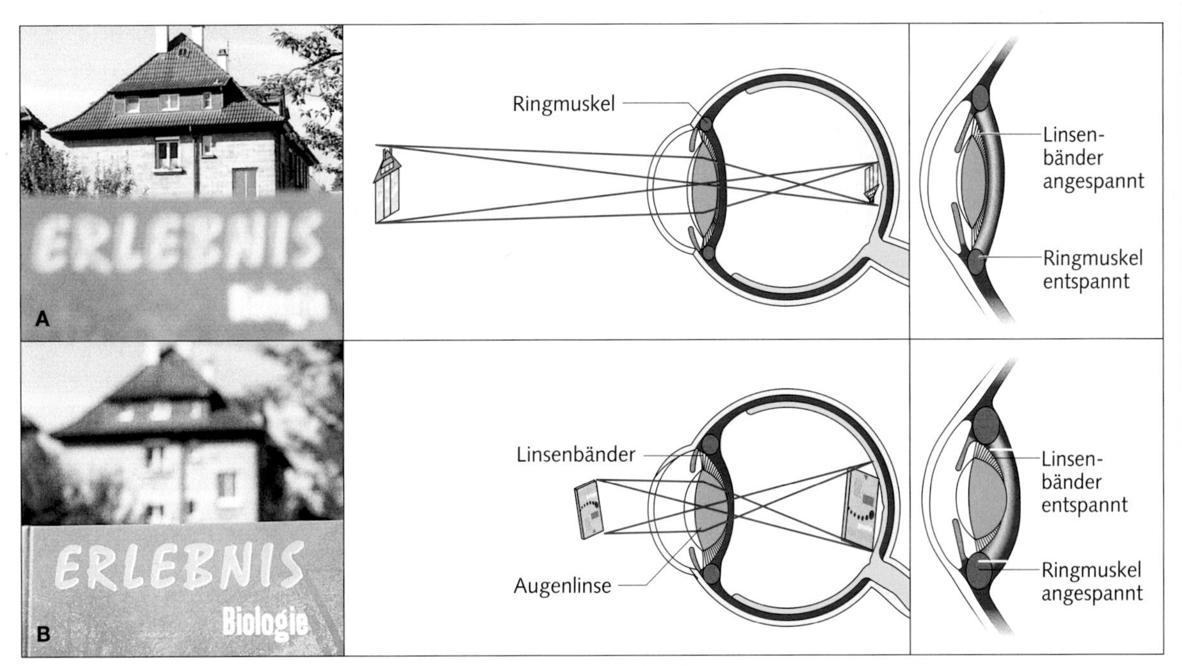

1 **Bildentstehung und Entfernungsanpassung. A** *Fernsicht;* **B** *Nahsicht*

Aufrechte und scharfe Bilder sehen

Schauen wir aus dem Fenster, sehen wir vielleicht ein Haus, Himmel und Bäume. Das Dach des Hauses ist oben und die Tür unten.
Das Bild, das durch eine Sammellinse erzeugt wird, steht aber auf dem Kopf und ist seitenverkehrt. Genauso ist es auch im Auge: Das Licht fällt von dem beleuchteten Gegenstand durch die Pupille ins Auge. Durch die ▸ **Augenlinse** wird es gebrochen, das heißt in seiner Richtung verändert. Es fällt auf die ▸ **Netzhaut,** wo das scharfe, aber umgekehrte Bild entsteht. In der Netzhaut reagieren lichtempfindliche ▸ **Sinneszellen** auf das eintreffende Licht und erzeugen Nervenimpulse. Diese werden über den Sehnerv ins ▸ **Gehirn** geleitet. Das Gehirn verrechnet alle Informationen und wir nehmen ein aufrechtes, seitenrichtiges Bild wahr.
Wenn wir näher gelegene Gegenstände wie die Schrift eines Buches betrachten, würde bei gleicher Lichtbrechung das scharfe Bild erst hinter der Netzhaut entstehen. Das Auge ist aber zur **Entfernungsanpassung** (Akkommodation) fähig. Beim Nahsehen wird der Ringmuskel angespannt, die Linsenbänder lockern sich und die elastische Linse wird kugelförmiger. So wird ihre Brechkraft größer und das Bild ist auf der Netzhaut scharf. Bei älteren Menschen lässt die Elastizität der Linse nach. Sie werden **altersweitsichtig**.

Farben sehen

In der Netzhaut befinden sich verschiedene Lichtsinneszellen. Hell-Dunkel-Unterschiede nehmen wir mit den lichtempfindlichen **Stäbchen** wahr. Sie ermöglichen das Sehen auch noch in der Dämmerung, allerdings nicht farbig.
Für das Farbensehen sind die **Zapfen** zuständig, die mehr Licht benötigen. Es gibt drei Typen von Zapfen. Jeder ist für eine der drei Farben Rot, Grün und Blau empfindlich. Aus den Informationen dieser drei Zapfentypen kann das Gehirn alle Farben berechnen, ähnlich wie man durch Überlagerung von Licht der Grundfarben Rot, Grün und Blau alle Farben erzeugen kann.
Manche Menschen leiden an einer Rot-Grün-Sehschwäche und können rote und grüne Färbungen nicht so gut unterscheiden.

■ Die Entfernungsanpassung des Auges erfolgt durch den Ringmuskel, der die Form der Linse beeinflusst. Das Farbsehen erfolgt über die Zapfen, Hell-Dunkel-Sehen über die Stäbchen.

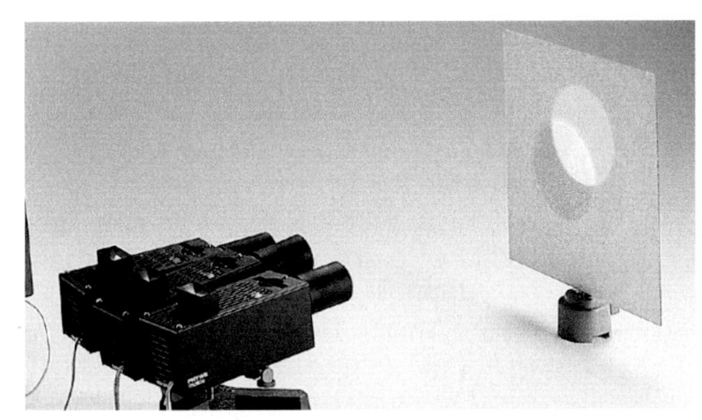

2 **Farben addieren sich**

Das Gehirn sieht mit

1. a) Zeichne auf die Vorderseite einer Pappscheibe oder eines Bierdeckels einen Vogel, auf die Rückseite einen auf dem Kopf stehenden Käfig. Befestige seitlich zwei Schnüre, verdrille sie und ziehe sie anschließend auseinander. Was beobachtest du?

b) Wiederhole den Versuch mit unterschiedlichen Drehgeschwindigkeiten. Erkläre deine Beobachtung. Vergleiche mit der Filmtechnik.

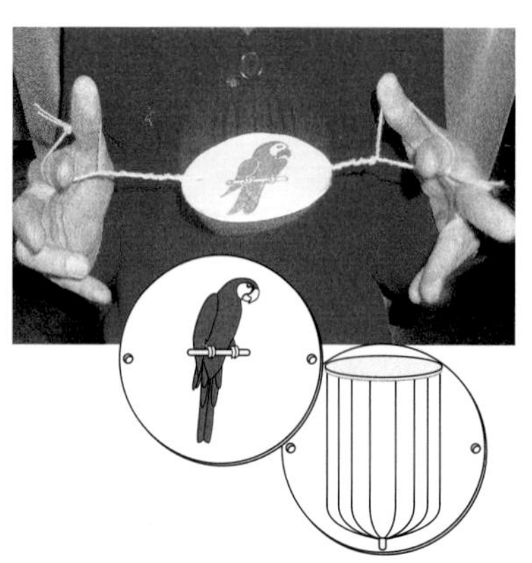

2. Halte dein Biologiebuch in etwa 40 cm Entfernung vor die Augen. Betrachte es zunächst mit dem rechten, dann mit dem linken Auge. Was stellst du fest? Deute deine Beobachtung.

1 Filmstreifen

Aufrechte Bilder

Wir haben bereits erfahren, dass das Bild auf der ▸ Netzhaut eigentlich auf dem Kopf steht. Trotzdem sehen wir alle Gegenstände in ihrer richtigen Lage. Das Gehirn „dreht" also das Bild um. Schon dies macht deutlich: Das Gehirn ist am Sehen beteiligt.

Bewegte Bilder

Bei jedem einzelnen Bild werden die Sinneszellen der Netzhaut erregt. Diese Erregung klingt aber erst nach einer 18tel Sekunde wieder ab. Die Sinneszellen sind also ein bisschen „träge". Folgt das nächste Bild schnell genug, also bereits während der noch abklingenden Erregung, entsteht im Gehirn der Eindruck einer kontinuierlichen **Bewegung.** In Film und Fernsehen wird die Trägheit der Sinneszellen ausgenutzt: Hier werden sogar 25 Bilder pro Sekunden gezeigt, sodass wir glauben, Bewegungen zu sehen.

Räumliches Sehen

Da unsere Augen etwa 10 cm auseinanderliegen, liefern sie leicht unterschiedliche Bilder des betrachteten Gegenstandes. Dennoch sehen wir nicht zwei getrennte Bilder, sondern ein einziges, räumliches Bild. Diese Zusammensetzung leistet das Gehirn in einem kleinen Bereich am Hinterkopf, in der Sehrinde. Das **räumliche Sehen** ermöglicht auch abzuschätzen, wie weit ein Gegenstand entfernt ist.

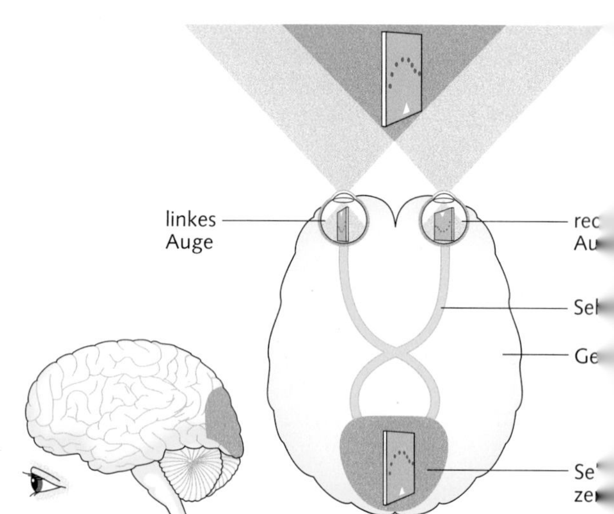

2 Räumliches Sehen (Schema)

Optische Täuschungen

Das Gehirn speichert Seheindrücke als Muster. Personen und Gegenstände werden erkannt, indem das Gehirn das aktuelle Bild mit den gespeicherten Mustern vergleicht. Widersprechen die neuen Bilder den bisherigen Erfahrungen, kommt es zu optischen **Täuschungen.**

■ Unser Gehirn hat einen großen Einfluss darauf, wie wir sehen.

Optische Täuschungen

Welche Giraffe ist am größten? Prüfe mit dem Lineal.

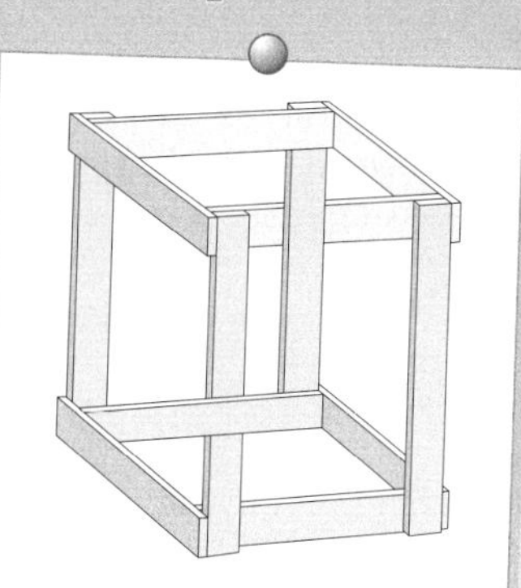

Warum nennt man dies eine *verflixte* Kiste?

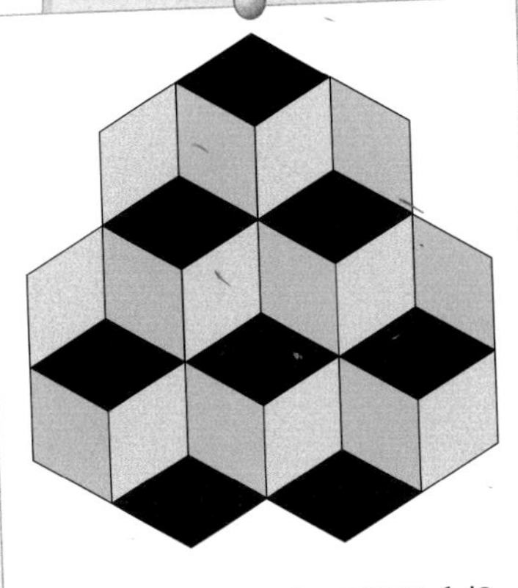

Erkennst du 6 oder 7 Würfel? Die schwarzen Flächen sind entweder oben oder unten.

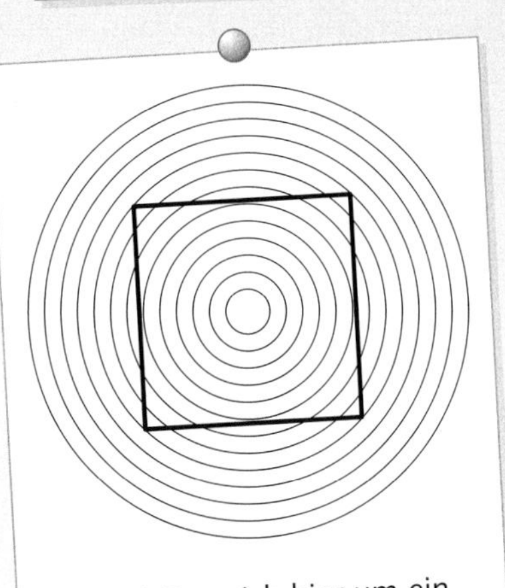

Handelt es sich hier um ein Quadrat? Überprüfe mit dem Lineal.

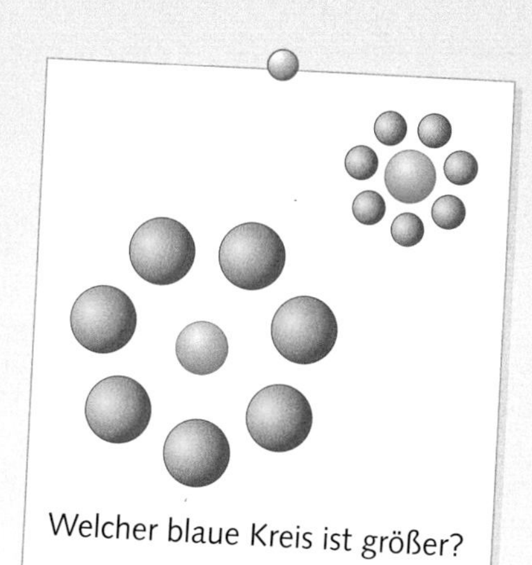

Welcher blaue Kreis ist größer?

Siehst du einen Kerzenständer oder zwei Gesichter?

Wie optische Täuschungen entstehen

A) **Umspringbild:** Zwei sich widersprechende Bilder können nicht gleichzeitig gesehen werden. Das Gehirn muss sich für das eine oder das andere „entscheiden".

B) **Täuschung durch Perspektive:** Im Hintergrund zusammenlaufende Linien deutet das Gehirn als zunehmende Entfernung.

C) **„Unmögliche" Bilder:** Das Gehirn versucht etwas räumlich Sinnvolles zu erkennen, was es so in der Wirklichkeit gar nicht gibt.

D) **Täuschung durch Größenvergleich:** Gleich große Figuren wirken unterschiedlich groß, je nachdem, ob direkt benachbarte Figuren größer oder kleiner sind.

E) **Täuschung durch die Umgebung:** Kreuzen sich gerade und gewölbte Linien, so erscheinen Geraden krumm.

1. Betrachte die Abbildungen aufmerksam. Beschreibe deine Wahrnehmungen.

2. Erkläre die gezeigten optischen Täuschungen mithilfe der Erläuterungen links.

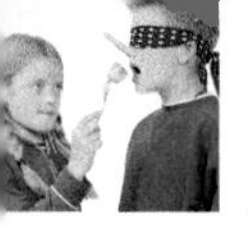

Wer sieht mit Brille besser – aus?

1. Überprüfe mit dem Versuchsaufbau zur ▸ Bildentstehung (Seite 204) im Versuch die Wirkung von Brillengläsern. Erzeuge mit einer Lupe oder Sammellinse das ▸ Bild eines hellen Fensters auf einem Bildschirm. Halte dann ein Brillenglas direkt vor die Sammellinse.
a) Wohin musst du den Bildschirm verschieben, um wieder ein scharfes Bild zu erhalten?
b) Nimm das Brillenglas dann wieder fort. Beschreibe das Bild auf dem Bildschirm.
c) Vergleiche Brillengläser für Kurz- und Weitsichtige.
d) Was zeigt der Versuch über Sehfehler und Brillen?

2. Stelle einmal für die Kurzsichtigkeit und einmal für die Weitsichtigkeit zusammen:
– das Sehproblem
– die Ursache
– die Korrekturmöglichkeiten

3. Erstelle eine Collage mit Abbildungen modischer Brillen. Du kannst dich auch selbst als Brillen-Designer betätigen.

4. Übertrage die Abbildung 3 in dein Heft. Fertige darunter eine entsprechende Zeichnung für die Weitsichtigkeit an.

Sehfehler und ihre Korrektur

Viele Menschen sehen etwas unscharf. Oft wird ein solcher Sehfehler in der Schulzeit bemerkt, wenn jemand nicht gut an der Tafel lesen kann oder beim Lesen und Schreiben Sehprobleme hat. Ein **Sehtest** verschafft hier Klarheit.
Bei der **Kurzsichtigkeit** werden weit entfernte Gegenstände nicht scharf auf der Netzhaut abgebildet, weil der Augapfel zu lang geformt ist. Hier hilft eine Brille mit Zerstreuungslinsen. Diese Linsen wirken der Brechkraft der Augenlinse entgegen. Damit entsteht das scharfe Bild auf der weiter hinten liegenden Netzhaut.
Bei der **Weitsichtigkeit** ist es umgekehrt. Der Augapfel ist zu kurz und nah gelegene Dinge werden trotz Nahanpassung des Auges nicht scharf gesehen, weil das scharfe Bild hinter der Netzhaut liegen würde. Hier wird durch die Sammellinse einer Brille die Brechkraft verstärkt und das scharfe Bild auf die Netzhaut vorgezogen.
Die **Altersweitsichtigkeit** hat andere Ursachen. Aber auch hier hilft eine Brille mit Sammellinsen.
Wer einen korrigierbaren Sehfehler hat und keine Sehhilfen benutzt, schafft sich unnötige Probleme. Für jeden Typ findet sich eine gut aussehende Brille. Außerdem gibt es **Kontaktlinsen**. Die meist weichen Linsen werden direkt auf das Auge gesetzt und haben dieselbe Wirkung wie eine Brille. Auch beim Sport sind Kontaktlinsen praktisch.

■ Sehfehler können durch entsprechende Brillen korrigiert werden.

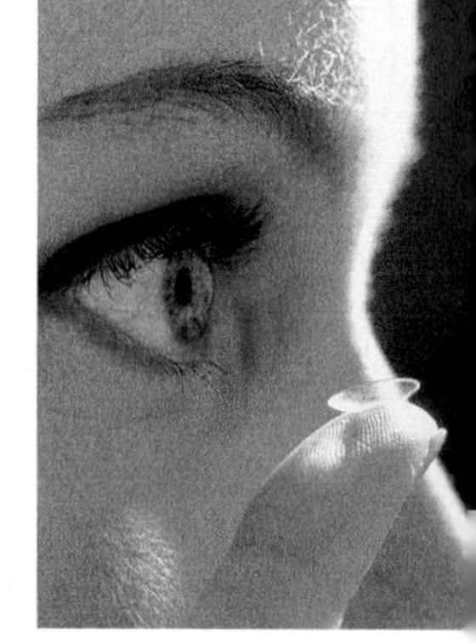

2 Kontaktlinse

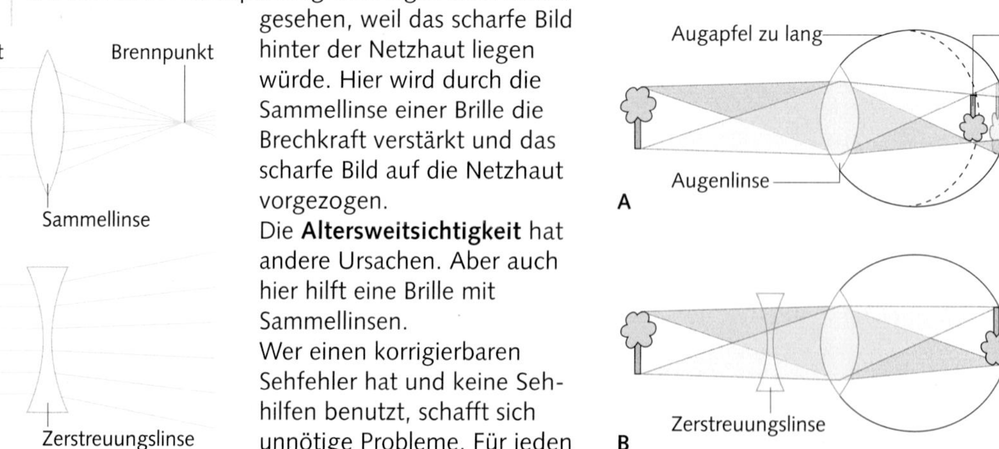

1 Linsen

3 Kurzsichtigkeit. A *Ursache;* B *Korrektur*

Die Augen sind empfindlich

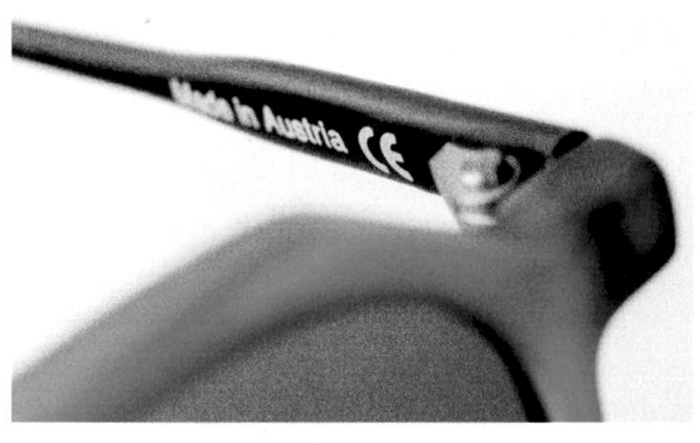

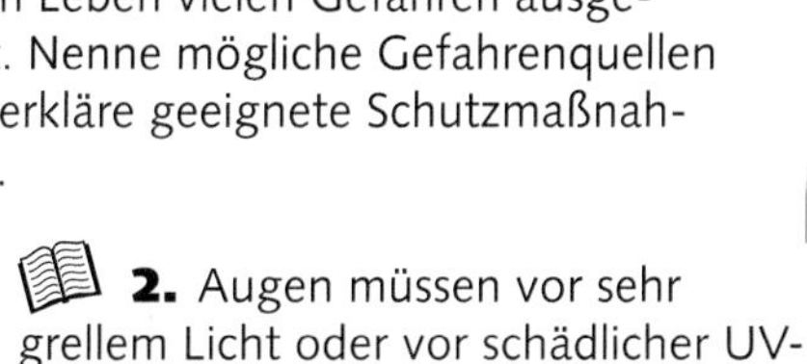

1. Unsere Augen sind im täglichen Leben vielen Gefahren ausgesetzt. Nenne mögliche Gefahrenquellen und erkläre geeignete Schutzmaßnahmen.

2. Augen müssen vor sehr grellem Licht oder vor schädlicher UV-Strahlung geschützt werden.
a) Nenne Situationen, in denen dies nötig ist.
b) Worauf muss man beim Kauf einer Sonnenbrille achten?

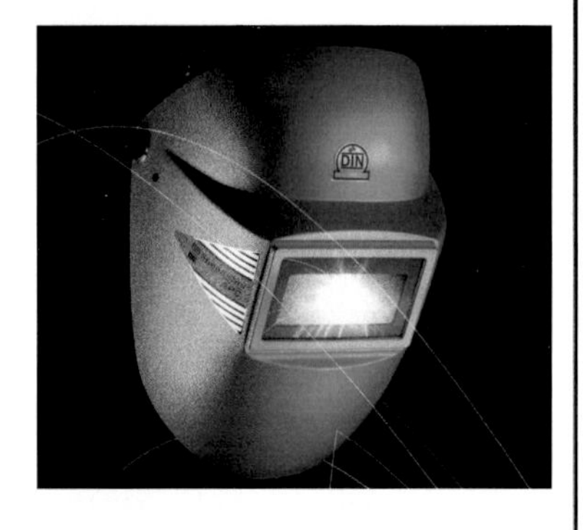

3. Als „Zeigestock“ ist der Laserpointer heute weit verbreitet. Welche Vorsichtsmaßnahmen sind beim Umgang mit Laserpointern zu beachten? Informiere dich und berichte.

Schutz für unsere Augen

Nicht in allen Situationen reichen die Schutzeinrichtungen unserer Augen aus, um sie vor Schäden zu bewahren. In vielen Berufen, aber auch in der Freizeit müssen **Schutzbrillen** oder Visiere benutzt werden. So muss man bei bestimmten Arbeiten im Labor zusätzlich zum Laborkittel eine Schutzbrille tragen, um die Augen zum Beispiel vor heißen oder ätzenden Chemikalien zu schützen. Beim Schweißen sind der helle Lichtbogen, Funkenflug oder abspringende Teilchen gefährlich. Schutzvisiere von Waldarbeitern bestehen oft aus feinmaschigen Gittern, die vor Holzsplittern und Astteilen schützen.

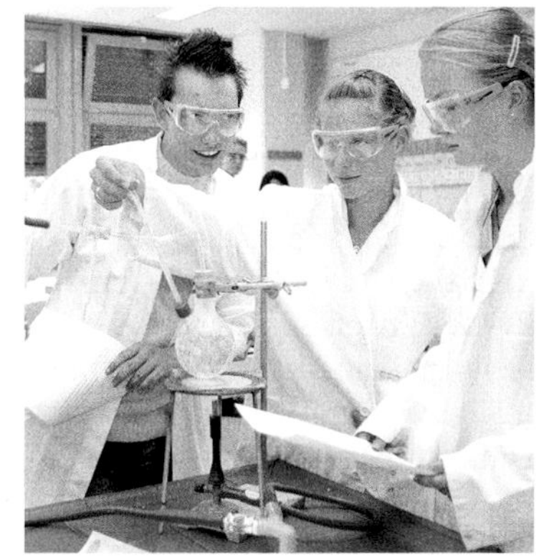

1 Schutzbrillen im Labor

Licht kann gefährlich werden

Durch den Blick in die Sonne oder in andere starke Lichtquellen können die Augen Schäden erleiden. Bindehautentzündungen, Hornhauttrübungen oder bleibende Netzhautschäden können die Folge sein. Sonnenbrillen sollen nicht nur die Blendwirkung des Sonnenlichtes verhindern, sondern auch vor der unsichtbaren, aber gefährlichen ▸ UV-Strahlung schützen. Manche billigen Sonnenbrillen leisten dies nicht. Sie stellen sogar eine zusätzliche Gefahr dar, weil die getönten Gläser eine Helligkeitsanpassung des Auges bewirken: bei geöffneter ▸ Pupille fällt dann noch mehr UV-Licht ins Auge. Daher ist beim Kauf von Sonnenbrillen auf Prüfzeichen wie das CE-Siegel, das GS-Zeichen oder die Hinweise „100 % UV-Schutz“ oder „UV 400“ zu achten.
Laserlicht ist extrem gebündelt und besonders intensiv. Schon kurzes Hineinschauen in den Strahl eines Laserpointers kann zu Schäden an der Netzhaut führen.
Auch wenn manche Augenverletzungen harmlos erscheinen, sollte gleich ein Augenarzt aufgesucht werden. Eine Verletzung kann, wenn sie nicht sofort und richtig behandelt wird, zu einer Sehverschlechterung oder sogar zur Erblindung führen.

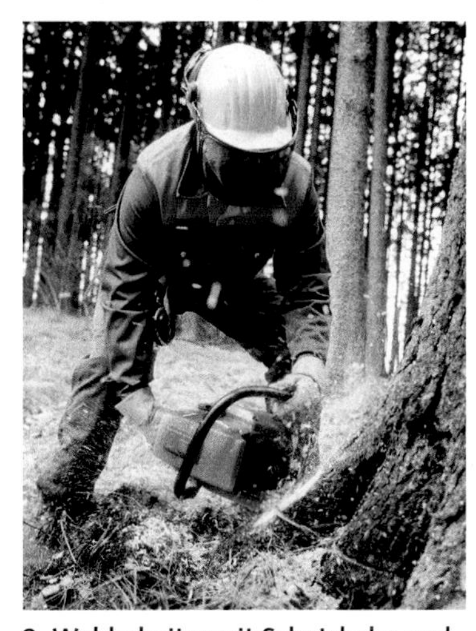

2 Waldarbeiter mit Schutzhelm und Visier

■ In vielen Situationen muss man seine Augen schützen. Werden sie verletzt, muss man immer einen Augenarzt aufsuchen.

Vom Riechen und Schmecken

1. a) Erinnert euch an Situationen, in denen ihr von einem Geruch angelockt wurdet.
b) Bei welcher Gelegenheit habt ihr einen Geruch als eklig empfunden?
c) An welche Gerüche könnt ihr euch besonders gut erinnern?
d) Beschreibt Situationen, in denen euch der Geruchssinn vor Gefahren gewarnt hat.

2. Besorgt euch 8 Filmdosen oder Schnappdeckelgläser, vier verschiedene Duftstoffe, z. B. Duftöl oder Gewürze. Füllt immer in zwei Döschen ein Duftöl oder ein Gewürz. Markiert die Döschenpaare auf der Unterseite. Dann werden sie gemischt und durch Riechen die Paare herausgefunden. Wertet anschließend aus, welche Düfte besonders leicht erkannt werden konnten.

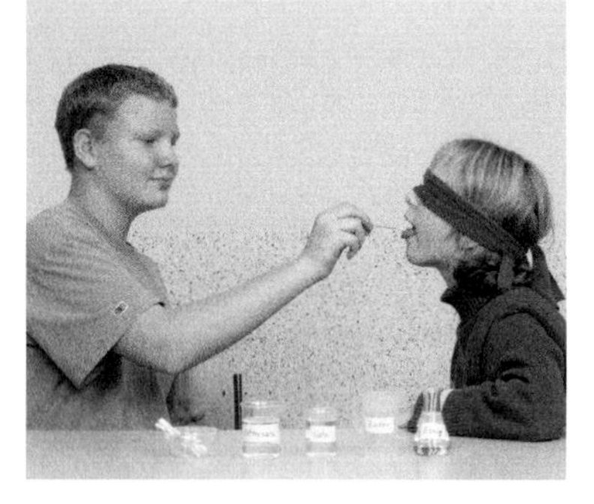

3. Plant einen Versuch, mit dem ihr testen könnt, an welcher Stelle der Zunge ihr besonders deutlich die Geschmacksrichtungen „süß", „sauer", „salzig" und „bitter" schmeckt.
a) Führt den Versuch mit verschiedenen Prüflösungen durch.
b) Zeichnet nun den Umriss eurer Zunge und kennzeichnet die entsprechenden Stellen verschiedenfarbig.

Tipps: Spült nach jeder Geschmacksprobe den Mund mit Wasser aus. Verwendet für jede Probe ein neues Wattestäbchen.

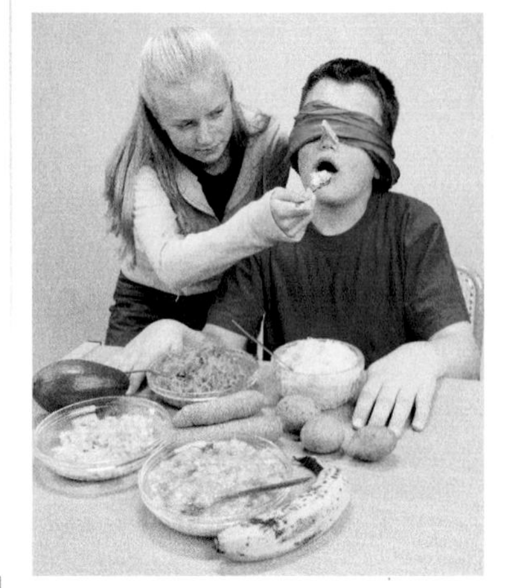

4. Um das Zusammenwirken von Geruch und Geschmack zu testen, benötigt ihr verschiedene breiige Nahrungsmittel (z. B. von Kartoffeln, Bananen usw.).
Verbindet eurer Versuchsperson die Augen und lasst sie mehrmals hintereinander, zuerst mit geschlossener Nase und dann mit offener Nase, kosten.
a) Notiert ihre Angaben in einer Tabelle. Welche Unterschiede stellt ihr fest?

Helena M.	geschlossene Nase	offene Nase
Kartoffelbrei	–	erkannt
Bananenbrei		

b) Begründet, warum wir bei einem Schnupfen kaum noch etwas schmecken können.

Wie wir riechen

Unser Geruchssinn informiert uns nicht nur über Gerüche direkt vor unserer Nase, sondern auch über weit entfernte Ereignisse. So lockt er uns zu einem Bratwurststand auf dem Markt, einem Blumengeschäft oder er warnt uns vor verdorbenem Essen, giftigen Stoffen oder einem Brand. Ohne dass es uns bewusst wird, beeinflussen viele Düfte auch unsere Gefühle für andere Menschen. So empfinden wir Freundschaft, Zuneigung, Abneigung oder sogar Liebe. Wir sind in der Lage, mehr als 10 000 Gerüche und Düfte zu unterscheiden. Mit der eingeatmeten Luft gelangen geringe Mengen von Geruchsstoffen in die Nase. Auf der Abbildung 1 D kannst du erkennen, wo sich die nur 5 cm^2 große **Riechschleimhaut** mit den **Riechsinneszellen** befindet. Hier werden die Geruchsreize in Nervenimpulse umgewandelt. Diese werden dann zum Gehirn geleitet.

Wie wir schmecken

Deine Zunge ist sehr empfindlich. Sie ertastet nicht nur feinste Gegenstände und Oberflächenunterschiede, sondern testet auch die Nahrung. Dabei unterscheidet sie zwischen den **Geschmacksrichtungen** süß, sauer, bitter, salzig und umami. Der Begriff „umami" stammt aus Japan und wird mit „herzhaft - fleischig" übersetzt.

Betrachtest du deine Zunge im Spiegel, kannst du verschiedene Längsrillen und winzige Ein- und Ausstülpungen erkennen. In ihnen befinden sich die **Geschmacksknospen** mit jeweils 30 bis 80 Sinneszellen. Sie nehmen Geschmacksreize auf und wandeln sie in Nervenimpulse um. Diese werden dann zum Gehirn geleitet. Der Geschmackssinn kontrolliert unsere Nahrung. Schon unsere Vorfahren wussten, dass Speisen mit einem sauren oder bitteren Geschmack verdorben oder sogar giftig sein können. Süß, fleischig oder salzig schmeckende Stoffe signalisieren zumeist ein Nahrungsmittel, das viele wertvolle ▸ Nährstoffe enthält.

Ob ein Erdbeereis nach Erdbeere oder Vanille oder ob dir ein Essen überhaupt schmeckt, bestimmt eher deine Nase als deine Zunge. Bei einem Schnupfen sind die Schleimhäute der Nase angeschwollen und es können keine Geruchsreize wahrgenommen werden. Das Essen schmeckt fad. Unser Geschmack wird aber auch durch eine gemütliche Umgebung, Hunger, Rauchen oder die Temperatur der Speisen beeinflusst.

■ Beim Schmecken sind die Sinneszellen von Zunge und Nase beteiligt.

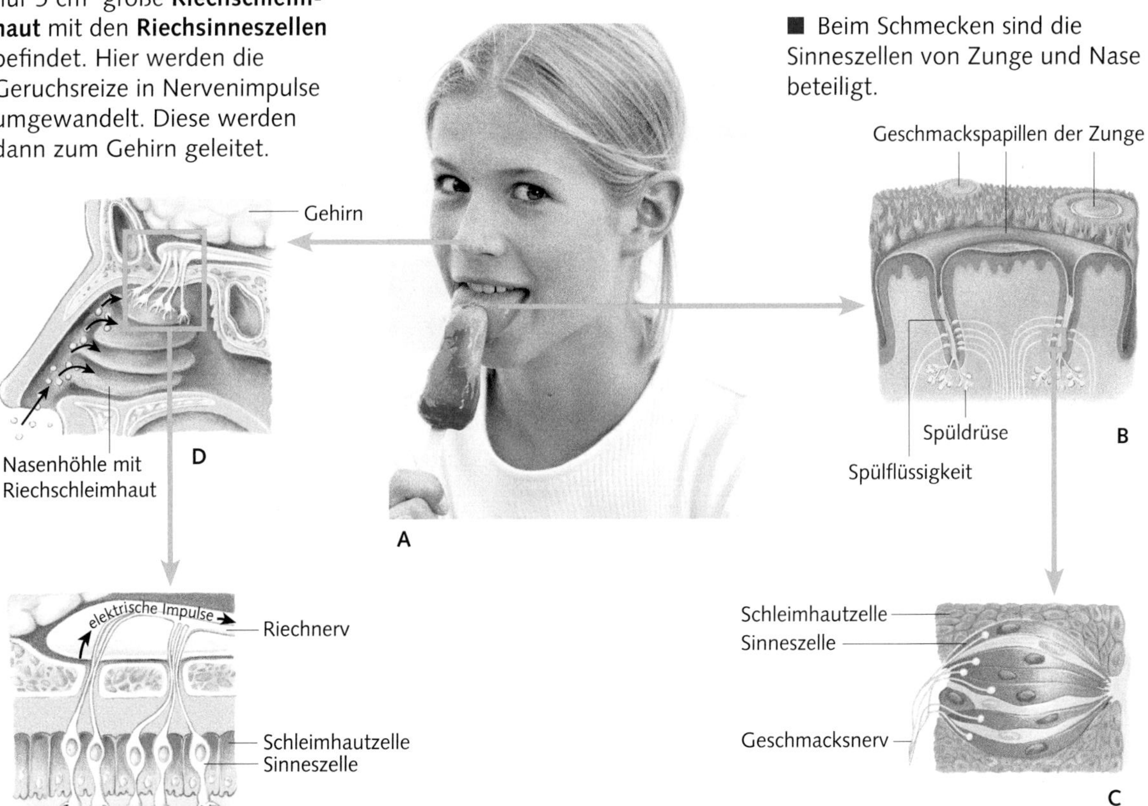

1 Geruchssinn und Geschmackssinn ergänzen sich. A *Eis „schmeckt";* **B** *Oberfläche der Zunge;* **C** *Geschmacksknospe;* **D** *Nase mit Riechschleimhaut;* **E** *Riechschleimhaut*

Mit der Haut fühlen

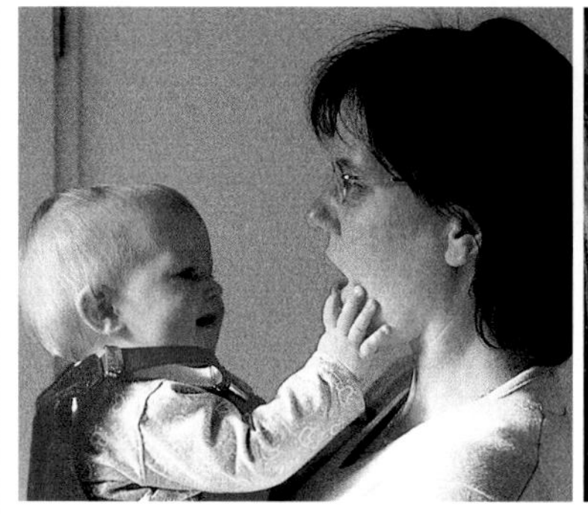

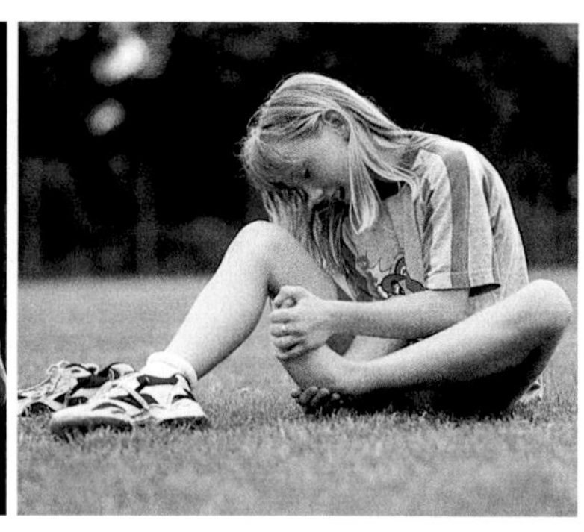

1. Welche Sinneseindrücke könnt ihr mithilfe der Haut wahrnehmen? Orientiert euch an den Abbildungen und beschreibt weitere Beispiele.

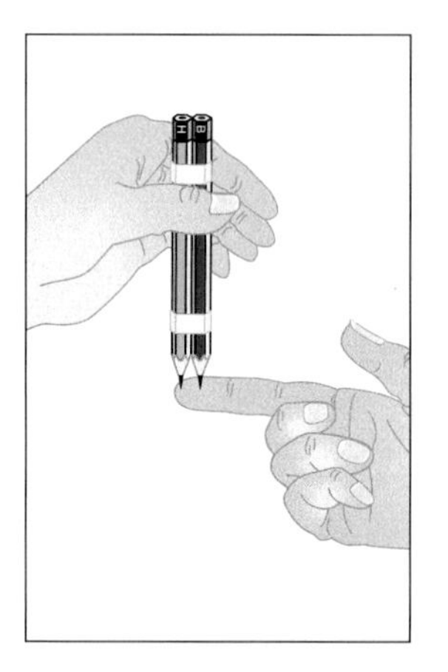

2. Mit dem folgenden Versuch könnt ihr die Tastempfindlichkeit testen.
Ihr benötigt drei Bleistifte, von denen ihr zwei fest zusammenklebt. Verbindet nun einer Versuchsperson die Augen und tippt vorsichtig entweder mit der Spitze von einem Bleistift oder mit den beiden Spitzen der zusammengeklebten Bleistifte auf verschiedene Körperstellen wie Fingerkuppen, Handrücken, Unterarm, Oberarm und Rücken. Notiert, wo die Versuchsperson nur eine Spitze fühlt und an welchen Hautstellen sie zwei spüren kann. Erklärt das Versuchsergebnis.

3. In unserer Haut befinden sich zahlreiche Wärme- und Kältekörperchen. Du kannst sie finden, indem du mit der Spitze eines kalten oder warmen Nagels vorsichtig die Haut einer Versuchsperson berührst. Die Nägel kannst du in Bechern mit kaltem und warmem Wasser vortemperieren.
a) Zeichne mit einem wasserfesten Filzstift ein Quadrat mit der Kantenlänge von 2 cm auf eine Hautstelle. Streiche sehr langsam „Zeile für Zeile" die gekennzeichnete Fläche ab. Markiere die wärmeempfindlichen Punkte rot und die kälteempfindlichen blau. Versuche, solch eine „Landkarte" auch an anderen Stellen deines Körpers zu erstellen, zum Beispiel an der Handinnenfläche, auf der Stirn und an deinem Arm.
b) Vergleicht euer Versuchsergebnis mit denen eurer Mitschüler. Gibt es mehr wärme- oder mehr kälteempfindliche Stellen auf der Haut?

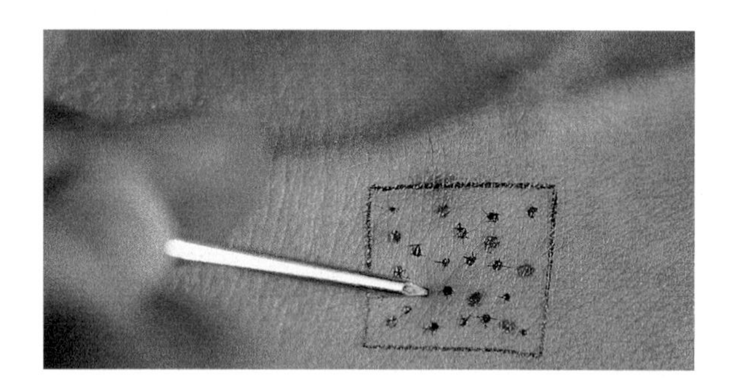

4. Tauche für eine Minute die linke Hand in kaltes und die rechte Hand in warmes Wasser. Nimm beide Hände gleichzeitig heraus und tauche sie nun in lauwarmes Wasser. Beschreibe deine Empfindungen. Welche Schlussfolgerungen ziehst du daraus?

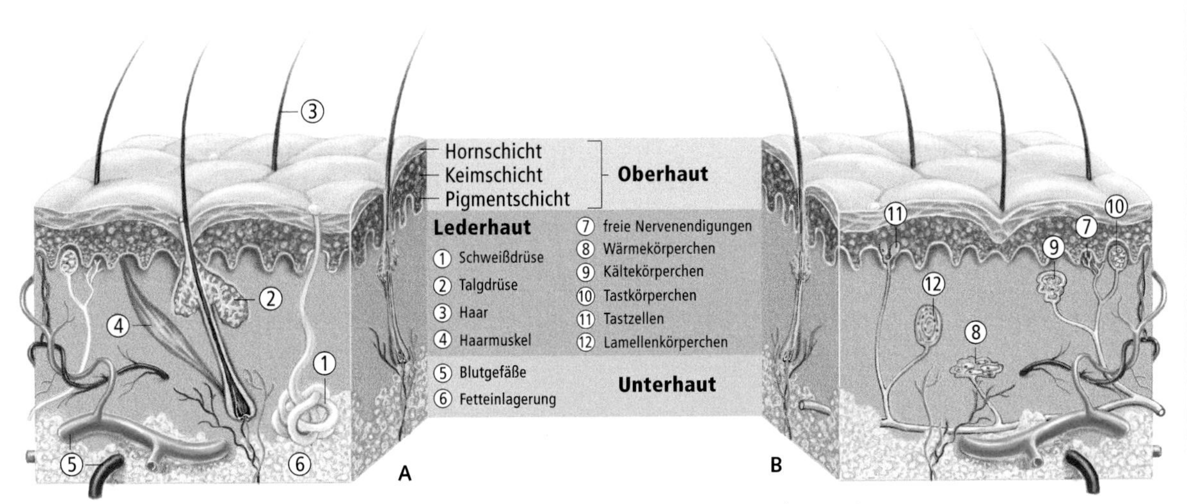

1 Haut (schematisch). **A** *Aufbau der Haut ohne Sinnesorgane;* **B** *Sinnesorgane der Haut*

Die Haut ist dein größtes Organ. Sie bedeckt nicht nur die gesamte Körperoberfläche, zu ihr gehören auch die Schleimhäute, zum Beispiel im Nasen-Rachenraum. Ihre Gesamtfläche beträgt beim Erwachsenen etwa 2 Quadratmeter (m²).
Die Haut besteht aus drei Schichten. Die **Oberhaut** ist sehr dünn und setzt sich aus mehreren Zellschichten zusammen. Die äußere Hornschicht besteht aus abgestorbenen Zellen, die sich im Laufe der Zeit als weiße Schuppen ablösen. Die darunter liegende Keimschicht bildet ständig neue Zellen. Sie ersetzen die abgestoßenen oder verletzten Zellen der Hornschicht. Die untersten Zellen der Oberhaut enthalten Farbstoffe (Pigmente) und bilden die Pigmentschicht.
Unter der Oberhaut liegt die reich durchblutete **Lederhaut.** In ihr befinden sich die meisten Sinneskörperchen.
Die **Unterhaut** ist die dickste der drei Hautschichten. In vielen Körperbereichen ist hier vor allem Fett eingelagert.
Mit der Haut fühlen und tasten wir. Durch verschiedene Sinneskörperchen spüren wir Reize wie Berührungen, Druck, Wärme und Kälte. Die Verteilung der **Tastkörperchen** in der Haut ist unterschiedlich. Sehr zahlreich sind sie auf den Fingerspitzen, den Lippen und der Zunge. Die wenigsten Tastkörperchen befinden sich auf dem Rücken. Durch die Tastkörperchen können wir die Oberfläche und die Ausdehnung von Gegenständen wahrnehmen. Mithilfe der Tastkörperchen auf den Fingerkuppen sind z. B. Blinde in der Lage, die ▸ Blindenschrift zu lesen.
Die **Druckkörperchen** sind für die Aufnahme von Druckreizen wie Stößen oder Schlägen zuständig. Mit den etwa 30 000 **Wärmekörperchen** und den etwa 250 000 **Kältekörperchen** nehmen wir Reize wie „warm" oder „kalt" auf. Für Schmerz gibt es keine Sinneskörperchen. Dafür melden uns feine **Hautnerven** mechanische, chemische und thermische Reize. Werden die Nervenendigungen wie beispielsweise nach einem Mückenstich nur leicht gereizt, juckt die Haut. Bei stärkerer Reizung der Hautnerven empfinden wir Schmerzen. Diese warnen unseren Körper vor Gefahren.
Alle Reize, die auf die Haut einwirken, werden in den Sinneszellen zu elektrischen Impulsen umgewandelt. Diese werden dann zum Gehirn weitergeleitet und dort verarbeitet. Wo sich besonders viele Sinneszellen befinden, kannst du an der Grafik erkennen. Diese Teile deines Körpers sind vergrößert dargestellt.

Die Haut in Zahlen

Größe: 1,6 bis 2 m²
Dicke: 4 bis 10 mm
Gewicht: ca. 10 kg
Schweißdrüsen: 2,5 Mio
Schweiß: 0,5 bis 1 Liter am Tag (bei Anstrengung bis zu 10 Liter)

■ Durch Sinneskörperchen in der Haut spüren wir Reize wie Berührung, Druck, Wärme und Kälte.

Schall und Schallquellen

1 **Schallquellen erzeugen: A** *einen Knall;* **B** *einen Ton;* **C** *einen Klang;* **D** *ein Geräusch.*

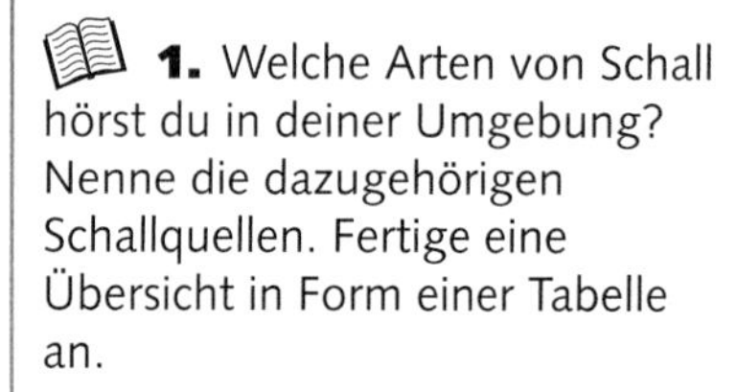

1. Welche Arten von Schall hörst du in deiner Umgebung? Nenne die dazugehörigen Schallquellen. Fertige eine Übersicht in Form einer Tabelle an.

2. a) Zupfe an einer Gitarre eine Saite an.
b) Schließe langsam zwei Finger um die angezupfte Saite.
c) Beschreibe bei den Versuchen a) und b), was du beobachtest, was du hörst und was du spürst.

3. Halte ein 30 cm langes Lineal aus Plastik auf dem Tisch so fest, dass sein längeres Ende über die Tischkante hinausragt. Drücke dieses Ende kurz nach unten und lass es los. Beschreibe, was du hörst und was du siehst.

2 **Die Stimmgabel schwingt.**

4. Schlage eine Stimmgabel an und tauche die Zinken in Wasser (Bild 2). Was beobachtest du und wie erklärst du die Erscheinung?

Schall braucht Schallquellen

Alles, was du hören kannst, Töne, Klänge, Geräusche oder einen Knall, erreicht als Schall deine ▸ Ohren. Wie **Schall** erzeugt wird, wie er an das Ohr kommt, was die verschiedenen Schallarten unterscheidet, erforscht die **Akustik.** Jede **Schallquelle** erzeugt eine bestimmte Schallart. Bei den Beispielen in Bild 1 ist das der **Knall** des platzenden Luftballons, der **Ton** des zwitschernden Vogels, der **Klang** des Windspieles, das vom Wind bewegt wird, und das **Geräusch** eines Musiksenders im Radio.

Wie Schall entsteht

Die Gitarrensaite erzeugt Töne, wenn sie angezupft wird. Sie schwingt dabei schnell hin und her. Du siehst das Schwingen und hörst einen Ton.
Bei der Stimmgabel können die **Schwingungen** mithilfe von Wasser sichtbar gemacht werden. Wenn du auf einem hohlen Schlüssel pfeifst, bringst du die Luft im Rohr zum Schwingen. Beim Trommeln schwingt die Fläche des Trommelfells.

Die Frequenz

Die verschiedenen Saiten einer Gitarre schwingen mit einer unterschiedlichen Anzahl von Schwingungen pro Sekunde. Die verschiedenen Töne unterscheiden sich in ihrer **Frequenz.** Frequenzen werden in **Hertz (Hz)** gemessen. Führt eine Gitarrensaite 440 Schwingungen in einer Sekunde aus, so hat sie eine Frequenz von 440 Hz. Die Einheit Hz wurde nach dem deutschen Physiker HEINRICH HERTZ (1857–1894) genannt.

■ Als Schall bezeichnen wir Schwingungen der Luft, die wir mithilfe unserer Ohren wahrnehmen. Die Geschwindigkeit oder Frequenz dieser Schwingungen wird in Hertz (Hz) angegeben.

Hoch und tief – Laut und leise

1. a) Überlege dir einen Versuch, mit dem du mithilfe eines langen Lineals zeigen kannst, wie hohe und tiefe Töne entstehen. Stelle den Versuch vor.
b) Wie unterscheiden sich die Schwingungen des Lineals?

2. Wende deine Erkenntnisse aus Versuch 1 an, um an einer Gitarrensaite hohe und tiefe Töne zu erzeugen. Begründe deine Überlegung, bevor du sie ausprobierst

3. a) Zupfe eine Gitarrensaite verschieden stark an. Was hörst und siehst du?
b) Was vermutest du, wie die unterschiedliche Lautstärke entsteht?

4. Übertrage deine Beobachtungen aus Versuch 3 auf Versuch 1. Beschreibe, wie du laute und leise Töne erzeugst. Wovon hängt die Lautstärke ab?

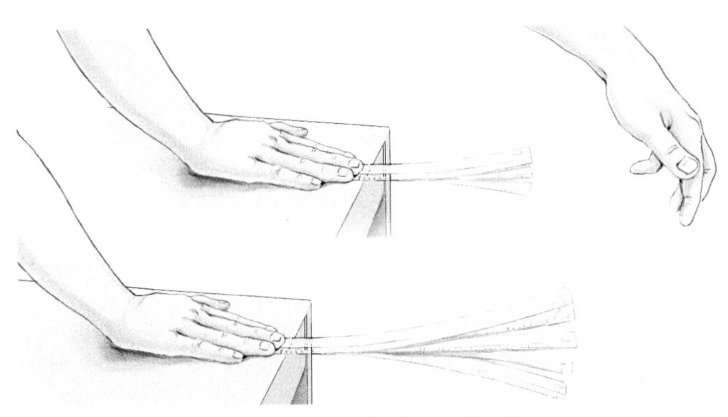

1 Hohe oder tiefe Töne – Laute oder leise Töne?

Ein Lineal erzeugt verschiedene Töne

Mit einem Lineal kannst du hohe und tiefe Töne erzeugen. Je länger der schwingende Teil des Lineals ist, desto langsamer schwingt das Lineal, desto niedriger ist seine ▸ Frequenz und desto tiefer ist der erzeugte Ton.
Je kürzer der schwingende Teil des Lineals ist, desto höher ist die Frequenz des Lineals, desto höher ist der Ton. Das Lineal schwingt dann deutlich schneller. Entscheidend für die Tonhöhe ist die Frequenz, mit der die ▸ Schallquelle schwingt.

Laut und leise

Die Lautstärke, die eine schwingende Gitarrensaite erzeugt, hängt davon ab, wie weit sie hin und her schwingt. Je weiter die Saite aus ihrer Ruhelage schwingt, desto lauter ist der Ton, den sie erzeugt. Je stärker ein eingespanntes Lineal auf und ab schwingt, desto weiter bewegt es sich aus seiner Ruhelage und desto lauter ist der Ton, den es erzeugt. Schwingen Saite oder Lineal nur wenig aus ihrer Ruhelage, dann ist auch der Ton, den sie erzeugen, leiser.

Hörbereiche

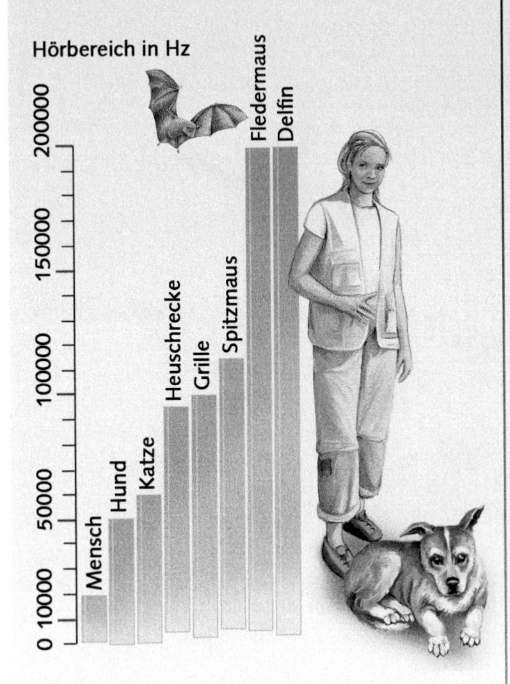

2 Verschiedene Hörbereiche

Besser und schlechter hören

Hund und Katze wird nachgesagt, dass sie ein feineres Gehör hätten als der Mensch. ▸ Fledermäuse hören aber noch besser als Hunde und Katzen. Ihr Gehör nimmt Frequenzen von 1 000 Hz bis 200 000 Hz wahr. In Bild 2 findest du verschiedene **Hörbereiche** im Vergleich.

Ultraschall und Infraschall

Der Hörbereich eines jungen Menschen liegt zwischen 16 Hz und 20 000 Hz. Schall mit Frequenzen über 20 000 Hz kann er nicht mehr hören. Dieser Bereich wird als **Ultraschall** bezeichnet.
Schall mit Frequenzen unter 16 Hz kann der Mensch ebenfalls nicht mehr hören. Dieser Bereich heißt **Infraschall.** Wenn Töne dieser Frequenzen sehr laut sind, nimmt der Mensch sie wahr, allerdings nicht mit den Ohren. Solche Töne erzeugen beispielsweise tief brummende Motoren. Sie bereiten vielen Menschen Übelkeit oder Kopfschmerzen.

5. Recherchiere im Internet, welche Tiere Ultraschall hören können.

Wie wir hören

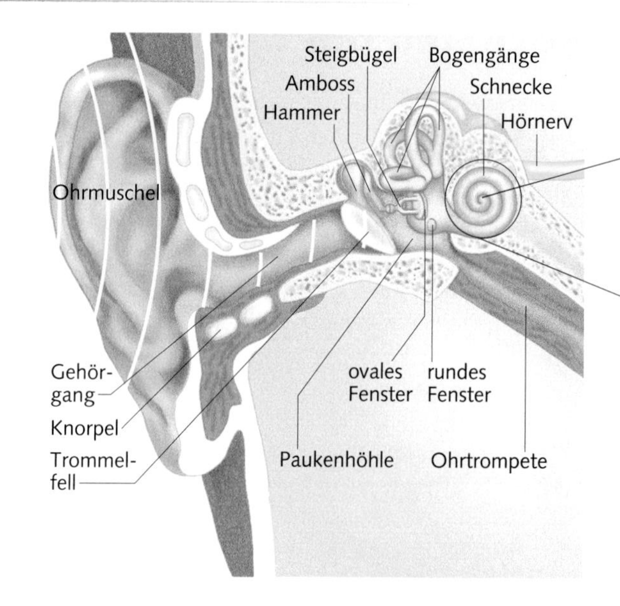

1. Wozu brauchen wir zwei Ohren?

a) Klärt diese Frage im ▸ Experiment, indem ihr eine Testperson mit verbundenen Augen einen klingelnden Wecker finden lasst. Einmal soll sie ein Ohr mit einem Ohrstöpsel verschlossen haben und einmal sollen beide Ohren geöffnet sein. Messt jeweils die Zeit bis zum Berühren des Weckers.

b) Notiert und zeichnet im ▸ Versuchsprotokoll auch eine Erklärung für euer Ergebnis.

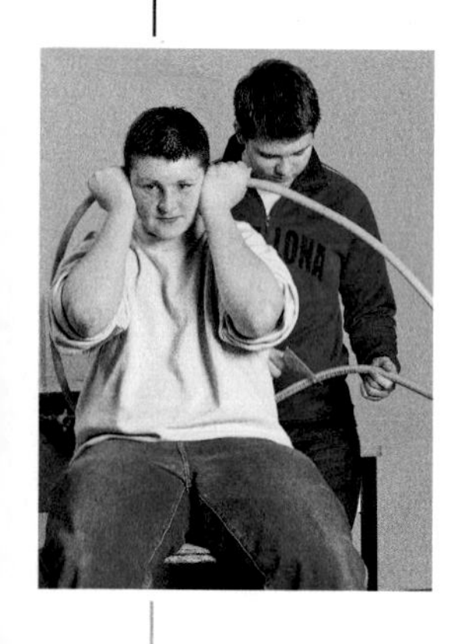

2. Mit folgendem Experiment könnt ihr das Richtungshören näher untersuchen:

a) Markiert einen etwa 2 m langen Wasserschlauch in der Mitte. Die Versuchsperson hält sich die beiden Schlauchenden an die Ohren. Eine Mitschülerin oder ein Mitschüler befindet sich dahinter und klopft mit einem Lineal in verschiedenen Abständen links oder rechts von der Markierung auf den Schlauch. Die Versuchsperson gibt jeweils an, von welcher Seite sie das Geräusch hört.
Ermittelt die beiden der Mitte am nächsten liegenden Punkte auf dem Schlauch, an denen die Versuchsperson gerade noch sicher angeben kann, woher das Geräusch kommt. Messt den Abstand zwischen beiden Punkten aus.

b) Beschreibt, wie das Richtungshören funktioniert und erläutert in diesem Zusammenhang das Versuchsergebnis.

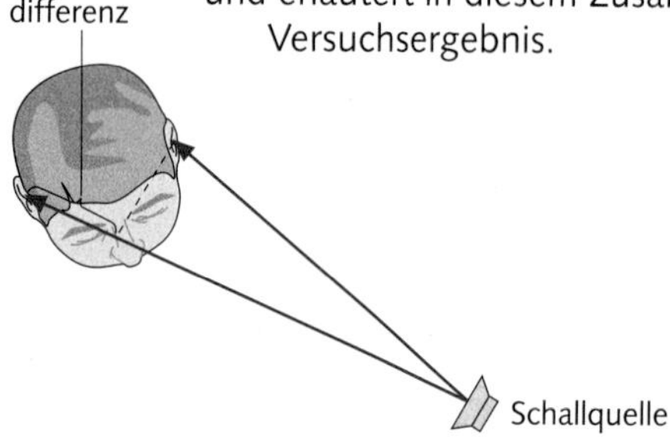

3. Oben ist das Ohr in Originalgröße abgebildet. Miss die Länge des Gehörgangs, den Durchmesser des Trommelfells und andere Teile des Ohres aus und notiere sie. Erstelle eine Liste.

4. Schreibe in einer Liste die Teile des Ohres und ihre Funktionen für den Hörvorgang auf.

5. Mit einem Tongenerator aus der Physiksammlung könnt ihr eure Hörgrenzen ermitteln, also die Frequenzen der niedrigsten und der höchsten Töne, die ihr gerade noch hört.

6. Nutze die Informationen aus der Tabelle für folgende Aufgaben:

a) Wie verändert sich der Hörbereich mit dem Alter eines Menschen?

b) Welche Tiere hören Ultraschall?

c) Vergleiche die Hörbereiche von Fledermaus und Nachtfalter. Finde eine Erklärung.

Hörbereiche bei Mensch und Tier	
Jugendlicher	16– 20000 Hz
Erwachsener (35 Jahre)	16– 15000 Hz
Erwachsener (70 Jahre)	16– 5000 Hz
Hund	15– 50000 Hz
Fledermaus	1000–175000 Hz
Delfin	150–280000 Hz
Goldfisch	20– 3000 Hz
Eule	200– 12000 Hz
Heuschrecke	100– 15000 Hz
Nachtfalter	3000–175000 Hz

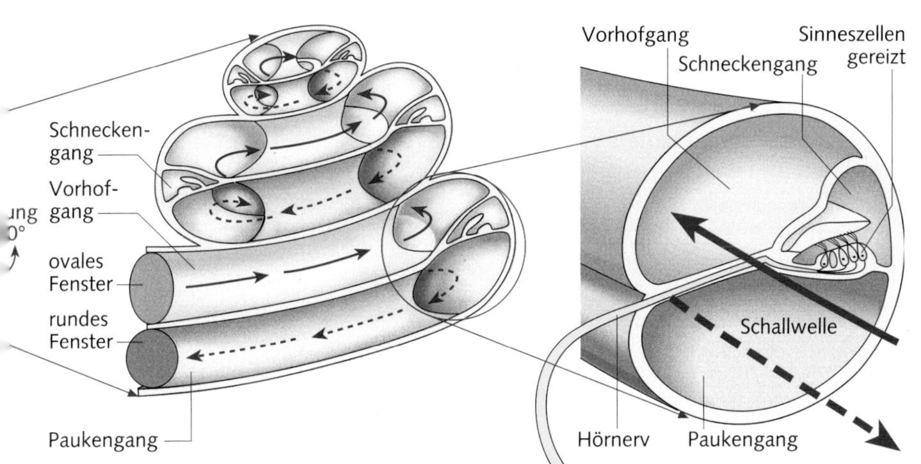

1 Das Ohr. A *Aufbau des Ohres;* **B** *Hörschnecke im Innenohr;* **C** *Querschnitt durch die Schnecke*

Schall

Unser Hörsinn reagiert auf Schall. Schall entsteht, wenn etwas schnell schwingt, beispielsweise die Saite einer Gitarre. Dadurch werden die Luftteilchen zu Schwingungen angeregt und der Schall gelangt als so genannte Schallwellen an unser Ohr. In der Luft breitet sich der Schall mit einer Geschwindigkeit von etwa 340 Meter pro Sekunde aus, der **Schallgeschwindigkeit**.

Das Außenohr

Die Ohrmuschel fängt die Schallwellen auf und leitet sie in den Gehörgang. Am Ende des Gehörganges befindet sich das Trommelfell, ein kleines, nur etwa einen Zehntel Millimeter dickes Häutchen. Es trennt das Außenohr vom Mittelohr. Die Schallwellen bringen das Trommelfell zum Schwingen.

Im Mittelohr

Das Trommelfell überträgt die Schwingungen auf die drei Gehörknöchelchen. Mit dem Trommelfell verwachsen ist der Hammer. Von ihm geht die Schwingung auf den Amboss und schließlich auf den Steigbügel über. Dieser kleinste Knochen des Menschen überträgt die Schwingung über das Häutchen des ovalen Fensters auf die Flüssigkeit im Innenohr.
Das Mittelohr ist mit Luft gefüllt. Es hat über die Ohrtrompete eine Verbindung zum Mundraum. Sie ist so eng, dass sie sich oft nur bei Bewegungen des Unterkiefers kurzzeitig öffnet und für einen Druckausgleich sorgen kann.

Im Innenohr

Im Innenohr befindet sich die Schnecke. Das ist ein kleines, schneckenhausförmiges Gebilde, das mit einer Flüssigkeit gefüllt ist. Die Flüssigkeit wird über das ovale Fenster in Schwingungen versetzt und bringt in der Schnecke längs verlaufende Häutchen zum Schwingen. Verschieden hohe Töne bringen die Häutchen der Schnecke an unterschiedlichen Stellen zum Schwingen. Hohe Töne werden dicht hinter dem ovalen Fenster, tiefere Töne weiter hinten im Bereich der Schneckenspitze registriert. Auf den Häutchen sitzen etwa 16 000 Sinneszellen. Wenn die feinen Härchen einer Sinneszelle gebogen werden, sendet die Sinneszelle elektrische Signale aus, die der Hörnerv zum Gehirn leitet.

Hörwahrnehmung im Gehirn

Im Gehirn findet die eigentliche Hörwahrnehmung statt. Wir erkennen Stimmen wieder oder hören ein heranfahrendes Auto. Für das **Richtungshören** vergleicht das Gehirn die Informationen, die von beiden Ohren ins Gehirn gemeldet werden. Denn die

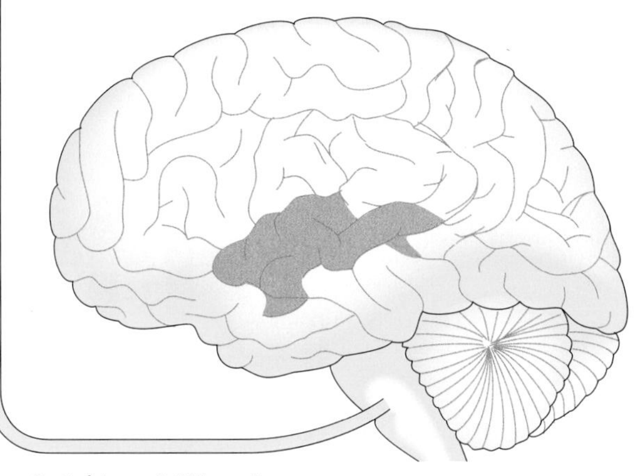

2 Gehirn mit Hörzentrum

Geräusche kommen dort leicht zeitversetzt und mit etwas anderer Lautstärke an.

■ Das Ohr reagiert auf Schall. Er wird von der Ohrmuschel aufgefangen und durch den Gehörgang zum Trommelfell geleitet. Von dort geht der Schall über die Gehörknöchelchen in die Schnecke im Innenohr. Er wird auf die Sinneszellen übertragen, die ihn in Nervenimpulse umwandeln.

Lärm stört und schadet

> **Braunschweig** Krankenkassen schlagen Alarm: jeder vierte Versicherte zwischen 15 und 20 Jahren hört schon wie ein Senior. Bei einigen könnten die Hörschäden bis zur Berufsunfähigkeit führen. Längere und häufigere Besuche in Diskotheken mit Lärmpegeln bis zu 120 dB(A) hinterlassen dauerhafte Hörschäden.
> Hinzu kommt das tägliche, oft stundenlange Musikhören mit Einsteckkopfhörern.

1. a) Auf welches Problem wird in dem Zeitungsartikel hingewiesen und welche Ursachen werden dafür angeführt?
b) Beurteile mögliche Gesundheitsschäden durch Musikhören. Nutze dazu die Informationen aus der Tabelle unten.
c) Bewerte in diesem Zusammenhang auch den „DJ-Führerschein". Nenne deine Meinung und erkläre sie.

2. Mit einem Schallpegelmessgerät könnt ihr selbst Lautstärken messen.

3. Schallpegelmessungen lieferten folgende Ergebnisse:
- 69 dB(A) Straßenlärm bei geöffnetem Fenster
- 53 dB(A) Straßenlärm bei geschlossenem Fenster
- 85 dB(A) in einer Sporthalle
- 60 dB(A) in einem Klassenraum
- 112 dB(A) in einer Disko

Vergleiche diese Lautstärken mit denen aus der Tabelle und beurteile mögliche Gefahren durch Lärm.

Schallquelle	Lautstärke (Schallpegel in dB(A))	
Düsenflugzeug	130	schmerzhaft
lautes Motorrad	120	
Kreissäge	110	unerträglich
Autohupe	100	
Lastwagen	90	
Rasenmäher	80	
Auto bei Tempo 50	70	
Radio auf Zimmerlautstärke	60	laut
normale Sprache	50	
leise Sprache	40	
Flüstern	30	
tickender Wecker	20	leise
Atmen	10	ruhig
Hörschwelle	0	

Lärmwirkungen
- Schlafstörungen (ab ca. 35 dB(A))
- Kommunikationsstörungen (ab ca. 65 dB(A))
- Hörschäden bei Dauerbelastung (ab ca. 55 dB(A))
- Hörschäden bei Kurzzeitbelastung (ab ca. 130 dB(A))

4. In diesem Experiment könnt ihr testen, ob Musik die Konzentration fördert, nicht beeinflusst oder einschränkt. Ihr braucht dazu vergrößerte Kopien der beiden hier abgebildeten Testreihen, eine Stoppuhr, einen MP3-Player und einen Stift.

Testreihe 1:
□ □ △ ● □ △ ● ○ ▶ □ ◭ ◇ △ ◨ ● ◇ ◆
● ◩ ◇ △ ◇ △ □ ◆ ◪ ◨ ◧ ◆ ◪ ● □ ◧ ◭
◩ ◪ △ ▽ ◫ ◨ ○ ▶ □ □ ◭ ◁ ◫ ◨ ● □ △
● □ ◆ ◆ □ □ △ ● △ ◑ ▼ ◇ ◆ ◇ △ ○ ▶ □
◑ ◇ ◐ □ ◆ ● ◇ ◭ ◁ ◩ ◇ ◨ ◇ ◨ ● ◇ ◆
▼ ◇ ◑ ◇ △ □ □ △ ● ▶ □ ● ◇ △ ○ □ □

Testreihe 2:
□ ◐ ◭ ◆ ◇ ◩ △ □ ◫ ◨ ◭ □ △ ◑ ◇ ◆ ◐
▲ ◫ □ ○ ◆ ◨ ◩ ▶ □ ◩ △ ▲ ◫ □ ○ □ ◫
◐ ◐ ◩ ◑ ◫ ◨ ● ◀ ◇ ◩ ◆ ◭ ○ ▶ □ ◫ ◐
◭ □ △ ◑ ◭ ◆ ◑ ◭ ● ◫ □ ▲ ◀ ◇ ◩ □ ●
□ ◆ ◀ ◇ ▲ ◫ □ ○ ▲ ◫ □ ○ ◨ ▲ ● ◇ ◆
□ ◫ ◨ ◭ ◇ △ ◨ ● ◇ ◆ △ ◭ ◇ △ ○ ▶ □

a) Unterstreicht im ersten Versuchsteil alle Zeichen □ □ △ ● in Testreihe 1. Ihr habt genau 1 Minute Zeit. Danach werden die richtig unterstrichenen Zeichen gezählt.
b) Im zweiten Versuchsteil wiederholt ihr den Versuch bei lauter Musik. In Testreihe 2 unterstreicht ihr innerhalb von 1 Minute alle Zeichen ▲ ◫ □ ○.
c) Schreibt zu diesem Experiment ein ausführliches ▸ Versuchsprotokoll.
Wie lässt sich aufgrund des Versuchsergebnisses zum Beispiel das Hausaufgabenmachen bei Musik beurteilen?

Lärm

Auf der Party „geht es voll ab". Zeitweise wird die Musik aufgedreht, was die Boxen hergeben. Alle haben Spaß – nur die Nachbarn nicht, die sich bald beschweren.

Was wir als angenehm oder störend empfinden, hängt von der Situation und der eigenen Stimmung ab.

Lärm kann eine echte Umweltbelastung sein und zu verschiedenen Gesundheitsproblemen führen. Dabei spielt einerseits die Lautstärke eine Rolle, zum anderen die Dauer der Lärmbelästigung.

Zertifikat
DJ-Führerschein
für
Dirk Möhler

In Lehrgängen können Diskjockeys lernen, die Lautstärke in der Disko auf unter 95 dB(A) zu begrenzen – und den Besuchern trotzdem den vollen Spaß zu bereiten.

1 Lärmschutz in der Disko

Hörschäden durch große Lautstärke

Die Lautstärke wird als Schallpegel in Dezibel dB(A) gemessen. Manche Tonhöhen empfinden wir als besonders unangenehm. Große Lautstärken verursachen im Innenohr bleibende Schäden. Wenn die feinen Härchen der Sinneszellen in der Hörschnecke bei zu starken Schwingungen brechen, können sie nicht nachwachsen. Bleibende Hörschäden sind die Folge.

Stress durch Dauerlärm

Auch niedrigere Schallpegel können belastend wirken, wenn wir ihnen über lange Zeit ausgesetzt sind. So führen Verkehrslärm, Baulärm oder Lärm am Arbeitsplatz zu Konzentrationsstörungen, Schlafproblemen und **Stress.** Dieser kann sogar Bluthochdruck und Herz-Kreislauf-Probleme verursachen.

Lärmschutz

Um Hörschäden vorzubeugen, muss am Arbeitsplatz ein **Gehörschutz** getragen werden, wenn bei Schallpegeln über 90 dB(A) gearbeitet wird. Ab 85 dB(A) muss ein solcher Schutz bereits verfügbar sein. In der Freizeit ist jeder selbst für sich verantwortlich. Aber auch hier sollte man beispielsweise beim Heimwerken mit lauten Maschinen oder beim Motorsport Ohrenschützer benutzen. Auch die Hörschäden durch zu laute Musik vor allem in Diskotheken werden oft unterschätzt. Bei MP3-Playern ist die Lautstärke zwar technisch auf maximal 100 dB(A) begrenzt. Aber bereits 85 dB(A), eine durchaus gängige Lautstärke, führen bei täglich stundenlanger Einwirkung zu bleibenden Schäden.

■ Lärm schädigt die Ohren und die Gesundheit.

2 Gehörschutz bei der Arbeit

3 Straße mit Lärmschutzwand

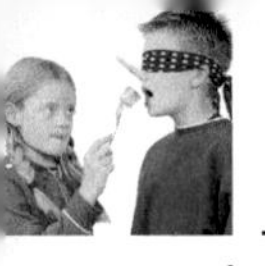

Das Ohr hört nicht nur

1. Mit diesem Drehstuhl-Versuch könnt ihr Besonderheiten des Drehsinnes erkunden. Eine Versuchsperson sitzt mit verbundenen Augen auf einem Drehstuhl. Sie hat die Aufgabe, mit der Hand immer in eine Richtung zu zeigen, zum Beispiel zur Tür. Ein Helfer dreht nun den Drehstuhl gleichmäßig eine Zeit lang. Danach wird der Stuhl rasch gestoppt. Beobachtet die Zeigebewegungen der Versuchsperson zu den verschiedenen Phasen des Versuchs genau. Erstellt ein ▸ Versuchsprotokoll. Nutzt diese Doppelseite, um Erklärungen für eure Beobachtungen zu finden.

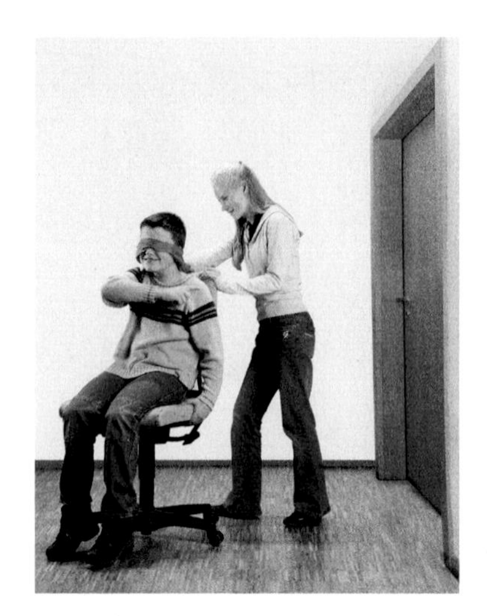

2. Baue ein Modell des Drehsinnesorgans und untersuche seine Funktionsweise. Klebe zwei Folienstreifen in eine Glasschale, fülle Wasser in die Schale und gib einige Korkstückchen auf das Wasser.
Drehe das Glas nun eine Weile auf einem Drehstuhl oder einem Drehteller.
Beobachte die Biegung der Folienstreifen zu Beginn, im Verlauf und nach Abstoppen der Drehung. Verfolge über die Korkstücke auch die Bewegung des Wassers.
Beschreibe und erkläre deine Beobachtungen.

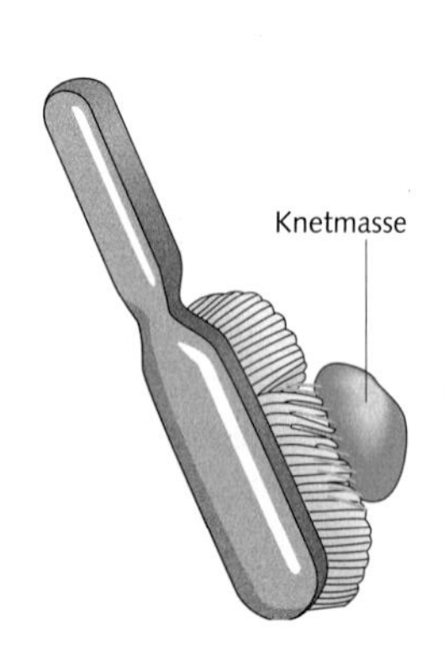

3. Der Handfeger links und die Schale aus Versuch 2 können als Modelle für die beiden Teile des Gleichgewichtsorgans dienen. Vergleicht in einer tabellarischen Übersicht diese Modelle mit den unten abgebildeten Verhältnissen im Innenohr.

Modell	Wirklichkeit
Handfeger	...............-organ
Borsten	....
Knetmasse	

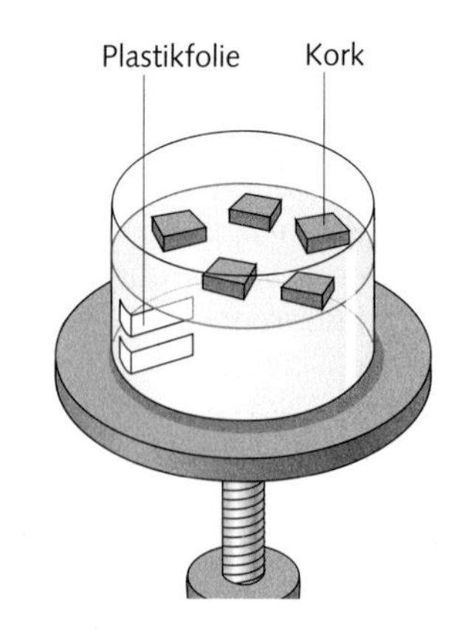

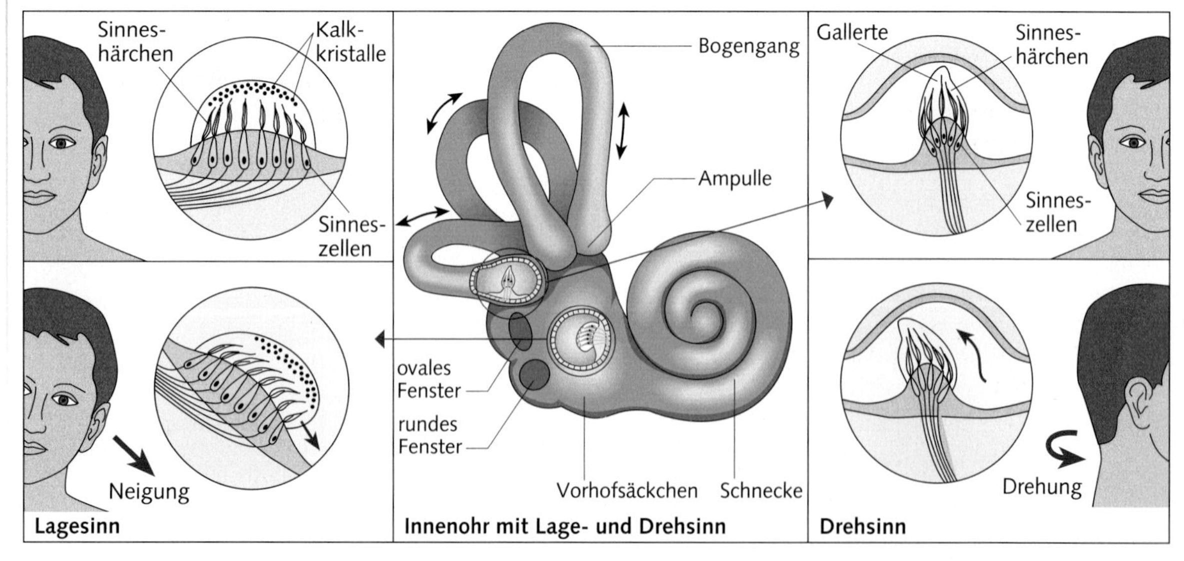

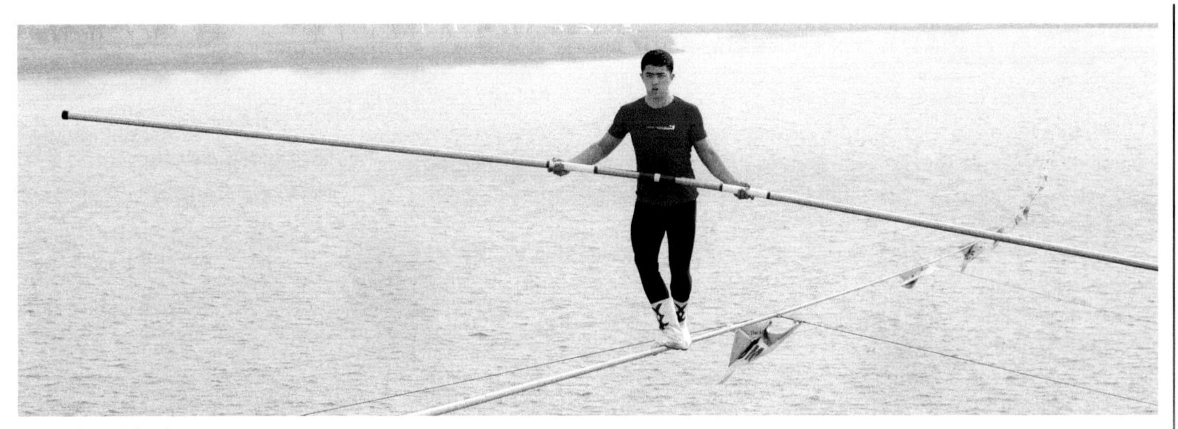

1 Hochseilakrobat

Das Gleichgewichtsorgan

Bei jedem normalen Schritt und jeder Bewegung ist unser **Gleichgewichtsorgan** gefordert. Es befindet sich im Innenohr direkt neben und oberhalb der Hörschnecke. Es besteht aus dem **Lagesinnesorgan,** das dem Gehirn ständig die Lage des Kopfes im Raum meldet, und dem **Drehsinnesorgan,** das auf Drehungen des Kopfes reagiert. Nur mithilfe dieser Informationen kann das Gehirn alle weiteren Körperbewegungen sinnvoll steuern.

Das Lagesinnesorgan

Das Lagesinnesorgan liegt in zwei mit Flüssigkeit gefüllten Bereichen, den Vorhofsäckchen, neben der Schnecke. Ähnlich wie Hörsinneszellen haben auch die Sinneszellen des Gleichgewichtsorgans kleine Härchen. Auf den Härchen liegen in einer wackelpuddingartigen Masse, der Gallerte, kleine Kalkkristalle, die die Sinneshärchen nach unten biegen. Je nach Haltung des Kopfes ändert sich die Biegung der Härchen. Die Sinneszellen werden dadurch gereizt und erzeugen elektrische Impulse, die im Gehirn ausgewertet werden.

Das Drehsinnesorgan

In den drei Bogengängen über der Schnecke liegt das Drehsinnesorgan. Jeder Bogengang ist mit Flüssigkeit gefüllt und besitzt eine Erweiterung, die Ampulle. Dort sitzt eine Gruppe von Sinneszellen, deren Sinneshärchen auch in einer Gallerte stecken. Wird nun der Bogengang bei einer Kopfbewegung gedreht, dann dreht sich die Flüssigkeit aufgrund ihrer Trägheit nicht sofort mit. Dadurch werden die Sinneshärchen gebogen und die Sinneszellen gereizt. Weil die drei Bogengänge jeweils senkrecht zueinander stehen, können Drehungen in allen Richtungen des Raumes registriert werden. Warum aber scheint sich nach einer Karussellfahrt oder nach dem Drehstuhlversuch um uns herum alles zu drehen? Wenn wir uns eine Weile in die gleiche Richtung gedreht haben, dreht sich die Flüssigkeit in den Bogengängen mit. Die Sinneshärchen werden dann nicht mehr gebogen. Halten wir dann an, dreht sich die Flüssigkeit noch etwas weiter und die Sinneshärchen melden eine Rückwärtsdrehung. So wird dem Gehirn eine Drehung vorgetäuscht, was aber der optischen Wahrnehmung widerspricht. Aus einem solchen Widerspruch kann ein Schwindelgefühl und Übelkeit entstehen.

Wenn das Gleichgewicht gestört wird

Infektionen des Innenohres, zum Beispiel bei einer Mittelohrentzündung, können neben plötzlicher Schwerhörigkeit (Hörsturz) auch zu Schwindelanfällen und Gleichgewichtsproblemen führen.
Gefahren bestehen auch beim Baden und Tauchen. Gelangt kaltes Wasser zum Beispiel durch ein verletztes Trommelfell ins Mittelohr, kann der Temperaturunterschied eine Strömung in den Bogengängen verursachen. Schwindel und gestörte Orientierung können einen Taucher so in Lebensgefahr bringen.

■ Im Ohr befindet sich unser Gleichgewichtsorgan, es besteht aus dem Lage- und dem Drehsinnesorgan.

2 Tauchen – nur mit gesunden Ohren

Lebensmittel – Mittel zum Leben

1. Ihr findet auf der Verpackung von Fruchtjogurtsorten eine Liste mit allen Zutaten dieses Lebensmittels.

a) Schreibt alle Zutaten des Jogurts auf und vergleicht eure Listen miteinander. Wo gibt es Übereinstimmungen?

b) Auf dem Etikett findet man auch „Nährwertangaben“. Welche Information erhaltet ihr dadurch? Versucht, die Zutaten den verschiedenen Nährstoffgruppen zuzuordnen.

c) Vergleicht die Angaben zum Energiegehalt der Jogurtarten. Welchen Einfluss hat der Fettgehalt auf den Energiegehalt?

Nachweisreaktionen für Nährstoffe

Kohlenhydrat (Stärke)

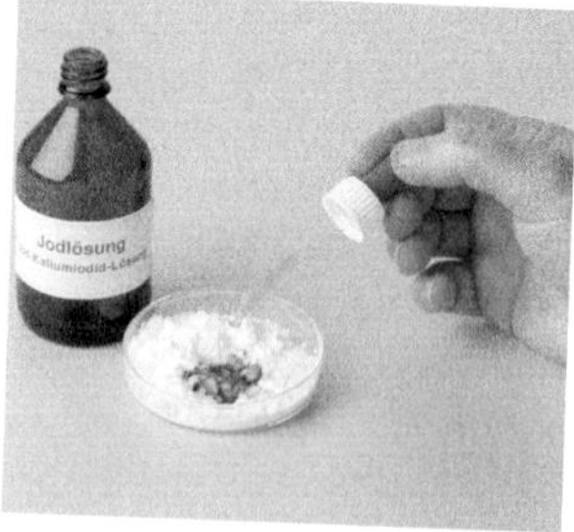

Tiefblaue Verfärbung beim Auftropfen von Jodlösung

Kohlenhydrat (Traubenzucker)

Grünfärbung auf dem Glucose-Teststreifen

Fett

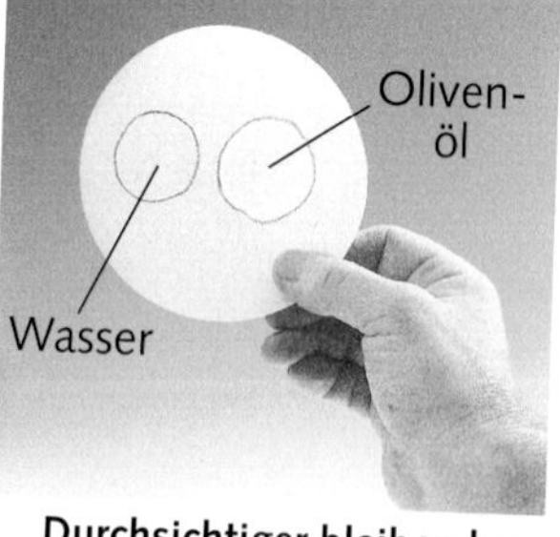

Durchsichtiger bleibender Fettfleck auf dem Filterpapier

Eiweiß

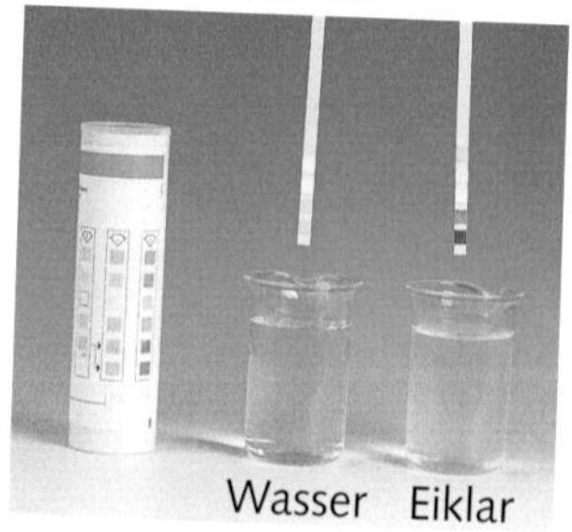

Grünfärbung auf dem Eiweiß-Teststreifen

Energiegehalt
Der Energiegehalt von Lebensmitteln wird heute in Kilojoule (kJ) angegeben.

2. Wie könnt ihr euch einen Fruchtjogurt selbst herstellen? Stellt eine Zutatenliste auf und vergleicht sie mit den gekauften Sorten.

3. Untersucht bei folgenden Lebensmitteln, ob sie Stärke, Traubenzucker, Fett oder Eiweiß enthalten: Vollkornbrot, Knäckebrot, Kartoffel, Milch, Eiklar, Eidotter, Obstsaft, zerkleinertes Fleisch, Butter, Kaffee, Mineralwasser, Tee.

Tipp: Wenn nötig, zerkleinert das Lebensmittel und gebt etwas Wasser hinzu. Legt eine Tabelle für alle untersuchten Lebensmittel an, sodass ihr alle Ergebnisse übersichtlich eintragen könnt. Vergleicht eure Ergebnisse mit denen eurer Klassenkameradinnen und Klassenkameraden.

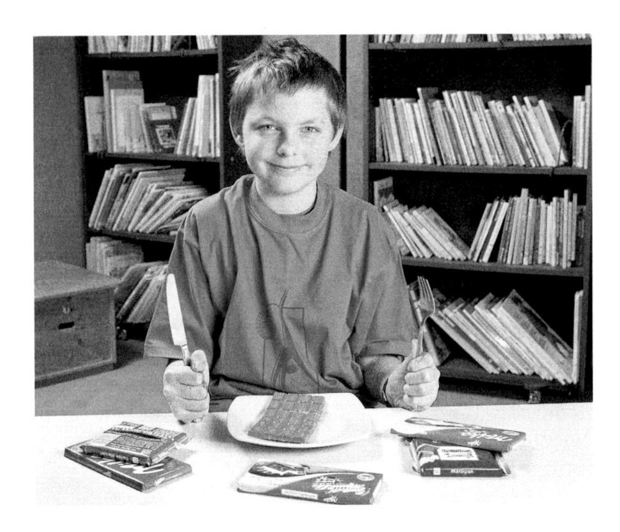

4. „Am liebsten würde ich nur von Vollmilchschokolade leben“, sagt Julian.
a) Finde mithilfe der Angaben auf der Verpackung heraus, wie viel Kohlenhydrate, Fette und Eiweiße in 100 g Vollmilchschokolade enthalten sind.
b) Ein Jugendlicher sollte am Tag etwa 320 g Kohlenhydrate, 80 g Eiweiß und 60 g Fett zu sich nehmen. Wie viel Schokolade müsste Julian am Tag essen, um genügend Kohlenhydrate zu bekommen? Ist damit auch sein Bedarf an Eiweiß und Fett gedeckt? Welche lebenswichtigen Stoffe fehlen völlig in der Schokolade?
c) Beurteile abschließend, ob die „Schokoladendiät“ eine gute Alternative zu einer abwechslungsreichen Ernährung ist. Begründe deine Meinung.

5. Nach schweren Umweltkatastrophen wie Erdbeben oder Überschwemmungen drohen oft viele Menschen zu verhungern. In einer ersten Hilfsaktion werden die Einwohner zum Beispiel mit Mehl, Erbsen und Speiseöl versorgt. Begründe, warum gerade diese Lebensmittel für die Grundversorgung ausgewählt werden.

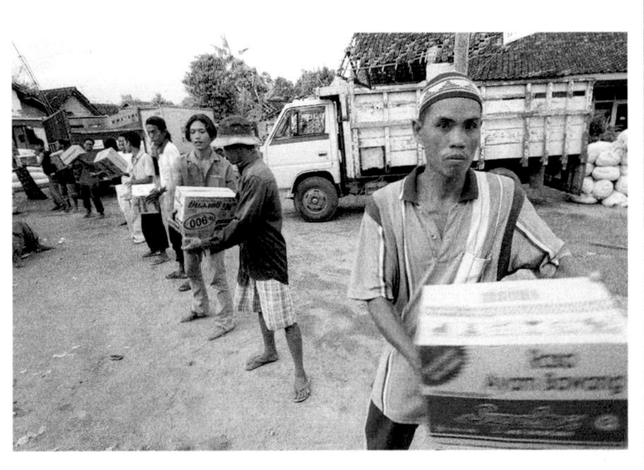

6. Schaue auf die Zutatenliste von Mineralwasser, Apfelschorle, Eistee und Cola-Getränken.
a) Liste die Zutaten auf.
b) Welche Getränke erscheinen dir als Durstlöscher besonders geeignet zu sein? Begründe deine Wahl.

7. Fettarme Wurst wird oft als besonders gesund bezeichnet und teuer verkauft. Was ist das Besondere an dieser Wurst? Untersuche eine normale und eine fettarme Fleischwurst auf ihren Wasser- und Fettgehalt. Stelle die Ergebnisse in einem ► Diagramm dar und vergleiche sie. Beachte die ► Sicherheitsbestimmungen.

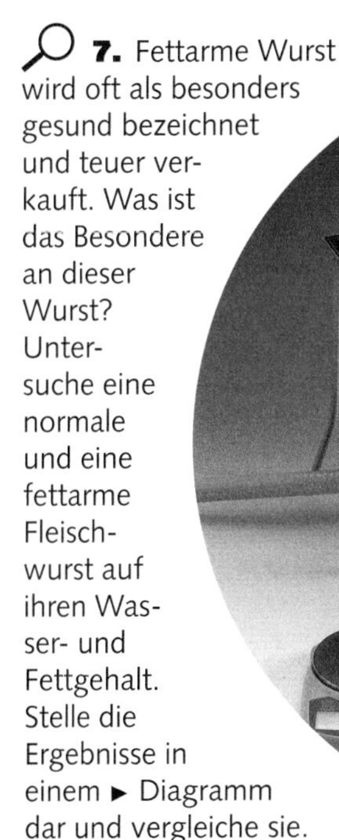

Bestimmung des Wassergehalts:
Ziehe von einer Fleischwurst die Pelle ab und zerkleinere die Wurstmasse. Wiege ein Becherglas und gib 20 g Wurstmasse in das Glas. Erhitze sie langsam unter ständigem Rühren, bis kein Wasser mehr verdampft. Die Masse sollte auf keinen Fall dabei anbrennen. Damit noch restliches Wasser verdunsten kann, stelle das Becherglas einen Tag lang an einen warmen Ort.

Was musst du anschließend tun, um den Wassergehalt in g angeben zu können?

Bestimmung des Fettgehalts:
Die entwässerte, gewogene Fleischwurstportion wird mit Waschbenzin bedeckt, gut vermengt und anschließend filtriert. Welche Wirkung hat das Waschbenzin? Lass den Filterrückstand einen Tag lang unter dem Abzug stehen. Wie bestimmst du dann den Fettgehalt der Wurst?

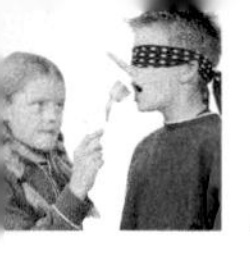

Lebensmittel – Mittel zum Leben

Alle Menschen dieser Erde müssen essen, um zu leben. Bei den Chinesen kommt täglich Reis auf den Tisch, dazu gibt es z. B. Soja- und Bambussprossen. Die Europäer essen gerne Kartoffeln oder Nudeln mit Fleisch und Gemüse. Auch wenn die tägliche Nahrung sehr unterschiedlich sein kann, enthalten alle unsere Lebensmittel die drei lebenswichtigen Nährstoffgruppen: Kohlenhydrate, Eiweiße und Fette. Sie bilden auf der ganzen Welt die Grundlage für eine ausreichende Versorgung des Körpers.

Kohlenhydrate

Damit unsere Muskeln gut arbeiten und auch unser Gehirn leistungsfähig ist, müssen wir jeden Tag in ausreichender Menge Kohlenhydrate zu uns nehmen. Sie sind für den Menschen die lebenswichtigen Energiespender. So wie für das Auto der Kraftstoff unentbehrlich ist, sind die Kohlenhydrate für den Menschen die **Betriebsstoffe.** Zu ihnen zählt die ► **Stärke,** die zum Beispiel in Kartoffeln und Getreideprodukten vorkommt. Aber auch alle Arten von **Zucker,** die in Obst, Gemüse und Süßwaren zu finden sind, gehören zu den Kohlenhydraten.

Eiweiße

Die Eiweiße, die man auch Proteine nennt, sind als **Baustoffe** für den Menschen lebenswichtig. Sie werden für das Wachstum des Körpers, die Erneuerung unserer Zellen und ein gut funktionierendes Abwehrsystem des Körpers benötigt. Eiweiße sind im Ei und in anderen tierischen Produkten wie Fleisch, Fisch und Milch enthalten. Es gibt aber auch pflanzliche Eiweißquellen wie Erbsen, Bohnen, Linsen, Nüsse und Kartoffeln. Wenn man tierische und pflanzliche Eiweiße in einem Gericht kombiniert, wie zum Beispiel bei „Kartoffeln und Quark", hat man eine optimale Versorgung erreicht, die besonders für Kinder und Jugendliche im Wachstumsalter wichtig ist.

Fette

Fette sind wertvolle Energielieferanten und gehören deshalb auch zu den **Betriebsstoffen.** Ein Gramm Fett liefert etwa doppelt so viel Energie wie ein Gramm Kohlenhydrat. Fette dienen einerseits als Energiereserve bei Hunger und körperlichen Anstrengungen, anderseits helfen sie bei der Aufnahme und Bildung einiger ► Vitamine. In Maßen genossen sind auch Fette für eine gesunde Ernährung notwendig. Besonders Meeresfisch und pflanzliche Lebensmittel wie Öle und Nüsse enthalten wertvolle Fette. Einige Nahrungsmittel bestehen jedoch zu einem großen Anteil aus Fett, ohne dass man es sieht oder deutlich herausschmeckt. Solche „versteckten" Fette finden wir in Wurst, Käse, Pommes frites und in vielen Schokoladenprodukten. Täglicher Verzehr von fettreichen Nahrungsmitteln kann zu Übergewicht und gesundheitlichen Problemen führen.

Vitamine, Mineralstoffe und Spurenelemente

Auch wenn wir ausreichend Kohlenhydrate, Eiweiße und Fette zu uns nehmen, kann es sein, dass zu einer gesunden Ernährung wesentliche Stoffe fehlen. So beobachtete man im Mittelalter, dass Seeleute auf langen Reisen trotz ausreichender Nahrung an schmerzhaften Erkrankungen

Kohlenhydrate

Fette

Eiweiße

1 Inhaltsstoffe unserer Nahrungsmittel

des Zahnfleischs litten, nichts mehr essen konnten und schließlich starben. Den Seeleuten fehlte das lebenswichtige Vitamin C, das in frischem Obst und Gemüse vorkommt.
Heute kennt man 13 unterschiedliche **Vitamine,** die mit Großbuchstaben bezeichnet werden. Vitamine wirken schon in kleinsten Mengen und beeinflussen so lebenswichtige Vorgänge. Der menschliche Körper kann sie nicht selber herstellen. Das Vitamin D ist für Kinder und Jugendliche besonders wichtig, denn es unterstützt den Aufbau von Knochen und Zähnen. Wer intensiv Sport treibt, braucht ausreichend **Mineralstoffe.** Das Magnesium ist ein solcher Mineralstoff, der für die störungsfreie Arbeit der Muskulatur – auch der des Herzens – unentbehrlich ist. Kalzium, Kalium und Natrium sind weitere Mineralstoffe, die für den Aufbau von Knochen und Zähnen und die Herz – Nerven- und Muskeltätigkeit besonders wichtig sind.
Um die Versorgung mit **Spurenelementen** wie Eisen, Zink und Jod müssen wir uns wenig Sorgen machen. Man braucht sie nur in allerkleinsten Mengen, um den Bedarf zu decken. Ernähren wir uns abwechslungsreich und gesund, nehmen wir Vitamine, Mineralstoffe und Spurenelemente in ausreichender Menge mit der Nahrung auf.

Vitamine, Mineralstoffe

Ballaststoffe

Wasser

Ballaststoffe
In einigen Lebensmitteln sind Stoffe vorhanden, die im Darm nicht verdaut werden können. Diese pflanzlichen Faserstoffe, die man Ballaststoffe nennt, findet man reichlich in Vollkornprodukten, Obst und Gemüse. Ballaststoffe füllen unseren Magen und lassen uns eher satt sein. Auch wird der Nahrungsbrei im Darm schneller transportiert und so können schädliche Abbauprodukte besser ausgeschieden werden.

Wasser
Jeden Tag verliert der menschliche Körper über den Urin, die Haut und die ▸ Atmung mindestens 2 l Wasser. Diese Menge muss wieder aufgefüllt werden, denn Nieren, Herz, Kreislauf und Gehirn brauchen reichlich Flüssigkeit, um störungsfrei zu funktionieren. Wasserreiche Lebensmittel wie Gurke, Melone, Kohl, Salat und viele Obstsorten können zusammen mit ausreichendem Trinken von überwiegend ungesüßten Getränken unseren Flüssigkeitsbedarf decken.

Nährstoffbedarf
Wie viel Kohlenhydrate, Fett und Eiweiß sollte man zu sich nehmen, um sich gesund zu ernähren? Der Bedarf an Nährstoffen ist für jeden Menschen unterschiedlich hoch. Er ist abhängig vom Alter, Geschlecht, von der Körpergröße, dem Gewicht und der körperlichen Aktivität. Ein Kind, das noch im Wachstum ist, braucht verständlicherweise mehr Nährstoffe als ein alter Mensch. Ein 11- bis 12-Jähriger sollte reichlich Kohlenhydrate, ausreichend Eiweiß und wenig Fett zu sich nehmen.

■ Eine gesunde Ernährung ist abwechslungsreich und enthält alle notwendigen Nährstoffe, Vitamine und Mineralstoffe.

Ausgewogene Ernährung

1. Entwickelt einen Fragebogen zu den Essgewohnheiten eurer Mitschülerinnen und Mitschüler. Denkt dabei auch an mögliche Zwischenmahlzeiten. Orientiert euch an dem Fragebogen „Meine Essgewohnheiten".

2. Lasst den Fragebogen aus Aufgabe 1 von möglichst vielen Schülerinnen und Schülern anonym ausfüllen. Wertet die Antworten aus. Teilt euch in vier Gruppen auf. Jede Gruppe stellt die Ergebnisse für nur eine Mahlzeit auf einem Plakat dar: Frühstück, Mittagessen, Abendbrot oder Zwischenmahlzeiten.

3. Wie beurteilt ihr die Umfrageergebnisse? Fallen bestimmte Ernährungsgewohnheiten auf? Welche Bedeutung hat es eurer Meinung nach, wenn man beim Essen häufig allein ist?

4. Schreibe alle Lebensmittel eines Tages auf, die du zu dir nimmst. Ordne sie den Gruppen der Abbildung 1 auf der folgenden Seite zu.

5. Im Text auf der folgenden Seite findest du Vorschläge von Ernährungswissenschaftlern für eine optimale Zusammenstellung der Nahrung. Prüfe anhand deiner Liste aus Aufgabe 4, ob du dich mit deinen Lebensmittelportionen in etwa daran gehalten hast. Wie kannst du deine Lebensmittelauswahl noch verbessern?

Fragebogenaktion „Meine Essgewohnheiten"

Frühstück

Kreuze an, was für dich jeweils gilt, wenn du an dein Frühstück eines Schultages denkst.

- Brot/Toast mit Marmelade oder Honig
- Brot/Toast mit Nussnugatcreme
- Brot/Toast mit Käse oder Wurst
- Müsli oder Cornflakes
- Obst
- Milch oder Kakao
- Obstsaft
- Kaffee oder Tee
- Wasser
- Ich trinke nichts
- Ich esse nichts
- Ich esse allein
- Ich esse mit mindestens einem Familienmitglied zusammen

6. Mache einen Vorschlag für einen Tagesplan mit drei Hauptmahlzeiten und zwei Zwischenmahlzeiten. Berücksichtige dabei die Empfehlungen der Ernährungswissenschaftler.

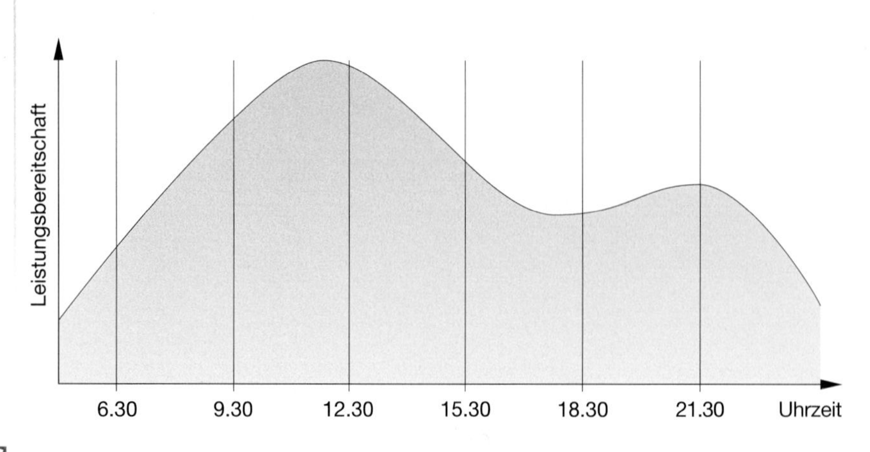

7. Beschreibe die nebenstehende Abbildung, in der die Leistungsbereitschaft eines Menschen im Tagesverlauf gezeigt ist. Begründe, warum zu Beginn des Tages ein Frühstück besonders wichtig ist.

8. Wie könnte sich eine kleine Zwischenmahlzeit am Nachmittag auf die Leistungskurve auswirken?

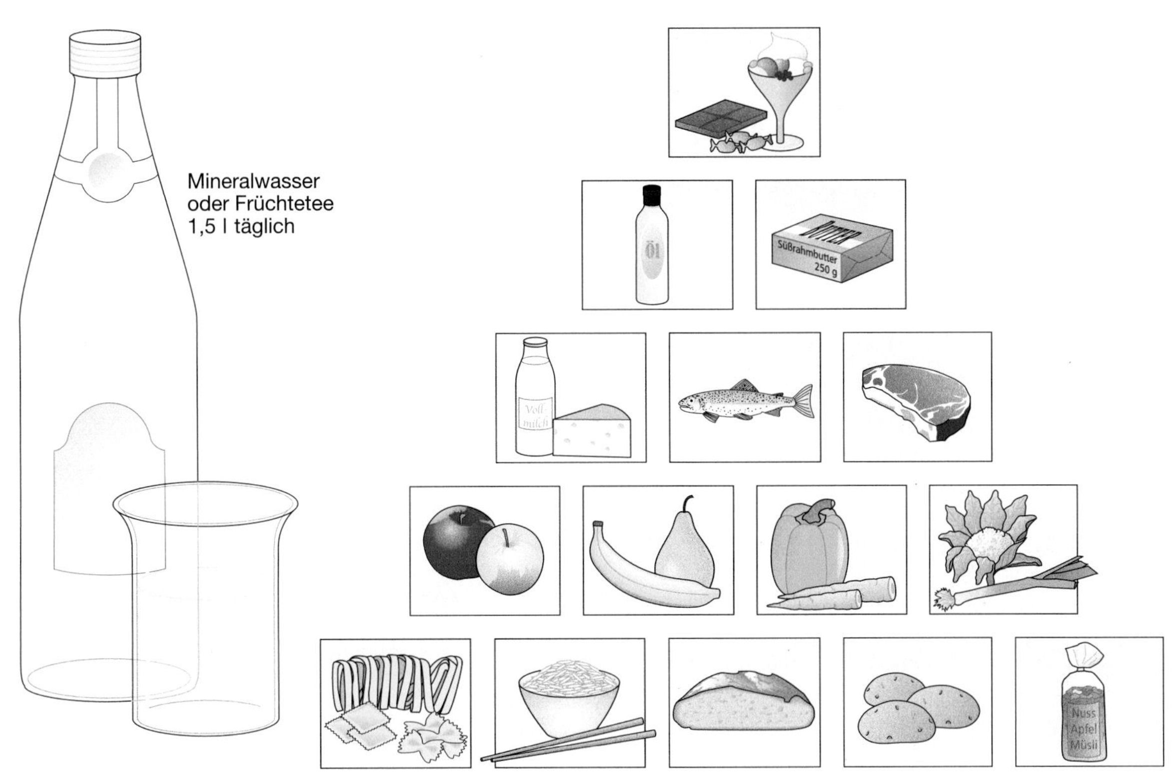

1 Ernährungspyramide als Stufenbild

Die richtige Auswahl

Wenn wir Lebensmittel einkaufen, finden wir in den Regalen ein großes Angebot. Wie aber treffen wir die richtige Wahl? Ernährungswissenschaftler sagen, dass es keine supergesunden, aber auch keine „verbotenen" Lebensmittel gibt. Es kommt vielmehr darauf an, wie oft und in welcher Menge wir von einer be-stimmten Lebensmittelgruppe essen. In der Abbildung 1 sind die wichtigsten Erkenntnisse zur gesunden Ernährung in einem Stufenbild zusammengefasst.

Lebensmittel aus der unteren breiten Stufe wie Vollkornbrot, Kartoffeln, Nudeln, Müsli und Reis sollten wir reichlich mit 4 bis 5 Portionen am Tag genießen. Sie enthalten Kohlenhydrate, die uns über lange Zeit mit Energie versorgen. Unter einer Portion versteht man z. B. eine Scheibe Brot oder 2 bis 3 Kartoffeln.
Auch aus der Obst- und Gemüsegruppe solltest du 4- bis 5-Mal am Tag zugreifen. So nimmst du genügend Vitamine und Mineralstoffe zu dir.
Bei Fleisch, Fisch, Milch und Milchprodukten reichen 2 bis 3 Portionen.

Butter, Schmalz oder Wurst enthalten tierische Fette, die möglichst nicht zu oft auf den Tisch kommen sollten. Pflanzliche Öle jedoch wie z. B. das Olivenöl, das man in der Salatsoße oder zum Braten verwenden kann, oder auch Nüsse sind gesund und lebenswichtig.
An der Spitze des Stufenbildes findest du alle stark zuckerhaltigen Lebensmittel wie Schokolade, süße Getränke, Eis, Kuchen und andere Süßigkeiten. Wenn du diese Produkte nur hin und wieder genießt, ist das in Ordnung.

Gut durch den Tag

Wir Menschen sind im Laufe eines Tages nicht immer gleich leistungsstark. Nach der langen Nacht müssen wir unsere Energiereserven wieder auffüllen. Ein Frühstück mit ausreichend Kohlenhydraten hilft uns dabei. Auch kleine Zwischenmahlzeiten am Vormittag und Nachmittag können dazu beitragen, während des Tages leistungsfähiger zu bleiben. Neben der richtigen Auswahl der Lebensmittel darf man auch die Zufuhr von Wasser nicht vergessen. Wer über den Tag verteilt 1,5 l bis 2 l Wasser, Früchtetee oder Apfelschorle trinkt, versorgt seinen Körper mit ausreichend Flüssigkeit.

■ Eine ausgewogene Ernährung und die ausreichende Zufuhr von Wasser sind wichtig für eine gesunde Ernährung.

Folgen einseitiger Ernährung

Übergewicht – Risiko für Zivilisationskrankheiten

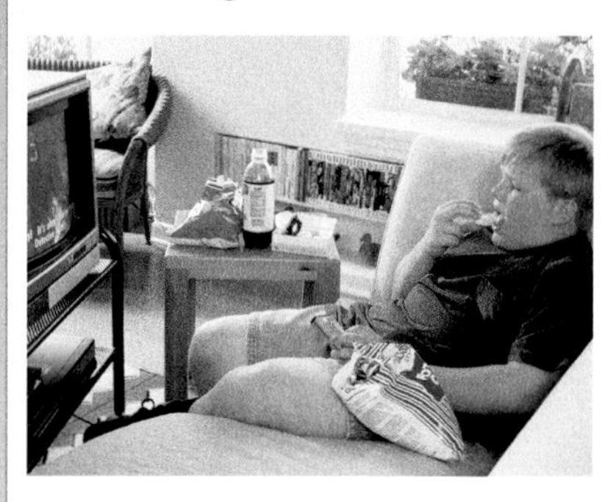

In modernen Gesellschaften steigt die Zahl übergewichtiger Menschen dramatisch. Bereits bei Kindern und Jugendlichen führen falsche Ernährung und mangelnde Bewegung zu Fettleibigkeit.
Die ungesunde Lebensweise erhöht das Risiko für viele Zivilisationskrankheiten: neben Diabetes, Rückenschmerzen und anderen Problemen sind es vor allem **Herz-Kreislauferkrankungen.**
Übergewicht und Bewegungsmangel führen zusammen mit anderen Faktoren zu erhöhtem Blutdruck. Dadurch werden die Blutgefäße belastet und können sich mit der Zeit verengen. Durchblutungsstörungen können alle Organe betreffen. Plötzlich auftretende Blutgerinnsel verstopfen Blutgefäße und führen im Herzmuskel zu einem **Herzinfarkt** oder im Gehirn zu einem **Schlaganfall.** Herz-Kreislauferkrankungen stellen bei uns die häufigste Todesursache dar.

Übergewicht – nicht immer „angefuttert"

Übergewicht kann viele Ursachen haben:
- erbliche Vorbelastung
- Stoffwechselkrankheiten
- Hormonstörungen
- falsche oder übermäßige Ernährung
- Bewegungsmangel

1. Nenne Beispiele und mögliche Ursachen für Zivilisationskrankheiten.

2. Bewerte die Mahlzeit des Kindes im Foto oben links unter den Gesichtspunkten „Energie" und „ausgewogene oder einseitige Ernährung".

3. Begründe, warum das Kind im Bild oben ein erhöhtes Risiko hat, später an Diabetes zu erkranken.

4. a) Womit beschäftigt sich das abgebildete Kind? Welche weiteren Freizeitbeschäftigungen fördern das Übergewicht bei Kindern?
b) Mache Vorschläge, womit du das Kind von seinem Sofa weglocken und zu einer „Aktivität" ermuntern könntest.

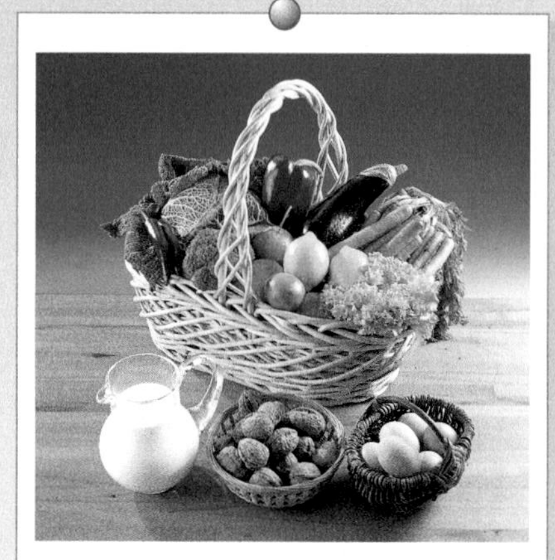

Vitaminmangel – durch einseitige Ernährung

Vitamine und Mineralstoffe brauchen wir zwar nur in geringen Mengen, aber sie sind auch nur in geringen Mengen in bestimmten Lebensmitteln enthalten. Wenn man, zum Beispiel bei Diäten oder besonderen Ernährungsweisen, auf einige Lebensmittel ganz verzichtet, kann es zu Vitaminmangelerkrankungen kommen. Eine vielseitige, abwechslungsreiche Ernährung schützt am besten vor Vitaminmangel.

Zuckerkrankheit

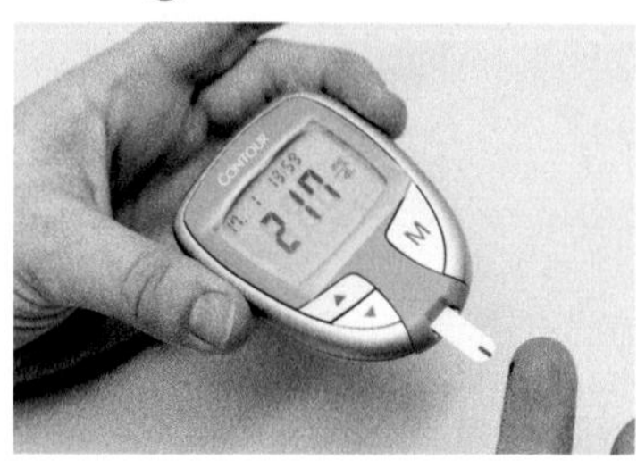

Immer mehr Menschen sind von **Zuckerkrankheit (Diabetes)** betroffen. Sie haben eine zu hohe Traubenzuckerkonzentration im Blut. Dies führt unbehandelt zu schweren Organstörungen und bis zum Tod. Übergewicht erhöht das Risiko, im Erwachsenenalter an Diabetes zu erkranken. Wenn die Bauchspeicheldrüse jahrelang durch übermäßige Zufuhr an Kohlenhydraten überfordert wird, kann sie irgendwann nicht mehr genug Insulin bilden. Der vom Körper produzierte Stoff Insulin regelt normalerweise den Blutzuckerspiegel herunter. Zuckerkranke müssen daher Insulin spritzen oder strenge Diät halten. Das Bild links zeigt die regelmäßige Blutzuckermessung.

Welches Diagramm soll ich zeichnen?

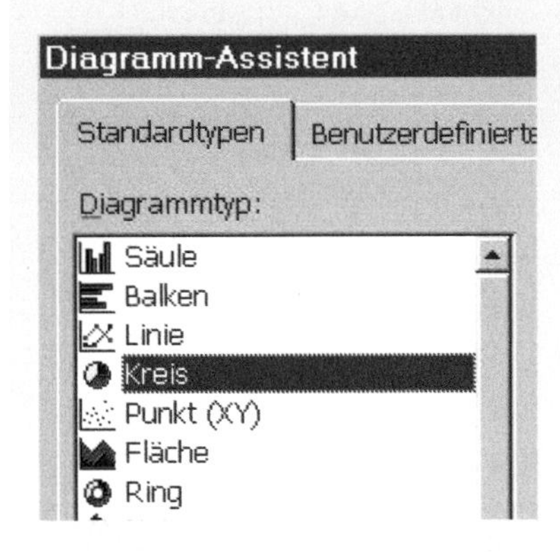

Habt ihr in Versuchen Messwerte aufgenommen oder sind Zahlenwerte in Tabellen notiert, dann stellt sich oft die Frage, wie sich dies in einem Diagramm anschaulich darstellen lässt.
Dafür gibt es verschiedene Diagrammtypen. Sie sind aber nicht beliebig wählbar, sondern jeder Typ ist für bestimmte Aufgaben nützlich und für andere ungeeignet. Wann aber ist welcher Diagrammtyp der richtige?

Achtung: Bei der Erstellung von Diagrammen mit dem Computer hilft ein „Diagramm-Assistent". Dieser erstellt aber auch ein falsches Diagramm, wenn man es ihm falsch „sagt".

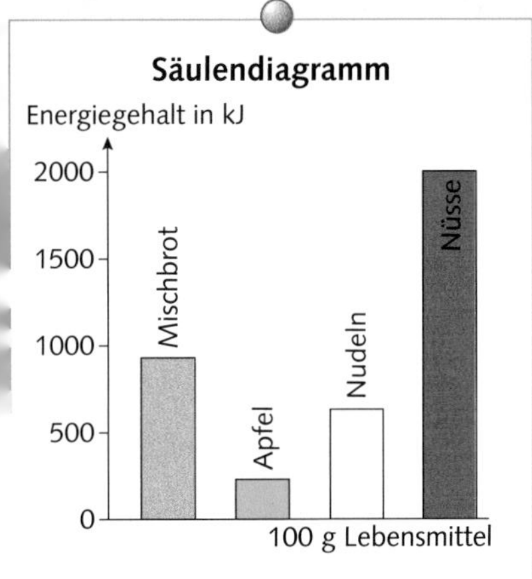

Energiegehalt in 100 g eines Lebensmittels

Mithilfe von Säulendiagrammen lassen sich verschiedene Dinge (hier Lebensmittel) in Bezug auf eine Eigenschaft (hier der Energiegehalt) vergleichen.
Balkendiagramme mit waagerechten Balken erfüllen dieselbe Aufgabe. Sie sind aus Platzgründen manchmal praktischer. Ansonsten solltet ihr ein Säulendiagramm bevorzugen.

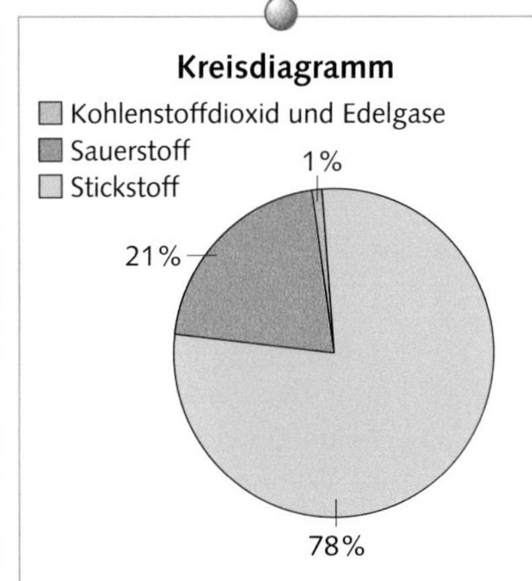

Zusammensetzung der Frischluft

Kreisdiagramme zeigen die Anteile, die einzelne Bestandteile an einer Gesamtmenge haben.

Torten- oder Ringdiagramme erfüllen dieselbe Aufgabe. Sie lassen sich leicht mit dem Computer erstellen. Die Entscheidung für eine bestimmte Form ist eher Geschmackssache.

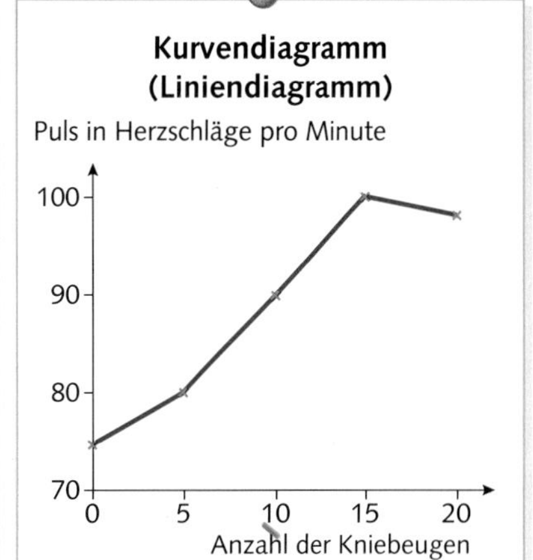

Der Puls ist abhängig von der Zahl der Kniebeugen

Kurvendiagramme zeigen, wie eine Größe (hier der Puls) von einer anderen Größe (hier der Zahl der Kniebeugen) abhängig ist.
Die Größe, von der etwas abhängt (hier die Kniebeugen), wird auf die waagerechte Achse gezeichnet, die andere, die man untersucht (hier der Puls), wird auf die senkrechte Achse aufgetragen.

1. Wähle den richtigen Diagrammtyp und begründe deine Entscheidung. Zeichne das Diagramm oder erstelle es am Computer. Gib dem Diagramm einen Titel und achte auf die vollständige Beschriftung.

a) Bei Fröschen hängt die Atmung von der Umgebungstemperatur ab. Eine Messung ergab:

Temperatur in °C	0	5	10	20	25
Atembewegungen pro min	0	2	4	15	27

b) Der Eiweißgehalt in je 100 g beträgt bei Hühnerfleisch 21 g, bei Linsen 23 g und bei Quark 17 g und bei Kartoffeln 2 g.

c) 100 g Bergkäse bestehen aus 40 g Wasser, 27 g Fett, 29 g Eiweiß und 4 g Mineralsalzen.

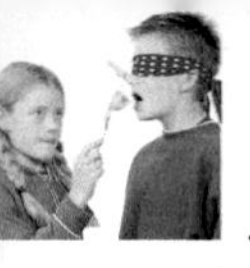

Fix und fertig

Hühnersuppe-Zutaten:
1 kg Suppenhuhn
2 l Wasser
500 g Lauch und Möhren
1 Bund Suppengrün
1 Zwiebel
100 g Nudeln
Pfeffer, Salz
Petersilie

Fertigprodukt Hühnersuppe (Zutatenliste)
76 % Hartweizengrießteigwaren
jodiertes Speisesalz
Geschmacksverstärker:
Mononatriumglutamat,
Dinatriuminositat,
Dinatriumgarylat
Hefeextrakt
Aroma (mit Ei)
Hühnerfett (1 g)
Gemüse (Sellerie, Lauch, Karotten, Tomaten, Zwiebeln)
Stärke
Kräuter
Curcuma
Molkeerzeugnis

1. Woraus wird eine echte Hühnersuppe hergestellt? Vergleiche die Angaben mit den Zutaten der Tütensuppe. Welche Übereinstimmungen und welche Unterschiede stellst du fest? Was fällt dir besonders auf?

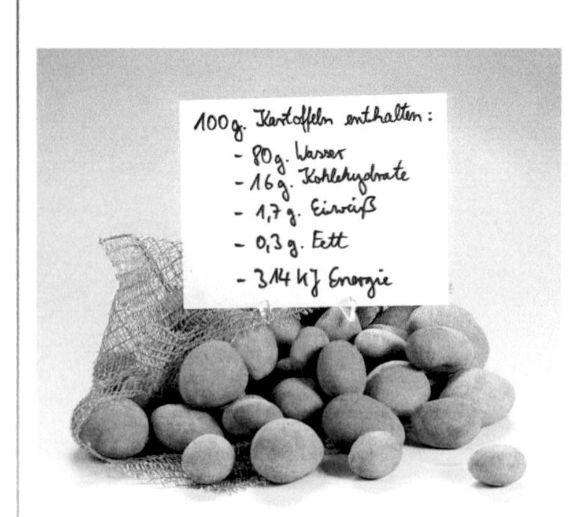

2. Aus ▸ Kartoffeln werden viele unterschiedliche Produkte hergestellt. Legt eine Tabelle an und vergleicht das Naturprodukt Kartoffel mit dem Fertigprodukt Kartoffelchips. Ihr braucht dazu die Verpackung von Chips.
a) Listet die Inhaltsstoffe beider Produkte und deren Gewichtsanteile auf.
b) Wievielmal mehr Energie stecken in 100 g Chips im Vergleich zu 100 g Kartoffeln?
c) Ermittelt den Durchschnittspreis von 100 g Kartoffeln. Beachtet, dass meist der kg-Preis angegeben wird! Was kosten 100 g Chips? Vergleicht die Ergebnisse und begründet die Unterschiede.

Viele Menschen greifen heutzutage zu Fertigprodukten, wenn sie nicht lange in der Küche stehen wollen. Wer fragt sich schon, was zum Beispiel in der Hühnersuppe aus der Tüte alles enthalten ist? Beim näheren Hinsehen kann man feststellen, dass in vielen Fertigprodukten erwartete Inhaltsstoffe fehlen oder nur in ganz geringer Menge vorhanden sind. Bei der industriellen Herstellung versucht man deshalb durch die Verwendung von so genannten „Zusatzstoffen" diesen Mangel auszugleichen.

So dienen **Aromastoffe,** die oft künstlich hergestellt werden, und **Geschmacksverstärker** dem Zweck, das Fertigprodukt möglichst schmackhaft zu machen. Selbst **Farbstoffe** sorgen dafür, dass zum Beispiel Vanillepudding leckerer schmeckt, weil er gelb gefärbt ist. Soll eine Speise nicht wässrig, sondern besonders cremig erscheinen, helfen **Emulgatoren** und Verdickungsmittel. Gegen den Verderb der Pro-dukte wirken **Konservierungsmittel** und **Antioxidantien.**

Manche Zusatzstoffe erscheinen auf der Zutatenliste unter einer E-Nummer und nicht mit ihrer vollständigen Bezeichnung. So finden wir E 250 als Pökelsalz „Natriumnitrit" vorwiegend in Fleisch- und Wurstprodukten. Es kann durchaus wichtig sein zu wissen, welcher Stoff sich hinter den E-Nummern verbirgt, denn manche Zusatzstoffe stehen im Verdacht, Allergien auszulösen.

■ Wer auf eine gesunde, vitaminreiche Ernährung Wert legt, wird seine Nahrung aus frischen Zutaten selbst herstellen und auf Fertigprodukte weitgehend verzichten.

Gesund und lecker

Ein „Zwei-Gänge-Menü", das gesund ist und gut schmeckt, selbst herzustellen, ist gar nicht so schwer. Dazu findet ihr hier zwei Rezeptvorschläge, die ihr mit eigenen Ideen ergänzen könnt.

Gruppe 1: Einkauf der Lebensmittel
Lest die beiden Rezepte für die „Schnelle Pizza" und das „Früchtetiramisu" durch. Stellt eine Zutatenliste auf und berechnet die Einkaufsmengen für die gesamte Klasse. Organisiert den Einkauf.

Gruppe 2: Zubereitung des Menüs
Welche Geräte braucht ihr zur Herstellung beider Gerichte? Welche Arbeitsschritte sind nötig? Stellt die erforderlichen Zutaten zusammen und verteilt die einzelnen Aufgaben in eurer Gruppe.

Schnelle Pizza *(Rezept für eine Person)*

Bestreiche 2 Scheiben Vollkornbrot mit 40 g Tomatenmark und würze mit italienischen Kräutern. Würfle eine halbe rote Paprika und vermische sie mit 2 Esslöffeln Maiskörnern aus der Dose. Verteile die Gemüsemischung auf den bestrichenen Brotscheiben und bestreue sie mit 40 g geriebenem Käse. Überbacke die „Pizzen" 10 min bis 15 min im Ofen, bis der Käse geschmolzen ist.

Früchtetiramisu *(Rezept für eine Person)*

Wasche etwa 80 g frische Früchte (z. B. Erdbeeren, Himbeeren oder Pfirsiche) und schneide sie in Stücke. Gib sie zusammen mit 10 g Zucker oder Sirup in eine Schüssel und lasse sie 20 min ziehen. Zerbrösele 15 bis 20 g Löffelbiskuit möglichst fein. Rühre unter 150 g Naturjogurt (1.5 % Fett) ein Tütchen Vanillezucker.
Jetzt schichte die einzelnen Zutaten in ein hohes Glas: Zuerst kommt die Hälfte des Löffelbiskuit auf den Boden, dann die Hälfte der Früchte, dann die Hälfte des Jogurts. Schichte 3 weitere Lagen in gleicher Reihenfolge darüber.
Zum Schluss streue 5 g gehackte Mandeln darüber und lasse das Tiramisu durchziehen.

Zutaten	Energie in kJ	Eiweiß in g	Kohlenhydrate in g	Fett in g
100 g Vollkornbrot	1000	7	46	1
40 g Tomatenmark	90	1	3	0
100 g Paprika	140	1	6	0,4
50 g Mais	180	8	8	4
40 g Emmentaler	700	12	0	12
80 g Früchte	110	0,8	4	0,3
10 g Zucker/Sirup	65	0	10	0
15 g Löffelbiskuit	200	1,2	10	0,5
5 g Mandeln	130	1	0,5	2,7
150 g Jogurt	130	4	6	2

Gruppe 3: Berechnung der Nährwerte
Berechnet mithilfe der Tabelle, wie viel Energie, Kohlenhydrate, Eiweiß und Fett die Gerichte enthalten.
a) Ein Jugendlicher sollte ca. 9000 kJ am Tag zu sich nehmen. Wie groß ist die Energiemenge, die er mit Pizza und Tiramisu seinem Körper zuführt?
b) Bei einer ausgewogenen Ernährung sollte man etwa viermal so viel Kohlenhydrate wie Eiweiß und Fett essen. Stellt das Mengenverhältnis dieser Nährstoffgruppen für die Pizza und das Tiramisu fest und vergleicht es mit den geforderten Angaben. Berichtet euern Klassenkameraden, was ihr herausgefunden habt.

Lebensmittel herstellen

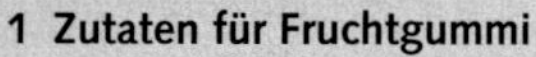
1 Zutaten für Fruchtgummi

2 Das Stärkebett als Gießform

3 Die fertigen Fruchtgummis

Wie ein Nahrungsmittel entsteht und was es enthält, ist oft nicht bekannt. Doch manche Nahrungsmittel können wegen unverträglicher Inhaltsstoffe beispielsweise Allergien auslösen. Für viele Menschen ist es daher wichtig, Herkunft und Zusammensetzung ihrer Nahrungsmittel genau zu kennen. Manche stellen deshalb einen Teil ihrer Lebensmittel sogar selbst her.

Hinweis
Führe diese Versuche in der Schulküche durch.

Zubereitung von Fruchtgummis

Zutaten
- 200 g Erdbeeren
- 40 ml Wasser
- 20 g Zucker
- 3 g Citronensäure

Zerkleinere das Obst und fülle es in ein Gefäß. Löse die Citronensäure im Wasser auf und gieße sie über die Früchte. Lass alles 24 Stunden kühl stehen. Filtriere anschließend den Saft und löse den Zucker im Saft auf. Fülle den fertigen Saft in eine Flasche, bewahre ihn kühl auf.

Tipp
Es eignen sich auch Himbeeren, Brombeeren, Johannisbeeren oder tiefgekühlte Früchte.

Zutaten für Gießform
500 g Maismehl oder Maisstärke

Verteile zunächst das Maismehl oder die Maisstärke gleichmäßig auf einem Backblech. Drücke mit dem Boden eines sauberen Reagenzglases Vertiefungen in das Stärkebett.

Zutaten für Gießmasse
- 15 g Speisegelatine (Pulver)
- 35 ml Wasser
- 30 g des selbst hergestellten Saftes aus a)
- 20 g Zucker
- 3 g Citronensäure
- 10 g flüssiger Honig

Vermische die Gelatine mit 25 ml Wasser und lass sie etwa 15 min stehen. Erwärme sie anschließend im Wasserbad auf höchstens 70 °C. Löse den Zucker und die Citronensäure in 10 ml Wasser. Gib dann den Honig und die Zuckerlösung zur Gelatine. Rühre alles gut um. Rühre zum Schluss den Fruchtsaft dazu.

Lass die fertige Mischung einige Minuten im 70 °C warmen Wasserbad stehen und gieße sie dann mithilfe eines gut angewärmten Trichters vorsichtig in die Gussformen.
Lass die fertigen Fruchtgummis etwa drei Stunden lang ruhen. Bestreue sie anschließend mit ein wenig Stärkepulver, damit sie nicht zusammenkleben. Nimm sie erst dann aus der Form.

Jogurt herstellen

Zutaten
- 1 l Vollmilch oder H-Milch
- 1 Becher Naturjogurt

Erwärme zunächst die Milch auf etwa 40 °C. Gib dann 2 Esslöffel Naturjogurt hinzu. Rühre alles gut um.
Stelle die mit dem Jogurt versetzte Milch in einen Wärmeschrank, dessen Temperatur 40 °C beträgt. Steht kein Wärmeschrank zu Verfügung, so kannst du das Gefäß mit dem Jogurt in eine Isoliertasche stellen. Stelle zwei mit heißem Wasser gefüllte Flaschen dazu und verschließe die Tasche. Die Wasserflaschen dienen als Heizung.
Nach etwa 6 h bis 8 h ist der Jogurt fest geworden. Er ist fertig und kann in den Kühlschrank gestellt werden. Verfeinere ihn zum Essen noch geschmacklich mit klein geschnittenen Früchten oder etwas Fruchtsaft.

Nudeln herstellen

Zutaten
- 350 g Hartweizengrieß
- 125 ml Wasser
- 1 Teelöffel Salz
- 3 Teelöffel Öl

Verteile den Hartweizengrieß in Form eines kleinen Hügels auf der Arbeitsfläche. Forme in der Mitte eine Mulde. Gib Salz und Öl in die Mulde. Gieße langsam das Wasser hinzu. Vermische alles vorsichtig mit einer Gabel.
Knete den Teig noch etwa 10 min kräftig mit der Hand.
Eventuell ist es notwendig, zwischendurch die Arbeitsfläche und die Hände erneut mit Mehl zu bestreuen. Forme danach aus dem Teig eine Kugel und wickle sie in eine Frischhaltefolie. Der Teig muss jetzt etwa 60 min ruhen.
Bestäube vor dem Ausrollen die Arbeitsfläche mit Mehl. Rolle den Teig mit der Nudelrolle dünn aus. Schneide ihn danach in die gewünschten Streifen. Lege die fertigen Nudeln auf ein sauberes Tuch und lass sie trocknen. In einem geschlossenen Gefäß lassen sich die Nudeln einige Tage aufbewahren.

Müsliriegel herstellen

Zutaten
- 200 g Butter
- 300 g flüssiger Honig
- 250 g kernige Haferflocken
- 250 g zarte Haferflocken
- 100 g Kokosflocken
- 100 g Sonnenblumenkerne
- 50 g Sesam
- 50 g Haselnüsse, grob gemahlen
- 1 Teelöffel Salz

Gib Butter, Honig und Salz in einen großen Topf. Lass alles bei schwacher Hitze zergehen. Rühre dabei die Mischung gut um. Gib anschließend die restlichen Zutaten in den Topf und vermische alles gut miteinander. Knete die jetzt zähe Masse gut durch und verteile sie dann auf einem mit Backpapier ausgelegten Backblech. Stanze die Müsliriegel mit einem Teigausstecher oder Messerrücken auf dem Backblech vor. Schiebe das Blech in den Ofen und lass alles etwa 35 min bei 150 °C Umluft backen. Löse nach dem Abkühlen die einzelnen Riegel vom Backblech.

Fitness-Drink zubereiten

Zutaten
- Saft von 4 Orangen
- 1 Banane
- 6 Esslöffel Sanddornsaft
- 300 g Naturjogurt
- 300 g Milch
- 4 Teelöffel Honig

Mische alle Zutaten und zerkleinere sie mit einem Mixer. Steht kein Mixer zur Verfügung, lassen sich die Zutaten auch pürieren. Verteile das Getränk nach dem Mixen auf vier Gläser.

Gut gekaut ist halb verdaut

1. Beiß in einen Apfel und betrachte die Zahnabdrücke an der Bisskante. Welche Zähne sind beim Abbeißen, welche beim Kauen beteiligt? Wie „arbeitet“ die Zunge?

2. Betrachte deine Zähne mit einem Taschenspiegel. Welche Zahntypen kannst du unterscheiden?

3. a) Überprüfe mit Färbetabletten aus der Apotheke oder dem Drogeriemarkt, ob du beim Zähneputzen den Zahnbelag vollständig entfernt hast. An welchen Stellen hält sich der Belag („Plaque“) besonders hartnäckig?

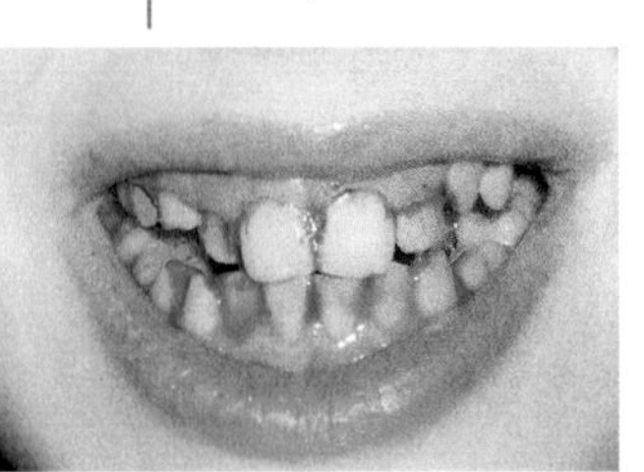

b) Beschreibe mithilfe von Abbildung 3 das richtige Putzen der Zähne. Korrigiere bei Bedarf deine gewohnte Technik.

4. Erläutere mithilfe des Zeitungsartikels die Entstehung von Karies.

5. Stehen die Zähne schief oder „auf Lücke“ im Kiefer, können sie durch eine Zahnspange korrigiert werden.
a) Welche Probleme können bei Fehlstellungen der Zähne auftreten?
b) Erkunde Genaueres über Art und Dauer einer kieferorthopädischen Behandlung.

Alarm im Zahn
Karies bleibt ein Problem

Braunschweig: Schulzahnärzte schlagen Alarm: Bereits bei 75% der 12-Jährigen hat die Zahnfäule deutliche Spuren hinterlassen.

„Gründe für diesen Trend sind mangelnde Zahnpflege sowie Süßigkeiten und zuckerhaltige Getränke“, erläutert Schulzahnarzt Peter Bohr. „Im klebrigen Zahnbelag können sich Bakterien hervorragend vermehren. Die Bakterien zersetzen zuckerhaltige Speisereste und bilden dabei Säuren. Wirken diese lang genug auf den Zahn ein, wird zuerst der Zahnschmelz, später auch das Zahnbein zerstört. Schmerzen treten leider erst dann auf, wenn sich Zahnhöhle und Wurzelhaut bereits entzündet haben.“ Verhindern, so Zahnarzt Bohr, lässt sich die Karies nur durch sorgfältige Zahnpflege und regelmäßige Besuche beim Zahnarzt.

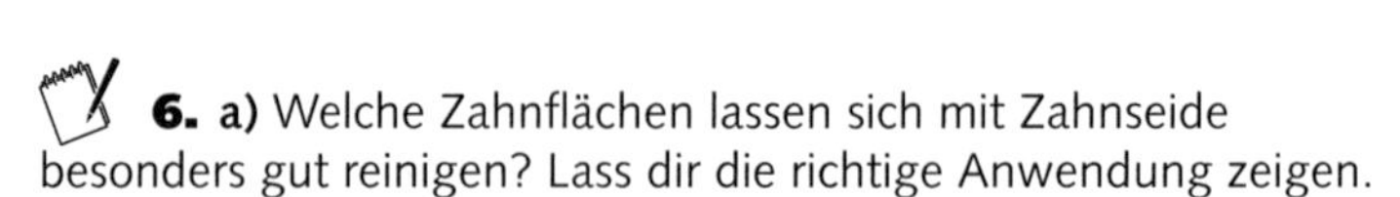

6. a) Welche Zahnflächen lassen sich mit Zahnseide besonders gut reinigen? Lass dir die richtige Anwendung zeigen.
b) Fluoridhaltige Zahncremes schützen die Zähne besonders gut. Recherchiere, wie Fluorid auf die Zähne wirkt.
c) Sind Zahnpflege-Kaugummis ein Ersatz für das Zähneputzen? Begründe.
d) Warum sollte man Süßigkeiten mit dem rechts abgebildeten Zahnschutz-Symbol bevorzugen?

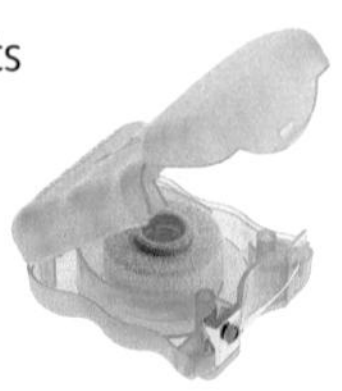

Zähne zerkleinern die Nahrung

Vorne im Kiefer sitzen die **Schneidezähne.** Mit ihren schmalen, fast scharfen Kanten sind sie zum Abbeißen gut geeignet. Unterstützt werden sie dabei von spitzen **Eckzähnen.** Beim Kauen werden die Nahrungsbrocken zwischen den breiten Kauflächen der **Backenzähne** zerquetscht und zermahlen, bevor sie schließlich heruntergeschluckt werden können.

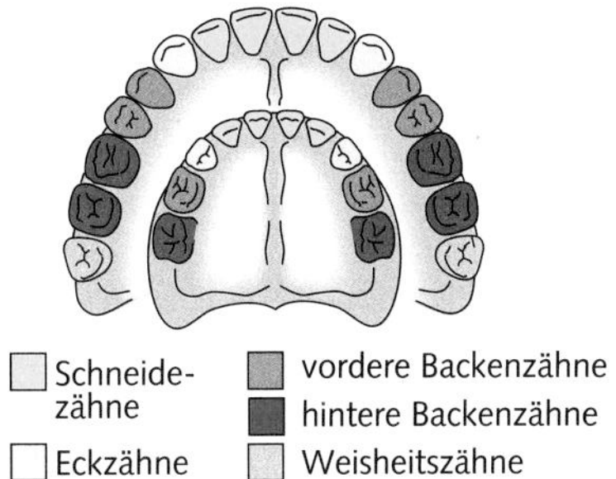

1 Milchgebiss (innen) und Dauergebiss (außen)

Milchgebiss und Dauergebiss

Bei Kleinkindern entwickelt sich bis zum Alter von 2 bis 3 Jahren zunächst das **Milchgebiss** mit 20 Zähnen. Etwa vom 6. Lebensjahr an wachsen im Kiefer die Zähne des **Dauergebisses** heran. Sie schieben die Milchzähne vor sich her, bis diese schließlich locker werden und ausfallen.
Das vollständige Dauergebiss des Erwachsenen besteht aus 32 großen, bleibenden Zähnen. Die hintersten Backenzähne, die oft erst später erscheinen, nennt man Weisheitszähne.

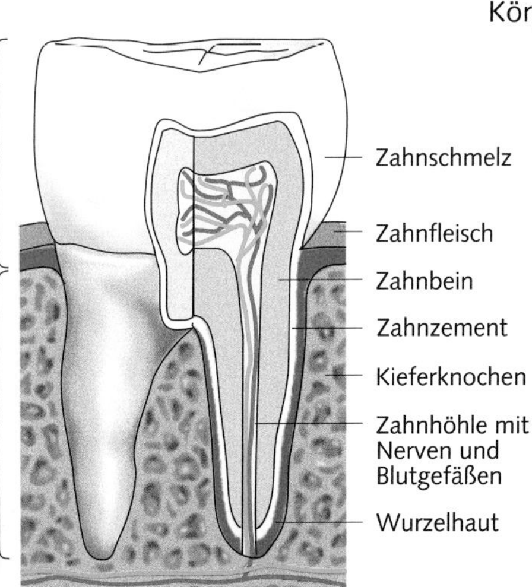

2 Bau eines Backenzahnes

Aufbau des Zahnes

Den sichtbaren Teil des Zahnes, die **Zahnkrone,** überzieht eine porzellanähnliche Schicht. Dieser Zahnschmelz ist die härteste Substanz des Körpers. Er schützt den Zahn lebenslang vor Abnutzung. Darunter befindet sich das knochenähnliche Zahnbein.
Die **Zahnwurzel** sitzt unsichtbar im Kieferknochen. Hier ist das Zahnbein von Zahnzement überzogen. Haltefasern der Wurzelhaut sorgen für eine feste Verankerung des Zahnes im Kiefer.
Die **Zahnhöhle** wird von Blutgefäßen durchzogen. Sie versorgen den Zahn mit Nährstoffen und Sauerstoff. Nerven machen ihn temperatur- und schmerzempfindlich. Zähne sind lebende Körperteile.

Gesunde Zähne durch gute Pflege

Unsere Zähne werden täglich stark beansprucht. Trotz ihrer Härte bleiben sie deshalb nur bei sorgfältiger Pflege gesund. Nach jeder Mahlzeit sollten die Zähne 3 Minuten lang gründlich gesäubert werden.
Regelmäßige Vorsorgeuntersuchungen beim Zahnarzt sorgen dafür, dass bereits kleine kariöse Stellen erkannt und rechtzeitig behandelt werden. Mit dem Bohrer wird zunächst das kranke Zahnmaterial entfernt. Anschließend wird das Loch mit einer Füllung verschlossen.

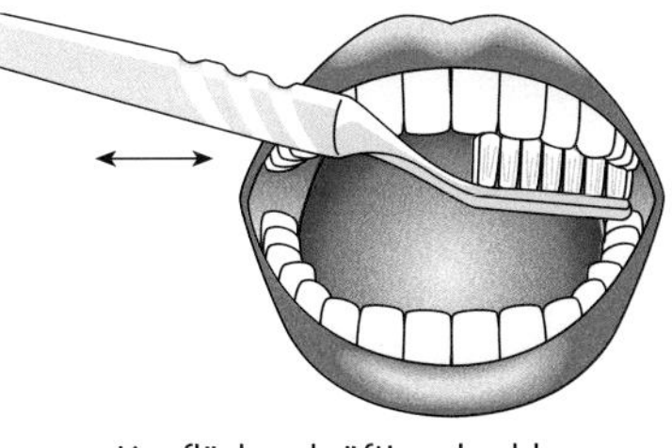

Kauflächen kräftig schrubben

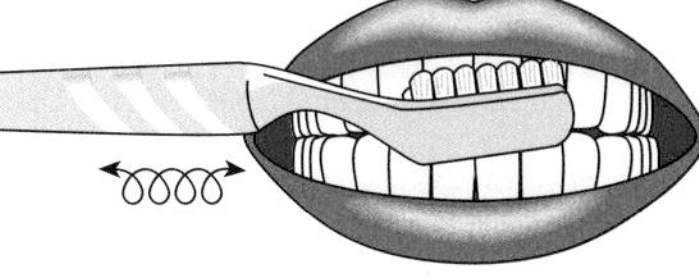

Außenflächen kreisend bürsten

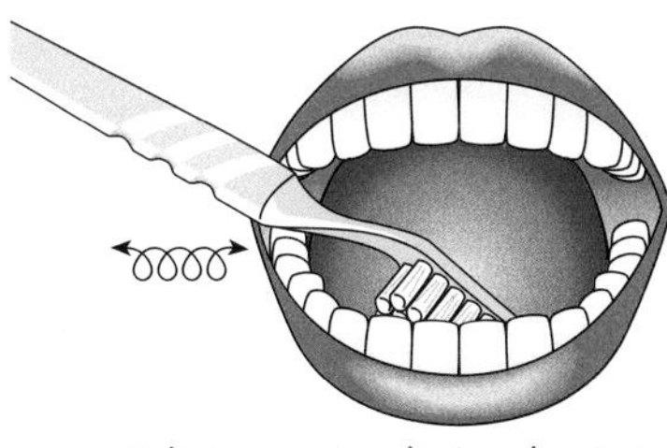

Zahninnenseiten kreisend putzen

3 Richtige Putztechnik

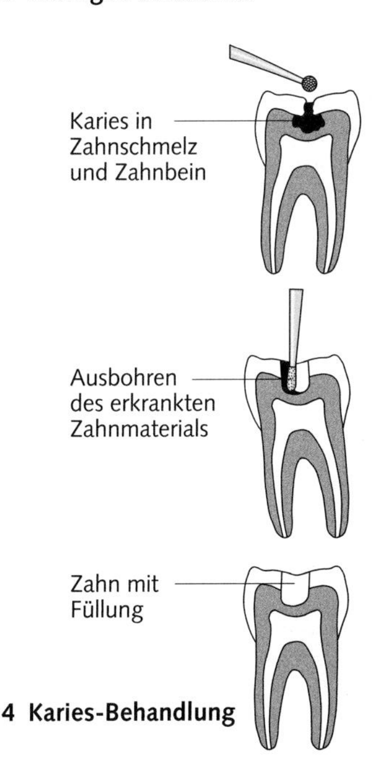

4 Karies-Behandlung

■ Sorgfältige Zahnpflege, regelmäßige Zahnarztbesuche und richtige Ernährung halten die Zähne gesund.

Der Weg der Nahrung durch den Körper

1. Versuche, im Handstand mit einem Strohhalm aus einem Becher zu trinken. Gelangt das Getränk entgegen der Schwerkraft in den Magen? Vergleiche mit Abbildung 1B. Erkläre.

2. a) Nenne die Aufgaben aller im Text fett gedruckten Organe. Fertige dazu eine Tabelle der einzelnen „Verdauungs-Stationen" an.
b) Der Text nennt vier verschiedene Verdauungsflüssigkeiten. Notiere auch deren Funktion.

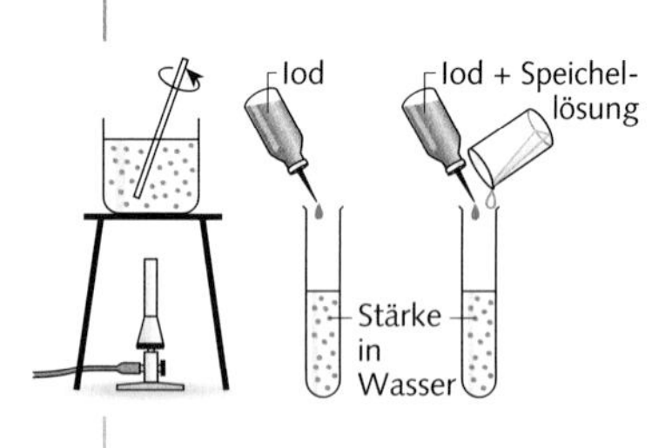

3. a) Gib eine Messerspitze Stärke in 300 ml Wasser. Koche die Aufschwemmung unter Rühren auf und lasse sie dann auf ca. 37 °C abkühlen.
b) Gieße 2 Reagenzgläser mit der Stärkeaufschwemmung halb voll. Gib je 3 Tropfen ▸ Iod-Kaliumiodidlösung hinzu.
Achtung: Schutzbrille tragen!
c) Gib in ein Reagenzglas zusätzlich etwas Mundspeichel und schüttle vorsichtig. Beobachte die Veränderungen über 30 min.
d) Fertige ein ▸ Versuchsprotokoll an.

4. Verdauungsorgane machen sich oft erst dann bemerkbar, wenn sie nicht richtig „funktionieren". Recherchiere die Ursachen von Durchfall, Verstopfung und Erbrechen.

Verdauung bedeutet Zerkleinerung
Ein Käsebrötchen enthält wichtige ▸ Nährstoffe: das Kohlenhydrat Stärke, sowie Fette und Eiweiße. Damit diese vom Körper genutzt werden können, müssen sie schrittweise in ihre kleinsten Bestandteile zerlegt werden. Diesen Vorgang nennt man **Verdauung.**

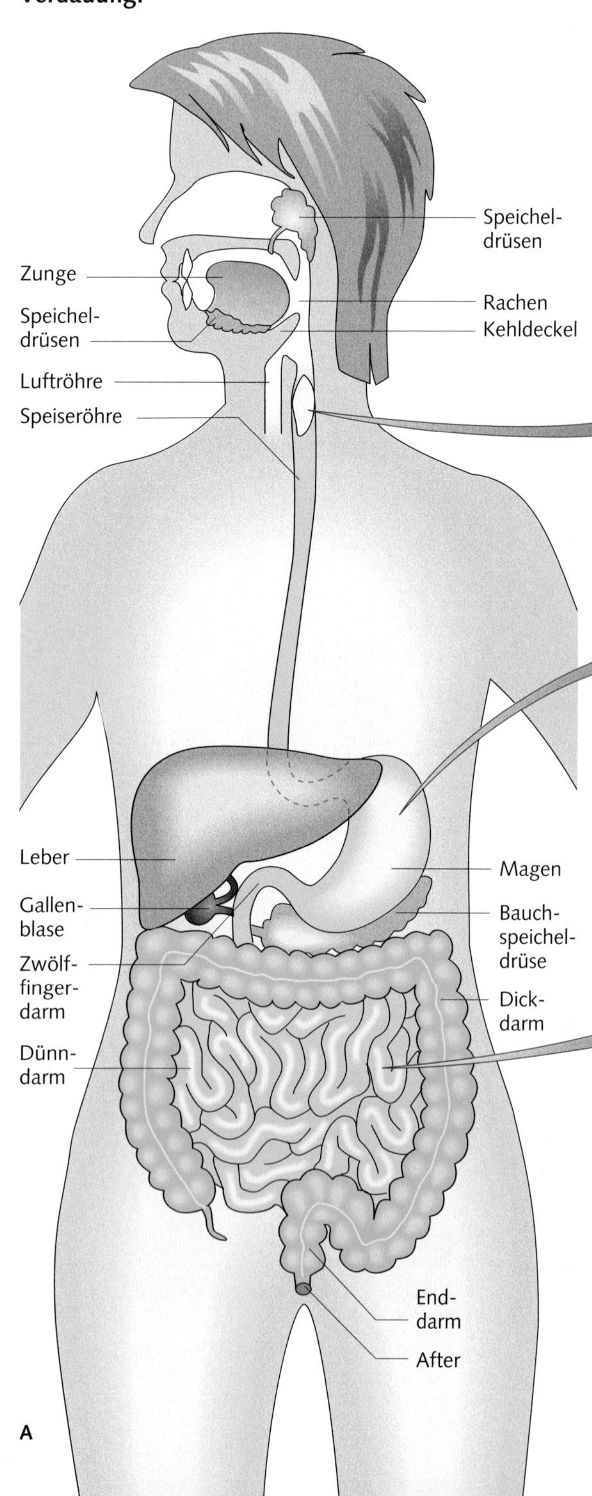

A

Verdauung beginnt im Mund

Beim Kauen wird die Nahrung durch die Zähne mechanisch zerkleinert. **Speicheldrüsen** sondern täglich etwa 1,5 l Speichel ab, der den Bissen gleitfähig macht. Speichel enthält außerdem ein Verdauungsenzym, das Stärke in Zuckerbausteine zerlegt.

Von der Zunge wird der Bissen an den Gaumen gedrückt und dann geschluckt. So gelangt er in die 25 cm lange Speiseröhre. Die Muskeln der **Speiseröhre** ziehen sich hinter dem Speisebrocken wellenförmig zusammen und befördern ihn so schubweise in den Magen.

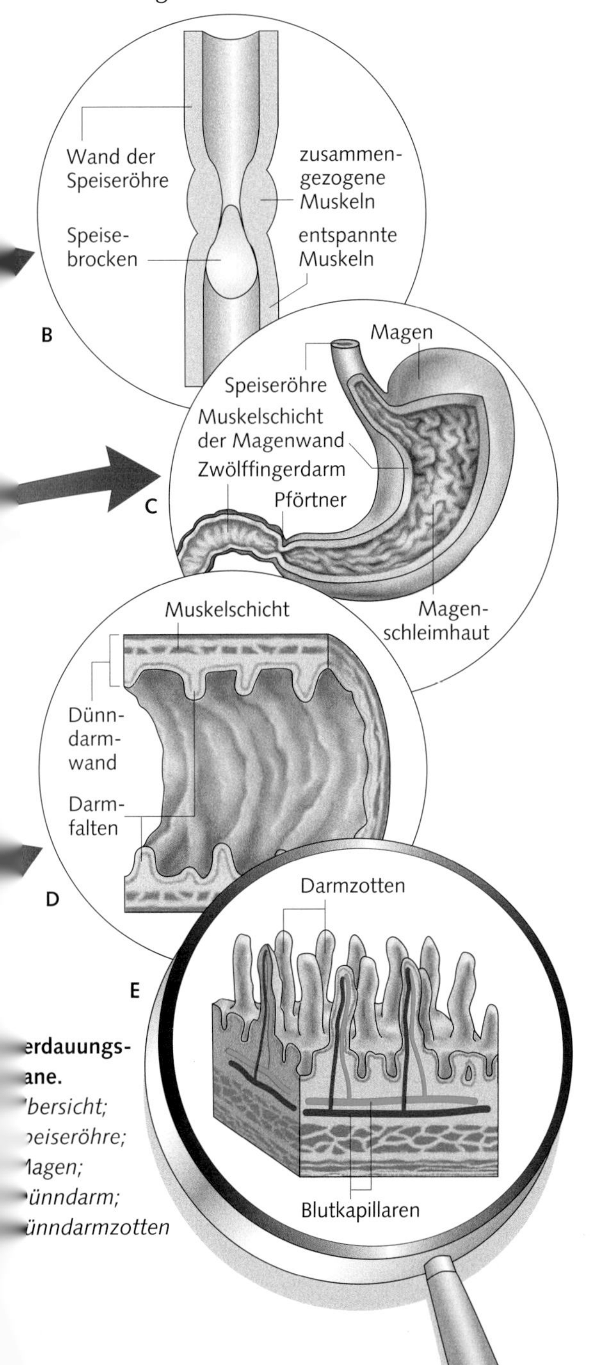

erdauungs-
ane.
bersicht;
eiseröhre;
Magen;
ünndarm;
ünndarmzotten

Nützliche Säure im Magen

Der sich im **Magen** sammelnde Speisebrei wird durch Bewegungen der Magenmuskulatur kräftig durchgeknetet. Dabei wird er mit Magensaft vermischt. Magensaft wird in den Drüsen der Magenschleimhaut produziert und enthält verdünnte Salzsäure. Sie tötet Bakterien und Keime ab. Magensaft trägt außerdem dazu bei, dass Eiweißstoffe in ihre Bausteine aufgespalten werden.

Nährstoffkette
Verdauungsenzym
Grundbausteine
Blutgefäß

2 Zerlegung der Nährstoffe (Schema)

Komplette Zerlegung der Nährstoffe im Dünndarm

Durch einen ringförmigen Muskel am Magenausgang, den Pförtner, wird der Nahrungsbrei portionsweise in den 3 bis 4 m langen **Dünndarm** abgegeben. Dort wird er von wellenförmigen Bewegungen der Darmwandmuskulatur langsam weitertransportiert.
In den ersten Abschnitt des Dünndarms, den Zwölffingerdarm, geben Gallenblase und Bauchspeicheldrüse Verdauungsflüssigkeiten mit Verdauungsenzymen ab. Die Gallenflüssigkeit wird in der Leber erzeugt. Sie zerlegt Fette in kleinste Tröpfchen und unterstützt so deren Verdauung. Die Verdauungssäfte der Bauchspeicheldrüse und weitere aus der Dünndarmwand sorgen dafür, dass bisher noch nicht vollständig verdaute Kohlenhydrate, Eiweiße und Fette in ihre Bestandteile zerlegt werden.

Ins Blut und auf die Reise

Die Innenwand des Dünndarms wird durch viele Falten, auf denen winzige fingerförmige Dünndarmzotten sitzen, auf über 150 m² vergrößert. Durch die dünne Wand der Darmzotten gelangen die Nährstoffbausteine ins ▸ **Blut**. Über den ▸ Blutkreislauf werden sie zu allen Körperzellen transportiert und versorgen diese mit Energie und Baustoffen.

Im Dickdarm: Nur nichts verschwenden

Unverdauliche Reste, die ▸ Ballaststoffe, gelangen in den **Dickdarm.** Dort werden dem noch flüssigen Brei Wasser und Mineralstoffe entzogen, die der Körper noch verwenden kann. So eingedickt sammeln sich die unverdaulichen Reste im Enddarm und werden schließlich als Kot durch den **After** ausgeschieden.

■ Bei der Verdauung wird die Nahrung in ihre chemischen Bausteine zerlegt. Das Blut transportiert die Nährstoffbausteine zu allen Körperzellen.

Wem geht die Puste aus?

1. Stelle fest, wie lange du den Atem anhalten kannst. Führe den Versuch zweimal durch. Zum ersten Mal, nachdem du etwa zehnmal tief ein und ausgeatmet hast, zum zweiten Mal sofort nach 20 Kniebeugen. Notiere die Zeiten und suche eine Erklärung für das Ergebnis.

2. a) Stelle die Zahl deiner Atemzüge pro Minute fest. Zähle nur beim Einatmen. Notiere dir die Anzahl der Atemzüge bei ruhigem Sitzen und nach einem 50 m-Sprint über den Schulhof.
b) Stellt eine Tabelle mit den Ergebnissen aller Schülerinnen und Schüler eurer Klasse zusammen. Sucht eine Erklärung für die Unterschiede.

3. Auf dem Notizzettel findest du Angaben, welche Luftmenge pro Stunde ein Mensch bei unterschiedlichen Tätigkeiten braucht. Stelle diese Angaben als ▸ Säulendiagramm dar und bewerte das Ergebnis.

Benötigte Luftmenge pro Stunde:

Tätigkeit	Luftmenge
Schlafen	280 l
Liegen	400 l
Stehen	450 l
Gehen	1000 l
Radfahren	1400 l
Schwimmen	2600 l
Bergsteigen	3100 l
Rudern	3600 l

4. a) Beobachte deine Atembewegungen im Liegen. Lege dabei deine Hände locker auf den Brustkorb und auf den Bauch. Atme tief ein und aus. Beschreibe deine Beobachtungen.
b) Lege ein Maßband um deinen Brustkorb. Atme tief ein und miss dann den Brustumfang. Miss erneut nach dem Ausatmen. Erkläre die Messergebnisse mithilfe der Abbildungen 2 und 3.

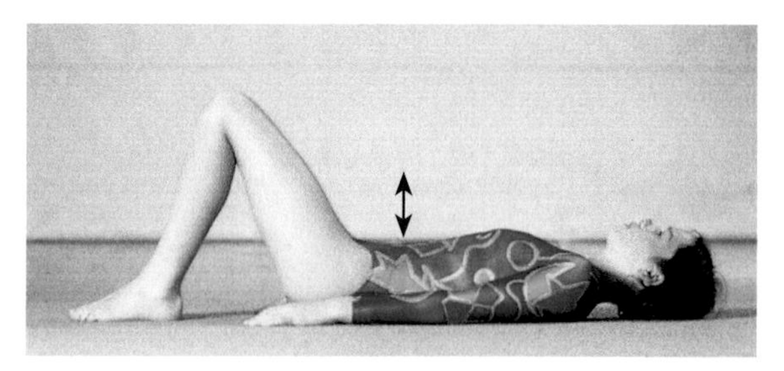

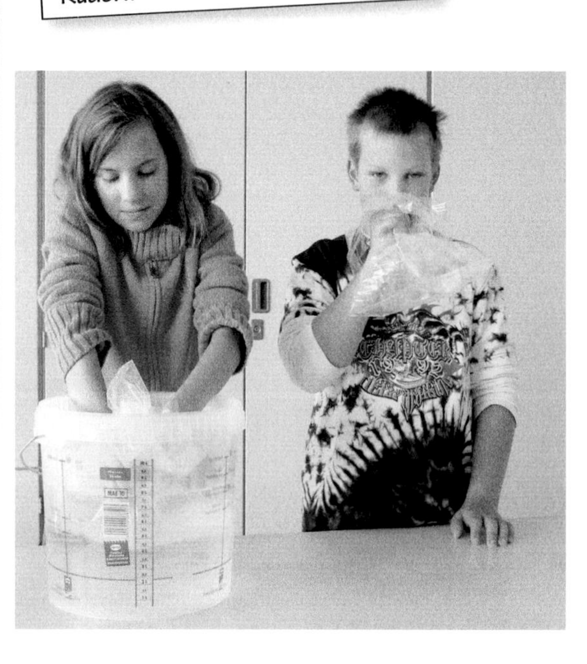

5. Findet heraus, wie viel Luft ihr mit jedem Atemzug ein- und ausatmet. Fangt dazu eure Atemluft beim Ausatmen in einem Kunststoffbeutel (z. B. 3 l-Gefrierbeutel) ein. Zum Messen der Luftmenge schließt den Beutel durch Drehen und drückt ihn komplett unter Wasser, das ihr in einen Eimer mit Literskala (z. B. Kleistereimer) gefüllt habt. Die Anhebung des Wasserspiegels verrät euch, wie viel Luft sich in dem Beutel befindet.
a) Holt tief Luft und atmet dann so weit wie möglich aus. Notiert die Menge der ausgeatmeten Luft.
b) Wiederholt den Versuch, pustet aber nur so viel Luft in den Beutel, wie ihr bei einem ruhigen Atemzug ausatmet. Vergleicht mit dem Ergebnis des vorhergehenden Versuches.
c) Bittet einen Erwachsenen, den Versuch durchzuführen. Haltet alle Ergebnisse in einer übersichtlichen Tabelle fest. Versucht Erklärungen für die Unterschiede zu finden.

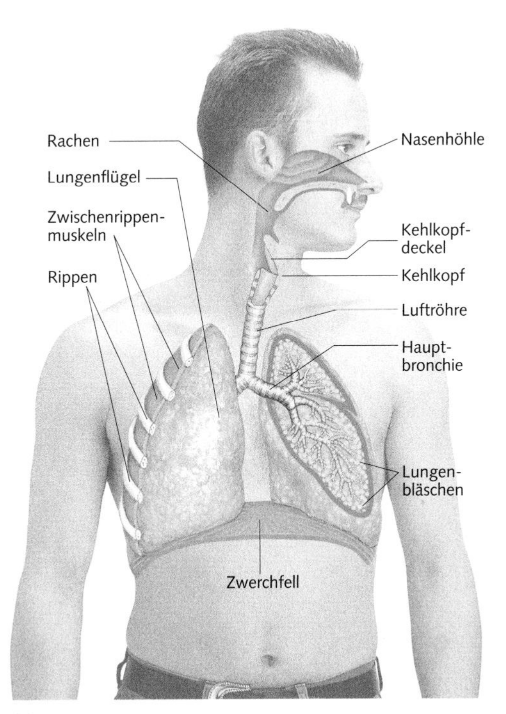

1 Atmungsorgane

Der Weg der Atemluft

Beim Einatmen strömt die Luft durch die beiden Nasenlöcher in die **Nasenhöhle.** Die Wände der Nasenhöhle sind mit einer Schleimhaut überzogen. Diese Schleimhaut erwärmt die eingeatmete Luft und befeuchtet sie. Außerdem sorgt sie dafür, dass Staub und Krankheitserreger am Schleim haften bleiben. Atmet man durch den Mund ein, kann es durch die ungereinigte kalte Luft zu Erkrankungen der Atemwege kommen.
Durch den **Rachen** gelangt die Luft zum **Kehlkopf.** Hier trennen sich Luftröhre und Speiseröhre.
Die eingeatmete Luft strömt weiter in die Luftröhre. Diese wird durch Knorpelringe ständig offen gehalten. Beim Schlucken wird die Luftröhre durch den Kehlkopfdeckel verschlossen, damit keine Speiseteile eindringen können. Geschieht dies trotzdem einmal, so haben wir uns „verschluckt“. Dann wird der Fremdkörper durch heftiges Husten wieder aus der Luftröhre entfernt.
Im Brustraum teilt sich die Luftröhre in zwei **Bronchien.** Diese führen zu den beiden Teilen der **Lunge,** den Lungenflügeln. In der Lunge verzweigen sich die Bronchien in immer kleinere Kanäle. Diese feinen Bronchienäste enden in den kugelförmigen ▸ **Lungenbläschen.** In der Lunge befinden sich etwa 500 Millionen Lungenbläschen. Sie bilden die Endstation für die eingeatmete Luft. Von hier aus wird sie auf demselben Wege wieder ausgeatmet.

Der Brustkorb arbeitet wie ein Blasebalg

Die Luft muss abwechselnd eingesogen und ausgestoßen werden. Beide Vorgänge kannst du gut an einem Blasebalg für Luftmatratzen beobachten. Genau so wirkt die Verkleinerung und die Vergrößerung des Brustraumes. Daran ist vor allem das **Zwerchfell** beteiligt, eine dünne Muskelhaut, die quer durch den Bauchraum gespannt ist. Zum Einatmen zieht sich das Zwerchfell nach unten. Der Brustraum vergrößert sich und mit ihm erweitern sich die Lungenflügel. Nun wird Luft in die Lunge gesogen. Wölbt sich das Zwerchfell anschließend wieder nach oben, wird die Lunge zusammengedrückt und presst die Atemluft nach außen. Durch die Bewegung des Zwerchfells wird auch die Bauchdecke leicht nach außen gedrückt. Man spricht deshalb von der **Bauchatmung.**
Bei tieferen Atembewegungen wird die Bauchatmung von der **Brustatmung** unterstützt. Dabei bewegen sich die Rippen schräg nach oben. Brustraum und Lunge erweitern sich und die Luft wird tief eingesogen. Kehren die Rippen in ihre Ausgangsstellung zurück, wird die Luft zum Ausatmen wieder herausgepresst.

■ Beim Atmen wird Luft abwechselnd in die Lunge gesogen und herausgepresst. Dabei wird Bauch- und Brustatmung unterschieden.

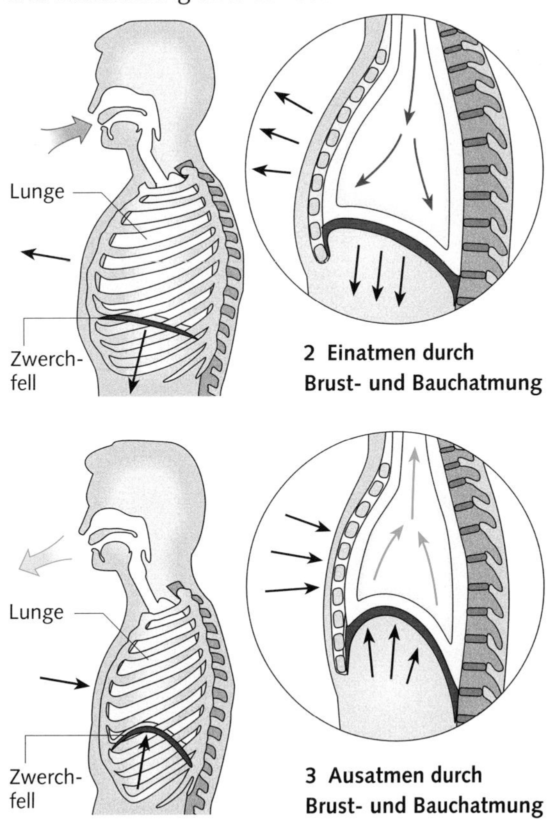

2 Einatmen durch Brust- und Bauchatmung

3 Ausatmen durch Brust- und Bauchatmung

Auf der Spur von Sauerstoff und Kohlenstoffdioxid

1. Untersucht, wie lange eine Kerzenflamme in frischer Luft und in ausgeatmeter Luft brennt. Die Abbildung zeigt euch, wie ihr die ausgeatmete Luft einfangen könnt. Messt die Brenndauer der Kerzenflamme mit einer Stoppuhr. Überlegt, warum unterschiedliche Ergebnisse zustande kommen. Welche Hinweise ergeben sich für die Zusammensetzung von frischer Luft und ausgeatmeter Luft?

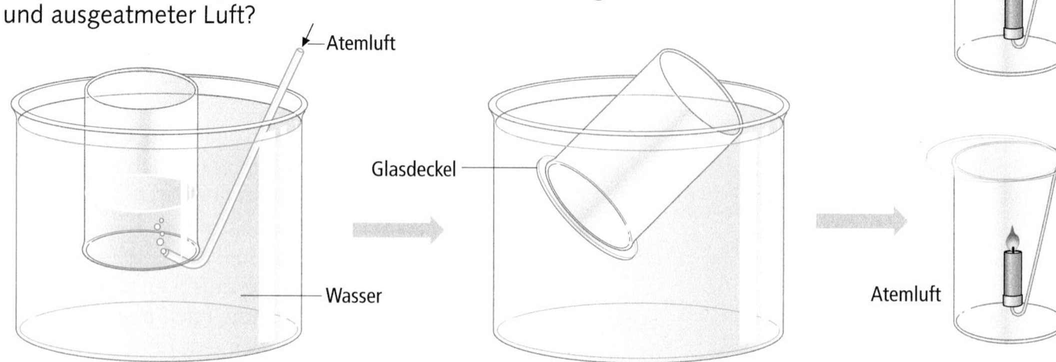

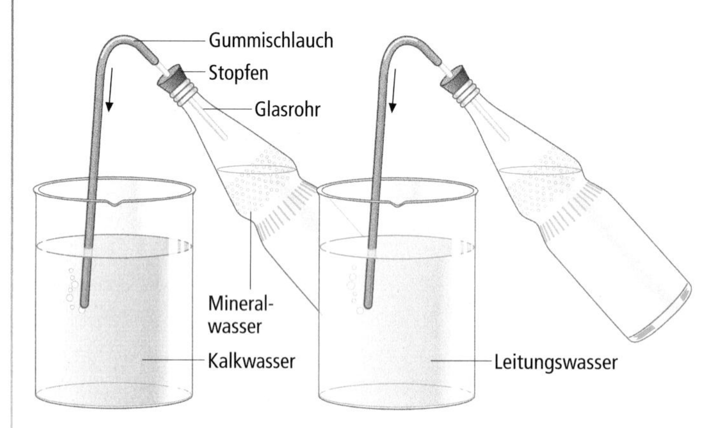

2. Untersucht das Gas, das aus Mineralwasser sprudelt. Schüttelt die Flasche vorsichtig, wenn die Gasentwicklung nachlässt. Leitet das Gas durch Kalkwasser und durch Leitungswasser. Beschreibt eure Beobachtungen.
Was schließt ihr daraus?
Tipp: Kohlenstoffdioxid trübt Kalkwasser.

Sicherheitshinweis:
Kalkwasser erhaltet ihr von eurer Lehrerin oder Lehrer. Kalkwasser ist ätzend. Schutzbrille tragen! Nicht trinken!

3. Eure Lehrerin oder euer Lehrer pustet mithilfe eines Gummischlauches vorsichtig seine Atemluft durch Kalkwasser. Dann führt ihr einen ähnlichen Versuch durch, indem ihr mit einem Blasebalg Frischluft durch Kalkwasser leitet. Vergleicht die Beobachtungen mit dem Ergebnis aus Aufgabe 2. Welche Aussagen könnt ihr nun zur Zusammensetzung der Atemluft machen?

4. Fasse mit deinen eigenen Worten zusammen, was mit der eingeatmeten Luft im Körper passiert. Nutze dazu den Informationstext.

Warum wir atmen

Die Luft besteht aus einem Gemisch verschiedener Gase. Die wichtigsten sind Stickstoff (N), Sauerstoff (O_2) und Kohlenstoffdioxid (CO_2). Der Stickstoff spielt bei der Atmung keine Rolle.
Die Frischluft, die wir einatmen, enthält 21 % (Prozent) Sauerstoff und nur 1 % Kohlenstoffdioxid und Edelgase. In der Ausatmungsluft sind dagegen nur 17 % Sauerstoff vorhanden, aber rund 5 % Kohlenstoffdioxid und Edelgase. Unser Körper nimmt also Sauerstoff auf und gibt dafür Kohlenstoffdioxid ab. Diesen Vorgang nennt man ▸ **Gasaustausch.**
Mithilfe des aufgenommenen Sauerstoffes können wir aus den ▸ Nahrungsmitteln Energie für alle Lebensvorgänge gewinnen. Ein Teil dieser Energie ist gespeichert im ▸ Traubenzucker, der mit dem Blut zu allen Körperzellen transportiert wird.
Dort wird der Traubenzucker aufgenommen und im Innern der Zelle mithilfe des Sauerstoffs „verbrannt". Hierbei wird Energie freigesetzt. Als Abfallprodukt entsteht Kohlenstoffdioxid.
Vor allem in den Muskel- und Gehirnzellen ist der Energiebedarf sehr hoch. Je stärker die Muskeln beansprucht werden, desto mehr Sauerstoff zur Verbrennung benötigen sie. Wir atmen dann schneller und tiefer, um dem Körper mehr Sauerstoff zuzuführen.

Gasaustausch in den Lungenbläschen

Durch die Luftröhre gelangt die eingeatmete Luft bis in die Lunge. Wie aber kommt der Sauerstoff

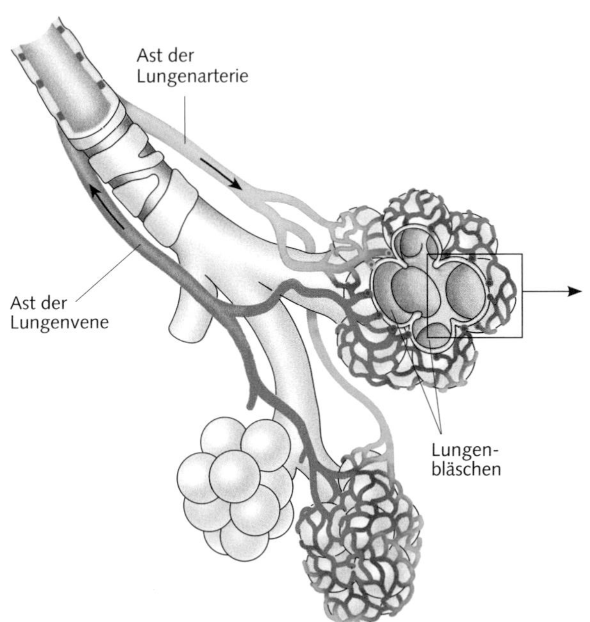

1 **Bronchie mit Lungenbläschen**

	eingeatmete Luft	ausgeatmete Luft
Sauerstoff (O_2)	21 %	17 %
Stickstoff (N)	78 %	78 %
Kohlenstoffdioxid (CO_2) und Edelgase	1 %	5 %
Summe	100 %	100 %

2 **Zusammensetzung der Luft**

von dort in alle Zellen des Körpers und das Kohlenstoffdioxid wieder heraus?
Dieser Gasaustausch findet in den Lungenbläschen statt. Die Lungenbläschen sind mit einem Netz von kleinsten Blutgefäßen überzogen. Die Wände dieser Blutgefäße und die Wände der Lungenbläschen sind so dünn, dass die Sauerstoffteilchen durch sie hindurch ins Blut gelangen. Mithilfe der ▸ roten Blutkörperchen werden sie dann in alle Zellen des Körpers transportiert. Auf dem umgekehrten Wege transportieren die ▸ roten Blutkörperchen die Kohlenstoffdioxidteilchen aus den Körperzellen in die Lunge. Über die Lungenbläschen gelangen die Kohlendioxidteilchen in die Atemluft in der Lunge und werden ausgeatmet.

„Gute" Luft hält fit

Wichtig für eine gesunde Atmung ist gute Luft, das heißt Luft mit einem geringen Anteil an Kohlenstoffdioxid. Achtet darauf, dass eure Zimmer zu Hause und eure Unterrichtsräume möglichst oft gelüftet werden. Bewegt euch viel im Freien.

■ In den Lungenbläschen werden Sauerstoff und Kohlenstoffdioxid zwischen der Atemluft und dem Blut ausgetauscht.

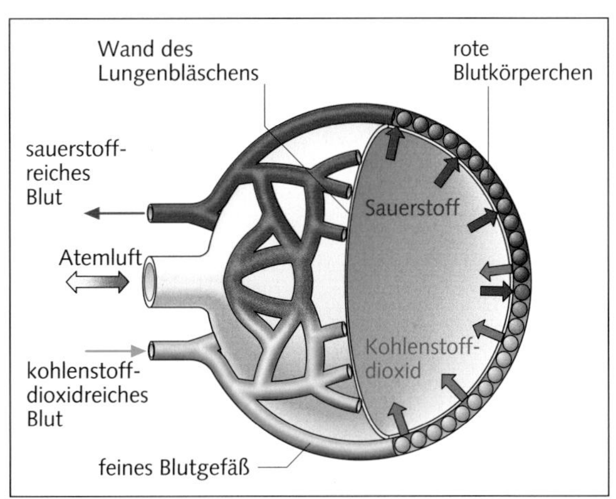

3 **Gasaustausch in einem Lungenbläschen**

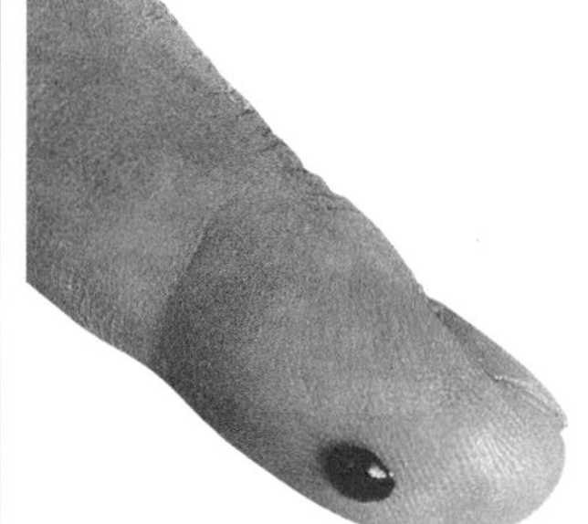

Rund ums Blut

1. Notiere die Zusammensetzung des Blutes und die Aufgaben der einzelnen Blutbestandteile in einer Tabelle.

Bestandteile des Blutes	Aufgabe

2. Kleinere Wunden hören von selbst auf zu bluten. Beschreibe, wie dieser Vorgang abläuft. Die Abbildungen und Texte auf dieser Seite helfen dir dabei.

Zusammensetzung des Blutes

Die Blutmenge eines Erwachsenen beträgt etwa 5 bis 6 Liter. Das Blut besteht aus flüssigen und festen Bestandteilen. Die Blutflüssigkeit nennt man **Blutplasma.** Es besteht zum größten Teil aus Wasser. Das Blutplasma ist das wichtigste **Transportmittel** in unserem Körper. Es befördert Nährstoffe und andere lebenswichtige Stoffe in alle Zellen unseres Körpers und nimmt von dort Abfallstoffe wieder mit. Außerdem ist das Blutplasma für die gleichmäßige Verteilung der Körperwärme zuständig.

Unter dem Mikroskop werden die festen Bestandteile des Blutes sichtbar, die Blutzellen. Dazu zählen die **roten Blutkörperchen.** Ihre Farbe erhalten sie durch den roten Blutfarbstoff Hämoglobin. Die wichtigste Aufgabe der roten Blutkörperchen besteht im Transport von ▸ Sauerstoff und Kohlenstoffdioxid.
Die **weißen Blutkörperchen** bekämpfen Krankheitserreger, die durch Wunden in die Blutbahn eingedrungen sind. Die dritte Gruppe der Blutzellen bilden die **Blutplättchen.** Sie sind an der Blutgerinnung beteiligt.

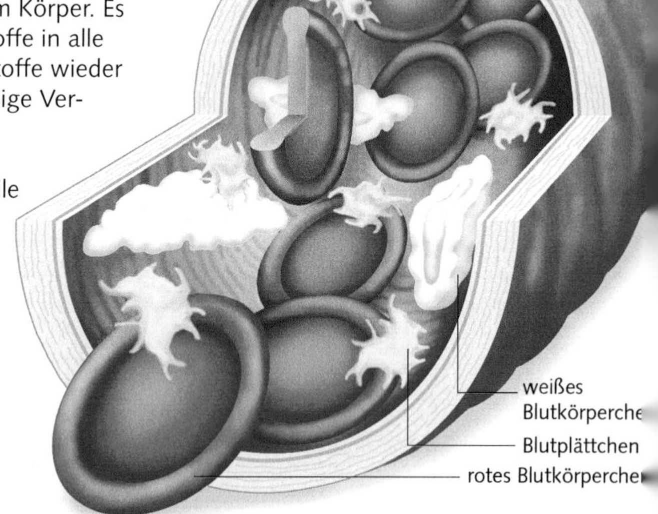

1 Blutgefäß mit Blutbestandteilen (Schema)

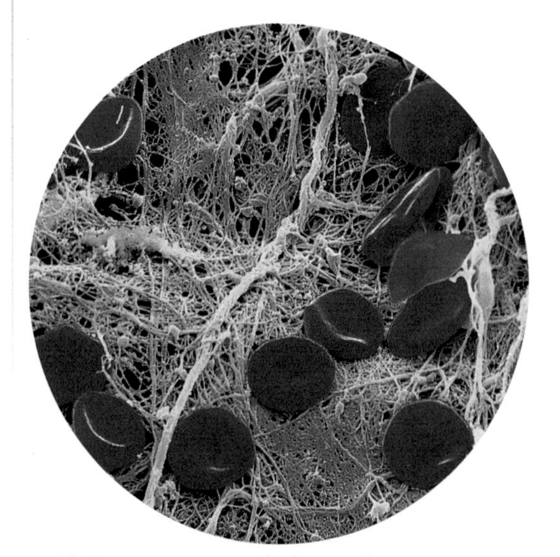
2 Fibrinnetz mit roten Blutkörperchen

Wie Blut gerinnt

Wenn Wunden bluten, werden die bei einer Verletzung eingedrungenen Fremdkörper aus der Wunde gespült. Kleine Wunden hören jedoch bereits nach wenigen Minuten auf zu bluten. Das Blut gerinnt, sobald es mit Luft in Berührung kommt.
An diesem Vorgang sammeln sich Blutplättchen an der Wundstelle. Sie geben einen Stoff frei, der dafür sorgt, dass an dieser Stelle ein Netz aus langen Eiweißfäden entsteht. In diesem **Fibrinnetz** bleiben die Blutplättchen und die roten und weißen Blutkörperchen hängen und verschließen die Wunde.
Nach einiger Zeit entsteht aus dem eingetrockneten Blut Schorf.

■ Blut setzt sich aus Blutplasma, roten und weißen Blutkörperchen sowie Blutplättchen zusammen.

Blutende Verletzungen

1 Eine Sturzverletzung

Im Alltag kann es leicht zu kleineren oder größeren blutenden Verletzungen kommen. Jetzt ist schnelle und richtige Hilfe notwendig.
Wertvolle Hinweise erhältst du unter der Internet-Adresse www.drk.de. Die notwendigen Kenntnisse erlernt man auch in einem **Erste-Hilfe-Kurs.**
Beachte bei allen Hilfsmaßnahmen, dass du zum Eigenschutz stets Schutzhandschuhe trägst.

Was muss ich tun ...

... bei einer Schürfwunde?

Bei einem Sturz vom Fahrrad oder beim Fußballspielen wird oft an den Knien oder Ellenbogen die Haut abgerieben. Die Wunde blutet nur ganz wenig, stattdessen ist eine farblose, wässerige Flüssigkeit in der Wunde zu sehen. Bei solchen Schürfwunden ist die Gefahr einer Infektion durch Verschmutzung gering. Es genügt deshalb meist, die Wunde zu reinigen und mit einem sauberen, keimfreien Verband – am besten aus einem noch ungeöffneten Verbandspäckchen aus dem Verbandskasten – abzudecken oder an der Luft trocknen und dann abheilen zu lassen.

... bei einer mäßig blutenden Wunde?

Manche Verletzungen bluten stärker, da sie so tief gehen, dass Blutgefäße in der Haut aufgerissen werden. Je nach Größe der Wunde verwendet man ein Pflaster oder man legt ein keimfreies Mullkissen auf und befestigt es mit Pflaster auf der Haut.

Das Pflaster darf nur auf der unverletzten Haut festkleben.
Bei allen blutenden Wunden muss sicher sein, dass der Verletzte den notwendigen Impfschutz gegen Wundstarrkrampf hat. Dies kann man beispielsweise im Impfpass nachlesen.

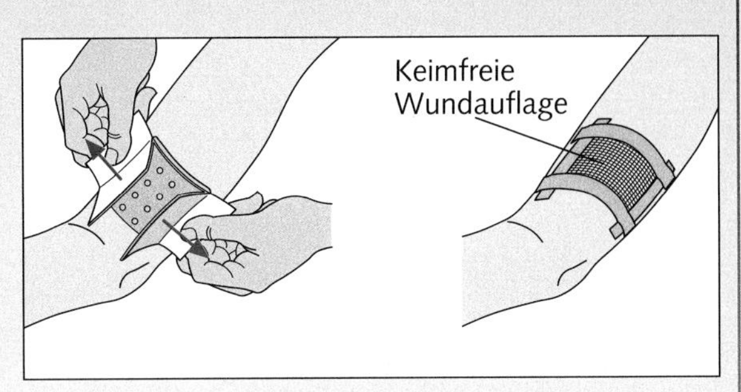

2 Anlegen eines Pflasterverbandes

... bei einer stark blutenden Wunde?

Ein Blutverlust von etwa einem Liter bedeutet bei Erwachsenen bereits **Lebensgefahr.** Eine starke Blutung muss daher unbedingt zum Stillstand gebracht werden. Oft genügt das Anlegen eines Druckverbandes. Dabei darf die Wunde auf keinen Fall berührt oder mit irgendeinem Mittel behandelt werden! Zuerst wird eine sterile Wundauflage auf die Wunde gelegt. Danach macht man mit einem zusammengelegten Dreieckstuch – aus dem Verbandskasten – oder einem Handtuch einen ersten Umschlag. Nun wird ein ungeöffnetes Verbandspäckchen als Druckpolster über die Wunde auf den ersten Umschlag gelegt und mit einem zweiten Tuch festgehalten. Dieser zweite Umschlag wird fest, aber nicht zu kräftig verknotet. Wichtig ist, dass die verletzte Stelle hochgehalten oder hoch gelagert wird. Dann muss so schnell wie möglich mit dem **Notruf 112** Hilfe herbeigerufen werden.

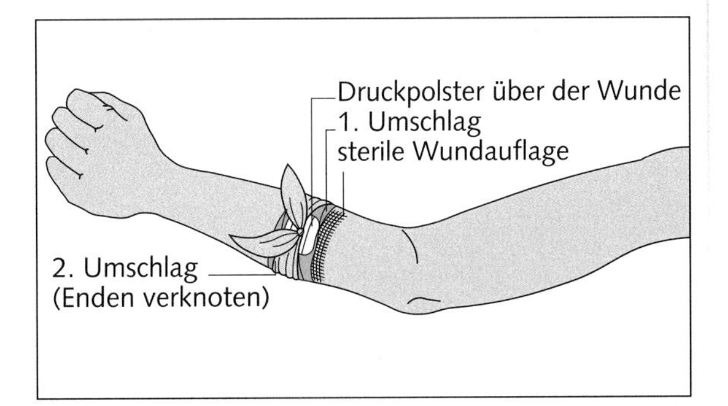

3 Anlegen eines Druckverbandes

Unser Blut ist immer in Bewegung

1. Baut euch ein einfaches Stethoskop (Hörrohr), um die Herztöne eurer Mitschülerinnen und Mitschüler hören zu können.
Verwendet dazu zwei Trichter und einen Schlauch. Beschreibt, was ihr hört.

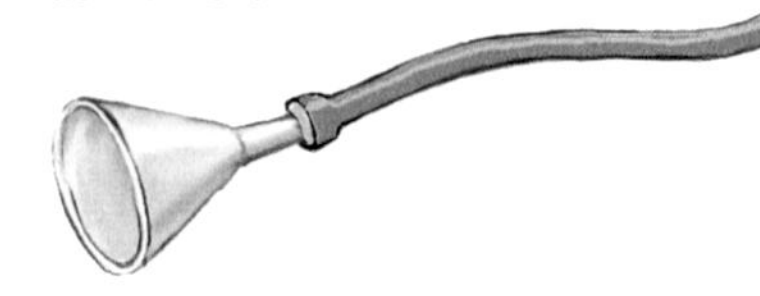

2. Findet heraus, was der Puls und der Herzschlag miteinander zu tun haben.
Benutzt dazu euer Hörrohr. Arbeitet wie auf dem Bild in Dreiergruppen zusammen.
Formuliert euer Ergebnis als Merksatz.

3. **a)** Probiert aus, an welchen Stellen des Körpers man seinen Puls fühlen kann. Eine gut geeignete Stelle zeigt das Foto unten.
b) Zählt die Pulsschläge in einer Minute. Wiederholt die Zählung mehrmals – im Sitzen, nach einer körperlichen Anstrengung, nach einer darauf folgenden Ruhepause. Haltet die Ergebnisse in einer Tabelle fest.

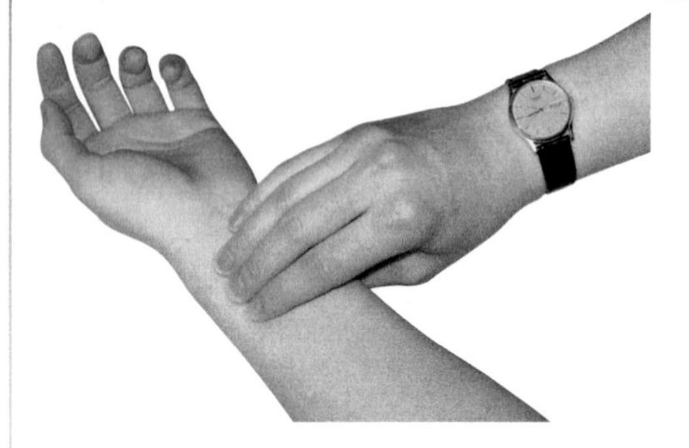

4. Untersucht, wie ein Blasebalg funktioniert.
Verfolgt den Weg der Luft.
Sucht nach Parallelen zur Arbeit des Herzens.
Findet für beide einen gemeinsamen Begriff.

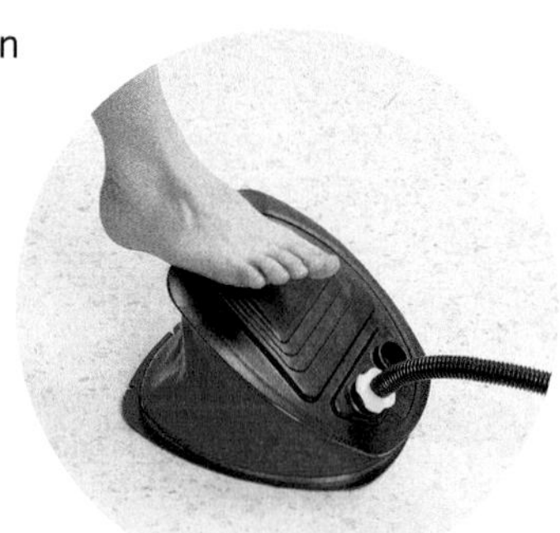

5. Erfindet ein Kreislaufspiel auf dem Schulhof. Die Zeichnung rechts hilft euch dabei.
a) Überlegt zunächst, welche Stationen des Blutkreislaufes in der Zeichnung dargestellt sind.
Sucht für die Positionen 1 bis 7 die passenden Bezeichnungen.
Dabei helfen euch die Abbildungen und der Informationstext.
b) Zum Ablauf des Spieles einige Anregungen:
- Der Weg des Blutes kann mit Kreide auf den Boden gezeichnet werden.
- Einige von euch stellen die roten Blutkörperchen dar, andere die wichtigsten Organe im Blutkreislauf.
- Die roten Blutkörperchen transportieren Sauerstoff und Kohlenstoffdioxid (bunte Karten). Macht euch Gedanken über die Farben der Karten und den Austausch.

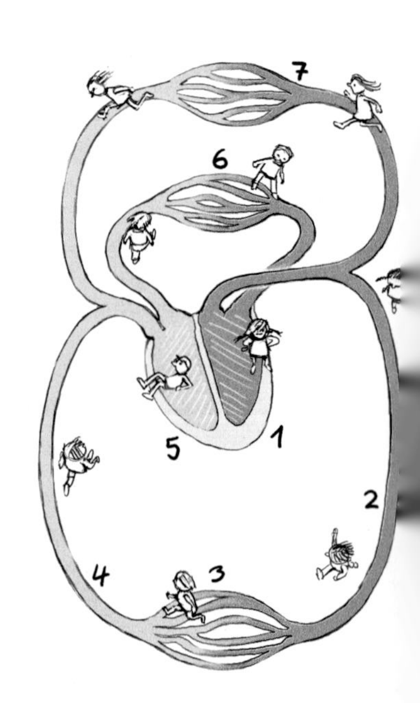

Blutgefäße transportieren Stoffe durch unseren Körper

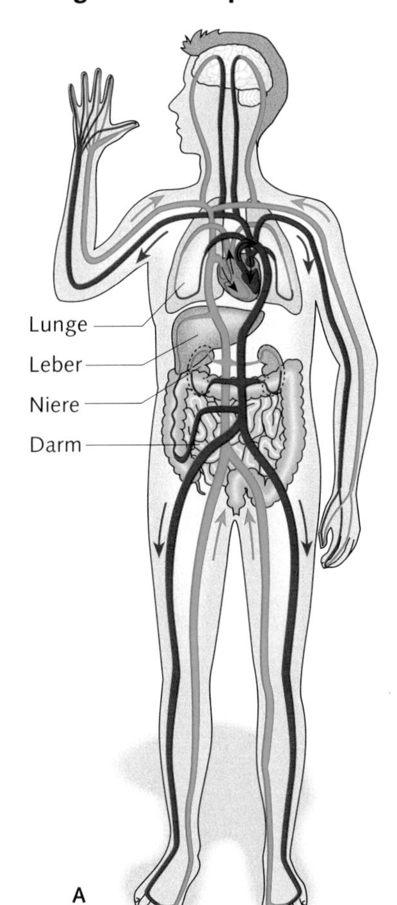

Unser Körper braucht ständig Sauerstoff und Nährstoffe.
Das Blut transportiert diese Stoffe zu allen Körperzellen. Gleichzeitig werden Kohlenstoffdioxid und weitere Abfallprodukte von den Zellen abtransportiert. Das Blut fließt in „Röhren", die Gefäße oder **Adern** heißen. Diese Blutgefäße durchziehen den ganzen Körper in einem dichten Netz. Zusammen haben sie eine Länge von etwa 1400 km.
Alle Blutgefäße, die das Blut vom Herzen wegführen, nennt man **Arterien**, und alle Blutgefäße, die zum Herzen hinführen, heißen **Venen**.

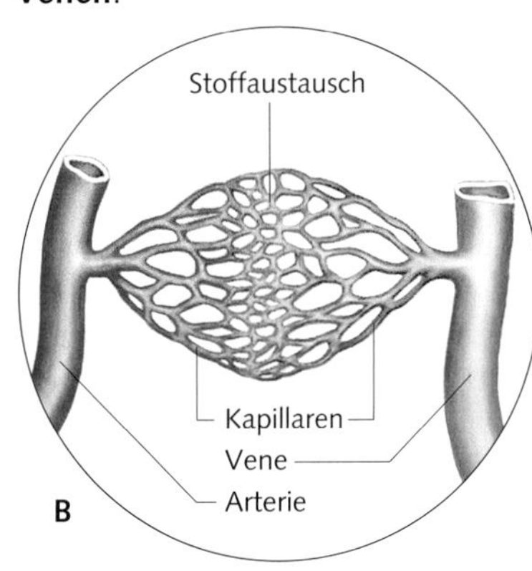

1 Blutgefäße im Körper. A *Kreissystem;* **B** *Kapillare*

Das Herz – eine starke Pumpe

Das Herz treibt das Blut durch den Körper. Es ist ein faustgroßer kräftiger Hohlmuskel, der im ▸ Brustkorb liegt.
Der Herzmuskel arbeitet ohne Unterbrechung ein Leben lang. Das Herz ist im Inneren durch die **Herzscheidewand** in zwei Hälften getrennt. Links und rechts befinden sich jeweils ein **Vorhof** und eine **Herzkammer.** Wenn sie sich erweitern, saugen sie das Blut aus den Venen an, wenn sie sich zusammenziehen, drücken sie das Blut in die Arterien. Das Herz arbeitet somit wie eine Saug-Druck-Pumpe. Die Druckwelle des Blutes kann man als Pulsschlag spüren.

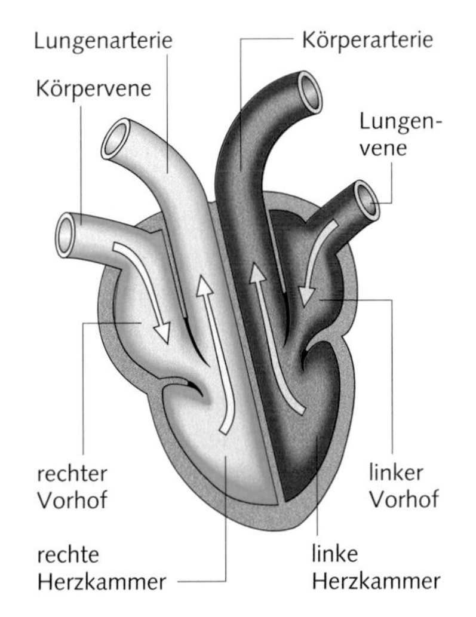

Zwei Kreisläufe

Auf seinem Weg durch den Körper durchwandert das Blut scheinbar zwei Kreisläufe. Verfolgen wir den Weg des Blutes genauer.

Aus der linken Herzkammer gelangt es zunächst in das größte Blutgefäß, die Körperarterie oder Aorta. Diese verästelt sich in viele kleinere Gefäße, die das Blut in alle Teile des Körpers transportieren. Die Verzweigungen sind schließlich mikroskopisch fein. Man nennt sie dann Haargefäße oder Kapillaren. Durch ihre dünnen Wände können Sauerstoff und Nährstoffe in die Zellen abgegeben und Kohlenstoffdioxid sowie weitere Abfallstoffe aufgenommen werden. Durch die Venen fließt das Blut zurück in die rechte Hälfte des Herzens. Damit ist der Körperkreislauf beendet.
Nun schließt sich der Lungenkreislauf an. Das kohlenstoffdioxidreiche Blut wird von der rechten Herzkammer in die Lungenarterie gepresst.
Diese verzweigt sich und führt zu den beiden Lungenflügeln.
Dort gibt das Blut das Kohlenstoffdioxid an die Atemluft ab und nimmt gleichzeitig Sauerstoff auf. Das sauerstoffreiche Blut strömt nun über die Lungenvene zurück in die linke Hälfte des Herzens. Damit ist der Lungenkreislauf beendet.
Da weder der Lungen- noch der Körperkreislauf in sich geschlossen sind, ergibt sich insgesamt nur ein einziger Kreislauf.

■ Das Herz pumpt das Blut über einen in sich geschlossenen Kreislauf durch den ganzen Körper. Dennoch spricht man oft vom Körper- und Lungenkreislauf.

2 Das menschliche Herz (Schema)

Ausscheidung

1. a) Beschreibe die Lage der verschiedenen Ausscheidungsorgane.
b) Schätze mithilfe des Maßstabs in der Abbildung die Größe der Leber und der Nieren ab.

2. Bei heißem Wetter und sportlicher Aktivität soll man reichlich trinken. Mineralwasser, Fruchtsaftschorle oder Tees sollten durch Obst oder Gemüse ergänzt werden oder auch durch eine salzhaltige Suppe oder Brühe.
Erkläre den Sinn dieser Empfehlung.

3. Beschreibe, wie Leber, Nieren und Harnblase zusammenarbeiten.

4. Der Mensch besitzt etwa 5 l Blut. Pro Minute fließt etwa 1 l durch die Nieren. Berechne, wievielmal am Tag die gesamte Blutmenge die Nieren durchfließt.

5. Liste Maßnahmen auf, die zum Schutz von Leber und Nieren beitragen.

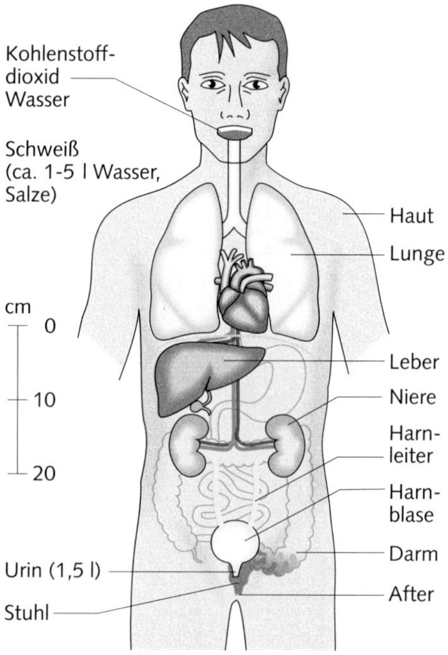

Kohlenstoffdioxid Wasser
Schweiß (ca. 1-5 l Wasser, Salze)
cm 0 10 20
Urin (1,5 l)
Stuhl
Haut
Lunge
Leber
Niere
Harnleiter
Harnblase
Darm
After

1 Ausscheidungsorgane

Zu einem funktionierenden **Stoffwechsel** gehört neben der Aufnahme von Nahrung, Wasser und Sauerstoff auch die **Ausscheidung** nicht benötigter oder sogar giftiger Stoffe. Diese Aufgabe übernehmen verschiedene **Ausscheidungsorgane.**

Ausscheidungsorgane

Über die **Lunge** atmen wir das Kohlenstoffdioxid aus, das laufend bei der Energiegewinnung aus Traubenzucker und Sauerstoff entsteht. Daneben geben wir über die Atemluft auch Wasser ab.

Eine noch größere Wassermenge wird über die **Haut** abgegeben. Zum Temperaturausgleich können beim starken Schwitzen mehrere Liter Schweiß täglich gebildet werden. Dabei gehen dem Körper auch Salze verloren. Wasser und Mineralsalze müssen durch geeignete Getränke und Speisen ersetzt werden.

Als Kot oder Stuhl werden nicht verwertbare Nahrungsbestandteile über den After aus dem **Darm** abgegeben.

Die **Leber** baut als riesige „Chemiefabrik" im Körper viele Stoffe auf, um oder ab. So werden auch ständig Giftstoffe aus dem Blut entfernt. Einige Abbauprodukte wie die des roten Blutfarbstoffs werden über die Gallenflüssigkeit in den Darm abgegeben – und färben zum Beispiel den Stuhlgang braun. Andere wie der Harnstoff entstehen beim Abbau von Eiweiß und werden über das Blut den Nieren zugeleitet und mit dem Urin ausgeschieden.

Die beiden **Nieren** liegen an der Körperrückseite links und rechts der Wirbelsäule und sind reich durchblutet. Aus dem Blut werden Harnstoff und weitere Abfallstoffe ausgewaschen. Außerdem wird der Wasser- und Salzhaushalt des Körpers reguliert. Der Harn mit den Abfallstoffen fließt über die beiden Harnleiter in die Harnblase. Etwa 1,5 l Urin werden täglich ausgeschieden.

Leber und Nieren schützen

Ohne die Leber könnte ein Mensch keinen Tag lang, ohne Nieren keine Woche überleben, weil sich der Körper selbst vergiften würde.
Infektionskrankheiten und Gifte können Leber und Nieren schwer schädigen. Durch übermäßigen Alkoholkonsum und manche Medikamente wird die Leber überfordert. Übermäßige und zu fettreiche Ernährung belasten die Leber, zu eiweißreiche Ernährung die Nieren.
Die Nieren leiden bei zu hohem Blutdruck. Diabetes-Kranke müssen ihren Blutzuckerspiegel genau einregulieren, um ihre Nieren zu schützen. Reichliches Trinken unterstützt die Tätigkeit der Nieren.

■ Über die Ausscheidungsorgane werden nicht benötigte oder giftige Stoffe aus dem Körper entfernt, bevor sie dem Körper schaden können.

Über tausend Gifte

Teer
10 mg
Nikotin
0,8 mg
Kohlen-
monoxid
10 mg

1. Nach dem Gesetz ist auf jeder Zigarettenpackung aufgedruckt, wie viel Nikotin (N) und Kondensat (Teer, K) eine Zigarette enthält. Berechnet wie viel kg Teer ein Raucher in 20 Jahren aufnimmt, wenn er täglich 20 Zigaretten raucht.
Hinweis: 1 g = 1000 mg, 1 kg = 1000 g

Forscher in New York untersuchten das Blut von gesunden Kindern, deren Mütter oder Väter ca. 10 Zigaretten täglich in Anwesenheit ihrer Kinder rauchen. Man fand im Kinderblut hohe Konzentrationen von Stoffwechselprodukten des Nikotins und des Teerkondensats. Diese Stoffe gelten als Krebserreger und fördern die Entstehung von Asthma. Seit langem ist bekannt, dass Neugeborene von Raucherinnen ein geringeres Geburtsgewicht haben und später unter Entwicklungsstörungen leiden können.

2. Sammelt Presseartikel zur Diskussion um das Rauchverbot in öffentlichen Gebäuden und Verkehrsmitteln. Gestaltet dazu mit ▸ Plakaten eine Leseecke in eurer Klasse. Führt eine Pro- und Contra-Diskussion zu diesem Thema durch.

3. Lest den oben stehenden Artikel und überlegt, wie sich Raucherinnen und Raucher verhalten sollten, damit sich Kinder gesund entwickeln können. Wie könnt ihr euch vor dem Passivrauchen schützen? Stellt eine Liste mit Verhaltensregeln auf.

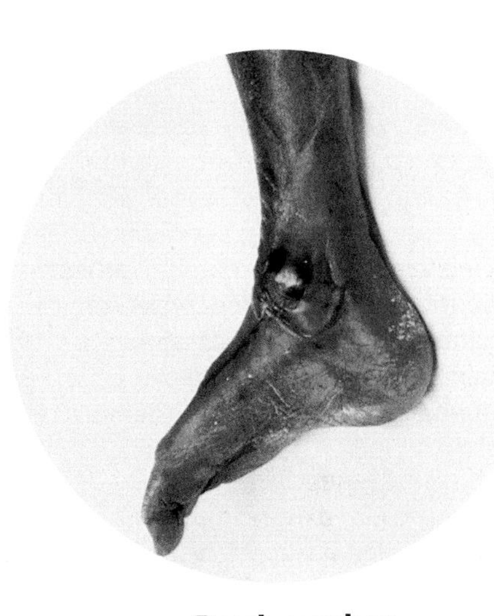

Die schädlichsten Gifte
Mit dem Zigarettenrauch nimmt ein Raucher über 1000 verschiedene giftige Substanzen zu sich. Dazu gehören vor allem Nikotin, Teerstoffe und Kohlenstoffmonooxid.
Nikotin ist ein Stoff, der abhängig macht. Nikotin lässt den Blutdruck steigen und das Herz schneller schlagen. Es bewirkt, dass sich die feinen Blutgefäße verengen. Dadurch wird die Haut weniger durchblutet. Sie erscheint grau und blass. Bei starkem Rauchen kann es zu Durchblutungsstörungen in den Organen und auch in den Beinen und Füßen führen. Im Extremfall stirbt das Bein langsam ab (Raucherbein).

Kohlenstoffmonooxid verhindert, dass das Blut Sauerstoff aufnehmen und transportieren kann. Deshalb wird manchen Rauchern bei den ersten Zügen schwindelig oder übel. Um die Organe dennoch mit ausreichend Sauerstoff zu versorgen, muss das Herz schneller und kräftiger schlagen. Diese Überlastung kann zu schwer wiegenden Herzerkrankungen bis hin zum tödlichen Herzinfarkt führen.

Die **Teerstoffe** im Zigarettenrauch verkleben die Atemwege bis zur Lunge. Dadurch kommt es zu Verschleimungen und Atembeschwerden. Viele der Teerstoffe sind krebserregend. Das Risiko, an Lungenkrebs zu erkranken, ist für Raucher 15- bis 30-Mal so hoch wie für Nichtraucher.

Passivrauchen
Passivrauchen bedeutet, dass Nichtraucher an vielen Orten ungewollt den giftigen Tabakrauch einatmen. Besonders Kleinkinder sind dadurch stark gefährdet. Selbst bei Ungeborenen im Mutterbauch besteht Vergiftungsgefahr durch Passivrauchen, vor allem wenn die Schwangere selbst raucht.

■ Sowohl aktives als auch passives Rauchen ist gesundheitsgefährdend.

Rauchen

In den letzten Jahren wird mehr und mehr über die Probleme des Rauchens gesprochen. Zudem gilt seit August 2007 in einigen Bundesländern Rauchverbot in Behörden, Krankenhäusern und Schulen. Knapp 20 Millionen Deutsche über 15 Jahre rauchen regelmäßig. Während jedoch die Zahl der erwachsenen Raucher in den letzten Jahren abgenommen hat, rauchen Jugendliche schon ab 12 Jahren heute mehr als früher. Dabei ist Rauchen extrem gesundheitsschädlich: Es gibt fast kein Organ des menschlichen Körpers, welches davon nicht geschädigt wird.

Außerdem ist Rauchen sehr teuer – was könnte sich ein Raucher alles leisten, wenn er zum Nichtraucher würde? Ist es wirklich so schwer, mit dem Rauchen aufzuhören? Sind die Raucher alle süchtig? Oder geht es eher darum, dass man den Freunden imponieren und nicht als „Memme" dastehen will? Mit den folgenden Anregungen könnt ihr die Antworten auf diese und viele weitere Fragen herausfinden.

Gruppe 1: Wie kann ich „Nein" sagen?
Wieso fangen Jugendliche an zu rauchen, obwohl es teuer und schädlich ist? Kann man wirklich nicht „Nein" sagen? Wie verhält sich eine Clique, wenn jemand nicht rauchen will? Ist Rauchen wirklich „cool"? Und: Was kann man tun, wenn man zwar nicht rauchen, seine Freunde aber auch nicht verlieren und zum Außenseiter werden will?
Viele dieser Fragen könnt ihr sicher aus eigener Erfahrung beantworten. Natürlich könnt ihr auch eine Umfrage durchführen und Jugendliche befragen, wie sie zu dem Thema stehen.
Um die Ergebnisse der Klasse vorzustellen, könntet ihr zum Beispiel eine ▸ Gesprächsrunde zum Thema organisieren, ein Rollenspiel vorbereiten oder einen „Ratgeber für beliebte Nichtraucher" schreiben.

WWW-TIPP
Geeignete Suchstichworte sind z.B. „rauchen", „Kosten", „Nikotinsucht", „Tabakabhängigkeit" und Kombinationen dieser Begriffe.
Informative Seiten zum Thema sind „www.bzga.de" und „www.rauchfrei.de".

Gruppe 2: Kosten
Sicher weißt du ungefähr, wie teuer eine Packung Zigaretten ist. Aber wie viel geben Raucher pro Tag, pro Monat, pro Jahr oder in zehn Jahren für das Rauchen aus?
Um diesen und ähnlichen Fragen nachzugehen, könnt ihr z. B. eine Umfrage durchführen und Raucher zu den Kosten des Rauchens befragen. Wichtig ist, dass ihr euch gut überlegt, wie ihr eure Ergebnisse übersichtlich und interessant darstellen könnt. Ihr könnt die Daten in Tabellen zusammenstellen und ▸ Diagramme zeichnen. Ihr könnt aber auch eine Collage anfertigen, die zeigt, was ein Raucher sich alles hätte kaufen können, wenn er zum Beispiel fünf Jahre lang nicht geraucht hätte. Oder fällt euch eine bessere Methode ein, die Ergebnisse darzustellen?

Gruppe 3: Gesundheitliche Risiken

Sicher hat jeder von euch schon oft gehört, dass Rauchen sehr gesundheitsschädlich ist. Aber stimmt das wirklich? Und wenn ja, warum ist das so und wo genau liegen die Risiken? Findet heraus, welche Krankheiten durch das Rauchen verursacht werden, wie viele Menschen in Deutschland (und auf der Welt) jedes Jahr an den Folgen des Rauchens sterben und wie viele Jahre ein Raucher durchschnittlich früher stirbt als ein Nichtraucher. Was genau ist Passivrauchen und welche Folgen hat es?

Zusätzlich könnt ihr auch den nebenstehenden Modellversuch durchführen. Stellt eure Ergebnisse in einer Präsentation vor. Dazu könnt ihr eine kleine ▸ Ausstellung mit dem Versuch und ▸ Plakaten erstellen.

Der folgende Modellversuch zeigt sehr anschaulich, was Zigarettenrauch in den feinen Strukturen der ▸ Bronchien und der Lunge bewirkt:

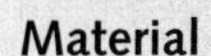

Material
- Waschflasche
- Kolbenprober oder Blaseball
- passender Stopfen mit 2 Löchern
- 2 Glasröhrchen, davon 1 gewinkelt
- 2 kurze Schlauchstückchen
- angefeuchtete Watte
- Zigarette

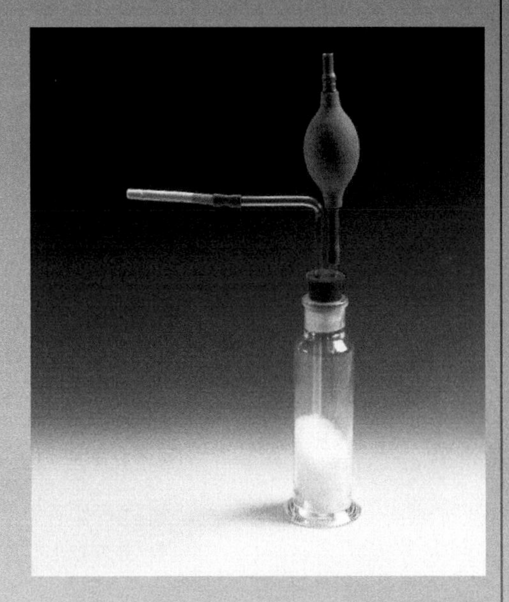

Durchführung

Die Apparatur wird so zusammengebaut, dass man wie in der Abbildung gezeigt, Luft durch die Zigarette in die Flasche mit der feuchten Watte saugen kann. Auf diese Weise „raucht" die Maschine nun eine Zigarette (Abzug!). Danach holt man die Watte heraus und beschreibt, wie sie sich verändert hat.

Fragen zur Versuchsauswertung:

Für welches Körperteil steht die Watte hier im ▸ Modell? Was bedeutet eure Beobachtung für die Wirkung von Zigarettenrauch auf den Körper?

Gruppe 4: Süchtig?

Sind alle Raucher süchtig oder abhängig? Warum fällt es so schwer, mit dem Rauchen aufzuhören? Gibt es Hilfsprogramme? Fragt hierzu gezielt Raucher, ob sie lieber aufhören würden zu rauchen, ob sie es schon einmal versucht haben und warum sie es vielleicht nicht geschafft haben. Haben sie Entzugserscheinungen gehabt und wie sahen die aus? Sammelt eure Ergebnisse und überlegt euch, wie ihr sie am besten vorstellen könnt.

Schönheit und Fitness – kritisch betrachtet

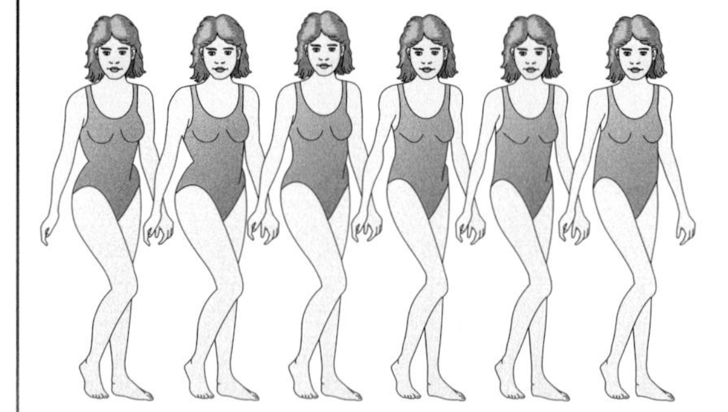

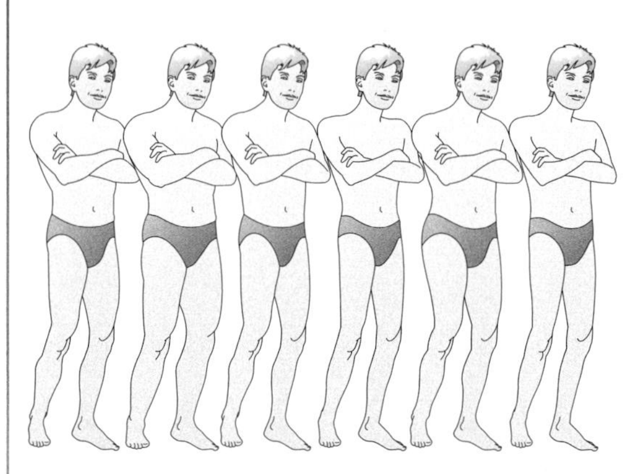

1. Mithilfe der Abbildungen wurde in einem Test überprüft, welche Frau und welcher Mann als besonders attraktiv gelten.
a) Beschreibe, worin sich jeweils die Abbildungen der Frauen unterscheiden.
b) Die meisten Personen fanden die erste Frau links attraktiv. Welches Schönheitsideal verbirgt sich dahinter?
c) Betrachte die Abbildungen der Männer. Welcher Mann steht hier für das Schönheitsideal? Begründe.

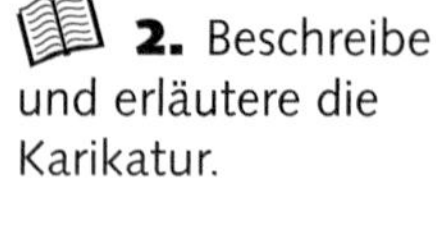

2. Beschreibe und erläutere die Karikatur.

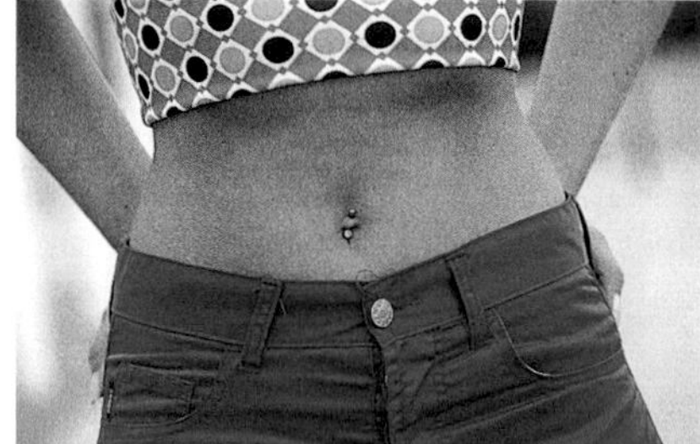

3. Gib mögliche Gefahren und Risiken von Piercings an.

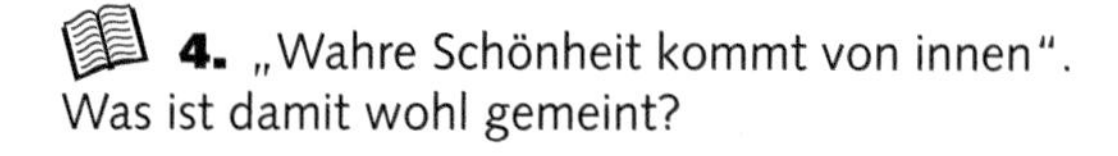

4. „Wahre Schönheit kommt von innen". Was ist damit wohl gemeint?

5. Die nebenstehenden Bilder zeigen Schönheitsideale aus unterschiedlichen Zeiten.
a) Vergleiche beide Bilder und beschreibe die Unterschiede.
b) Erkläre, warum früher ein anderes Schönheitsideal galt als heute.
c) Nenne mögliche Risiken, die mit dem jeweiligen Schönheitsideal verbunden sind.

Der kritische Blick in den Spiegel

Vermutlich ist dir diese Situation vertraut: Du stehst vor dem Spiegel und betrachtest kritisch dein Äußeres. Liegen die Haare richtig, ist die Haut wirklich rein, bin ich nicht zu dick?
Fragen wie diese sind ganz normal. Spätestens mit Beginn der Pubertät entwickeln viele Jugendliche ein anderes Gefühl für ihren Körper und ihr Aussehen. Sie beurteilen ihr Äußeres jetzt kritisch und überprüfen ihre Wirkung auf Gleichaltrige: Komme ich gut an, bin ich attraktiv und schön?

Schönheitsideale

Viele Mädchen und Jungen orientieren sich an Vorbildern aus Fernsehen, Internet und Zeitschriften. Dabei eifern sie „Schönheitsidealen" wie superschlanken Models, perfekt gestylten Popstars oder Sportidolen nach: Mädchen streben dann häufig eine schlanke Idealfigur an und beäugen kritisch jedes zusätzliche Gramm auf der Waage. So besteht die Gefahr, dass sie zu dünn werden und damit ihrer Gesundheit schaden. Viele Jungen möchten dagegen einen kräftigen, muskulösen Körper mit breiten Schultern und flachem Bauch haben. Um ihren Vorbildern ähnlich zu sein, gehen einige Jugendliche in Fitness-Studios, andere treiben viel Sport. Unser Körperbau lässt sich jedoch nur begrenzt beeinflussen.

Manche Mädchen und Jungen wünschen sich ein Tattoo oder ein Piercing. Eine Tätowierung ist jedoch schmerzhaft und bleibt dauerhaft erhalten. Das spätere Entfernen eines unmodern gewordenen Tattoos ist nur schwer möglich. Und auch ein Piercing bringt Probleme mit sich: beim Sport muss es abgeklebt werden, um ein Abreißen zu verhindern. An Piercings ist die Entzündungsgefahr groß. Beim Entfernen bleiben Narben in der Haut zurück.

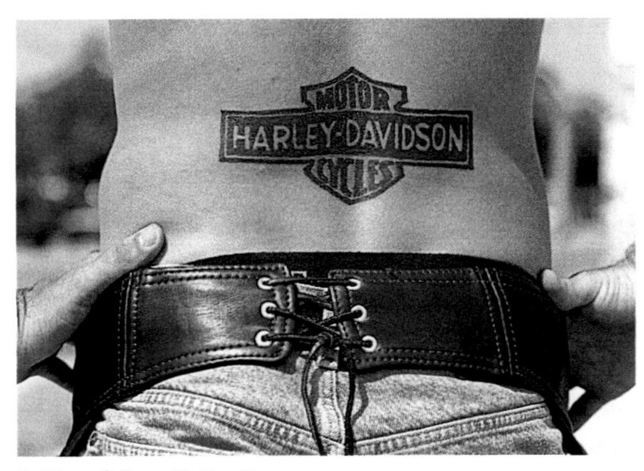

1 Ein schönes Tattoo?

2 Bin ich attraktiv?

Schönheitsideale im Wandel

Ein Blick in die Geschichte zeigt, dass sich das Idealbild von Schönheit immer wieder geändert hat. So galten im 17. Jahrhundert Frauen mit üppigen Körperformen und typisch weiblichen Rundungen als schön. Damals konnten sich nur die Wohlhabenden satt essen, Arme waren dagegen schlank. Dick zu sein war ein Statussymbol. Vergleichbares galt für die Bräunung der Haut: Eine blasse Haut war Schönheitsmerkmal der Reichen. Arme Bauern, die draußen arbeiten mussten, hatten eine braune Haut. Heute dagegen gilt Bräune als attraktiv. Sie steht für Urlaub, Erholung und Fitness. Manche helfen deshalb ein wenig nach und gehen in Sonnenstudios. Auch hier gibt es Gefahren: Zuviel Sonnenbaden lässt die Haut frühzeitig altern und kann sogar zum Hautkrebs führen.

Schönheitsideale orientieren sich nur an äußeren Körpermerkmalen. Wer den Vorbildern aus Mode, Musik und Sport übertrieben nacheifert, verliert den Blick für das Wesentliche. Der Charakter eines Menschen und seine Persönlichkeit sind viel wichtiger. Schließlich will keiner nur die schlechte Kopie eines Idols oder Stars sein. Zudem ändert sich häufig unsere Einschätzung von Mitmenschen, wenn wir diese näher kennen lernen: Der erste Eindruck von Schönheit und Attraktivität verblasst dann, und wir nehmen den Menschen als Ganzes wahr. Seine Schwächen, aber auch seine Stärken werden erst jetzt deutlich.

■ Wer nur danach strebt, dem aktuellen Schönheitsideal zu entsprechen, kann seine Gesundheit gefährden und verliert den Blick für das Wesentliche.

Wir entwickeln uns

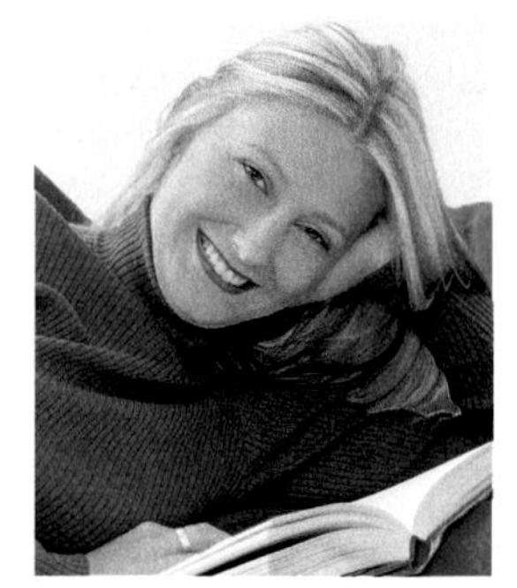

1. Schau dir die Bildreihe genauer an und schätze das Alter der dargestellten Personen. Wie gehst du dabei vor? Worauf achtest du, wenn du das Alter eines Menschen schätzen sollst? Fertige eine Liste an und erkläre. Welche Veränderungen bringt das Altern eines Menschen mit sich, die man auf Fotos nicht sehen kann?

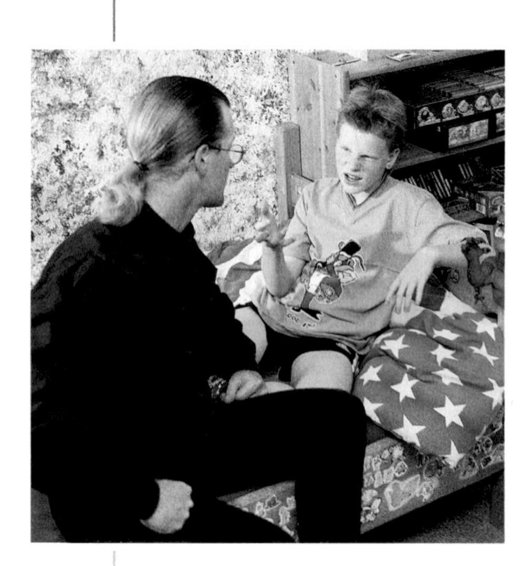

2. Mit Worten ist oft schwer zu beschreiben, wie sehr sich das Leben mit der Zeit verändert. Du kannst aber eine Collage anfertigen. Hier kannst du mit Bildern zeigen, wie dein Leben vor einigen Jahren aussah, was heute typisch für dich ist und wie du es dir in Zukunft vorstellst. Du kannst auch einfach Bilder von Sachen und Leuten aufkleben, die du früher toll fandest und die du heute toll findest.

3. Viele Jugendliche haben regelmäßig Streit mit den Eltern. Findet mehr darüber heraus. Entwerft einen Fragebogen, um zu klären, ob eure Klassenkameradinnen und -kameraden heute mehr mit den Eltern streiten als vor der Pubertät. Worum geht es bei solchen Streitereien und wie gehen diese meistens aus?
Was ist denn anders als bei kleineren Kindern, wenn man sich nun mehr streitet als früher? Gibt es hierbei Unterschiede zwischen Mädchen und Jungen?

4. Worüber könnten die Jugendlichen auf dem Bild gerade sprechen? Schreibe ein typisches Gespräch auf. Würden sie anders reden, wenn es nur Mädchen oder nur Jungen wären? Beschreibe und erkläre.

5. Beim Lesen von Jugendzeitschriften trifft man meist früher oder später auf eine Seite, auf der die Leser einem Team von Experten alle möglichen Fragen zur Pubertät stellen. Sammelt solche Fragen aus Zeitschriften oder anonym in der Klasse. Stellt besonders häufige oder wichtige Fragen zusammen und findet mehr über mögliche Antworten heraus.

Die Pubertät – Achterbahnfahrt durchs Leben

Die Pubertät ist eine aufregende, turbulente, aber auch anstrengende Zeit. Sie wird häufig mit einer Achterbahnfahrt verglichen: „Erst fühlst du dich bombig, gleich darauf bist du wieder ganz unten." Aber anders als bei einer Achterbahn endet die Pubertät nicht da, wo sie losgegangen ist. Am Ende steht man als Erwachsener da, hat einen veränderten Körper und auch die Gefühle und Ansichten haben sich teilweise grundlegend verändert.

1 Einmal ganz oben – einmal ganz unten

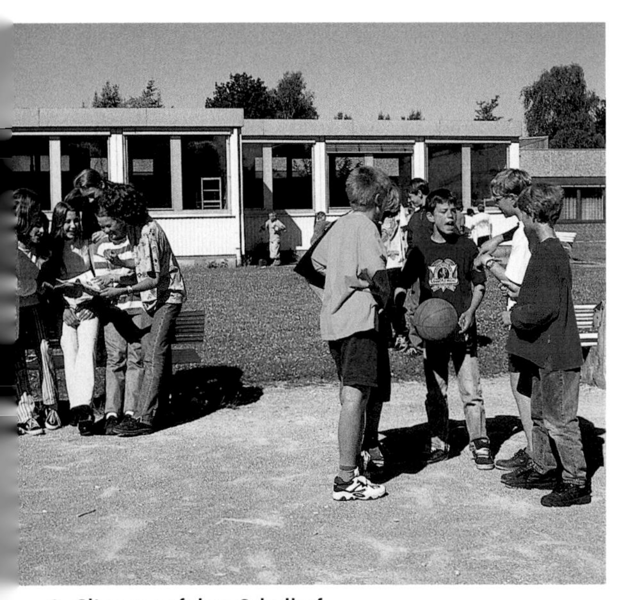

2 Cliquen auf dem Schulhof

Immer wieder anders

Die Pubertät verläuft bei jedem anders. Daher ist es schwer zu sagen, wie oder was die Pubertät genau ist, wie sie sich anfühlt und wie man am besten damit umgeht. Wichtig ist, mit guten Freunden oder Freundinnen über die Dinge zu reden, die einen beschäftigen. Sie verstehen meist am besten, wie man sich gerade fühlt. Außerdem sollte man andere und ihre Meinungen und Gefühle respektieren.

Auch der Beginn der Pubertät ist bei jedem unterschiedlich. Bei Mädchen liegt er meist zwischen dem 10. und 14. Lebensjahr, bei Jungen etwas später. Mädchen und Jungen, die früher noch gut zusammen spielen konnten, finden sich nun gegenseitig eher albern. Oft bilden sich reine Mädchen- und reine Jungencliquen. Hier tauschen sich die Jugendlichen über Probleme aus und diskutieren ihre Ansichten über Erwachsene, Musik, Kleidung und – ganz wichtig – über das andere Geschlecht.

Frisch verliebt

Manche schwärmen für ein Idol, einen Sportler oder einen Popstar. Andere verlieben sich in ein Mädchen oder einen Jungen, z. B. aus der Schule, dem Sportverein oder aus der Nachbarschaft. Manchmal ist der erste Partner älter, hat schon mehr Erfahrung als man selber und ist vielleicht auch etwas ungeduldig. Man sollte aber immer nur so viel Nähe zulassen, wie man selber möchte. Eine gute Beziehung hält es aus, wenn einer der beiden noch nicht so weit ist. Auf keinen Fall sollte man seinen Partner drängen, überreden oder gar zu Dingen zwingen.

■ Die Entwicklung vom Kind zum Erwachsenen nennt man Pubertät.

3 Mein großer Schwarm

Jungen werden zu Männern

1. Bei Babys fällt es noch schwer, das Geschlecht zu erkennen. Woran liegt das? Welches ist der beste Weg, es sicher herauszufinden?

2. Zwar sind lange Haare bei uns eher für Frauen typisch, aber selbst langhaarige Männer erkennen wir als Männer. Wie hat sich der Körper des Mannes verändert, dass wir ihn jetzt so leicht als Mann erkennen? Schreibe eine Liste mit Stichpunkten und berichte.

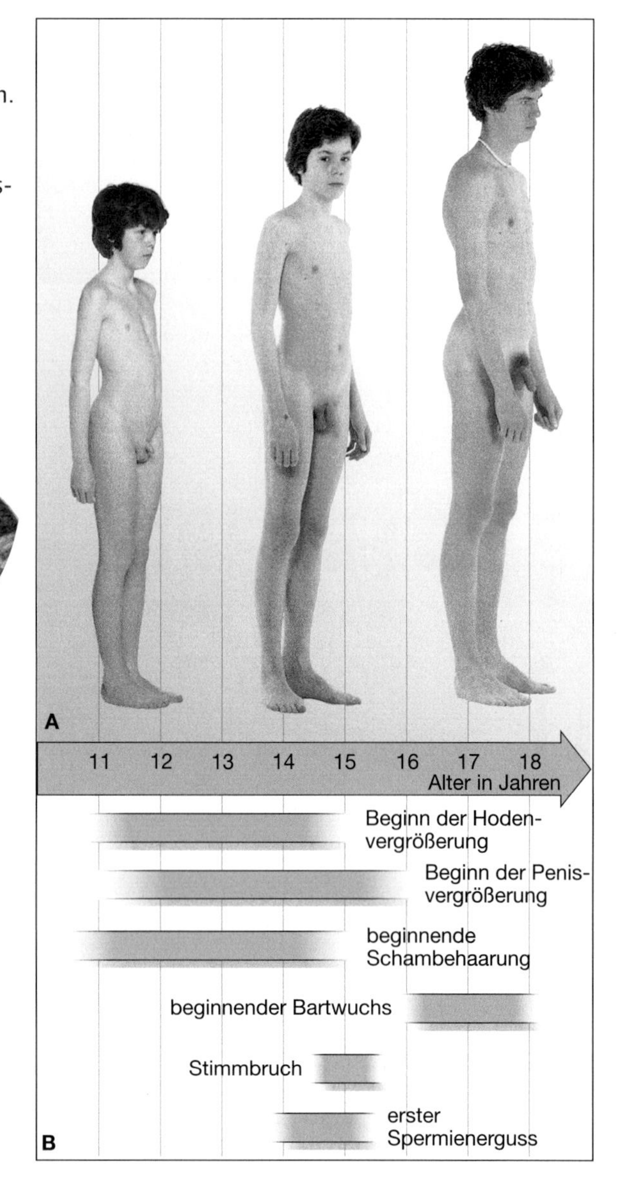

3. Nutze für die folgenden Aufgaben die Abbildungen A und B rechts. Gehe dabei in folgenden Schritten vor:

a) Beschreibe zunächst, was in den Abbildungen A und B jeweils zu sehen ist.

b) Erkläre die Aussage der Abbildungen A und B. Beachte dabei auch den Pfeil in der Mitte.

c) Vielleicht ist dir aufgefallen, dass die Balken in Abbildung B links und rechts langsam heller werden und keine klaren Enden haben. Was könnte das zu bedeuten haben? Stelle eine Vermutung auf und begründe sie kurz.

4. Nenne mögliche Ansprechpartner: An wen könnte man sich wenden, wenn man dringende Fragen zum Thema Sexualität hat? Und mit wem kann man „einfach 'mal so" über Sexualität reden?

5. Vielleicht kennst du das Spiel „Tabu". Dabei muss man gesuchte Begriffe umschreiben, ohne dabei bestimmte „Tabu"-Begriffe oder gar den gesuchten Begriff selbst zu benutzen. Wenn man über Sexualität spricht, sollten alle umgangssprachlichen Begriffe tabu sein. Umschreibe drei Begriffe von den Folgeseiten, ohne dabei Umgangssprache zu verwenden.

Primäre Geschlechtsmerkmale

Der Körperbau kleiner Kinder unterscheidet sich bei Mädchen und Jungen kaum. Man erkennt ihr Geschlecht daher meist nur an der Kleidung und an der Frisur. Nur die von außen sichtbaren Geschlechtsorgane, beim Jungen also **Penis** und **Hodensack,** ermöglichen eine wirklich sichere Unterscheidung. Da diese Merkmale von Geburt an vorhanden sind, nennt man sie auch **primäre Geschlechtsmerkmale.**

Geschlechtsorgane des Mannes

Jungen bemerken in der Pubertät, dass ihr Penis länger und der Hodensack größer wird. Im Hodensack befinden sich die beiden **Hoden.** Während der Pubertät wachsen auch sie und beginnen damit täglich mehrere Millionen **Spermien** zu produzieren. Diese werden in den Nebenhoden gespeichert, bis es zum Spermienerguss kommt. Dabei werden sie zusammen mit verschiedenen Flüssigkeiten aus der Vorsteher- und der Bläschendrüse in die Spermienleiter und durch den Harn-Spermien-Leiter nach außen abgegeben. Der erste Spermienerguss ist ein Zeichen dafür, dass ein Junge geschlechtsreif wird.

Sekundäre Geschlechtsmerkmale

Der Körper eines Jungen verändert sich in der Pubertät deutlich: Ihm wächst ein Bart, er bekommt Brusthaare und auch die Achsel- und Schambehaarung erscheint. Darüber hinaus vergrößert sich sein Kehlkopf, sodass er in den Stimmbruch kommt und schließlich eine tiefere Stimme hat. Die Muskulatur wird kräftiger und zeichnet sich unter der Haut deutlich ab. Die Knochen im Schulterbereich wachsen, während das Becken schmal bleibt. Männer bekommen so eine eher kantige Körperform mit Schultern, die breiter als das Becken sind. Diese Merkmale prägen das männliche Erscheinungsbild. Anders als die primären Geschlechtsmerkmale entwickeln sie sich aber erst in der Pubertät. Man nennt sie daher **sekundäre Geschlechtsmerkmale.**

Erektion

Meistens ist der Penis schlaff und weich. Durch sexuelle Reize kann es aber zur Versteifung des Penis kommen. Dann füllen sich die **Schwellkörper** im Inneren des Penis mit Blut. Der Penis wird dadurch dicker und länger und er richtet sich auf. Eine solche Gliedversteifung nennt man Erektion. Sie tritt oft auch dann auf, wenn der Junge es gar nicht will – zum Beispiel im Schlaf. Die Erektion kann dann auch mit einem Samenerguss verbunden sein. Dies sind natürliche Vorgänge, für die man sich nicht zu schämen braucht.

■ Während der Pubertät vergrößern sich die männlichen Geschlechtsorgane. In den Hoden werden ab jetzt ständig Spermien gebildet.

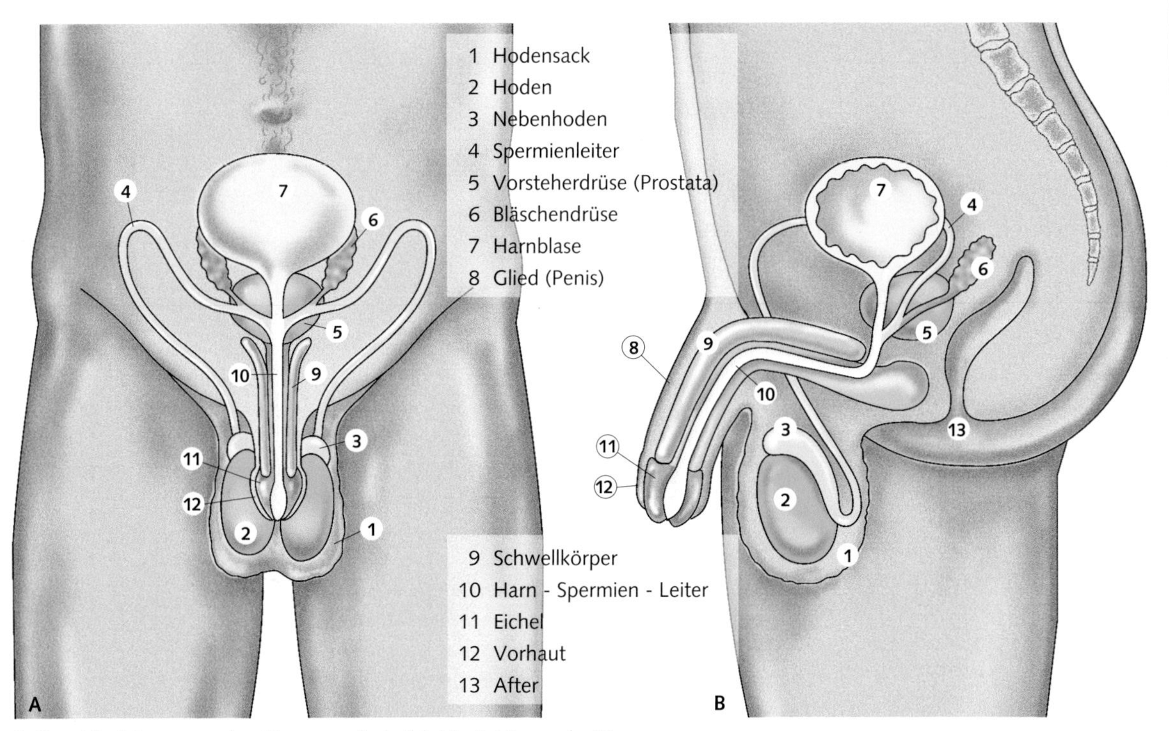

1 Geschlechtsorgane des Mannes. A *Aufsicht;* **B** *Längsschnitt*

Mädchen werden zu Frauen

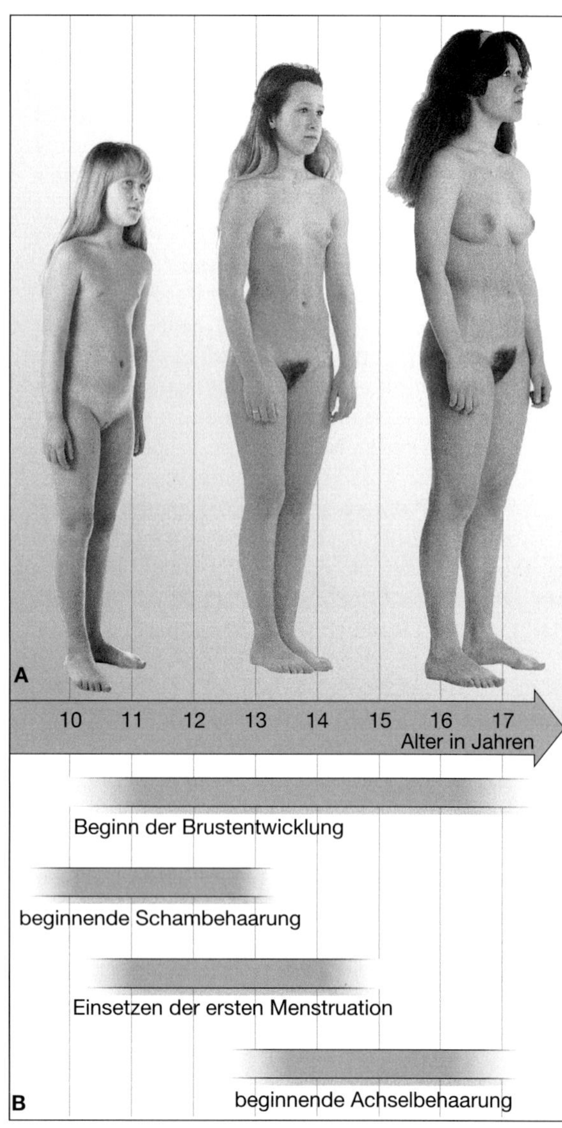

1. Beschreibe die Entwicklungsunterschiede, die du bei den Mädchen in der Abbildung oben erkennen kannst.

2. Viele Romane und Sachbücher befassen sich mit Problemen pubertierender Jugendlicher. Berichte in deiner Klasse über so ein Buch: Fasse kurz den Inhalt zusammen. Welche Rolle spielt die Pubertät dabei? Wie gefällt dir das Buch und warum?
Am besten verwendest du ein Buch, welches du schon gelesen hast. Falls du noch kein entsprechendes Buch gelesen hast, gehe in einen Buchladen oder eine Bibliothek und lasse dich dort beraten. Berichte auch in diesem Fall deiner Klasse und gib an, ob du das empfohlene Buch nun lesen möchtest.

3. Beschreibe und erkläre die Abbildung A und B oben. Gehe dabei so vor, wie bei der Aufgabe 3 auf der vorherigen Aufgabenseite beschrieben.

4. Bei Werbefotos werden die sekundären Geschlechtsmerkmale der Models oft besonders hervorgehoben.
a) Welche Geschlechtsmerkmale werden im nebenstehenden Beispiel hervorgehoben? Erläutere kurz.
b) Was hältst du davon? Begründe deine Meinung.

Primäre Geschlechtsmerkmale

Mädchen verfügen schon bei der Geburt über alle Geschlechtsorgane. Nach außen sichtbar sind nur die **großen Schamlippen** und die Öffnung der **Scheide**. Alle anderen Geschlechtsorgane liegen bei Mädchen unsichtbar im Inneren des Körpers. Deshalb erfolgen auch viele Veränderungen während der Pubertät im Inneren des Körpers.

Sekundäre Geschlechtsmerkmale

Die Veränderung der Körperform ist relativ auffällig: Die Brüste beginnen zu wachsen, das Becken und die Hüften werden breiter, die Oberschenkel rundlicher. Überall unter der Haut werden vermehrt Fette eingelagert, sodass sich eine insgesamt eher weiche, abgerundete Körperform entwickelt. Auch das Wachstum der Scham- und Achselbehaarung setzt während der Pubertät ein.

Geschlechtsorgane der Frau

Unter den großen Schamlippen liegen die **kleinen Schamlippen.** Sie umschließen den Kitzler, den man auch die **Klitoris** nennt. Auch die Harnröhre endet zwischen den kleinen Schamlippen. Etwas dahinter befindet sich die Scheide, eine etwa 10 cm lange Röhre, die zur muskulösen **Gebärmutter** führt. Während der Schwangerschaft entwickelt sich hier das Kind. In den beiden etwa walnussgroßen **Eierstöcken** liegen rund 200 000 unreife Eizellen in einer Art „Warteposition". Erst in der Pubertät werden Vorgänge in Gang gesetzt, die zur regelmäßigen Reifung einzelner Eizellen führen. Bei einer geschlechtsreifen Frau reifen regelmäßig Eizellen heran und sie bekommt ihre Monatsblutung, die ▸ Menstruation.

Eine Frau kann nur schwanger werden, wenn eine herangereifte Eizelle mit einem Spermium verschmilzt. (▸ Befruchtung)

Schwierige Zeit – nicht nur für Mädchen

Nicht alle Mädchen sind glücklich, wenn sie merken, wie sich ihr Körper entwickelt. Sie fühlen sich zu klein, zu groß, zu dick, zu dünn, zu rundlich oder zu wenig „fraulich". Dies ist ein ganz normales Gefühl während der Pubertät. Mädchen müssen sich an ihren „neuen" Körper, sein Aussehen und seine Funktionen erst gewöhnen.

Viele Jugendliche, Jungen und Mädchen, wünschen sich daher einen ungestörten Bereich, in den sie sich bei Bedarf zurückziehen können. Eltern, Geschwister, Freundinnen und Freunde sollten dies respektieren. Wichtig ist aber auch der Kontakt zu Menschen, mit denen man über seine Sorgen und Probleme sprechen kann.

■ Während der Pubertät reifen bei Mädchen erstmals einige der in den Eierstöcken lagernden Eizellen aus.

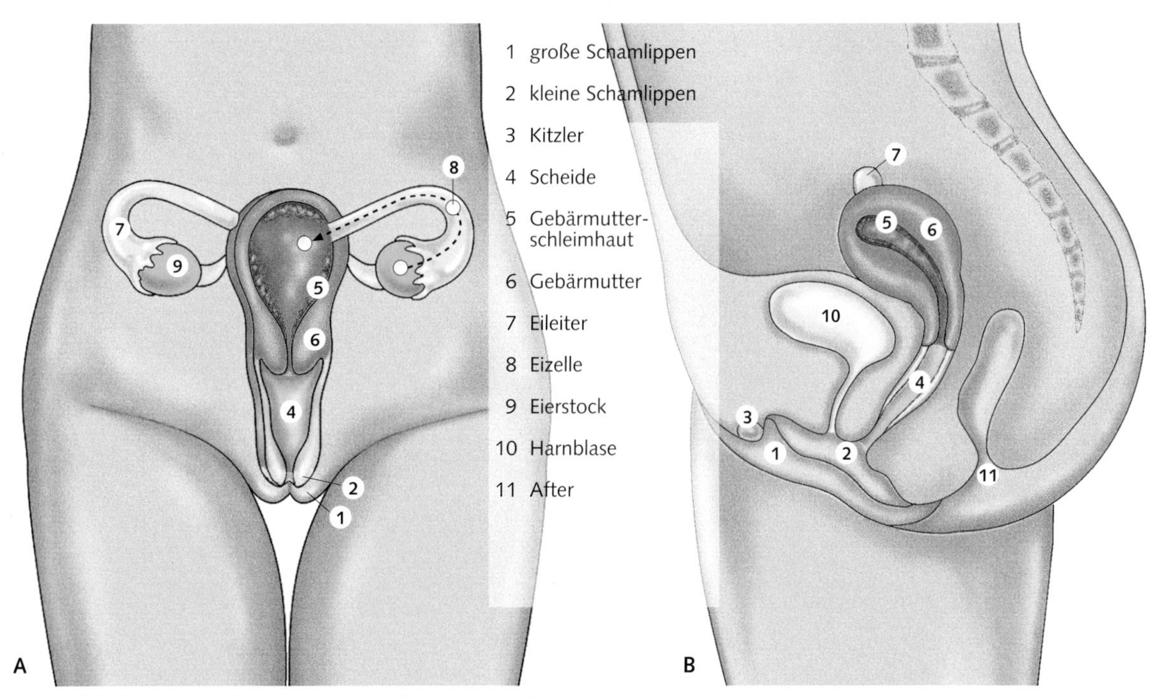

1 Geschlechtsorgane der Frau. A *Aufsicht;* **B** *Längsschnitt*

Tag X – die erste Periode

1. Stelle dir vor, dein kleiner Bruder fragt dich, was die „Menstruation" ist und wie sie zustande kommt. Schreibe eine kurze Erklärung für ihn und benutze dabei die wichtigen Begriffe von den folgenden Seiten.

2. Auf der Einstiegsseite fragt sich eine Schülerin, warum ihre Schwester ihren Tampon nicht herausnehmen muss, um auf die Toilette zu gehen. Erkläre ihr warum. Beachte dabei auch die Informationen zum Bau der weiblichen ▸ Geschlechtsorgane.

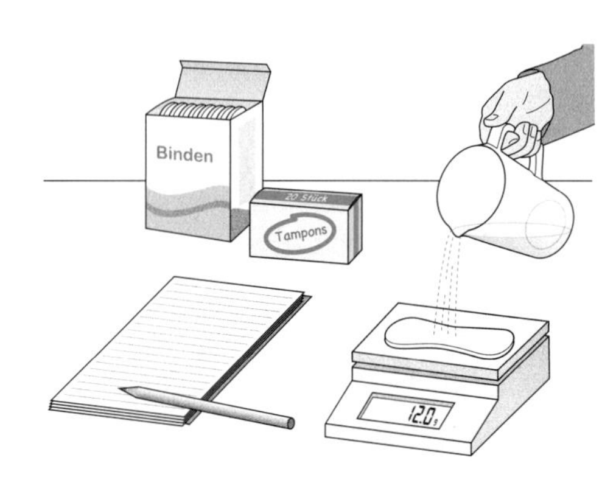

3. Untersuche einen Tampon und eine Binde näher. Wie sind sie aufgebaut und aus welchen Materialien bestehen sie? Fertige einen kurzen Bericht und je eine Zeichnung an.

4. Überlege dir, wie man herausfinden könnte, wie viel Flüssigkeit verschiedene Tampons und Binden jeweils aufnehmen können. Vergleiche verschiedene Produkte im Experiment und berichte.

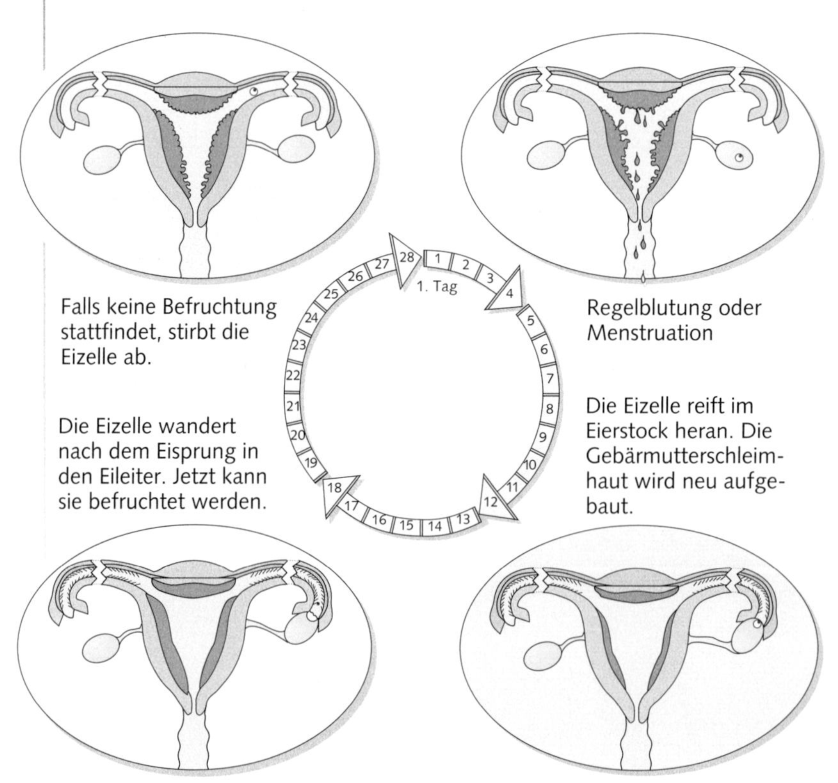

1 **Ablauf von Eisprung und Regelblutung**

Die Regelblutung

Für viele junge Frauen markiert die erste Regelblutung, auch **Menstruation** oder **Periode** genannt, einen besonderen Tag. Sie ist das nach außen sichtbare Zeichen dafür, dass die Frau nun geschlechtsreif wird. Wie aber kommt es dazu, dass die erwachsene Frau in regelmäßigen Abständen von etwa 28 Tagen jeweils eine kleine Menge Blut durch die Scheide verliert?

Jeden Monat reift in einem der beiden Eierstöcke eine Eizelle heran. Zunächst befindet sie sich noch in einem Eibläschen, aber schließlich platzt dieses auf und entlässt die Eizelle in die trichterförmige Öffnung des Eileiters. Man nennt dies den **Eisprung**. Im Laufe der folgenden Tage gelangt die reife Eizelle durch den Eileiter in die Gebärmutter.

Im Inneren der Gebärmutter hat sich zuvor eine dicke Schleimhautschicht gebildet. Sie ist schwammig und gut durchblutet. Hier könnte sich eine befruchtete Eizelle einnisten und sich zu einem Kind entwickeln. In der ersten Zeit der Schwangerschaft würde sie dabei über die Gebärmutterschleimhaut ernährt.
Ist die Eizelle jedoch unbefruchtet, stirbt sie ab und die schwammige Gebärmutterschleimhaut wird nicht mehr benötigt. Etwa zwei Wochen nach dem Eisprung beginnt sie sich von der Gebärmutter abzulösen. Dabei werden Blut und Schleimhautreste durch die Scheide abgegeben. Diesen Vorgang, der vier bis fünf Tage dauert, nennt man Regelblutung, Periode oder Menstruation.
Da direkt im Anschluss daran eine neue Eizelle heranreift, beginnt der ganze Kreislauf von Neuem. Man spricht deshalb vom **Menstruationszyklus**. Bei jungen Frauen kann er zunächst unregelmäßig sein – dies ist kein Grund zur Sorge, sondern völlig normal.

Krank oder nicht?

Die Regelblutung ist keine Krankheit und für viele Frauen unterscheiden sich die Tage der Menstruation kaum von allen anderen Tagen. Andere Frauen haben Bauchschmerzen, fühlen sich schlapp oder sind einfach nur schlecht gelaunt. Wenn du dich während deiner Periode unwohl fühlst, kannst du dich ruhig ein wenig zurückziehen und dich zum Beispiel mit einer Wärmflasche ins Bett legen. Aber wenn du Lust hast, etwas zu unternehmen, solltest du dir von deiner Menstruation den Spaß nicht verderben lassen.

Körperpflege

Während ihrer Regelblutung verliert die Frau etwa zwei Eierbecher voll Blut. Dieses kann mit einer Binde außerhalb oder mit einem Tampon innerhalb des Körpers aufgefangen werden. Jede junge Frau muss für sich selbst herausfinden, ob sie besser mit Tampons oder mit Binden zurechtkommt.
Viele Ärzte, Apotheken und Drogerien halten Informationsmaterial zur Menstruationshygiene bereit.
Unabhängig von der Menstruation benötigt der Körper viel Pflege: Ab der Pubertät arbeiten Schweiß- und Talgdrüsen stärker als vorher. So kann es leicht zu Geruchsbildung kommen. Dies gilt besonders für den Schambereich und die Achselhöhlen. Man sollte sich regelmäßig mit milder Seife waschen und zum Beispiel ein hautfreundliches Deo verwenden, um die Geruchsbildung zu verhindern. Dies gilt auch für Jungen.

■ Während des Menstruationszyklus reift eine Eizelle im Eierstock heran. Wird die Eizelle nicht befruchtet, kommt es zur Menstruationsblutung.

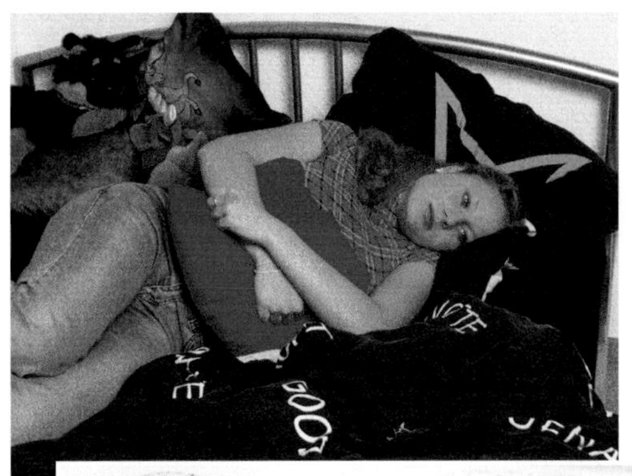

2 Wie die „Tage" aussehen, bestimmst du.

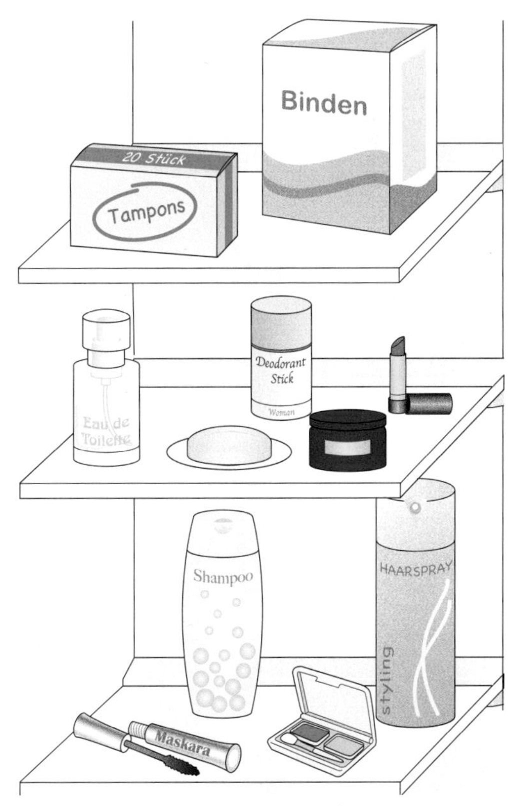

3 Gut sortiertes Badezimmerregal

Schwangerschaft und Geburt

1. Ab etwa der zweiten Hälfte der Schwangerschaft sind Schwangere gut an ihrem dicken Bauch zu erkennen: Nicht nur das Baby, auch das Fruchtwasser und der Mutterkuchen brauchen Platz und bedeuten zusätzliches Gewicht. Etwa 10 kg nimmt eine Frau während der Schwangerschaft zu.

a) Packe 10 Liter Getränke, etwa Saftkartons, in einen Rucksack. Trage diesen dann vor dem Bauch und versuche, damit verschiedene Tätigkeiten zu erledigen.

b) Berichte von deinen Erfahrungen.

c) Was soll dieser Versuch verdeutlichen? Was zeigt er? Welche Grenzen hat er?

2. Befrage Eltern, wie sich das Leben während der Schwangerschaft verändert. Berichte kurz in der Klasse.

3. Erstelle mithilfe der folgenden Seiten ein „Schwangerschaftsquiz": Formuliere mögliche Fragen und bereite die richtigen Antworten vor. Suche dir einen Quizkandidaten, stelle ihm die Fragen vor und kontrolliere seine Antworten.

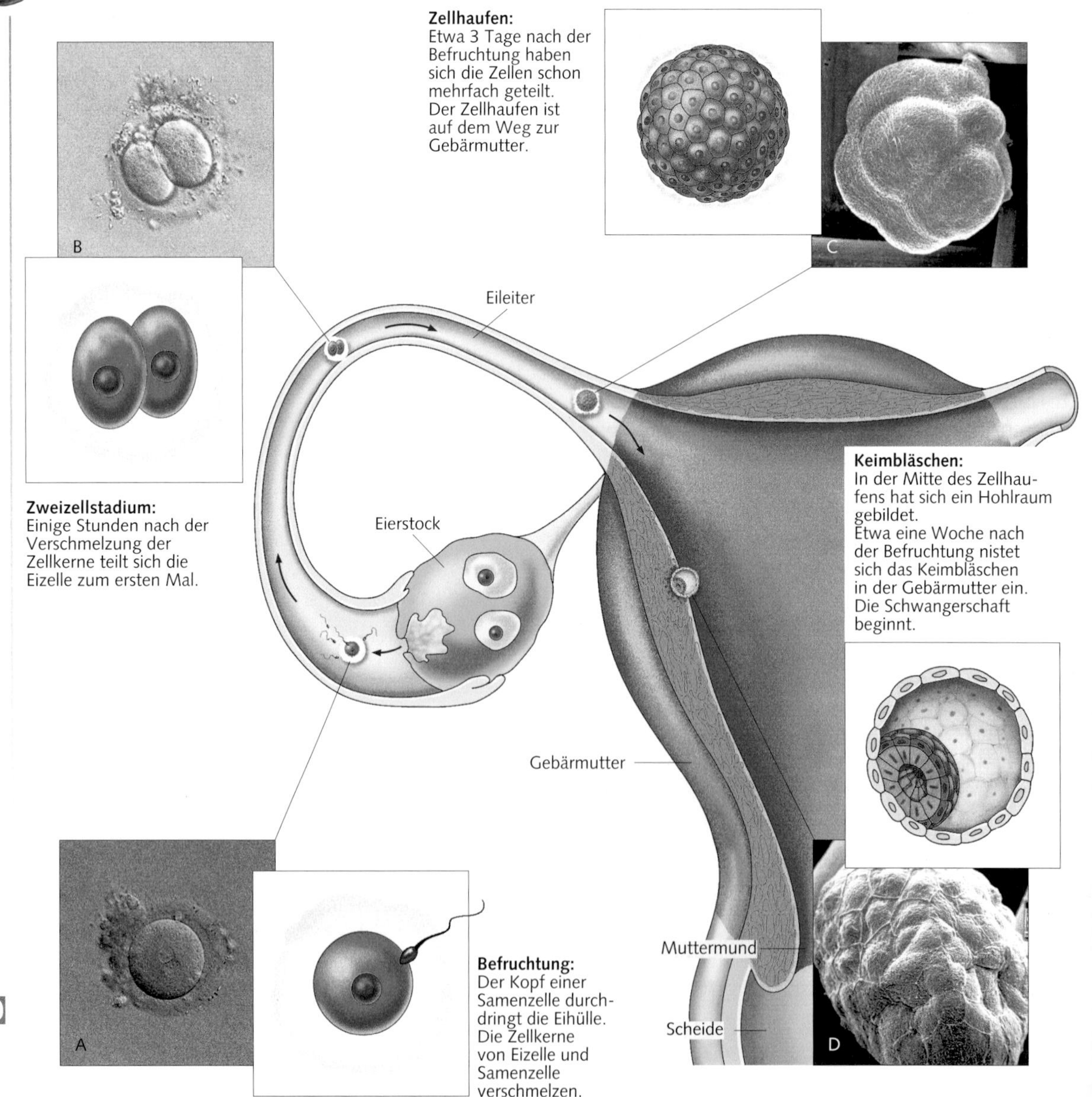

Zellhaufen:
Etwa 3 Tage nach der Befruchtung haben sich die Zellen schon mehrfach geteilt. Der Zellhaufen ist auf dem Weg zur Gebärmutter.

Zweizellstadium:
Einige Stunden nach der Verschmelzung der Zellkerne teilt sich die Eizelle zum ersten Mal.

Keimbläschen:
In der Mitte des Zellhaufens hat sich ein Hohlraum gebildet.
Etwa eine Woche nach der Befruchtung nistet sich das Keimbläschen in der Gebärmutter ein. Die Schwangerschaft beginnt.

Befruchtung:
Der Kopf einer Samenzelle durchdringt die Eihülle. Die Zellkerne von Eizelle und Samenzelle verschmelzen.

Ein Kind entsteht

Wenn sich eine Frau und ein Mann lieben, entsteht meist der Wunsch, „miteinander zu schlafen". So umschreibt man häufig den **Geschlechtsverkehr.** Wird das steife Glied des Mannes in die Scheide der Frau eingeführt, kann es zu einem Spermienerguss kommen. Die dabei in die Scheide abgegebenen Spermien bewegen sich durch die Gebärmutter und gelangen schließlich in die beiden Eileiter. Treffen sie dort mit einer reifen Eizelle zusammen, kann ein Spermium in die Eizelle eindringen. Das Erbgut des Spermiums und der Eizelle verschmilzt. Dies ist der Moment der **Befruchtung**.

Die befruchtete Eizelle beginnt sofort, sich zu teilen. Dabei wird sie durch die Eileiter in Richtung Gebärmutter befördert, wo sie sich etwa eine Woche später einnistet. Dann besteht der **Embryo** bereits aus vielen Zellen. Die **Schwangerschaft** beginnt. Schon acht Wochen später sind alle inneren Organe angelegt und der Embryo sieht einem Baby schon erstaunlich ähnlich. Das Ausbleiben der Regelblutung kann ein erstes Anzeichen für eine mögliche Schwangerschaft sein.

Vom dritten Schwangerschaftsmonat an wird der Embryo **Fetus** genannt. In der Gebärmutter hat sich nun die Fruchtblase gebildet. Sie ist mit einer Flüssigkeit, dem Fruchtwasser gefüllt. Der Fetus schwimmt geschützt im Fruchtwasser. Etwa ab dem fünften Monat spürt die Mutter Bewegungen des Kindes.

Über die Nabelschnur ist das Kind mit dem Mutterkuchen verbunden. Er hat sich an der Wand der Gebärmutter gebildet und überträgt Sauerstoff und Nährstoffe von der Mutter zum Kind und Kohlenstoffdioxid und andere Abfallstoffe vom Kind zur Mutter. Dies ist notwendig, weil das Kind im Inneren der Fruchtblase weder essen noch atmen kann. Der Mutterkuchen regelt den Stoffaustausch zwischen dem Blut der Mutter und dem des Kindes. Er ist eine natürliche Barriere für viele schädliche Stoffe und Krankheitserreger. Nikotin, Alkohol und einige Erreger, z. B. Rötelerreger, können diese Barriere jedoch passieren und den Fetus schädigen. Eine Rötelnschutzimpfung gehört daher zu den empfohlenen Impfungen. Die Schwangerschaft dauert etwa neun Monate. Das Kind ist nun soweit entwickelt, dass es außerhalb des Körpers der Mutter überleben kann.

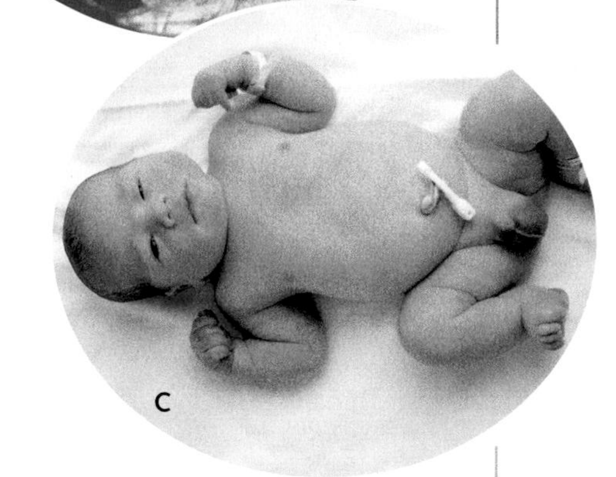

1 Entwicklung des Kindes.
A *Embryo, etwa 9 Wochen alt;*
B *Fetus, 25. Woche;*
C *Neugeborenes mit abgeklemmter Nabelschnur*

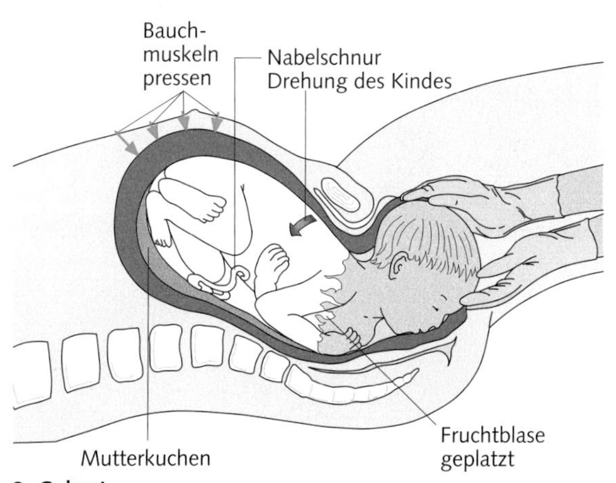

2 Geburt

Die **Geburt** kündigt sich durch Wehen an. Dies sind Schmerzen, die entstehen, wenn sich die kräftigen Muskeln der Gebärmutter immer wieder zusammenziehen. Durch den Druck platzt schließlich die Fruchtblase. Das Fruchtwasser fließt aus der Scheide. Schließlich wird das Kind von stärkeren Presswehen durch die Scheide herausgedrückt.

Sofort beginnt das Kind selbstständig zu atmen. Die bisher lebenswichtige Nabelschnur kann durchschnitten werden. Dies nennt man Abnabelung. Aus dem Fetus ist ein **Säugling** geworden.

■ Bei der Befruchtung verschmilzt das Erbgut eines Spermiums mit dem Erbgut einer Eizelle. Aus der Eizelle entwickelt sich während der Schwangerschaft das Kind.

Streifzug

Opa war auch mal ein Baby

Lebensabschnitte

Wir entwickeln uns ein Leben lang und verändern uns so vom Baby zum Greis. Dabei gibt es verschiedene Lebensabschnitte. Jeder ist durch typische Entwicklungsschritte gekennzeichnet.

Kleinkinder

Zunächst muss man die grundlegenden Dinge des Lebens lernen: Sitzen, krabbeln, laufen, essen – all das und vieles mehr kann ein Neugeborenes zunächst nicht. Man lernt es als Kleinkind. Dazu müssen sich sowohl der Körper als auch das Gehirn weiterentwickeln. Ein Kleinkind wächst schnell und lernt jeden Tag etwas Neues.

Schulkinder

Auch dieser Lebensabschnitt ist vom Lernen bestimmt. Man lernt zum Beispiel rechnen, lesen und schreiben. Die Entwicklung des Körpers verläuft jetzt viel langsamer. Dies betrifft vor allem das Wachstum: Schulkinder wachsen weniger schnell als Kleinkinder.

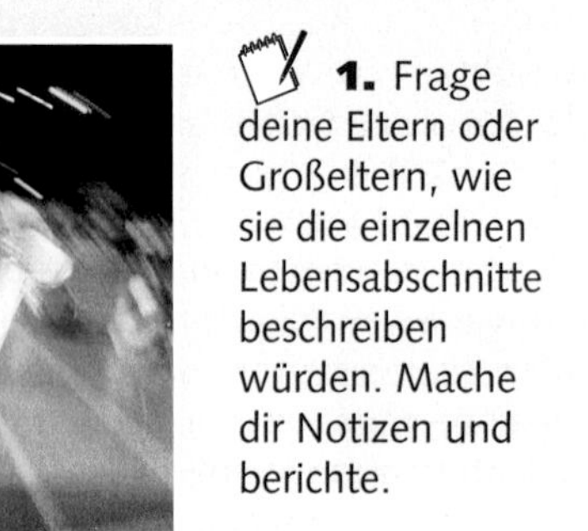

1. Frage deine Eltern oder Großeltern, wie sie die einzelnen Lebensabschnitte beschreiben würden. Mache dir Notizen und berichte.

Jugendliche

Man wächst wieder schneller und wird leistungsfähiger. Auch das Gehirn und die Art zu denken ändern sich. Nach der Pubertät ist man ein Erwachsener, der Verantwortung übernehmen kann.

Erwachsene

Das Wachstum ist abgeschlossen und auch das Aussehen verändert sich langsamer. Zu Beginn des Erwachsenenalters ist der Körper am leistungsfähigsten. Später können durch das Altern erste Einschränkungen der Leistungsfähigkeit eintreten. Als Erwachsener kann man seine Unabhängigkeit genießen, hat vielleicht Kinder, einen interessanten Beruf und kann Entscheidungen eigenständig treffen.

Senioren

Der Körper kann sich nicht mehr so erholen wie früher. Viele ältere Menschen haben daher oft Schmerzen oder Krankheiten, die sie nicht richtig loswerden. Aber sie können aus einem reichen Erfahrungsschatz schöpfen. Ihr Wissen und ihre Erfahrungen können jüngeren Menschen helfen.

■ Das Leben eines Menschen gliedert sich in Lebensabschnitte, mit bestimmten Entwicklungsschritten.

Ganz der Vater – ganz die Mutter?

1. Das nebenstehende Bild zeigt eine Familie.
a) Vergleiche das Aussehen der Kinder untereinander und mit den Eltern. Welche Ähnlichkeiten kannst du erkennen?
b) Ist eines der Kinder rein äußerlich „ganz der Vater" oder „ganz die Mutter"? Begründe kurz.

2. Nenne jeweils einige Merkmale, in denen du deiner Mutter oder deinem Vater ähnelst. Erkundige dich auch bei deinen Eltern danach.

3. Besorge dir Fotos, die deine Eltern zeigen, als sie etwa so alt waren, wie du heute bist. Vergleiche ihr damaliges Aussehen mit deinem heutigen. Nenne Gemeinsamkeiten und Unterschiede.

4. Begründe jeweils mithilfe des Informationstextes Ähnlichkeiten zwischen
a) Geschwistern,
b) Großeltern und ihren Enkelkindern.

Familienähnlichkeit

„Ganz der Vater" oder „Ganz die Mutter" sagen wir manchmal, wenn wir Ähnlichkeiten zwischen Kindern und ihren Eltern entdecken. Tatsächlich finden sich meistens aber sowohl Merkmale, in denen Kindern ihrer Mutter, als auch solche, in denen sie ihrem Vater ähnlich sind. Aber auch die Kinder untereinander sehen sich in einer Familie oft ähnlich, sodass man sie gleich als Geschwister erkennt. Wie aber kommt es zu den oft auffälligen Ähnlichkeiten zwischen Kindern und ihren Eltern?

Kinder stammen von ihren Eltern ab

Menschen bestehen wie alle Lebewesen aus Zellen. Jede Zelle eines Menschen enthält in ihrem ▸Zellkern die Erbsubstanz mit allen Informationen zur Steuerung der Zelle und ihrer Lebensvorgänge. Diese **Erbinformationen** entscheiden letztlich über alle körperlichen Merkmale eines Menschen. Die Farben der Haut, der Haare und der Augen hängen also ebenso von der Erbinformation ab wie zum Beispiel die Form des Gesichts oder das Auftreten von Kurz- oder Weitsichtigkeit. Wenn bei der Befruchtung eine ▸Eizelle mit einem ▸Spermium verschmilzt, verschmelzen auch die beiden Zellkerne, die jeweils einen Satz Erbinformationen von der Mutter und vom Vater enthalten. Die Erbinformationen der nun befruchteten Eizelle wurden also je zur Hälfte von der Mutter und vom Vater übernommen oder **vererbt.** Aus dieser einen Zelle entsteht durch zahlreiche Zellteilungen schließlich das Kind. Dazu wird die Erbinformation jedes Mal kopiert und auf beide neuen Zellen verteilt. Oft entstehen durch die einzigartige Mischung der Erbinformationen aber auch neue Eigenschaften.

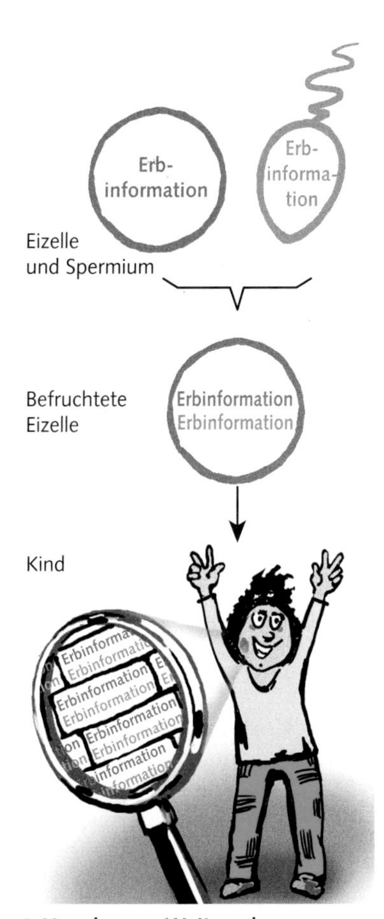

1 Vererbung – Weitergabe von Erbinformationen im Schema

■ Die Erbinformationen in jeder einzelnen Körperzelle stammen also immer je zur Hälfte von der Mutter und vom Vater. Deshalb sind auch die auf diese Erbinformation zurückgehenden Eigenschaften eines Menschen teilweise bei seiner Mutter oder seinem Vater zu finden.

Formen menschlicher Sexualität

Erste Erfahrungen

Viele Jungen entdecken schon lange bevor sie sich für Mädchen interessieren, dass sie durch Reiben des Penis zum Orgasmus kommen können. Man spricht von Selbstbefriedigung oder Masturbation. Auch Mädchen können sich selbst befriedigen, indem sie ihre Geschlechtsorgane und dabei besonders die ▸ Klitoris reiben und streicheln. Selbstbefriedigung ist nicht schädlich. Man kann dabei seinen Körper kennen lernen.

Homosexualität

Die meisten Menschen verlieben sich in Partner des anderen Geschlechts, man sagt, sie sind heterosexuell. Es gibt aber auch Männer, die Männer lieben, und Frauen, die Frauen lieben. Solche Menschen mit gleichgeschlechtlichen Beziehungen bezeichnet man als homosexuell. Männliche Homosexuelle nennt man auch Schwule und weibliche Homosexuelle Lesben. Fühlt sich ein Mensch zu beiden Geschlechtern hingezogen, spricht man von Bisexualität. Diese verschiedenen Formen der Sexualität kommen bei Menschen vor und sollten von anderen respektiert werden.

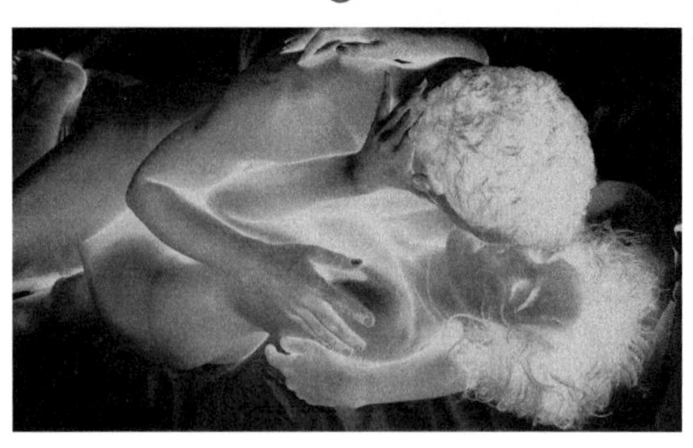

Wenn zwei Menschen zärtlich zueinander sind …

… steigert sich ihre Erregung. Dieses führt dazu, dass sich die Atmung und der Herzschlag beschleunigen. Der Körper wird dadurch stärker durchblutet. Bei Frauen schwellen bei sexueller Erregung die Schamlippen und die ▸ Klitoris an und die Scheide wird feucht. Bei Männern füllen sich die Schwellkörper im Innern des Penis mit Blut. Dadurch wird der Penis steif und kann in die Scheide eingeführt werden. Der sexuelle Höhepunkt oder Orgasmus wird als angenehmes Gefühl empfunden.

Petting

Manche Körperbereiche reagieren besonders empfindlich auf Berührungen und tragen zur sexuellen Erregung bei. Solche „erogenen Zonen" sind die Geschlechtsorgane, die Innenseite der Oberschenkel, die weibliche Brust, aber auch Hände, Hals, Lippen oder Ohrläppchen.
Als Petting bezeichnet man das Berühren der erogenen Zonen ohne Geschlechtsverkehr. Das Petting kann bis zum sexuellen Höhepunkt, dem Orgasmus, führen.

Sex-Wörterbuch

Exhibitionisten entblößen ihre Geschlechtsteile vor anderen Menschen.
Masochisten empfinden sexuelle Befriedigung, wenn sie sich von anderen Schmerzen zufügen lassen.
Prostituierte bieten Sex gegen Bezahlung an.
Sadisten befriedigen sich, indem sie andere körperlich oder seelisch quälen.
Stalker verfolgen wiederholt Menschen und belästigen sie sexuell.

1. a) Welche Seite der Sexualität beleuchten die Begriffe, die rechts im „Sex-Wörterbuch" aufgeführt sind?
b) Ergänze das Wörterbuch um die Begriffe, die die schöneren Seiten der Sexualität zeigen.

2. Sexualität ist etwas sehr Persönliches. Unbedachte Worte können schnell verletzen oder beleidigen. Gebt dafür Beispiele. Diskutiert über mögliche Gründe für solche Taten und über mögliche Auswirkungen bei den Opfern.

Verhütungsmittel

1

2

D Kondom
dünne Haut aus Naturkautschuk, einer gummiartigen Substanz – wird vor dem Geschlechtsverkehr über das steife Glied gezogen – verhindert, dass Sperma in die Scheide gelangt – schützt als einziges Verhütungsmittel auch vor Geschlechtskrankheiten und AIDS – mit etwas Übung sehr sicher anzuwenden

A Chemische Mittel
Gels, Cremes, Zäpfchen oder Sprays – werden kurz vor dem Geschlechtsverkehr verwendet – enthalten Substanzen, die Spermien abtöten oder an der Fortbewegung hindern sollen – unsicher

3

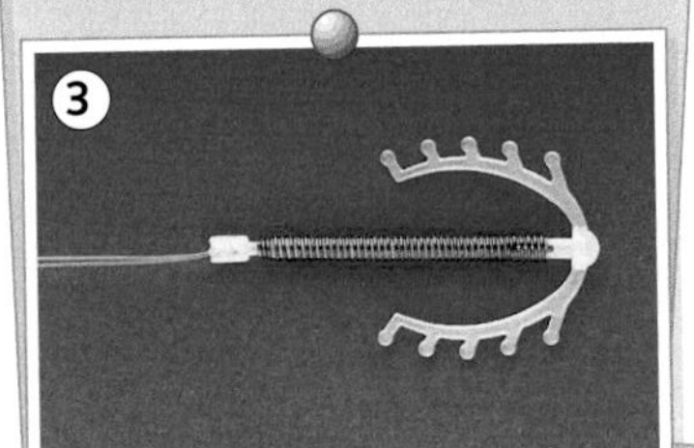

E Temperaturmessmethode
jeden Morgen, kurz nach dem Aufwachen misst die Frau ihre Körpertemperatur – da durch den Eisprung die Körpertemperatur der Frau leicht ansteigt, kann man anhand der Messwerte den Zeitpunkt abschätzen und dann auf Geschlechtsverkehr verzichten – unsicher

B Muttermundkappe
auch Pessar oder Diaphragma genannt – weiche Kappe aus Gummi – liegt vor dem Muttermund – verhindert das Eindringen von Spermien in die Gebärmutter – Beratung beim Arzt erforderlich – nur in Verbindung mit spermientötenden Gels – halbwegs sicher

4

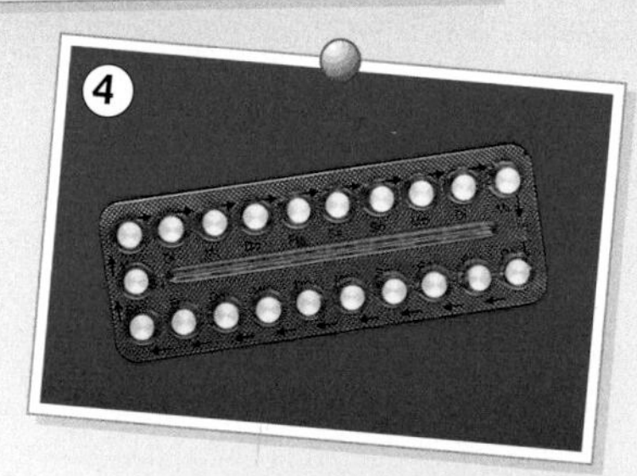

F Spirale
Kleines Plastikteil, umwickelt mit Kupferdraht – wird vom Arzt in die Gebärmutter eingesetzt – verhindert die Einnistung der befruchteten Eizelle – Blutungen und Entzündungen sind möglich – sicher

5

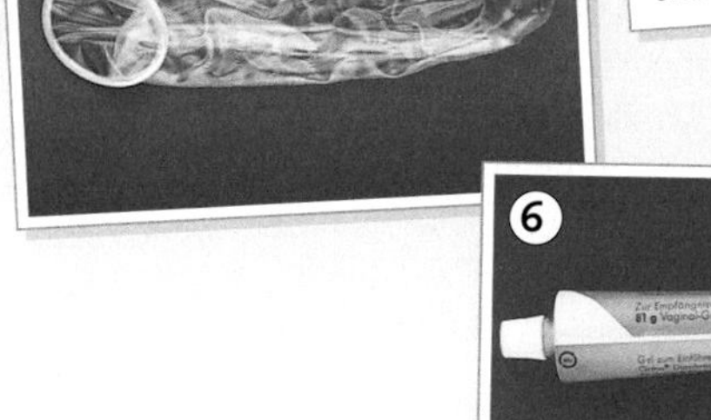

C Anti-Baby-Pille
Tablette für die Frau, die täglich eingenommen werden muss – enthält Hormone, die den Eisprung verhindern – Nebenwirkungen sind möglich, Beratung beim Frauenarzt erforderlich – sicherste Verhütungsmethode

6

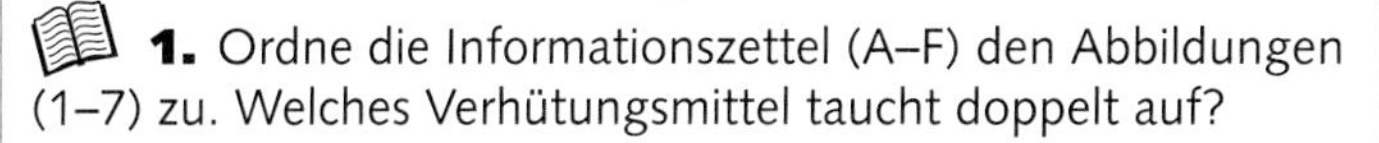

1. Ordne die Informationszettel (A–F) den Abbildungen (1–7) zu. Welches Verhütungsmittel taucht doppelt auf?

2. An wen könnte man sich wenden, wenn man zu einzelnen Verhütungsmitteln Fragen hat?

7

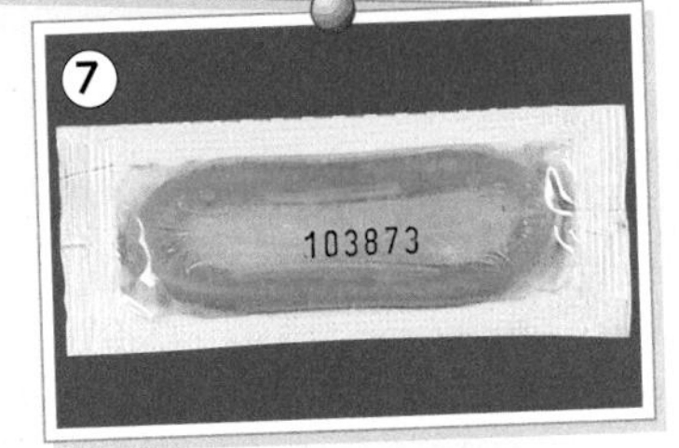

Dein Körper gehört dir!

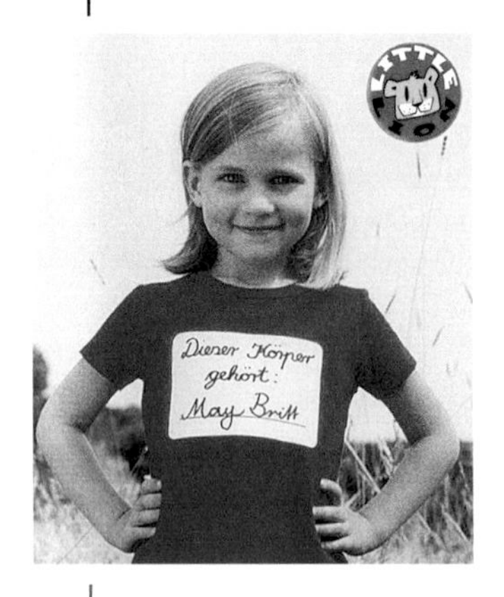

1. Was ist mit der Aufschrift auf dem T-Shirt des Mädchens gemeint? Würdest du so ein Shirt anziehen? Begründe.

2. Sagt ein Kind deutlich „NEIN!“, so kann dadurch eine Belästigung vermieden werden. „NEIN!“-sagen kann man üben. Übt zu zweit, wie man nachdrücklich „Nein!“ sagen kann, etwa in einer kleinen Spielszene mit verteilten Rollen. Berichtet anschließend von euren Erfahrungen.

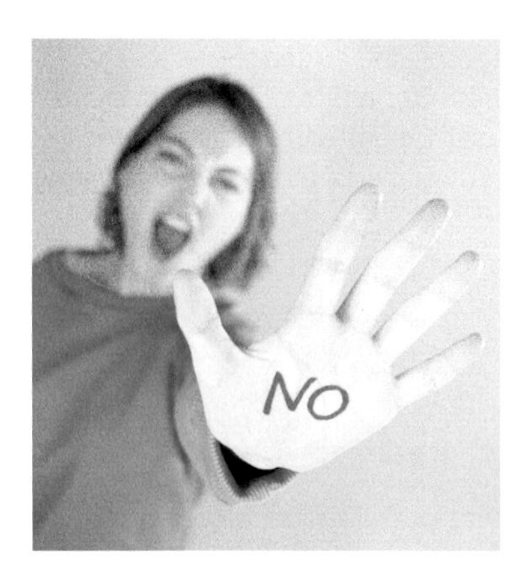

Meine Sportlehrerin gibt mir Hilfestellung.

Jemand äußert sich abfällig über mich und benutzt dazu sexuelle Ausdrücke.

Ich soll in ein fremdes Auto einsteigen.

Ein Arzt berührt mich während der Untersuchung.

Jemand bietet mir Geld dafür an, mich berühren zu dürfen, wenn ich die ganze Geschichte für mich behalte.

Meine Mutter will wissen, wie weit ich mit meinem Freund gehe.

Unser Trainer kontrolliert, ob wir nach dem Training duschen.

Ein Bekannter meiner Eltern benimmt sich merkwürdig, sobald wir alleine sind.

3. a) Beschreibe die Aussage der nebenstehenden Abbildung.
b) Warum sind für die verschiedenen Aussagen wohl verschiedene Farben gewählt?
c) Was könnte im Zentrum stehen?
d) Was meinst du zu der Abbildung?

4. a) Beschreibe kurz mit deinen eigenen Worten, welcher Vorfall im nebenstehenden Zeitungsartikel geschildert wird.
b) Handelt es sich dabei um eine Art von Gewalt? Begründe deine Meinung.
c) Hast du schon von ähnlichen Fällen gehört? Wenn ja, berichte kurz.
d) Bildet Gruppen und erstellt gemeinsam einen Aktionsplan: Wie sollte man sich verhalten, wenn man Zeuge ähnlicher Vorfälle wird. Erstellt eine Liste und stellt eure Ideen der Klasse vor.

Handy-Verbot an der Realschule

Handy-Verbot an der Realschule

Der so genannte Handyskandal an der örtlichen Realschule zieht weitere Kreise. Nachdem ein Schüler während einer Klassenfahrt heimlich beim Umziehen gefilmt und das Video per MMS an andere Schüler verschickt wurde, sah sich der betroffene Schüler immer wieder mit sexistischen Äußerungen konfrontiert.

„Wir sind schockiert, dass sowas an unserer Schule passieren konnte!“, sagte die Schulleiterin über das Video, welches den Schüler zwischenzeitlich nackt zeigt, worüber sich seine Kameraden deutlich hörbar belustigen. „Aber die Verbreitung des Videos können wir wohl nicht mehr stoppen.“ Das bestätigt auch eine Stichprobe unserer Zeitung: Auch mehrere Schüler der benachbarten Schulen kennen das Video oder haben es auf ihren Geräten gespeichert.

Die Eltern des betroffenen Schülers haben Anzeige erstattet und erwägen nun einen Schulwechsel ihres Kindes.

Die Schulleitung reagierte mit einem Verbot jeglicher Handys an der Schule, was nicht von allen Eltern begrüßt wurde: „Man kann sich auch künstlich aufregen …“, meinte ein Vater zu dem Vorfall. Er versteht nicht, warum

Sexualität – die andere Seite

Sexualität hat schöne und liebevolle Seiten. Aber es gibt auch eine andere Seite. Sie zeigt sich immer dann, wenn jemand mit Gewalt gezwungen wird, Dinge zu tun oder zu dulden, die er oder sie nicht wollen.
Die Täter sind fast immer Männer und nur selten Frauen. Oft sind es Bekannte, Freunde oder Angehörige.

Die ganz persönliche Grenze

Was als „sexuelle Belästigung" empfunden wird, ist sehr unterschiedlich. Was für den einen völlig okay ist, mag für andere schlimm sein. Jeder hat seine persönliche Grenze und ein Recht darauf, dass diese von allen anderen respektiert wird. Auch das Benutzen bestimmter Wörter, das Ansehen bestimmter Bilder oder das Reden über bestimmte Dinge kann eine Grenze überschreiten. Eine sexuelle Belästigung muss also nicht immer etwas mit „Anfassen" oder „Sex haben" zu tun haben.
Manchmal versuchen jedoch Erwachsene, Kinder so unter Druck zu setzen, dass sie sexuelle Handlungen mitmachen oder zulassen. Niemand hat das Recht, so etwas zu verlangen. Jeder Erwachsene weiß das, doch manche versuchen, Kinder zu erpressen oder unter Druck zu setzen. Sie sagen Dinge wie: „Stell dich mal nicht so an!" – „Das machst du doch gerne für mich!" oder „Du willst doch, dass ich dich lieb hab!". Auch das ist eine Form von Gewalt.

Du bist nicht schuld!

Oft reden die Täter dem Kind ein, es sei doch toll, sowas mitmachen zu dürfen. Oder sie drehen es so hin, als hätte auch das Kind Spaß daran. Sie tun so, als wolle das Kind eigentlich mitmachen oder als habe es sogar darum gebeten. Aber: Es ist immer der Erwachsene, der etwas falsch macht. Und weil er das weiß, verlangt er Geheimhaltung. Ein Weg, sich auch zu wehren, ist andere Menschen ins Vertrauen zu ziehen.

„Nein!"-sagen – Ein Anfang

Es ist nicht leicht, sich gegen sexuelle Belästigungen zu schützen – aber auch nicht hoffnungslos. Ein Anfang ist, sehr deutlich „Nein!" zu sagen, wenn jemand in dieser Hinsicht etwas verlangt oder zu erzwingen versucht, was du nicht möchtest.

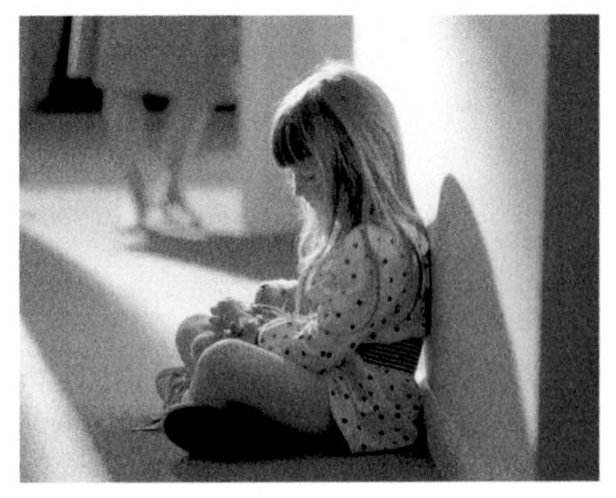

2 Ganz alleine?

Neue Technik – neue Chancen – neue Gefahren

Im Internet kann man sich informieren und Hilfe holen. Unter **www.zartbitter.de** bekommt man Kontakt zu Beraterinnen, die Opfern sexueller Gewalt helfen können. Aber auch Täter sind im Netz. Sie sprechen zum Beispiel in Chatrooms gezielt Kinder an, um sie „kennen zu lernen" und zu persönlichen Treffen zu bewegen. **Daher darf man im Chat nie seinen richtigen Namen, seine Telefonnummer oder andere persönliche Dinge preisgeben.**

Auch ein ganz normales Handy kann man benutzen, um sich Hilfe zu holen, aber auch um Gewalt auszuüben: Wenn jemand zum Beispiel einen anderen heimlich auf der Toilette filmt und das Video an seine Freunde schickt, die sich darüber lustig machen, dann ist dies kein harmloser Streich mehr: Es verletzt die unantastbaren Persönlichkeitsrechte des Opfers und macht sich strafbar.

1 Internet – Mit Vorsicht zu genießen

■ Über deinen Körper bestimmst du allein! Niemand darf Gewalt ausüben!

Typisch Junge – typisch Mädchen?

Klischee
(vom französischem cliché = Abklatsch)

Ein Klischee ist eine eingefahrene Vorstellung davon, wie etwas oder jemand ist oder sein sollte. Ähnlich wie bei einem Vorurteil nehmen viele Menschen solche eingefahrenen Vorstellungen als wahr hin, ohne sie genauer überprüft zu haben.
Manche Menschen entsprechen dem Klischee aber nicht. Sie müssen dann oft mit dem Vorwurf leben, nicht „normal" zu sein. Könnte es aber nicht sein, dass das Klischee falsch ist?

1. Schreibe für jedes Bild dieser Seite einen kurzen Kommentar. Was ist dargestellt? Ist das wirklich „typisch"?

2. Versuche mit eigenen Worten zu erklären, was ein Klischee ist. Welche der Bilder entsprechen einem Klischee, welche nicht?

3. Mit welchen Problemen muss man rechnen, wenn man sich entgegen einem gängigen Klischee verhält? Wie würde es in deiner Klasse zum Beispiel einem Jungen gehen, der lieber zum Ballett als zum Fußball geht?

4. Sicher kennst du auch Leute mit Eigenschaften, die den gängigen Klischees nicht entsprechen. Beschreibe kurz einige Fälle, ohne Namen zu nennen.

Gesprächsrunde

Bei schwierigen Themen gehen die Meinungen schnell auseinander. Will man dennoch darüber sprechen, ohne sich zu streiten, sollte man dabei bestimmte Regeln einhalten. Mit ihrer Hilfe kommt man auch bei Gesprächsrunden mit vielen Teilnehmern – z. B. in der Klasse – zu guten Ergebnissen. Aber die Regeln helfen auch, Probleme im kleinen Kreis zu besprechen und aus der Welt zu schaffen – z. B. in der Familie.
Wichtig ist, dass man sich vor dem Beginn des Gespräches auf die Regeln einigt.
Nur wer den Regeln zustimmt und bereit ist, sie einzuhalten, darf sich an dem Gespräch beteiligen.
Insbesondere bei größeren Gesprächsrunden sollte man vorher bestimmen, wer das Gespräch leitet und auf die Einhaltung der Regeln achtet.
Diese Gesprächsleitung sollte aber möglichst neutral erfolgen.
Am Ende sollte man ein Ergebnis festhalten: Worauf konnte man sich einigen, was bleibt noch zu klären?

Die Klasse 6a plant ein Klassenfest. Aber es gibt Streit über das Programm: Die Jungen wollen fast alle nur Fußball spielen, während die meisten Mädchen eine Disco organisieren wollen. Da es an der Schule keinen Fußballplatz und am Sportgelände keine Räumlichkeiten für eine Disco gibt, scheint ein Kompromiss kaum möglich.

1. Diskutiert in einem Gesprächskreis, wie die Klasse den Streit beilegen kann. Formuliert einen gemeinsamen Lösungsvorschlag.

Vorschlag für Gesprächsregeln

1 Wir hören einander zu und lassen uns gegenseitig ausreden.
2 Wir melden uns ruhig zu Wort (z. B. Hand heben) oder warten eine Pause ab.
3 Wir bleiben beim Thema.
4 Wir reden im freundlichen Ton miteinander, benutzen keine Schimpfworte und machen den anderen nie lächerlich.
5 Wir respektieren andere Meinungen und lachen niemanden aus.

Körper und Gesundheit

Sinnesleistungen

Mit den Sinnesorganen Auge, Ohr, Nase, Zunge und Haut nehmen wir Reize aus unserer Umwelt auf. Sinneszellen in den Organen wandeln Reize in elektrische Impulse um. Nerven leiten diese zum Gehirn. Dort findet die eigentliche Wahrnehmung statt. Falls nötig, gehen von dort Befehle an Muskeln oder Drüsen, um Reaktionen auf die Reize auszulösen.

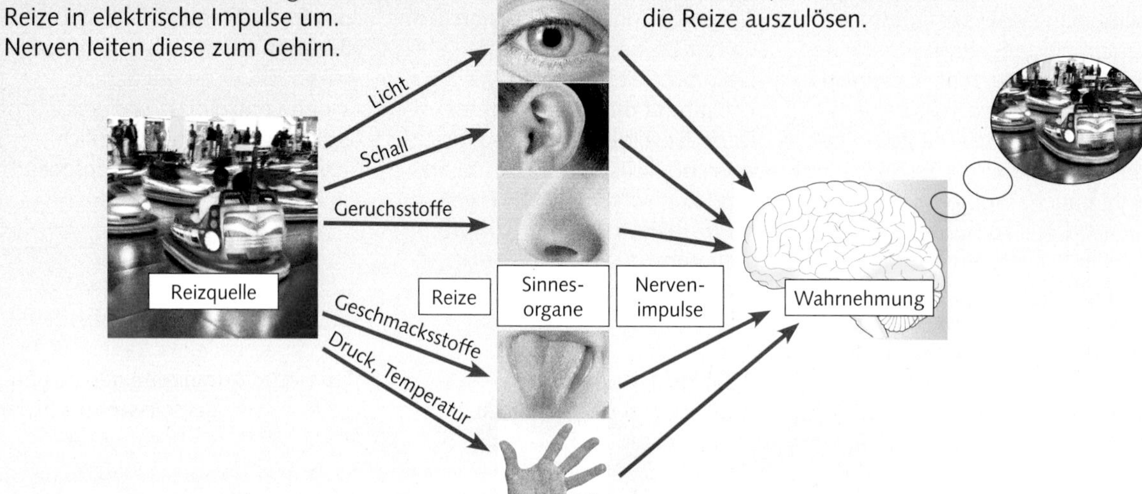

Primäre und sekundäre Geschlechtsmerkmale

Bereits von **Geburt** an lassen sich Mädchen und Jungen anhand ihrer **primären Geschlechtsmerkmale** unterscheiden. Dies sind vor allem die weiblichen oder männlichen Geschlechtsorgane.
Im Laufe der **Pubertät** entwickeln sich weitere Unterschiede zwischen Mädchen und Jungen, die **sekundären Geschlechtsmerkmale.**

Der Menstruationszyklus

Bei geschlechtsreifen Frauen reift etwa alle 28 Tage eine Eizelle heran. Beim Eisprung gibt ein Eierstock eine reife Eizelle ab. Innerhalb einiger Tage gelangt sie durch den Eileiter in die Gebärmutter.
Bleibt die Eizelle unbefruchtet, wird sie während der Menstruation zusammen mit der dicken Gebärmutterschleimhaut und etwas Blut durch die Scheide abgegeben. Die Menstruation wiederholt sich regelmäßig, man spricht daher auch von der Regelblutung oder dem Menstruationszyklus.

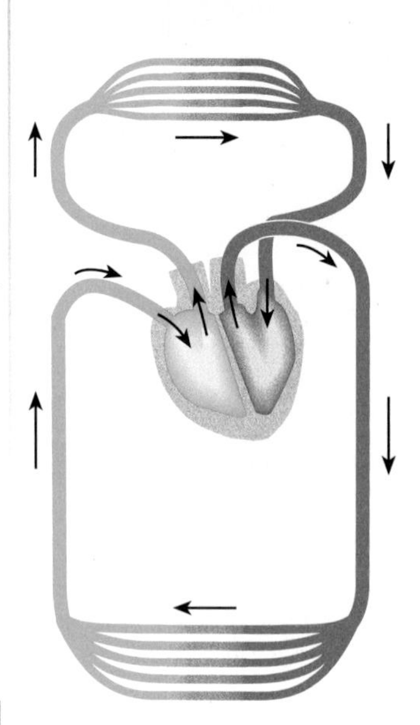

Blutkreislauf und Atmung

Das Herz pumpt das Blut in Adern durch den Körper. Arterien transportieren das Blut vom Herzen weg, Venen das Blut zum Herzen hin. Das Blut fließt in einem Körperkreislauf und in einem Lungenkreislauf.
Das Blut enthält rote Blutkörperchen, die den Sauerstoff und Kohlenstoffdioxid transportieren. Weiße Blutkörperchen schützen vor Krankheitserregern. Das Blutplasma transportiert vor allem Nähr- und Abfallstoffe. Blutplättchen sorgen für einen Wundverschluss.

Die Atemluft gelangt durch Nase, Rachen, Kehlkopf und Bronchien in die Lunge. Zwerchfell und Zwischenrippenmuskeln vergrößern und verkleinern Brustraum und Lunge und bewirken so das Ein- und Ausatmen.
Der Sauerstoff gelangt über die Lungenbläschen ins Blut und von dort in die Körperzellen. Hier bildet sich Kohlenstoffdioxid, das vom Blut in die Lunge transportiert und von dort ausgeatmet wird.

Körper und Gesundheit

1. Finde für die beiden Abbildungen jeweils eine passende Überschrift. Ordne den Zahlen die korrekten Begriffe zu und schreibe alles in dein Heft.

a)

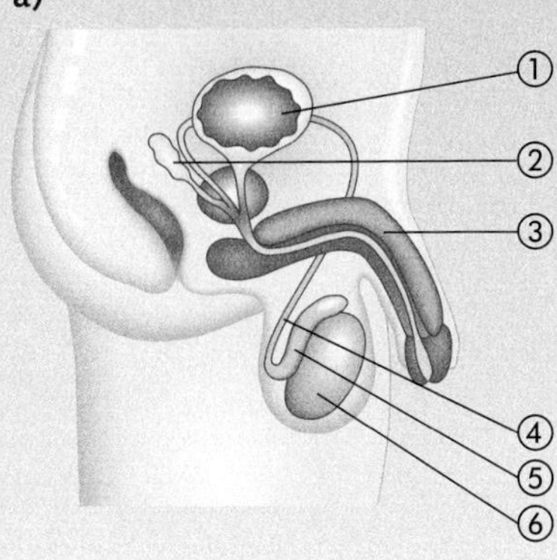

b)

2. a) Schreibe die folgenden Begriffe einzeln auf kleine Zettel oder Kärtchen: Geschlechtsorgane, Geschlechtsmerkmale, Penis, Eierstöcke, Hoden, Scheide, Stimmbruch, Achselhaare, Brust, Schamhaare, kantige Körperform, Gebärmutter, Hodensack, Eileiter, runde Körperform
b) Sortiere die Zettel dann zu einer sinnvollen Struktur (zum Beispiel wie eine ▸ Mindmap oder eine Tabelle). Klebe sie in dieser Struktur auf und erkläre, warum du so sortiert hast.
c) Ergänze das Ganze um sinnvolle weitere Begriffe.

3. Erstelle einen ▸ Steckbrief über die „Lebensphase Pubertät".

4. a) Die Wirbelsäule hat eine bestimmte Form. Benenne diese.
b) Nenne die Abschnitte der Wirbelsäule und die Anzahl der dort befindlichen Wirbel. Was befindet sich an den blau gekennzeichneten Stellen?

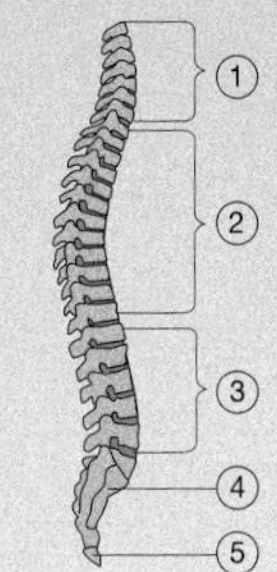

5. Die Abbildung zeigt Knochen und Muskeln.
a) Benenne die Knochen 1 bis 4 und die Gelenke G1 und G2.
b) Wie heißen die Muskeln bei M1 und M2?
c) Welche Aufgaben haben jeweils die Muskeln M1 und M2?

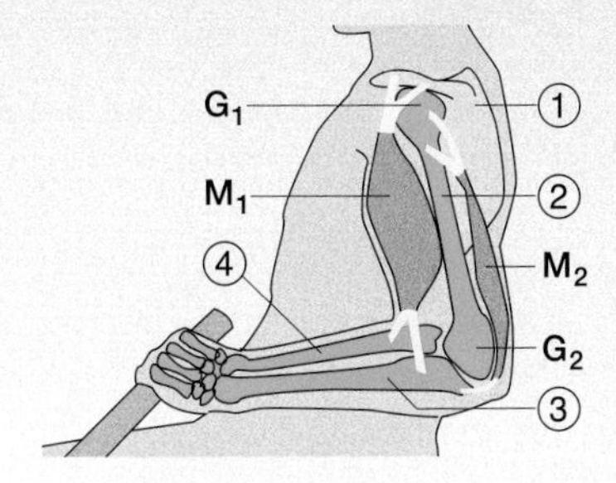

6. Benenne die nummerierten Teile des Gelenks.

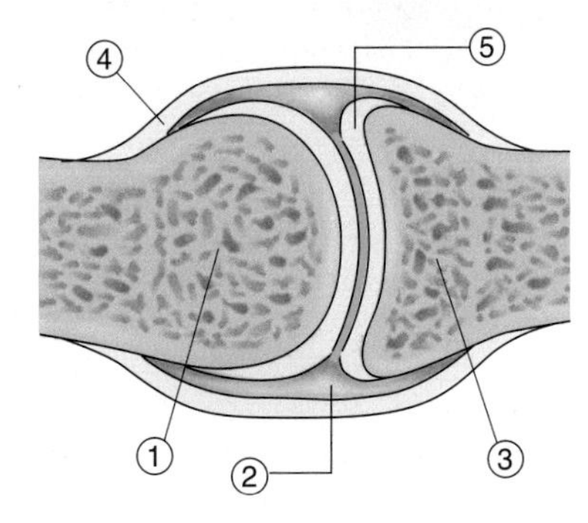

7. a) Nenne die drei lebenswichtigen Nährstoffe unserer Nahrung.
b) Welche vier Bestandteile benötigt unser Körper noch?

8. Gib jeweils ein Beispiel für ein gesundes und ein ungesundes Mittagessen an und begründe deine Entscheidung.

9. Nenne die einzelnen „Stationen", die die Nahrung in unserem Körper durchläuft, in der richtigen Reihenfolge.

10. Beschreibe die Vorgänge in den Lungenbläschen bei der Atmung.

11. Ordne den jeweiligen Blutbestandteilen rote Blutkörperchen, weiße Blutkörperchen, Blutplättchen und Blutplasma ihre entsprechenden Aufgaben zu.

12. Folgende Abbildung zeigt schematisch den doppelten Blutkreislauf zusammen mit einigen inneren Organen.
a) Nenne die beiden Kreisläufe.

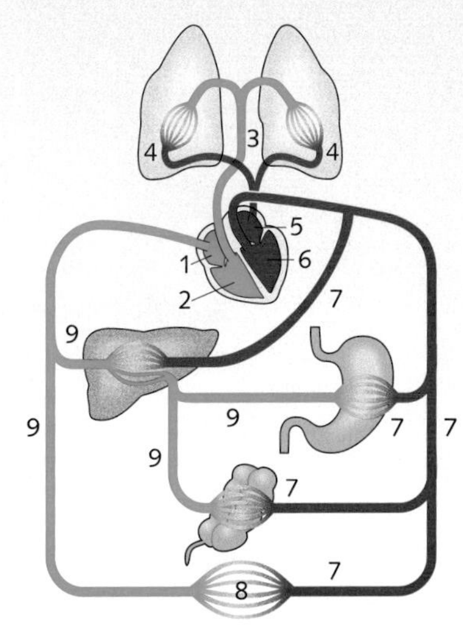

b) Ordne den Zahlen in der Abbildung die zutreffenden Begriffe zu.

Körper und Bewegung

Wieso können Delfine so schnell schwimmen?

Fliegen oder Gleiten – Hauptsache der Wind steht günstig

Beim Radfahren bekomme ich immer ordentlich Hunger. Woran liegt das?

Schnelligkeit – Voraussetzung für eine erfolgreiche Jagd

Kräfte bewirken Bewegungen und Verformungen

1. a) Fahre mit einem Fahrrad über Asphalt. Was stellst du dabei fest?
b) Beschreibe die gleiche Fahrt mit dem Fahrrad über Glatteis.

2. Eine Seilbahn fährt zur Bergstation. Plötzlich fällt der Strom aus. Was passiert?

3. Was bewirkt ein starker Wind, der auf das Segel eines Segelbootes trifft,
a) beim Segel?
b) beim Boot?

4. Drücke mit dem Daumen erst leicht, dann stärker auf einen Schwamm. Wie verändert sich der Schwamm dabei?

5. Schließe einen Gummischlauch mit einem Winkelrohr an einem Ende an den Wasserhahn an. Lege den Schlauch hin. Was geschieht, wenn der Wasserhahn aufgedreht wird?

6. Notiere Beispiele für weitere Kräfte, die Bewegungen oder Verformungen erzeugen.

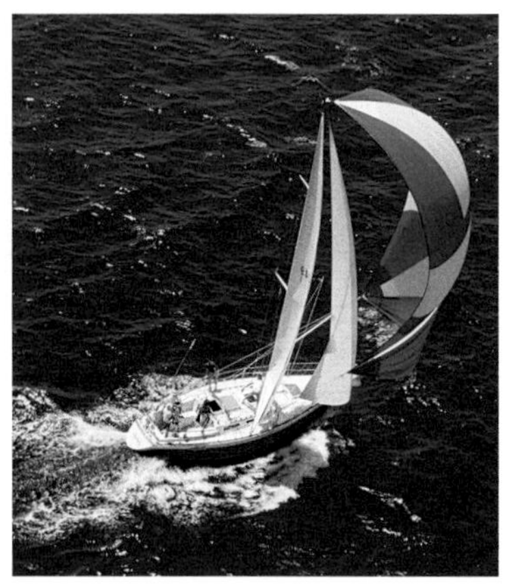

1 Zwei Wirkungen der Windkraft

Bei einer Fahrradfahrt musst du **Muskelkraft** aufwenden. Willst du schneller fahren, musst du mehr Kraft einsetzen. Anstrengend wird die Fahrt bei Gegenwind. Hier spürst du deutlich, dass eine weitere Kraft wirkt, die **Windkraft.** Sie wirkt deiner Muskelkraft entgegen. Hier tritt die Windkraft als **Gegenkraft** auf.

Gegenkraft ist notwendig

Eine Gegenkraft ist immer vorhanden. So kommst du beim Anfahren nur vorwärts, wenn du die Straße unter dir wegschiebst. Weil das natürlich nicht geht, bewegt sich dein Fahrrad nach vorne.
Auf einer Ölspur ist das Radfahren schwierig, weil fast keine ▸ Reibung auftritt. Deshalb kommst du hier kaum vorwärts.

Verschiedene Kräfte

Bewegungen können noch durch andere Kraftarten bewirkt werden. So wird durch Windkraft der Rotor eines Windrades bewegt. Eine Liftkabine wird durch die **elektrische Kraft** des Motors gegen die **Erdanziehungskraft** nach oben gezogen. Bei Stromausfall wirkt nur die Erdanziehungskraft. Jetzt müssen die Notbremsen mit ihrer Bremskraft die Kabine in ihrer Position halten.

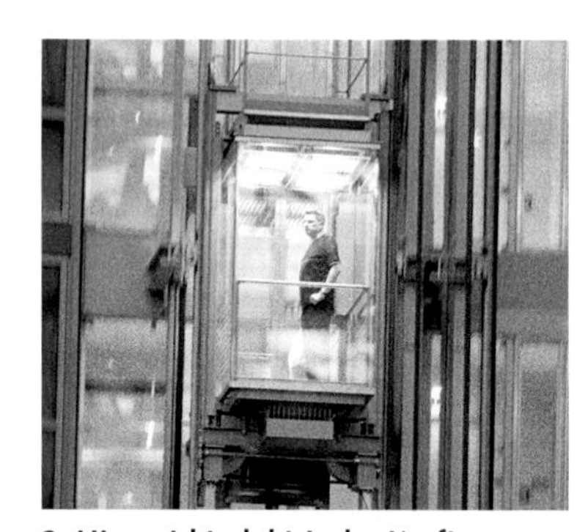

2 Hier wirkt elektrische Kraft.

Der Rückstoß

Liegt ein Gartenschlauch mit offenem Ende ausgerollt auf dem Rasen, tanzt das Ende des Schlauches hin und her, wenn du den Wasserhahn öffnest. Hier wird durch die Kraft des ausströmenden Wassers eine Kraft auf den Schlauch ausgeübt, der sich dadurch in Gegenrichtung bewegt.

Kraft kann noch mehr

Kraft kann außer Bewegung auch **Verformung** bewirken. Bei Sturm biegen sich die Bäume unter der Wirkung der Windkraft.
Knetmasse nimmt eine andere Form ein, wenn du sie mithilfe deiner Muskelkraft knetest.

Die physikalische Größe Kraft

Der Begriff Kraft wird in der Alltagssprache oft anders gebraucht als in der Physik. Wenn du mithilfe deiner Geisteskraft eine mathematische Aufgabe löst, so wirkt dabei keine physikalische Kraft. Kraft im physikalischen Sinne liegt vor, wenn ein Körper bewegt oder verformt wird.
Physikalische Kräfte werden mit F bezeichnet. Dabei können durch einen Zusatz am Formelzeichen, den Index, die Kräfte unterschieden werden. So könnte für elektrische Kraft F_E, für Muskelkraft F_M geschrieben werden.
Die Maßeinheit für Kräfte ist **Newton (N).** Dieser Name wurde zu Ehren des englischen Physikers SIR ISAAK NEWTON (1643–1727) gewählt.

■ Kräfte können Bewegungen und Verformungen bewirken. Dabei tritt immer eine Gegenkraft auf. Die Maßeinheit der Kraft F ist Newton (N).

Kräfte ändern Bewegungen

1. Du näherst dich im Ruderboot einem Anlegesteg. Beschreibe, wie du das Boot abbremsen kannst.

2. Fahre mit dem Fahrrad eine Strecke mit gleichbleibender Geschwindigkeit. Wiederhole die Fahrt, bremse und beschleunige aber möglichst oft dabei. Erkläre, warum diese Fahrt für dich anstrengender ist als die erste.

2 **Die Abkürzung – eine gute Idee?**

1 **Zum Glück gab es das Kiesbett!**

3. Dein Freund ist mit dem Rad vorausgefahren. Du versuchst, ihn jetzt einzuholen. Begründe, warum du dich mehr anstrengen musst als dein Freund.

4. Warum sind an Autorennstrecken zwischen Piste und Zuschauerabgrenzungen große Kiesflächen angelegt worden?

5. a) Du siehst in Bild 3 die hell glühende Bremsscheibe eines Autos auf einem Prüfstand. Der Test entspricht einer Schnellbremsung bei 180 $\frac{km}{h}$. Die Scheibe wurde bis zum Stillstand abgebremst. Warum glüht die Scheibe?
b) Beschreibe den gesamten Test, verwende dabei die Begriffe Kraft, Reibung, steigende Geschwindigkeit, abnehmende Geschwindigkeit.

3 **Bremsscheibe auf dem Prüfstand**

Kraft und Bewegung
Die Rinder in Bild 4 rennen über die Weide. Will ein Tier von hinten an die Spitze, so muss es schneller laufen als die anderen Rinder. Es muss dafür auch mehr Kraft einsetzen. Hat es die Spitze erreicht, kann es mit konstanter Geschwindigkeit weiterlaufen und braucht dann dafür weniger Kraft.
Muss die Herde wegen eines Hindernisses plötzlich abbremsen, so müssen die Tiere wieder mehr Kraft aufwenden.
Sie brauchen zusätzlich Kraft, wenn sie schneller werden oder wenn sie langsamer werden wollen. Eine Bewegung ändert sich nur, wenn eine Kraft wirkt.

Reibung ist eine Kraft
Wenn du über einen Sandweg wie in Bild 2 fährst, brauchst du eine größere Kraft als beim Fahren auf der Straße. Hier spürst du zusätzlich eine Kraft, die jede Bewegung hemmt. Es ist die **Reibung.**
Du musst Kraft einsetzen, um dein Fahrrad zu bewegen, und eine zusätzliche Kraft, um die größere Reibung auf dem Sand zu überwinden. Die Reibung behindert deine Bewegung. Du spürst sie schon, wenn du dein Fahrrad nur rollen lässt. Die Bewegung wird langsamer.

■ Für jede Bewegungsänderung muss eine Kraft wirken. Auch die Reibung ist eine Kraft.

4 **Eine wilde Herde**

Kraft ist eine gerichtete Größe

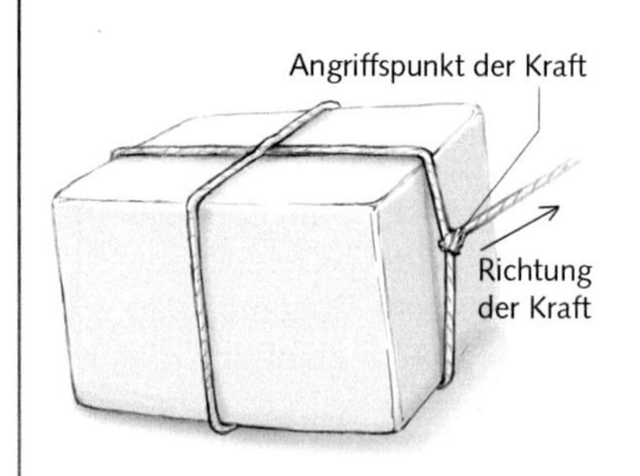

1 Auf den Klotz wirkt eine Kraft.

1. a) Umwickle einen Hartschaumklotz wie in Bild 1 mit Fäden. Befestige einen weiteren Faden jeweils an verschiedenen Stellen der Umwicklung und ziehe am anderen Fadenende.
b) Ziehe den Faden aus a) in verschiedene Richtungen, ohne den Angriffspunkt der Kraft zu verändern.
c) Ziehe mit jeweils unterschiedlicher Kraft am Faden, ohne dabei Richtung und Angriffspunkt der Kraft zu verändern. Vergleiche die Wirkungen, die dein Ziehen jeweils hat.
d) Erkläre deine Beobachtungen. Welche Größen blieben jeweils konstant, welche wurden verändert?

Der Angriffspunkt der Kraft

Eine kleine Motoryacht zieht das Tretboot von Pia und Ayse. Dabei wirkt eine Kraft von der Yacht auf das Boot. Der Angriffpunkt der Kraft liegt an der Yacht, er wird aber durch das Abschleppseil an den Bug des Tretbootes verlagert.

Die Lage des Angriffspunktes der Kraft ist für ihre Wirkung entscheidend. Läge der Angriffspunkt am Heck, so würde das Boot rückwärts fahren. Läge er in der Mitte des Bootes, so würde es sich querstellen.

2 Auf den Punkt gebracht!

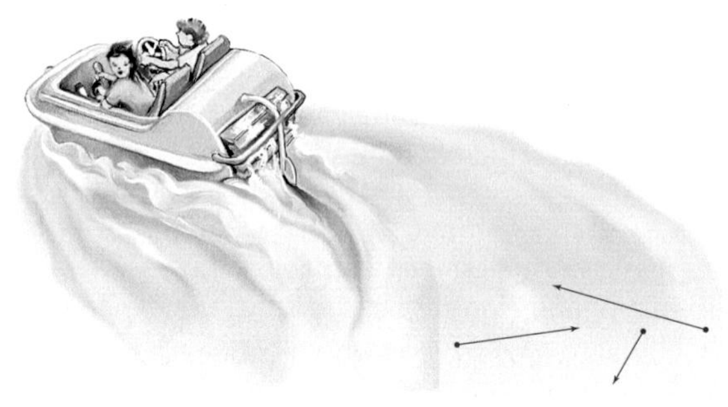

3 Die Richtung entscheidet!

Die Richtung der Kraft

Das Boot wird durch Muskelkraft bewegt. Mithilfe des Ruders können Pia und Ayse diese Kraft in unterschiedliche Richtungen wirken lassen, sodass sich das Boot in die gewählte Richtung bewegt. Für die Wirkung der Kraft ist also auch ihre Richtung entscheidend.
In einer Grafik wird die Richtung der wirkenden Kraft durch einen Pfeil angezeigt. Sein Anfangspunkt ist der Angriffspunkt der Kraft, seine Spitze zeigt die Richtung der wirkenden Kraft an.

Die Größe der Kraft

Tritt Pia kräftiger in die Pedalen, wird das Boot schneller. Bei geringerem Krafteinsatz ist das Boot langsamer. Die Größe ihrer eingesetzten Kraft ist unterschiedlich. Die unterschiedliche Größe der wirkenden Kraft hat unterschiedliche Wirkungen.
In einer Grafik wird die Größe der Kraft nach festgelegtem Maßstab durch die Länge eines Pfeils wiedergegeben. So kann beispielsweise eine Kraft von 5 N durch einen 5 cm langen Pfeil dargestellt werden.

4 Die Größe der Kraft bestimmt die Geschwindigkeit.

■ Kräfte haben drei Merkmale: den Angriffspunkt der Kraft, die Richtung der Kraft und die Größe der Kraft. Kräfte können grafisch als Pfeile dargestellt werden.

Addition und Subtraktion von Kräften

Pia trampelt, Ayse hat einen Wadenkrampf. Das Boot gleitet gemächlich durchs Wasser. Nun trampelt auch Ayse. Das Boot wird schneller.
Die Wirkung der Muskelkräfte F_P von Pia und F_A von Ayse addieren sich. Beide Kräfte können durch eine einzige Kraft ersetzt werden, da sie die gleiche Richtung und den gleichen Angriffspunkt haben. Diese Kraft heißt **Resultierende** F_R.
Zeichnerisch wird an die Spitze des Kraftpfeils F_P der Anfangspunkt von F_A gelegt. Diese beiden Kraftpfeile können durch einen neuen Pfeil F_R ersetzt werden. Er beginnt beim Anfangspunkt von Pias Kraftpfeil und endet bei der Pfeilspitze von Ayses Kraftpfeil. So wird die **Addition** von Kräften dargestellt.

Ayse trampelt. Ein kräftiger Gegenwind weht aus der Richtung, in die das Boot fahren soll. Hier wirken zwei Kräfte genau entgegengesetzt gerichtet: die Muskelkraft F_A von Ayse und die Kraft F_W des Windes. Dadurch wird die wirkende Kraft, die das Boot bewegt, kleiner.
Zur zeichnerischen Darstellung wird an die Spitze des Kraftpfeils F_A der Anfangspunkt des Pfeils F_W gelegt. Da beide Kräfte genau entgegengerichtet sind, zeigt der Pfeil F_W in die Richtung des Anfangspunktes von F_A. Der aus beiden Kräften resultierende Kraftpfeil F_R beginnt am Anfangspunkt F_A und reicht zur Pfeilspitze von F_W. So wird die **Subtraktion** von Kräften gezeichnet.

1. Auf einen Körper wirken die Kräfte $F_1 = 10$ N und $F_2 = 7$ N vom gleichen Angriffspunkt aus. Zeichne die Kraftpfeile (1 N ≙ 1 cm) und ersetze sie durch einen Pfeil für die resultierende Kraft, wenn
a) beide Kräfte in die gleiche Richtung wirken.
b) die Kraft F_2 entgegen der Kraft F_1 wirkt.

2. Vertausche die Werte von F_1 und F_2 aus Aufgabe 1 und wiederhole a) und b). Was stellst du fest?

3. Beim Tauziehen ziehen drei Schüler mit Kräften von 300 N, 350 N und 250 N in die eine Richtung. In die Gegenrichtung ziehen vier Schüler mit den Kräften von 400 N, 200 N, 150 N und 100 N.
a) Zeichne die Kraftpfeile und bestimme die Resultierende für jede Richtung.
b) Bestimme aus den beiden einzelnen Resultierenden die Gesamtresultierende. Wer gewinnt?

Der Kraftmesser

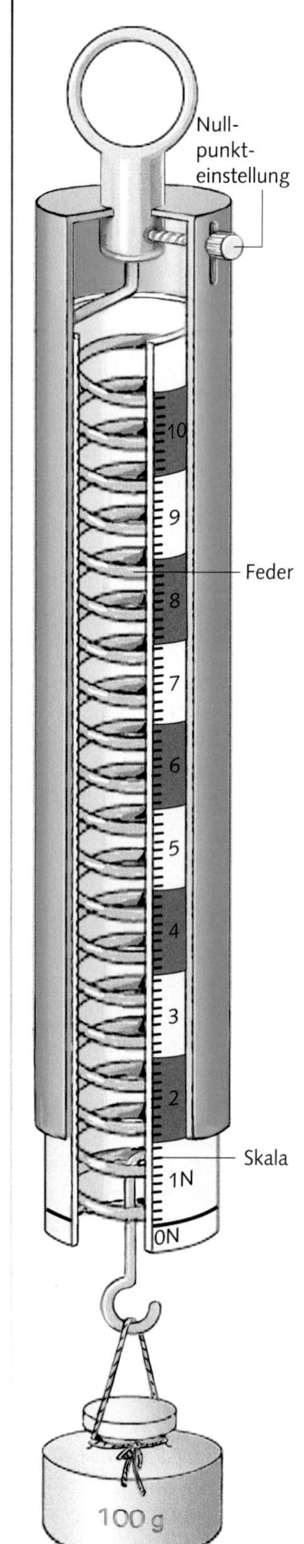

1 Kraftmesser

1. Beschreibe den Aufbau eines Kraftmessers.

2. Stelle am Kraftmesser die Nulllage ein. Belaste ihn nun nacheinander mit gleich schweren Wägestücken. Lies die Kraft ab. Erstelle eine Tabelle.

Wägestücke	1	2	
Masse in g	100		
Kraft in N			

3. Zeichne zu Versuch 2 ein Masse-Kraft-Diagramm wie in Bild 2. Beschreibe den Grafen.

4. a) Lies aus dem Diagramm aus Aufgabe 3 die zugehörige Masse für 7 N und 3 N ab.
b) Welche Kraft wirkt, wenn die Masse 150 g, 350 g oder 650 g am Kraftmesser hängt?

5. Begründe, warum Kraftmesser nur zum Messen von Kräften innerhalb ihres Messbereiches eingesetzt werden dürfen.

6. a) Welcher Gewichtskraft entsprechen 3,5 kg?
b) Welcher Masse entsprechen 7,2 N?

Aufbau eines Kraftmessers

In der Hülle eines Kraftmessers befindet sich eine Schraubenfeder, die von einer Skala umgeben ist. Das Ende der Feder schaut als Haken unten aus der Hülle heraus. Es gibt außerdem eine Schraube zur Nullpunkteinstellung.

Die Gewichtskraft

Hängst du an einen Kraftmesser einen Gegenstand, so kannst du beobachten, dass die Feder sich verlängert. Auf den Gegenstand wirkt eine **Gewichtskraft F_G**, die in Newton (N) gemessen wird.
Eine Gewichtskraft F_G erfahren alle Körper durch die Erdanziehungskraft, die in Richtung des Erdmittelpunktes wirkt.

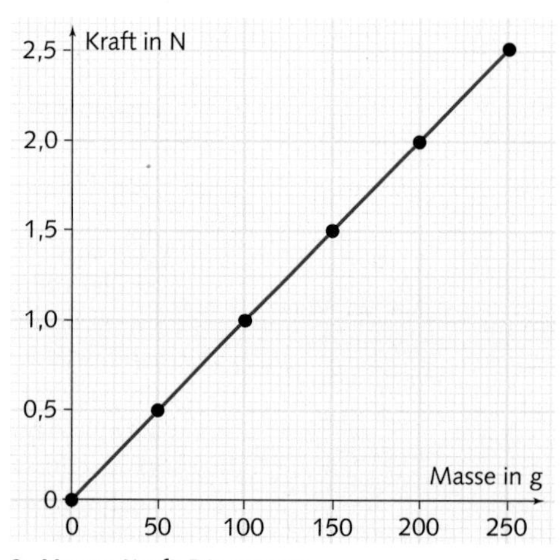

2 Masse-Kraft-Diagramm

Messen mit dem Kraftmesser

Ein angehängtes Wägestück mit einer Masse von 100 g wirkt auf einen Kraftmesser mit einer Gewichtskraft von ungefähr $F_G = 1$ N. Daraus folgt, dass eine Masse von 1 kg ungefähr einer Gewichtskraft von 10 N entspricht.

Der Bereich zwischen 0 N und der größten Kraft, die am Kraftmesser jeweils abgelesen werden kann, wird **Messbereich** genannt.

Wird der Kraftmesser zu stark belastet, so wird er überdehnt. Er zieht sich dann nach der Belastung nicht in seine ursprüngliche Länge zurück und ist anschließend unbrauchbar.

■ Kraftmesser enthalten eine Schraubenfeder, die durch die einwirkende Gewichtskraft F_G verlängert wird. Die Verlängerung der Feder zeigt an, wie groß die wirkende Kraft F ist.
Eine Masse von 1 kg entspricht ungefähr einer Gewichtskraft von 10 N.

Praktikum

Kraftmesser – selbst gebaut

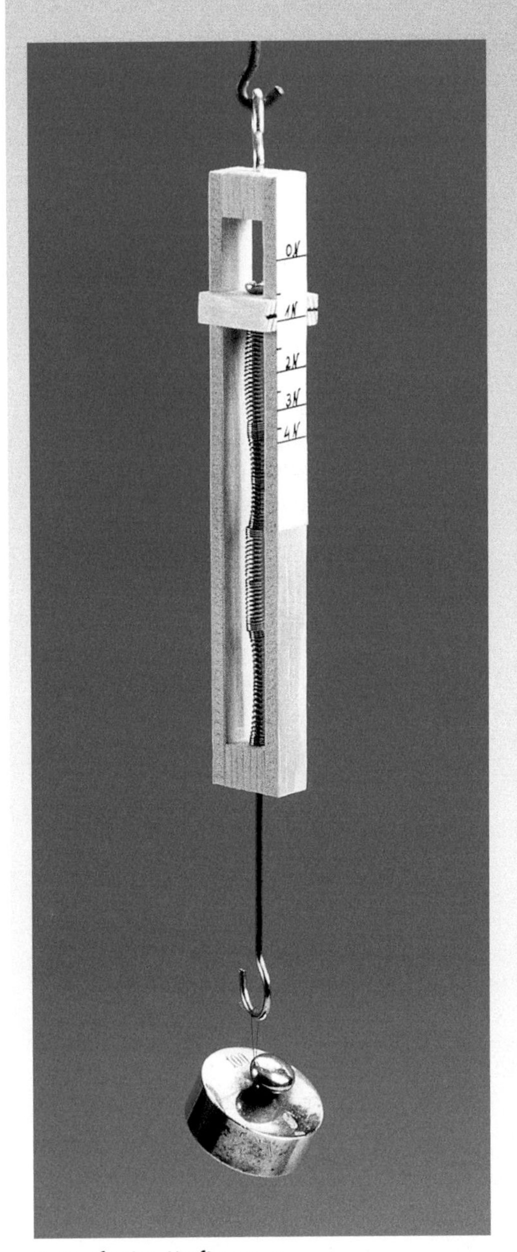

1 Der fertige Kraftmesser

Materialliste

- 2 Sperrholzleisten 15 cm x 12 mm x 4 mm
- 2 Holzklötzchen 12 mm x 12 mm x 12 mm
- 1 Holzklötzchen 7 mm x 12 mm x 12 mm
- 2 Sperrholzleisten 7 mm x 20 mm x 4 mm
- 1 Fahrradspeiche mit Nippel
- 4 Stahlfedern aus Druckkugelschreibern
- 1 Schraubhaken

Bauanleitung

Kürze die Speiche vom Gewinde aus auf eine Länge von 19 cm und biege das Ende ohne Gewinde zu einem Haken. Durchbohre die 3 Klötzchen in der Mitte der Fläche von 12 mm x 12 mm.

Leime die beiden großen Leisten auf die 10 mm breiten Seitenflächen der größeren Klötzchen.

Leime die beiden kleinen Leisten auf die 10 mm breiten Seitenflächen des kleinen Klötzchens. Schiebe den Speichennippel in die Bohrung.

Schmirgele die inneren Flächen des kleineren Bauteils glatt. Setze es dann in das größere Bauteil ein. Es muss leicht auf- und abgleiten können.

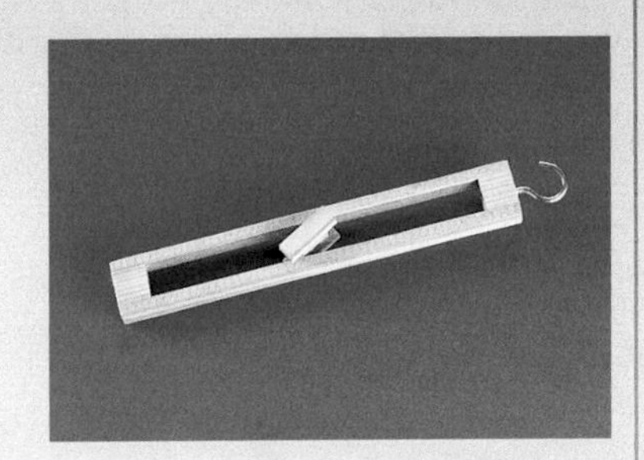

Schiebe die Speiche erst durch das untere Klötzchen, dann durch die Federn. Schraube das Speichenende in den Nippel. Schraube zum Abschluss den Haken in das obere Klötzchen.

Eichung des Kraftmessers

Markiere auf einer der großen Leisten, an welcher Stelle sich das verschiebbare Bauteil ohne Belastung des Kraftmessers befindet. Schreibe 0 N an diese Markierung.
Hänge nacheinander 1, 2, 3 ... Wägestücke von jeweils 50 g an den unteren Draht, bis der Kraftmesser nicht mehr weiter messen kann. Markiere jeweils, an welcher Stelle sich das verschiebbare Bauteil befindet.
Schreibe nacheinander 0,5 N; 1 N; 1,5 N ... an die Markierung.

Einsatz des Kraftmessers

Miss, mit welcher Kraft
- zwei Bananen zur Erde gezogen werden.
- du ein Buch über den Tisch ziehen kannst.

Suche weitere Beispiele, an denen du deinen Kraftmesser ausprobieren kannst.

Die Geschwindigkeit

1 Der Schwan startet.

1. Beschreibe die Bewegung des Schwans in Bild 1. Was kannst du über seine Geschwindigkeit beim Starten sagen?

2. Beschreibe die Bewegung der Ente in Bild 2. Was kannst du über ihre Geschwindigkeit beim Landen sagen?

3. **a)** Was würde beim Skater in der Halfpipe (Bild 3) ein Tacho beim Herunterfahren anzeigen, was beim Hochfahren?
b) Nenne jeweils die Bewegungsart bei a).

4. **a)** Fahre mit dem Fahrrad auf ebenem Gelände zunächst mit gleichbleibender Tachoanzeige. Fahre nun schneller. Fahre jetzt langsamer.
b) Was musst du jeweils einsetzen, damit du deine Geschwindigkeit ändern kannst?

5. Ordne die folgenden Bewegungen in gleichförmige Bewegung, beschleunigte Bewegung und Verzögerung ein: Zeiger einer Uhr, hochgeworfener Stein, 100 m-Läufer direkt nach dem Start, Flugzeug beim Landen, Waren auf einem Förderband.

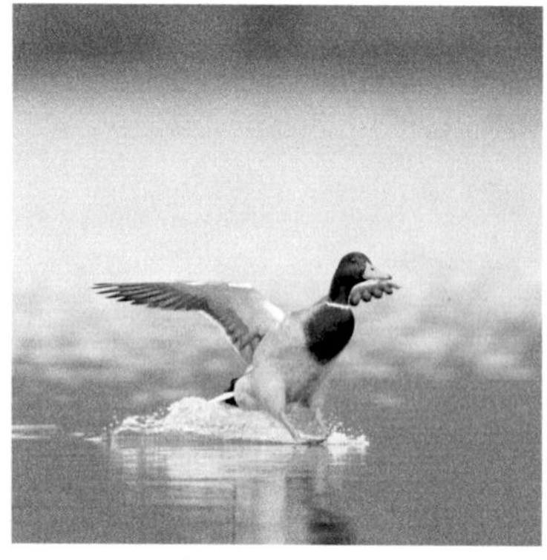

2 Eine Ente landet im Wasser.

Fährst du mit dem Fahrrad zur Schule, so musst du Bewegungsenergie einsetzen. Ohne den Einsatz von ▸ Energie fährt kein Auto und fliegt kein Vogel.

Schneller und langsamer

Bei deiner Fahrradfahrt zur Schule änderst du oft deine **Geschwindigkeit.** Steigst du auf dein Fahrrad, so bist du mit deinem Fahrrad in Ruhe. Trittst du dann kräftig in die Pedalen, so wirst du schneller. Dazu musst du aber zusätzlich Bewegungsenergie einsetzen.

Jetzt schaltet die Ampel auf rot. Du musst abbremsen. Auch dazu musst du wieder Energie einsetzen. Jetzt stehst du vor der Ampel. Sie schaltet auf grün und du fährst wieder los, wirst schneller.
Einen Teil deines Schulweges kannst du so fahren, dass die Tachoanzeige des Fahrrades immer den gleichen Wert anzeigt. Kurz vor der Schule wirst du wieder langsamer, kommst zum Stillstand, stellst dein Fahrrad im Fahrradständer ab und gehst in das Gebäude.

3 Skater in der Halfpipe

Geschwindigkeit bleibt gleich

Fährst du auf ebener Strecke mit gleichbleibender Geschwindigkeit, so führst du eine **gleichförmige Bewegung** aus. Du brauchst für diese Bewegungsart nur wenig Bewegungsenergie einzusetzen.

Geschwindigkeit nimmt zu

Beim Anfahren nimmt die Geschwindigkeit des Fahrrades zu. Es bewegt sich schneller. Diese Bewegung mit zunehmender Geschwindigkeit heißt **Beschleunigung.** Für diese Bewegungsart musst du mehr Energie einsetzen als bei einer gleichförmigen Bewegung.

Geschwindigkeit nimmt ab

Beim Bremsen nimmt deine Geschwindigkeit ab. Diese Art der Bewegung mit abnehmender Geschwindigkeit heißt **Verzögerung.** Auch zum Verzögern muss Energie eingesetzt werden.

■ Geschwindigkeiten können zunehmen, abnehmen oder gleichförmig sein. Für alles wird Energie benötigt.

Geschwindigkeit messen und berechnen

1. Beim Abfahrtslauf der Damen (Bild 1) will jede Sportlerin gewinnen. Was muss gemessen werden, um die Siegerin zu ermitteln?

2. Beschreibe den genauen Umgang mit
a) Längenmessgeräten.
b) Zeitmessgeräten.

3. a) Drei Schüler fahren mit dem Fahrrad aus dem Stand eine 30 m lange Strecke. Stoppe die benötigten Zeiten. Notiere die Zeiten jeweils in einer Tabelle.
b) Wer ist der schnellste Fahrer? Begründe deine Antwort.

Schüler	Strecke *s*	Zeit *t*
1	30 m	
2		
3		

4. a) Rolle auf dem Schulhof ein 50 m-Maßband ab. Drei Schülerinnen fahren mit dem Fahrrad nacheinander schnell am Band entlang. Ab einem festgelegten Startpunkt auf dem Maßband wird gemessen, wie weit die Schülerinnen nach 5 s jeweils gekommen sind. Notiere die zurückgelegten Strecken in der Tabelle.
b) Wer ist die schnellste Fahrerin? Begründe deine Antwort.

Schüler	Strecke *s*	Zeit *t*
1		5 s
2		
3		

5. Du fährst mit dem Fahrrad neben einem trabenden Pferd. Überlege dir, wie du die Geschwindigkeit des Pferdes bestimmen kannst. Welche Messgeräte oder Angaben wirst du benutzen?

Kürzeste Zeit oder weiteste Strecke

Beim Abfahrtslauf wird eine bestimmte Strecke vorgegeben. Gewonnen hat immer die Sportlerin, die diese Strecke in der kürzesten Zeit schafft. Sie ist die schnellste Läuferin.
Ist dagegen bei einer Sportart eine bestimmte Zeit festgelegt, gewinnt derjenige, der in dieser Zeit am weitesten kommt.
Immer ist die Sportlerin oder der Sportler Sieger, der mit der größten Geschwindigkeit gefahren oder gelaufen ist.

Geschwindigkeit wird berechnet

Die Geschwindigkeit v hängt von der Länge des Weges s und der Zeit t ab, die für diesen Weg gebraucht wird. Du kannst die Geschwindigkeit v berechnen, indem du die Länge des zurückgelegten Weges s durch den Wert der benötigten Zeit t teilst:

Geschwindigkeit = Weg : Zeit
$v = s : t$

Braucht ein 400 m-Läufer für seine Strecke s eine Zeit t von 50 s, so beträgt seine Geschwindigkeit v:

$$v = s : t$$
$$v = 400\ \text{m} : 50\ \text{s}$$
$$v = 8\ \tfrac{\text{m}}{\text{s}}$$

Seine Geschwindigkeit beträgt 8 $\frac{\text{m}}{\text{s}}$ (gelesen: 8 Meter pro Sekunde). Die Einheit der Geschwindigkeit ist $\frac{\text{m}}{\text{s}}$.

Weg und Zeit werden gemessen

Du musst also zur Berechnung der Geschwindigkeit eine Strecke und die Zeit messen.
Strecken kannst du mit einem Lineal mit Millimetereinteilung, einem Zentimetermaß oder einem Bandmaß messen. Zur Bestimmung der Zeit kannst du eine Uhr oder eine Stoppuhr verwenden. Ein weiteres Zeitmessgerät ist das Metronom. An diesem kannst du einstellen, wie schnell der Takt geschlagen wird (Bild 2).

■ Die Geschwindigkeit errechnet man, wenn man die Länge des zurückgelegten Weges s durch den Wert der benötigten Zeit t teilt.

1 Wird sie gewinnen?

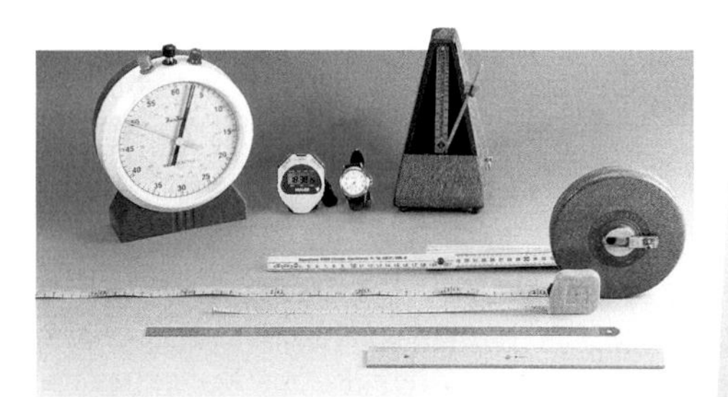
2 Längen- und Zeitmessgeräte

Hinweis
Beachte, dass der Buchstabe „s“ sowohl als Zeichen s für die Strecke als auch als Abkürzung s für die Einheit Sekunde dient.

Momentan- und Durchschnittsgeschwindigkeit

1. Berechne die Durchschnittsgeschwindigkeit der auf Bild 1 abgebildeten Läuferinnen und Läufer.

2. a) Welche Werte lassen sich auf einem Fahrradcomputer ablesen?
b) Welcher Wert ändert sich dadurch, dass du beim Fahren mehr Energie einsetzt?

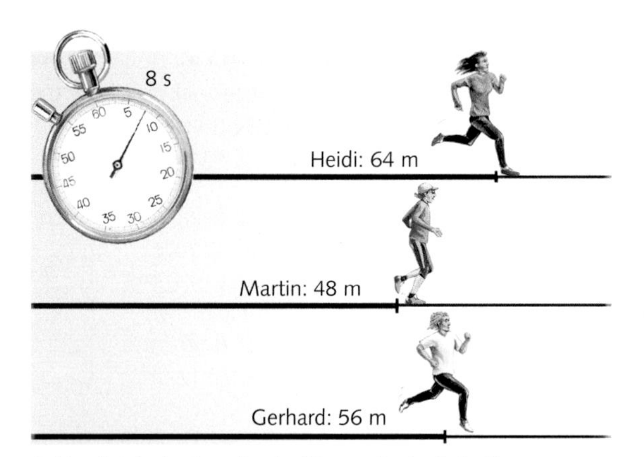

1 Vergleich der Durchschnittsgeschwindigkeiten

3. a) Fahre eine 20 m lange Strecke mit dem Fahrrad und lass die dazu benötigte Zeit stoppen. Rufe alle 5 m deinen Mitschülerinnen und Mitschülern deine Momentangeschwindigkeit zu.
b) Berechne die Durchschnittsgeschwindigkeit in $\frac{m}{s}$ und $\frac{km}{h}$ und vergleiche sie mit den zugerufenen Momentangeschwindigkeiten.

4. In welcher Einheit würdest du die Geschwindigkeit eines Gepards und die einer Schnecke angeben?

5. Bezieht sich die Geschwindigkeitsbegrenzung in Ortschaften auf die Durchschnittsgeschwindigkeit des Verkehrsteilnehmers oder auf seine Momentangeschwindigkeit? Begründe deine Antwort.

6. a) Wie weit kommt ein Auto in 1 h bei einer Durchschnittsgeschwindigkeit von 100 $\frac{km}{h}$?
b) Wie lange müsste ein Auto mit einer Durchschnittsgeschwindigkeit von 50 $\frac{km}{h}$ fahren, um die gleiche Strecke zurückzulegen wie ein Auto mit 100 $\frac{km}{h}$?

Die Momentangeschwindigkeit

Beim Fahrradfahren kannst du die ▸ Geschwindigkeit, mit der du gerade fährst, am Tachometer oder Fahrradcomputer ablesen. Dabei stellst du fest, dass sich die Geschwindigkeit dauernd ändert. Die gerade abgelesene Geschwindigkeit heißt **Momentangeschwindigkeit.** Diese Geschwindigkeit hattest du gerade in dem Moment, in dem du den Tacho abgelesen hattest. Setzt du mehr Bewegungsenergie ein, dann steigt auch die Momentangeschwindigkeit.

2 Geschwindigkeitskontrolle

Die Durchschnittsgeschwindigkeit

Wenn du jemandem von deiner Fahrradtour erzählst, wirst du aber nicht die Werte der Momentangeschwindigkeit angeben, sondern beispielsweise den Wert der Höchstgeschwindigkeit deiner Fahrt. Das ist aber auch nicht immer sinnvoll. Deswegen wird meistens die **Durchschnittsgeschwindigkeit** ermittelt. Sie eignet sich am besten, um Geschwindigkeiten bei verschiedenen Fahrten zu vergleichen.

■ Die mittlere Geschwindigkeit einer Fahrt wird durch die Durchschnittsgeschwindigkeit ausgedrückt.

Bestimmung und Einheiten der Durchschnittsgeschwindigkeit

Zur Bestimmung der Durchschnittsgeschwindigkeit ermittelst du die Länge der Strecke s und die zum Fahren benötigte Zeit t. Diese Werte setzt du in die Formel $v = s : t$ ein und erhältst die Durchschnittsgeschwindigkeit. Hast du die Länge der Strecke in m und die Zeit in s gemessen, ergibt sich als Einheit $\frac{m}{s}$ (Meter pro Sekunde). Wurden die Strecke in km und die Zeit in h gemessen, erhältst du die Einheit $\frac{km}{h}$ (Kilometer pro Stunde).

Umrechnung der Einheiten

Du kannst die Geschwindigkeitsangabe von $\frac{m}{s}$ in $\frac{km}{h}$ umrechnen. Du multiplizierst die Maßzahl von $\frac{m}{s}$ mit 3,6 und erhältst die Geschwindigkeit in $\frac{km}{h}$. Legst du eine Strecke von 60 m in 3 s zurück, beträgt deine Durchschnittsgeschwindigkeit 20 $\frac{m}{s}$. Das sind dann $20 \cdot 3{,}6 \frac{km}{h} = 72 \frac{km}{h}$.
Umgekehrt kannst du die Geschwindigkeit von $\frac{km}{h}$ in $\frac{m}{s}$ umrechnen, indem du die Maßzahl von $\frac{km}{h}$ durch 3,6 dividierst.

Umrechnung der Einheiten von Geschwindigkeiten

$10 \frac{m}{s} \xrightarrow{\cdot 3{,}6} 36 \frac{km}{h}$

$36 \frac{km}{h} \xrightarrow{: 3{,}6} 10 \frac{m}{s}$

Grafische Darstellung von gleichförmigen Bewegungen

Zeit-Weg-Diagramm für $v = 0{,}5\,\frac{m}{s}$

t in s	0	1	2	3	4
s in m	0	0,5	1,0	1,5	2,0

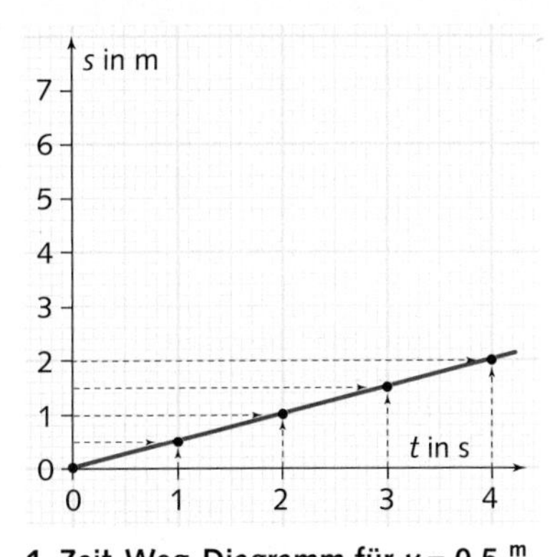

1 Zeit-Weg-Diagramm für $v = 0{,}5\,\frac{m}{s}$

Zeichnen von Diagrammen
Aus einer Messreihe der Bewegung kannst du ein ▸ **Diagramm** erstellen. Dabei werden zwei einander zugeordnete Größen in einer Zeichnung, also grafisch dargestellt.
Zum Erstellen dieser Diagramme trägst du die gegebene Größe, in diesen Beispielen die Zeit *t*, auf der Rechtsachse ab.
Die dazugehörige gemessene Größe, die Strecke *s*, wird auf der Hochachse abgetragen.
Du trägst die **Wertepaare** aus einer **Wertetabelle** in das Diagramm ein und verbindest die Punkte zu einer Geraden, dem **Grafen.**

Zeit-Weg-Diagramm für $v = 2{,}0\,\frac{m}{s}$

t in s	0	1	2	3	4
s in m	0	2,0	4,0	6,0	8,0

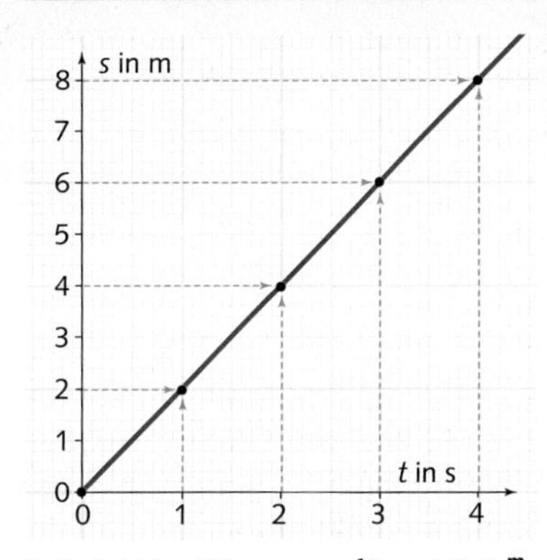

2 Zeit-Weg-Diagramm für $v = 2{,}0\,\frac{m}{s}$

1. Erstelle die Wertetabelle und ein *t*-*s*-Diagramm für eine gleichförmige Bewegung mit einer Geschwindigkeit von $v = 3\,\frac{m}{s}$.

2. Woran erkennst du in Diagrammen wie in den Bildern 1 und 2 bei gleicher Achseneinteilung die größere Geschwindigkeit?

Bei einer gleichförmigen Bewegung ändern sich der zurückgelegte Weg und die dazu benötigte Zeit in gleichem Maße. Der Graf im Zeit-Weg-Diagramm ist eine **Ursprungsgerade.**

Ablesen von Werten aus einem Diagramm
Aus einem Diagramm kannst du zusammengehörige Wertepaare bestimmen. So kannst du ablesen, welche Strecke im *t*-*s* Diagramm in Bild 3 nach 2 s zurückgelegt worden ist. Dazu gehst du auf der Rechtsachse bei $t = 2$ s senkrecht nach oben, bis du den Grafen erreichst. Von diesem Punkt gehst du waagerecht zur Hochachse und kannst den dazugehörigen Wert $s = 3$ m ablesen. Der Gegenstand hat also in 2 s eine Strecke von 3 m zurückgelegt. Du kannst auch bestimmen, welche Zeit für die Strecke $s = 6$ m benötigt wird. Auf der Hochachse gehst du bei $s = 6$ m waagerecht bis zum Grafen und dann senkrecht nach unten auf die Rechtsachse. Hier kannst du die dazugehörige Zeit $t = 4$ s ablesen. Der Gegenstand hat also 4 s für die Strecke von 6 m benötigt.

3. a) Bestimme aus dem Diagramm in Bild 3 die Zeiten für die Strecken 2 m und 4 m.
b) Bestimme die Strecken für die Zeiten 1 s und 3 s.
c) Wie groß ist die Geschwindigkeit?

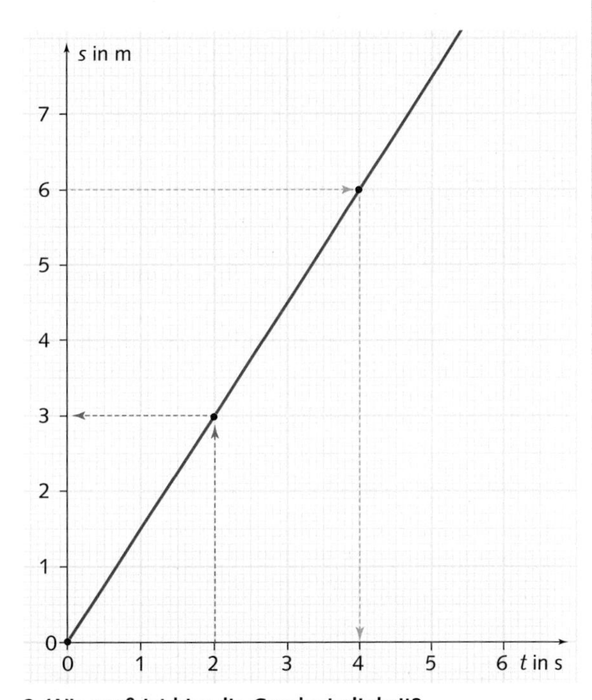

3 Wie groß ist hier die Geschwindigkeit?

Geschwindigkeiten in Natur, Technik und Umwelt

Geschwindigkeiten in unserem Sonnensystem

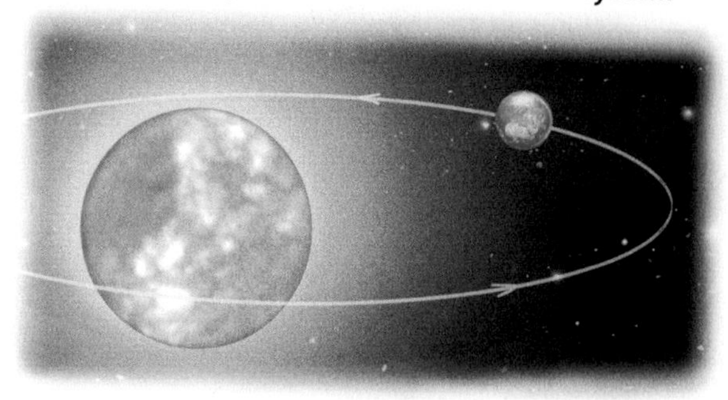

Unsere ► Erde bewegt sich in 365 Tagen (a) und 6 Stunden (h) einmal um die Sonne.
Das sind 365 · 24 h + 6 h = 8766 h.
Während dieser Zeit legt die Erde eine Strecke von 940 126 643 km zurück. Für die Durchschnittsgeschwindigkeit der Erde auf ihrem Weg um die ► Sonne ergibt sich damit: $v = s : t$

$v = 940\,126\,643\text{ km} : 8766\text{ h}$

$v = 107\,247\,\frac{\text{km}}{\text{h}} \approx 30\,\frac{\text{km}}{\text{s}}$.

1. Die Erde dreht sich in 24 h einmal um ihre eigene Achse. Dabei legt ein Ort auf dem Äquator wie die Stadt Quito in Ecuador eine Strecke von etwa 40 000 km zurück. Wie groß ist die Durchschnittsgeschwindigkeit dieses Ortes?

Geschwindigkeiten in Natur und Umwelt

Objekt	Geschwindigkeit
Schall in Luft	$340\,\frac{\text{m}}{\text{s}}$
Licht	$300\,000\,000\,\frac{\text{m}}{\text{s}}$
Formel 1-Auto	max. $97\,\frac{\text{m}}{\text{s}}$
Autos in Ortschaften	max. $13{,}9\,\frac{\text{m}}{\text{s}}$
Intercity-Express (ICE 3)	max. $97\,\frac{\text{m}}{\text{s}}$
Schnellzug (IC)	max. $56\,\frac{\text{m}}{\text{s}}$
Radfahrer bei der Tour de France (Bergetappe)	ca. $8\,\frac{\text{m}}{\text{s}}$
Mofa	$7\,\frac{\text{m}}{\text{s}}$
Fußgänger	$1{,}4\,\frac{\text{m}}{\text{s}}$

2. Gib die Geschwindigkeit des Autos in Ortschaften, des ICE 3, des IC und des Mofas in $\frac{\text{km}}{\text{h}}$ an.

3. Gib die Geschwindigkeit des Lichtes in $\frac{\text{km}}{\text{s}}$ an.

Der Seefahrer Sir Francis Beaufort (1774–1857) (gesprochen: Fränzis Bohfohr) entwickelte 1806 eine Maßeinheit für Windstärken, die sich nach den Windgeschwindigkeiten richtete. Gleichzeitig beschrieb er die Wirkung des Windes an Land und auf See. Ihm zu Ehren ist die Einheit der Windstärke bft (gelesen: Beaufort) genannt worden.

Windstärkenskala nach Beaufort

Windstärke in bft	Bezeichnung	Windgeschwindigkeit in Knoten	Windgeschwindigkeit in $\frac{\text{m}}{\text{s}}$	Auswirkungen des Windes an Land
0	Windstille	0 – <1	0 – <0,3	Rauch steigt gerade empor
1	leiser Zug	1 – <4	0,3 – <1,6	Zug des Rauches erkennbar
2	leichte Brise	4 – <7	1,6 – <3,4	Wind ist im Gesicht fühlbar
3	schwache Brise	7 – <11	3,4 – <5,5	Zweige bewegen sich
4	mäßige Brise	11 – <16	5,5 – <8,0	Staub hebt sich
5	frische Brise	16 – <22	8,0 – <10,8	kleine Bäume schwanken
6	starker Wind	22 – <28	10,8 – <13,9	Pfeiftöne an Drahtleitungen
7	steifer Wind	28 – <34	13,9 – <17,2	Gehen wird erschwert
8	stürmischer Wind	34 – <41	17,2 – <20,8	Gehen wird erheblich erschwert
9	Sturm	41 – <48	20,8 – <24,5	Schäden am Haus
10	schwerer Sturm	48 – <56	24,5 – <28,5	Bäume werden entwurzelt
11	orkanartiger Sturm	56 – <64	28,5 – <32,7	schwere Sturmschäden
12	Orkan	>64	>32,7	katastrophale Verwüstungen

Streifzug

Geschwindigkeiten im Tierreich

Kriechen, Laufen

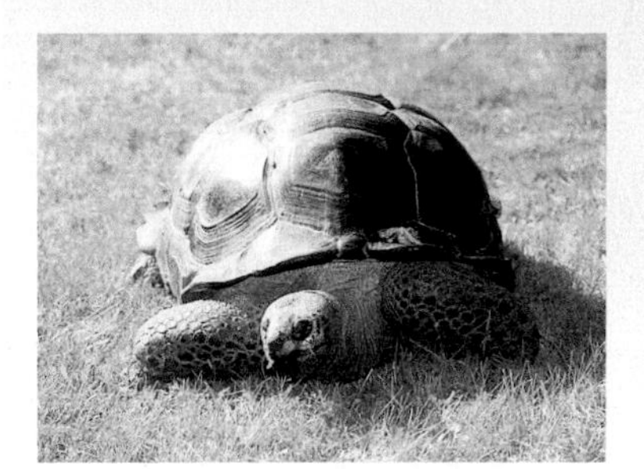

Tiere	v in $\frac{km}{h}$
Dinosaurier	
• Pflanzenfresser	6
• Raubdinosaurier	16,5
Eisbär	65
Gepard	120
Riesenschildkröte	0,33
Ringelnatter	2,9
Weinbergschnecke	0,00324

Schwimmen

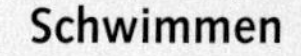

Tiere	v in $\frac{km}{h}$
Delfin	46
Eiderente	35
Eselspinguin (im Wasser)	36
Grauwal	7,5
Hai	36
Seestern	0,000576
Ringelrobbe	32
Tunfisch	75

Fliegen

Tiere	v in $\frac{km}{h}$
Biene	29
Brieftaube	
• ohne Rückenwind	80
• mit Rückenwind	177
Stechmücke	1,4
Mäusebussard	45
Wanderfalke, Sturzflug	290
Stubenfliege	8,2

1. Welche Strecke würden ein Eisbär, ein Mäusebussard, eine Riesenschildkröte, eine Stubenfliege, ein Seestern und ein Tunfisch in einer Stunde zurücklegen? Wer legt die größte Strecke zurück?

Streifzug

Was haben Knoten mit Geschwindigkeit zu tun?

Wollte der Seemann früher die Geschwindigkeit des Schiffes bestimmen, so brauchte er dazu ein Logglas, ein Scherbrett und eine Logleine. In der Logleine, einem Seil, war jeweils im Abstand von 7 m ein Knoten. Das Scherbrett, ein dreieckiges Holzbrett, wurde so an der Logleine befestigt, dass es beim Messen der Schiffsgeschwindigkeit fast senkrecht im Wasser stand. Das Logglas war eine Sanduhr, die in 14 s ablief.

Der Seemann warf das Scherbrett ins Wasser und zählte die Anzahl der Knoten in der Leine, die durch seine Hand gingen, während die Uhr ablief. Zählte er elf Knoten, dann fuhr das Schiff mit einer Geschwindigkeit von elf Knoten, das sind etwa 20 $\frac{km}{h}$.

Die Geschwindigkeit von Schiffen wird heute noch in Knoten angegeben.

1 Knoten = 1 $\frac{\text{Seemeile}}{\text{Stunde}}$ = 1,852 $\frac{km}{h}$

1 Der Seemann zählt die Knoten.

Bestimmen von Geschwindigkeiten

In diesem Projekt wird in vier Gruppen die ▸ Durchschnittsgeschwindigkeit von verschiedenen Körpern, die sich bewegen, bestimmt. Stellt eure Ergebnisse den anderen Schülerinnen und Schülern vor.

Gruppe 1: Wie schnell ist ein Auto?
Messt bei einem Elektroauto die Zeit für eine Strecke von 1 m, 2 m bis zu einer Strecke von 5 m. Übertragt die Tabelle in eure Hefte und füllt sie aus.

Strecke	Zeit	Durchschnittsgeschwindigkeit
0 m	0 s	–
1 m		
2 m		

- Vergleicht die Durchschnittsgeschwindigkeiten.
- Berechnet die Durchschnittsgeschwindigkeit für die gesamte Strecke.

Gruppe 2: Die Geschwindigkeit einer Schnecke
- Lasst eine Schnecke über eine Glasscheibe kriechen. Messt den Weg, den die Schnecke in 5 min zurücklegt.
- Berechnet die Durchschnittsgeschwindigkeit der Schnecke in $\frac{m}{s}$. Rechnet den Wert in $\frac{km}{h}$ um.

Gruppe 3: Die Geschwindigkeit einer Modellbahnlokomotive
- Lasst die Lokomotive bei einer bestimmten Trafoeinstellung auf einem Schienenkreis fahren. Messt die Länge des Schienenkreises und die Zeit, die die Lokomotive für 10 Umrundungen benötigt. Bestimmt die Durchschnittsgeschwindigkeit der Lokomotive.
- Führt die Messungen für weitere Trafoeinstellungen durch und bestimmt jedes Mal die Durchschnittsgeschwindigkeit.
- Ordnet die Zahlen der unterschiedlichen Trafoeinstellungen den jeweiligen Durchschnittsgeschwindigkeiten zu.

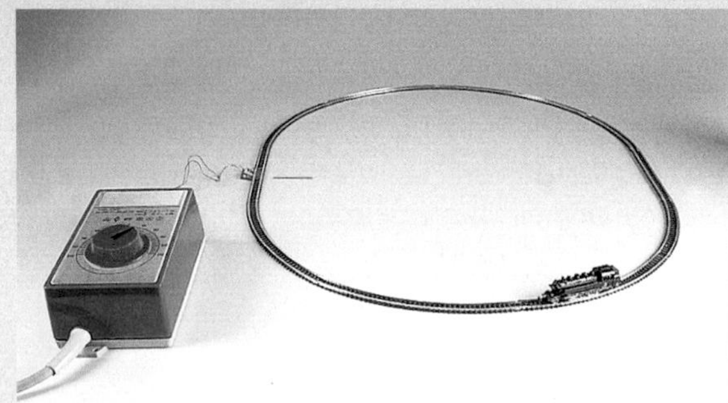

Gruppe 4: Die Geschwindigkeit beim Radfahren
Legt auf dem Schulhof eine gerade Strecke von 50 m fest. Lasst nacheinander alle Mitglieder der Klasse bei „fliegendem Start" diese Strecke durchfahren. Messt die entsprechende Zeit und berechnet die jeweiligen Durchschnittsgeschwindigkeiten.

Mit Bewegungsenergie durch den Straßenverkehr

Unfälle mit dem Fahrrad passieren leider immer wieder. Du kannst aber die Gefahr eines Unfalls dadurch verringern, dass dein Fahrrad verkehrssicher ausgerüstet ist und du mit angepasster ▸ Geschwindigkeit fährst. Denn je höher deine Geschwindigkeit ist, desto größer ist auch deine **Bewegungsenergie.**

Bremsen

Vorder- und Hinterradbremse müssen gut funktionieren, damit du in gefährlichen Situationen schnell zum Stehen kommen kannst. Dabei musst du berücksichtigen, dass du bei doppelter Geschwindigkeit die vierfache Bewegungsenergie hast. Diese Bewegungsenergie wird beim Bremsen in Wärme umgewandelt. Entsprechend länger dauert es dann auch, bis du zum Stillstand kommst.

Sehen und gesehen werden

Der **Fahrradscheinwerfer** und die **Rückleuchte** müssen bereits in der Dämmerung eingeschaltet werden. Dadurch können dich andere Verkehrsteilnehmer eher und besser sehen. Du selbst kannst aber auch Hindernisse besser erkennen.

Die **roten** und **weißen Rückstrahler,** auch **Reflektoren** genannt, leuchten im Scheinwerferlicht eines Autos auf und machen dich für Autofahrer besser sichtbar. **Gelbe Rückstrahler** an den Pedalen und **Katzenaugen** in den Speichen reflektieren ebenfalls das Licht der Scheinwerfer anderer Verkehrsteilnehmer. Dadurch werden deine Sichtbarkeit und deine Sicherheit erhöht.

Sicherheit fängt oben an ...

Sehr wichtig ist der **Fahrradhelm.** Er schützt dich bei Unfällen und Stürzen vor Kopfverletzungen. Der Fahrradhelm muss durch richtige Einstellungen an die Kopfform angepasst sein. Nur so ist gewährleistet, dass der Helm während der Fahrt und auch beim Sturz oder Unfall nicht vom Kopf rutscht.

... und endet unten

Deine Kleidung sollte mit **reflektierenden Streifen** versehen sein, damit du im Scheinwerferlicht der Autos gut zu erkennen bist. Weite Hosenbeine werden mit **Reflektorbändern** oder **Metallklammern** zusammengehalten, damit der Stoff beim Fahren nicht in die Kette gerät und dich zum Stürzen bringt.

1. Erstelle in deinem Heft eine Tabelle mit den Spalten Licht, Kleidung und Bremsen. Ordne die entsprechenden Bezeichnungen aus dem Text in die betreffenden Spalten ein.

Bewegung bei Menschen – das Skelett gibt dem Körper Halt

1. Untersuche das Skelett aus der Biologiesammlung mithilfe des Notizzettels.

Forschungsaufträge am Skelett

- Gesamtzahl der Knochen des menschlichen Skeletts: ❍ 153, ❍ 211 oder ❍ 317?
- Länge der größten und der besonders kleinen Knochen bestimmen. Hinweis: Der mit nur 2,7 mm kleinste Knochen des Skeletts befindet sich im Mittelohr.
- Anzahl der Knochen, aus denen die Hand besteht, bestimmen. Beweglichkeit des Handgelenks und der Finger feststellen.
- Unterschiede zwischen Röhrenknochen und Plattenknochen bestimmen. Beispiele für beide Typen finden.
- Hohlräume des Skeletts nennen und die in ihnen geschützt liegenden Organe aufzählen.

2. a) Versuche möglichst viele der in Abbildung 1 gezeigten Knochen an deinem Körper zu ertasten. Beginne mit Schlüsselbein und Brustbein.
b) Baue mit einem Partner ein „lebendes Skelett". Beschrifte dazu Kreppbandstreifen mit den Namen der Knochen und klebe sie auf die Kleidung deines Partners. Präge dir die Namen der Knochen gut ein.

3. a) Vergleiche das Skelett der Arme und Beine. Erkennst du Gemeinsamkeiten im Aufbau? Stelle die einander entsprechenden Knochen in einer Tabelle gegenüber.
b) Begründe, warum die Knochen der Beine die kräftigsten des ganzen Körpers sein müssen.

Armskelett	Beinskelett
Oberarm	Oberschenkel
Elle	…

5. a) Baue aus den abgebildeten Materialien ein einfaches Modell für Röhrenknochen.
b) Erkunde mithilfe von Büchern oder anderen Gewichten, welche Belastungsrichtung Röhrenknochen besonders gut verkraften.

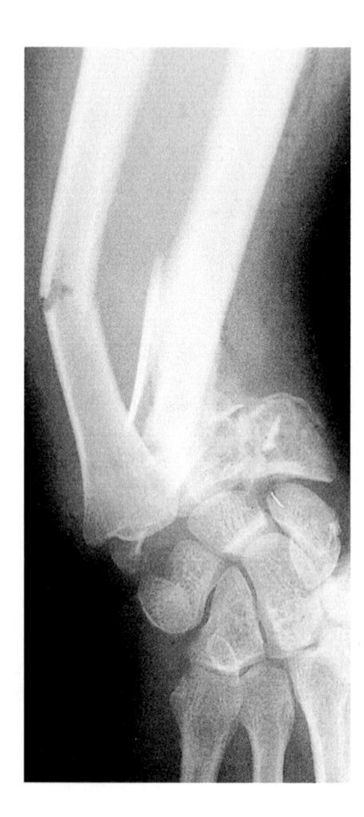

4. a) Erkennst du die Verletzung auf dem Röntgenbild? Welcher Knochen ist betroffen? Wie könnte der Schaden entstanden sein? Berichte auch von eigenen Verletzungen.
b) „Der Knochen lebt!" Begründe diese Aussage mithilfe der Abbildung unten. Denke auch daran, wie sich Knochen beim Wachstum verändern und was nach einem Knochenbruch geschieht.

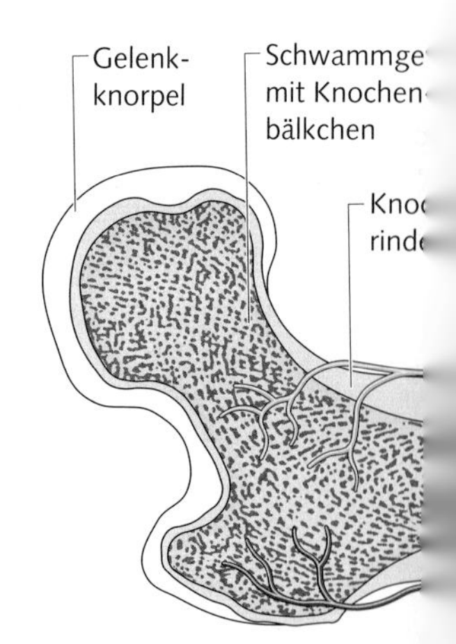

Das Skelett stützt den Körper

Bewegungen bei Sport und Spiel werden erst möglich durch eine stabile innere Stütze: das **Skelett**.
Das **Armskelett** ermöglicht zum Beispiel das Schlagen des Balles mit dem Tennisschläger.
Das **Beinskelett** trägt das Gewicht des Körpers beim Laufen und Springen. Ober- und Unterschenkel sind deshalb besonders kräftig gebaut.
Damit der Sportler diese Bewegungen ausführen kann, müssen seine Gliedmaßen mit der **Wirbelsäule** beweglich verbunden sein. Diese Verbindungen werden durch **Schulter- und Beckengürtel** hergestellt. Die Wirbelsäule stützt das Skelett und hält es aufrecht. An ihr sind die übrigen Teile des Skeletts befestigt.

Das Skelett schützt den Körper

Kleine Stöße und Verletzungen lassen sich gerade beim Sport nicht vermeiden. Das Gehirn ist durch das **Kopfskelett** gut geschützt. Ähnlich schützt der **Brustkorb** das Herz und die empfindliche Lunge. Die zwölf Rippenpaare des Brustkorbs sind hinten mit der Wirbelsäule und vorn zum Teil mit dem Brustbein verbunden und bilden so einen schützenden Korb.

Knochen sind stabil

Röhrenknochen sind innen markhaltig. Calciumsalze („Kalk") in den Knochen sorgen dafür, dass sie sehr fest sind, der Knochenknorpel macht sie elastisch.

■ Das Skelett stützt den Körper und schützt die Organe.

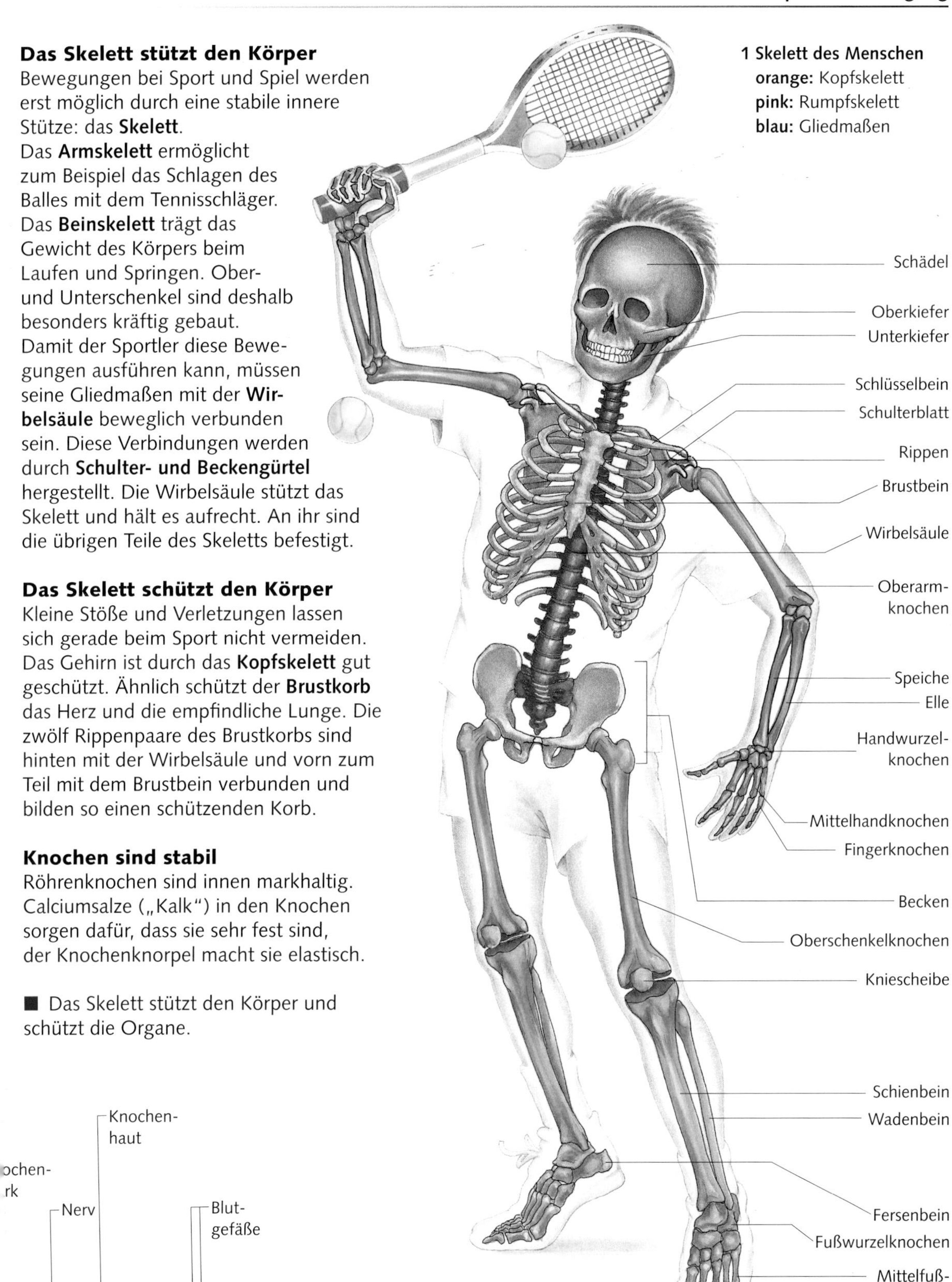

1 Skelett des Menschen
orange: Kopfskelett
pink: Rumpfskelett
blau: Gliedmaßen

Knochen-haut
Nerv
Blut-gefäße

2 Röhrenknochen

Die Wirbelsäule – Hauptstütze des Skeletts

1. a) Beuge deinen Rumpf nach vorn, nach hinten und zur Seite. In welchem Bereich sind welche Bewegungen möglich? Wo ist die Beweglichkeit am größten?
b) Ertaste am Rücken deines Partners die Wirbelsäule. Welche der Teile in Abbildung 1C fühlst du dabei?

2. a) Hebe deinen Schulranzen wie in den Abbildungen gezeigt. Spürst du einen Unterschied in der Belastung der Wirbelsäule?
b) Demonstriere Familienmitgliedern das richtige Heben z. B. eines Getränkekastens.

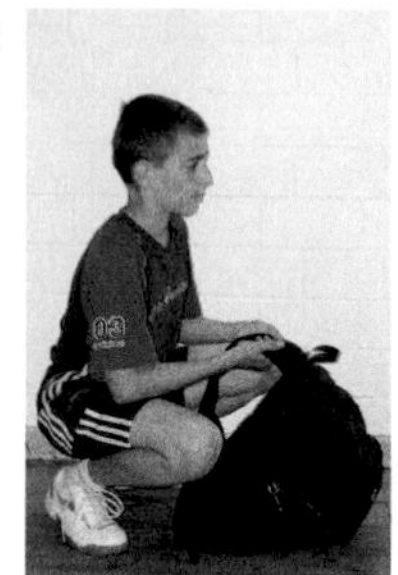

3. a) Biegt mit 40 cm langen und ca. 2 mm dicken Drahtstücken die abgebildeten „Wirbelsäulen" nach. Achtet auf die unterschiedliche Krümmung.

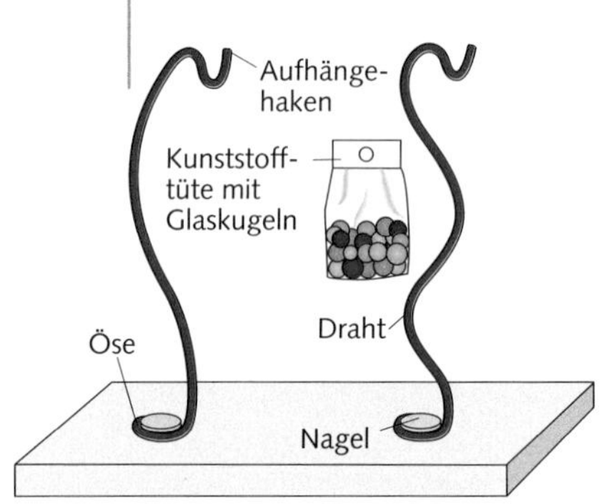

b) Belastet die Modelle z. B. mit einem Murmelsäckchen. Wann beginnen die Drähte sich zu biegen? Welche Form verträgt die höhere Belastung? Welches Modell ähnelt der menschlichen Wirbelsäule?

4. Ermittelt durch eine Befragung die Zeit, die ihr täglich in sitzender Haltung verbringt. Berechnet den Durchschnittswert und beurteilt die Ergebnisse.

5. a) Wo können beim krummen Sitzen Schäden auftreten? Vergleicht dazu die Abbildung rechts mit Abbildung 1B.
b) Wie können solche Haltungsschäden vermieden werden? Bedenkt auch die Bedeutung passender Sitzmöbel.

Die Wirbelsäule ist stabil und beweglich

Als stabile, aber dennoch bewegliche Säule durchzieht die Wirbelsäule den Körper. Von der Seite betrachtet ist sie in Form eines „Doppel-S" gekrümmt. Dadurch kann sie beim Laufen und Springen Stöße abfedern.

Die Wirbelsäule besteht aus über 30 knöchernen **Wirbeln,** die durch elastische Knorpelscheiben voneinander getrennt sind. Diese **Bandscheiben** geben den notwendigen Spielraum für Bewegungen beim Drehen und Beugen. Außerdem wirken sie wie Stoßdämpfer. Die einzelnen Wirbel werden durch starke Bänder und Muskeln zu einer Einheit verspannt.

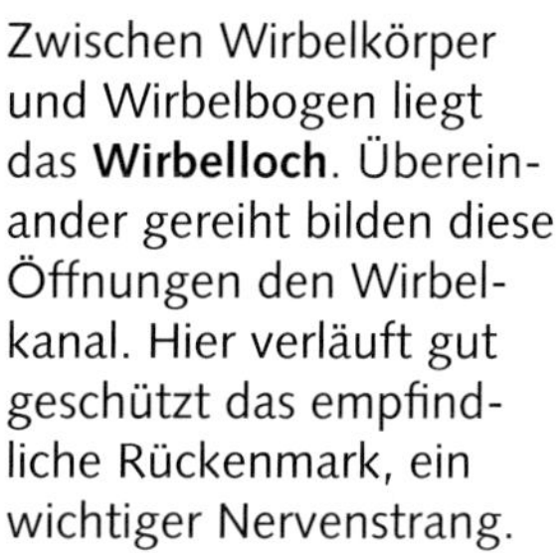

Zwischen Wirbelkörper und Wirbelbogen liegt das **Wirbelloch**. Übereinander gereiht bilden diese Öffnungen den Wirbelkanal. Hier verläuft gut geschützt das empfindliche Rückenmark, ein wichtiger Nervenstrang.

■ Die Wirbelsäule hält den Körper aufrecht und schützt das Rückenmark.

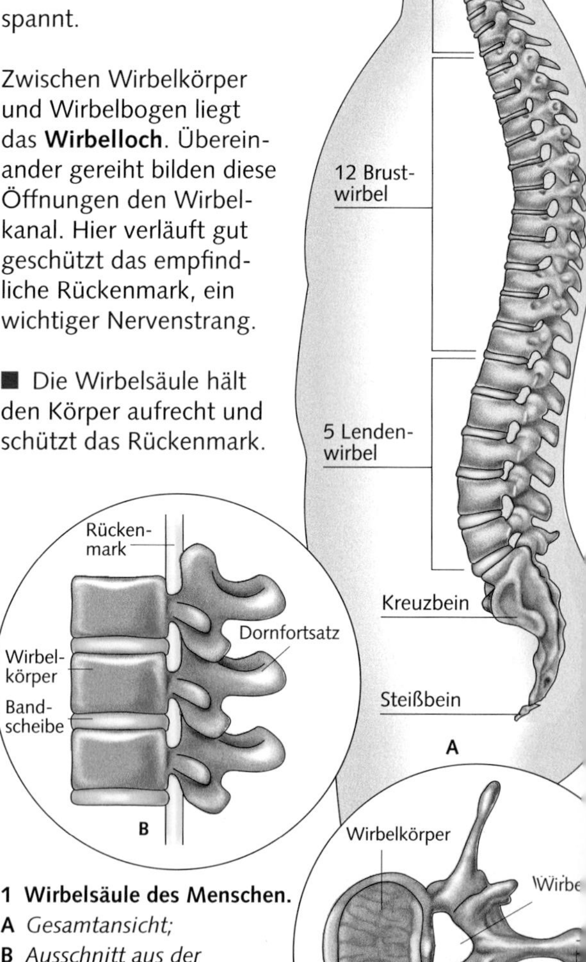

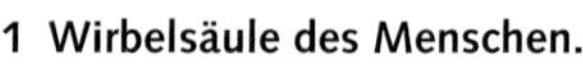

1 Wirbelsäule des Menschen.
A *Gesamtansicht;*
B *Ausschnitt aus der Lendenwirbelsäule;*
C *Lendenwirbel in der Ansicht von oben*

Einen kurzen Vortrag halten

Vortrag vorbereiten

Wenn du – allein oder im Team – einen Vortrag zum Beispiel über den Körperbau des Menschen halten sollst, musst du dich gut vorbereiten.

1. Falls ihr als Team arbeitet, müsst ihr euch **absprechen,** wer welche Aufgabe übernimmt.
2. Sammle **Informationen** zum Thema deines Vortrages: zum Beispiel in Büchern oder im ▸ Internet unter dem entsprechenden Suchbegriff. Verwende nur das, was wichtig oder interessant ist, sonst wird der Vortrag leicht zu lang und uninteressant.
3. Suche **ergänzende Materialien,** die du vorstellen oder ausstellen willst.
4. Arbeite eine **Gliederung** für den Vortrag aus, sodass sich eine sinnvolle Reihenfolge der Informationen ergibt.
5. Überlege, an welchen Stellen du etwas zeigen möchtest und welche Materialien und Geräte du dafür brauchst.
6. Bereite die Materialien zur Veranschaulichung vor, zum Beispiel Plakate, Fotos oder Folien für Tageslichtprojektor, einen Ausstellungstisch.
7. Mache auf Zetteln oder Karteikarten kurze **Stichpunkte,** anhand derer du den Vortrag halten kannst.
8. Trainiere deinen Vortrag.

1 Beim Vortrag

Vortrag halten

Damit dein Vortrag erfolgreich verläuft, solltest du einfache Regeln beachten:

1. Nenne das Thema deines Vortrages und gib dann einen kurzen Überblick über das, was deine Zuhörer erwartet.
2. Sprich langsam und deutlich.
3. Schaue während des Vortrags möglichst oft zu deinen Zuhörern. Lies den Vortrag möglichst nicht ab.
4. Baue die vorbereiteten Materialien wie Fotos, Sachzeichnungen, Tafelskizzen, Tabellen, ▸ Diagramme, ▸ Modelle oder die mitgebrachten Gegenstände in den Vortrag ein und erkläre sie jeweils.
5. Mit einem Beamer können auch Bilder vom Computer gezeigt werden.
6. Gib deinen Zuhörern Gelegenheit, Fragen zu stellen.
7. Gib ehrlich zu, wenn du etwas nicht weißt und versuche nicht, dir schnell etwas auszudenken.

2 Vortrag im Team

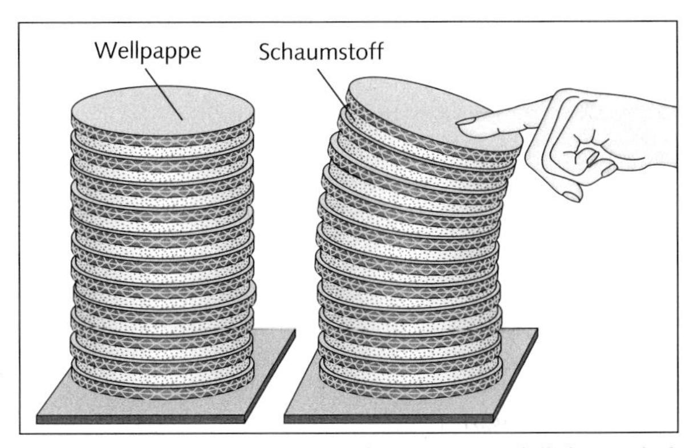

3 Vorbereitete Vortragsmaterialien – ein Modell der Wirbelsäule

Muskeln brauchen Training

1. a) Lies die Aussage des Schülers. Stimmst du ihm zu?
b) Fragt eure Sportlehrkraft, warum es zu Beginn des Sportunterrichts erforderlich ist, sich aufzuwärmen. Welche Übungen werden empfohlen?

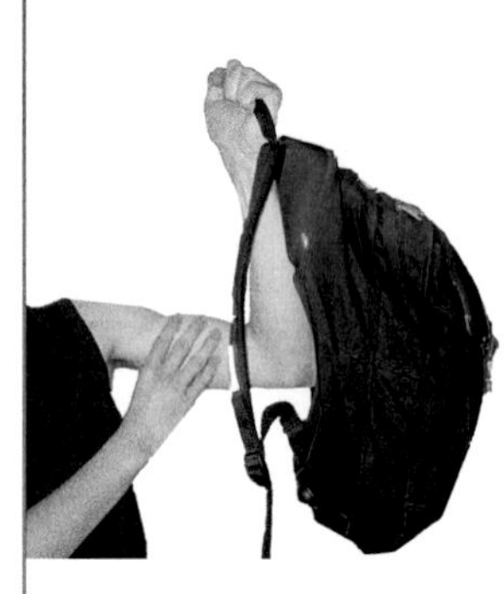

2. a) Nimm deine Schultasche in die Hand und hebe sie durch das Beugen des Unterarms. Umfasse dabei mit der freien Hand den Oberarm. Erfühle den arbeitenden Muskel und beschreibe seine Veränderung.
b) Lege die Hand auf den Tisch und drücke mit aller Kraft auf die Tischplatte. Umfasse mit der anderen Hand den Oberarm, diesmal von hinten. Beschreibe, wie sich der Muskel anfühlt.

3. a) Spiele mit den Fingern einer Hand auf dem Tisch „Klavier“. Was kannst du auf dem Handrücken beobachten? Nimm die Abbildung unten zu Hilfe.
b) Finde durch Abtasten heraus, wo die Muskeln für die Bewegung der Finger sitzen.

4. a) Oberhalb der Ferse kannst du die stärkste Sehne deines Körpers ertasten. Wie heißt sie? Benenne auch die rechts gezeigten Knochen des ▸ Skeletts beim Menschen.
b) In der Kniekehle kann man deutlich zwei Sehnen ertasten. Welche Aufgabe haben die dazugehörigen Muskeln?

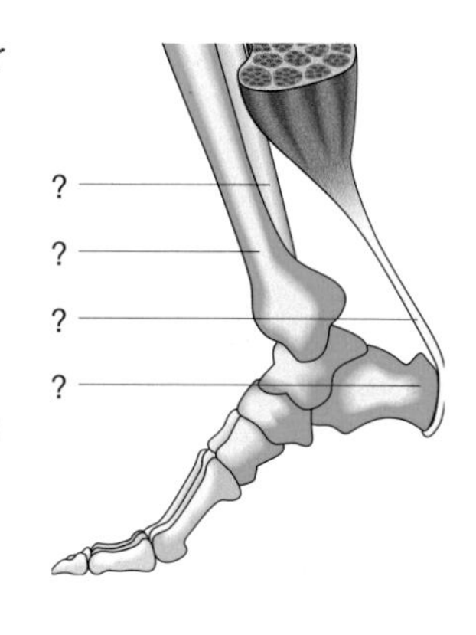

5. a) Welche Sportarten werden durch die Symbole dargestellt?
b) Demonstriere die für jede Sportart typischen Bewegungsabläufe. Nenne stark beanspruchte Muskelgruppen.

6. Erkundet das Sportangebot in eurer Umgebung. Berichtet auch von Sportarten, die ihr selbst ausübt. Welche Sportarten halten den ganzen Körper fit und beugen Haltungsschäden vor?

7. a) Vergleiche das von Schülern gebaute ▸ Modell mit der Realität. Vervollständige dazu die Tabelle.

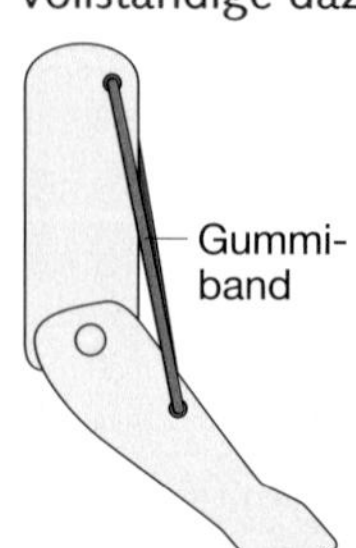

Modell	Realität
Gummiband	…
…	…

b) Was stellt das Modell gut dar? Was stimmt mit der Funktionsweise der Armmuskeln nicht überein?

Muskeln arbeiten zusammen

Mehr als 600 Muskeln sorgen dafür, dass Menschen laufen und springen, sich strecken und bücken können. Allein daran, dass du einen fröhlichen oder traurigen Gesichtsausdruck machst, sind über 30 Gesichtsmuskeln beteiligt!

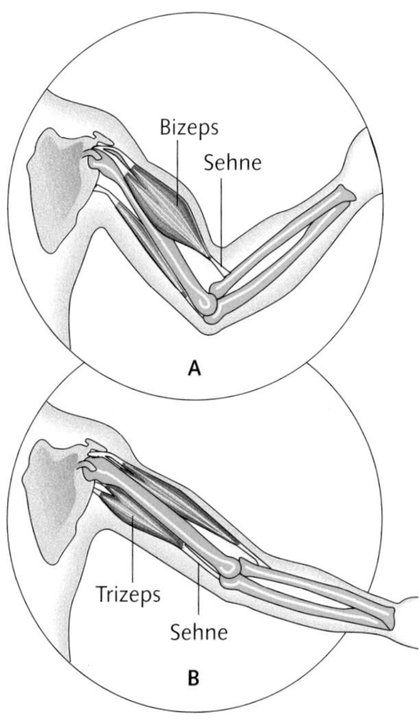

1 Muskeln des Oberarms.
A *Bizeps beim Armbeugen;*
B *Trizeps beim Armstrecken*

Vorn am Oberarm befindet sich ein besonders kräftiger Muskel, der Bizeps. Verkürzt er sich, so wird der Unterarm gebeugt. Den Bizeps nennt man deshalb auch **Beuger.** Um den Arm wieder zu strecken, muss sich der Muskel auf der Rückseite des Oberarms verkürzen. Hier liegt der **Strecker** des Unterarms, der Trizeps. Beuger und Strecker arbeiten abwechselnd und in entgegengesetzter Richtung, sie sind **Gegenspieler.** Zur Bewegung eines Gelenks leisten also immer mindestens zwei Muskeln „Teamarbeit". Verkürzt sich ein Muskel, wird er dicker und fühlt sich hart an.

Feinbau des Muskels

Jeder Muskel setzt sich aus vielen einzelnen, mikroskopisch dünnen **Muskelfasern** zusammen. Außen ist er von einer festen **Muskelhülle** umgeben, die dem Muskel die typische Form einer Spindel verleiht. An beiden Enden geht die Muskelhülle in ein reißfestes Band, die **Sehne,** über. Sehnen verbinden den Muskel mit den Knochen, mit denen sie fest verwachsen sind. Seine volle Kraft entfaltet der Muskel nur dann, wenn sich alle Muskelfasern gleichzeitig zusammenziehen.

Bewegung hält fit

Regelmäßige sportliche Bewegung kräftigt die Muskeln. Sie nehmen an Umfang zu und werden leistungsfähiger. Wenig benutzte Muskeln werden mit der Zeit schwächer. Sportverletzungen werden durch ein **Aufwärmtraining** und Dehnübungen vermieden.
Die Muskulatur wird dabei gut durchblutet und mit Sauerstoff versorgt. Die Muskeln werden elastisch und besser dehnbar.
Etwa zwölf Stunden nach einer ungewohnten Belastung können Muskelschmerzen auftreten. Dieser **„Muskelkater"** entsteht durch winzige Risse in den Muskelfasern. Die Beschwerden verschwinden nach wenigen Tagen.

■ Muskeln sorgen dafür, dass sich der Körper bewegen kann. Sie werden durch regelmäßige Bewegung leistungsfähiger.

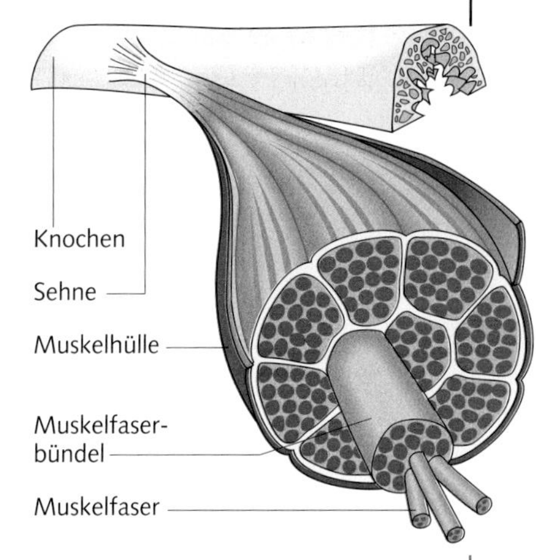

2 Feinbau des Muskels

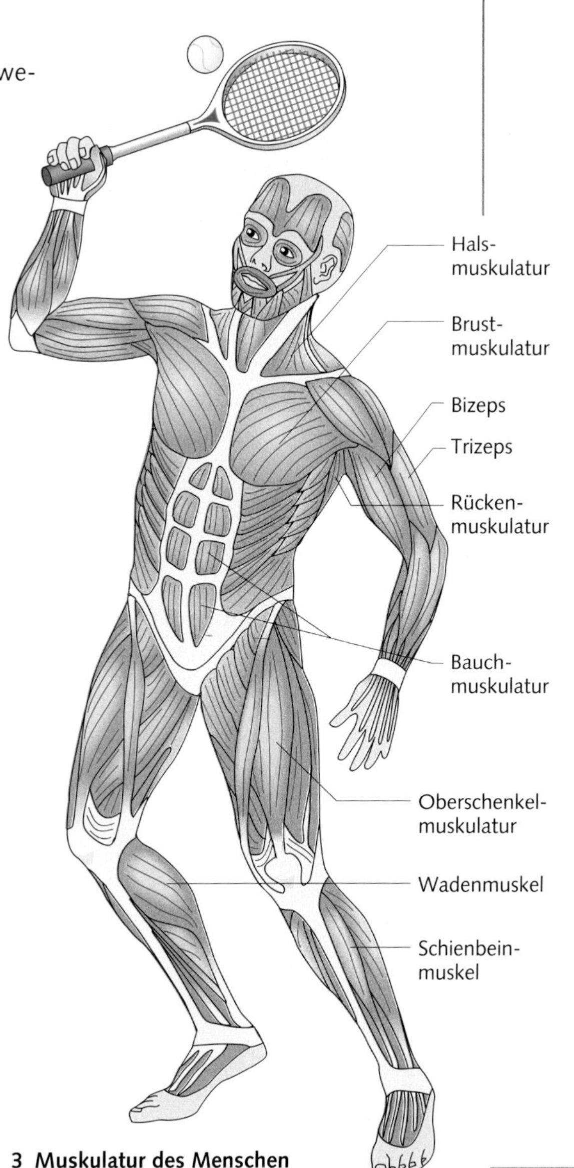

3 Muskulatur des Menschen

Gelenke machen uns beweglich

1. a) Der Flickflack rechts zeigt, wie beweglich unser Körper ist. Welche Gelenke sind bei dieser Übung beteiligt?
b) Suche an deinem Körper nach Gelenken und untersuche, in welche Richtung sie beweglich sind. Beginne bei den Armen und Beinen. Denke aber auch an den Kopf und die Wirbelsäule.

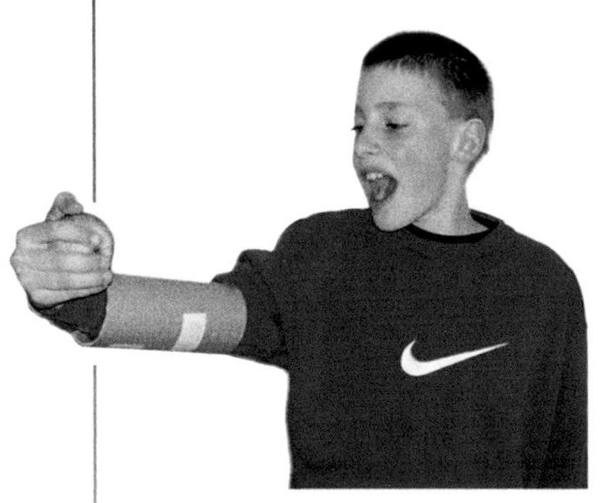

2. a) Stülpe ein 30 cm langes Stück einer Papp- oder Teppichbodenröhre über den Ellenbogen. Versuche nun, dich zu kämmen oder in einen Apfel zu beißen. Was stellst du fest?
b) Befestige mit Kreppband den Daumen an der Handfläche. Welche Tätigkeiten sind jetzt fast unmöglich? Erkläre den Satz: „Der Daumen macht die Hand zu unserem vielseitigsten Werkzeug."

3. Untersuche am Skelett aus der Biologiesammlung die Beweglichkeit von Hüftgelenk, Knie, Ellenbogen und Handgelenk. Erstelle eine Tabelle der Kugel- und Scharniergelenke. Finde weitere Beispiele.

Kugelgelenke	Scharniergelenke
Hüftgelenk	...
...	...

4. Mit welchen Gelenktypen lassen sich die abgebildeten Gegenstände vergleichen? Suche weitere technische Gelenke in deiner Umgebung.

5. a) Baut aus den abgebildeten Materialien das Modell eines Scharniergelenks.
- Schneidet aus einer der Papprollen seitlich einen etwa 3 cm breiten Steifen heraus.
- Klebt mit Heiß- oder 2-Komponenten-Kleber die Rundhölzer seitlich an die „Gelenkenden".
- Schiebt beide „Knochen" ineinander und überprüft die Bewegungsmöglichkeiten.

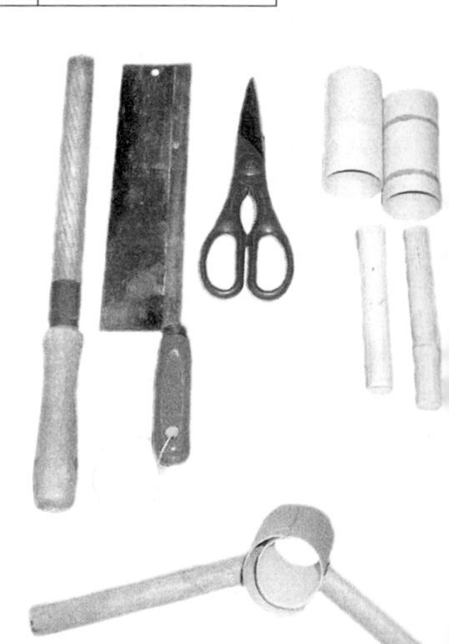

b) Wie könntet ihr das Modell eines Kugelgelenks bauen?
Material-Tipp: aufgeschnittene Bälle verschiedener Größe, Holzkugeln und Rundhölzer.

Aufbau eines Gelenks

Gelenke verbinden Knochen beweglich miteinander. Alle Gelenke besitzen dabei einen gemeinsamen Bauplan: Immer passt das Ende des einen Knochens, der **Gelenkkopf,** genau in die Vertiefung des anderen Knochens, die **Gelenkpfanne.** Beide Knochenenden sind durch eine feste und elastische **Gelenkkapsel** miteinander verbunden, die durch Muskeln und Bänder zusätzlich verstärkt wird. Die Gelenkflächen sind vom glatten **Gelenkknorpel** überzogen. Er federt Stöße elastisch ab und schützt so bei Bewegungen vor Beschädigungen. Im Gelenkspalt befindet sich außerdem ein Gleitmittel, die **Gelenkschmiere.** Sie vermindert die Reibung im Gelenk zusätzlich.

Das Kugelgelenk

Obwohl der Oberschenkel fest mit dem Becken verbunden ist, kann sich das Bein in fast alle Richtungen frei bewegen. Das Hüftgelenk ist damit ein typisches **Kugelgelenk.**

Das Scharniergelenk

Das Ellenbogengelenk dagegen lässt sich nur in eine Richtung bewegen. Weil es damit an das Scharnier einer Tür erinnert, zählt man es zu den **Scharniergelenken.** Hierzu gehören auch das Knie- und die Fingergelenke.

Besondere Gelenktypen

Die Drehung des Kopfes ermöglichen die beiden oberen Halswirbel. Sie sind durch ein **Drehgelenk** miteinander verbunden.
Der Daumen kann sich gegenüber der Handwurzel in zwei Richtungen bewegen, ähnlich einem Reiter auf seinem gesattelten Pferd: nach vorne und hinten sowie nach links und rechts. Man nennt dies ein **Sattelgelenk.**
Der Daumen erhält damit eine Sonderstellung unter den fünf Fingern der Hand: Er kann der Handfläche gegenübergestellt werden und erlaubt so das präzise Zugreifen.

Gelenkverletzungen

Im Kniegelenk kommen **Knorpelverletzungen** besonders häufig vor. Hier bilden zwei halbmondförmige Knorpelscheiben, die Menisken, den Rand der Gelenkpfanne. Werden sie bei seitlichen Drehbewegungen zwischen den Knochen eingeklemmt, können im Knorpel Risse, die Meniskusschäden, entstehen.
Zu **Bandverletzungen** kommt es, wenn Gelenkbänder übermäßig gedehnt werden oder reißen.

■ Gelenke haben einen gemeinsamen Grundbauplan. Man kann vier Gelenktypen unterscheiden: Kugel-, Scharnier-, Dreh- und Sattelgelenk.

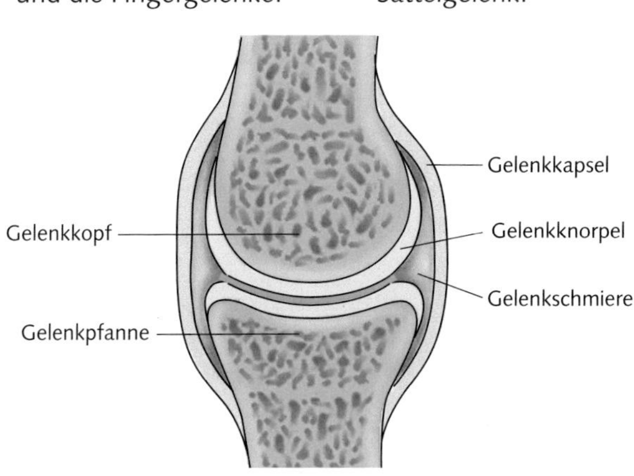

1 Bau eines Gelenks (Schema)

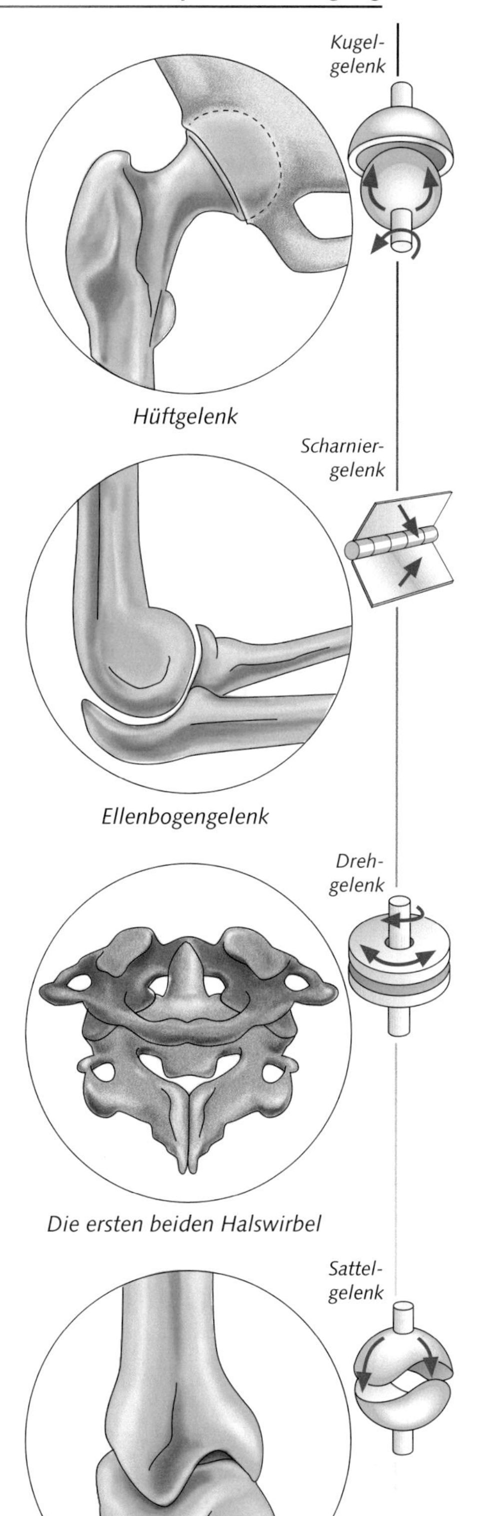

2 Gelenktypen

Bewegte Schule

Muskeltraining im Klassenzimmer

Folgende Übungen verhindern, dass du durch zu langes Sitzen unbeweglich und steif wirst. Außerdem fördern sie die Konzentration!

- *Wiederhole jede Übung 5 x mit jeweils 2 Sekunden Pause.*
- *Halte die Muskelspannung 5 Sekunden aufrecht.*
- *Brich die Übung ab, wenn du Schmerzen spürst.*

Stärkung der Halsmuskeln:
Drücke den Kopf gegen die gefalteten Hände.

Stärkung der Rückenmuskeln:
Ziehe die Ellenbogen kräftig auseinander.

Stärkung der Brustmuskeln:
Presse die Handflächen fest aufeinander.

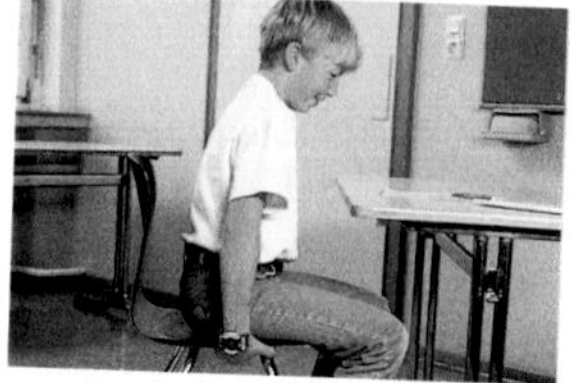

Stärkung des unteren Rückens:
Richte den Rücken gegen den Widerstand auf.

Fit durch die „aktive Pause"

hk Kassel – „Die aktive Pause ist nach Beschluss der Schulkonferenz zentraler Bestandteil unseres neuen Schulprogramms" berichtet Henning Martens, Schulleiter der Kasseler Goetheschule.

Dabei geht es nicht nur um positive Auswirkungen auf die Gesundheit. „Wir beobachten, dass unsere Schüler ausgeglichener und konzentrationsfähiger werden, wenn sie sich in der Pause ausreichend bewegen. Bewegung wirkt sich also auch auf die schulischen Leistungen positiv aus", ist Martens überzeugt. Als Grundausstattung hat jede Klasse eine Spielekiste erhalten. Der Verleih größerer Geräte – wie z. B. der Stelzen – wird von älteren Schülern organisiert. Ins Rollen kam dies auf Initiative einiger Eltern, die nicht wollten, dass ihre Kinder den größten Teil des Vormittags mit „Stillsitzen" verbringen. Gleiches gilt für das „Herumhängen" in der Freizeit vor dem PC und dem Fernseher. Die Folgen sind Haltungsschäden, Atembeschwerden, Kreislaufprobleme.

1. Hier findet ihr Beispiele für aktive Pausenspiele. Probiert sie aus und überlegt euch weitere. Recherchiert dazu im ▸ Internet

2. Zählt eure Atemzüge pro Minute nach ruhigem Sitzen und nach 20 Kniebeugen. Was stellt ihr fest? Formuliert eine Erklärung für eure Beobachtungen. Tipp: Schlagt unter ▸ Energie nach.

3. Die drei Fotos zeigen Fehlhaltungen, die die Wirbelsäule einseitig belasten. Nennt mögliche Folgen. Demonstriert, wie die richtige Haltung aussehen müsste.

Im Internet nach Informationen suchen

Vielleicht hast du ja schon Erfahrung mit dem Internet, dem **w**orld – **w**ide – **w**eb (www) gesammelt. Hier findest du eine unüberschaubare Fülle von Informationen zu den verschiedensten Themen des Lebens. Vieles ist brauchbar, vieles jedoch auch nicht.
Du hast grundsätzlich zunächst mit zwei Hauptproblemen zu tun:
1. Wie **finde** ich genau das, was ich brauche?
2. Wie bekomme ich heraus, ob das, was ich da gefunden habe, **brauchbar** ist?

1. **Finden:** Hier helfen dir so genannte Suchmaschinen, zum Beispiel die Suchmaschine „Blinde Kuh" (www.blinde-kuh.de). Die Suchmaschine ist speziell auch auf Kinder ausgerichtet. Sie enthält und verweist nur auf Inhalte, die „in Ordnung" sind.
2. **Brauchbares:** Hier wird die Sache schon schwieriger, und du kannst selbst entscheiden – ist das, was ich da gefunden habe, für mich jetzt brauchbar?

Wie komme ich dorthin?
1. Adresse www.blinde-kuh.de eingeben.
2. Es erscheint die **Homepage** der „Blinden Kuh".
3. Im Suchfeld den Begriff Pausenspiele eingeben:

Blinde Kuh Suchmaschine
sorbert für KID
Pausenspiele | Suchen

4. Es erscheint eine Reihe so genannter „links", auf Deutsch „Verbindungen". Wenn du einen „link" anklickst, verbindet dich das Programm mit den jeweiligen Informationen.

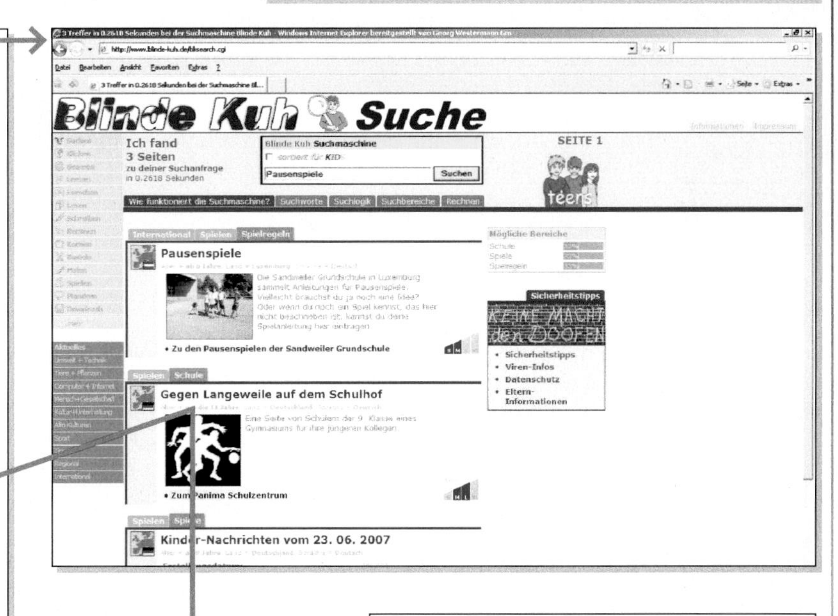

Pausenaktivitäten

Basketball
Volleyball
Feld-Hockey
Mädchenfussball
Jägerball

Jeder gegen Jeden

- Gespielt wird mit **2** Bällen
- Ein Spiel dauert **10** Minuten
- Das Spiel wird auf einem begrenzten Teil des Pausenhofes ausgetragen.
- Es können unbegrenzt viele Spieler teilnehmen.

Die beiden Startspieler müssen mit dem Ball auf die Feldspieler werfen. Jeder Getroffene geht in die Hocke und wartet bis der Spieler, der ihn abgeworfen hat, selbst getroffen wird. In diesem Fall darf er wieder aufstehen und am Spiel teilnehmen. Der Ball darf dem Startspieler nicht entrissen werden.

Regeln:
- Es wird nicht auf den Kopf geworfen.
- Jede Form von Gewalt ist verboten und wird mit Ausschluss vom Spiel geahndet.
- Man darf nur **3** Schritte mit dem Ball laufen und den Ball nur **3** Sekunden halten.

Was auch passieren kann
Wenn du einen Suchbegriff eingeben solltest, zu dem das Programm keinen Eintrag besitzt, erhältst du eine Fehlermeldung.
Das Programm bietet dir dann eine Liste möglicher Gründe an.
- Vielleicht hast du dich einfach nur verschrieben. Versuche es erneut.
- Versuche es mit einem ähnlichen Begriff.
- Wenn du gar keinen Erfolg hast, kannst du es natürlich auch mit einer anderen Suchmaschine versuchen (z. B. www.google.de, www.altavista.de, www.fireball.de).
- Weitere Suchmaschinen oder Lexika, z. B. www.wikipedia.org, findest du im Internet.

Feste und lose Rollen

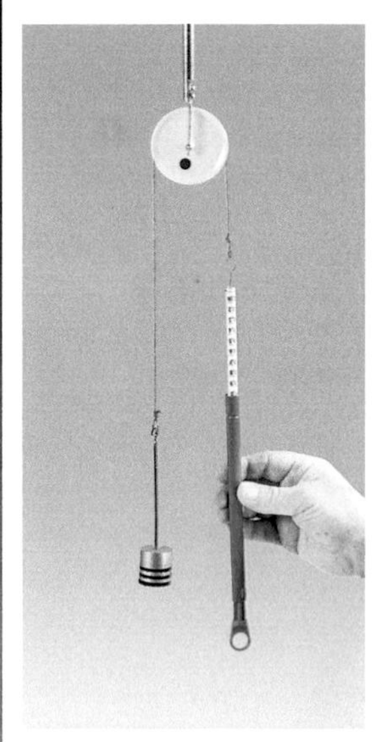
1 Feste Rolle

1. a) Miss die Kraft, die du zum senkrechten Anheben eines 200 g-Wägestückes und zum Anheben mit der Rolle (Bild 1) einsetzen musst.
b) Vergleiche jeweils die Richtungen der in Versuch a) eingesetzten Kräfte. Was stellst du fest?
c) Welche Funktion hat hier die feste Rolle?

2. a) Wähle die Wägestücke so, dass ihre Masse und die Masse der Rolle zusammen 200 g ergeben. Miss wie in den Bildern 2 und 3 jeweils die zum Anheben der Wägestücke und Rolle aufzuwendende Kraft und vergleiche. Was stellst du fest?
b) Welche Aufgabe hat in Bild 3 die feste Rolle?

3. Miss wie in den Bildern 1 bis 3 jeweils die Kraft *F*, die du zum Heben des Wägestückes um 30 cm einsetzen musst. Miss auch die Länge des Seiles, das du ziehen musst. Das ist der Weg *s*, entlang dessen die Kraft wirkt.

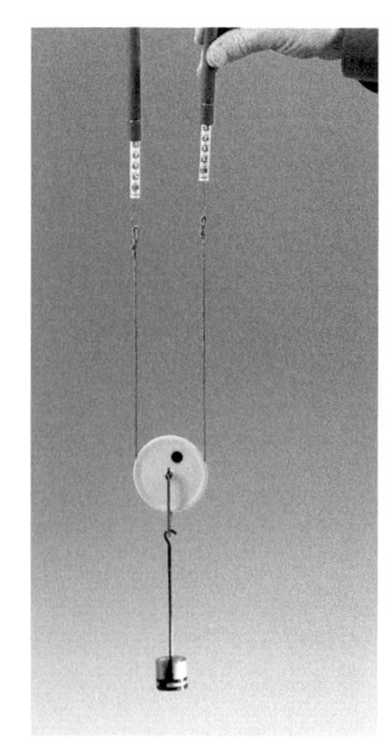
2 Lose Rolle

4. a) Übertrage die Tabelle ins Heft und fülle sie mit den Werten aus Versuch 3 aus. Berechne den Wert in Spalte 4.
b) Vergleiche jeweils die Werte in den Spalten 2 und 4. Was stellst du fest?

1	2	3	4
	F in N	s in m	$F \cdot s$ in Nm
A			
B			
C			

5. Eine Masse von 600 g wird über eine lose Rolle 3 m angehoben. Berechne die aufzuwendende Kraft und den Weg der wirkenden Kraft.

6. Ein gut trainierter Gewichtheber wiegt 65 kg. Er will eine Last von 80 kg
- senkrecht 4 m hochziehen.
- über eine feste Rolle 4 m heben.
- über eine lose Rolle 4 m heben.

Gelingt ihm das jeweils? Begründe deine Antwort.

Feste Rollen
Zum Heben eines 100 g-Wägestückes musst du eine Kraft von 1 N einsetzen. Eine gleich große Kraft musst du einsetzen, wenn du das Wägestück wie in Bild 1 über eine Rolle hochziehst, die dabei ihre Position nicht ändert. Eine solche Rolle heißt **feste Rolle.**
Du brauchst bei dieser Rolle ebenso viel Kraft wie beim senkrechten Heben. Die Rolle ändert aber die Richtung der wirkenden Kraft. Deshalb wird die feste Rolle auch Umlenkrolle genannt.
Um eine Masse um 20 cm zu heben, musst du 20 cm Seil einholen.

Lose Rolle
Die Wägestücke und die Rolle in Bild 2 wiegen zusammen 100 g. Beim Hochziehen des Wägestückes wird die Rolle mit hochgezogen. Sie verändert ihre Position. Eine solche Rolle wird **lose Rolle** genannt. Allerdings brauchst du jetzt nur die Hälfte der in Bild 1 eingesetzten Kraft. Die andere Hälfte der Gewichtskraft von Wägestück und Rolle wirkt über das zweite Seilstück auf das Stativ.
Hebst du das Wägestück um 20 cm, musst du jetzt 40 cm Seil einholen. Der Weg der wirkenden Kraft ist jetzt doppelt so lang.

■ Feste Rollen ändern die Kraftrichtung. Bei losen Rollen wird Kraft gespart, der Weg der wirkenden Kraft wird aber länger. Das Produkt aus der eingesetzten Kraft *F* und dem Weg *s* der wirkenden Kraft bleibt gleich.

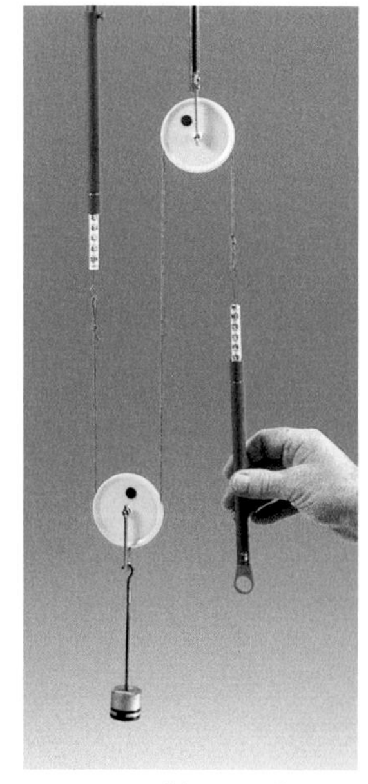
3 Feste und lose Rolle

Der Flaschenzug

1. Welche Rollen der Flaschenzüge in den Bildern 1 A bis C sind feste und welche lose Rollen?

2. a) Baue die Flaschenzüge wie in den Bildern 1 A bis C auf. Wägestück und lose Rollen sollen zusammen eine Masse von 300 g haben.
b) Miss jeweils die Kraft, die du zum Hochziehen des Wägestückes einsetzen musst.
c) Miss jeweils die Länge des eingeholten Seiles, wenn das Wägestück um 30 cm gehoben wird.
d) Bilde jeweils das Produkt aus der eingesetzten Kraft *F* und der Länge *s* des eingeholten Seiles. Was stellst du fest?

3. a) Baue einen Flaschenzug aus drei losen und drei festen Rollen auf. Wägestück und lose Rollen sollen zusammen 300 g wiegen. Wiederhole Versuch 2.
b) Wie viele Seilstücke werden verkürzt, wenn das Wägestück gehoben wird? Wovon hängt ihre Anzahl ab?

4. Formuliere mithilfe der Versuchsergebnisse aus den Versuchen 2 und 3 eine Gesetzmäßigkeit.

5. Warum ist ein Flaschenzug mit 20 losen Rollen nicht sinnvoll?

6. Recherchiere weitere Beispiele für den Einsatz von Flaschenzügen.

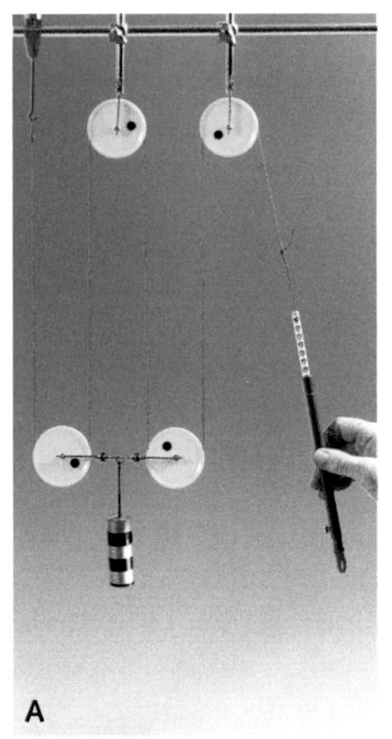
A

B

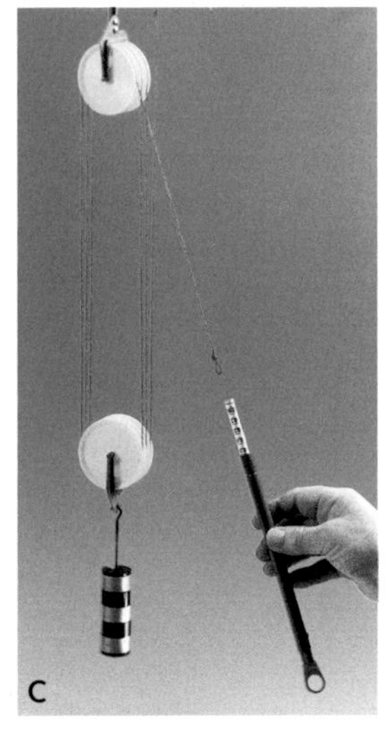
C

1 Flaschenzug.
A *versetzt angebrachte Rollen;*
B *übereinanderliegende Rollen;*
C *nebeneinanderliegende Rollen*

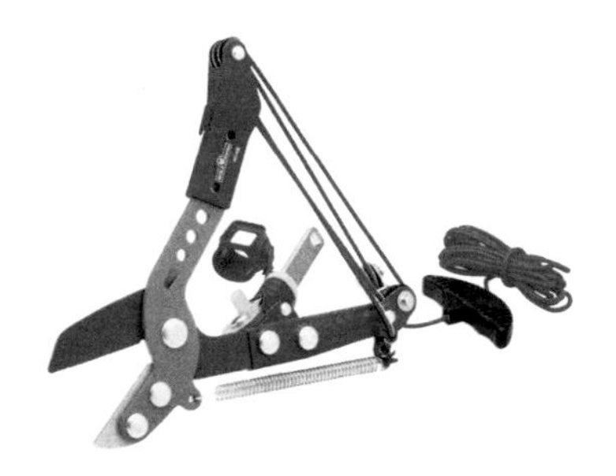

2 Kleiner Flaschenzug

Aufbau des Flaschenzuges

Ein Flaschenzug besteht aus einer Kombination fester und loser Rollen gleicher Anzahl. Der zu hebende Gegenstand hängt an den losen Rollen. Die Bilder 1A bis C zeigen mehrere mögliche Anordnungen der Rollen.

Verkürzung der Seilstücke

Das Wägestück wird durch eine Kraft hochgezogen, die am Ende des Seils wirkt. Soll es um 20 cm gehoben werden, müssen die vier Tragseile, an denen das Wägestück hängt, jeweils um 20 cm kürzer werden. Dazu musst du 80 cm Seil einholen.

Kraftersparnis

Du brauchst jetzt aber nur ein Viertel der Kraft aufzuwenden, die du beim senkrechten Hochheben einsetzen müsstest. Das Produkt aus der Kraft *F* und dem Weg *s* der wirkenden Kraft ist in allen Fällen gleich groß.

■ Durch den Flaschenzug kannst du beim Heben Kraft sparen. Das Produkt aus der Kraft *F* und dem Weg *s* der wirkenden Kraft ist so groß wie beim Heben über feste und lose Rollen.

3 Großer Flaschenzug

Der zweiseitige Hebel

1 Können Anna und Jörg ins Gleichgewicht kommen?

1. Wie kann Anna trotz ihrer geringeren Gewichtskraft mit Jörg im Gleichgewicht sitzen?

2. a) Hänge wie in Bild 2 an eine Stelle des linken Hebelarmes ein Wägestück. Miss an verschiedenen Stellen des rechten Hebelarms jeweils die Kraft, die für das Gleichgewicht aufgewendet werden muss. Übertrage die Tabelle in dein Heft und notiere die Werte für die Spalten A bis D.
b) Verändere die Position des Wägestückes, nimm auch unterschiedlich große Wägestücke. Verfahre dann wie bei Versuch a).
c) Berechne die Werte in den Spalten E und F und vergleiche sie. Formuliere eine Gesetzmäßigkeit.

A	B	C	D	E	F
F_1 in N	s_1 in m	F_2 in N	s_2 in m	$F_1 \cdot s_1$ in Nm	$F_2 \cdot s_2$ in Nm

2 Messungen am zweiseitigen Hebel

3. Zeichne eine Schere und eine Zange in dein Heft. Trage die Hebelarme in verschiedenen Farben ein.

Hebel und Hebelarme

Anna und Jörg wollen die Wippe ins Gleichgewicht bringen. Anna ist jedoch leichter als Jörg. Wenn Anna aber den richtigen Sitzplatz auf ihrer Seite wählt, dann kommt die Wippe ins Gleichgewicht (Bild 1). Die Wippe ist ein **Hebel.** Dieser Hebel hat zwei Arme, auf denen jeweils Anna und Jörg sitzen. Die **Hebelarme** drehen sich um den **Drehpunkt D.** Ihre Länge reicht vom Drehpunkt bis zu den Stellen, an denen Anna und Jörg jeweils ihre Gewichtskraft einsetzen. Diese Art von Hebel wird **zweiseitiger Hebel** genannt.
Das Zusammenwirken der Länge des Hebelarms s_1, auf dem Anna sitzt, und ihrer Gewichtskraft F_1 bewirkt das Gleichgewicht zu Jörgs kürzerem Hebelarm s_2 und seiner größeren Gewichtskraft F_2. Dabei wirken F_1 und F_2 immer in Richtung Erdmittelpunkt.

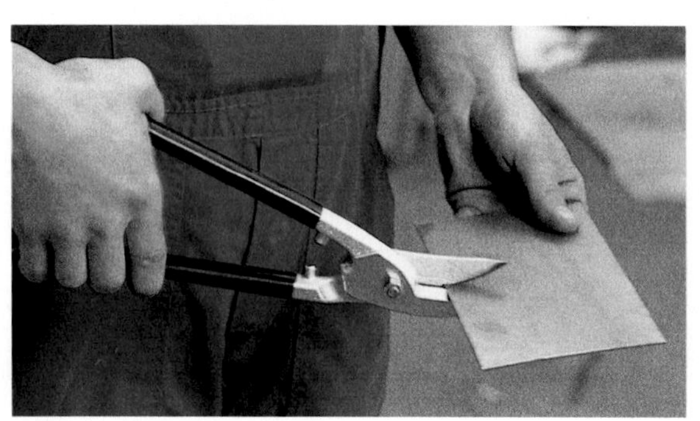

3 Hier findest du zwei Hebel.

Drehmoment und Hebelgesetz

Das Produkt aus der wirkenden Kraft F und der Hebellänge s heißt **Drehmoment *M*.** Seine Einheit ist Nm (Newtonmeter). Die Kraft muss senkrecht auf den Hebelarm wirken ($F \perp s$).
Wenn das Drehmoment M_1 auf Annas Seite so groß ist wie das Drehmoment M_2 auf Jörgs Seite, dann ist der Hebel im Gleichgewicht. Dieser Zusammenhang wird als **Hebelgesetz** bezeichnet.

$$M_1 = M_2$$
$$F_1 \cdot s_1 = F_2 \cdot s_2 \ (F \perp s)$$

Aus dem Hebelgesetz folgt, dass du bei doppelt so langem Hebelarm nur noch die halbe Kraft einzusetzen brauchst, um ein gleich großes Drehmoment zu erhalten.

Der einseitige Hebel

1. Vergleiche den einseitigen Hebel aus Bild 1 mit dem zweiseitigen Hebel. Nenne Gemeinsamkeiten und Unterschiede.

2. a) Hänge wie in Bild 1 an eine Stelle des Hebelarms ein Wägestück. Bringe den Hebel ins Gleichgewicht und miss die dazu notwendige Kraft. Versetze den Kraftmesser und bestimme erneut die zum Gleichgewicht notwendige Kraft. Übertrage die Tabelle in dein Heft und notiere die Werte für die Spalten A bis D.

A	B	C	D	E	F
F_1 in N	s_1 in m	F_2 in N	s_2 in m	$F_1 \cdot s_1$ in Nm	$F_2 \cdot s_2$ in Nm

b) Verändere erst die Position des Wägestückes, nimm dann verschieden große Wägestücke. Verfahre weiter wie bei a).
c) Berechne die Werte in den Spalten E und F und vergleiche sie.
d) Formuliere die Gesetzmäßigkeit. Vergleiche diese mit der Gesetzmäßigkeit für den zweiseitigen Hebel.

3. Gib bei den Bildern 3 bis 5 jeweils die Hebelarten an. Erkläre und beschreibe die Hebelarme anhand der Bilder.

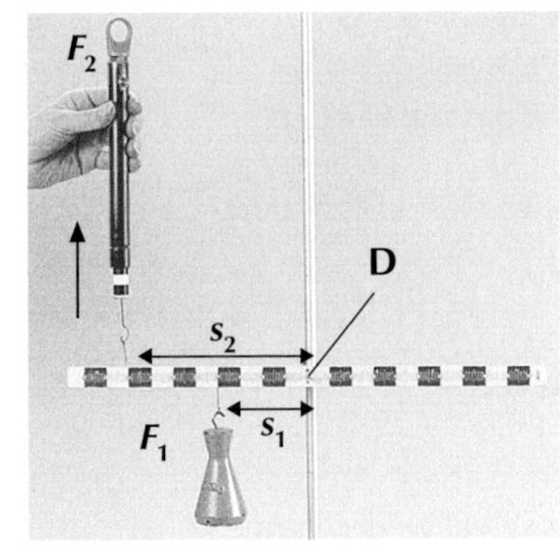

1 Einseitiger Hebel

Hebelarme auf der selben Seite

Bild 1 zeigt einen Hebel, bei dem sich beide Hebelarme auf derselben Seite des Drehpunktes D befinden. Das ist ein **einseitiger Hebel.**
Ein Hebelarm reicht vom Drehpunkt bis zum Angriffspunkt der Kraft des Wägestückes, der zweite Arm vom Drehpunkt bis zum Angriffspunkt des Kraftmessers.

Gleichgewicht am einseitigen Hebel

Der Hebel ist im Gleichgewicht, wenn beide Drehmomente gleich groß sind. Eine Kraft wirkt beim einseitigen Hebel der anderen Kraft entgegen.
Auch die Schubkarre in Bild 2 ist ein einseitiger Hebel. Hebst du die Karre weiter hinten an, hast du einen längeren Hebelarm und brauchst weniger Kraft, als wenn du sie weiter vorne anhebst.

■ Beim einseitigen Hebel sind bei Gleichgewicht die beiden Drehmomente gleich groß.

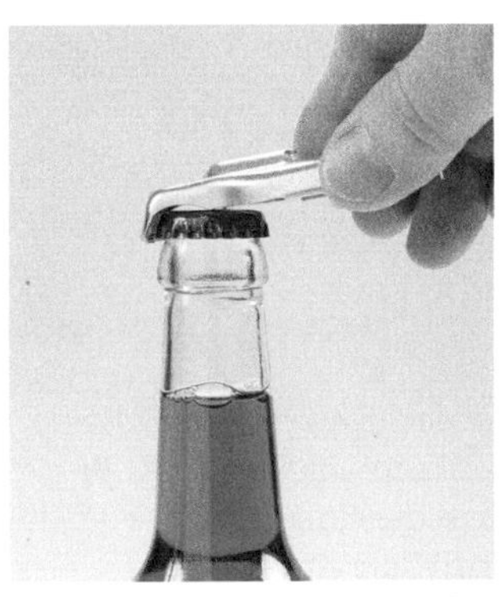
3 Der Durst wird ausgehebelt.

4 Gut bedacht!

2 Einseitiger Hebel an der Schubkarre

5 Zwei- oder einseitig, das ist hier die Frage!

Die schiefe Ebene

1. Was würdest du in Bild 2 ändern, um die Schubkarre samt Inhalt mit weniger Kraft schieben zu können?

2. a) Befestige einen Versuchswagen mit einem etwa 20 cm langen Gummiband an einem Brett und setze den Wagen darauf. Stelle das Brett schräg. Verändere die Steigung des Brettes. Wie verändert sich das Gummiband? Was schließt du daraus?
b) Welche Kraft wirkt an dem Gummiband?
c) Nenne Kraft und Gegenkraft.

3. a) Miss die Gewichtskraft F_G des Versuchswagens aus Versuch 2.
b) Befestige den Kraftmesser am oberen Ende des Brettes. Bestimme die Kraft F_H, mit der der Wagen nach unten gezogen wird (Bild 1). Vergleiche F_H mit F_G.

4. a) Ziehe den Wagen aus Versuch 3 die schiefe Ebene hinauf. Miss die zum Ziehen notwendige Kraft F_Z. Übertrage die Tabelle ins Heft und notiere die gemessenen Werte.

F_Z in N		
Steigungswinkel α		
F_H in N		

b) Befestige zwei weitere unterschiedlich lange Bretter in jeweils gleicher Höhe. Wie verändert sich dabei der Steigungswinkel α der schiefen Ebene?
c) Wiederhole Versuch a), miss F_H und α. Was stellst du fest?
d) Zeichne zu zwei Messungen Kraft und Gegenkraft.

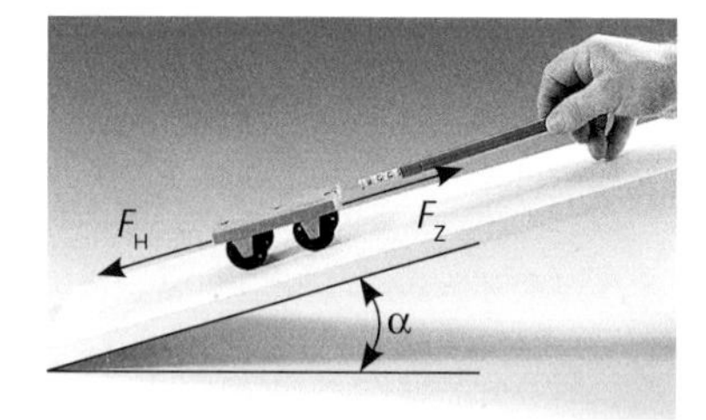

1 Messungen an der schiefen Ebene

5. Wiederhole Versuch 4. Verändere die Masse des Wagens mithilfe von Wägestücken.

6. a) Von welchen Größen hängt die zum Hochziehen des Wagens notwendige Kraft ab?
b) Von welchen Größen hängt die Kraft ab, die den Wagen die Ebene hinunter treibt? Formuliere die Gesetzmäßigkeit.

7. Wie wirken sich bei unterschiedlichen schiefen Ebenen mit gleicher Höhe die Steigungswinkel
a) auf die Länge der schiefen Ebene,
b) auf die Kraft F_H aus?

8. Wie bewegt sich ein Körper, wenn die Hangabtriebskraft größer ist als die Schubkraft? Nenne Beispiele dazu.

Die Hangabtriebskraft

Schiebst du die Karre wie in Bild 2 über das Brett, so musst du mehr Kraft einsetzen als beim waagerechten Schieben. Es tritt nämlich eine zusätzliche Gegenkraft auf, die das Zurückrollen der Karre bewirkt. Diese Kraft heißt **Hangabtriebskraft F_H**. Sie ist geringer als die Gewichtskraft F_G.
Füllst du die Karre mit Pflanzenerde, musst du beim Schieben mehr Kraft aufwenden. Denn mit der Gewichtskraft wächst die Hangabtriebskraft.

Länge der schiefen Ebene

Nimmst du zum Überwinden der Treppenstufen ein kürzeres Brett, ist der Weg der wirkenden Kraft kürzer, aber steiler. Die Hangabtriebskraft ist groß, also musst du viel Kraft zum Schieben einsetzen. Bei einem längeren Brett ist der **Steigungswinkel** α des Brettes kleiner. Damit sind die Hangabtriebskraft und **Schubkraft F_S** geringer.
Du sparst beim Schieben der Karre Kraft im Vergleich zum senkrechten Hochheben über die Stufen. Dafür ist der Weg der wirkenden Kraft länger. Eine solche Einrichtung heißt **schiefe Ebene.**

■ Beim Schieben eines Körpers über eine schiefe Ebene muss die Hangabtriebskraft F_H überwunden werden. Sie hängt von der Gewichtskraft F_G des Körpers und dem Steigungswinkel α der Ebene ab.

2 So geht es einfacher bei der Gartenarbeit.

Anwendung der schiefen Ebene

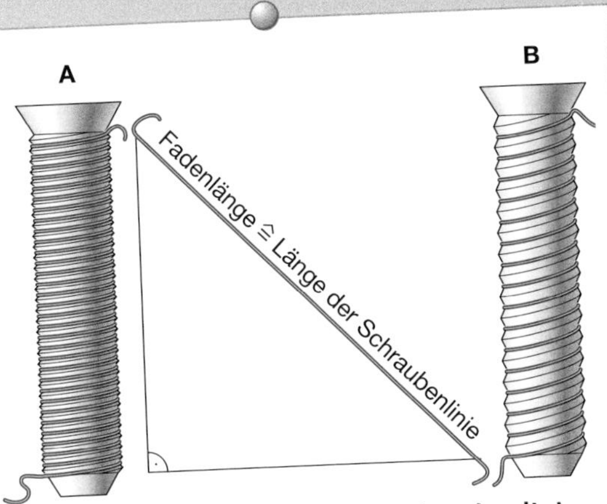

1. a) Miss die Länge der **Schraubenlinie** der Schraube A. Zeichne ein rechtwinkliges Dreieck, bei dem ein Schenkel des rechten Winkels die Länge des Schraubengewindes, die lange Seite des Dreiecks die Länge der Schraubenlinie hat.

b) Zeichne das entsprechende rechtwinklige Dreieck für Schraube B. Vergleiche den Anstieg der langen Seite mit dem Anstieg für Schraube A. Was stellst du fest?

2. Bei welcher Schraube musst du mehr Kraft zum Festdrehen einer Mutter aufwenden? Begründe deine Antwort mit den Begriffen Kraft, Steigungswinkel und schiefe Ebene.

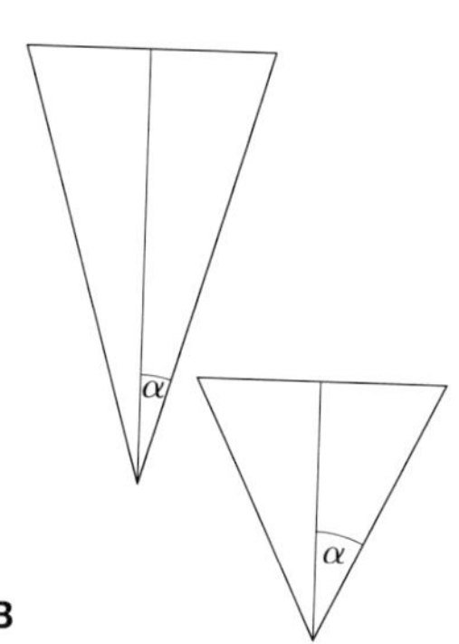

B

Zum Spalten von Holz werden oft **Keile** eingesetzt (Bild A). Auch die Klinge einer Axt ist ein Keil. Du kannst dir den Keil aus zwei schiefen Ebenen zusammengesetzt vorstellen. Bei einem längeren Keil ist der Steigungswinkel α (Bild B) kleiner als bei einem kürzeren Keil mit gleicher Aufschlagsfläche. Deshalb benötigst du beim Einschlagen eines schmaleren Keils weniger Kraft als beim Einschlagen eines entsprechend breiteren in das gleiche Material.

3. Wozu werden Keile außer zum Spalten noch eingesetzt?

4. Erkläre das Prinzip der schiefen Ebene bei einer Nadel, beim Messer und bei der Spindel eines Schraubstocks.

Die **Rendsburger Eisenbahnhochbrücke** überquert den Nord-Ostsee-Kanal und wurde in den Jahren 1911 bis 1913 aus 17 000 t Stahl gebaut. Damit auch Hochseeschiffe den Kanal befahren konnten, musste die Brücke eine Durchfahrtshöhe von 42 m haben. Eisenbahnen können nur geringe Steigungen bewältigen. Daher wurde eine etwa 7,5 km lange schleifenförmige Rampe gebaut, die die Eisenbahn zur Brücke hin befährt.

5. Mit welchen Hilfsmitteln können Eisenbahnen größere Steigungen bewältigen?

Hebel und Rollen in der Technik und in der Natur

In diesem Projekt sollen verschiedene Einsatzmöglichkeiten von Rollen und Hebeln in Technik und Natur untersucht werden.
Durch Anwendungen von Rollen und Hebeln wird entweder Kraft gespart oder es wird mit der zur Verfügung stehenden Kraft mehr erreicht.

Bei euren Untersuchungen und Ausführungen der Aufträge helfen euch Bücher aus den Bereichen Physik, Technik, Basteln und Biologie sowie Informationen aus dem Internet. Auch Kataloge aus Spielzeugläden können euch wertvolle Hinweise und Anregungen geben.

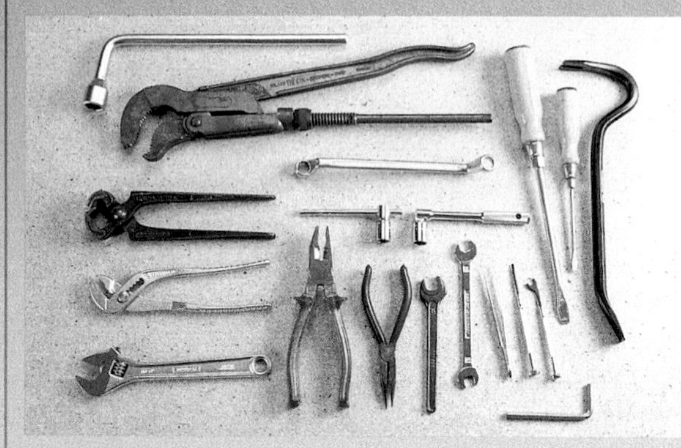

1 Hebelwirkung bei Werkzeuge

Gruppe 1: Hebel in der Technik
Ihr seht in Bild 1 einige Werkzeuge, bei denen zur Kraftersparnis die Hebelwirkung ausgenutzt wird. Nennt jeweils den Verwendungszweck der Werkzeuge, die Hebelart und beschreibt die Hebelarme.
Sucht nach weiteren Werkzeugen, bei denen zur Kraftersparnis die Hebelwirkung genutzt wird. Zeichnet sie auf, beschreibt die Hebelarme und nennt die Hebelart.

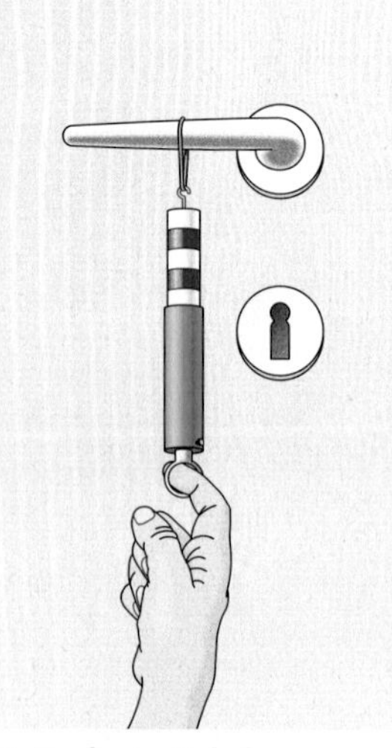

Bindet um eine Türklinke eine Schlaufe und befestigt daran einen Kraftmesser. Bestimmt nun an verschiedenen Stellen der Klinke die zum Herunterziehen der Klinke aufzuwendende Kraft. Wiederholt den Versuch bei anderen Türklinken und Fenstergriffen. Erklärt die Ergebnisse. Welche Hebelart liegt jeweils vor?

2 Noch ein Hebel

Gruppe 2: Rollen und Flaschenzüge
Baut mithilfe von Technikkästen verschiedene Modelle von Baukränen. Gebt jeweils die Art und Aufgabe der verwendeten Rollen an.
Welche Aufgabe haben die Seile bei den Kränen? Messt jeweils die zum Heben eines Wägestücks notwendige Kraft. Bei welchem Kran braucht ihr die wenigste Kraft? Begründet.

Schaut euch einen Autokran oder einen Eisenbahnkran genau an. Welche Arten von Rollen könnt ihr bei diesen Kränen erkennen? Welche Aufgabe haben sie? Fertigt Skizzen der Kräne mit den Rollen und der Seilführung an.

Besorgt euch ein Paar Schnürsenkel und zieht sie so auf ein Paar Schuhe mit Metallösen, dass bei einem Schuh jede Öse, bei dem anderen Schuh nur jede zweite Öse benutzt wird.

Befestigt an den Enden der Schnürsenkel je einen Kraftmesser und messt die zum Zusammenziehen der Schuhteile erforderliche Kraft. Wiederholt den Versuch mit einem Paar Schuhe ohne Metallösen. Begründet die unterschiedlichen Messergebnisse.

3 Kraftmessung am Schnürsenkel

Gruppe 3: Hebel in der Natur

Schneidet Papierstücke in Form verschieden großer Baumkronen. Befestigt sie an unterschiedlich langen und dicken Strohhalmen. Klebt die Halme an die Tischkante, lasst mithilfe des Föhns einen kräftigen Wind wehen. Welchen Einfluss haben Baumkronengröße, Länge und Dicke der Halme auf die Wirkung des Windes? Wo und wodurch treten hier unterschiedliche Hebelwirkungen auf? Ihr könnt einen Wald nachbauen, indem ihr die Halme an einen Tisch klebt oder einen Schuhkartondeckel mit Gips ausgießt, die Halme in den Gips steckt und den Gips trocknen lasst. Dann könnt ihr die Versuche durchführen. Sucht weitere Beispiele für Hebel in der Natur.

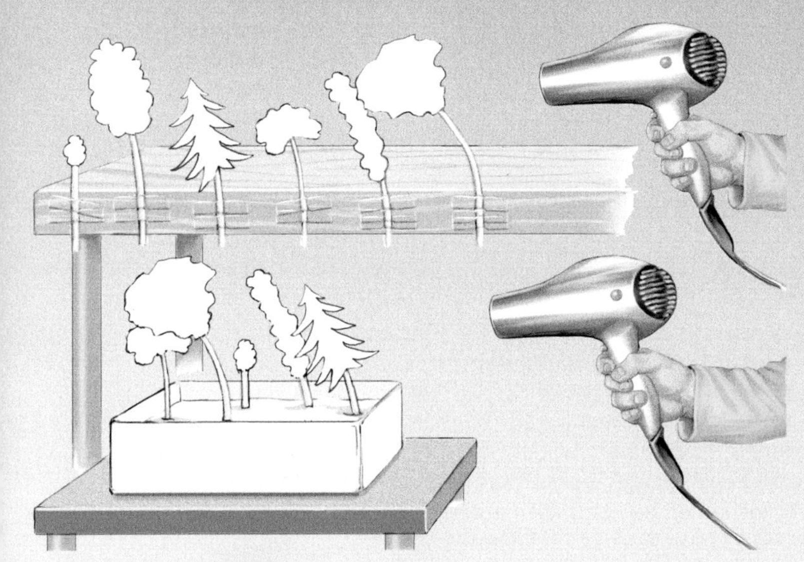

4 Der Wald bei Sturm

5 Ein Arm hat zwei Hebelarme.

Die Katze fährt ihre Krallen mithilfe eines Hebels ein und aus. Schlagt im Biologiebuch nach und erklärt die Funktionsweise. Welche Hebelart liegt hier vor? Wie funktioniert beim Menschen das Beugen und Strecken des Arms? Welche Hebelart ist das?

Gruppe 4: Hebel am Fahrrad

Befestigt die Kraftmesser wie auf Bild 6. Vergleicht die am Pedal wirkende Kraft mit der am Hinterrad wirkenden Kraft. Befestigt den Kraftmesser an einer anderen Stelle des Pedals und vergleicht wieder. Wie ändert sich die Kraft am Hinterrad, wenn bei gleicher Kraft am Pedal unterschiedliche Gänge eingeschaltet werden? Erklärt eure Beobachtungen und Messungen.

Funktionstüchtige Bremsen beim Fahrrad sind für die Sicherheit unbedingt notwendig. Durch die verstärkende Wirkung des Bremshebels kann das Fahrrad mit Muskelkraft abgebremst werden. Plant einen Versuch, wie ihr die eingesetzte Kraft am Bremshebel und die auf die Felge wirkende Kraft messen könnt und führt den Versuch aus. Sucht beim Fahrrad weitere Anwendungen des Hebels und erklärt die Funktionen.

6 Kraftübertragung beim Fahrrad

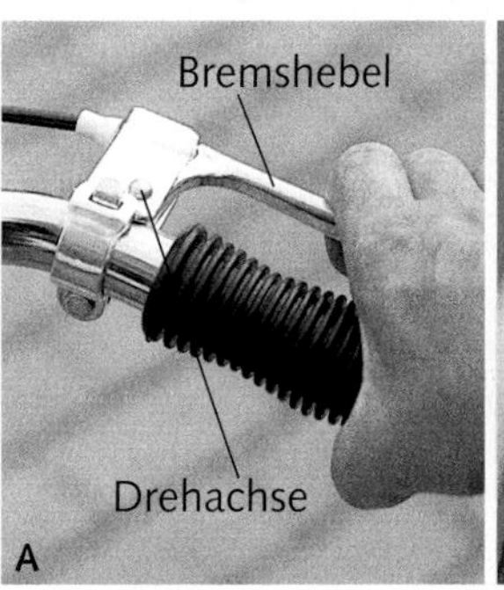

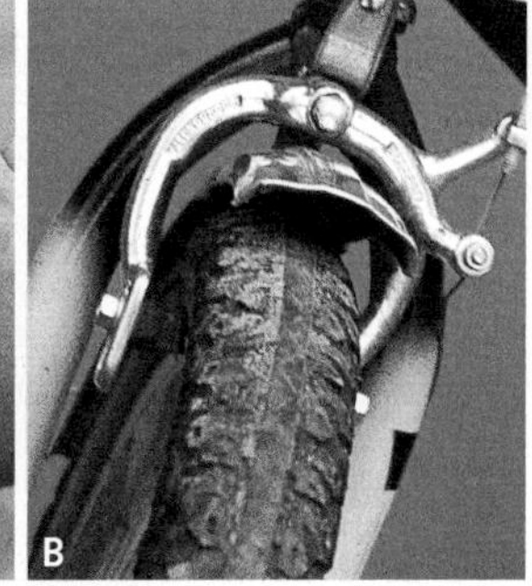

7 Handbremse oben (A) und unten (B)

Körper und Bewegung

Kräfte

Kräfte können Bewegungen und Verformungen bewirken. Auch Reibung ist eine Kraft. Die Einheit der **Kraft *F*** ist N (Newton).

Zu jeder Kraft gibt es eine gleich große **Gegenkraft.** Der **Rückstoß** tritt immer als Gegenkraft auf.

Eine Kraft ist gekennzeichnet durch Angriffspunkt, Richtung und Größe. Eine Kraft wird grafisch als Pfeil dargestellt.

Einer Masse von 1 kg entspricht ungefähr eine Gewichtskraft von 10 N.

Bewegungen

Die **Geschwindigkeit *v*** ist der Quotient aus dem zurückgelegten Weg *s* und der dazu benötigten Zeit *t*: $v = \frac{s}{t}$. Die Einheit ist $\frac{m}{s}$ oder $\frac{km}{h}$.

Körperhaltung und Bewegung

Unser Skelett stützt den Körper und schützt die inneren Organe. Die Wirbelsäule mit mehr als 30 Wirbeln hält den Körper aufrecht und federt durch Bandscheiben zwischen den Wirbeln Stöße ab.
Die Bewegungen des Körpers werden durch Gelenke zwischen den Knochen ermöglicht. Man unterscheidet Kugelgelenke, Scharniergelenke, Sattelgelenke und Drehgelenke.

Bewegungen entstehen durch das Zusammenwirken von Muskeln. Beugemuskeln und Streckmuskeln arbeiten dabei als Gegenspieler. Sehnen verbinden Muskeln mit den Knochen.
Regelmäßige Bewegung gehört zur Gesunderhaltung des Körpers. Sie stärkt die Muskulatur, fördert die Durchblutung und stärkt das Herz-Kreislauf-System.

Rollen

Mit **festen Rollen** wird die Richtung der Kraft geändert. Es wird keine Kraft gespart.

Mit **losen Rollen** wird Kraft *F* gespart. Der Weg *s* der wirkenden Kraft wird dabei länger. Das Produkt aus *F* und *s* bleibt gleich.

Ein **Flaschenzug** besteht aus festen und losen Rollen.

Hebel

Beim **zweiseitigen Hebel** wirken die beiden Kräfte in die gleiche Richtung, beim **einseitigen Hebel** in unterschiedliche Richtungen.

Ein Hebel ist im Gleichgewicht, wenn beide **Drehmomente** M_1 und M_2 gleich groß sind. Es gilt:

$$M_1 = M_2$$
$$F_1 \cdot s_1 = F_2 \cdot s_2$$

Schiefe Ebene

Die Kraft, die auf einer schiefen Ebene aufgewandt werden muss, hängt ab von der Gewichtskraft F_G des Körpers und dem Steigungswinkel α der Ebene.

Goldene Regel der Mechanik

Bei Rollen, Hebeln und schiefen Ebenen kann Kraft gespart werden. Der Weg der wirkenden Kraft wird dann aber länger.

Körper und Bewegung

1. Gib an, von welchen Größen die Geschwindigkeit *v* eines sich bewegenden Körpers abhängt.

2. Nenne drei verschiedene Arten von Kräften.

3. Nenne jeweils 2 Beispiele, bei denen Körper durch Kräfte bewegt oder verformt werden.

4. Ist das Tretlager des Fahrrades gut geschmiert, musst du weniger Kraft aufwenden als bei einem ungeschmierten Tretlager. Begründe.

5. Gib die drei Merkmale einer Kraft an.

6. **a)** Welcher Graf im folgenden Diagramm beschreibt das Verhalten einer Schraubenfeder?
b) Erkläre, wie sich das Material bei Krafteinwirkung verhält, dessen Dehnung im anderen Grafen dargestellt ist.

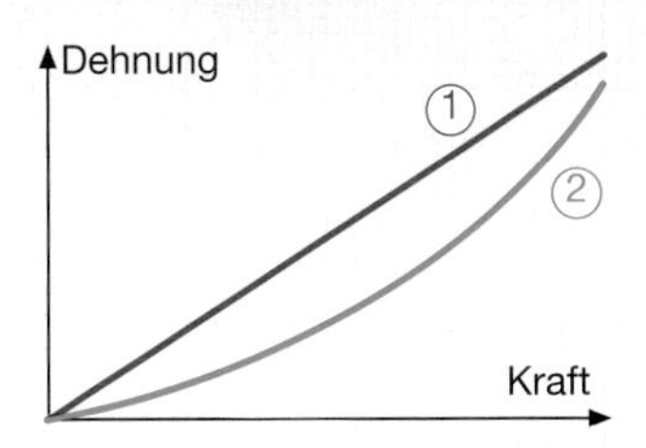

7. Was zeigt ein Kraftmesser an, wenn 150 g, 370 g oder 1,2 kg angehängt werden?

8. Warum darf eine Schraubenfeder in einem Kraftmesser nicht zu weit auseinandergezogen werden?

9. Wie schnell ist ein Zug im Durchschnitt gefahren, wenn er eine Strecke von 120 km in 60 min zurücklegt?

10. Wähle die Organe aus, die bei der Ausführung von Bewegungen beteiligt sind: Knochen, Darm, Muskeln, Magen, Gelenke, Leber, Sehnen.

11. **a)** Die Wirbelsäule hat eine bestimmte Form. Benenne diese.
b) Nenne die Abschnitte der Wirbelsäule und die Anzahl der dort befindlichen Wirbel. Was befindet sich an den blau gekennzeichneten Stellen?

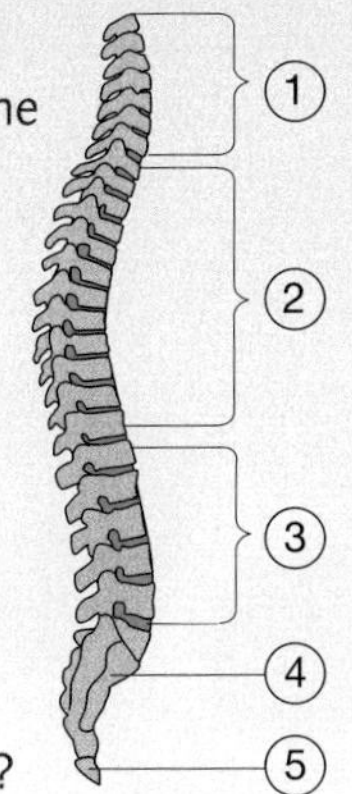

12. Die folgende Grafik zeigt Knochen und Muskeln.
a) Benenne die Knochen ① bis ④ und die Gelenke G_1 und G_2.
b) Wie heißen die Muskeln bei M_1 und M_2 und welche Aufgaben haben sie jeweils?

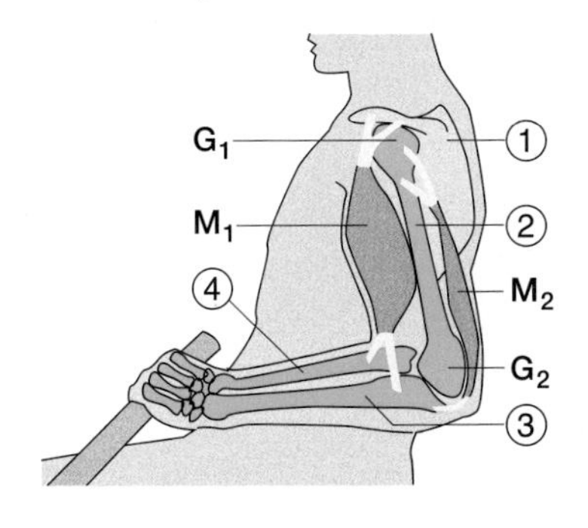

13. **a)** Bestimmte Gelenke funktionieren wie die abgebildeten Gegenstände. Wie heißen sie?
b) Nenne je zwei Gelenke des Skeletts zu diesen Gelenkarten.

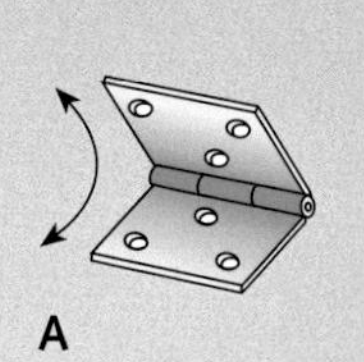

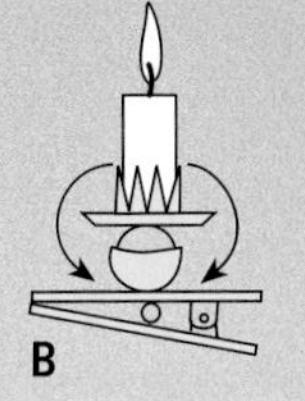

14. Gib jeweils die Kraft an, die zum Heben aufgewandt werden muss. Ein 25 kg-Sack Zement wird hochgezogen
a) senkrecht nach oben an einem Seil,
b) über eine feste Rolle,
c) über eine lose Rolle.

15. Ein Flaschenzug hat zwei lose Rollen. Ein Körper mit einer Masse von 200 kg soll 2 m hochgezogen werden. Gib die aufzuwändende Kraft *F* und die Seillänge *s* an, die eingeholt werden muss.

16. An einem Hebel hängt ein Körper mit einer Masse von 60 g in einem Abstand von 40 cm vom Drehpunkt entfernt. Damit der Hebel im Gleichgewicht ist, wirkt eine Kraft *F* im Abstand von 15 cm vom Drehpunkt. Wie groß muss sie sein?

17. Wie bewegt sich eine Schubkarre auf der schiefen Ebene, wenn
a) die Schubkraft so groß ist wie die Hangabtriebskraft?
b) ihre Hangabtriebskraft größer ist als die Schubkraft?
c) die Schubkraft größer ist als die Hangabtriebskraft?

18. Nenne die Regel, die für den Krafteinsatz bei losen Rollen, Hebeln und schiefen Ebenen gilt. Gib jeweils 2 Beispiele für ihre Anwendung an.

Pflanzen, Tiere, Lebensräume

Was muss ich beachten, wenn ich einen Goldhamster zu Hause halte?

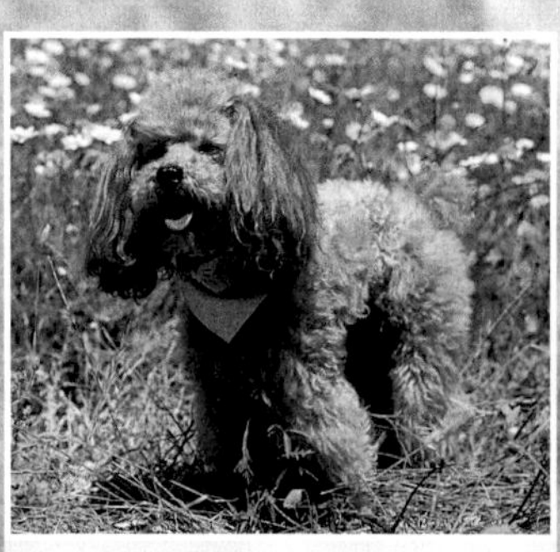
Hunde stammen angeblich von Wölfen ab. Aber woran kann ich das bei meinem Pudel „Jacky“ erkennen?

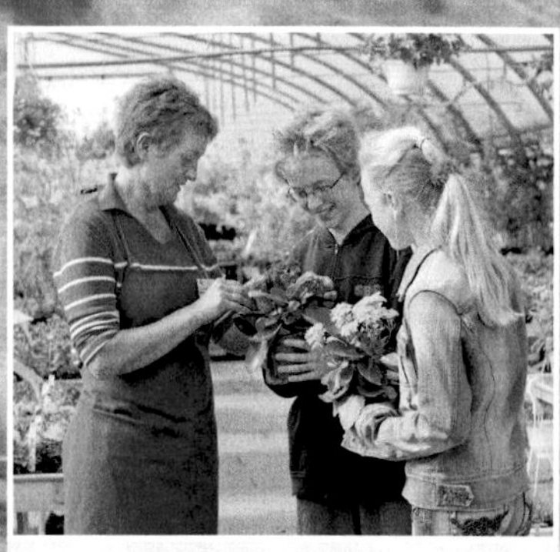
„Welche Ratschläge können Sie mir für die Pflege meiner Zimmerpflanzen geben?“

Welche Tiere nutzen einen einzeln stehenden Baum?

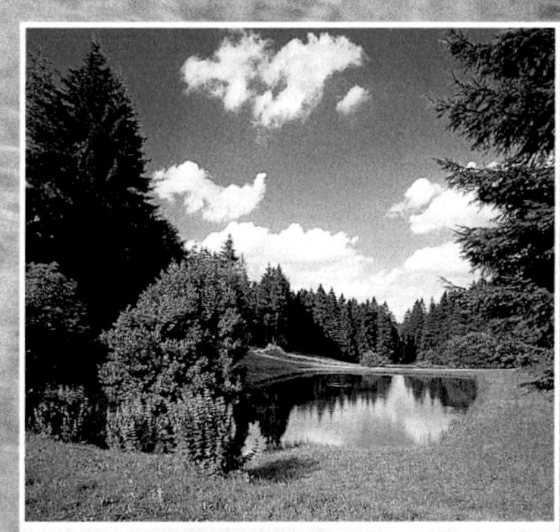
Nicht alle Teiche gleichen sich. Woran liegt das?

Ich wünsche mir ein Haustier

1. Warum leben so viele Menschen mit einem Haustier zusammen? Bereitet eine Umfrage vor. Damit könnt ihr Gründe für die Haustierhaltung ermitteln. Schreibt dazu Fragen auf, die eine genaue Antwort ermöglichen.
Führt die Umfrage durch und wertet sie aus. Schreibt die genannten Gründe nach Häufigkeit sortiert auf ein ► Plakat.
In einem ► Vortrag könnt ihr über eure Ergebnisse berichten.

2. Ihr könnt einen Lerngang in ein Tierheim planen. Vereinbart einen Termin, damit eure Fragen dort in Ruhe beantwortet werden können.
Informiert euch über folgende Punkte:
- Welche Tiere leben im Tierheim?
- Warum werden Tiere abgegeben?
- Wie sollte man diese Tiere artgerecht halten?

Stellt eure Ergebnisse mit Fotos und Texten auf ► Plakaten zusammen. Präsentiert sie in der Klasse.

3. Wer sich ein Haustier anschaffen möchte, sollte sich das genau überlegen. Ihr könnt eine Liste mit wichtigen Argumenten für und gegen die Anschaffung eines Haustieres anfertigen. Sprecht mit einem Tierhalter über die Liste und ergänzt oder korrigiert sie gegebenenfalls.

4. Sind Goldhamster, Meerschweinchen und Rennmäuse als Haustiere geeignet?
Begründet eure Meinung.

Goldhamster sind nachtaktiv

Rennmäuse sind pflegeleicht

5. Erstellt Pflegetipps zu einzelnen Haustierarten. Sucht dazu Informationen in Büchern über Tierhaltung oder im ► Internet. Achtet dabei besonders auf eine ► artgerechte Tierhaltung.

Meerschweinchen als Haustiere

Meerschweinchen lassen sich streicheln und herumtragen. Sie sind als Haustiere auch für Kinder gut geeignet. Natürlich müssen ihre Ansprüche an Unterbringung, Ernährung und Pflege beachtet werden, damit sie sich wohl fühlen.

Meerschweinchen werden etwa 25 cm lang. Sie können fünf bis zehn Jahre alt werden. Ihre Heimat ist Mittel- und Südamerika. Wildmeerschweinchen leben dort in kleinen Gruppen und wohnen in Erdbauten. Seit über 3000 Jahren werden Meerschweinchen in ihrer Heimat als Haustiere gehalten. Vor etwa 300 Jahren brachten Seeleute Tiere mit nach Europa.

1 Meerschweinchen sind zutraulich

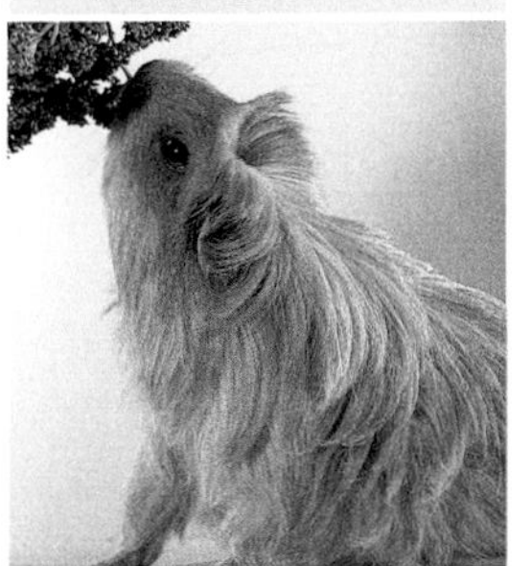

2 Glatthaar- und Angora-Meerschweinchen

Das Fell der Meerschweinchen kommt in verschiedenen Farbtönen vor. Je nach Rasse ist es kurz, lang, glatt oder kraus. Meerschweinchen sollten mindestens zu zweit gehalten werden. Man muss allerdings darauf achten, dass man kein Pärchen hat. Dann gäbe es schnell zahlreichen Nachwuchs.

Meerschweinchen sollten in einem Metallgitterkäfig mit Kunststoffwanne gehalten werden. Der Käfig muss leicht zu reinigen sein. Die Grundfläche der Wanne sollte mindestens 80 cm x 40 cm betragen. Der Boden wird mit einer Schicht Holzspäne und darüber einer Schicht Heu oder Stroh eingestreut. Die Tiere brauchen ein Schlafhäuschen und einen rauen Ziegelstein, an dem sie sich die Krallen abwetzen können. Zwei Futternäpfe sind notwendig: einer für Körnerfutter, der andere für Frischfutter wie Salat, Gemüse oder Obst. Eine kleine Raufe mit frischem Heu und ein Mineralleckstein sollten nicht fehlen.
Als Tränke dient eine Nippelflasche mit täglich frischem Wasser.
Einmal wöchentlich sollte das Fell gebürstet werden. Meerschweinchen benötigen viel Ruhe, aber auch täglichen Auslauf. Dabei muss man darauf achten, dass sie keine Kabel anknabbern können.
Ein Freigehege im Garten ist ideal, es darf allerdings nicht in der prallen Sonne stehen.

■ Haustiere müssen artgerecht gehalten werden. Bevor ein Haustier angeschafft wird, muss man sich genau über seine Bedürfnisse informieren.

3 Haltung von Meerschweinchen. **A** *Käfigeinrichtung;* **B** *Freigehege*

Artgerechte Tierhaltung?

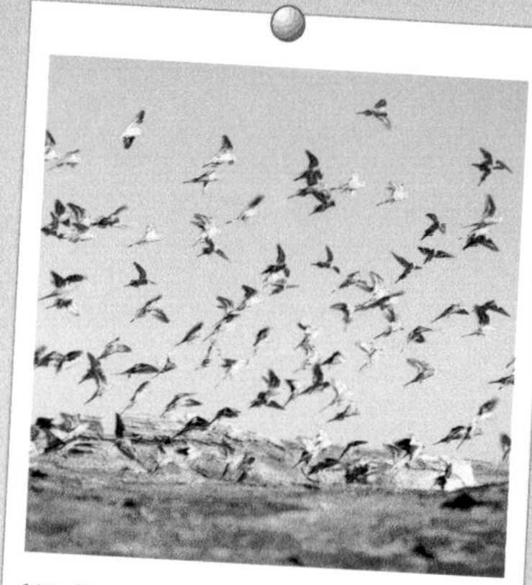

Wellensittiche gehören zu den Papageien. Sie stammen aus Australien und leben dort in Schwärmen.
Ein Käfig für Wellensittiche sollte mindestens 70 cm lang und 50 cm hoch sein. Die Gitterstäbe müssen waagerecht angeordnet sein, damit die Wellensittiche umherklettern können. Weiterhin werden Kletterstangen, Trink- und Futtergefäße sowie Zweige und Äste zum Spielen benötigt.

Zierfische benötigen ein Aquarium von mindestens 60 cm Breite und 40 cm Höhe. Weiterhin sind Versteckmöglichkeiten aus Wurzeln und Steinen sowie eine dichte Bepflanzung notwendig. Das Wasser muss gefiltert und geheizt werden.

Was heißt „artgerecht"?
§2 Tierschutzgesetz:
„Wer ein Tier hält, betreut oder zu betreuen hat, muss das Tier seiner Art und seinen Bedürfnissen entsprechend angemessen ernähren, pflegen und verhaltensgerecht unterbringen und darf die Möglichkeit des Tieres zu artgemäßer Bewegung nicht so einschränken, dass ihm Schmerzen oder vermeidbare Leiden oder Schäden zugefügt werden."

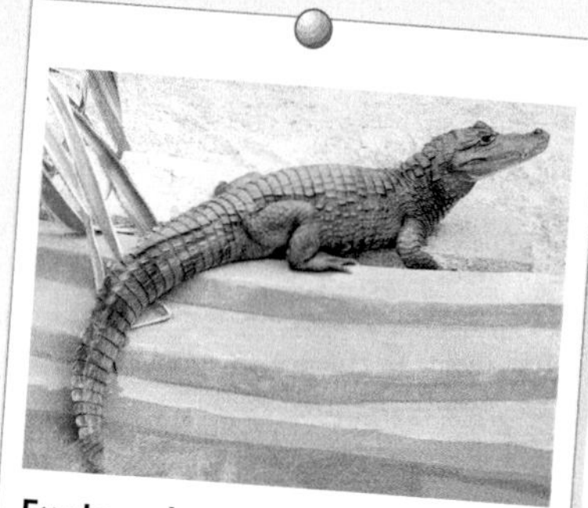

Exoten als Haustiere?
Bei einem Ausflug an einen Baggersee entwischte Kaiman „Sammy" seinem Besitzer. Fast eine Woche lang wurde nach dem kleinen Krokodil mit Netzen und Fallen gejagt. Endlich eingefangen kam er in einen Tierpark. Der Besitzer hatte Sammy zuhause in einer Badewanne gehalten. Heute ist Kaiman Sammy auf 150 cm angewachsen und wiegt 50 kg.

1. Beschreibe das Bild mit den Kaninchen. Wie sieht im Gegensatz zur Abbildung eine artgerechte Haltung bei ihnen aus?

2. Die abgebildete Käfighaltung des Wellensittichs und der Goldfisch im Glas sind Tierquälerei. Begründe.

3. Was hältst du von Exoten, die als Haustiere gehalten werden? Begründe.

Einen Steckbrief erstellen

- etwa 195 cm groß
- strähniges Haar
- Stoppelbart

Steckbrief: Räuber

Früher wurden Räuber und Verbrecher steckbrieflich gesucht. Auf öffentlich ausgehängten Plakaten wurde der Gesuchte abgebildet und kurz beschrieben. So konnte die Bevölkerung wichtige Hinweise geben, die oft zur Festnahme führten. Heute werden Personen zusätzlich mithilfe moderner Medien gesucht, indem Fotos oder Computerzeichnungen und kurze Beschreibungen veröffentlicht werden.

In der Biologie enthalten **Steckbriefe** ebenfalls eine kurze Beschreibung der wichtigsten Merkmale einer Pflanze oder eines Tieres. Eine übersichtliche Darstellung und eine Abbildung ermöglichen es dem Leser, sich schnell über das Lebewesen zu informieren.

Zwerghamster

Herkunft: Asien (Syrien)
Kennzeichen: Zwerghamster gibt es in unterschiedlichen Fellfarben und -arten.
Lebensraum: Steppenlandschaften, Hamster bauen ihre Nester in unterirdischen Röhrensystemen.
Verhalten: Hamster sind dämmerungs- und nachtaktiv. Sie sind Einzelgänger.
Nahrung: Körner, Nüsse, Obst, Gemüse.
Fortpflanzung: 7 bis 8-mal im Jahr Würfe von 6–12 Jungen.
Lebenserwartung: 1,5–2 Jahre.
Besonderheiten: Hamster transportieren ihre Nahrung in Backentaschen.
Haltung: Hamster, besonders Zwerghamster, brauchen große Käfige mit Möglichkeiten zum Graben.

Usambaraveilchen

Herkunft: Ostafrika.
Kennzeichen: blaue, rosa, rote und weiße Blüten, pelzig behaarte Blätter.
Vermehrung: Blattstecklinge oder Samen.
Ansprüche: Wärme ohne direkte Sonne, hohe Luftfeuchtigkeit, niedrige Bodenfeuchtigkeit.

1. Erstellt Steckbriefe zu Tieren und Pflanzen. Sucht euch ein Tier oder eine Pflanze aus. Orientiert euch an den Beispielen auf dieser Seite.

2. Erstellt auch Steckbriefe zu Nutztieren und Nutzpflanzen.

3. Mit den in Aufgabe 1 und 2 erstellten Steckbriefen könnt ihr eine Pinnwand gestalten.

Der Hund – vom wilden Wolf zum besten Freund

1. Nenne mögliche Gründe, warum Menschen Hunde als Haustiere halten.

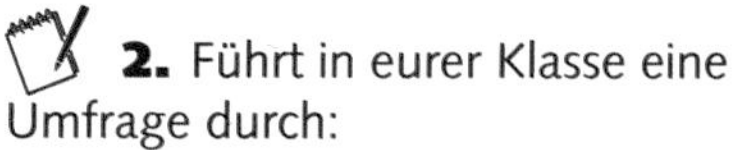

2. Führt in eurer Klasse eine Umfrage durch:
a) In welchen Familien werden Hunde gehalten?
b) Welche Hunderassen werden gehalten?
c) Berichtet über die besonderen Eigenschaften eurer Hunde wie Aussehen, Verhalten, Fähigkeiten, Eigenarten.

3. Die auf den Fotos abgebildeten Hunde haben jeweils unterschiedliche „Aufgaben". Benennt diese und ordnet sie – wenn möglich – bestimmten Hunderassen zu, die speziell für diese Aufgaben gezüchtet wurden. Welche Sinnesorgane oder Fähigkeiten sind jeweils besonders gefordert?

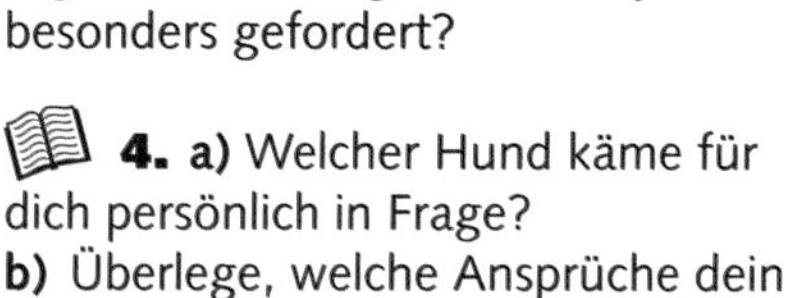

4. a) Welcher Hund käme für dich persönlich in Frage?
b) Überlege, welche Ansprüche dein Lieblingshund an dich und die Umgebung stellt.

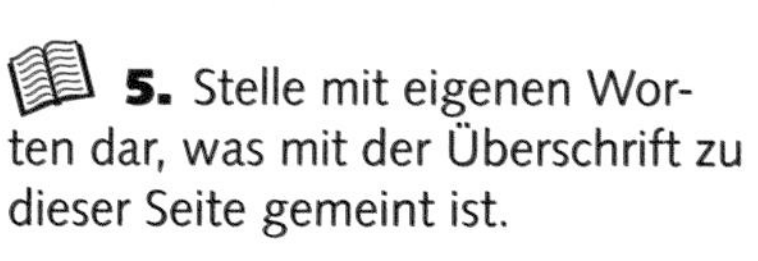

5. Stelle mit eigenen Worten dar, was mit der Überschrift zu dieser Seite gemeint ist.

6. Wie könnten aus Wölfen zahme Haushunde entstanden sein? Lest im Text auf der folgenden Seite über ▸ Züchtung nach und berichtet.

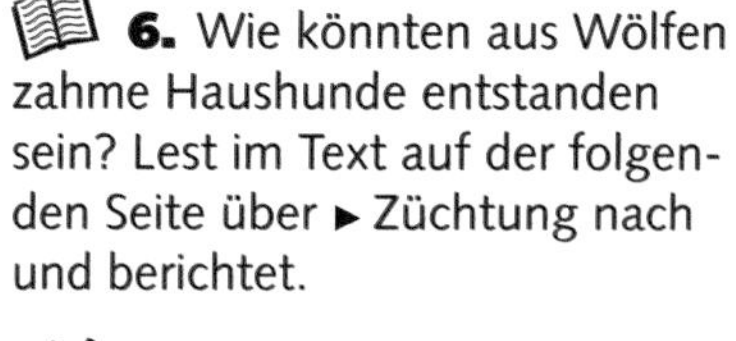

7. Suche weiteres Informationsmaterial zu den hier abgebildeten und weiteren Hunderassen (Bücher, Zeitschriften, ▸ Internet). Erstelle eine Sachmappe.

8. Beschreibe, wie die Geburt und die Aufzucht der Welpen bei Hunden ablaufen.

Die Abstammung des Hundes

Schon vor mehr als 14000 Jahren hielten Menschen Hunde. Der Hund gilt als unser ältestes Haustier. Es gibt viele verschiedene Hunderassen, alle stammen sie letztlich vom Wolf ab. Wissenschaftler vermuten, dass Wölfe den Steinzeitmenschen folgten, um an Nahrungsreste zu gelangen. Vielleicht schafften es die Jäger dabei gelegentlich, junge Wölfe zu fangen und sie zu zähmen. Wölfe brauchen die Gemeinschaft einer Gruppe. Daher kann man sie dazu bringen, sich dem Menschen anzuschließen. Die Menschen erkannten, dass Wölfe für die Jagd nützliche Eigenschaften besitzen. Mit ihrem stark entwickeltem ▸**Geruchssinn** können sie Wild aufspüren. Mit ihrem sehr guten Hörsinn hören sie, ▸Geräusche, die Menschen nicht hören können. Durch Knurren oder Bellen warnen sie vor Gefahren.

1 Wölfe

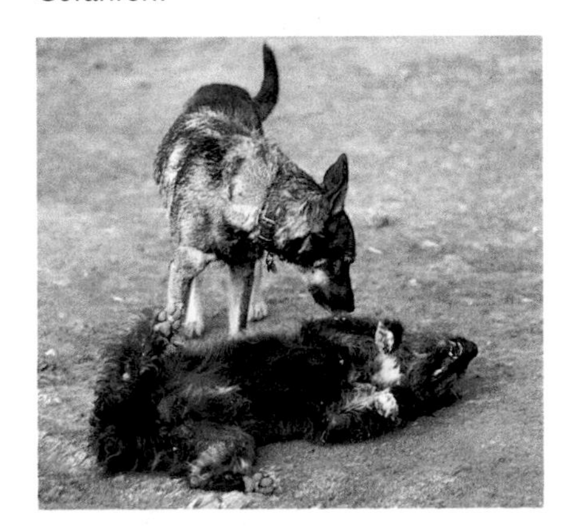

2 Unterwerfung

Verhalten im Rudel

Um Hunde zu verstehen, muss man etwas über das Leben der Wölfe wissen. Wölfe leben zu mehreren in einer Gemeinschaft, dem **Rudel**.
In einem Rudel nimmt jedes Mitglied seinen Platz in einer **Rangordnung** ein. Sie wird durch Auseinandersetzungen zwischen den Tieren festgelegt. Rangniedere Tiere unterwerfen sich dem stärkeren Tier, indem sie sich auf den Rücken drehen und ihre Kehle zum „Biss" anbieten. Wirklich gebissen wird dann jedoch im Normalfall nicht.
Die Tiere jagen in der Regel gemeinsam. Jagden sind nur dann erfolgreich, wenn die Mitglieder des Rudels eng zusammenarbeiten. Der Leitwolf führt das Rudel. Einige Wölfe hetzen ein Beutetier, andere schneiden ihm den Fluchtweg ab und schließlich überwältigen sie es gemeinsam. Das Jagdgebiet, das **Revier**, wird regelmäßig mit Urin und Kot markiert und so gegen Eindringlinge abgegrenzt.

So verhalten sich Hunde

Hunde werden meist einzeln gehalten. Sie sehen im Menschen ihren „Leithund", die Familie ist das Rudel. Haus und Garten stellen das Revier dar, das gegen fremde Personen verteidigt wird. Da der Geruchssinn für den Hund der wichtigste Sinn ist, werden alle Personen erst einmal intensiv beschnüffelt. Aufgeregtes Herumzappeln begreifen Hunde oft als Angriffssignal. Menschen, die weglaufen, werden als „Beutetiere" verfolgt. Begegnen sich Hunde, beschnüffeln sie sich gegenseitig. Dies ist ein wichtiges Begrüßungsverhalten. Männliche Hunde, die Rüden, setzen im Revier, aber auch beim Spaziergang, hier und da an Ecken und Bäumen zur Reviermarkierung einige Tropfen Urin ab.

■ Alle Hunderassen stammen letztlich vom Wolf ab. Wölfe sind Rudeltiere. Auch Hunde sind deshalb gesellige Tiere, die den Menschen als „Leitwolf" akzeptieren.

3 Reviermarkierung

Die Hauskatze – ein Stuben„tiger"

1. Du hast sicher schon einmal eine Katze beobachtet. Beschreibe, was die Katze gerade gemacht hat.
a) Wie hat sie sich verhalten, wie hat sie sich bewegt?
b) Betrachte die Bilder auf den beiden Seiten des Buches. Was tun die dort abgebildeten Katzen gerade?

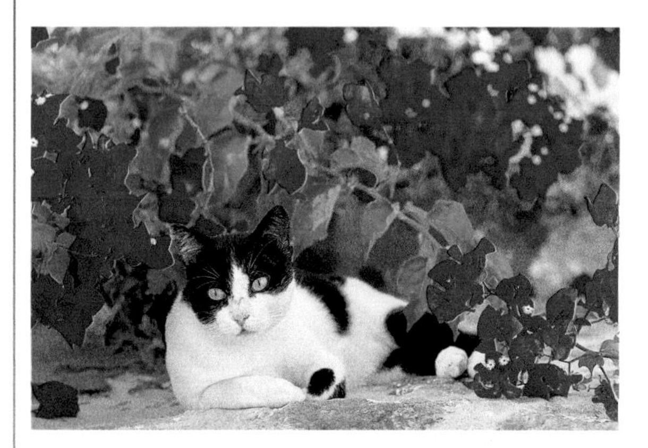

2. Informiere dich über den Tagesablauf einer Hauskatze. Vielleicht können dir Mitschülerinnen und Mitschüler helfen, die selbst Katzen halten. Verfasse ein „Katzentagebuch", aber nicht aus deiner Sicht, sondern aus der Sicht der Katze. Nimm hierin alle Dinge auf, die die Katze im Laufe des Tages und der Nacht tut.

3. Betrachte die beiden Abbildungen genau.
a) Welche Eigenschaften der Katzenpfote werden hier deutlich?
b) Überlege, in welchen Situationen die jeweilige Katzenpfote fotografiert wurde.

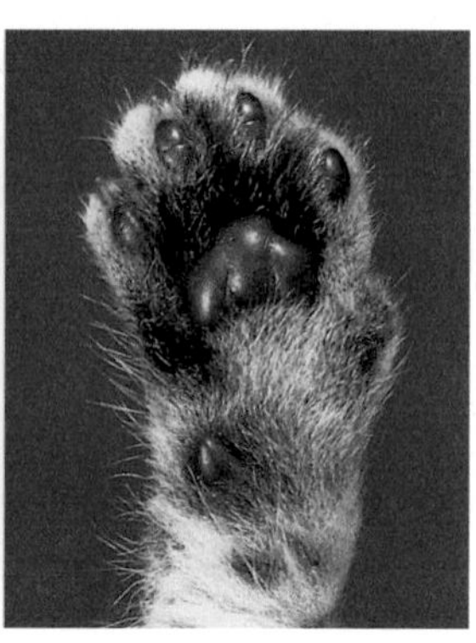

4. Die Bildfolge zeigt das Verhalten einer Katze, die aus einer Höhe von etwa drei Metern fallen gelassen wurde.
a) Beschreibe, wie die Katze es schafft, tatsächlich auf ihren vier Pfoten zu landen.
b) Katzen, die aus geringer Höhe zu Boden fallen, landen jedoch häufig nicht auf ihren Pfoten. Erkläre, aus welchem Grund eine Höhe von etwa zwei bis drei Metern erforderlich ist, damit eine Landung auf vier Pfoten auch tatsächlich gelingt.

5. Beschreibe den Schädel der Katze. Welchen Gebisstyp kannst du diesem Schädel zuordnen? Begründe.

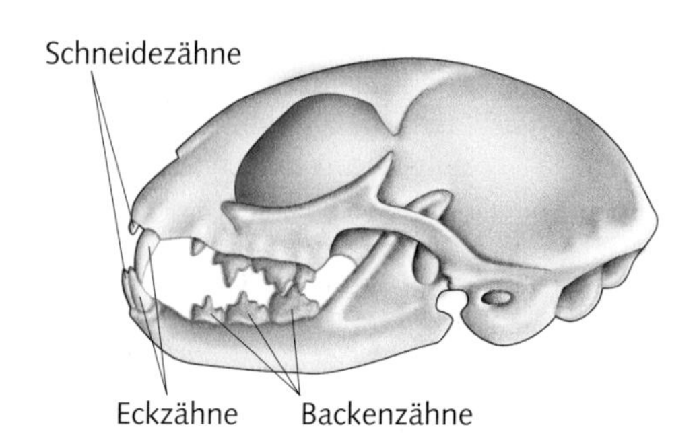

Aus Raubtieren werden Haustiere

Katzen haben Spaß daran, mit Gegenständen zu spielen. Dieses Spiel hat eine wichtige biologische Bedeutung in ihrem Leben.

1 Spielen

Das Verfolgen, Fangen, „Erbeuten" und Loslassen von Spielgegenständen gehören zum Jagdverhalten der Katze.

Bei uns ist die Hauskatze seit etwa 1000 Jahren heimisch. Damals wurde sie zum Haustier. In vielen ihrer Verhaltensweisen ist sie jedoch immer ein Raubtier geblieben. Das erkennst du unter anderem auch an ihrem typischen ► Raubtiergebiss.

Die scharfen Krallen, die eine Katze beim Beutefang einsetzt, ermöglichen es ihr auch, senkrecht an Baumstämmen hochzuklettern. Immer wieder schärft sie ihre Krallen, indem sie diese an rauen Gegenständen wetzt. Streckt eine Katze ihre Pfote aus, klappen die Krallen automatisch nach vorne. Normalerweise sind die Krallen jedoch eingezogen. Auch beim Laufen ist dies der Fall.
Daher ist es kaum möglich, eine sich nähernde Katze zu hören, anders als zum Beispiel einen Hund, der seine Krallen nicht einziehen kann.

Katzen sind extrem beweglich. Die Wirbelsäule ist recht lang und sehr biegsam. Die einzelnen Wirbel sind elastisch miteinander verbunden. Deshalb kann sich eine Katze im Fallen rasch drehen. Sie schafft es tatsächlich meistens, auf ihren Füßen zu landen. Der verhältnismäßig lange Schwanz dient bei Körperdrehungen und beim Klettern als „Balancierhilfe".

Junge Katzen beobachten Vögel und andere mögliche Beutetiere aufmerksam. Der Trieb, Beute zu fangen, ist ihnen angeboren. Die große Geschicklichkeit, mit der erfahrene Katzen Beute machen, muss eine junge Katze erst noch erlernen. Hierfür ist das Spielen und Herumtoben mit ihren Geschwistern und der Mutter, aber auch das spielerische Verfolgen und Fangen von Gegenständen wichtig.

Katze und Mensch

Katzen sind sehr anpassungsfähig. Sie gewöhnen sich schnell an Menschen und können sehr zutraulich und anhänglich werden. Anders jedoch als Hunde, die sich dem Menschen als Partner sehr eng anschließen, bewahren sich Katzen ein echtes Eigenleben.
Sie sind **Einzelgänger** und bestimmen ihren Tagesablauf und auch die Kontakte zum Menschen selbst. Will eine Katze spielen, so zeigt sie uns dies. Hat sie jedoch kein Interesse, so teilt sie das genau so unmissverständlich mit.

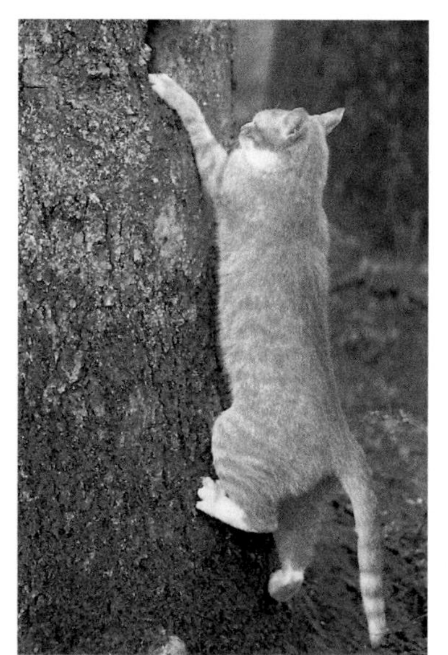

2 Klettern

■ Katzen haben ein Raubtiergebiss und Krallen, die sie einziehen können. Sie sind Einzelgänger und bestimmen selbst über ihren Kontakt zu Menschen.

3 Balancieren

Mit scharfen Sinnen auf Beutejagd

A

1. In der Bildserie A – F siehst du, wie eine Katze eine Maus fängt. Beschreibe die einzelnen Abschnitte dieser Fangaktion. Achte hierbei genau auf die Körperhaltung der Katze.

B

C

D

E

F

2. Während Katzen tagsüber meist irgendwo ruhen, gehen sie nachts auf Beutefang.
Die drei Abbildungen zeigen die Augen einer Katze bei unterschiedlichen Lichtverhältnissen in unsortierter Reihenfolge.
a) Ordne die drei Abbildungen den jeweiligen Lichtverhältnissen (Tag, Nacht, Dämmerung) zu und begründe deine Antworten.
b) Beschreibe den Vorteil, den die Katze durch die Fähigkeit ihrer Augen hat, die Öffnungsweite der Pupille in Abhängigkeit von der Umgebungshelligkeit zu verändern.

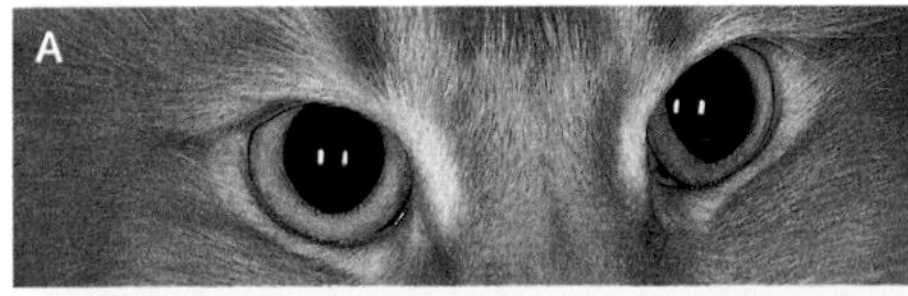

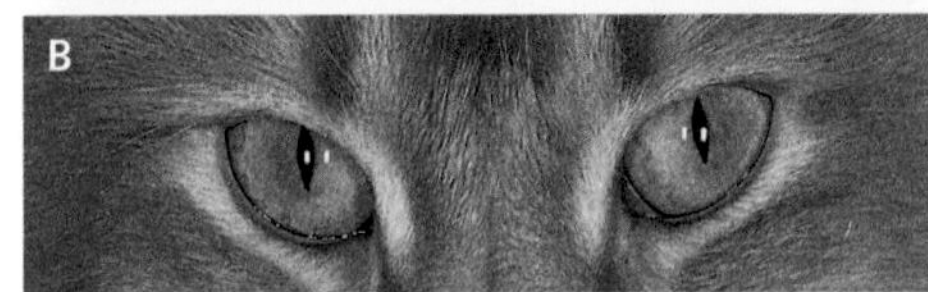

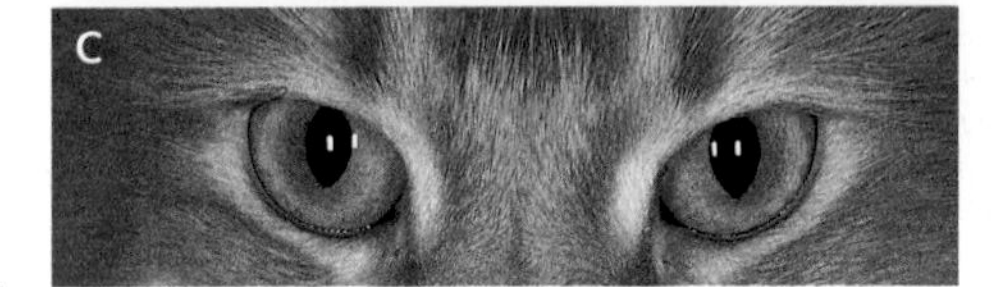

Die Sinne der Katze

Die Katze ist mit leistungsfähigen Sinnen ausgestattet. Die schärfsten Sinnesorgane sind ihre Augen. Nachts sind die Pupillen kreisrund und weit geöffnet, so dass auch schwaches Licht zum Sehen ausreicht. Wird eine Katze im Dunkeln durch das Scheinwerferlicht eines Autos angestrahlt, so leuchten ihre **Augen** hell auf. Wie von einem Spiegel werden die einfallenden Lichtstrahlen vom reflektierenden Augenhintergrund zurückgeworfen. Tagsüber sind die Pupillen zu einem schmalen, senkrechten Spalt verengt, so dass nur wenig Sonnenlicht in die empfindlichen Augen gelangen kann.

Meist gehen Katzen nachts auf Jagd. Sie sind Nachtjäger. Mit ihrem feinen **Gehör** entgehen der Katze selbst schwache Geräusche wie leises Mäusepiepsen nicht. Die beweglichen Ohrmuscheln können Katzen auf die Stellen hin ausrichten, aus denen die Geräusche kommen. Die Ohrmuscheln wirken wie Schalltrichter. Auf diese Weise stellen Katzen sowohl die Richtung als auch die Entfernung einer Geräuschquelle sehr genau fest.

Auch der **Tastsinn** der Katze ist gut entwickelt. Die langen Tasthaare, die sich vorwiegend an der Oberlippe befinden, sind empfindliche Fühler für den Nahbereich. Damit kann sie auch bei völliger Dunkelheit Hindernisse feststellen, Erschütterungen wahrnehmen und Beutetiere abtasten. Auch Gerüche spielen für Katzen eine gewisse Rolle, jedoch orientieren sich Katzen wesentlich weniger mithilfe des Geruchssinnes als ▸ Hunde.

Augen, Ohren und Tastsinn erlauben es der Katze also, sich hervorragend zu orientieren und auch in der Dämmerung oder bei schwachem Licht zu jagen.

2 Lichtreflexion. A *Im Katzenauge;* **B** *Am Straßenrand*

Jagdverhalten

Hat eine Katze die Möglichkeit, ins Freie zu gelangen, geht sie auf die Jagd. Dabei wartet sie an einer geeigneten Stelle oft längere Zeit auf Beute. Hat sie etwas gehört oder gesehen, schleicht sie sich in geduckter Körperhaltung langsam heran. Aufgrund dieses Verhaltens bezeichnet man die Katze auch als **Schleichjäger.** Immer wieder hält sie zwischendurch inne und verharrt in regloser Haltung. Ihre gesamte Konzentration ist auf die Beute gerichtet. Ist sie schließlich nahe genug herangekommen, schnellt sie überraschend vor, packt mit ihren Vorderpfoten zu und hält das Opfer mit ihren Krallen fest.

■ Katzen sind Schleichjäger. Augen, Gehör und Tastsinn sind sehr gut ausgebildet.

1 Hauskatze mit Beute

Rund um das Rind

1. a) Vergleiche die beiden Rinderrassen in den Abbildungen A (Rotbunte) und B (Charolais-Rind).
Welche Körpermerkmale unterscheiden sich deutlich?
b) Schließe von den Unterschieden auf die Nutzung.

2. a) Auf der Abbildung D siehst du Rinder (Schwarzbunte), die auf der Weide liegen und wiederkäuen. Beschreibe mithilfe der Abbildung C, wie Rinder Gras fressen.
b) Beschreibe den Weg der Pflanzennahrung durch die Mägen des Rindes. Verwende dazu die Fachbegriffe aus dem Schema in Abbildung 3.

3. Vergleiche den Weg der Nahrung beim Rind und beim Menschen. Nutze dazu das Schema auf der gegenüberliegenden Seite und die Seiten zur ▸ Verdauung beim Menschen. Nenne Unterschiede.

4. a) Vergleiche die Gebissformen von Hausschwein (E) und Rind (F). Finde Unterschiede und Gemeinsamkeiten heraus.
b) Schließe aus deinen Beobachtungen auf die unterschiedliche Ernährungsweise.

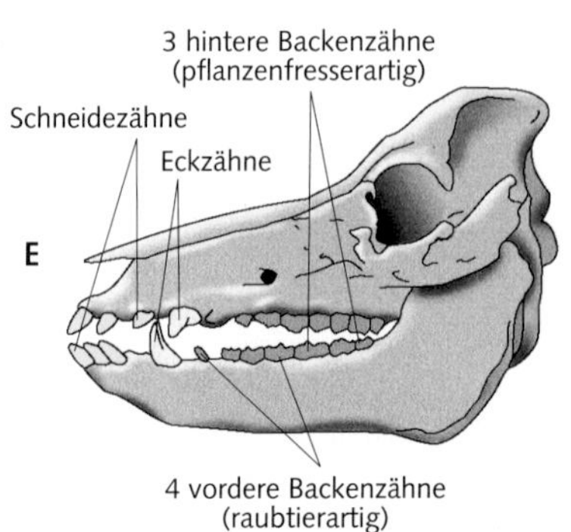

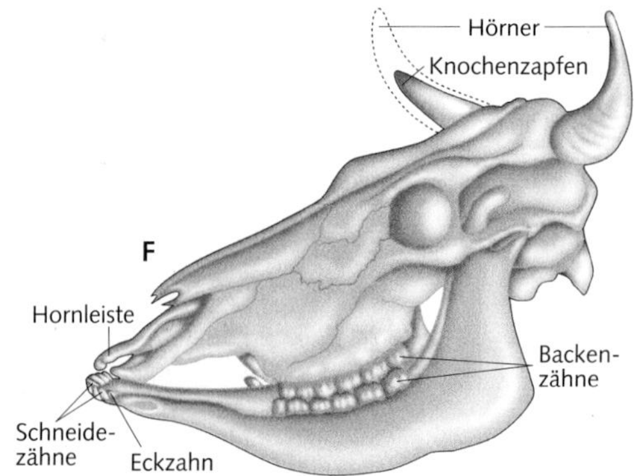

1 Höhlenzeichnung

2 Ausgewilderte Rückzüchtungen des Auerochsen

Vom Urrind zum Zuchtrind

Wie zahlreiche Höhlenzeichnungen belegen, hat es in weiten Teilen Europas bereits in der Jungsteinzeit Rinder gegeben. Sie wurden von Menschen gejagt.

Vor mehr als 6000 Jahren hat der Mensch Auerochsen gezähmt. Sie wurden zu Nutztieren. Diese Wildform, auch **Ur** genannt, ist inzwischen ausgestorben. Heute versucht man Rinderrassen zu züchten, die dem Ur sehr ähnlich sind. Diese so genannten Rückzüchtungen werden zum Beispiel in Naturschutzgebieten ausgewildert.

Durch ▸ Züchtung gibt es heute über 800 Rinderrassen. In der Milchwirtschaft werden Milchrinder wie die Schwarzbunte bevorzugt, die besonders viel Milch geben. Dagegen sind Mastrinder wie das Charolais-Rind mit dem Ziel gezüchtet, besonders schnell und viel Fleisch anzusetzen.
Es gibt auch Rassen, die für beides geeignet sind, so genannte Zweinutzungsrinder wie die Rotbunte.

Rinder sind Pflanzen fressende Wiederkäuer

Rinder sind Pflanzenfresser. Da Grasnahrung vergleichsweise nährstoffarm ist, benötigen sie besonders große Mengen. Sie nehmen täglich bis zu 70 kg Pflanzennahrung auf.

Rinder haben ein typisches **Pflanzenfressergebiss.** Die Backenzähne sind als breite Mahlzähne ausgebildet. Da im Oberkiefer der Rinder die Schneidezähne fehlen, rupfen Rinder das Gras mithilfe ihrer Zunge und der unteren Schneidezähne ab.
Die Gebissform von Rindern kannst du deutlich von der eines ▸ Raubtiergebisses oder der des Allesfressergebisses eines Schweins unterscheiden. Die schwer verdauliche Pflanzennahrung wird unzerkaut geschluckt. Sie gelangt zunächst in den **Pansen,** der bis zu 200 l aufnehmen kann. Hier beginnen die Pflanzen zu gären. Das bedeutet, dass sie von Bakterien zersetzt werden. Aus dem Pansen gelangt die Nahrung in den Netzmagen. Von hier werden kleine Futtermengen zurück ins Maul gestoßen. Sie werden dort mit Speichel vermischt und zwischen den großen Backenzähnen zermahlen. Du kannst beobachten, wie die Rinder nach dem Grasen auf der Weide liegen und **wiederkäuen.** Anschließend gelangt der Nahrungsbrei zur weiteren Verdauung in den Blättermagen. Danach beginnt im Labmagen mithilfe von Verdauungsenzymen die eigentliche Verdauung. Zum Schluss gelangt der Nahrungsbrei in den etwa 50–60 m langen Darm.

■ Die Wildform des heutigen Rindes ist das Ur, auch Auerochse genannt. Rinder sind Wiederkäuer und haben ein Pflanzenfressergebiss.

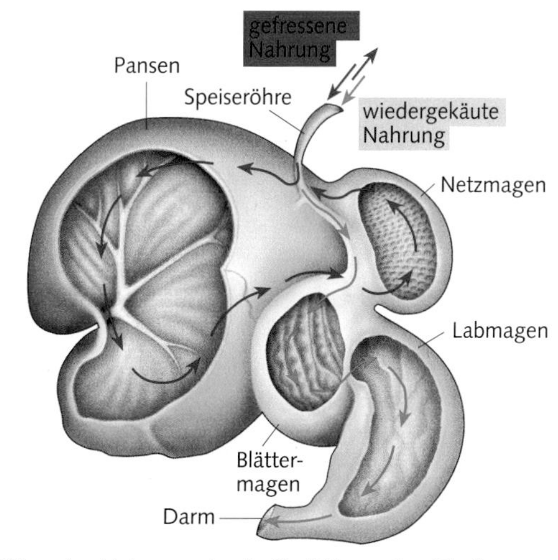

3 Weg der Nahrung durch die Mägen des Rindes

Das Rind als Nutztier

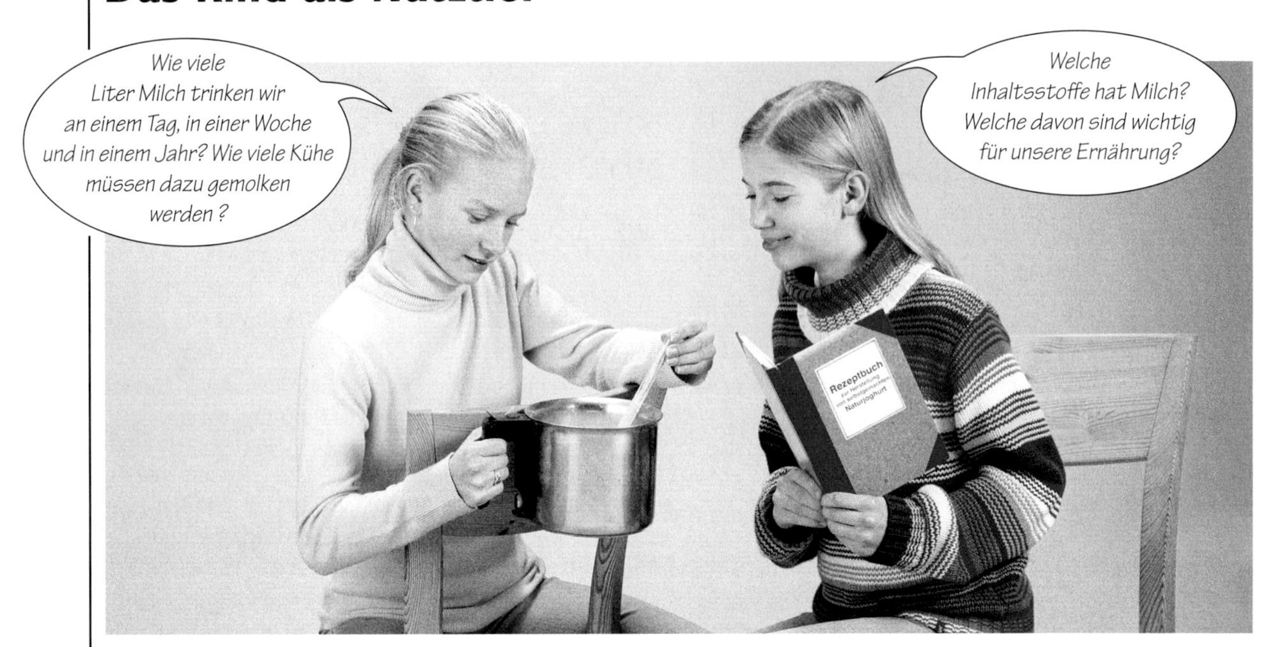

1. Hilf den beiden Schülerinnen bei der Beantwortung ihrer Fragen.

Rezept für selbst gemachten Naturjogurt

Zutaten:
1 l H-Milch
1 Becher Naturjogurt
6–8 Schraubdeckelgläser
1 Thermometer (mind. 50 °C)
1 Kochtopf
1 Heizplatte oder Herd
1 Thermobox

Erhitze die Milch auf ca. 37 °C. Gib in jedes Glas einen Löffel Naturjogurt und fülle anschließend mit der erwärmten Milch auf. Stelle die Gläser für 1 Tag in die Thermobox. Gekühlt schmeckt der Jogurt am besten!

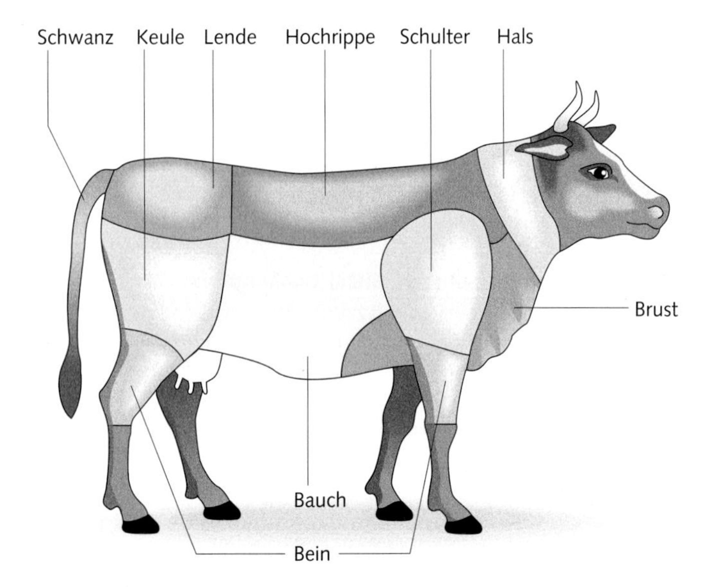

2. Zeichne das Schema der Schlachtteile auf ein ▸ Plakat und ordne verschiedene Fleischprodukte zu, die aus diesen Teilen des Rindes hergestellt werden. Sammle dazu Abbildungen von Fleischprodukten, zum Beispiel aus Werbeprospekten und klebe sie auf.

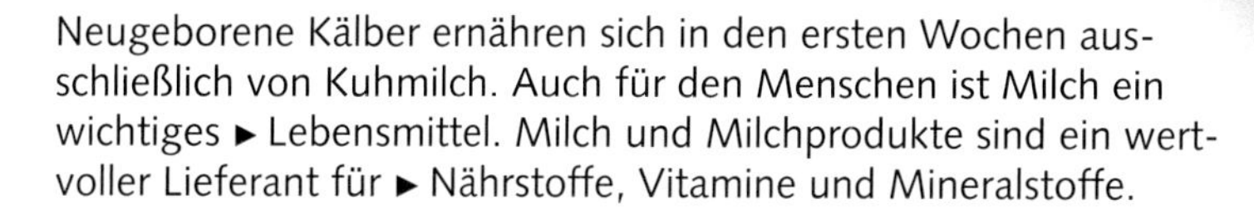

Neugeborene Kälber ernähren sich in den ersten Wochen ausschließlich von Kuhmilch. Auch für den Menschen ist Milch ein wichtiges ▸ Lebensmittel. Milch und Milchprodukte sind ein wertvoller Lieferant für ▸ Nährstoffe, Vitamine und Mineralstoffe.

Kühe geben nur Milch, wenn sie zuvor gekalbt haben. Sie produzieren über die Aufzucht der Kälber hinaus weiter Milch, wenn sie regelmäßig zweimal am Tag gemolken werden.

Früher wurden Kühe mit der Hand gemolken, heute wird diese Aufgabe von Melkmaschinen übernommen. Die Milch wird in einem Milchtank gelagert, bis sie von einem Tankwagen abgeholt wird. Da sie leicht verderblich ist, wird sie auf 4 °C heruntergekühlt.

Per Tankwagen wird die Milch in die Molkerei transportiert. Hier wird sie nach einer Prüfung kurz erhitzt und abgefüllt oder zu Butter, Jogurt, Käse, Quark und anderen Produkten weiterverarbeitet.

Im Supermarkt stehen Milchprodukte normalerweise im Kühlregal, da sie sonst verderben. H-Milch muss nicht gekühlt werden, da sie durch ein besonderes Verfahren, das Ultrahocherhitzen, haltbar gemacht wurde.

■ Rinder werden zur Fleisch- und Milcherzeugung gehalten.

1 Weg der Milchverarbeitung

Tiere haben Rechte

1. a) Welche Probleme werden in diesem Zeitungsartikel beschrieben?
b) Nenne weitere Gründe dafür, dass Menschen Haustiere abgeben oder aussetzen.
c) Nenne Beispiele für die Probleme bei der Haltung exotischer Tiere.

2. Beschreibe und vergleiche mithilfe der Abbildungen die unterschiedlichen Haltungsformen: Freilandhaltung (A), Bodenhaltung (B und C), Käfighaltung (D).

Tierheim schlägt Alarm!

Kurz vor den großen Ferien meldet die Leiterin des Tierheims einen riesigen Ansturm. Das Tierheim ist bereits jetzt bis auf den letzten Platz besetzt, erwartet aber noch weitere Neuzugänge in den nächsten Tagen und Wochen. Katzen und Hunde und andere Haustiere werden anonym abgegeben oder sogar ausgesetzt, wenn Familien verreisen, so die Leiterin des Tierheims.
Dabei gibt es in der Umgebung zahlreiche Tierpensionen, die sich auf die Betreuung von Tieren während der Urlaubszeit spezialisiert haben. Grundsätzlich solle sich jeder Tierfreund bereits vor der Anschaffung eines Haustieres genau überlegen, ob er das Tier auch in den nächsten Jahren gut versorgen kann.

Aber auch auf ein anderes Proble weist die Tierheimleiterin hin: Imme häufiger kaufen sich Menschen exo tische Tiere. Über kurz oder lan wird es den Besitzern jedoch meist zu aufwändig, diese Tiere artgerecht zu halten und zu pflegen und so lande sie im Tierheim. Erst vor Kurzem wurden ein Leguan, ein Papagei und sogar ein Krokodil abgegeben.

In der letzten Woche wurde zudem wieder ein Wurf junger Katzen in einem Karton vor der Tür gefunden. Die jungen Kätzchen waren halb verhungert und krank. Sie werden zunächst aufgepäppelt. In ein paar Wochen sollen sie in gute Hände abgegeben werden. Interessenten dürfen sich gern bereits jetzt melden.

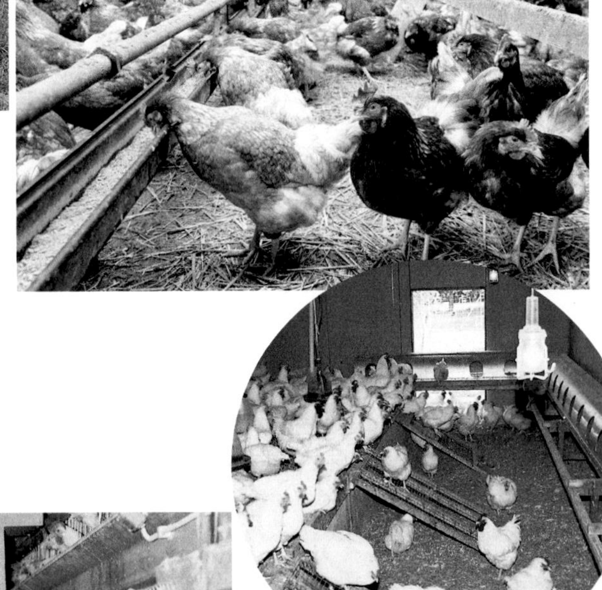

3. a) Informiere dich über Haushühner und deren natürliches Verhalten.
b) Bewerte, inwieweit Hühner in den unterschiedlichen Haltungsformen ihr natürliches Verhalten zeigen können.

4. Informiere dich über Preise für Eier aus Freilandhaltung, aus Bodenhaltung und aus Legebatterien und erkläre die Unterschiede.

D

1 Hausschweine in Freilandhaltung

2 Schweinebucht

Die **artgerechte Haltung** von Tieren wird durch das Tierschutzgesetz geregelt. Dieses Gesetz gilt nicht nur für heimische oder exotische Haustiere, sondern auch für alle Nutztiere, die in Zucht- oder Mastbetrieben gehalten oder transportiert werden.

Hausschweine in der Freilandhaltung suhlen sich gern im Schlammbad. Das tun sie, um sich abzukühlen und um Ungeziefer loszuwerden. Schweine sind dennoch sehr saubere Tiere. In ihren eigenen Mist würden sie sich nicht freiwillig legen. Hausschweine leben wie ihre wilden Artgenossen, die Wildschweine, in Familienverbänden zusammen und brauchen viel Platz. Sie sind Allesfresser und ernähren sich sowohl von Pflanzen als auch von kleineren Bodentieren und Aas. In der Freilandhaltung können Schweine ihr natürliches Verhalten zeigen.

Für große **Mastbetriebe** spielen andere Aspekte eine wichtige Rolle. Um die Kosten für die Fleischproduktion möglichst gering zu halten, werden die Tiere unter anderem in engen Buchten gehalten. Mastschweine sind so gezüchtet (▸ Züchtung), dass sie besonders schnell viel Fleisch ansetzen. Verlassen sie nach einem halben Jahr den Mastbetrieb, wiegen sie durchschnittlich 110 kg und sind damit so schwer, dass ihre Beine das Gewicht kaum tragen können. Sie werden mit Viehtransportern zu einem Schlachthof transportiert.
Zahlreiche Nutztiere werden zumeist nicht im selben Stall geboren, in dem sie anschließend gehalten oder gemästet werden. Während zum Beispiel in einem Betrieb Ferkel produziert werden, hat sich ein anderer Betrieb auf die Schweinemast spezialisiert. Beim Einkaufen solltest du beachten: Die Art der Schweinehaltung und die Größe des Mastbetriebes haben Einfluss auf die Qualität und auf den Preis von Fleisch und Fleischprodukten.

■ Wer Tiere hält, muss dies artgerecht tun. Dieses regelt das Tierschutzgesetz.

3 Schweinetransport

§ 2 Tierhaltung

Wer ein Tier hält, betreut oder zu betreuen hat,
- muss das Tier seiner Art und seinen Bedürfnissen entsprechend angemessen ernähren, pflegen und verhaltensgerecht unterbringen,
- darf die Möglichkeit des Tieres zu artgemäßer Bewegung nicht so einschränken, dass ihm Schmerzen oder vermeidbare Leiden oder Schäden zugefügt werden,
- muss über die für eine angemessene Ernährung, Pflege und verhaltensgerechte Unterbringung des Tieres erforderlichen Kenntnisse und Fähigkeiten verfügen.

(aus dem Tierschutzgesetz)

Pflanzen im Klassenzimmer

1. Ihr übernehmt die Pflegschaft eurer Zimmerpflanzen im Klassenraum.
a) Erkundigt euch nach Pflanzen, die sich am besten für den Standort in eurem Klassenzimmer eignen.
b) Informiert euch über die Namen der Pflanzen, ihre Blütezeit und was ihr bei der Pflege beachten müsst.
c) Fertigt für jede Pflanze einen ▸ Steckbrief an und denkt daran, eine Zeichnung oder ein Foto hinzuzufügen.
d) Stellt für jede Pflanze einen Pflegeplan auf. Berücksichtigt dabei die folgenden Pflegemaßnahmen:

Pflegemaßnahmen

- Stelle die Pflanzen möglichst so auf, wie es ungefähr den jeweiligen Licht- und Wärmebedürfnissen in ihrer Heimat entspricht.
- Verändere nicht so häufig den Standort.
- Lockere die Oberfläche der Erde öfter einmal auf.
- Dünge mit Flüssigdünger oder mit Düngestäbchen nur nach Bedarf.
- Gieße nach Möglichkeit mit Regenwasser oder abgestandenem Wasser in Zimmertemperatur.
- Gieße nicht mitten in die Pflanze, sondern vom Rand her.
- Lasse kein Gießwasser im Übertopf oder Topfuntersatz stehen.
- Topfe um, wenn der Topf zu klein geworden ist.
- Führe einen Pflegekalender.
- Kläre, wer in den Ferien die Pflanzen pflegt.

2. Vermehrung einer Grünlilie:
An den langen Trieben einer Grünlilie wachsen so genannte Kindel.
Trenne ein oder mehrere Kindel von der Mutterpflanze ab und stelle diese in ein Glas mit Wasser an einen hellen Ort. Sobald sich Wurzeln gebildet haben, lassen sich die Kindel in Erde pflanzen.

3. Vermehrung durch Stecklinge:
a) Schneide einen etwa 10 cm langen Sprossabschnitt einer Geranie dicht unterhalb eines Blattansatzes ab. Entferne die unteren Blätter, sodass 3 bis 4 übrig bleiben.
b) Setze den Steckling etwa 3 cm tief in Blumenerde. Stülpe dann ein Glasgefäß so über den Steckling, dass von unten Luft an die Blätter gelangen kann. Stelle den Topf an einen schattigen, warmen Ort. Halte die Erde feucht.
c) Beobachte und beschreibe die Entwicklung des Stecklings zwei Wochen lang.
d) Welche Bedeutung hat das Glasgefäß?

Zimmerpflanzen und ihre Heimat

Die Heimat vieler unserer Zimmerpflanzen sind Gebiete, in denen andere Lebensbedingungen herrschen als bei uns. Manche der Farnarten kommen aus tropischen Gebieten. Das Alpenveilchen stammt zum Beispiel aus den bergigen Gebieten des Mittelmeerraumes und Kleinasiens (Bild 1A).

Pflege von Zimmerpflanzen

In unseren Räumen müssen Pflanzen oft unter Bedingungen leben, die nicht denen in ihrer ursprünglichen Heimat entsprechen. Die Ansprüche der Pflanzen an Licht, Temperatur, Wasser und Mineralstoffe sind von Art zu Art unterschiedlich. Stammt eine Zimmerpflanze wie der Schildfarn aus dem tropischen Regenwald, sollte sie feucht und schattig stehen. Wüsten- und Steppenpflanzen wie Kakteen dagegen benötigen viel Licht, ausreichend Wasser im Sommer und einen kühlen, trockenen Standort im Winter.

Richtiges Gießen gehört zu den wichtigsten Pflegemaßnahmen. Die von der Pflanze benötigte Wassermenge richtet sich nicht nur nach der Jahreszeit und der Zimmertemperatur. Auch die Luftfeuchtigkeit des Raumes spielt eine große Rolle. Bei trockener Heizungsluft gibt die Pflanze über ihre Blätter viel Wasser ab und droht zu vertrocknen. Sie muss dann mehr gegossen werden als in feuchten Räumen.

Jede Art ist auch einer bestimmten Lichtmenge angepasst. An Südfenstern müssen wir die Pflanzen vor greller Sonne schützen, in lichtarmen Wintermonaten sind die sonnigsten Standorte der richtige Platz.

Auch sollte man eine angemessene Temperatur berücksichtigen. Pflanzen, die nach dem Blühen eine Ruheperiode durchmachen, halten wir kühl. Arten, die wie das Alpenveilchen in einem 14°C kühlen Gewächshaus herangewachsen sind, überleben den plötzlichen Wechsel in warme Räume nicht. Wir müssen sie langsam umgewöhnen.

Vermehrung

Von einigen Zimmerpflanzen lassen sich auch aus Teilen neue Pflanzen heranziehen. Dies bezeichnet man als ▶ ungeschlechtliche Vermehrung. Will man beispielsweise eine Buntnessel vermehren, wird ein Stängel mit wenigen Blättern schräg abgeschnitten. Die unteren Blätter werden abgeschnitten. Den Stängel stellt man in ein Gefäß mit Wasser. Nach einiger Zeit bilden sich am Stängel Wurzeln.

Pflanzenschädlinge

Zimmerpflanzen werden bisweilen von Schadinsekten wie Schildläusen oder Wollläusen befallen. Wenn man diese Tiere findet, sollte man die Pflanzen vorsichtig mit lauwarmem Seifenwasser abspülen und mit lauwarmem Wasser nachspülen.

■ Zimmerpflanzen haben Ansprüche, die ihren ursprünglichen Lebensbedingungen entsprechen. Wenn man dies bei der Pflege berücksichtigt, gedeihen sie besser.

1 Jugendliche bei der Pflege von Zimmerpflanzen. A *Alpenveilchen;* **B** *Schwertfarn;* **C** *Buntnessel;* **D** *Bogenhanf*

Wir nutzen unterschiedliche Pflanzenteile

1. Notiere, welche Obst- und Gemüsearten du auf dem oberen Foto entdeckst. Trenne nach Obst und Gemüse. Welches Beispiel ist kein Teil einer Pflanze?

2. Liste den Inhalt eures Gewürzfaches auf. Wenn möglich, schreibe auf, um welche Pflanzenteile es sich jeweils handelt.

3. a) Besuche einen Wochenmarkt oder die Obst- und Gemüseabteilung eines Supermarktes. Schreibe eine Auswahl des Angebotes auf.
b) Erstelle nach folgendem Muster eine Tabelle und ordne das Angebot entsprechend ein.

genutzter Teil Beispiele	Wurzel	Sprossachse	Blatt	Knospe	Frucht	Samen	Blüte
Apfel					×		

4. Holz ist ein vielfältig genutztes Pflanzenprodukt.
a) Nenne verschiedene Möglichkeiten der Verwendung und finde selbst Gesichtspunkte, wie du diese ordnest.
b) Erstelle zum Thema ein ► Plakat.

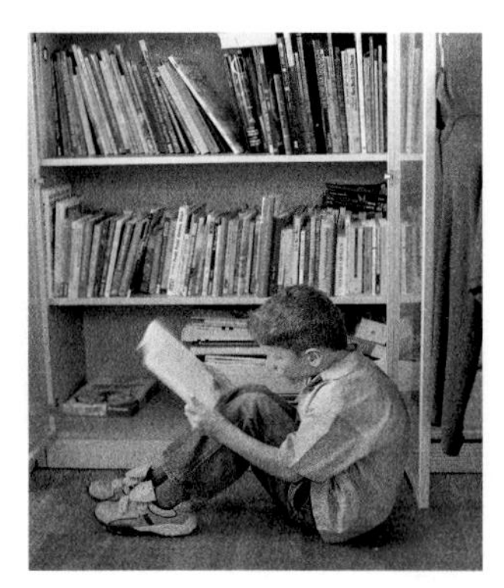

Früchte
Beim Besuch eines Wochenmarktes oder der Obst- und Gemüseabteilung eines Supermarktes stehen wir vor einem reichhaltigen Angebot einheimischer und fremdländischer Früchte. Zum **Obst** gehören Äpfel, Birnen, Pflaumen, Kiwis, Melonen, Pfirsiche und Himbeeren. Manche Früchte wachsen an Bäumen, andere wie Johannis- und Stachelbeeren an Sträuchern, aber auch einige an krautigen Pflanzen wie die Erdbeeren.
Gurken, Tomaten, Zucchini und Kürbis sind Früchte von **Gemüsepflanzen.** Aus der Frucht der Vanille, einer Orchidee, gewinnt man das **Gewürz.**

Samen
Von manchen Früchten ernten wir die Samen. Hierzu gehören zum Beispiel Erbsen, Bohnen, Linsen, Mohn, Haselnuss, Erdnuss- und Sonnenblumenkerne. Aus den Samen von Raps, Sonnenblumen, Walnüssen, Lein und Weintrauben gewinnt man **Pflanzenöle.** Von der Baumwolle werden nur die **Samenhaare** zu Baumwollstoffen verarbeitet.

1 Der Mensch nutzt verschiedene Pflanzenteile

Blätter
Vom Kopf- und Feldsalat, Spinat und Grünkohl essen wir nur die Blätter. Die Blätter von Petersilie, Sellerie und vom Lorbeerbaum dienen zum Würzen von Speisen. Verschiedene Blätter werden als Heilkräuter genutzt, so z. B. solche von Salbei, Pfefferminze und Brennnessel. Schwarzer und Grüner Tee stammen von den Blättern des Teestrauches.

Blatt- und Blütenknospen
Vom Rosenkohl ernten wir die Blattknospen. Die als Gewürz bekannten Kapern sind in Weinessig eingelegte Blütenknospen des Kapernstrauches. Die roten Blütenknospen des Nelkenstrauches werden an der Sonne getrocknet und gelangen als Gewürznelken in den Handel.

Wurzeln
Bei Schwarzwurzel, Möhre, Kohlrübe und Rettich ernten wir die verdickten Wurzeln. Aus dem Saft der Zuckerrüben gewinnt man Sirup und Rübenzucker.

Sprossachse
Wenn wir Spargel essen, nutzen wir die im Boden wachsende Sprossachse der Spargelpflanze. Beim Kohlrabi und Radieschen sind es verdickte Teile der Sprossachse. Aus der Sprossachse des Zuckerrohrs gewinnt man den Saft, der zu Rohrzucker und Alkohol verarbeitet wird. Bambus dient bei Einheimischen als Baumaterial etwa für Hütten. Aus den dünnen Sprossachsen von Bambus und Weiden lassen sich Körbe und Gefäße flechten.
Baumstämme werden zu Balken und Brettern verarbeitet und dienen als Baumaterial. Auch Gebäude wie Wohnhäuser und Kirchen werden nur aus Holz errichtet. Wir nutzen das Holz als Brennstoff und zur Gewinnung von Energie in Blockheizkraftwerken. Aus den **Fasern** der Sprossachse von Lein (Flachs) und Brennnesseln lassen sich Textilien herstellen. Zur Gewinnung von Zimt wird die **Rinde** des Baumes abgeschabt. Beim Trocknen rollt sie sich zu engen Röhren zusammen.

Blüten und Blütenstände
Auch Blüten werden vielfältig genutzt. Sie dienen zum Beispiel zur Dekoration als Blumenstrauß oder als Gesteck. Aus den Blüten verschiedener Pflanzen gewinnt man Öle zur Herstellung von Duftwässern und Parfümen. Duftkissen enthalten zum Beispiel Blütenblätter von Lavendel und Rosen.
Manche Blüten enthalten Heilstoffe und werden deshalb gesammelt. Zu diesen **Heilpflanzen** zählen die Echte Kamille und der Holunder. Beim Blumenkohl essen wir die geschlossenen Blütenstände.

■ Von vielen verschiedenen Pflanzenarten nutzt der Mensch auch die unterschiedlichen Pflanzenteile, je nach ihrer Verwendungsmöglichkeit.

Die Kartoffel – eine vielseitige Knolle

1. Informiere dich über die Heimat und die heutige Verbreitung der Kartoffel. Trage das Ergebnis in die Kopie einer Weltkarte ein.

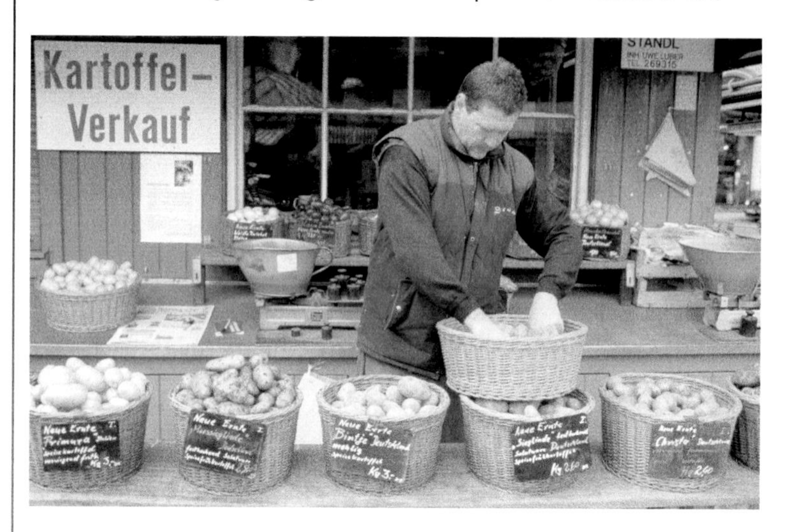

2. Führt auf dem Wochenmarkt oder im Supermarkt ein Interview mit den Verkäufern von Kartoffeln. Warum gibt es so viele Sorten? Notiert euch einige Sortennamen und deren Eigenschaften.
Erklärt, wie es zu der Vielfalt der Kartoffelsorten kommt.
Dokumentiert eure Ergebnisse in einer ▸ Ausstellung über die Kartoffel.

3. a) Kartoffeln enthalten Stärke. Führt zum Beweis dieser Aussage einen ▸ Stärkenachweis durch. Fertigt ein ▸ Versuchsprotokoll an.
b) Ihr könnt Kartoffelstärke selbst gewinnen. So geht ihr vor:
- rohe Kartoffeln reiben und mit 500 ml Wasser verrühren
- den Brei in ein Baumwolltuch geben und gut auspressen
- die ausgepresste Flüssigkeit fünf Minuten ruhen lassen, 200 ml Wasser hinzufügen, wieder ruhen lassen und dann die Flüssigkeit vom Bodensatz vorsichtig abgießen
- diesen Vorgang 2 bis 3 mal wiederholen, bis der Bodensatz weiß ist
- den Bodensatz auf einem flachen Teller trocknen lassen.

4. Was kann man aus Kartoffeln machen? Erstellt eine Liste. Beschreibt die Produkte und erklärt ihre Verwendung. Verwendet die Abbildungen und den Informationstext.

5. Erkundet einen Supermarkt und erstellt eine Liste mit Produkten, die aus Kartoffeln hergestellt werden. Wer findet die meisten?

6. Viele Menschen mögen Produkte aus Kartoffeln. Aber nicht alle Zubereitungsformen sind gesund. Erstellt eine Tabelle mit gesunden und ungesunden Zubereitungsformen. Begründet eure Zuordnung. Einige Hinweise findet ihr im Text.

Die Kartoffel – ein wichtiges Nahrungsmittel

Speisekartoffeln stammen von Wildkartoffeln ab. Ihre Heimat ist das Hochland von Peru und Bolivien. Die Indianer dort nutzen die Kartoffel schon seit Jahrtausenden zur Ernährung.
Nach Europa gelangten die ersten Kartoffelpflanzen etwa 1560 als Zierpflanzen.
Inzwischen gilt die Kartoffel als eine der wichtigsten Nutzpflanzen. Man hat viele Kartoffelsorten mit unterschiedlichen Eigenschaften gezüchtet. Neben Speisekartoffeln gibt es auch Futterkartoffeln für das Mästen von Haustieren. Andere Kartoffelsorten verwendet man zur Produktion von Industriestärke. Daraus werden etwa Wäschestärke, Klebstoffe, Verpackungsmaterial und Alkohol hergestellt.
In Supermärkten werden viele Produkte aus Kartoffeln angeboten, etwa Pommes frites oder Kartoffelchips. Durch die Art ihrer Zubereitung enthalten diese Produkte viel Fett und können daher bei häufigem Genuss zu Übergewicht führen. Gesunde Zubereitungsformen sind zum Beispiel Pellkartoffeln oder Salzkartoffeln.

Wie Kartoffeln wachsen

An Kartoffeln, die im Winter im kühlen Keller gelagert werden, entwickeln sich im Frühjahr weiße Triebe. Sie wachsen aus den „Augen". Das sind kleine Knospen, die in kleinen Vertiefungen der Kartoffelschale liegen. An den Trieben kann man kleine Blättchen, Knospen und Wurzeln finden. Die Kartoffelknolle ist keine Wurzel, sondern eine **Sprossknolle,** ein verdickter Abschnitt der Sprossachse.

Auf ähnliche Weise wie im Keller treiben Saatkartoffeln in der Erde. Sie werden im Frühjahr in flache Pflanzlöcher gelegt und mit Erde bedeckt. Einige Triebe durchbrechen die Erde, ergrünen und entwickeln sich zu einer blühenden Pflanze.
Die nach der Blüte an der Sprossachse entstehenden Früchte sind **giftig.** Sie dürfen nicht verzehrt werden!
Die unterirdischen Sprosse bleiben weiß. Sie bilden ▸ **Ausläufer.** Diese verdicken sich an den Enden zu zahlreichen Knollen. In den Knollen speichert die Kartoffelpflanze vor allem ▸ **Stärke,** aber auch Mineralstoffe, Vitamine und etwas Eiweiß. Im Herbst sterben die oberirdischen Teile der Kartoffelpflanze ab. Die Knollen an den unterirdischen Ausläufern werden geerntet.

■ Die Kartoffel ist eine vielseitige Nutzpflanze. Die Kartoffelknolle ist ein verdickter Abschnitt der Sprossachse.

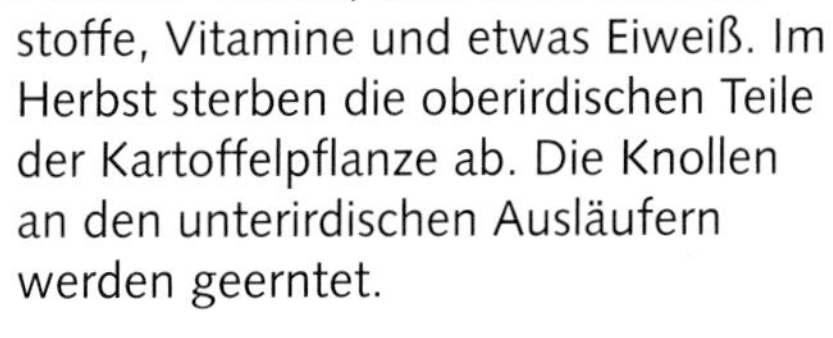

1 Kartoffelknolle.
A *frisch geerntet;* **B** *treibend*

Getreide – Grundlage für viele Lebensmittel

1. Beschreibt anhand der Abbildungen und der Texte auf der nebenstehenden Seite die Getreidearten. An welchen Merkmalen könnt ihr sie unterscheiden?

2. Getreidearten liefern die wichtigsten Grundnahrungsmittel für den Menschen. Erstellt eine ▸ Mindmap zum Thema „Getreide und daraus hergestellte Produkte“. Benutzt dazu die Informationen auf der nebenstehenden Seite.

3. Welche Teile des Weizenkorns werden für Vollkornmehl verwendet, welche für Auszugsmehl? Welche Vorteile hat Vollkornmehl für die Ernährung? Haltet einen kurzen ▸ Vortrag.

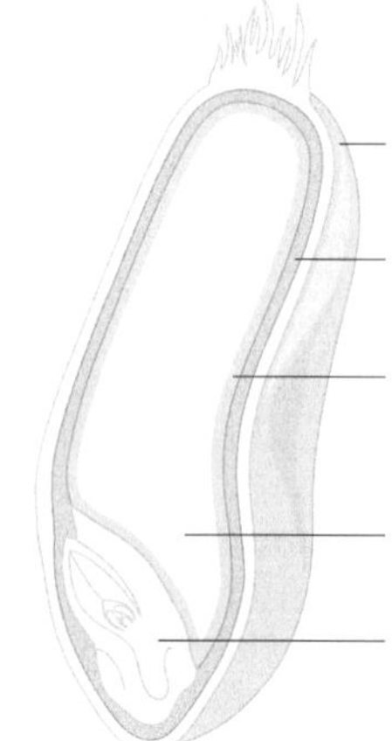

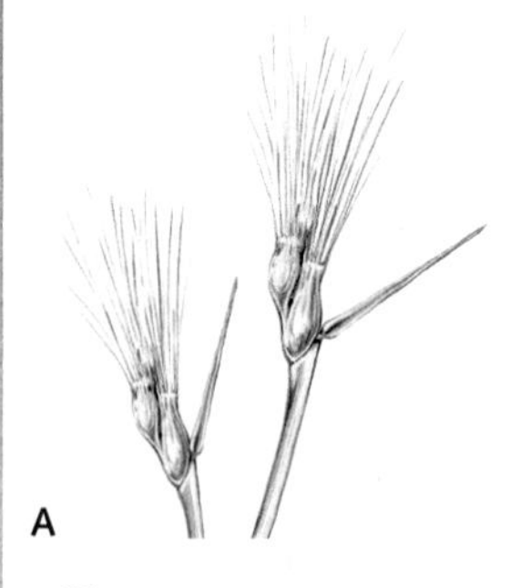
A

B

4. Abbildung A zeigt eine Urform des gezüchteten Weizens (B). Beschreibt und vermutet, wie die heutigen ertragreichen Getreidesorten entstanden sein könnten. Welche Merkmale hat der Mensch im Verlauf seiner Zuchtversuche ausgewählt?

5. Auch Hirse (C) und Reis (D) zählen zu den Gräsern, die für die menschliche Ernährung von Bedeutung sind. Erstellt ▸ Steckbriefe zu beiden Pflanzen.

C

D

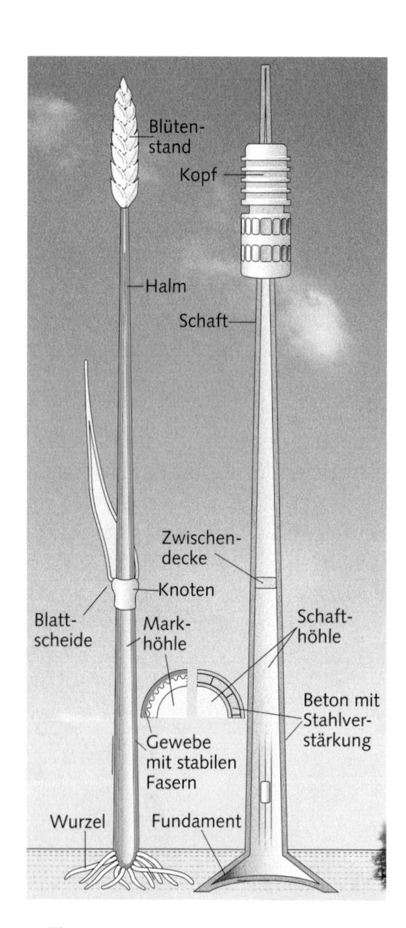

6. Für Techniker sind Getreidehalme Vorbilder für Bauwerke wie Fernsehtürme. Vergleicht Getreidehalm und Turm. Schreibt auf, welche Ähnlichkeiten bestehen.

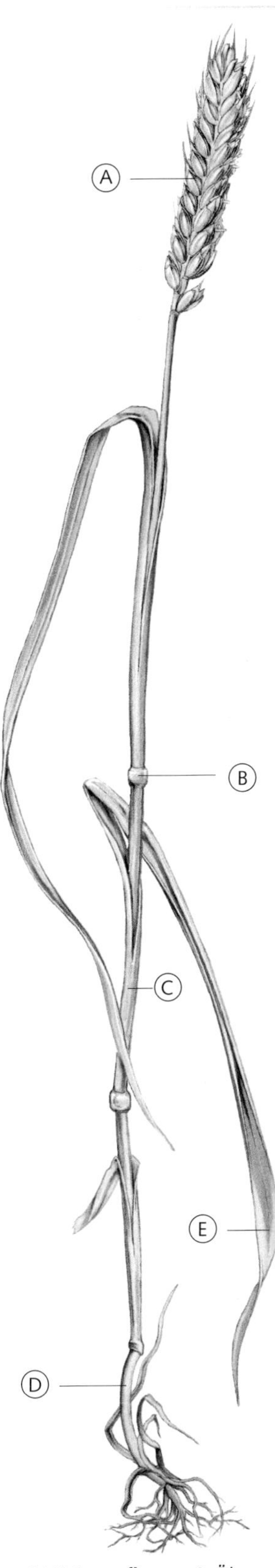

1 **Weizenpflanze. A** *Ähre;* **B** *Knoten;* **C** *Blattscheide;* **D** *Halm;* **E** *Blatt*

Körner machen satt

Seit mehr als 6000 Jahren baut der Mensch Getreide an. Genutzt werden vor allem die Körner. Mehr als ein Drittel unseres gesamten Nahrungsbedarfs wird aus ihnen gedeckt.
Die Getreidearten gehören zu den Gräsern. An einer Weizenpflanze erkennt man alle Merkmale der Gräser: Der lange dünne Stängel, der Halm, ist wegen seiner elastischen Fasern im Innern so biegsam, dass er an seinem oberen Ende eine große Ähre tragen kann, ohne abzuknicken. Er ist innen hohl. Knoten, die dicke Querwände bilden, machen den Halm sehr stabil. Die Blattscheiden vergrößern die Stabilität zusätzlich.

Vom Korn zum Getreideprodukt

Die Körner der Getreidepflanzen speichern vor allem ▸ Stärke. Zu Mehl vermahlen lassen sich Getreidekörner vielfältig nutzen.
Das aus **Weizen** hergestellte Mehl wird für helles Brot, Nudeln, Gries und Backwaren bevorzugt verwendet. Bei der Mehl-Herstellung werden Samenschale und Keimling ausgesiebt, man spricht dann vom Auszugsmehl. Beim Sieben gehen viele für die Ernährung wertvolle Bestandteile verloren. Dies geschieht nicht, wenn das ganze Korn zu Vollkornmehl vermahlen wird.
Roggen dient ebenfalls als Brotgetreide. Produkte der **Gerste** sind Malz zur Herstellung von Bier und Malzkaffee sowie Graupen. **Hafer** wird zur Herstellung von Haferflocken und als Viehfutter genutzt. In Südostasien gehört ▸ **Reis** zu den wichtigsten Grundnahrungsmitteln der Bevölkerung. Eine weitere Getreideart ist die ▸ **Hirse.** Sie liebt wie der Reis die Wärme. Ihre Hauptanbaugebiete liegen in Afrika und Asien.
Der ▸ **Mais,** eine alte Nahrungspflanze der Indianer, gehört ebenfalls zu den Getreidearten. Er wurde wie die Kartoffel von den Spaniern von Südamerika nach Europa gebracht. Mais wird in Europa vorwiegend als Viehfutter angebaut.

Züchtung und Auslese

Menschen haben gezielt Wildgräser angebaut und daraus erste Kulturformen unserer heutigen Getreidearten gezüchtet. Züchtungsziele waren mehr und größere Körner in einer Ähre auf festem Stängel. Die Körner geeigneter Pflanzen wurden ausgelesen und anschließend weiterkultiviert. So entstanden durch ▸ Züchtung viele verschiedene Getreidearten.

■ In allen Erdteilen liefern Getreide die wichtigsten Grundnahrungsmittel für den Menschen. Die Getreide wurden aus Wildgräsern gezüchtet.

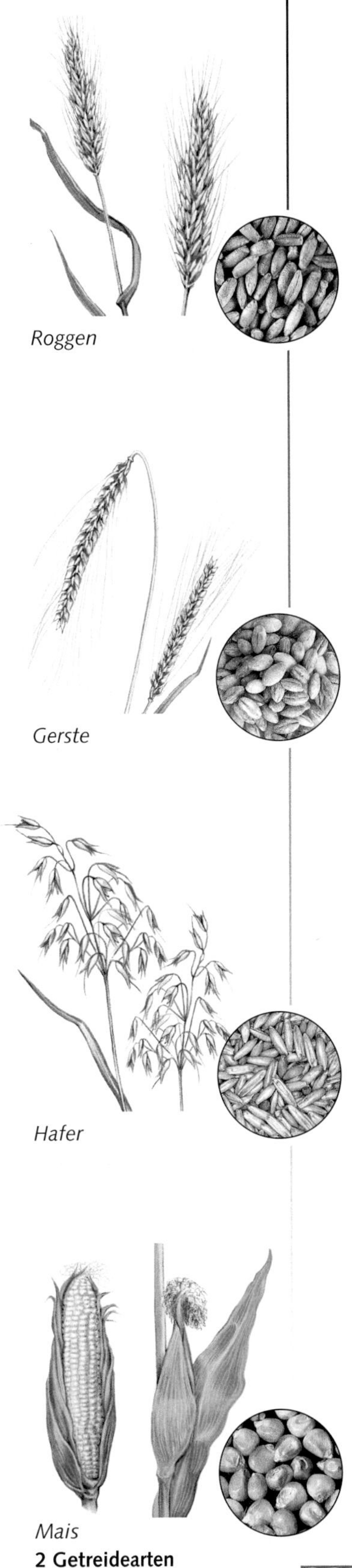

2 Getreidearten

Einheimische Nutzpflanzen

Mais

Mais gehört zu den wichtigsten Getreidearten. Der Fruchtstand ist ein Kolben mit zahlreichen gelben, rundlichen, glatten Körnern
Produkte: Maiskolben; Maismehl; Maisgrieß; Keimöl; Popcorn
Besonderheit: Der größte Teil der angebauten Maispflanzen dient als *Viehfutter.* Dazu wird die ganze Pflanze geerntet, gehäckselt und in Silos gelagert.
Aus gehäckselten Maispflanzen gewinnt man in besonderen Anlagen Biogas, das zur Stromerzeugung genutzt wird.

1. Erstelle eine ▶ Mindmap zum Thema „Nutzpflanzen". Was fällt dir dazu alles ein? Denke nicht nur an einheimische Nutzpflanzen.

2. Suche im Atlas, in welchen Gebieten Deutschlands Weinreben angebaut werden. Benenne diese Gebiete. Weshalb sind es gerade diese Gegenden?

3. Erstelle Pinnzettel für zwei weitere einheimische Nutzpflanzen. Denke dabei auch an Obst-, Gemüse-, Öl- oder Faserpflanzen.

Raps

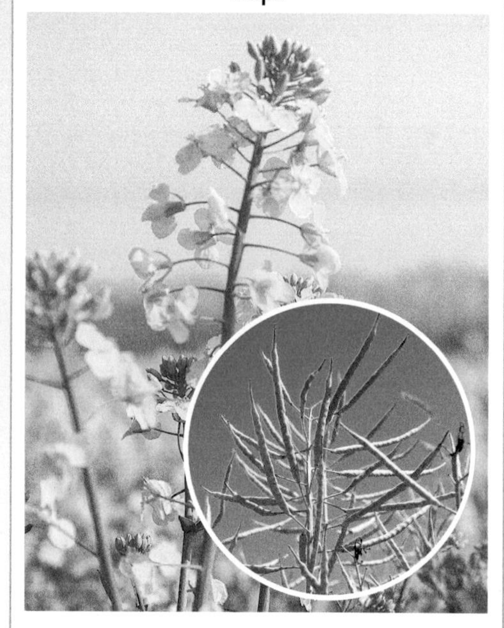

Raps ist eine wichtige Nutzpflanze, die in letzter Zeit immer bedeutender zur Gewinnung von Ölen wird. Die Samen haben einen hohen Ölgehalt. Mehr als die Hälfte der in Deutschland produzierten Pflanzenöle ist Rapsöl.
Produkte: Früher Speise- und Lampenöl; heute ein wichtiger Rohstoff für technische Produkte wie Schmierstoffe; ein Hauptteil der Ernte dient der Erzeugung von *Biodiesel* als Kraftstoff für Kraftfahrzeuge und als Ersatz für Diesel und Benzin aus Erdöl

Weinrebe

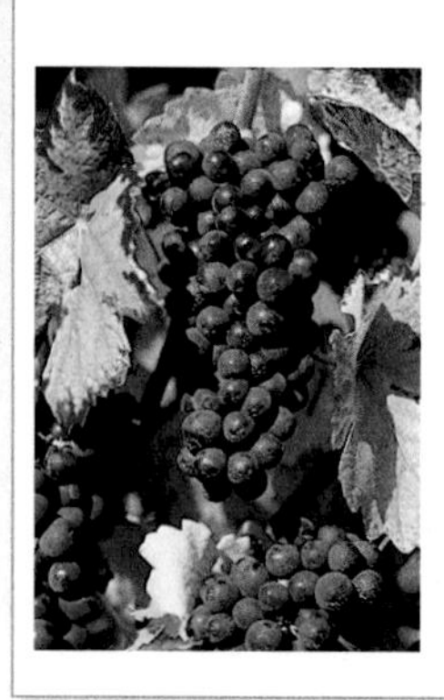

Die Weinrebe gehört zu den ältesten Nutzpflanzen. Sie wurde schon 3500 v. Chr. kultiviert; benötigt warme Sommer; frostempfindlich
Produkte: roh als Obst oder gepresst als Traubensaft; der Saft verarbeitet zu Wein, Sekt, Weinbrand, Weinessig; Pressrückstände als Viehfutter; getrocknete Beeren als Rosinen

Fremdländische Nutzpflanzen

Kokospalme

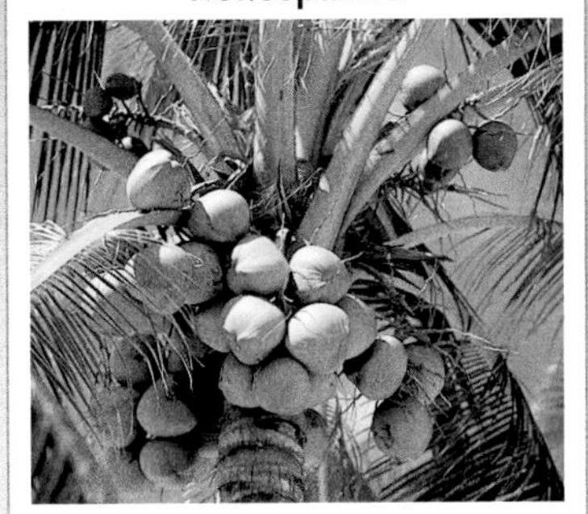

Herkunft: Polynesien
Anbaugebiete: Weltweit an allen tropischen Küsten; in Plantagen
Verwendung: Kokosfasern für Matten und Bürsten; Kokosfett; Kokosmilch; Kokosflocken; Stamm als Bau- und Möbelholz; Blätter für Hüttendächer

Sojabohne

Herkunft: Ostasien
Anbaugebiete: in warmen Gebieten der Erde
Verwendung: Viehfutter; Nahrungsmittel; der Samen ist reich an Nährstoffen: Öl, Kohlenhydrate, Eiweiß; in der vegetarischen Küche als Fleischersatz

Reis

Herkunft: China; Indien
Anbaugebiete: Gebiete in warmen Ländern
Verwendung: eine der wichtigsten Getreidearten; Nahrungsmittel; enthält viel Stärke; Reisstroh für Papierherstellung, Körbe und Hüte

1. Welche Zitrusfrüchte findet ihr an Obstständen auf dem Wochen- oder im Supermarkt? Notiert diese.

2. Informiere dich über eine Zitrusfrucht und fertige zu dieser einen ▸ Steckbrief an.

Zuckerrohr

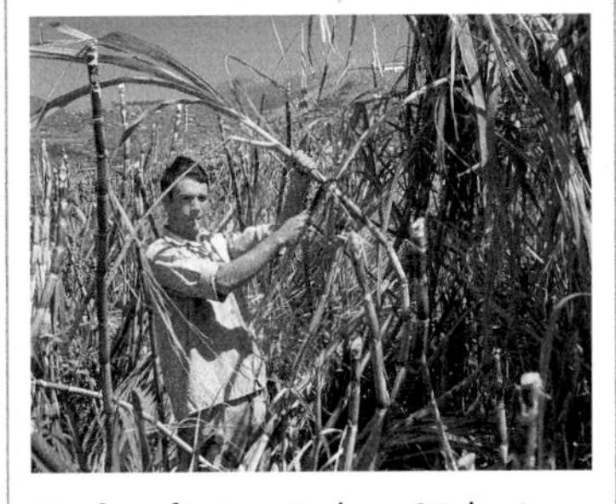

Herkunft: tropisches Südostasien; Indien
Anbaugebiete: Tropen und Subtropen
Verwendung: Gewinnung von Rohrzucker aus dem Spross; Rohr zum Kauen; frisch als Getränk; Gewinnung von Alkohol

Rispenhirse

Herkunft: asiatischer Raum
Anbaugebiete: Afrika; Asien
Verwendung: in weiten Gebieten Afrikas Hauptnahrungsmittel; reich an Kohlenhydraten, Eiweiß, Vitaminen und Mineralstoffen; zum Backen nicht geeignet

Maniok

Herkunft: Brasilien; Paraguay
Anbaugebiete: weltweit in Tropen und Subtropen
Verwendung: nimmt unter den Nahrungspflanzen der Welt den 6. Platz ein; Sprossknollen stärkehaltig; müssen vor Genuss erhitzt und so entgiftet werden

Züchtung von Pflanzen

1. Nenne Gründe, warum Menschen Tiere und Pflanzen züchten.

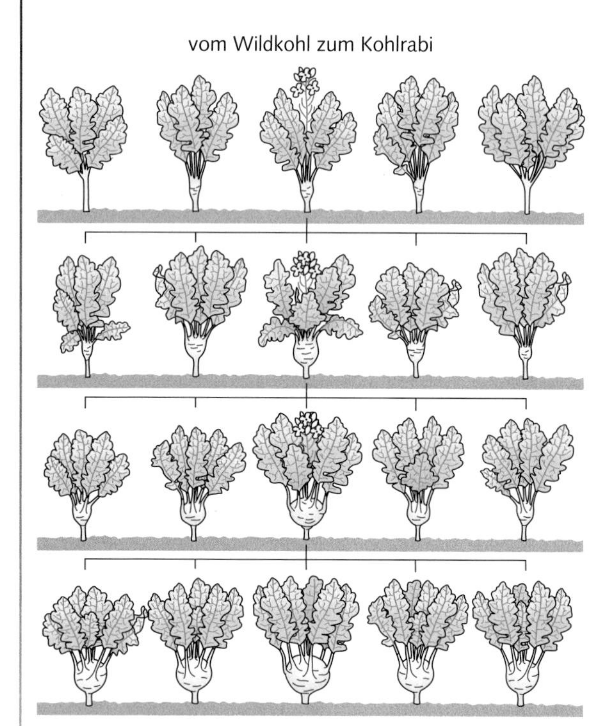

2. Erklärt die Auslesezüchtung am Beispiel des Kohlrabis.

3. Durch Auslesezüchtungen entstanden aus dem Wildkohl zahlreiche Kohlsorten. Tragt in eine Tabelle die abgebildeten Kohlsorten und das geänderte Organ ein. Nehmt die Abbildungen der gegenüberliegenden Seite zu Hilfe.

4. Die unten stehende Abbildung zeigt eine Kohlsorte, die aus dem gleichen Organ wie der Blumenkohl gezüchtet wurde.

a) Wie heißt die Kohlsorte?

b) Aus welchem Organ wurde sie gezüchtet?

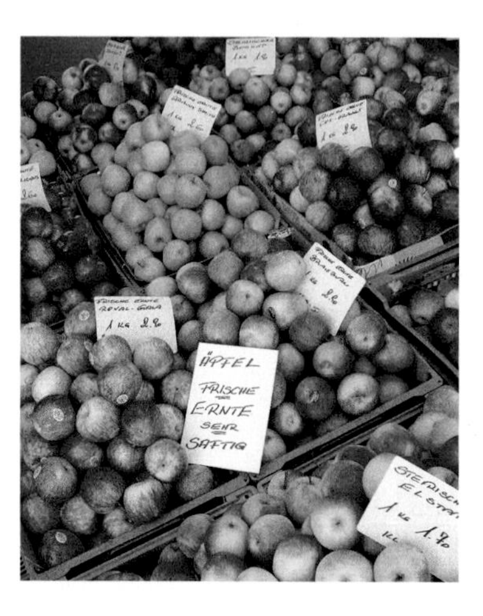

5. Durch Auslesezüchtung wurden viele Apfelsorten gezüchtet. Allein in Deutschland gibt es über 2000 verschiedene Sorten. Zählt die Sorten in einem Supermarkt. Beschreibt sie und gestaltet ein ▸ Plakat.

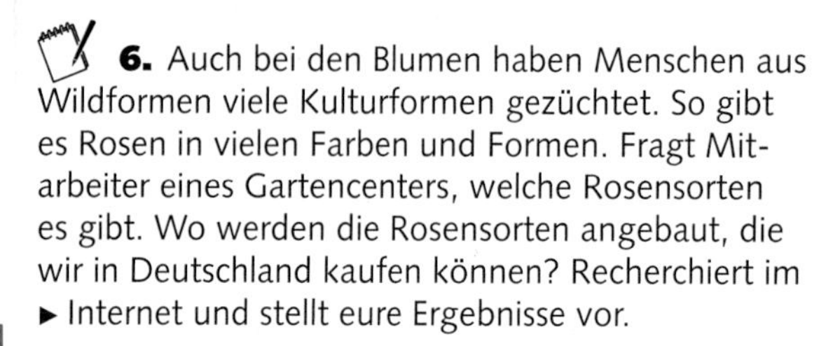

6. Auch bei den Blumen haben Menschen aus Wildformen viele Kulturformen gezüchtet. So gibt es Rosen in vielen Farben und Formen. Fragt Mitarbeiter eines Gartencenters, welche Rosensorten es gibt. Wo werden die Rosensorten angebaut, die wir in Deutschland kaufen können? Recherchiert im ▸ Internet und stellt eure Ergebnisse vor.

Von der Wildpflanze zur Nutzpflanze

Der Wildkohl, der in Deutschland heute nur noch auf Helgoland vorkommt, ist ein Beispiel dafür, wie aus einer Wildpflanze eine Nutzpflanze entstanden ist. Wildkohl wurde schon vor mehr als 4000 Jahren angebaut. Der Mensch bemerkte dabei wahrscheinlich einige Wildkohlpflanzen, die einen dickeren Stängel oder besonders schmackhafte Blätter hatten. Diese Pflanzen wählte er für seine Ernährung aus und baute sie bevorzugt an.

Auslesezüchtung

Die Auslesezüchtung fängt also mit dem Anbau von bestimmten Wildpflanzen an. Nur die Nachkommen der Wildpflanzen, bei denen die gewünschten vorteilhaften Eigenschaften, die Größe oder der Geschmack, besonders deutlich ausgebildet sind, werden für den weiteren Anbau ausgewählt. Über Samen werden die ausgewählten Pflanzen vermehrt und erneut ausgesät. Dieser Vorgang erfolgt über viele Jahrzehnte.

Der Wildkohl und einige Zuchtformen

Mithilfe der Auslesezüchtung gelang es dem Menschen, zahlreiche neue Kohlsorten zu züchten, die jedoch kaum noch Ähnlichkeit mit dem Wildkohl haben. Aus Wildkohlpflanzen mit besonders wohlschmeckenden Blättern züchtete der Mensch den Grünkohl. Aus Pflanzen mit verkürzten und verdickten Nebentrieben entstand der Rosenkohl. Bei der Züchtung des Blumenkohls und des Brokkolis waren Pflanzen mit dickfleischigen Blüten das Zuchtziel. Den Kohlrabi züchtete der Mensch aus Formen des Wildkohls, der besonders dicke Stängel ausgebildet hat.

Vielfalt der Sorten

Aus vielen weiteren Wildpflanzen hat der Mensch Nutz- und Zierpflanzen gezüchtet. Aus der Wildform des Apfels entstand durch Auslesezüchtung eine fast unüberschaubare Vielfalt von Apfelsorten.

Besonders auffällig ist die Vielfalt der Sorten auch bei Blumen, zum Beispiel bei Rosen.

■ Bei der Auslesezüchtung wählt der Mensch immer die Pflanzen zum weiteren Anbau aus, die die gerade von ihm gewünschten Eigenschaften haben. Diese Eigenschaften können sich so immer mehr verstärken. So entstanden z. B. die verschiedenen Kohlsorten.

1 Wildkohl und Zuchtformen. A *Blumenkohl;* **B** *Rosenkohl;* **C** *Grünkohl;* **D** *Kohlrabi*

Was gibt es auf unserem Schulgelände?

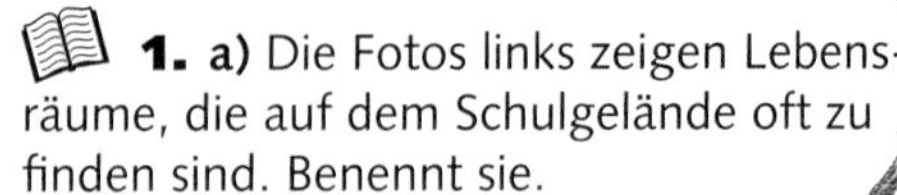

1. a) Die Fotos links zeigen Lebensräume, die auf dem Schulgelände oft zu finden sind. Benennt sie.
b) Überlegt, welche Lebensbedingungen an den unterschiedlichen Standorten herrschen. Nennt Unterschiede.
c) Findet heraus, über welche Lebensräume euer eigenes Schulgelände verfügt.

2. Bildet Gruppen und untersucht einzelne Lebensräume genauer: Wie viel Licht erhalten die Pflanzen? Ist der Boden ausreichend feucht oder eher trocken? Gibt es einen Schutz vor zu starkem Wind? Legt eine Tabelle an und tragt die Ergebnisse ein.
Tipp: Nutzt – wenn an der Schule vorhanden – auch ▸ Messgeräte (Licht-, Wind- und Feuchtigkeitsmessgeräte). Lasst euch die Bedienung durch eure Lehrkraft zeigen.

Lebensraum	Licht	Temperatur	Feuchtigkeit	Boden
Rasen	sonnig/ halbschattig	warm/ heiß	gering	…
Teich	…	…	…	
Pflaster				
…				

3. Tragt in eine Zeichnung des Schulgeländes ein, wo sich Grünflächen (Rasen, Wiesen) befinden. Wo wachsen Kletterpflanzen die Wände empor? Wo wachsen Laub- und Nadelbäume? Benutzt für die Kartierung Symbole wie in der Abbildung unten. Erfindet bei Bedarf eigene Symbole.

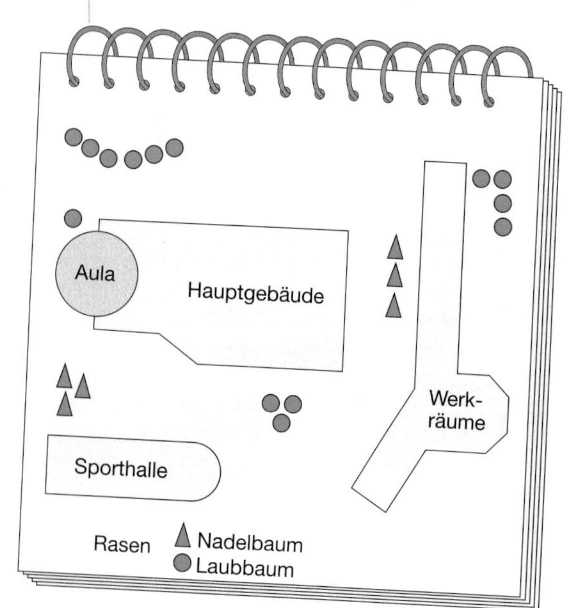

4. Einen Regenmesser könnt ihr leicht selbst bauen:
a) Schneidet das obere Drittel einer Plastikflasche mit der Schere waagerecht ab. Steckt es umgekehrt als Trichter in den unteren Teil. Klebt beide Teile mit Klebeband zusammen.
b) Füllt einige Glasmurmeln oder Steine hinein, damit die Flasche nicht umfällt. Markiert in 5 cm Höhe mit wasserfestem Stift einen Nullpunkt. Füllt bis zu dieser Höhe Wasser in den Regenmesser.
c) Die Niederschlagsmenge messt ihr mit dem Lineal vom Nullpunkt aus. Ein Millimeter Höhe entspricht einem Liter Niederschlag pro Quadratmeter Fläche.

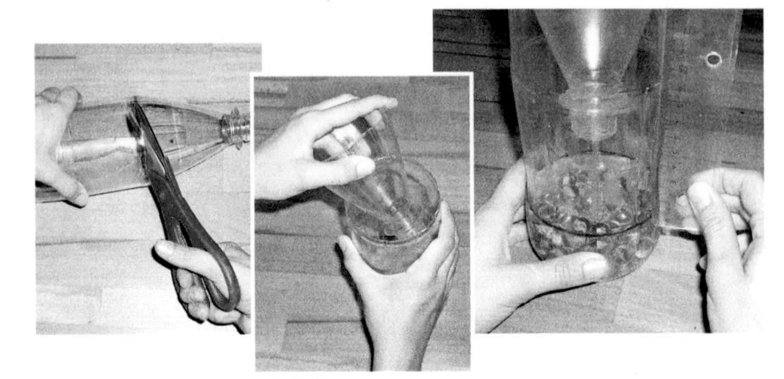

5. Erklärt, wie „Trittpflanzen" zu ihrem Namen gekommen sind. An welche Lebensbedingungen sind sie gut angepasst?

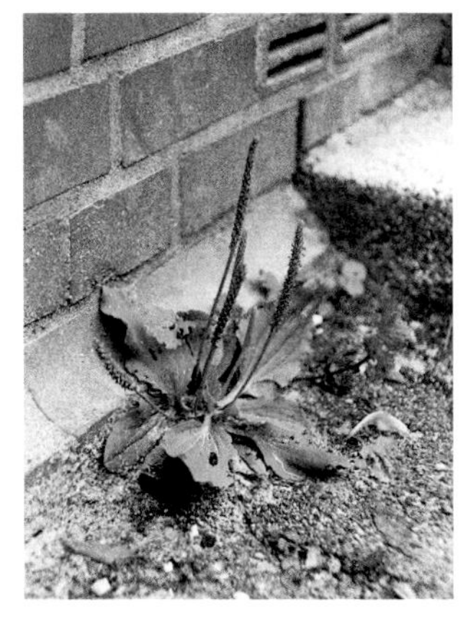

6. a) Sammelt typische Trittpflanzen wie Breitwegerich und Löwenzahn. Nennt gemeinsame Merkmale.
b) Versucht, einen Löwenzahn samt Wurzel aus der Erde zu ziehen. Warum gelingt dies nur selten?

7. a) Messt die Temperatur auf beiden Seiten einer Mauer und in unterschiedlicher Höhe. Vergleicht auch die Feuchtigkeit des Bodens. Hängen die Unterschiede mit der Himmelsrichtung zusammen?
b) Ist der Bewuchs auf beiden Seiten der Mauer gleich? Legt eine Tabelle an. Begründet die Unterschiede.
c) Betrachtet die Blätter der Mauerpflanzen. Warum sind einige von ihnen dick und fleischig?

8. a) Wie gelangen Kletterpflanzen ans Licht, ohne selbst einen dicken Stamm auszubilden? Betrachtet Sprosse und Blätter verschiedener Kletterpflanzen ganz genau. Zeichnet die „Kletterhilfen".
b) Kletterpflanzen verschönern nicht nur kahle Wände, sie sind auch sehr nützlich. Benennt die Vorteile „grüner Wände" mithilfe der unten abgebildeten Grafiken.

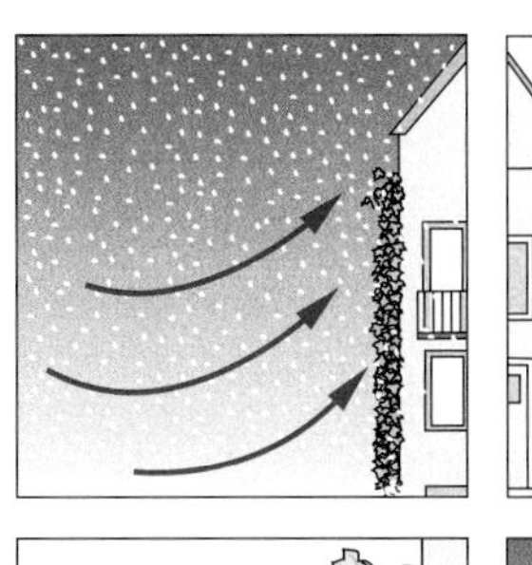

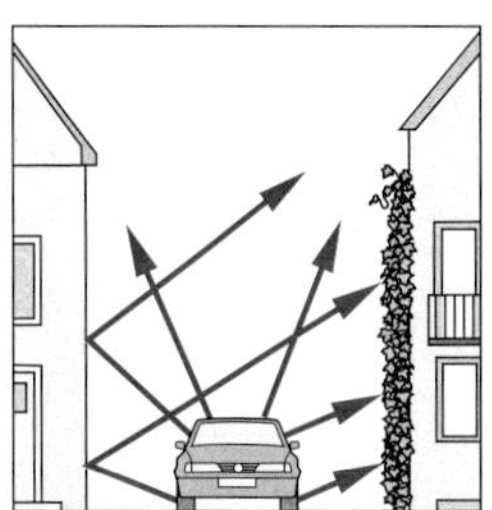

9. Rankhilfen kann man aus Holzleisten, Schraubösen und Drahtseilen leicht selbst herstellen. Vielleicht kann auch an eurer Schule noch eine Wand oder ein Zaun begrünt werden?

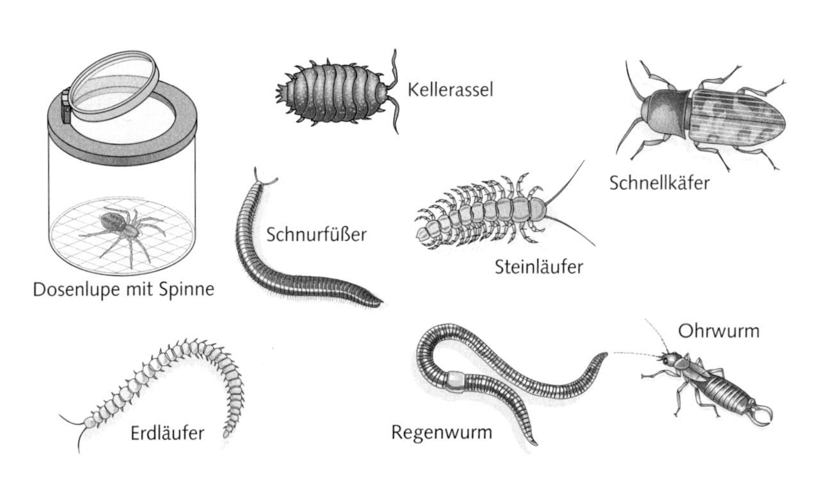

10. Viele Tiere auf dem Schulgelände führen ein verborgenes Leben. Sie leben in Ritzen und Spalten, ja sogar unter Steinen.
a) Hebt Steine oder Gehwegplatten vorsichtig an. Welche der Tiere aus der Abbildung links könnt ihr entdecken?
b) Fertigt ▸ Steckbriefe an. Unter welchen Bedingungen fühlen sich diese Tiere wohl? Denkt an Feuchtigkeit, Temperatur und Helligkeit.

1 „Lebloses“ Schulgelände?

Lebensräume auf dem Schulgelände

Auch wenn auf einem Schulgelände Beton, Steine und Asphalt das Bild bestimmen, finden wir erstaunlich viele kleine **Lebensräume.** Dort gibt es unter anderem Pflasterritzen, Trockenmauern, begrünte Fassaden, Strauchgruppen oder einzeln stehende Bäume. Hier kommen Pflanzen und Tiere vor, die an die besonderen Standorte angepasst sind. Hierzu gehören die vorhandenen Verhältnisse wie Feuchtigkeit, Licht, Temperatur sowie die Art des Bodens. In jedem dieser unterschiedlichen Lebensräume sind die dort lebenden Pflanzen und Tiere in vielerlei Hinsicht aufeinander angewiesen.

2 Efeu

Trittpflanzen:
1: Löwenzahn
2: Hirtentäschelkraut
3: Breitwegerich

Grüne Wände

Kletterpflanzen nutzen verschiedene Strategien, um ans Licht zu gelangen. Kletternde Pflanzen wie der immergrüne Efeu befestigen sich als „Selbstklimmer“ mit Haftwurzeln an Wänden und Baumstämmen, der Wilde Wein mit seinen Haftscheiben an den Hausfassaden. Schlingpflanzen wie Hopfen und Geißblatt winden sich mit der ganzen Sprossachse um ihre Stütze. Rankgewächse wie die Waldrebe halten sich mit umgebildeten Blättern oder Blattstielen fest.
Begrünte Fassaden werden von verschiedenen Tierarten als Lebensraum genutzt. Amseln und Rotkehlchen finden hier einen Schlaf- und Nistplatz. Wildbienen nutzen den Nektar der Kletterpflanzen als Nahrungsquelle, räuberische Spinnen das Gewirr der Blätter als Jagdrevier.

Pflasterritzen

Manche Pflanzen wachsen dort, wo andere Pflanzen kaum überleben könnten. Ihnen reichen die mit Sand gefüllten Ritzen zwischen Pflastersteinen als Lebensraum. Hier, wo viele Schüler und Lehrkräfte unterwegs sind, müssen sie so manchen „Fußtritt“ ertragen. Auch extreme Hitze und Trockenheit machen ihnen zu schaffen. Spezialisten, wie die **Trittpflanzen,** können hier überleben. Dicht am Boden liegende Blattrosetten und harte Stängel schützen sie vor Beschädigungen durch Fußgänger. Eine tief in die Erde reichende Pfahlwurzel versorgt die Pflanzen mit Wasser auch aus tieferen Bodenschichten.
Tiere, die manchmal im Bereich der Pflasterritze zu beobachten sind, scheuen allesamt das Licht und verkriechen sich tagsüber unter den Steinen. Asseln und Schnurfüßer fressen Pflanzenreste, Erdläufer und Steinkriecher erbeuten Insekten und Regenwürmer.

G

F

E

D

C

Trockenmauern
Trockenmauern bestehen aus übereinander geschichteten Natursteinen mit vielen Fugen und Ritzen. Da die Steine viel Sonnenwärme speichern, wachsen hier besonders Wärme liebende Pflanzenarten. Oben auf der Mauerkrone und in den seitlichen Mauerfugen müssen sich Pflanzen wie der Mauerpfeffer oder die Hauswurz mit wenig Wasser, Erde und Nährstoffen begnügen. Anders sieht es am Mauerfuß aus: Hier lässt der feuchte und mineralstoffreiche Boden auch anspruchsvolle Pflanzen wie Brennnessel und Giersch gedeihen. Dies gilt besonders für die von der Sonne abgewandte feuchtere Mauerseite.
Die warme Oberfläche der Mauer zieht Zauneidechsen an. Ohrwürmer und Spinnen finden in den Spalten zahlreiche Verstecke. Steinhummeln bauen in den Hohlräumen der Mauer ihr Nest.

■ Auch ein Schulgelände bietet Lebensräume für verschiedene Pflanzen und Tiere. Lebensräume können begrünte Wände, Pflasterritzen oder Trockenmauern sein.

Pflanzen an Mauern:
A: Mauergerste
B: Klatschmohn
C: Löwenzahn
D: Zimbelkraut
E: Weiße Fetthenne
F: Mauerpfeffer
G: Rispengras
H: Hauswurz
I: Mauerraute
J: Schöllkraut
K: Spitzwegerich
L: Giersch
M: Efeu
N: Brennessel
O: Kamille

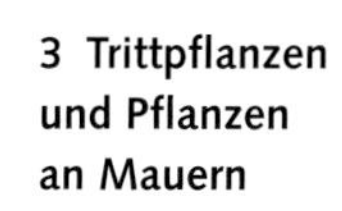

3 Trittpflanzen und Pflanzen an Mauern

Messgeräte und Messtechnik

Streifzug

Für Untersuchungen im Gelände benutzt man verschiedene Messgeräte.

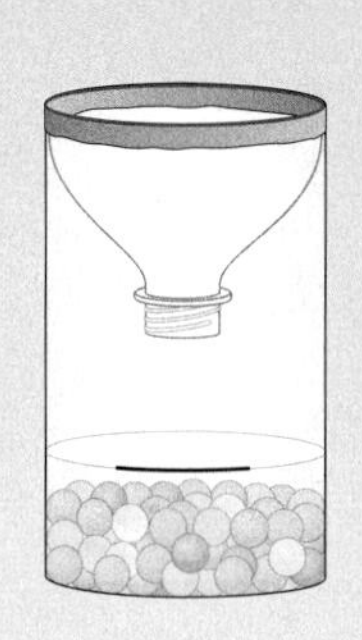

- An **Regenmessern** kann man die Menge des Niederschlags in Millimetern ablesen.
- **Thermometer** dienen zum Messen der Luft-, Boden- oder Wassertemperatur. Moderne elektronische Geräte messen auf ein Zehntel Grad Celsius genau. Mit **Temperaturfühlern** kann man die Temperatur von Oberflächen ermitteln, etwa die von Mauer- und Pflastersteinen.

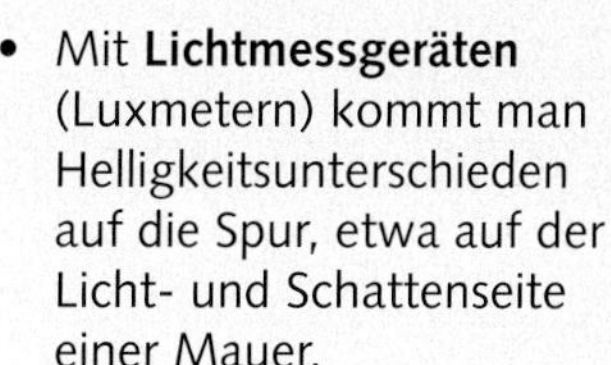

- Mit **Lichtmessgeräten** (Luxmetern) kommt man Helligkeitsunterschieden auf die Spur, etwa auf der Licht- und Schattenseite einer Mauer.

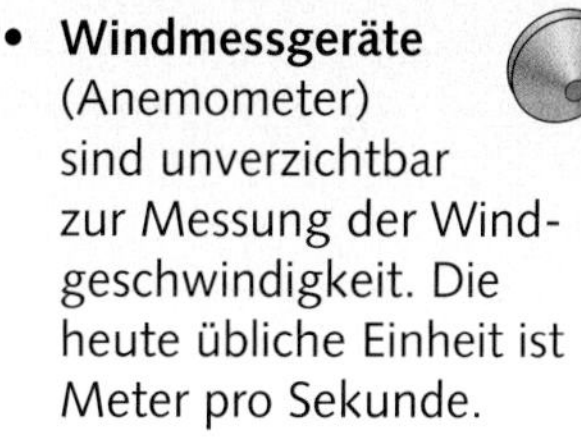

- **Windmessgeräte** (Anemometer) sind unverzichtbar zur Messung der Windgeschwindigkeit. Die heute übliche Einheit ist Meter pro Sekunde.
- An **Feuchtigkeitsmessern** (Hygrometern) lässt sich die Luftfeuchtigkeit in Prozent ablesen.

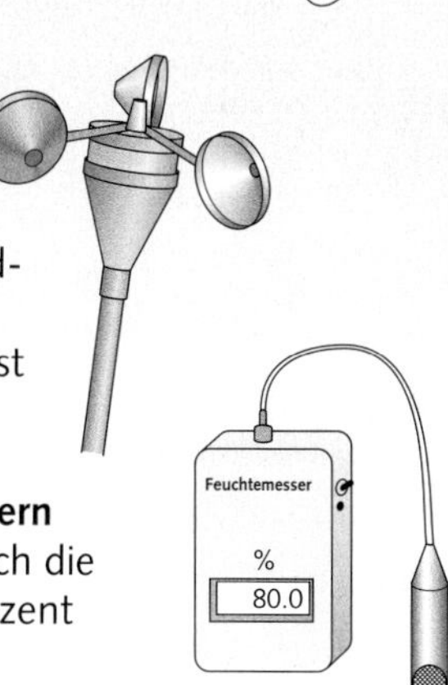

1. Fragt eure Lehrkraft nach den an eurer Schule vorhandenen Messgeräten. Lasst euch erläutern, wozu und wie sie benutzt werden.

2. Erprobt die Bedienung an verschiedenen Standorten auf dem Schulgelände.

Tiere beobachten und bestimmen wie die Profis

Vorbereitung
Zur Beobachtung von Tieren müsst ihr euch gut vorbereiten. Drei Dinge solltet ihr vor der Beobachtung klären:

1. Welche Tiere sollen beobachtet werden und wo finde ich sie?
2. Wann ist die beste Beobachtungszeit (Tages- und Jahreszeit)?
3. Welche Kleidung brauche ich (zum Beispiel feste Schuhe oder Regenkleidung)?
4. Welche Ausrüstung brauche ich?

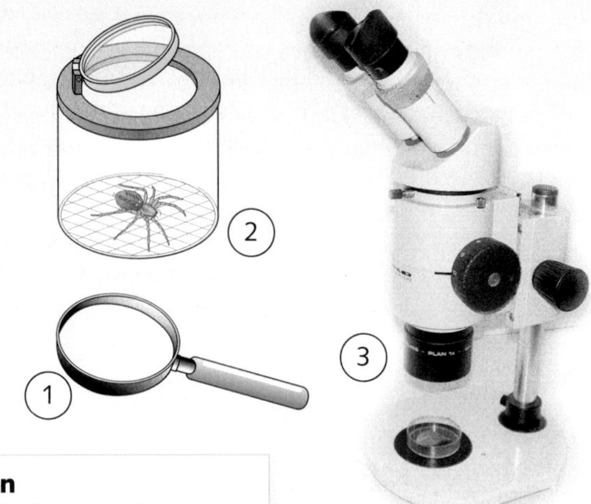

Verhalten beim Beobachten
Tiere in der freien Natur sind häufig sehr scheu. Deshalb solltet ihr darauf achten, dass ihr sie nicht verscheucht. Wenn ihr euch ruhig verhaltet und keine hastigen Bewegungen macht, habt ihr gute Chancen, Tiere über einen längeren Zeitraum beobachten zu können.

sicher bestimmen

Ausrüstung
Vögel und Säugetiere sind häufig nur auf größere Entfernung zu beobachten. Mit einem **Fernglas** kann man sie „näher" heranholen und so ungestört betrachten. Kleinere Tiere lassen sich mit einer Lupe bestens beobachten. Eine **Leselupe** ① erfüllt häufig schon diesen Zweck. Da viele Tiere wie Insekten oder Spinnen versuchen zu entkommen, eignen sich **Dosenlupen** ② hierzu besonders gut. Wenn ihr spezielle Einzelheiten wie Insektenaugen oder Spinnenhaare erkennen wollt, benötigt ihr eine ▸ **Stereolupe** ③ **,** die eine starke Vergrößerung ermöglicht. Dieses Instrument ist sehr empfindlich und schwer zu transportieren. Deshalb sollte es besser im Unterrichtsraum verwendet werden.
Geräusche oder Tierstimmen wie den Gesang verschiedener Vögel könnt ihr mit einem **Kassettenrekorder** oder **MP3-Aufnahmegerät** aufzeichnen und später auswerten.

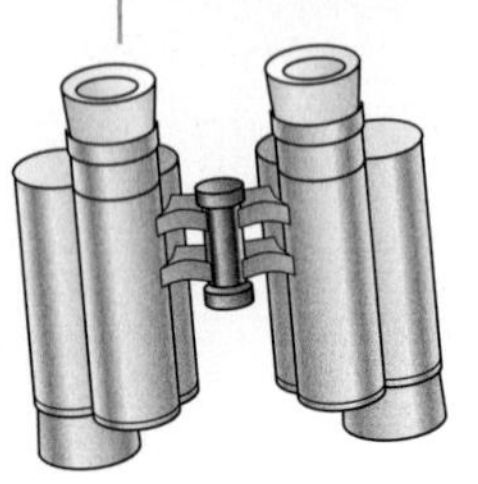

Beobachtungsbogen

von:
Datum: Uhrzeit:
Wetter:
Tierart:
Lebensraum:

Verhalten/Tätigkeit:

Besondere Beobachtung:

Dokumentation
Kurze, aber exakte Notizen helfen euch, die in der Natur gemachten Beobachtungen zu dokumentieren. Praktisch ist ein **Beobachtungsbogen.**
Bei der Auswertung tragt ihr eure Ergebnisse zusammen und überlegt, wie ihr sie euren Mitschülern mitteilen wollt. Ihr könnt einen ▸ **Steckbrief** von Tieren erstellen und Zeichnungen oder Fotos hinzufügen. Ihr könntet auch ▸ **Plakate** gestalten, die informativ sind und zugleich das Klassenzimmer verschönern. Zusätzliche Informationen aus Bestimmungsbüchern oder dem ▸ Internet können eure Forschungsergebnisse ergänzen.

Im Umfeld eurer Schule begegnen euch viele Tiere. Je genauer ihr hinschaut, desto mehr Arten werdet ihr entdecken. Aber wie bekommt ihr heraus, wie sie heißen? Das ist ein Fall für Tierdetektive. Wichtig ist, dass ihr die Tiere möglichst genau betrachtet.
Dabei ermittelt ihr, ob es sich um ein **Wirbeltier** oder ein wirbelloses Tier handelt. Alle Wirbeltiere besitzen ein gegliedertes **Skelett** aus Knochen oder Knorpeln, das sie stützt. Als Hauptstütze dient ihnen eine Wirbelsäule. Alle Fische, Lurche, Kriechtiere, Vögel und Säugetiere sind Wirbeltiere.

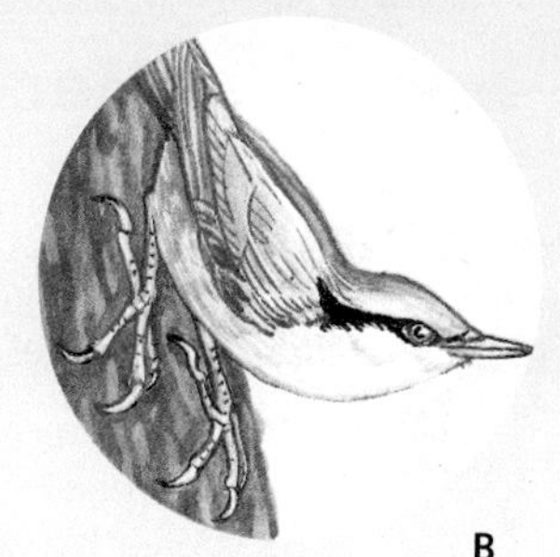

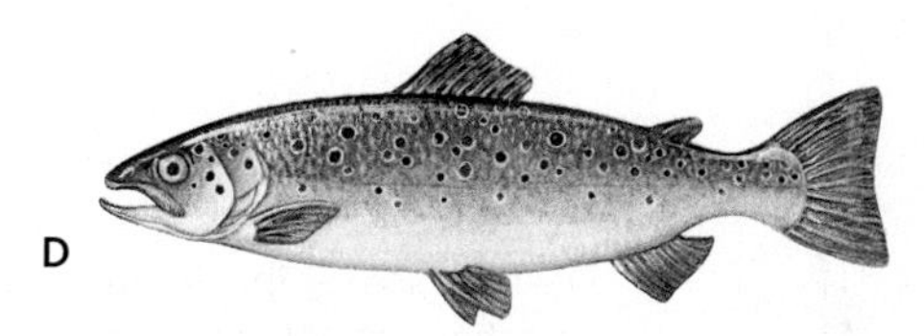

1 Verschiedene Wirbeltiere. A *Grasfrosch;* **B** *Kleiber;* **C** *Maulwurf;* **D** *Bachforelle;* **E** *Ringelnatter*

Tiere, die keine Wirbelsäule besitzen, heißen **Wirbellose.** Bei ihnen werden die weichen Körperteile oft durch eine äußere Hülle geschützt und in einer stabilen Form gehalten. So eine Außenhülle kann ein Panzer (z. B. Käfer), eine Schale (z. B. Schnecken) beziehungsweise eine mehr oder weniger feste Haut (z. B. Regenwürmer) sein.
Ein wichtiges Merkmal, auf das Tierforscher bei der Bestimmung wirbelloser Tiere zurückgreifen, ist die Anzahl der Beine.

Beispielsweise haben alle Insekten drei Beinpaare und Spinnentiere vier. Ermittelt also zunächst die Anzahl der Beinpaare, um euer Tier zu bestimmen. Der untenstehende **Bestimmungsschlüssel** hilft euch dabei. Um eure Detektivarbeit fortzuführen, benötigt ihr weitere Informationen, die ihr aus bebilderten **Bestimmungsbüchern** oder im ▸ Internet beziehen könnt (z. B. www.natur-lexikon.com).

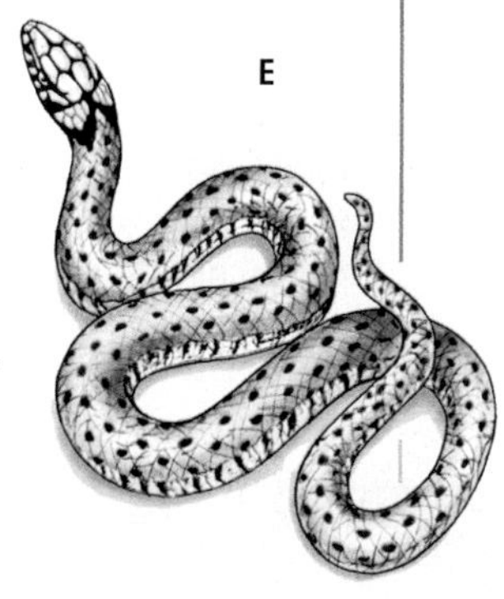

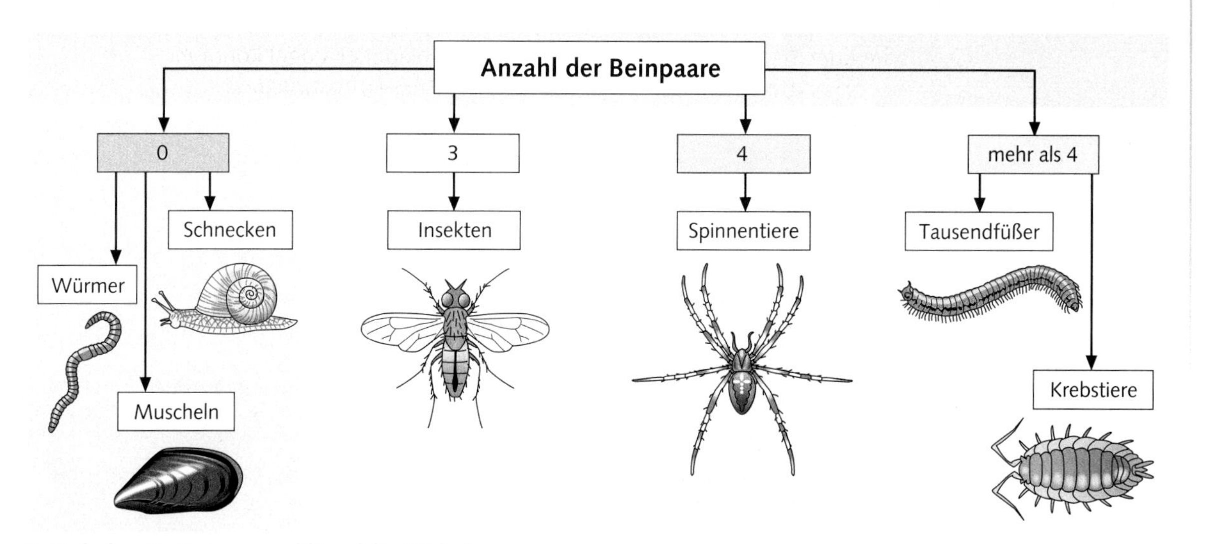

2 Einfacher Bestimmungsschlüssel für Wirbellose.

Die Hecke als Lebensraum

1. a) Welche Farben besitzen die Früchte der meisten Heckensträucher? Welche Vorteile haben diese Farben?
b) Woher hat der Vogelbeerbaum seinen Namen?

2. Abbildung 1 zeigt eine Auswahl typischer Heckenbewohner.
Ordnet den Tieren die Namen aus der Liste richtig zu.

3. Findet heraus, wie die gezeigten Tiere die Hecke nutzen (Nahrungsquelle, Unterschlupf, Brut- oder Jagdrevier ...).

4. Zur Untersuchung von Insekten und anderen Kleintieren eignet sich folgende Fangmethode: Hängt einen Regenschirm kopfüber an einen Ast und schüttelt vorsichtig die Zweige.
Tipp: ▸ Dosenlupe!

5. Markiert an einer Hecke mit Pflöcken und Maßband Abschnitte von 10 m Länge. Bestimmt in Kleingruppen, welche Bäume, Sträucher, Kletterpflanzen und Kräuter dort wachsen. Dokumentiert eure Ergebnisse in einer Skizze, ähnlich wie im Beispiel unten (jedoch im Maßstab 1:50, d. h. 2 cm auf dem Papier entsprechen 1 m). Vergleicht die verschiedenen Heckenabschnitte.

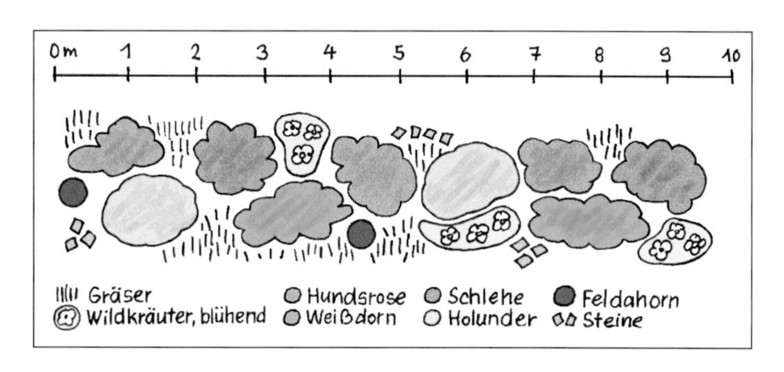

6. Messt mithilfe geeigneter ▸ Messgeräte Temperatur, Lichtstärke und Windgeschwindigkeit in unterschiedlichen Abständen zur Hecke (0, 1, 5, 10, 20 m). Übertragt die Werte in einen Protokollbogen wie unten abgebildet.

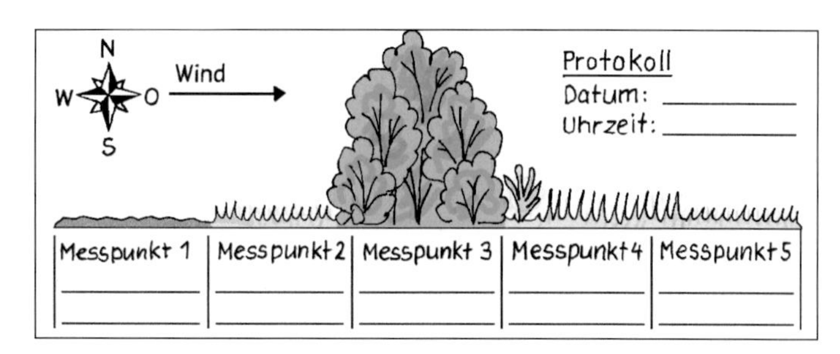

7. Stelle Nahrungsbeziehungen zwischen Lebewesen des Lebensraumes Hecke als mehrgliedrige Nahrungskette in folgender Form dar. Beispiel:
Heckenrose ⟶ Käfer ⟶ Rotkehlchen ⟶ Sperber
(⟶ bedeutet: wird gefressen von)

Hecken, die sich aus vielen verschiedenen Straucharten zusammensetzen, bieten zahlreichen Tier- und Pflanzenarten einen geeigneten Lebensraum. In naturnahen Hecken hat man bis zu 100 Pflanzen- und 1000 Tierarten gezählt.

Hecken sind vielfältige Lebensräume

Heckenpflanzen dienen vielen Tieren als **Nahrungsquelle**. Wildbienen, Hummeln und Schmetterlinge leben vom Nektar und Pollen der Blüten. Die zum Herbst reifenden, leuchtend rot oder blau-schwarz gefärbten Früchte von Schneeball, Weißdorn oder Felsenbirne werden besonders von Vögeln gern gefressen. Sie verbreiten dabei die Samen der Sträucher. Eichhörnchen und Rötelmaus können mit ihren scharfen Nagezähnen auch die harten Schalen der Haselnüsse öffnen.
In den dichten Zweigen der Hecke finden Sing- und Wacholderdrossel, Goldammer und Zaunkönig gut geschützte **Nistplätze**. Igel, Kröten und Blindschleichen suchen die Hecke auf, wenn sie einen sicheren **Unterschlupf**, ein Versteck vor Fressfeinden oder ein Winterquartier benötigen. Der seltene Neuntöter, das Hermelin und räuberische Laufkäfer hingegen nutzen die Hecke gerade als **Jagdrevier.**
Die Pflanzen- und Tierarten im Lebensraum Hecke leben nicht ungestört nebeneinander, sondern es bestehen zwischen ihnen vielfältige Nahrungsbeziehungen. Zum Beispiel fliegen kleine Käfer, die sich auf Blüten der Heckenrose niederlassen und von den Kronblättern fressen. Ein Rotkehlchen landet im Strauch, pickt einen Käfer auf, bearbeitet ihn mit seinem Schnabel und verzehrt Teile von ihm. In einem Überraschungsangriff scheucht ein Sperber das Rotkehlchen auf, ergreift es mit seinen bekrallten Fängen, fliegt auf einen nahe gelegenen Baum, rupft sein Opfer und verzehrt es.
Solche Nahrungsbeziehungen lassen sich als Kette mit verschiedenen Gliedern darstellen. Eine solche **Nahrungskette** beginnt mit Pflanzen. Diese bauen durch ▸ Fotosynthese „Pflanzenmasse" auf. Man nennt sie Produzenten. Das folgende Glied in der Kette sind Pflanzen fressende Tiere, sogenannte Konsumenten. Die folgenden Glieder bestehen aus Fleisch fressenden Tieren.

■ Hecken sind vielseitige Lebensräume für Pflanzen und Tiere. Die Lebewesen stehen in vielfältigen Nahrungsbeziehungen zueinander.

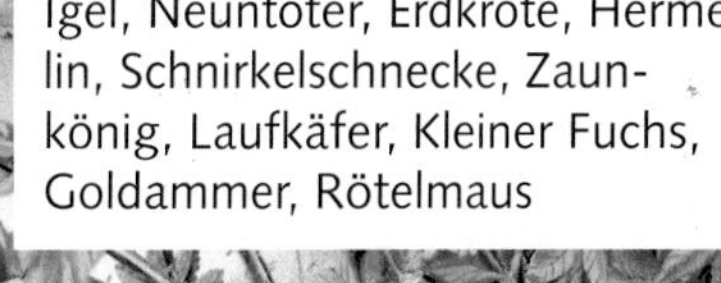

Tiere der Wildhecke:
Igel, Neuntöter, Erdkröte, Hermelin, Schnirkelschnecke, Zaunkönig, Laufkäfer, Kleiner Fuchs, Goldammer, Rötelmaus

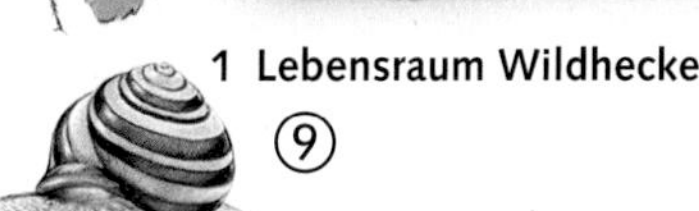

1 Lebensraum Wildhecke

Merkmale von Insekten

1. Betrachte eine Honigbiene mit einer ► Lupe oder einem Binokular.
a) Lege die Biene auf eine helle Unterlage. Fertige eine einfache Skizze an. Beschrifte die Skizze.
b) Zerlege eine Biene mit Pinzette und Nadel in Kopf, Brust, Hinterleib, Flügel, Beine. Betrachte die Teile genauer. Zeichne und beschrifte diese.

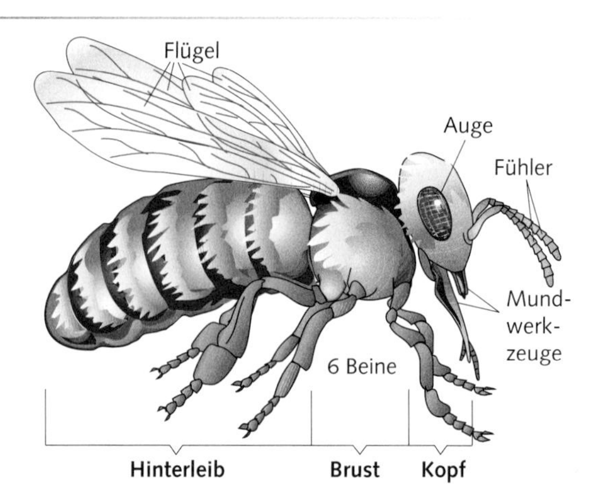

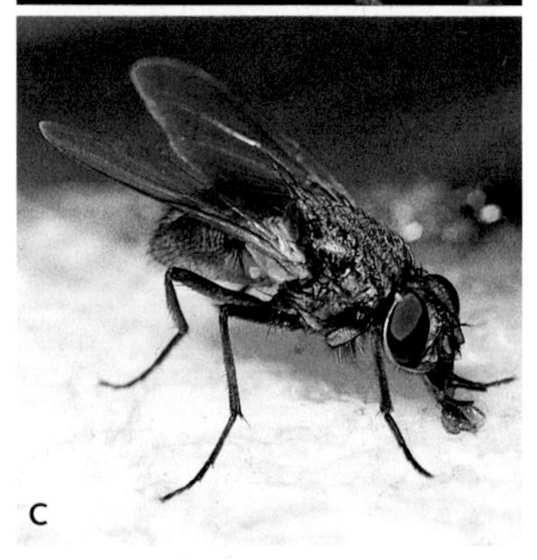

1 **Insekten. A** *Honigbiene;* **B** *Laubheuschrecke;* **C** *Stubenfliege*

Bauplan von Insekten
Die Tiere in Bild 1 und auf der nebenstehenden Pinnwand sehen unterschiedlich aus. Dennoch besitzen sie einen gemeinsamen Bauplan. Sie gehören zur ► Klasse der **Insekten.**

An der Honigbiene kannst du den typischen Körperbau eines Insekts erkennen. Ein fester Grundstoff umgibt den Körper wie einen Panzer. Er bildet das **Außenskelett.** Allerdings ist der Körper nicht starr, sondern in drei Abschnitte gegliedert: in Kopf, Brust und Hinterleib. Diese sind beweglich untereinander verbunden.

Der **Kopf** trägt die beiden Facettenaugen, die jeweils aus etwa 500 Einzelaugen bestehen, sowie die Fühler, mit denen die Biene tasten und riechen kann. Die Mundwerkzeuge besitzen die Form eines Saugrüssels, mit dem sie Nektar aufnimmt.

Die **Brust** besteht aus drei Abschnitten. Jeder dieser Brustringe trägt ein Beinpaar. Die Zahl von sechs Beinen ist für alle Insekten kennzeichnend. Am zweiten und dritten Brustring sitzen die beiden Flügelpaare und kräftige Flugmuskeln.

Bei einigen Insektenarten weichen die äußeren Körperbaumerkmale voneinander ab. Bei der Stubenfliege zum Beispiel ist ein Flügelpaar verkümmert. Bei den sonst flügellosen Ameisen bilden sich erst zum Hochzeitsflug kurzzeitig Flügel. Stechmücken besitzen stechend-saugende Mundwerkzeuge, mit denen sie Blut aufsaugen. Maikäfer dagegen besitzen beißende Mundwerkzeugen, mit denen sie Blattteile abtrennen und zerreiben können.

■ Bei allen Insekten ist der Körper in drei Abschnitte gegliedert, in Kopf, Brust- und Hinterleib. Alle Insekten besitzen sechs Beine.

2 Ameisenkönigin vor dem Hochzeitsflug

Käfer und Co. – Insekten

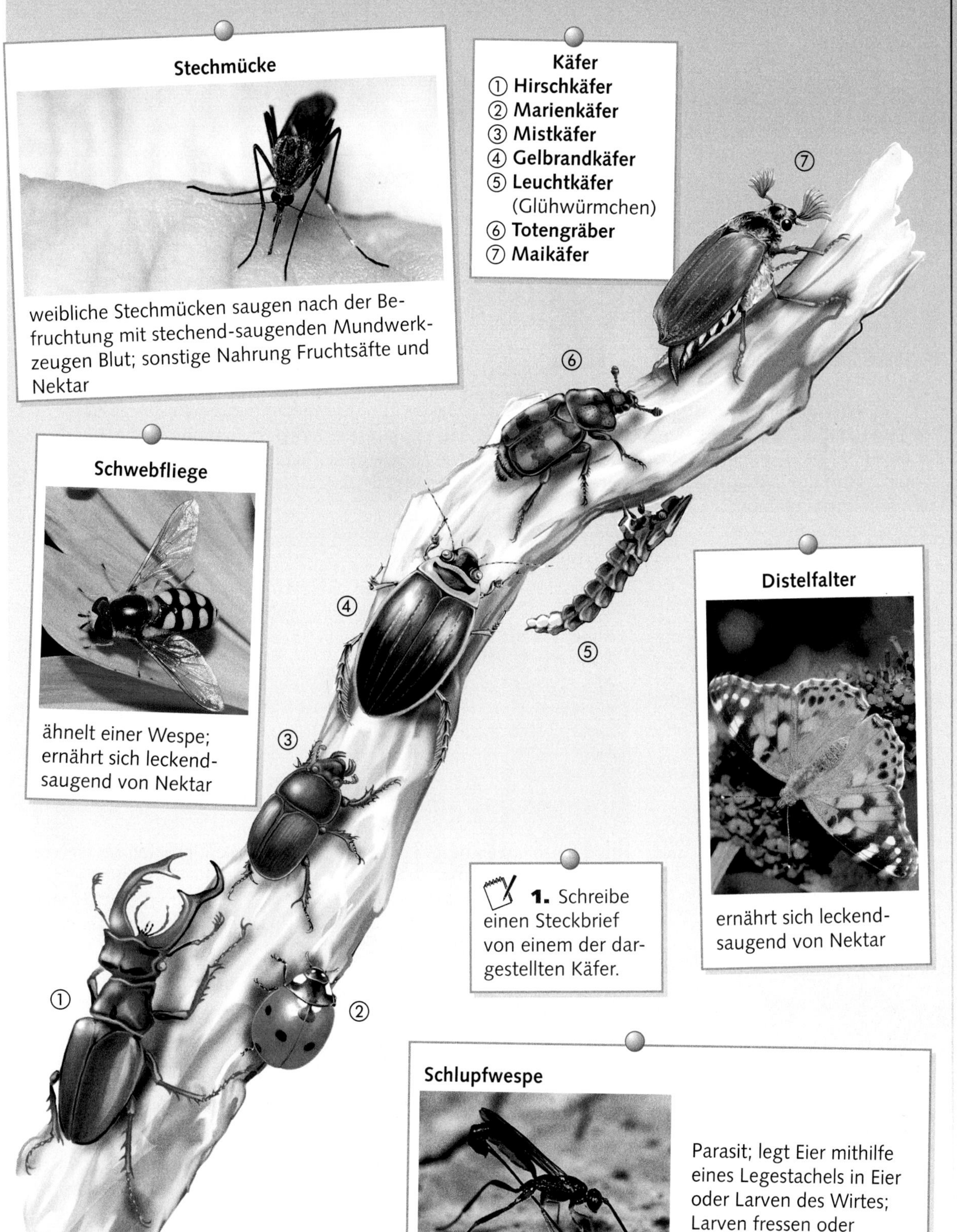

Unterwegs im Laubwald

1. An einem gefällten Baumstamm oder einem frischen Baumstumpf könnt ihr das Alter eines Baumes bestimmen. Jeweils ein heller und ein dunkler Ring zusammen entsprechen dem Zuwachs eines Jahres. Der äußere **Jahresring** ist der jüngste. Wie alt war dieser Baum, als er gefällt wurde?

2. Wendet euch an das zuständige Forstamt oder die Jägerschaft. Dort könnt ihr für einen Lerngang durch den Wald einen Termin und Treffpunkt ausmachen. Überlegt, was ihr mitnehmen müsst.

3. a) Pflanzen und Tiere im Lebensraum Wald bilden eine Lebensgemeinschaft. Erläutere dieses anhand von Beispielen.
b) Schreibe eine ▸ Nahrungskette von Lebewesen im Laubwald auf.

4. Wälder können verschieden aussehen. Betrachtet die Abbildungen und findet heraus, welche Unterschiede zwischen ihnen bestehen.

A

B

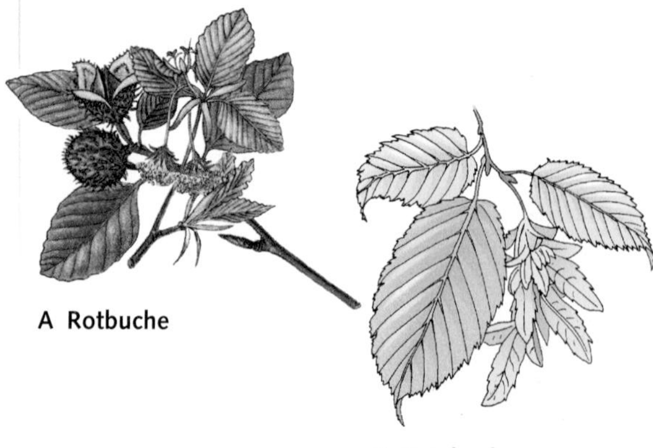

A Rotbuche

B Hainbuche

5. Im Laubwald können wir auf zwei unterschiedliche Bäume treffen, die in ihrem Namen die Bezeichnung „-buche" tragen, die Hainbuche und die Rotbuche. Beschreibe die Unterschiede. Achte auf Blätter, Blüten, Früchte.

6. Erstelle eine ▸ Mindmap zur Schichtung des Waldes. Erläutere, warum welches Tier in welcher Schicht lebt.

Im Laubmischwald lässt sich eine gewisse Ordnung erkennen, die sich auch in anderen Mischwäldern wiederholt.

Wurzelschicht
In dieser Schicht bedeckt Laub den Boden. Es wird von verschiedenen Bodenlebewesen wie Regenwürmern und anderen Kleinstlebewesen zersetzt, wobei sich mineralstoffreicher Boden bildet. In der Laubstreu suchen Wildschweine nach Eicheln und Bucheckern. Dabei wühlen sie diese Schicht um und mischen sie mit dem Waldboden. Im tieferen Untergrund sind Baumwurzeln verankert. Unter der Erdoberfläche leben Rötelmäuse und Käferlarven.

Moosschicht
Auf dem Boden wachsen verschiedene Moosarten und Pilze. Die Moose erfüllen im Wald eine wichtige Aufgabe. Sie speichern das Niederschlagswasser und geben es nur langsam an den Boden ab. Viele Kleintiere wie Schnecken, Käfer, Spinnen und Ameisen suchen hier Nahrung und Unterschlupf.

Krautschicht
Diese Schicht, in der verschiedene Gräser und Wildkräuter zu finden sind, wird etwa einen Meter hoch. Auch Farne und Keimlinge von Bäumen wachsen hier. Die Zusammensetzung der Kräuter hängt von den jeweils herrschenden Lichtverhältnissen ab. Viele Pflanzen wie das ▸ Buschwindröschen blühen bereits im Frühling, wenn die Bäume noch kein Laub tragen. Die ▸ Insekten wie Bienen, Fliegen und Schmetterlinge sind dann in den Blüten auf Nahrungssuche.

Strauchschicht
Hier findet man wenige Arten, die Schatten vertragen wie Hasel, Holunder, Faulbaum und junge Laubbäume. Je mehr Licht durch die Baumkronen dringt, um so üppiger wachsen sie. Sie erreichen eine Höhe von etwa fünf Metern. Besonders auffällig ist eine nur wenige Meter breite Zone von Sträuchern am Waldrand. Sie bremst den Wind und schützt den Wald vor dem Austrocknen. Einige Vogelarten wie Amsel, Buchfink und Zilpzalp nisten in dieser Schicht. Raupen, die sich von den Blättern ernähren, sind eine willkommene Beute für sie.

1 Stockwerke im Laubmischwald

Baumschicht
Diese Schicht überragt alle anderen Stockwerke des Waldes. Sie kann bis zu 40 Meter hoch werden. Die Baumkronen der Eichen und Rotbuchen überragen fast alle anderen Baumarten wie Hainbuche, Feld- und Bergahorn. Ganz oben in den Wipfeln nisten Habicht und Mäusebussard, wo sie meist vor dem ▸ Baummarder geschützt sind.

Lebensgemeinschaft
Ein solcher ▸ Lebensraum wie der Laubwald wird durch bestimmte Umweltfaktoren gekennzeichnet. Diese führen dazu, dass sich dort eine bestimmte Lebensgemeinschaft aus Pflanzen und Tieren entwickelt. Die Pflanzen und Tiere stehen in Wechselbeziehungen zueinander. So fressen zum Beispiel Käfer im Holz von Baumstämmen. Der ▸ Buntspecht holt sich die Käfer mit der klebrigen Zunge aus den Bohrgängen und der Habicht ergreift sich den Buntspecht. Die Tiere nutzen die verschiedenen Stockwerke ganz unterschiedlich. So können alle gemeinsam darin leben.

■ Im Mischwald gibt es eine durch Pflanzen gemachte Schichtung. Die Pflanzen und Tiere im Mischwald stehen in Wechselbeziehungen zueinander.

Der Baum als Lebensraum

Waldkauz
Lebensraum (LR): Wälder, …
Nahrung (N): Mäuse, …
Besonderheiten/
Verhalten (B): …
Feinde (F): …

1. a) Fertige nach dem Muster rechts die in Abbildung 1 fehlenden Steckbriefe an.
b) Zeichne auf eine große Pappe den Umriss eines Baumes. Gestalte aus den Steckbriefen und weiterem Bildmaterial eine Collage vom „Lebensraum Baum".

2. Oben siehst du ein Eichhörnchen, rechts Eichelhäher, Eichenwickler und Eichengallwespe. Finde heraus, auf welche Weise diese Tiere die Eiche als Lebensraum nutzen. Berichte.

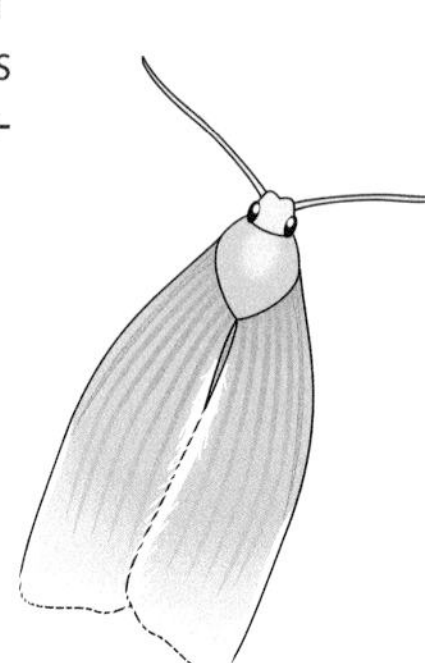

3. Die kugelförmigen Gebilde, die sich auf der Unterseite vieler Eichenblätter finden, sind durch die Eiablage der Eichengallwespe entstanden. Untersuche im Sommer und Frühherbst Eichen- und Buchengallen. Zeichne und beschrifte einen Querschnitt.

4. Die vom Specht ins Holz gezimmerten Bruthöhlen finden bald schon „Nachmieter". Finde mithilfe des Buches heraus, wie z. B. ▸ Siebenschläfer und ▸ Fledermaus die Quartiere nutzen könnten.

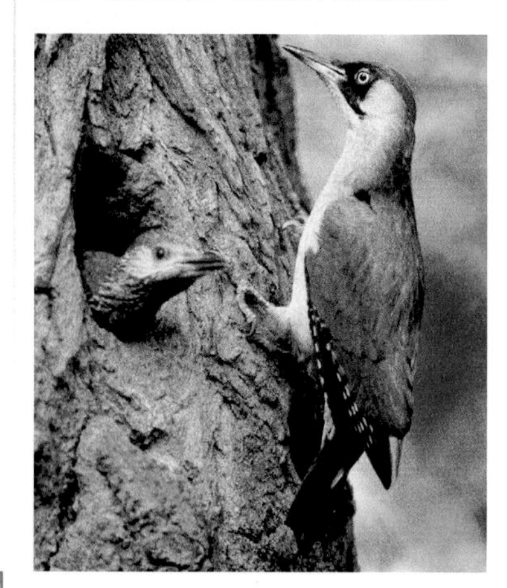

5. 2009 wurde der Berg-Ahorn zum „Baum des Jahres" gewählt. Finde heraus, welcher Baum im aktuellen Kalenderjahr der „Baum des Jahres" ist. Warum wurde er ausgewählt? Berichte.

6. Stelle in einer Tabelle zusammen, wie unterschiedliche Tierarten die Eiche als Lebensraum nutzen, ohne sich dabei gegenseitig Konkurrenz zu machen.

Teil der Eiche	genutzt von	genutzt als
Baumkrone	Trauerschnäpper	Ausguck zur Insektenjagd
Baumstamm	…	…
…		

Bäume und Sträucher sind unverzichtbar
Bäume und Sträucher erfüllen auf dem Schulgelände wichtige Aufgaben: Sie spenden Schatten und filtern Staub aus der Luft. Sie schützen vor Lärm und versorgen uns mit Sauerstoff.

Eine Eiche – Lebensraum und Nahrungsquelle
Auf einer einzigen Eiche hat man über 250 Vogel-, Säugetier- und Insektenarten nachgewiesen. Sie alle nutzen den Baum als Lebensraum, jede Art jedoch auf ihre ganz besondere Weise: als Unterschlupf, als Rast- und Brutraum oder auch nur zur Nahrungssuche. Verschiedene Tierarten können so nebeneinander leben, ohne sich gegenseitig **Konkurrenz** zu machen.
Am Beispiel der auf einer Eiche lebenden Vögel lässt sich dies gut verdeutlichen. Der **Trauerschnäpper** nutzt die obersten Äste der Baumkrone als Ausguck und fängt von dort aus im Flug Insekten. Der **Baumläufer** klettert in Spiralen den Baumstamm empor und sucht dabei in den Ritzen der Borke nach Insekten und deren Larven.
Die **Blaumeise** hängt auf der Suche nach Kleintieren mit dem Bauch nach oben an den äußersten Ästen der Baumkrone. Die **Singdrossel** findet Würmer und Schnecken auf dem schattigen, feuchten Boden am Fuße des Baumes. Der nachtaktive **Waldkauz** nutzt die Eiche als Ruheplatz während des Tages. Neben den Vögeln nutzen auch Säugetiere und Insekten ganz bestimmte Bereiche der Eiche als Lebensraum. So legt die **Waldmaus** ihren Bau im dichten Geflecht der Wurzeln an. Erst in der Dämmerung geht sie auf Nahrungssuche. Der ▸ Baummarder hingegen bewohnt verlassene Baumhöhlen und Nester in der Baumkrone.
Der **Maikäfer** frisst die jungen Blätter der Eiche. Bei massenhaftem Vorkommen kann er erheblichen Schaden anrichten. Beim **Braunen Bär**, einem häufig vorkommenden Nachfalter, sind es die bärenartig behaarten Raupen, die sich vom Eichenlaub ernähren.

■ Eine Eiche dient vielen Tierarten als Lebensraum, ohne dass sie sich gegenseitig Konkurrenz machen.

Trauerschnäpper

Waldkauz

Brauner Bär
LR: Baumkrone
N: Larven, fressen Laub
B: nachtaktiv, rote Hinterflügel
F: Singvögel, Fledermaus

Baumläufer

Singdrossel
LR: bodennahen Schichten
N: Gehäuseschnecken, Beeren
B: flötender Gesang
F: Sperber, Habicht

Waldmaus
LR: Boden
N: Insekten, Samen, Früchte
B: klettert und springt gut
F: Eule, Hermelin, Katze

1 Lebensraum Eiche

Spezialisten an Bäumen

1. Die Zeichnung zeigt Buntspechte bei verschiedenen Tätigkeiten am Baum. Nenne das jeweils dargestellte Verhalten.

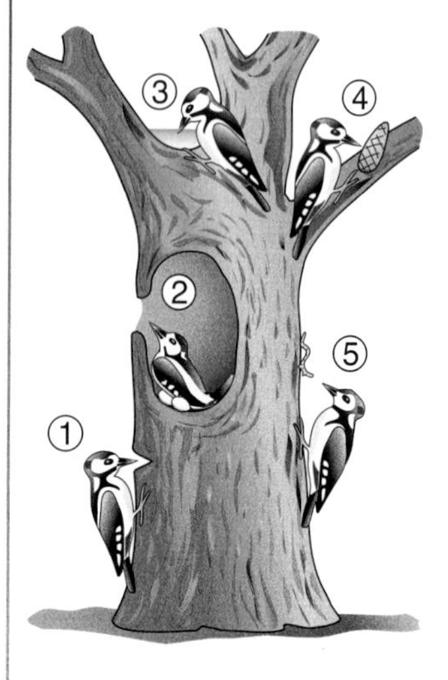

2. Erläutere, wie Spechte an das Leben an Bäumen angepasst sind.

	Zungen-länge	Schnabel-länge
Schwarzspecht	18 cm	6,3 cm
Buntspecht	6 cm	2,5 cm
Kleinspecht	3 cm	1,4 cm

4. a) Erläutere die jeweilige Zusammensetzung der „Speisezettel" von Spechtarten im Verlauf eines Jahres anhand der Diagramme in den unteren Bildern.

b) Erläutere am Beispiel von Buntspecht, Schwarzspecht und Kleinspecht, wie sich die drei Arten die Nahrung „aufteilen" und wodurch dieses geschieht.

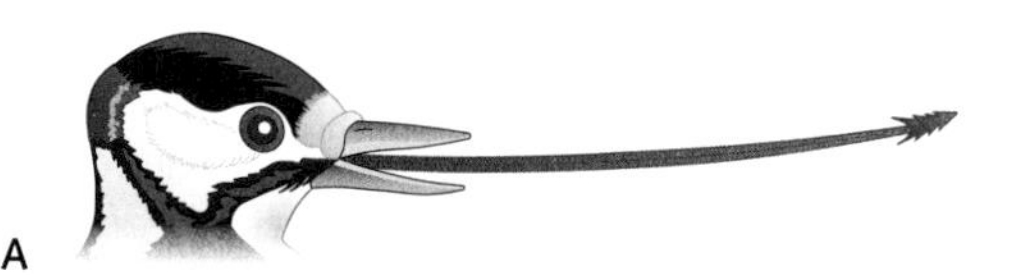

3. Die Schnäbel von Buntspecht (A), Kleiber (B) und Gartenbaumläufer (C) verraten etwas über die Nahrungsorte. Erläutere.

B

C

c) Zur Brutzeit im Mai/Juni ändert sich beim Buntspecht die Zusammensetzung der Nahrung. Nenne mögliche Gründe.

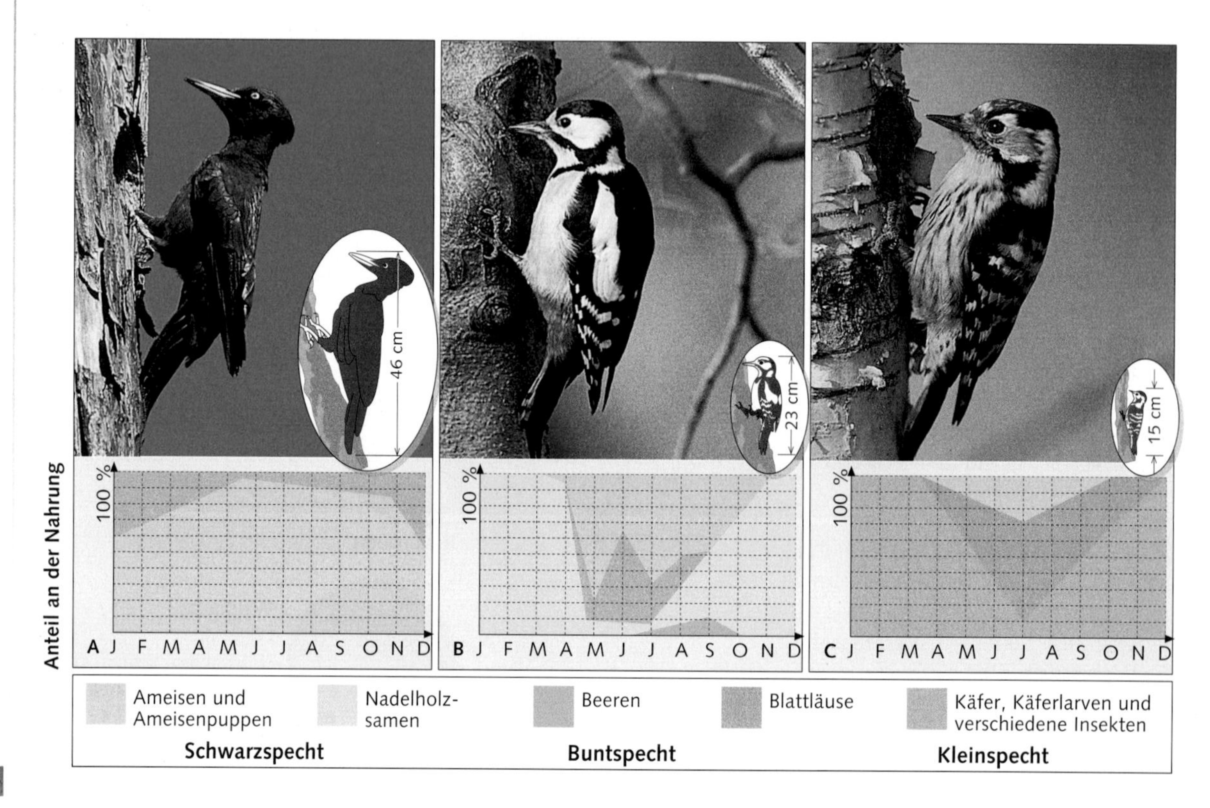

Im Revier der Spechte

Im Frühjahr kann man im Wald kurze Trommelwirbel hören. Sie stammen von Spechten, die mit ihrem Schnabel auf einen trockenen Ast hämmern. Spechte grenzen auf diese Weise ihr Revier ab und locken paarungswillige Weibchen an. Wenn man den Trommelwirbeln nachgeht, findet man häufig einen **Buntspecht**. Er ist etwa so groß wie eine Amsel und schwarz-weiß-rot gekennzeichnet.

Körpermerkmale der Spechte

Spechte sind für das Leben auf Bäumen gut ausgerüstet. Ihre Beine sind kurz, sodass sie sich dicht an den Stamm anschmiegen können. Ihre vier Zehen haben spitze, gebogene Krallen. Zwei Zehen weisen nach vorn und zwei nach hinten. Wenn sie mit diesen **Kletterfüßen** an einem Baum hochhüpfen, dienen die vorderen Zehen als Aufhängehaken, die beiden hinteren stützen die Spechte ab. Der Schwanz ist mit besonders starken Federn besetzt und wird beim Sitzen am senkrechten Stamm gegen diesen gedrückt. So gibt der **Stützschwanz** den Vögeln sicheren Halt.

Mit dem keilförmigen und harten **Meißelschnabel** können Spechte die Borke von Bäumen und morsches Holz leicht abspalten und damit Insektenlarven in ihren Fraßgängen freilegen. In diese schnellt dann die lange, dünne und biegsame **Schleuderzunge** hinein. Die verhornte Zungenspitze trägt harpunenartige Widerhaken. Mit ihr werden größere Beutetiere wie Larven von Käfern aufgespießt. Kleinere bleiben an der klebrigen Zunge haften.

Spechtschmieden

Vor allem in den Wintermonaten ernähren sich Spechte unter anderem von den fettreichen Samen der Kiefern und Fichten. Um an die Samen zu gelangen, „pflücken" sie die Zapfen und klemmen diese in eine Astgabel oder in Risse der Rinde. Nun hämmern sie auf diese ein und legen so die Samen frei. Solche Spechtschmieden erkennt man an den vielen Zapfenresten unter einen Baum.

Höhlenbrüter

Hat sich ein Buntspechtpärchen gefunden, meißelt es eine Nisthöhle in einen meist schadhaften, morschen Baum. Dort zieht es seine Jungen groß. **Kleiber** dagegen sind Nachmieter solcher Höhlen. Sie zimmern sich keine Höhlen selbst. Ist das Einschlupfloch für sie zu groß, verkleben sie es mit Lehm. Den **Baumläufern**, die stets in Spiralen die Bäume hinaufklettern, genügt eine Nische hinter abstehender Rinde, um dort ein Nest anzulegen.

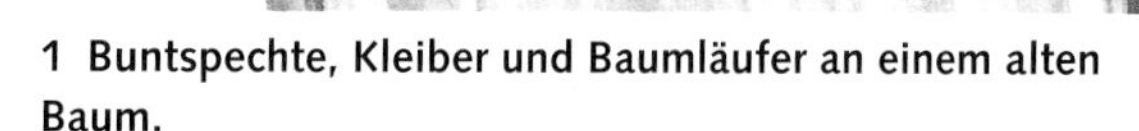

1 Buntspechte, Kleiber und Baumläufer an einem alten Baum.
A *Spechtschmiede;* **B** *Spechtweibchen beim Aufspießen einer Insektenlarve;* **C** *Bruthöhle des Buntspechtes mit Eiern;* **D** *Buntspechtmännchen;* **E** *Stützschwanz;* **F** *Kletterfuß;* **G** *Kleiber;* **H** *Gartenbaumläufer*

■ Buntspechte haben besondere Kletterfüße, einen Stützschwanz und einen harten Meißelschnabel. Damit sind sie gut an ihre Lebensweise angepasst.

Zwei Kletterkünstler

1. Schreibe auf, was du bisher über Eichhörnchen und Baummarder weißt. Lege hierfür eine ▸ Tabelle auf einem DIN-A4-Bogen an. Zeichne für beide Tiere jeweils eine Spalte. Nach Abschluss deiner Arbeit fällt dir sicher etwas auf. Über welches Tier konntest du mehr schreiben? Begründe das.

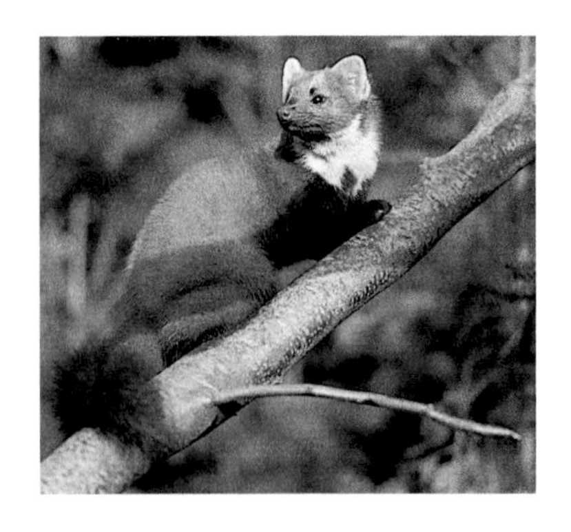

2. Fertige vom Eichhörnchen einen ▸ Steckbrief an. Informiere dich dazu im Informationstext des Buches oder in Tierbüchern, Lexika und im ▸ Internet.

3. In der Abbildung ist die Fußsohle des Eichhörnchens abgebildet. Nenne Körpermerkmale, die zeigen, wie Eichhörnchen an das Klettern in Bäumen angepasst sind.

4. Lies den ▸ Sachtext auf der gegenüberliegenden Seite und schreibe auf, was der Baummarder alles kann. Zum Beispiel: Der Baummarder kann geschickt balancieren, er kann ...

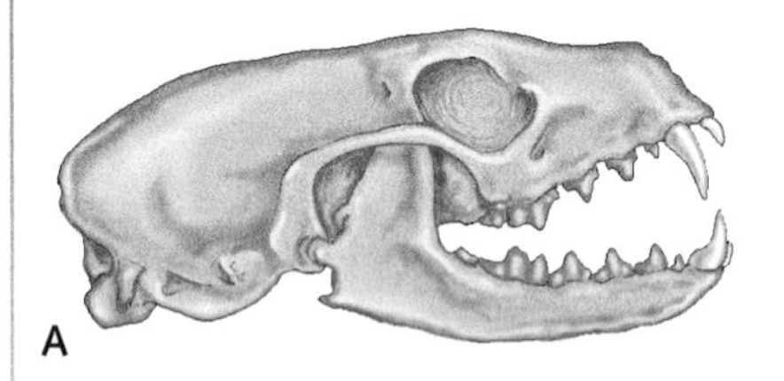

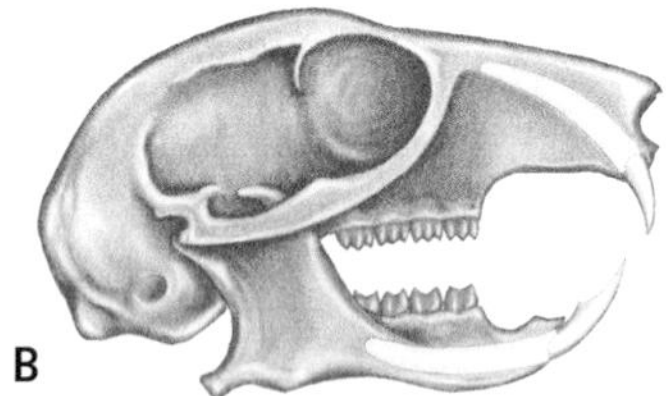

5. Nenne Beispiele, wie Baummarder an ihren Lebensraum anpasst sind.

6. **a)** Ordne die beiden Schädel jeweils einem der Kletterkünstler zu. Begründe deine Entscheidung.
b) Benenne die Zahnarten des Gebisses in A und nenne deren Aufgaben. Wie bezeichnet man ein solches Gebiss?
Tipp: Die ▸ Raubtiergebisse von Hund oder Katze können bei der Beantwortung der Aufgabe helfen.

1 Eichhörnchen im Absprung

Eichhörnchen sind an das Leben in Bäumen angepasst

Beobachtet man Eichhörnchen in Wäldern, Parkanlagen oder Gärten, sieht man, wie die schlanken Tiere flink einen Baumstamm rauf- oder runterklettern. Dabei haken sich die spitzen, langen Krallen der Füße in die Baumrinde. Die Klettersohlen mit den nackten, rauen Hornschwielen bieten sicheren Halt, wenn sie auf den Ästen entlanghuschen. Der buschige Schwanz hilft, das Gleichgewicht zu halten und im Sprung zu steuern. Mit Sprüngen von bis zu 5 Metern können sie sogar in benachbarte Bäume springen.

Eichhörnchen sind Nagetiere
Eichhörnchen ernähren sich hauptsächlich von Eicheln, Nüssen, Pilzen sowie von Samen der Fichten- und Kiefernzapfen. Aber auch Eier und Jungvögel stehen auf dem Speiseplan. Die harte Schale vieler Früchte müssen die Tiere zunächst knacken. Will ein Eichhörnchen zum Beispiel eine Nuss öffnen, hält es sie zwischen den Vorderpfoten fest und dreht sie hin und her. Mit den vorderen langen, meißelartigen Zähnen wird die Schale solange durchnagt, bis die begehrte Nuss frei liegt. Diese Zähne heißen Nagezähne. Mit den breiten Mahlzähnen wird die Nuss anschließend zerkaut. Solch ein Gebiss ist ein **Nagetiergebiss**. Beim Nagen der harten Schalen nutzen sich die Zähne allmählich ab. Das ist aber kein Problem, denn die Nagezähne wachsen nach.

Eichhörnchen halten Winterruhe
Steht genügend Nahrung zur Verfügung, legen Eichhörnchen Futtervorräte für den Winter an. In dieser Jahreszeit bleiben sie in ihrem Nest, dem Kobel. Der Kobel ist ein kugelförmiges Geflecht aus Zweigen, das mit Moos und Gras ausgepolstert wird. Ihren Kobel verlassen die Eichhörnchen nur von Zeit zu Zeit für die Nahrungsaufnahme. Mit ihrem guten Geruchssinn finden sie die Vorräte, die sie im Herbst angelegt haben und graben sie wieder aus. Anschließend schlafen sie wieder für einige Tage. Eichhörnchen halten eine ▸ Winterruhe.

2 Eichhörnchen und Baummarder an einer Kiefer mit Kobel

Baummarder sind Raubtiere
Ein Feind des Eichhörnchens ist der **Baummarder**, ein etwa katzengroßes Raubtier. Sein Fell ist braun mit einem gelblichen Fleck an der Kehle. Zu seiner Nahrung gehören Kleinsäuger, Vögel, Kriechtiere und Insekten. Seine Lieblingsspeise jedoch sind Eichhörnchen. Diese verfolgt er von Baum zu Baum und von Ast zu Ast, teilweise bis zum Kobel.
Der Baummarder ist hervorragend an seinen Lebensraum angepasst: Der Körper ist lang gestreckt. Die kurzen Beine, von denen die hinteren weit länger und stärker sind als die vorderen, besitzen je fünf Zehen. Die Krallen sind messerscharf und sehr kräftig. Der lange buschige Schwanz unterstützt den Baummarder beim Balancieren. Er besitzt ein kräftiges, mit scharfen Zähnen ausgestattetes **Raubtiergebiss**. Das gute Gehör und der ausgezeichnete Geruchssinn leisten beim Aufspüren und Verfolgen der Beute unentbehrliche Dienste.

Baummarder jagen nachts
Baummarder sind ausgesprochen scheue Tiere. Die Jagd auf Eichhörnchen beginnt meist mit der Abenddämmerung. Äußerst flink schlüpft er dann durch das Dickicht, blitzschnell erklettert er Baumstämme und balanciert auf Ästen. Baummarder bewohnen Baumhöhlen und Felsspalten, aber auch große, verlassene Vogelnester.
Baummarder sind wehrhafte Tiere, haben aber auch Feinde. Dazu gehören der Fuchs und Greifvögel wie der selten gewordene Uhu.

■ Eichhörnchen und Baummarder sind durch ihren Körperbau an den Lebensraum Baum gut angepasst.

Jäger in der Nacht

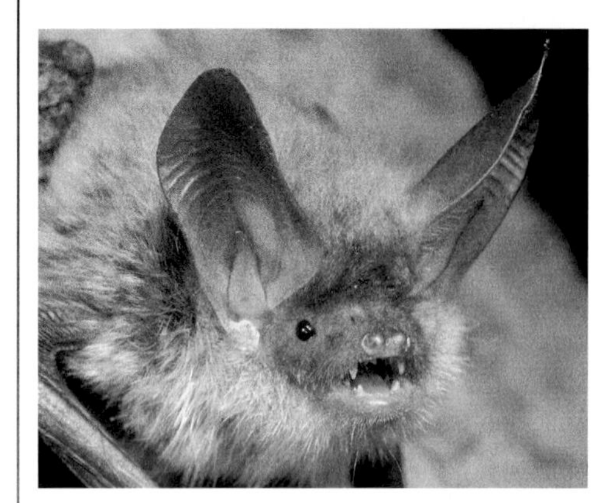

1. Betrachtet den Fledermauskopf genau. Welches Sinnesorgan fällt besonders auf? Was könnt ihr daraus schließen?

2. Fledermäuse jagen ihre Beute in der Dämmerung und sogar im Dunkeln. Beschreibt mithilfe des Buchtextes, wie Fledermäuse sich nachts orientieren.

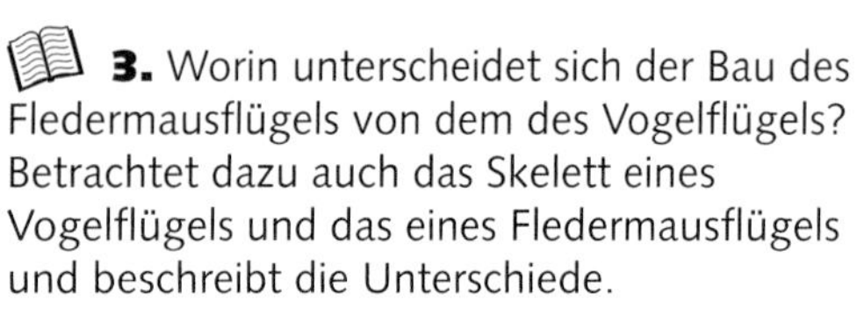

3. Worin unterscheidet sich der Bau des Fledermausflügels von dem des Vogelflügels? Betrachtet dazu auch das Skelett eines Vogelflügels und das eines Fledermausflügels und beschreibt die Unterschiede.

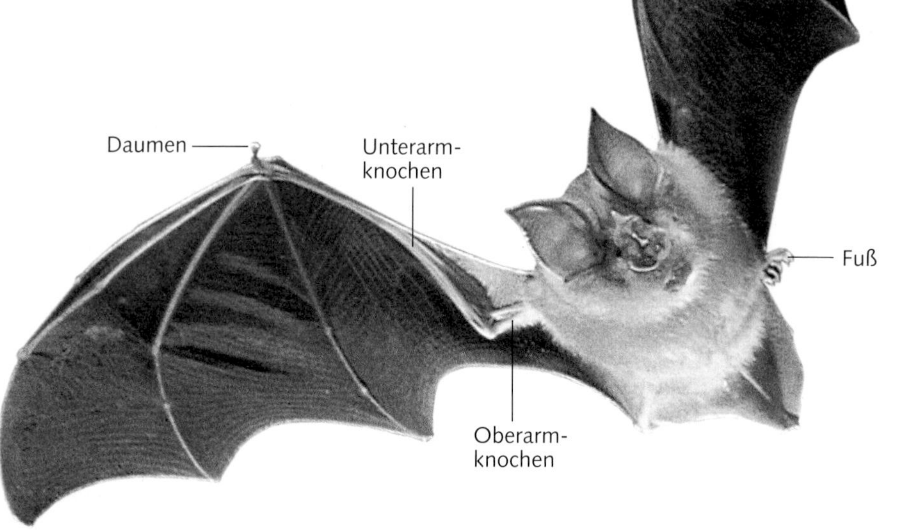

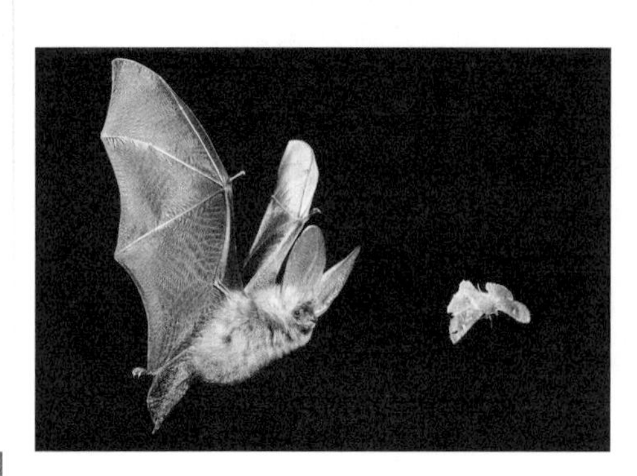

4. Fledermäuse gehören zu den Säugetieren. Listet auf, welche Merkmale der Säugetiere bei den Fledermäusen zu finden sind.

5. Stellt auf ▸ Plakaten das Leben einer Fledermausart im Tages- und Jahresverlauf dar.

Orientierung der Fledermäuse

In der Dämmerung und nachts gehen Fledermäuse im Sommer auf die Jagd. Sie müssen ständig mit den Flügeln schlagen, um in der Luft zu bleiben. Trotz ihrer flatternden Bewegungen und des Zick-Zack-Fluges sind sie äußerst schnelle Jäger.
Ihre Beutetiere sind Käfer, Nachtfalter und andere Insekten. Mit ihren kleinen Augen können die Fledermäuse ihre Beute nur schlecht erkennen. Deshalb stoßen Fledermäuse ständig sehr hohe Töne aus. Es sind Ultraschall-Laute, die wir nicht hören können. Treffen diese Schallwellen auf ein Hindernis, so wird der Schall als Echo zurückgeworfen und mit den großen Ohren aufgefangen. Anhand von Richtung und Stärke der zurückgeworfenen Schallwellen erkennt die Fledermaus Größe und Entfernung eines Gegenstandes. So kann sie Hindernissen ausweichen oder Insekten erbeuten.

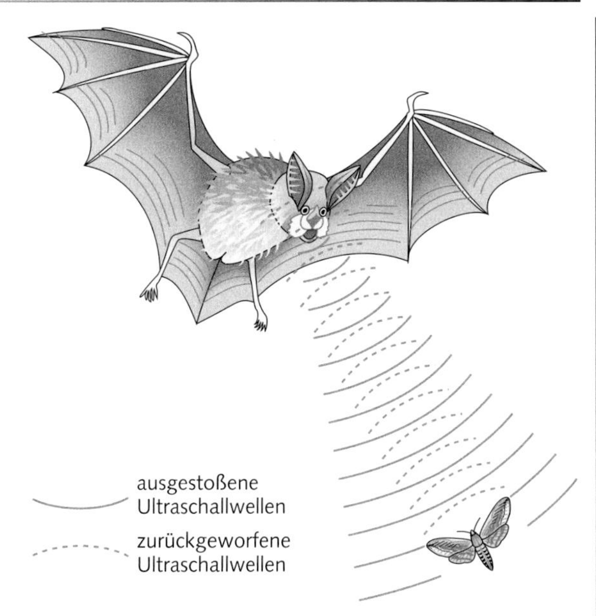

1 Orientierung über Ultraschall

Lebensweise

Tagsüber schlafen Fledermäuse in dunklen Verstecken wie in Höhlen, im Gebälk alter Gebäude oder auch in hohlen Bäumen. Sie krallen sich mit ihren Hinterbeinen fest und hängen mit dem Kopf nach unten.
Fledermausweibchen bringen meist ein Junges pro Jahr zur Welt. Die Neugeborenen sind zunächst nackt und blind. In den ersten Wochen werden sie im Flug mitgenommen, wobei sie sich im Fell der Mutter festklammern. Im Alter von etwa sieben Wochen beginnen die Jungtiere selbst zu fliegen.
Im Herbst werden die Insekten knapp. Sie sind jedoch die Hauptnahrung der meisten Fledermausarten in Europa. Um den Winter zu überstehen, fliegen Fledermäuse in frostsichere Winterquartiere. Dort bilden sie oft große Kolonien. So wärmen sie sich gegenseitig und halten ▸ Winterschlaf.

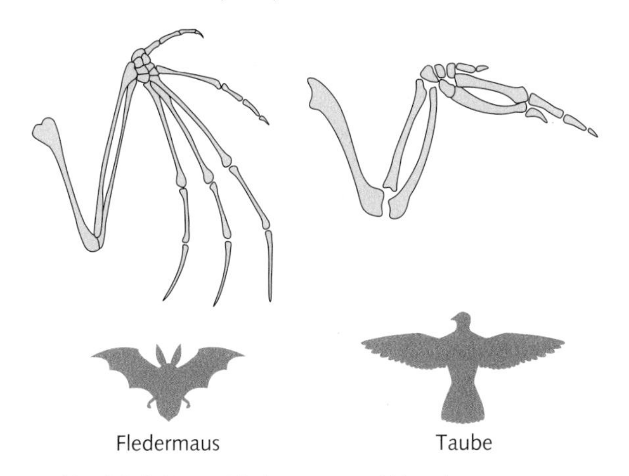

2 Flügelskelett von Fledermaus und Vogel

Bau eines Fledermausflügels

Fledermäuse sind ▸ Säugetiere. Bis auf die Flügel ist ihr Körper mit Fell bedeckt. Ihre Flügel unterscheiden sich stark von Vogelflügeln. Am Skelett sind die Unterschiede besonders gut zu erkennen. Bei Vögeln bilden hauptsächlich die Armknochen den Flügel, bei Fledermäusen sind es die Handknochen. Zwischen den Knochen der Gliedmaßen und dem Schwanz befinden sich die Flughäute.
Daumen und Füße ragen über die Flughäute hinaus. Mit ihnen können sich die Fledermäuse festhalten und klettern.

■ Fledermäuse sind Säugetiere, die fliegen können. Zur Orientierung nutzen Fledermäuse Ultraschall-Laute.

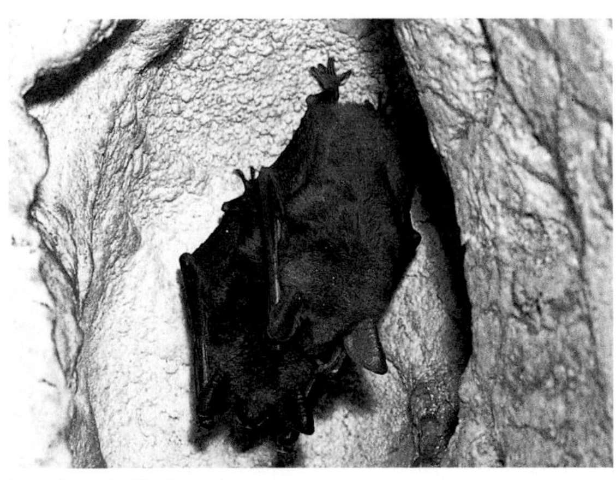

3 Ruhende Fledermäuse

Methode

Wie Baumdetektive vorgehen

Im Umfeld eurer Schule wachsen eine Menge Pflanzen. Wenn du ihre Namen herausfinden willst, gibt es ein paar Tipps, die dir die Arbeit erleichtern können.

Zuerst schaust du dir die ganze Pflanze an. Entscheide, ob du einen ▸ **Baum,** einen ▸ **Strauch** oder eine ▸ **krautige Pflanze** vor dir hast.

Wenn du erkannt hast, dass eine Pflanze entweder ein Baum oder ein Strauch ist, kannst du die **Wuchsform** betrachten. Manche Bäume wie z. B. eine Eiche sind schon an diesem Merkmal zu erkennen. So hat eine Eiche eine sehr breite Krone mit starken, knorrigen Ästen. Eine Fichte dagegen hat eine viel schlankere Krone und ihre Äste wachsen bogenförmig nach oben.

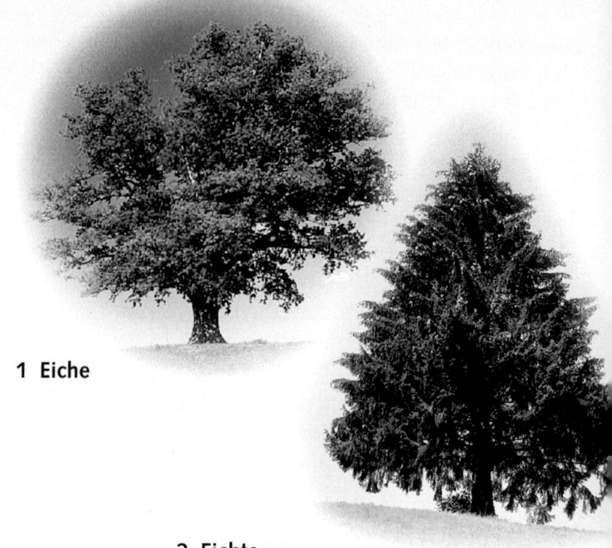

1 Eiche

2 Fichte

Als echter Baumdetektiv wirst du dir jedoch vor allem die Blätter genauer ansehen. Entscheide zuerst, ob dein Baum **einfache** oder **zusammengesetzte Blätter** besitzt.
Bei zusammengesetzten Blättern wachsen an einem Blattstiel mehrere kleine Teilblättchen.

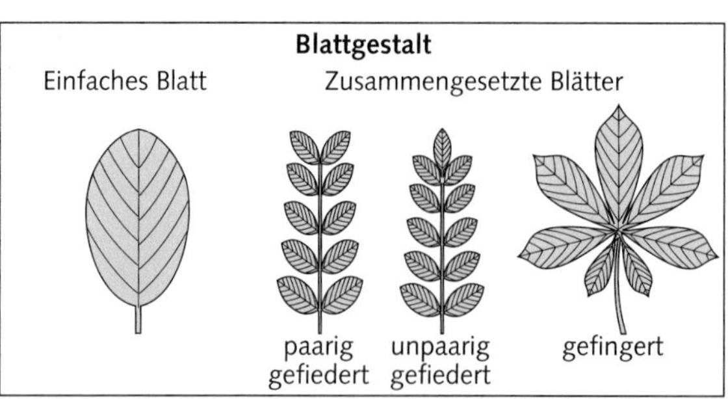

Betrachte dann die **Form der Blätter.** Es gibt ganz unterschiedliche Formen.

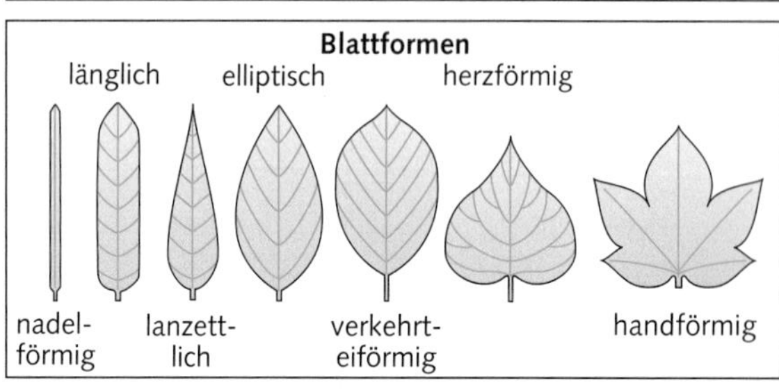

Jetzt kannst du dir noch den **Blattrand** genauer ansehen. Oft siehst du hier kleine Zähnchen oder runde Einbuchtungen. Es gibt aber auch noch weitere Möglichkeiten.

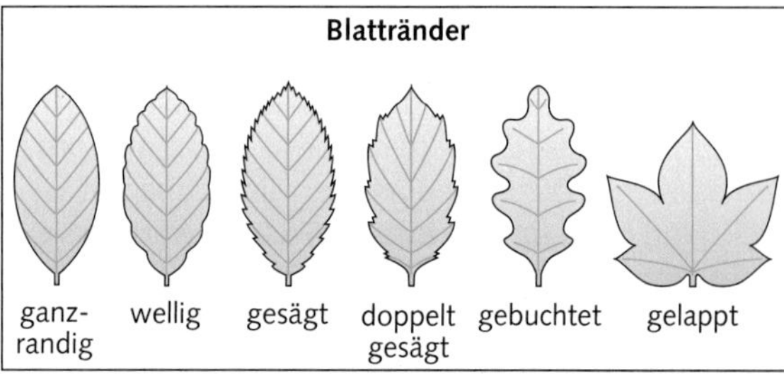

Zum Bestimmen von Bäumen und Sträuchern muss man immer mehrere Merkmale miteinander vergleichen. Wenn du dabei sorgfältig vorgehst, sollte es dir mit einiger Übung leicht fallen, die Bäume und Sträucher in der Umgebung deiner Schule zu bestimmen. Wenn du über einen Baum mehr als den Namen erfahren möchtest, kannst du zusätzlich ein Bestimmungsbuch für heimische Pflanzen verwenden.

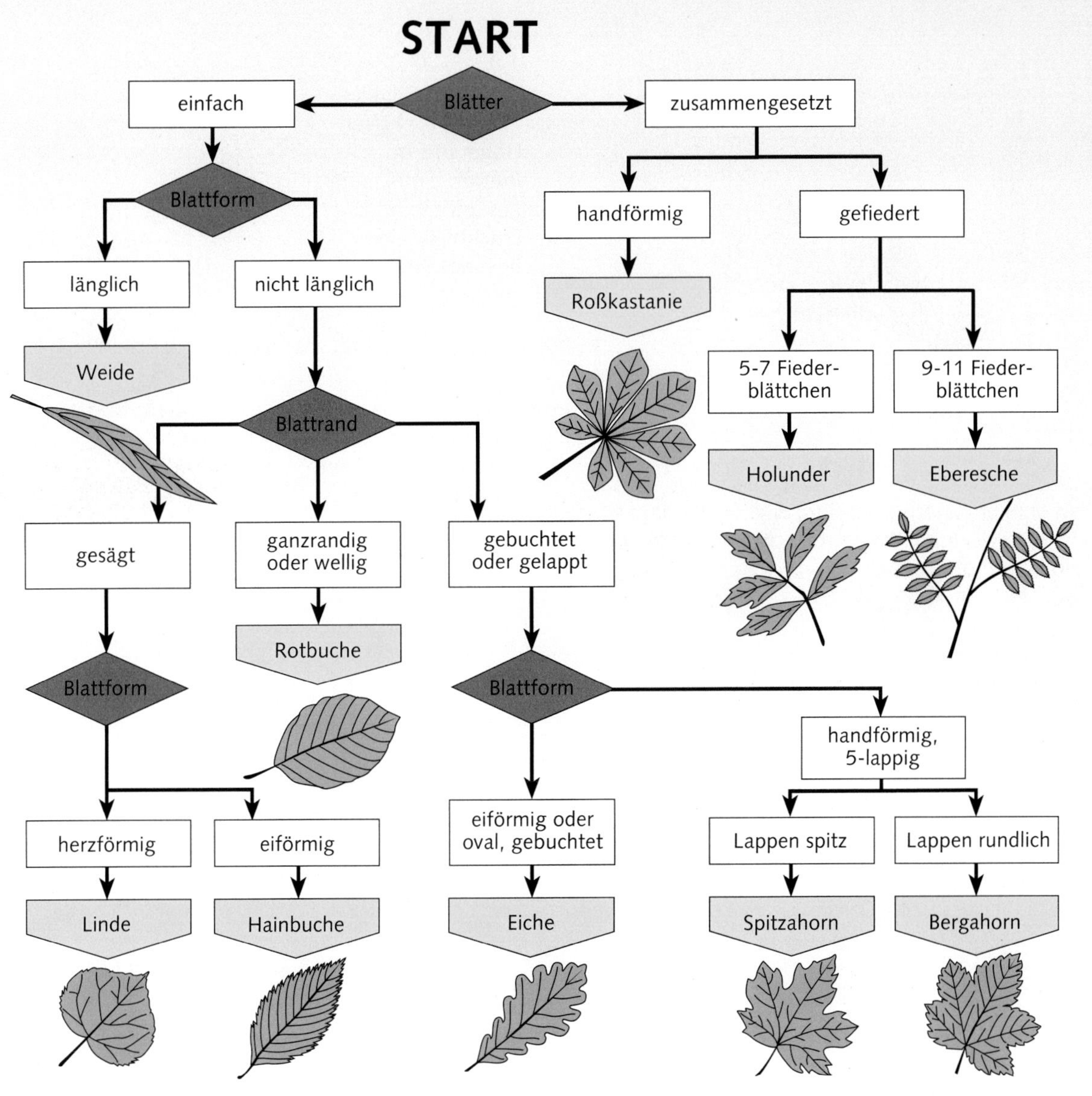

Wenn du eine Sammlung getrockneter Blätter aufbewahren möchtest, kannst du ein **Herbarium** anlegen. Beachte dabei folgende Hinweise:

1. Lege die Blätter einzeln zwischen die Seiten einer Tageszeitung. Achte darauf, dass sie nicht geknickt sind. Schreibe dann auf einem Zettel Datum und Fundort auf und lege ihn dazu.
2. Beschwere den Zeitungsstapel mit Büchern, damit die Blätter gepresst werden.
3. Nimm die Blätter nach etwa zwei Wochen wieder heraus und klebe sie auf weißes Papier oder Zeichenkarton.
4. Klebe auf jede Seite nur ein Blatt und beschrifte die Seiten sorgfältig mit Namen, Fundort, Datum und besonderen Merkmalen der Pflanze.

Hier gibt es weitere Informationen: www.baumkunde.de

Bäume und Sträucher im Umfeld der Schule

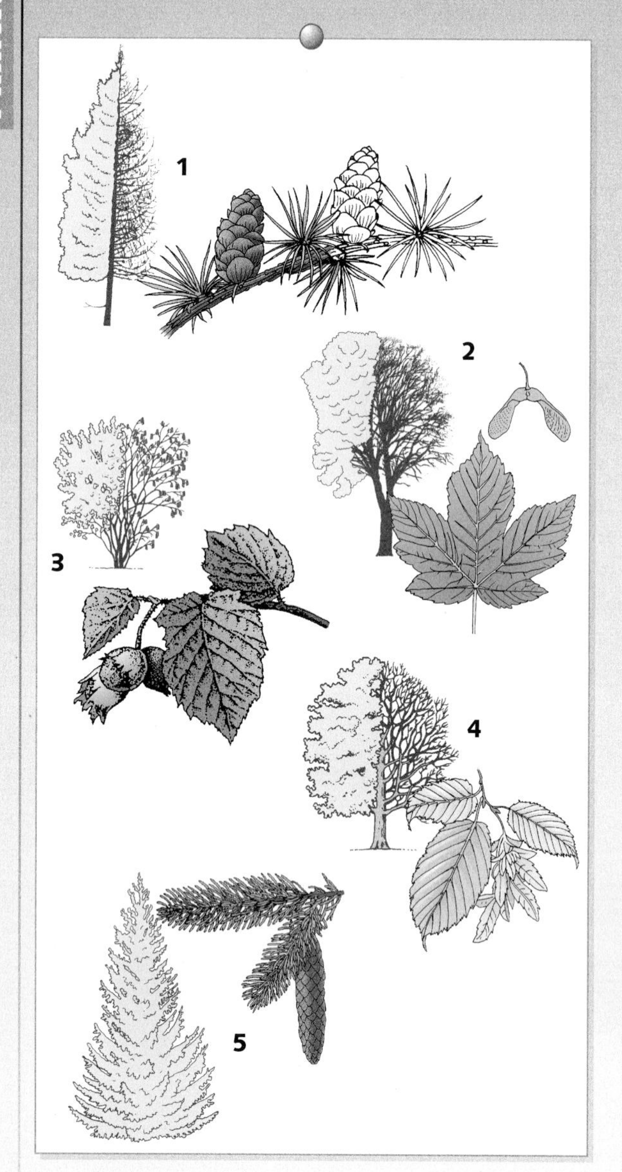

Hasel
Höhe: 2-6 m
Blätter: einfach, herzförmig, gesägter Rand
Frucht: Haselnuss
Besonderheit: reife Nüsse wichtige Tiernahrung

Lärche
Höhe: 25-30 m
Nadeln: kurz und weich, in Büscheln
Zapfen: 2 cm, eiförmig, stehend
Besonderheit: Nadeln werden im Herbst abgeworfen

Fichte
Höhe: 30-40 m
Nadeln: stachelig spitz, einzeln stehend
Zapfen: 10-15 cm, hängend
Besonderheit: häufig verwendetes Bauholz

Berg-Ahorn
Höhe: 20-25 m
Blätter: einfach, fünflappig, gesägter Rand
Frucht: zwei geflügelte Nussfrüchte
Besonderheit: Propellerflieger!

1. Ordne die Steckbriefe den Bildern zu.

2. Für einen Baum fehlt der Steckbrief. Hier sind die ▸ „Baumdetektive" gefragt!

3. Welche dieser Gehölze gehören zu den Bäumen, welche zu den Sträuchern?

4. Fertige für weitere Bäume auf dem Schulgelände ▸ Steckbriefe an.

5. Sammle im Winter knospende Zweige und versuche sie zu bestimmen.

Die Rosskastanie:

Ein Baum in Zahlen

Höhe: bis 25 m
Kronendurchmesser: bis 10 m
Anzahl der Blätter: 250 000
Fläche der Blätter: 2500 m²
Wasserverdunstung pro Tag: 250 l
Holzproduktion pro Tag: 500 g
Sauerstoffproduktion in den ersten 25 Wachstumsjahren: 45 t

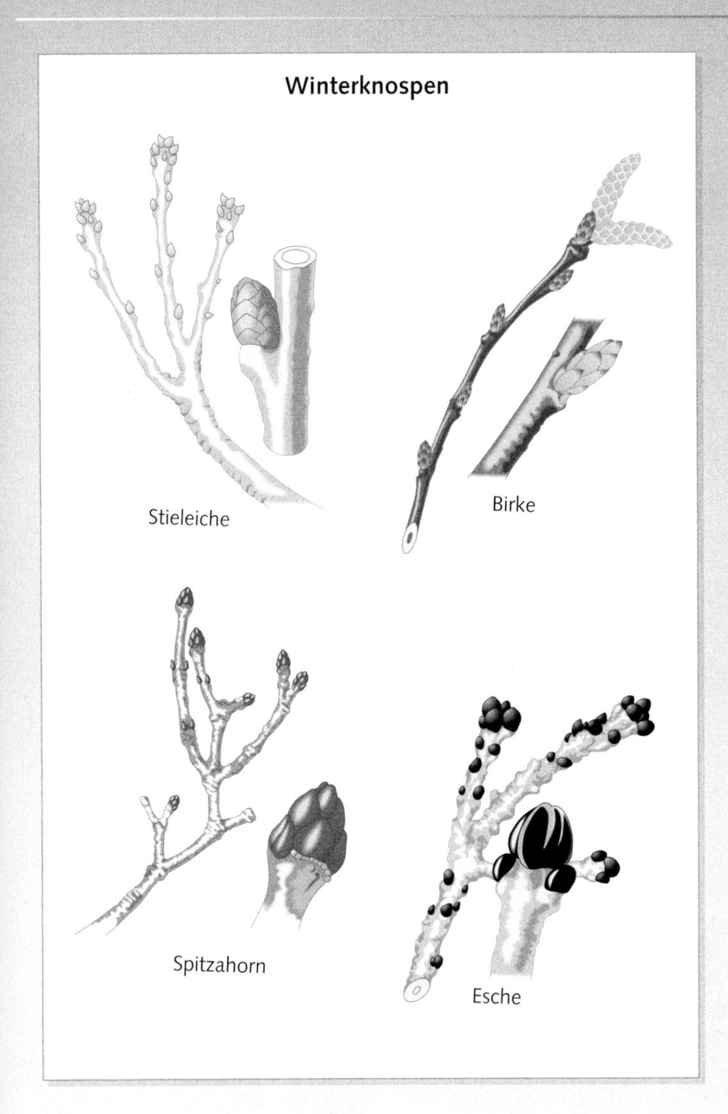

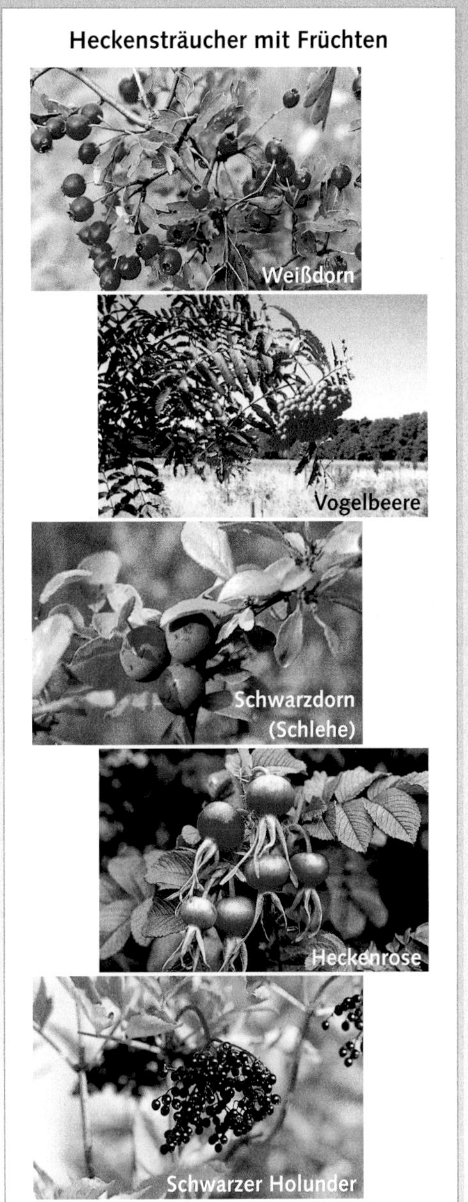

Baumrallye

- Markiert auffällige Bäume und Sträucher des Schulgeländes mit Nummernkärtchen.
- Tragt die Nummern auf einer Übersichtszeichnung des Schulgeländes ein.
- Eure Mitschülerinnen und Mitschüler suchen die so markierten Gehölze auf und versuchen sie zu bestimmen wie die ▸ „Baumdetektive“.

Rinden-Rubbelbilder

- Sucht Bäume mit einer interessanten Borke.
- Befestigt weißes Papier am Stamm (**Tipp:** Kreppband!).
- Rubbelt mit Wachskreide oder Zeichenkohle vorsichtig über das Blatt.
- Finden eure Mitschülerinnen und Mitschüler die Bäume auf dem Schulgelände mithilfe eurer Zeichnung wieder?

Vögel im Umfeld der Schule

1. Wo können Vögel brüten? Fertige eine Zeichnung wie in dieser Abbildung an. Zeichne Vogelnester und Nistmöglichkeiten ein. Der Informationstext hilft dir dabei.

2. Betrachtet die Abbildungen auf diesen Seiten. Beschreibt, was die Vögel jeweils tun. In welcher Jahreszeit finden die Tätigkeiten statt?

3. Während der Brutzeit dürft ihr nicht in die Nistkästen schauen. Beschreibt an Hand der unteren Abbildung, was im Innern des Nistkastens vor sich geht.

4. Sucht im Herbst ein verlassenes Amselnest. Ihr findet es in Gebüschen etwa einen Meter über dem Erdboden. Benutzt bei diesen Arbeiten Schutzhandschuhe.
a) Betrachtet und zeichnet das vollständige Nest von außen. Achtet besonders auf die Auspolsterung.
b) Rupft das Nest vorsichtig mit einer Pinzette auseinander und sortiert die Bestandteile. Findet heraus, um welches Material es sich handelt.
c) Könnt ihr danach das Nest wieder zusammenbauen? Zu welchem Ergebnis kommt ihr? Begründet.

5. a) Fertigt gemäß der Abbildung einen Nistkasten für Höhlenbrüter an.
b) Sucht einen geeigneten Platz zum Aufhängen des Nistkastens. Bedenkt dabei die Gefährdungen durch natürliche Feinde der Vögel wie Katzen und durch Witterungseinflüsse wie Wind, Regen oder Schnee.

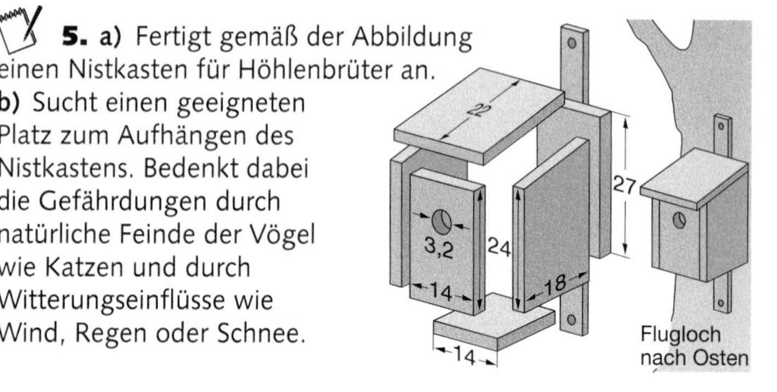

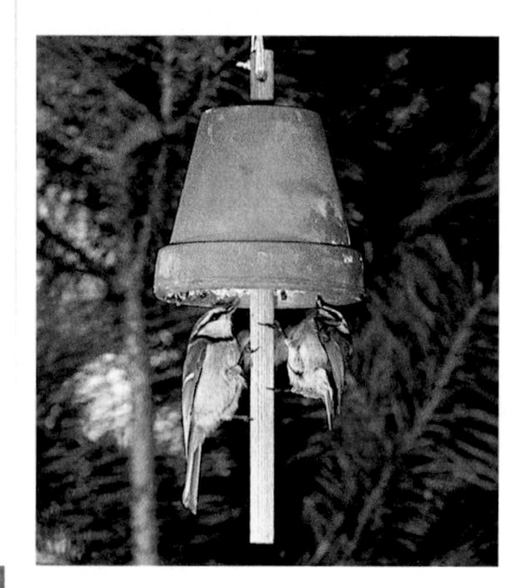

6. Zahlreiche Vögel überwintern bei uns (▸ Standvögel). Richtet für diese Vögel einen Futterplatz ein. **Hinweis:** Nur bei Eis und Schnee füttern.

Herstellung eines Futtergemisches für Vögel:
- 300 g ungesalzenes Schweineschmalz
- 300 g einer Mischung aus Sonnenblumenkernen, kleinen Samen, Haselnussschrot, Weizenkleie, Haferflocken, getrockneten Vogelbeeren
- Nehmt das zimmerwarme Schmalz und knetet die Futtermischung unter, sodass ein Futterbrei entsteht und füllt diesen in einen kleinen Blumentopf. Lagert ihn im Kühlschrank.
- Bietet das Futtergemisch an einem sicheren Platz an. Dazu eignet sich eine Futterglocke, wie ihr sie in der Abbildung seht. Gebt an, welche Vorteile die Futterglocke für die Vogelfütterung bietet.

Wie Vögel nisten

Die verschiedenen Vogelarten bevorzugen unterschiedliche Plätze, wo sie ihre typischen Nester bauen.

- Buchfinken legen ihr Nest meist hoch in Astgabeln von Bäumen an. Man bezeichnet solche Vögel deshalb als **Baumbrüter.**
- Andere Vogelarten suchen Büsche, Hecken und Sträucher als Nistplatz auf. Dazu zählen die Amseln. Sie werden **Buschbrüter** genannt.
- Vögel, die ihre Nester direkt auf dem Boden oder in Bodennähe einrichten, heißen **Bodenbrüter.** Dazu gehören die Hühnervögel, wie die Fasane, denen eine Mulde im Boden genügt.
- Spechte, Meisen und Kleiber nisten in Höhlen oder Nischen. Man nennt sie deshalb **Höhlenbrüter.**

1 Spechte nisten in Höhlen

Im Revier der Amsel

Amseln kannst du das ganze Jahr über beobachten. Sie sind häufig in Gärten, Parkanlagen und auf dem Schulgelände anzutreffen.

Das Männchen erkennst du an seinem schwarzen Gefieder und dem gelben Schnabel. Das Weibchen ist dunkelbraun mit dunklem Schnabel. Wie bei allen **Singvögeln** singen nur die Männchen. Sie locken durch ihren Gesang die Weibchen an und markieren damit gleichzeitig ihr Revier.

Dringt ein Konkurrent in das Revier ein, wird er mit einem aufgeregten „tschik-tschik-tschik" empfangen. Mit gespreiztem Gefieder und vorgestrecktem Schnabel gehen die beiden Widersacher aufeinander los. Die Verfolgungsjagd dauert so lange, bis der Rivale vertrieben ist.

Nestbau und Brutpflege

Innerhalb seines Reviers baut das Amselpaar ein Nest. In einer Hecke formt das Weibchen aus dünnen Zweigen, Grashalmen und feuchter Erde eine Nestmulde, die mit Moos und Laub ausgepolstert wird. In das fertige Nest legt die Amsel vier bis fünf grüne, braun gefleckte Eier. Nach zwei Wochen Brutzeit schlüpfen die nackten, blinden und hilflosen Jungvögel. Es sind **Nesthocker.** Sie müssen von den Eltern gefüttert werden. Von morgens bis abends bringen die Altvögel Nahrung herbei: Insekten, Würmer, Spinnen und Raupen. Schon bei der kleinsten Erschütterung des Nestes reißen die Jungvögel die Schnäbel auf, sie **sperren.** Dabei wird ihr gelber Rachen sichtbar. In diesen Sperrrachen stopfen die Eltern die Nahrung. Nach zwei Wochen verlassen die Jungen das Nest. Sie sind **flügge** und beginnen mit den ersten Flugversuchen.

■ Vögel nisten versteckt in Bäumen, Büschen oder am Boden. Amseln verteidigen ihr Revier.

A B C

2 Amseln.
A *Bei der Nahrungssuche;*
B *Streit unter Männchen;*
C *Sperrende Jungvögel mit Elternvogel*

Vögel – Wirbeltiere in Leichtbauweise

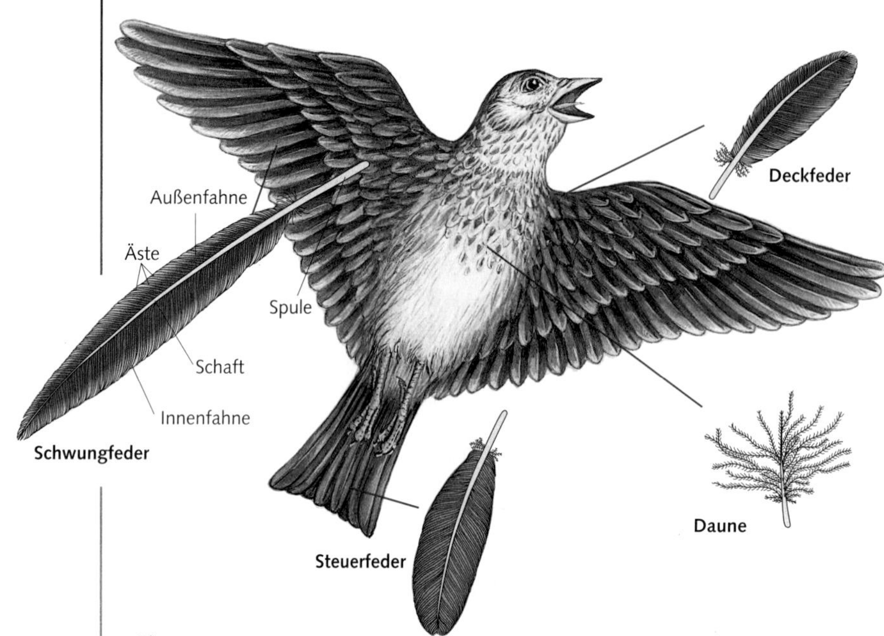

1. In der Abbildung sind die unterschiedlichen Federn eines Vogels dargestellt. Welche Aufgaben haben sie? Lies im Informationstext nach.

2. Beschafft euch möglichst viele unterschiedliche Vogelfedern. Benutzt dabei Schutzhandschuhe. Betrachtet sie genau und sortiert sie nach gemeinsamen Merkmalen. Begründet eure Zuordnung.

3. Untersucht das Skelett eines Brathähnchens.
a) Vergleicht die Knochen mit der Abbildung des Vogelskelettes.
b) Versucht einen Oberarmknochen des Hähnchens zu zerbrechen. Benutzt dabei Arbeitshandschuhe und Schutzbrille.
c) Durchtrennt verschiedene Knochen des Flügel- und Beinskelettes mit einer Laubsäge. Beschreibt und zeichnet den Knochenaufbau.
d) Vergleicht den durchtrennten Knochen des Hähnchens mit nebenstehender Abbildung von Säugetierknochen, die quer aufgeschnitten sind.
e) Welchen Vorteil bringt der Knochenbau der Vögel?

4. Beschreibt die Angepasstheit der Vögel an das Leben in der Luft. Berücksichtigt dabei den Körperbau, die Ernährungsweise und die Fortpflanzung.

Federkleid

Der Vogelkörper ist ideal an das Leben in der Luft angepasst. Er ist **stromlinienförmig** gebaut und fast ganz von einem **Federkleid** bedeckt. Durch die dachziegelartige Anordnung der Federn werden Unebenheiten ausgeglichen. So kann die Luft ohne großen Widerstand vorbeiströmen. Unter den **Deckfedern** bilden die **Daunenfedern** eine wärmende Schutzschicht. Sie schließen viel Luft ein und bewahren den Vogel vor Wärmeverlust. Die Schwanzfedern dienen der Steuerung im Flug. Man bezeichnet sie daher auch als **Steuerfedern.** Die Flügel besitzen große, zum Fliegen notwendige **Schwungfedern.** An ihnen kann man be-sonders gut den Aufbau einer Feder erkennen. Von einem hohlen Schaft zweigen nach beiden Seiten viele Federäste ab. Sie bilden die Fahnen. Von jedem Federast zweigen wiederum Strahlen ab. Sie sind, wie bei einem Klettverschluss, miteinander verzahnt.

Skelett

Eine weitere Angepasstheit an den Lebensraum Luft ist das geringe Körpergewicht. Vögel haben ein Knochenskelett wie alle anderen Wirbeltiere. Trotzdem ist ein Vogel wesentlich leichter als ein Säugetier gleicher Größe. In den großen Röhrenknochen befindet sich Luft. Dadurch sind sie erheblich leichter als die mit Mark gefüllten Säugetierknochen. Ein Netzwerk aus knöchernen Verstrebungen verleiht ihnen Stabilität.

Die Wirbelsäule ist starr, da alle Wirbel von der Brust bis zum Schwanz miteinander verwachsen sind. Dadurch können Vögel während des Fluges die richtige Körperhaltung bewahren. Auch die

Rippen und das Brustbein sind fest miteinander verbunden. Am Brustbein sitzen die starken Brustmuskeln, mit denen die Flügel bewegt werden.

Luftsäcke
Eine besondere Einrichtung bei Vögeln sind die **Luftsäcke.** Sie zweigen von der Lunge ab und liegen zwischen den Muskeln und Organen des Rumpfes. In den Luftsäcken kann der Vogel zusätzlich Luft aufnehmen. Dies macht ihn in Bezug auf sein Körpervolumen leichter als ein Säugetier.

Ernährungsweise
Auch die Ernährungsweise der Vögel ist dem Fliegen angepasst. Vögel fressen häufig, aber immer nur kleine Mengen an Nahrung. Die Nahrung wird rasch verdaut. Unverdauliche Reste werden schnell ausgeschieden. So wird der Körper nicht durch zusätzliches Gewicht belastet.

Fortpflanzung
Vögel pflanzen sich mithilfe von Eiern fort. Diese reifen nicht gleichzeitig, sondern nacheinander. Sie werden mit zeitlichem Abstand gelegt. So spart der Vogel Gewicht. Außerdem entwickeln sich die Jungen außerhalb des Vogelkörpers. Auch das bringt im Vergleich zu den Säugetieren eine Gewichtseinsparung.

■ Vögel haben Federn, leichte Knochen und Luftsäcke. Deshalb und durch ihre Ernährung sowie ihre Art der Fortpflanzung sind sie an den Lebensraum Luft angepasst.

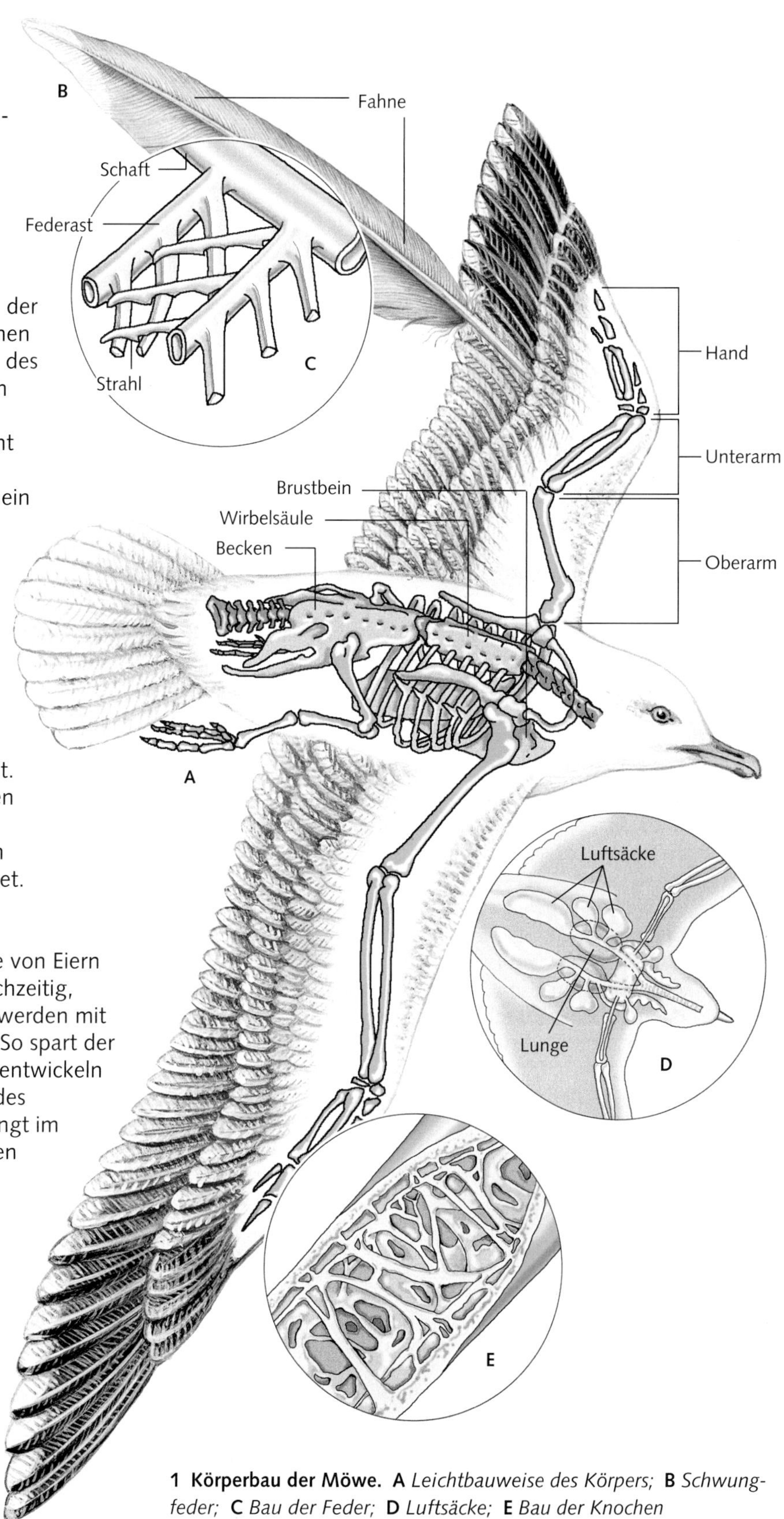

1 Körperbau der Möwe. A *Leichtbauweise des Körpers;* **B** *Schwungfeder;* **C** *Bau der Feder;* **D** *Luftsäcke;* **E** *Bau der Knochen*

Wie Vögel fliegen

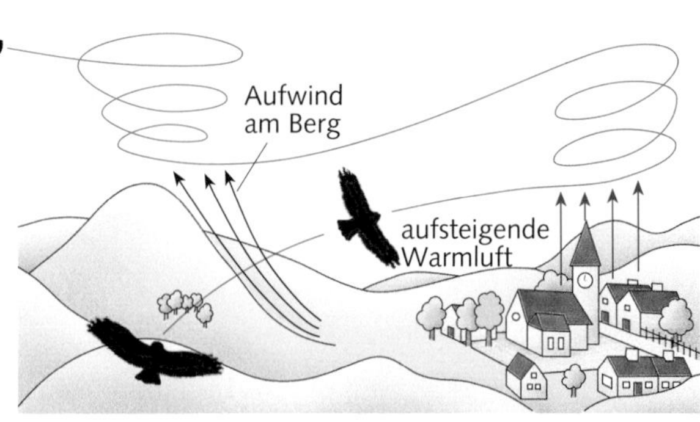

1. Beschreibt anhand der Abbildung die Flugtechnik der Blaumeise. Achtet dabei auf den Einsatz der Flügel und die Stellung der Schwungfedern.

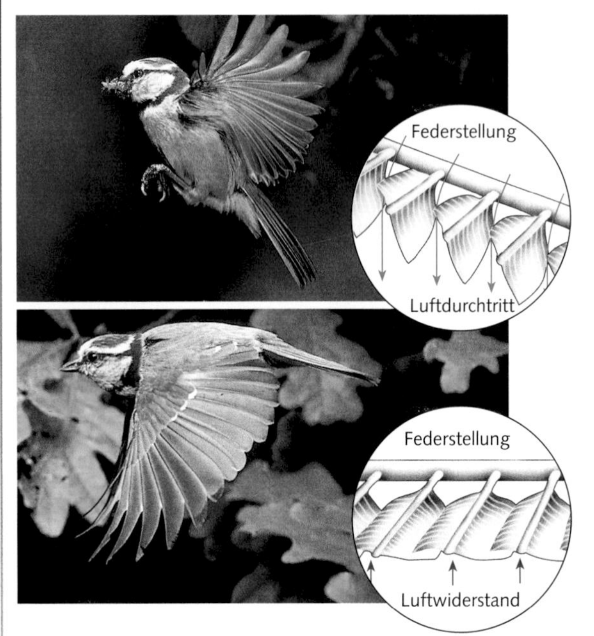

2. Ihr seht auf der Abbildung das Fluggelände eines Mäusebussards. Wie nutzt er unterschiedliche Geländeformationen als Flughilfe? Beschreibt sein Flugverhalten.

3. Erklärt die Begriffe „Ruderflug", „Segelflug", „Rüttelflug" und „Schwirrflug". Ordnet sie unterschiedlichen Vogelarten zu. Benutzt dazu den Informationstext.

Flugtechnik
Die Flugtechnik der Vögel ist beim Höckerschwan gut zu beobachten. Bevor der Schwan von einer Wasserfläche auffliegen kann, nimmt er Wasser tretend einen langen Anlauf. Dabei bewegt er die Flügel auf und ab, um die Erdanziehungskraft zu überwinden und den nötigen Auftrieb zu erzeugen.

Beim Abwärtsschlag werden die Flügel schräg nach unten geführt. Die Federn bilden eine geschlossene, luftundurchlässige Fläche. So kann sich der Schwan in der Luft halten und gleichzeitig einen Vorwärtsschub entwickeln.

2 Ruderflug des Höckerschwans

3 Segelflug des Mäusebussards

5 Schwirrflug das Kolibris

Beim Aufwärtsschlag werden die Federn so gedreht, dass die Fahnen der Federn senkrecht stehen und die Luft zwischen ihnen hindurch strömen kann. Die Flügel werden angewinkelt nach oben gezogen, so dass der Flug durch den Luftwiderstand nicht abgebremst wird und der Schwan so wenig wie möglich an Höhe verliert. Diese Art des Fliegens nennt man **Ruderflug.** Er ist die häufigste Art des Vogelflugs. Die Landung erfolgt im **Gleitflug.** Dabei werden die Flügel nicht mehr bewegt, sondern ausgebreitet in der Luft gehalten. Die Anziehungskraft der Erde sorgt dafür, dass der Vogel langsam zu Boden gleitet. Die Flügel bremsen wie ein Fallschirm und der Schwanz wird als Steuer eingesetzt.

Größere Vögel wie der Mäusebussard können sich auch während des Fluges lange Zeit ohne Flügelschlag in der Luft halten. Sie nutzen bei ihrem Segelflug aufsteigende warme Luftströmungen oder Aufwinde aus, wie das auch Segelflieger tun. Kolibris bewegen ihre Flügel bis zu 70-mal in der Sekunde vor und zurück. Dadurch können sie im **Schwirrflug** auf der Stelle „stehen", senkrecht nach oben oder unten und sogar rückwärts fliegen. Auch der Turmfalke „steht" beim **Rüttelflug** auf der Stelle. Dabei bewegt er seine Flügel sehr schnell. Die Schwanzfedern sind breit gefächert gegen die Flugrichtung gestellt und wirken als Bremse.

■ Mithilfe ihrer Flügel können sich Vögel in der Luft vielseitig bewegen.

Fliegen

Vögel, Fledermäuse, viele Insekten und von Menschenhand gebaute Flugmaschinen ähneln sich in ihrer Form. Sie fliegen nach denselben physikalischen Gesetzen. Ihr könnt in Gruppen Versuche zum Fliegen durchführen. Vielleicht habt ihr auch eigene Ideen zum Thema „Fliegen".

1. Der beste Papierflieger

Faltet nach der Abbildung A aus einem DIN-A4-Papier einen Flieger. Faltet zunächst entlang der Mittellinie AB und klappt den Bogen wieder auf. Knickt anschließend den Bogen so, dass die Eckpunkte C und D auf die Mittellinie treffen. Macht das Gleiche mit den so entstandenen Eckpunkten E und F. Faltet nun jede Seite längs der Linie GH zurück. Knickt die Flügelenden entlang der Linie IJ.

Unternehmt nun Flugversuche und verbessert die Flugeigenschaften, indem ihr leichte Veränderungen an der Konstruktion vornehmt. Beschwert den Papierflieger an der Spitze mit einer Büroklammer. Wie verändert sich das Flugverhalten? Berichtet.
Beschwert den Papierflieger nun am hinteren Teil. Welches Flugverhalten zeigt er nun?
Kennt ihr noch andere Faltpläne für Papierflieger? Probiert sie aus und vergleicht, welcher am besten fliegt.

2. Das fliegende Ei

Baut Flugmaschinen, die ein Ei transportieren können. Das Ei soll bei der Landung nicht beschädigt werden. Für die Flugmaschine erhält jede Gruppe das gleiche Material:
5 Bögen Papier, 2 Bögen Karton, Seidenpapier, Schere, Klebestift, Klebefilm, Bindedraht, Watte, Schnur, 2 Luftballons, 1 rohes Ei.

Ihr habt 60 Minuten Zeit. Nach dieser Zeit werden alle Flugmaschinen im Freien aus einer Höhe von mindestens vier Metern fallen gelassen.
Ermittelt in einem Wettbewerb, mit welcher Flugmaschine das Ei unbeschädigt auf der Erde ankommt.

A

3. Das Geheimnis des Auftriebes

Überlegt, wie eine Versuchsanordnung aufgebaut sein muss, mit der man nachweisen kann, dass warme Luft nach oben steigt. Ihr erhaltet für den Versuch folgendes Material:

Teelicht, Glasröhre (Durchmesser 4 cm – 5 cm), Stativ mit Klemmenhalter, Streichhölzer, Daunenfeder.

Fertigt eine Versuchsskizze an. Schreibt die Durchführung auf. Haltet eure Beobachtungen und das Versuchsergebnis in einem Protokoll fest.
Erklärt das Verhalten der erwärmten Luft.

Erläutert, wie ein Vogel im Segelflug ohne Flügelschlag an Höhe gewinnen kann.
Führt zum Auftrieb einen weiteren Versuch wie in Abbildung B durch:
Knickt ein Blatt Papier an der schmalen Seite um und klebt es wie ein Fähnchen an einen Bleistift. Was geschieht mit dem Blatt, wenn ihr darüber blast?

Erklärt eure Beobachtungen mithilfe des Querschnittes einer Tragfläche in Abbildung B. Vergleicht die Tragfläche mit einem Vogelflügel.

4. Federn – Original und Modell

Vergleicht eine Vogelfeder mit einem Modell aus Bindedraht und Papier von gleicher Größe.
Für diesen Versuch braucht ihr:
Eine große Schwungfeder, DIN-A4-Papier, Zeichenstift, Schere, Waage und Bindedraht.

Zeichnet die Umrisse der Schwungfeder auf das Blatt Papier und schneidet die Papierfeder aus. Als Schaft verwendet den Bindedraht. Bestimmt das Gewicht der Originalfeder und des Modells mit der Waage. Welche Bedeutung hat das Ergebnis für das Federkleid eines Vogels?

Bewegt das Papiermodell und die Originalfeder hin und her. Vergleicht die Festigkeit.
Biegt den Schaft der echten Feder und den Bindedraht hin und her. Was beobachtet ihr?
Erläutert, welche Vorteile die Eigenschaften der Federn für Vögel haben.

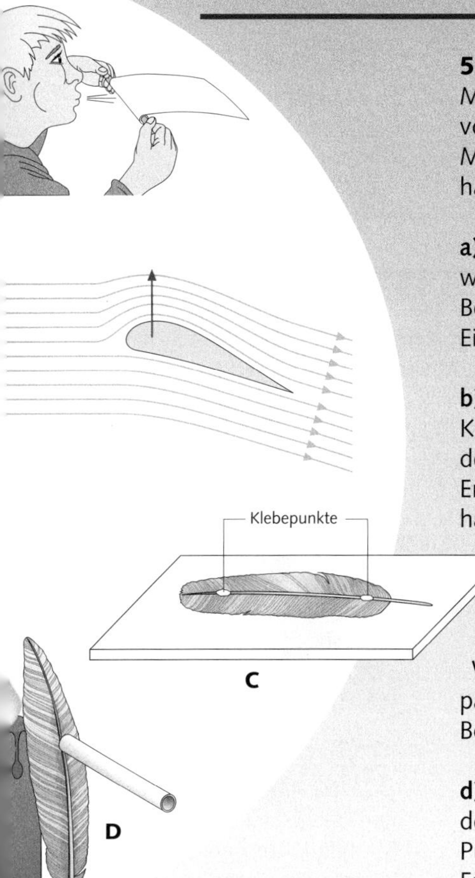

5. Federn – tolles Material mit genialen Eigenschaften

Mithilfe der folgenden Versuche könnt ihr weitere Eigenschaften von Federn überprüfen. Ihr braucht dazu:
Mehrere Schwungfedern und Deckfedern, eine Kerze, einen Trinkhalm, ein Glas Wasser, ein Binokular, Objektträger und Klebstoff.

a) Taucht eine Deckfeder in ein Glas mit Wasser und nehmt sie wieder heraus.
Beschreibt, was ihr beobachtet. Erläutert, welchen Vorteil diese Eigenschaft der Federn für die Vögel hat.

b) Haltet eine Schwungfeder wie in Abbildung D vor eine brennende Kerze und versucht, die Flamme mit dem Strohhalm durch die Fahne der Feder hindurch auszublasen. Beschreibt, was ihr beobachtet. Erläutert, welchen Vorteil diese Eigenschaft der Federn für die Vögel hat.

c) Nehmt eine Deckfeder und streicht zunächst mit den Fingern sanft von der Spule zur Spitze der Feder und anschließend in die andere Richtung. Macht dieselbe Bewegung mehrmals. Was passiert, wenn ihr von der Spule zur Spitze streicht? Was passiert, wenn ihr von der Spitze zur Spule streicht? Beschreibt eure Beobachtungen und erläutert den Vorteil für die Flugeigenschaften.

d) Betrachtet eine Feder mit offenen und geschlossenen Ästen unter dem ▸ Binokular. Klebt dazu wie in Abbildung C eine Feder an zwei Punkten auf eine feste Unterlage. Fertigt eine ▸ Sachzeichnung an. Erklärt nun die Beobachtungen aus den Versuchen unter Punkt c).

6. Der Traum vom Fliegen

„Der Traum vom Fliegen ist so alt wie die Menschheit." So beginnt ein Buch über die Geschichte der Fliegerei.
Verschafft euch einen Überblick über die Entwicklung von Flughilfen und Flugmaschinen, von den ersten einfachen Flugversuchen bis zu den heutigen Jets und Space Shuttles. Informationen findet ihr z. B. in Sachbüchern oder im ▸ Internet.
Recherchiert unter folgenden Stichworten:

- Dädalus und Ikarus
- Leonardo da Vinci
- Brüder Montgolfier
- Wilbur und Orville Wright
- Otto Lilienthal
- Graf Zeppelin
- Concorde
- Airbus A380
- Space Shuttle

Stellt eure Ergebnisse in einer Präsentation vor. Dies könnte eine ▸ Ausstellung mit Büchern, Plakaten und kleinen Modellen sein.

Wie sich Vögel fortpflanzen

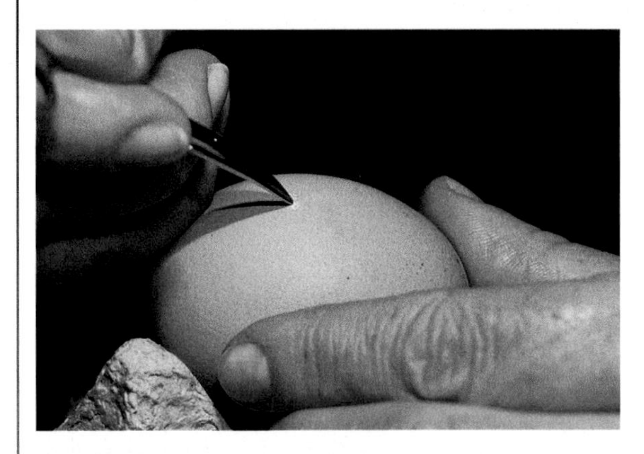

1. Untersucht ein Hühnerei.
Dazu benötigt ihr ein rohes Hühnerei, einen Eierkarton, einen Teelöffel, eine spitze Schere, eine Pinzette, eine flache Schale oder Untertasse und eine Lupe.
a) Legt das rohe Ei in die Mulde eines Eierkartons. Klopft mit dem Teelöffel vorsichtig auf die Oberseite des Eies, sodass in der Kalkschale Risse entstehen und die darunter liegende Haut möglichst nicht beschädigt wird.
Löst nun mit der Pinzette die Kalkschale Stückchen für Stückchen ab, bis eine Öffnung wie in der Abbildung entsteht. Schneidet die Schalenhäute vorsichtig mit der Schere auf.
b) Benennt die Bestandteile des Eies, die ihr durch die Öffnung erkennen könnt. Die Abbildung unten hilft euch dabei.
c) Zeichnet die Lage der Eibestandteile und beschriftet sie.
d) Dreht das offene Ei leicht hin und her und achtet auf die Lage des Dotters. Beschreibt eure Beobachtung.
e) Gießt den Inhalt des Eies vorsichtig in die Schale oder die Untertasse. Sucht die Keimscheibe auf der Dotterkugel.
Zieht vorsichtig mit der Pinzette an den Eischnüren. Was beobachtet ihr?

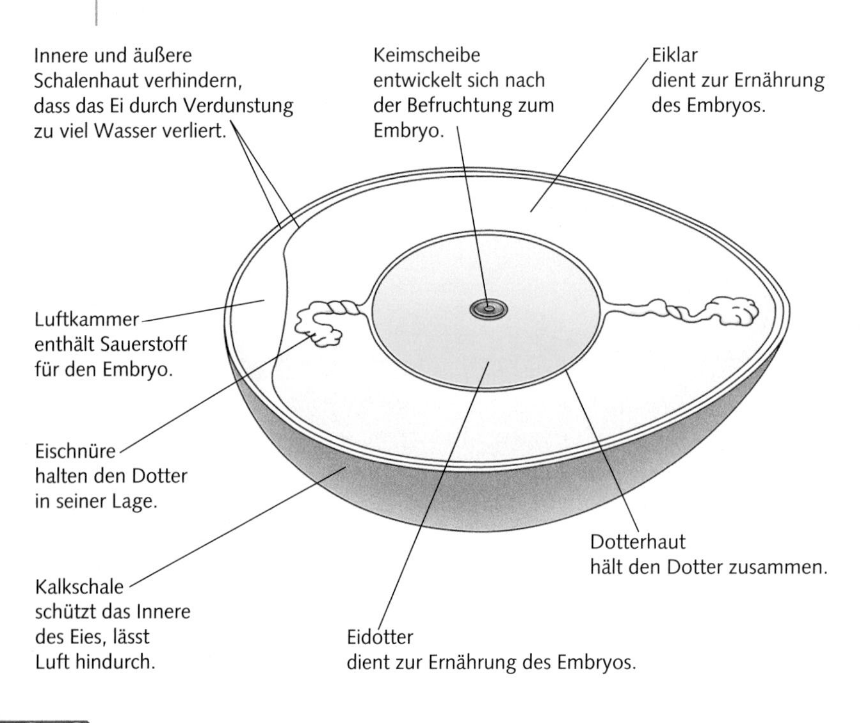

2. Untersucht ein gekochtes Ei. Welche Eibestandteile findet ihr wieder?

3. Haltet ein größeres Stück von der Eischale und von den Schalenhäuten gegen das Licht. Welche Beobachtung macht ihr? Überlegt die Bedeutung für den Vogelembryo.

4. Auf der rechten Seite ist die Entwicklung vom Ei bis zum neugeborenen Vogel dargestellt. Schreibe zu jedem Entwicklungsstadium einen kurzen Text.

5. Nennt andere Wirbeltierarten, die sich im Ei entwickeln.

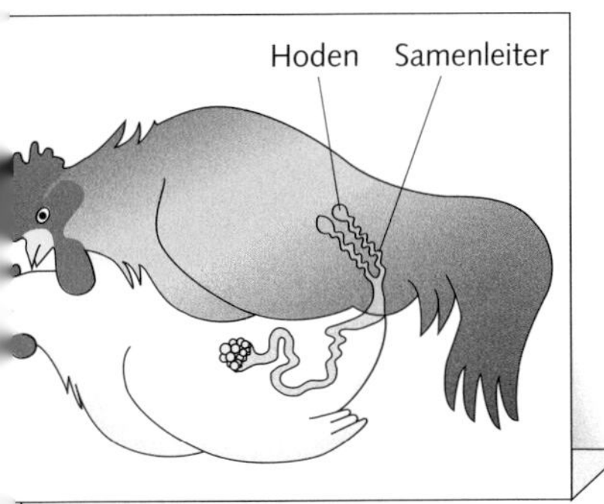

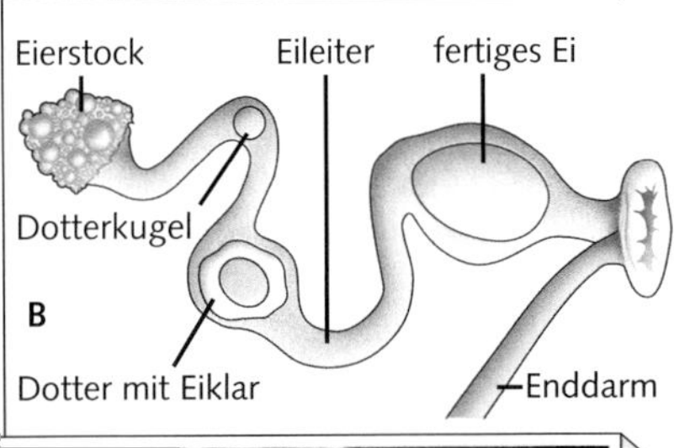

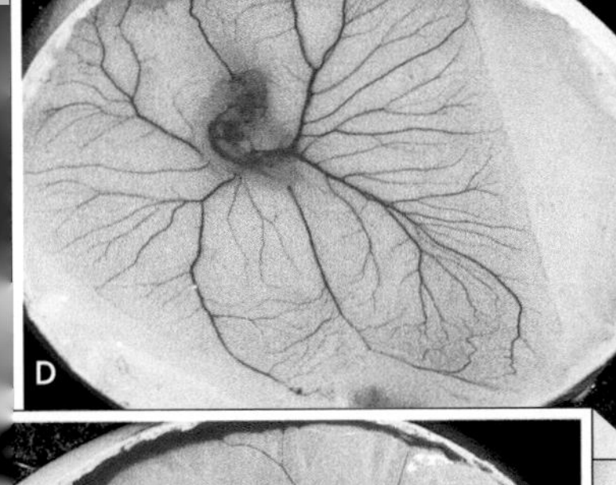

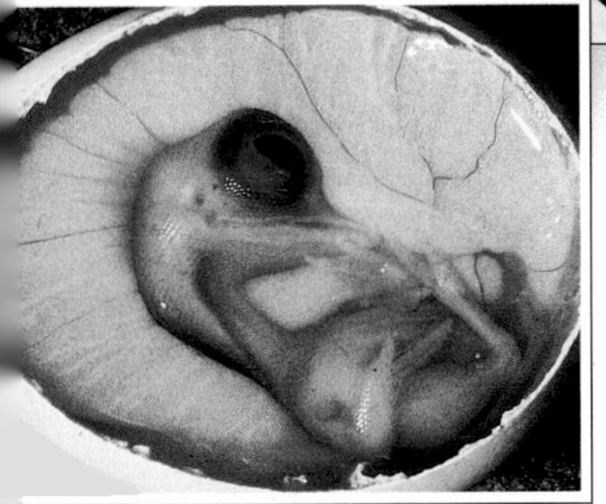

m Ei zum Küken. A *Paarung;*
entstehung; **C** *Dotter mit Keimscheibe;*
nbryo am 6. Bebrütungstag;
ıbryo am 12. Bebrütungstag;

Die Entwicklung eines Eies beginnt im **Eierstock** der Henne. Dort wachsen winzige **Eizellen** zu Dotterkugeln heran. An deren Oberfläche befindet sich die **Keimscheibe** mit dem Kern der Eizelle. Die Dotterkugeln wandern nun einzeln durch den Eileiter und entwickeln sich zu einem vollständigen Ei. Nacheinander kommen das Eiklar, die Schalenhäute und die Kalkschale dazu. Kurze Zeit später legt die Henne das Ei.

Ein Küken entsteht nur dann, wenn das Ei vorher **befruchtet** wurde. Dies geschieht bei der Paarung. Der Hahn hockt auf einer Henne und beide pressen ihre Geschlechtsöffnungen aufeinander. So gelangen zahlreiche männliche Geschlechtszellen, die **Spermien**, in den Eileiter und wandern Richtung Eierstock zu einer Dotterkugel. Die Befruchtung ist erfolgt, wenn der Zellkern eines Spermiums mit dem Zellkern einer Eizelle verschmilzt.

Zum Heranwachsen des Embryos ist eine gleichmäßige Temperatur von 38 °C bis 40 °C notwendig. Dazu hockt die Henne auf den Eiern und wärmt sie mit ihrem Körper. Mit dem Schnabel wendet sie die Eier öfter, damit sie gleichmäßig durchwärmt werden. Dabei halten die **Eischnüre** den Dotter so, dass die Keimscheibe immer oben, also in der Nähe der Wärmequelle, bleibt. Aus der Keimscheibe entwickelt sich in etwa drei Wochen das Junge. In dieser Zeit liefern **Dotter** und **Eiklar** alle Nährstoffe, die es zu seinem Wachstum braucht. Am 21. Bruttag drückt das Küken von innen die Kalkschale mit dem **Eizahn**, einem Höcker auf dem Schnabel, auf und schlüpft aus dem Ei.

■ Alle Vögel entwickeln sich in Eiern. Das Ei muss vorher befruchtet worden sein.

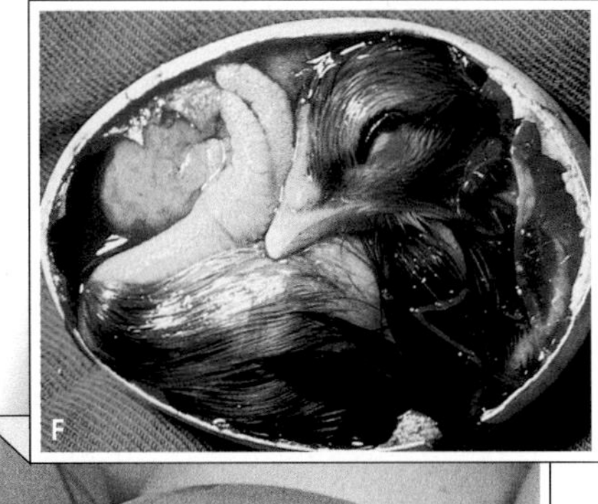

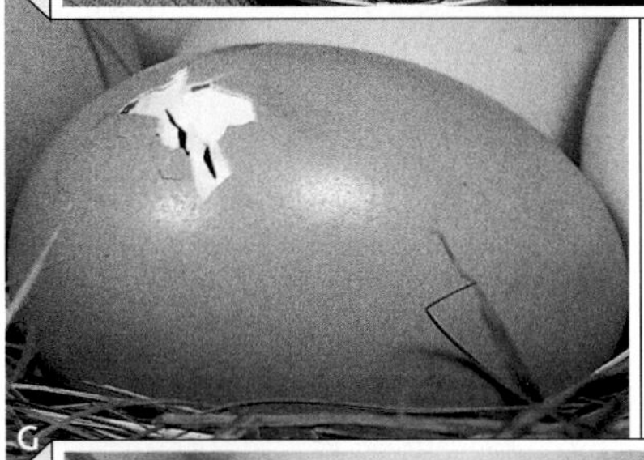

F *Embryo am 19. Bebrütungstag;*
G *Aufbrechen der Kalkschale;*
H *und* **I** *Küken schlüpft;*
J *der Federflaum trocknet*

Der Teich als Lebensraum

1. Messt mithilfe eines Maßbandes den zu untersuchenden Teich aus und fertigt von diesem auf einem DIN-A4-Blatt eine ungefähr maßstabsgetreue Grundrisszeichnung an. Diese benötigt ihr später für weitergehende Arbeiten.

Hecke
Weide
Erle
Weg

× Schilf
▲ Rohrkolben
V Schwertlilie
↑ Pfeilkraut
⊗ Mädesüß
|||| Binsen
⊙ Seerose
°°° Tauchpflanzen

2. Bildet eine Fotogruppe, die Fotos vom Teich macht. Haltet charakteristische Teichmerkmale in Fotos für die ▸ Sachmappe fest. Ihr könnt auch eine Videokamera nutzen.

3. a) Bildet Teams. Legt Uferabschnitte fest. Bestimmt dort auffällige Pflanzen. Ihr braucht dazu Bestimmungsbuch und Schreibmaterial. Haltet die Ergebnisse auf einem Beobachtungsbogen fest.
b) Tragt eure Ergebnisse in eine Grundrisszeichnung vom Teich ein. Verwendet für die einzelnen Pflanzenarten jeweils ein anderes farbiges Symbol.

4. Gestaltet von einigen Uferpflanzen für die ▸ Sachmappe einen ▸ Steckbrief. Berücksichtigt dabei, welche Ansprüche die Pflanzen jeweils an ihren Lebensraum stellen.

5. a) Bildet Teams und verteilt euch um den Teich. Beobachtet, welche Tiere sich dort aufhalten und wie sie sich verhalten.
b) Bestimmt die Tiere und notiert sie. Sucht nach Gründen, weshalb sich die Tiere gerade dort aufhalten.

6. Fertigt von einigen Tieren einen ▸ Steckbrief für die ▸ Sachmappe an.

7. Welche Pflanzenzonen erkennst du in untenstehendem Foto?

8. a) Bildet Teams, um Kleintiere des Teiches zu fangen und zu bestimmen. Hierfür benötigt ihr Kescher, Gläser, Glasdeckel (z. B. Petrischalen), Lupen, Bestimmungsbuch.
b) Zieht den Kescher mehrmals durchs Wasser und übertragt die gefangenen Kleintiere in das mit Wasser gefüllte Glas. Versucht, einige der Tiere zu bestimmen.
c) Ihr könnt ein Tier auch in eine mit Wasser gefüllte Petrischale übertragen und es dann mit der ▸ Lupe oder dem ▸ Binokular betrachten. Setzt dieses danach wieder in den Teich.

Lebensraum Teich

Teiche sind wertvolle Lebensräume mit besonderen Pflanzen- und Tierarten, die wir meist nur an stehenden Gewässern finden. Solche Feuchtgebiete sind öfter in Dörfern, Kleinstädten und Parkanlagen zu finden, jedoch auch als Schulteich in einem Schulgelände. Wenn wir es zulassen, kann sich an den Ufern und im Wasser von Teichen ein vielfältiger Pflanzenwuchs mit typischen Pflanzenzonen entwickeln.

Lebewesen in der Röhrichtzone

Den Teich umgibt ein Gürtel verschiedenster Pflanzenarten. Hier wachsen zum Beispiel Schilfrohr, Rohrkolben, Wasser-Schwertlilie, Froschlöffel und Pfeilkraut. Schon zeitig im Frühjahr leuchten die gelben Blüten der Sumpfdotterblume.
Diese Pflanzen sind an das Leben am und im Wasser angepasst. Viele solcher Sumpfpflanzen besitzen ausladende oder tiefe Stängel- und Wurzelsysteme, mit denen sie sich im schlammigen Untergrund verankern. Selbst wenn der Wasserspiegel im Sommer sinken sollte, vertrocknen die Pflanzen nicht. Ihre Blätter sind meist großflächig, ziemlich dünn und weisen kaum einen Verdunstungsschutz auf.

Zwischen den im Wasser stehenden Stängeln tummeln sich im Frühsommer frisch geschlüpfte Molche und ▸ Kaulquappen von Fröschen und Kröten.
Vom Ufer aus kann man auch zahlreiche Insektenarten wahrnehmen. Zu ihnen gehören Libellen. Die Blaugrüne Mosaikjungfer zum Beispiel erreicht eine Länge von 8 cm und eine Flügelspannweite zwischen 2 und 11 cm. Begegnen sich zwei Männchen, kommt es zu einem Luftkampf. Paarungsbereite

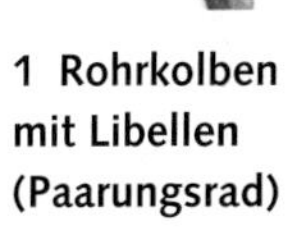

1 Rohrkolben mit Libellen (Paarungsrad)

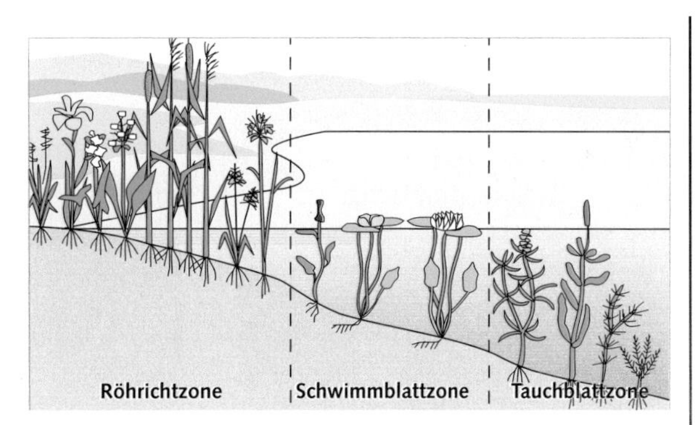

2 Teichquerschnitt mit Pflanzenzonen

Libellen dagegen vereinigen sich zu einem Paarungsrad und lassen sich an einem Pflanzenstängel nieder. Das Weibchen legt seine Eier dicht unter der Wasseroberfläche an Wasserpflanzen ab.
Besonders auffällig sind flink auf der Wasseroberfläche hin und her flitzende Wasserläufer. Ihre Beine tragen am Ende viele kleine Härchen, die es ihnen ermöglichen, auf dem Wasser zu laufen.

Lebewesen in der Schwimmblattzone

Die auffälligsten Pflanzen der Schwimmblattzone sind die Seerosen mit den weißen und die Teichrosen mit den gelben Blüten. Ihre Blätter enthalten luftgefüllte Hohlräume, sodass sie wie ein Schlauchboot auf dem Wasser schwimmen können. Von den Blättern führen lange Stängel zu den Wurzeln, mit denen sie sich im Teichboden verankern. In dieser Zone sind auch Froschbiss und Teichlinsen zu finden.
Fische verstecken sich im Schutz dieser Pflanzen. Wasserschnecken raspeln von den Pflanzen den Algenbewuchs ab. Auf den Blättern ruhen Libellen und Käfer. Frösche halten dort nach Nahrung Ausschau.

Lebewesen der Tauchblattzone

In diesem Bereich gibt es unterhalb der Wasseroberfläche Kammlaichkraut, Hornblatt oder Tausendblatt. Sie liefern neben Grünalgen den Tieren unter Wasser den lebensnotwendigen Sauerstoff.

■ In einem Teich unterscheidet man verschiedene Pflanzenzonen. Die verschiedenen Zonen bieten Tieren Nahrung und Schutz.

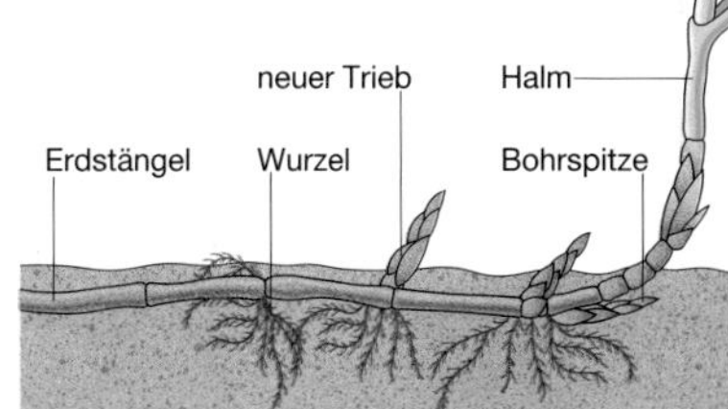

3 Schilfrohr mit Ausläufern

Pflanzen im und am Teich

Wasser-Knöterich

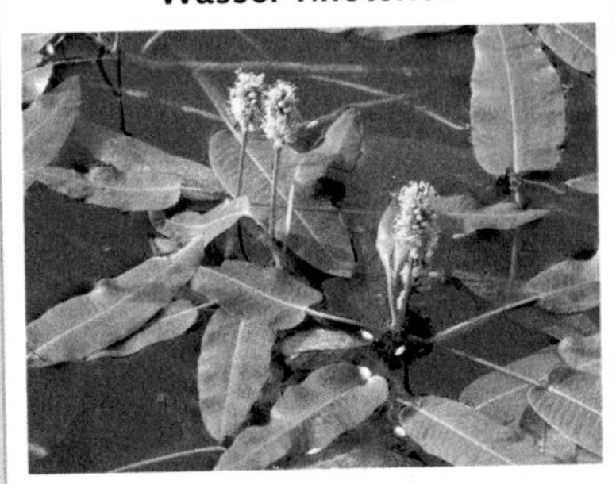

kommt als Wasser- und Landpflanze vor; wächst auf schlammigem Grund mit ledrigen Schwimmblättern; geht bei Austrocknung des Teiches in die Landform mit kürzer gestielten, schmaleren und weichhaarigen Blättern über

Ähriges Tausendblatt

Tauchpflanze mit feinen Wurzeln; kammförmige Blätter; betreiben unter Wasser ▸Fotosynthese, indem sie in Wasser gelöstes Kohlenstoffdioxid aufnehmen und Sauerstoff abgeben

Rohrkolben

ist im Uferbereich im schlammigen Boden mit einem dicken, kriechenden und verzweigten Erdspross (Wurzelstock) verankert; gibt der Pflanze eine große Standfestigkeit; zahlreiche Luftkanäle im Stängel führen bis in den Wurzelstock

1. Der Wasser-Knöterich ist eine amphibisch lebende Pflanze. Erkläre.

2. Ordne die abgebildeten Pflanzen den verschiedenen ▸Pflanzenzonen des Teiches zu.

3. Erläutere die auf die Teichrose wirkenden Umweltfaktoren.

Sumpfdotterblume

an sumpfigen Teichrändern; mit saftigen großen Blättern; nektar- und pollenreiche Blüten; Schwebfliegen als Blütenbesucher; Samen mit Schwimmgewebe

Teichrose

Schwimmblattpflanze; ▸Spaltöffnungen für die ▸Fotosynthese auf der Blattoberseite; durch elastischen Blattstiel an wechselnde Wasserstände angepasst; Luftkanäle in den Blattstielen

Umweltfaktoren für die Teichrose

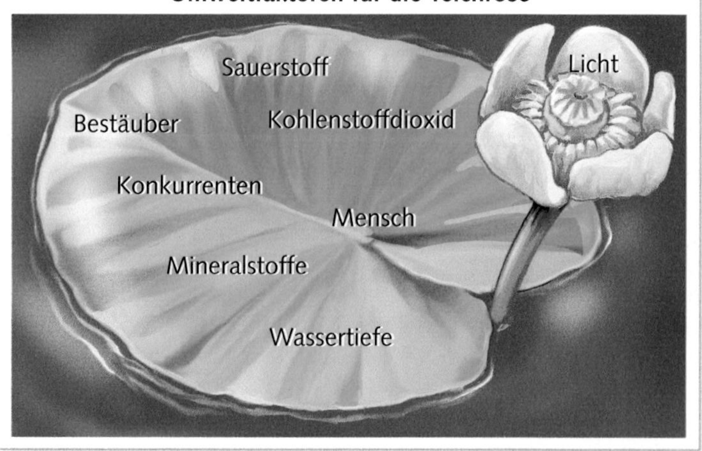

Tiere im und am Teich

Erdkrötchenpärchen

Erdkröten wandern im Frühjahr – oft im „Huckepack" – zum Teich, um zu laichen. Im Wasser legt das Weibchen in langen, dünnen Schnüren die Eier ab, die vom Männchen besamt werden. Die Schnüre werden um Wasserpflanzen oder dergleichen gewickelt. Aus den Eiern schlüpfen schwarze ▸Kaulquappen.

Stechmückenlarven

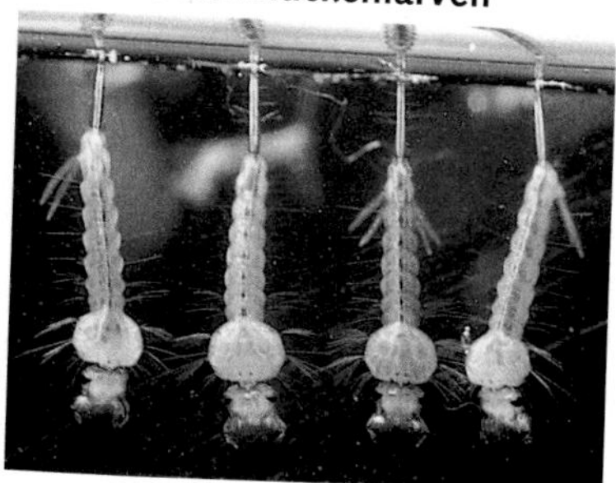

Larven der Stechmücke, die aus Eiern geschlüpft sind, hängen kopfunter an der Wasseroberfläche und nehmen über ein Atemrohr am Hinterleib Atemluft auf.

Teichralle (Teichhuhn)

Die Teichralle baut ihr Nest zwischen dichten Pflanzen in Ufernähe; läuft geschickt über Blätter von Schwimmpflanzen; kann auch schwimmen.

Gelbrandkäfer

Zum Erneuern des Luftvorrates streckt der Käfer sein Hinterleibsende aus dem Wasser und nimmt Atemluft in einen Hohlraum unter den Deckflügeln auf und taucht wieder ab.

Wasserläufer

Das Insekt läuft mit fein behaarten Beinen auf der Wasseroberfläche; Mittelbeine treiben das Insekt voran; Hinterbeine dienen als Steuer, mit den Vorderbeinen wird Nahrung (z. B. Insekten) festgehalten und ausgesaugt.

1. Informiere dich ausführlich u. a. auch im Internet über Merkmale und Lebensweise der Teichralle.
a) Fertige einen ▸Steckbrief an.
b) Halte einen ▸Kurzvortrag, der über die Inhalte des Steckbriefes hinausgeht.

2. Schreibe auf, wie Stechmückenlarven, Gelbrandkäfer, ▸Wasserfrosch und ▸Fische im Wasser atmen.

Frösche lieben es feucht

1. Beschreibe anhand der Abbildungen die Fortbewegung der Frösche im Wasser.

2. Finde heraus, wovon sich Frösche ernähren und welche Feinde sie haben. Erstelle eine ▸ Nahrungskette.

3. Stelle dar, warum Frösche von ihren Feinden häufig übersehen werden.

4. Beschreibe mithilfe von Bild 1 und des Informationstextes, wie sich aus Froschlaich Frösche entwickeln.

Leben zwischen Wasser und Land

An warmen Frühsommerabenden kann man häufig in der Nähe von Teichen und Tümpeln das laute Quaken von **Wasserfröschen** hören. Die Schallblasen seitlich am Kopf verstärken die Geräusche. Die Männchen des Wasserfrosches versuchen, mit ihrem lauten „Froschkonzert" die Weibchen zur Paarung in das Wasser zu locken. Nähert man sich einem Frosch, dann springt er ins Wasser und taucht unter.

Da Frösche sowohl im Wasser als auch auf dem Land leben, zählt man sie zu den Lurchen. Diese werden auch als Amphibien bezeichnet. In der griechischen Sprache bedeutet dieses Wort „in beidem lebend". Zu dieser Tiergruppe gehören auch noch Kröten, Unken, Salamander und Molche.

Schutz vor Feinden

Wasserfrösche sind hervorragend an ihre Umgebung angepasst. Wenn sie unbeweglich am Ufer eines Tümpels auf dem Blatt einer Seerose sitzen und auf Beute lauern, erkennt man sie kaum. Ihre Körperoberseite mit der grün-schwarzen Zeichnung verschwimmt fast mit dem Untergrund. Wegen dieser **Tarnfärbung** werden Frösche häufig von ihren Feinden übersehen. Gleichzeitig nimmt der Frosch jede Annäherung eines Feindes wahr. Frösche können gut hören und spüren Erschütterungen des Bodens. Die großen Augen sitzen oben auf dem Kopf und ermöglichen einen guten Rundumblick nach vorn und hinten.

Eizelle
Gallerthülle

Embryo

Kaulquappe
ca. 2 Wochen

Kaulquappe
ca. 10 Wochen

Grasfrosch
ca. 12 Wochen

1 Paarung und Entwicklung des Grasfrosches

Von der Kaulquappe zum Frosch

Grasfrösche dagegen lassen, anders als Wasserfrösche, nur ein leises Knurren hören, wenn sie im März für einige Tage in ihren Laichgewässern um Weibchen werben. Wird ein Weibchen angelockt, so springt das Männchen auf dessen Rücken und umklammert es mit beiden Vorderbeinen. Kurz darauf beginnt das Weibchen mit der Eiablage. Während es bis zu 4000 Eier ins Wasser ablegt, stößt das Männchen eine milchige Spermienflüssigkeit aus, die die Eier befruchtet. Alle Eier kleben in einem Laichklumpen zusammen. Jedes Ei ist von einer Gallerthülle umgeben, in der sich die befruchtete Eizelle teilt und der Embryo entwickelt.

Nach ein bis zwei Wochen schlüpft eine etwa sechs Millimeter lange Larve, die **Kaulquappe**. Zunächst bleibt sie an der Eihülle hängen, von der sie sich jetzt ernährt. Mit zunehmender Größe wächst auch ihr Ruderschwanz. Sie atmet mithilfe büschelartiger Außenkiemen am Kopf.

Nach etwa drei Wochen werden die Außenkiemen von einer Hautfalte überwachsen. So entstehen Innenkiemen wie bei Fischen. Mit ihren feinen Hornzähnchen raspelt die Kaulquappe den grünen Belag von Pflanzen und Steinen ab. Nach gut fünf Wochen ist sie etwa vier Zentimeter lang. Die Hinterbeine beginnen zu wachsen. Danach entwickeln sich die Vorderbeine. Die Kiemen bilden sich zurück, und die Lungen beginnen zu arbeiten. Nach etwa 12 Wochen hat sich aus der Kaulquappe ein zwei Zentimeter großer Frosch entwickelt. Diesen Gestaltwandel bezeichnet man als **Metamorphose**. Der junge Frosch ernährt sich jetzt von Insekten, Würmern und Schnecken. Nach drei Jahren können sich Grasfrösche fortpflanzen. Ihre Lebensdauer kann etwa zehn Jahre betragen.

■ Frösche gehören zur Gruppe der Lurche. Sie durchlaufen einen Gestaltwandel von der Kaulquappe zum Frosch.

Fische – angepasst an das Leben im Wasser

1. Wie heißen die Körperteile des Karpfens? Finde die entsprechenden Bezeichnungen.

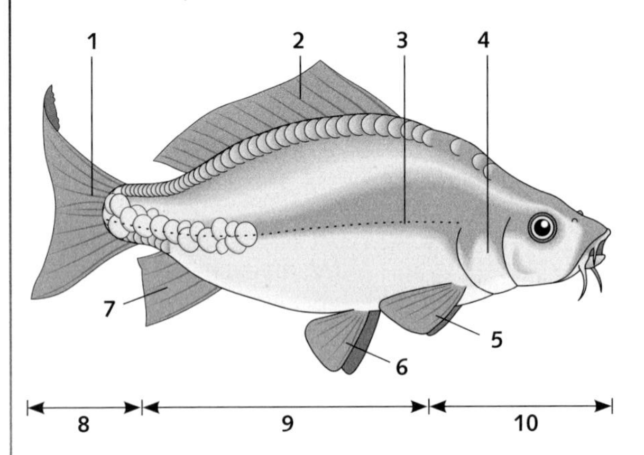

2. Beobachtet die Art der Fortbewegung bei Fischen im Aquarium oder in einem Teich. Fertigt ein ▸ Beobachtungsprotokoll an.

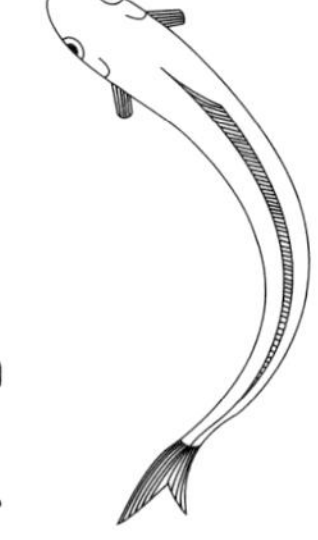

3. Informiert euch über unterschiedliche Körperformen von Fischen. Stellt Beispiele auf einem ▸ Plakat dar.

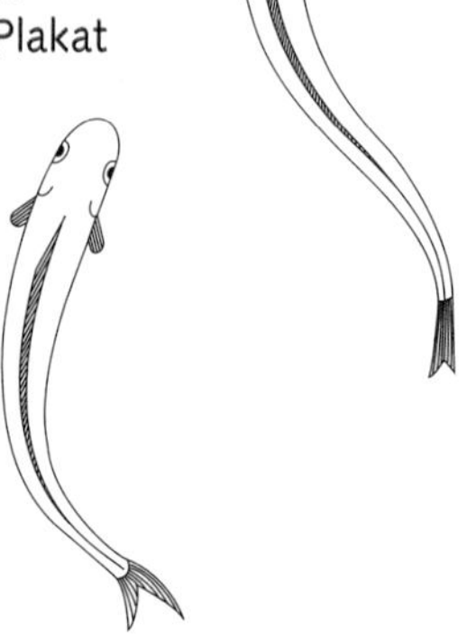

4. Nenne zwei Besonderheiten der Haut, die den Körper des Fisches schützen.

5. Baut zwei Modelle der „Fischhaut" mit verschiedenen Schuppenanordnungen. Orientiert euch beim Bau an den nebenstehenden Abbildungen.
a) Schneidet aus dickerer Pappe Schuppen aus (etwa dreimal so groß wie ein Fingernagel). Klebt sie mit Fotokleber in unterschiedlicher Anordnung auf groben Stoff.
b) Überprüft, wie sich die unterschiedliche Anordnung der Schuppen auf die Eigenschaften der „Fischhaut" auswirkt.

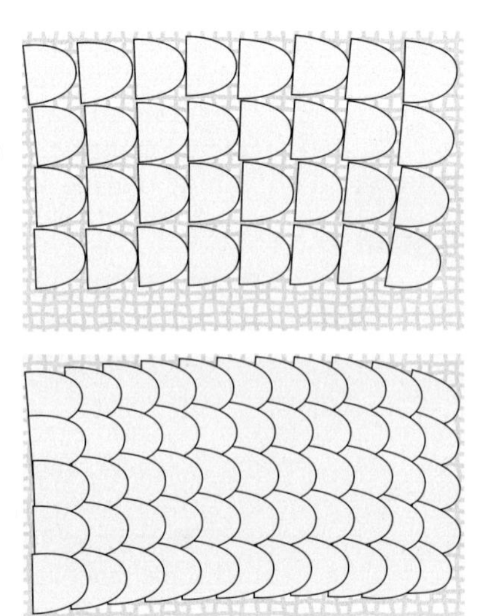

6. Wie gelingt es den Fischen, sich in unterschiedlichen Tiefen des Gewässers aufzuhalten? Führt dazu den folgenden Versuch durch.
a) Baut mithilfe der Abbildung ein Schwimmblasenmodell.
b) Blast den Ballon unterschiedlich stark auf. Beschreibt eure Beobachtungen.
c) Erläutert anschließend anhand des Ergebnisses, wie die Schwimmblase eines Fisches funktioniert.

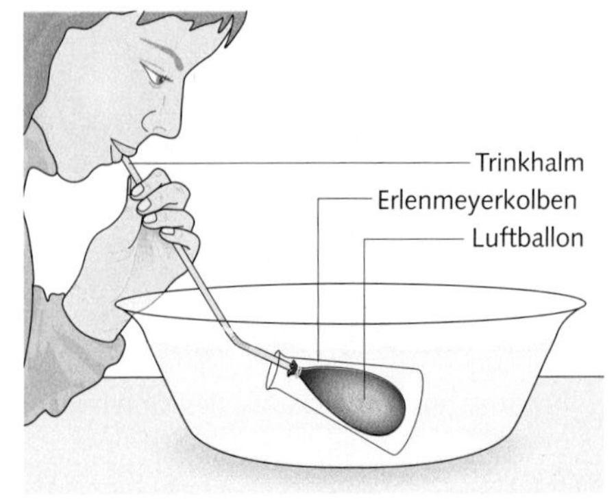

Körperform

Bei Goldfischen, die zu den karpfenartigen Fischen gehören, kann man beobachten, wie sie mühelos durchs Wasser gleiten, bewegungslos verharren und dann wieder mit wenigen Schwanzschlägen davonschwimmen. Ihr Körper ist lang gestreckt, und der Kopf geht ohne Hals in den Körper über. Zum Kopf- und zum Schwanzende wird der Körper schmaler. Durch diese **Stromlinienform** können sich die Fische besonders leicht im Wasser fortbewegen.
Aber nicht alle Fischarten sind so gebaut. In den Meeren leben auch Arten mit abweichenden Körperformen, beispielsweise Plattfische wie die Scholle.

1 Goldfisch

Flossen

Mit den Flossen bewegen sich die Fische fort und steuern die Lage ihres Körpers. Die Fortbewegung ermöglichen Muskeln, die sich abwechselnd zusammenziehen und wieder erschlaffen. Dadurch verursachen sie ein starkes Hin- und Herschlagen des Schwanzes mit der Schwanzflosse. Diese drückt gegen das Wasser und der Fisch wird dabei schlängelnd vorwärts getrieben. Brust- und Bauchflossen dienen vor allem der Steuerung. Rücken- und Afterflossen verhindern wie der Kiel eines Schiffes das seitliche „Umkippen".

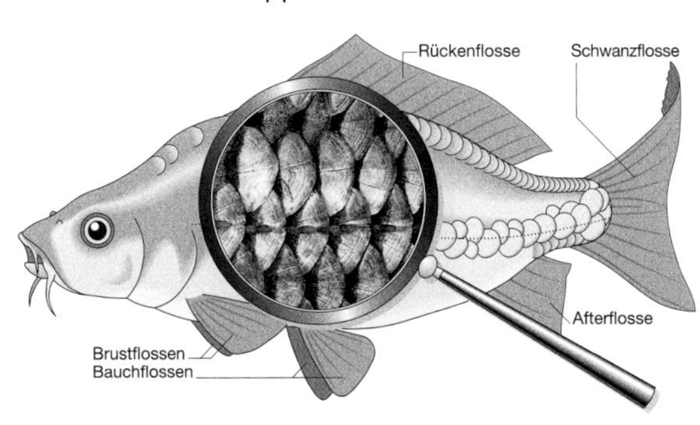

2 Karpfen *(äußerer Bau)*

Haut und Seitenlinienorgan

Die Haut von Fischen ist von einer glitschigen Schleimschicht bedeckt. Diese fördert das mühelose Gleiten durchs Wasser. In der Haut liegen dünne, dachziegelartig übereinander liegende Knochenplättchen, die Schuppen. Sie schützen den Körper vor Verletzungen.
An beiden Körperseiten sieht man in einer Linie angeordnete Poren. Sie führen zu Sinneszellen des Seitenlinienorgans, mit denen der Fisch kleinste Änderungen der Wasserströmung wahrnehmen und so bei Dunkelheit Hindernissen ausweichen kann.

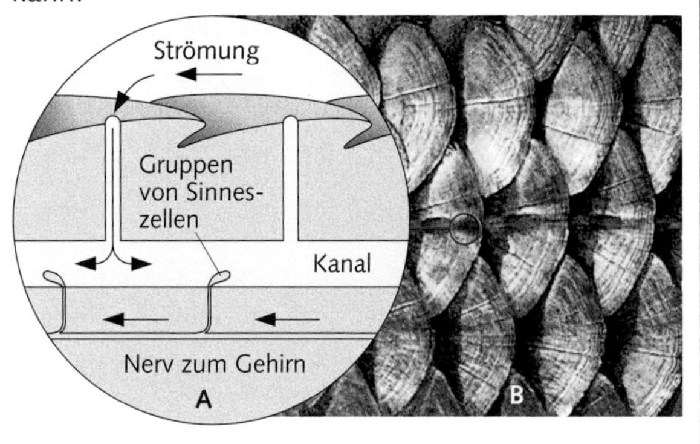

3 Seitenlinienorgan. A *Haut im Querschnitt (Schema);* **B** *Schuppen (Foto)*

Schwimmblase

Ein Fisch kann bewegungslos im Wasser schweben. Dies wird durch die Schwimmblase, einen gasgefüllten Hautsack, erreicht. Die Größe der Schwimmblase wird durch den jeweiligen Wasserdruck verändert. Durch feine Blutgefäße in der Wand der Schwimmblase kann der Fisch soviel Gas in die Schwimmblase geben oder entnehmen, dass er in der gewünschten Wassertiefe schwebt.

■ Der Körper der Fische ist vielfältig an das Leben im Wasser angepasst.

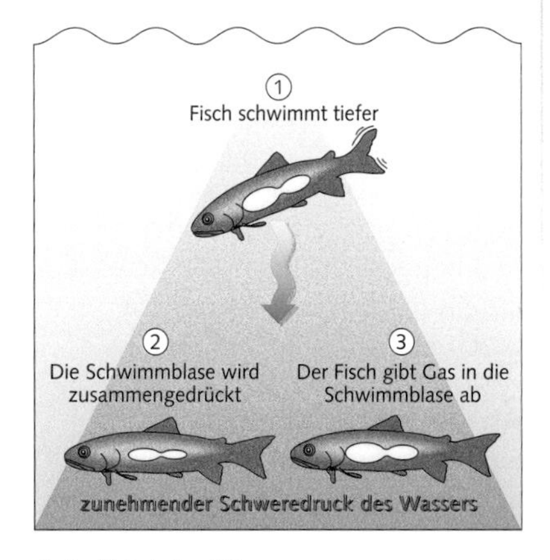

4 Auftrieb im Wasser

Fische atmen unter Wasser

1. Untersucht die Kiemen eines Fisches mit einer Lupe. Beschreibt ihren Aufbau.

2. Halte einen kurzen ▸ Vortrag über die Atmung eines Fisches.
a) Erläutere dabei seine Atembewegungen und beschreibe den Weg des Atemwassers (A: Einatmung, B: Ausatmung).
b) Wodurch werden die empfindlichen Kiemen geschützt?

3. Wasserpflanzen in Aquarien dienen nicht nur zur Dekoration. Erläutere ihre Aufgabe (▸ Fotosynthese).

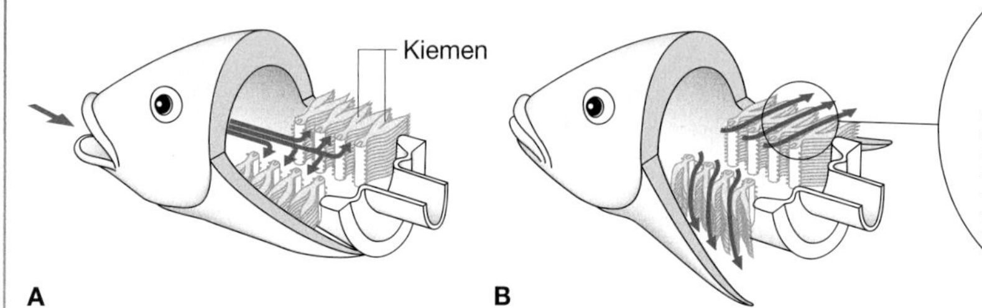

Atmungsorgane

Die Atmungsorgane der Fische sind die **Kiemen.** Sie liegen an den Kopfseiten und sind nach außen durch die Kiemendeckel geschützt.
Die Kiemen bestehen aus vier knöchernen Kiemenbögen. An jedem Kiemenbogen sitzen feste Kiemenreusen. Sie halten Schweb- und Schmutzteilchen zurück und dienen für die zarten Kiemenblättchen als Schutz vor Verletzungen.
Die roten Kiemenblättchen befinden sich gegenüber den Kiemenreusen. Sie sind fächerartig aufgeteilt. In ihnen fließt durch feine Blutgefäße Blut.

Atmen unter Wasser

Beim Atmen öffnet und schließt der Fisch ständig sein Maul. Dabei werden die Kiemendeckel angelegt und abgespreizt. Öffnet der Fisch sein Maul, strömt Wasser durch die Mundhöhle zu den Kiemenblättchen. Dort wird Sauerstoff, der im Wasser gelöst ist, vom Blut aufgenommen. Im Blut gelöstes Kohlenstoffdioxid wird an das Wasser abgegeben. Diesen Vorgang bezeichnet man als ▸ Gasaustausch.
Schließt der Fisch sein Maul, wird das Wasser an den Kiemenbögen vorbei nach außen gedrückt.
Bei der Kiemenatmung muss also ständig frisches Wasser an den Kiemen vorbeiströmen.

Die meisten Fischarten sind bei der Atmung darauf angewiesen, dass die Kiemen feucht und damit funktionsfähig sind. An Land verkleben sie und der Fisch erstickt.

Ausnahmen

Einige Fischarten bilden Ausnahmen. Aale zum Beispiel können sich über kurze Strecken auf feuchten Wiesen fortbewegen. Bei diesen Fischen öffnet sich der Kiemendeckel nur wenig. So bleiben die Kiemen auch auf dem Trockenen längere Zeit feucht.

■ Fische nehmen mit den Kiemen im Wasser gelösten Sauerstoff auf.

1 Aal

Wie Fische sich fortpflanzen

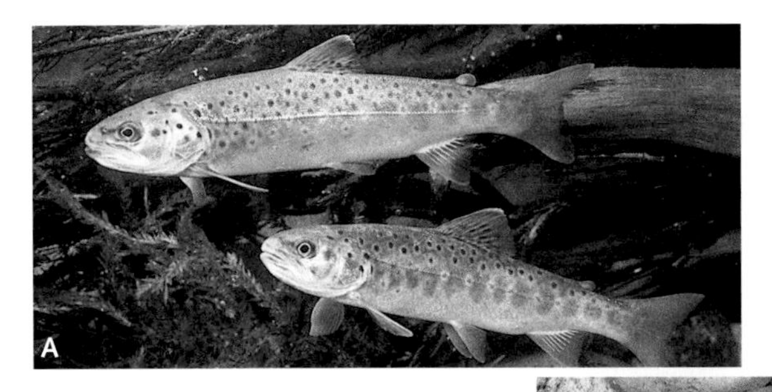

1. Beschreibt die einzelnen Stadien der Entwicklung am Beispiel der Bachforelle. Fertigt zu jeder Entwicklungsstufe eine Skizze an.

2. Nicht alle Fische pflanzen sich so fort wie die Bachforelle.
Sucht Beispiele für andere Arten der Fortpflanzung und Entwicklung bei Fischen und stellt sie auf Plakaten dar (zum Beispiel Hai, Seepferdchen).

3. Welche Vorteile bringt es für den Hai, lebende Junge zur Welt zu bringen?

Bachforellen zur Laichzeit

Bachforellen leben als Einzelgänger in klaren, sauerstoffreichen Gewässern. Nur von Oktober bis Januar finden sich Männchen und Weibchen zur Fortpflanzung zusammen. Mit kräftigen Schlägen der Schwanzflosse baut das Weibchen eine Mulde im Bachbett. In diese Bodenvertiefung legt es etwa 2000 gelbliche Eier, die man als **Laich** bezeichnet. Unmittelbar danach gibt das Männchen über dem Laich die Spermienflüssigkeit mit Spermien ab. Die Spermien schwimmen zu den Eizellen, die sich in den Eiern befinden, und befruchten sie. Nach der Befruchtung kümmert sich das Forellenpaar nicht mehr um die Eier.

Vom Ei zum Jungfisch

In jedem befruchteten Ei entwickelt sich ein **Embryo**. Nach etwa zwei Monaten schlüpfen die jungen Forellen. Zunächst nennt man sie Forellenlarven, weil sie noch nicht die vollständige Gestalt eines erwachsenen Fisches besitzen. In einem Dottersack am Bauch der Larven ist ein Nahrungsvorrat für die ersten Tage enthalten. Innerhalb von sechs Wochen sind die unvollkommenen Larven zu voll ausgebildeten Jungforellen herangewachsen. Wenn der Dottersack aufgezehrt ist, sind alle Flossen ausgebildet und die Schwimmblase ist funktionsfähig. Die Jungforelle ist nun 2,5 cm lang. Sie ernährt sich von Kleinlebewesen im Wasser.

1 Entwicklung der Bachforelle.
A *Bachforellenpaar;* **B** *Eier;* **C** *schlüpfende Larve;* **D** *Larven mit Dottersack;* **E** *Jungforelle*

2 Hai

Ungewöhnliches Fortpflanzungsverhalten

Guppys und einige Haiarten bringen lebende Junge zur Welt. Die Jungtiere schlüpfen im Mutterleib aus dem Ei. Wenn sie geboren werden, sind sie schon recht selbstständig und daher besser vor Feinden geschützt. So kann eine größere Zahl von Jungtieren überleben.

■ Fische legen gallertartige Eier, die sich im Wasser entwickeln.

Kriechtiere – mal mit, mal ohne Beine

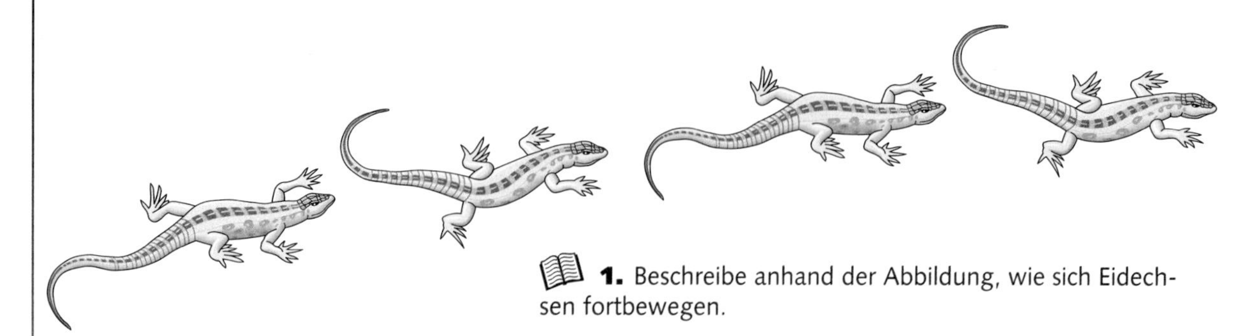

1. Beschreibe anhand der Abbildung, wie sich Eidechsen fortbewegen.

2. Die nebenstehenden Abbildungen A, B, C zeigen Stationen aus der Entwicklung von Zauneidechsen. Beschreibe die Abbildungen.

3. Informiere dich in Tierbüchern, Lexika und im Internet.
a) Erstelle einen Steckbrief von der Zauneidechse, in dem besonders die Merkmale der Angepasstheit an den Lebensraum enthalten sind.
b) In warmen Ländern gibt es mehr und größere Kriechtierarten als bei uns. Nenne Gründe für diese Erscheinung und Beispiele dafür.

4. Vergleiche die Entwicklung der Eidechsen mit der Entwicklung von Lurchen und der Entwicklung von Vögeln. Lege eine Tabelle für jede Tiergruppe an und notiere Unterschiede und Gemeinsamkeiten.

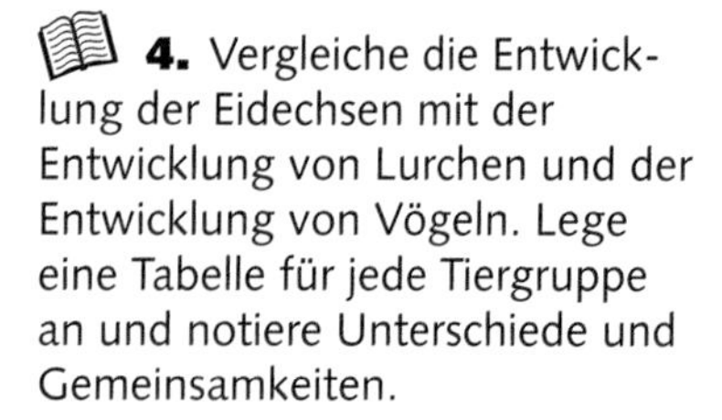

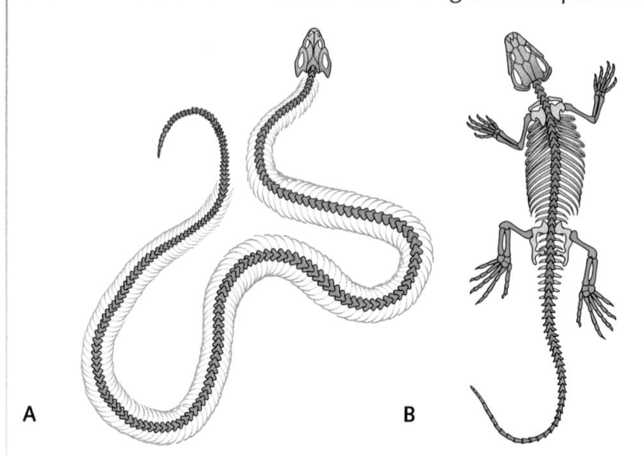

5. Vergleiche das Skelett einer Schlange (A) mit dem Skelett einer Eidechse (B). Welche Gemeinsamkeiten, welche Unterschiede kannst du feststellen? Fertige eine Tabelle an.

6. Eidechsen und Schlangen sind ▸ Wirbeltiere. Erkläre diese Aussage anhand der Abbildungen A und B.

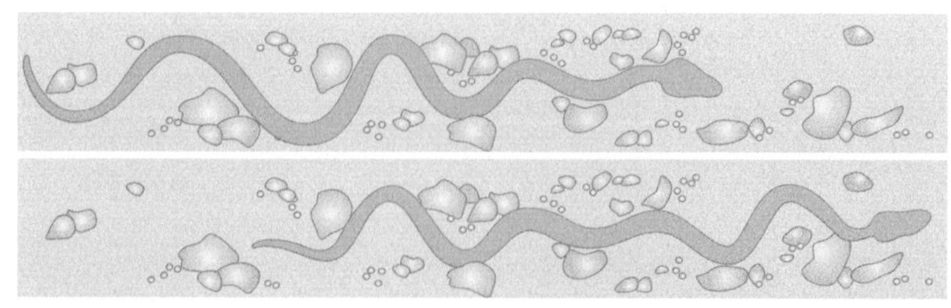

7. Beschreibe anhand des Informationstextes und der Abbildungen oben, wie sich die Ringelnatter fortbewegt.

1 Zauneidechsen: Männchen oben, Weibchen unten

Was sind Eidechsen?

An warmen und trockenen Sommertagen kann man manchmal Zauneidechsen beobachten. Die kurzen Beine stehen seitlich am Körper, der Bauch berührt fast den Boden. Mit schlängelnden Körperbewegungen kriechen die Eidechsen flink auf dem Boden und auch an Mauern und Bäumen. Eidechsen werden der ▸ Klasse der **Kriechtiere**, auch Reptilien genannt, zugeordnet. In unserer Heimat leben hauptsächlich die Zauneidechse und die Waldeidechse.

Eidechsen sind wechselwarme Tiere

Eidechsen haben eine Haut aus festen Hornschuppen. Sie schützt vor Austrocknung und Verletzungen. Weil dieser Schuppenpanzer nicht mitwächst, müssen sich Eidechsen von Zeit zu Zeit häuten. Unter der abgestreiften Haut hat sich bereits die neue Haut gebildet. Bei warmem sonnigem Wetter können sich Eidechsen schnell und ausdauernd bewegen. Bei niedrigen Temperaturen ist auch ihr Körper kalt und sie liegen starr in ihrem Versteck. Die Körpertemperatur der Eidechsen ist von der Umgebungstemperatur abhängig, sie sind somit **wechselwarm**. Den Winter überstehen sie in ▸ Winterstarre in einem Versteck.

Wovon ernähren sich Eidechsen?

Eidechsen können gut sehen und hören. Besonders gut entwickelt ist ihr Geruchssinn. Mit ihrer Zunge, die sie in kurzer Abfolge hervorstrecken, können sie Beutetiere riechen. Haben sie durch das „Züngeln" eine Beute wahrgenommen, stoßen die Eidechsen blitzschnell zu und verschlingen sie unzerkaut. Zauneidechsen fressen Fliegen, Heuschrecken, Würmer und Spinnen.

Fortpflanzung

Zauneidechsen leben als Einzelgänger. Nur zur Fortpflanzungszeit sind Weibchen und Männchen für kurze Zeit zusammen. Etwa vier Wochen nach der Paarung legt das Weibchen an einer warmen Stelle im Boden 5 bis 15 Eier ab. Anschließend verscharrt es das Gelege. Die Eier werden durch die Wärme des Bodens ausgebrütet. Sie sind von einer weichen schützenden Haut umgeben. Die Entwicklung dauert etwa acht Wochen. Nach dem Schlüpfen sind die jungen Zauneidechsen sofort selbstständig und können alleine nach Nahrung suchen.

2 Haut der Zauneidechse.
A *Häutung;* **B** *abgestreifte Haut*

Auch Schlangen sind Kriechtiere

Ebenso wie die Eidechsen gehören auch Schlangen zu den ▸ Kriechtieren. Bei uns leben Ringelnatter, Schlingnatter und Kreuzotter. Sie sind selten geworden und stehen unter Naturschutz. Wird eine Schlange beim Sonnenbaden überrascht, schlängelt sie sich lautlos davon. Wie kann sie sich ohne Beine so wendig fortbewegen?

Schlangen laufen auf den Rippen

Schlangen haben eine Wirbelsäule mit vielen beweglichen Wirbeln und Rippenpaaren. Seitlich am Körper verlaufen starke Muskeln. Sie bewegen beim „Schlängeln" die Rippen nacheinander nach vorne. Dabei werden die Schuppen auf der Bauchseite aufgerichtet, in den unebenen Boden gestemmt und verankert. Werden die Schuppen anschließend wieder angelegt, schiebt sich der Schlangenkörper nach vorn. Schlangen brauchen also eine raue Oberfläche zur Fortbewegung. Auf Glas würden sie hin und her rutschen, ohne vorwärts zu kommen.

Ringelnattern verschlingen Frösche

Ringelnattern erkennt man an den hellen Flecken hinter dem Kopf. Sie können nicht nur auf dem Boden kriechen, sondern auch in Sträuchern und Bäumen klettern und ausgezeichnet mit seitlichen Schlängelbewegungen schwimmen und tauchen. Ringelnattern leben meist in feuchten Gebieten. Sie ernähren sich hauptsächlich von Fröschen, Molchen und kleineren Fischen. Hat eine Ringelnatter beispielsweise einen Frosch wahrgenommen, nähert sie sich lautlos und stößt dann plötzlich mit dem Kopf zu. Die nach hinten gerichteten Zähne packen den Frosch fest. Die Beute wird unzerkaut verschlungen.

Kreuzottern sind Giftschlangen

Eine Kreuzotter erkennt man an dem dunklen Zickzackband auf dem Rücken. Sie ist eine Giftschlange. Meist lauert die Kreuzotter unbeweglich auf Beute, zum Beispiel eine Maus. Kommt ein Beutetier in ihre Reichweite, beißt die Kreuzotter mit ihren **Giftzähnen** blitzschnell zu. Bevor sie zubeißt, richten sich in ihrem Oberkiefer zwei Giftzähne auf, die sonst in einer Hautfalte verborgen sind. Beim Schlangenbiss wird Gift durch eine kleine Öffnung in den Zähnen in die Beute gespritzt. Das Gift ist für die Maus tödlich.
Die Kreuzotter verschlingt auch Beutetiere, die größer als ihr Kopf sind. Dazu kann sie Ober- und Unterkiefer „aushängen". Das ist nur möglich, weil die beiden Hälften ihres Unterkiefers vorn nur durch ein elastisches Band miteinander verbunden sind. Sie können deshalb seitlich auseinanderweichen und unabhängig voneinander bewegt werden. Auf diese Weise kann sich das Maul so vergrößern, dass das Beutetier durchpasst. Durch schiebende Bewegungen wird das Beutetier nach und nach verschlungen. Die Kreuzotter gehört zu den **lebend gebärenden** Kriechtieren. Die Jungen besitzen schon bei der Geburt voll entwickelte Giftdrüsen und Giftzähne.

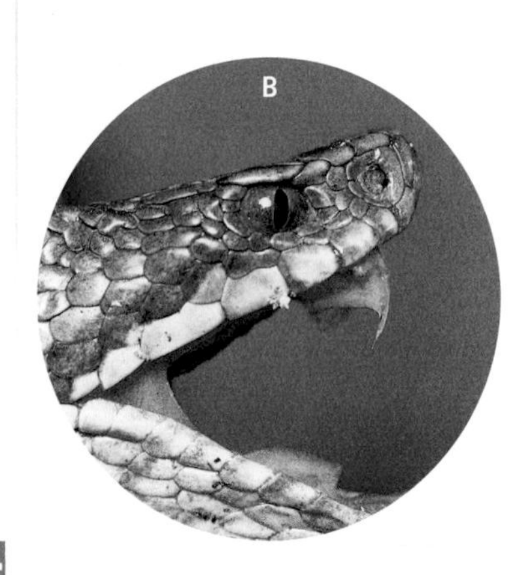

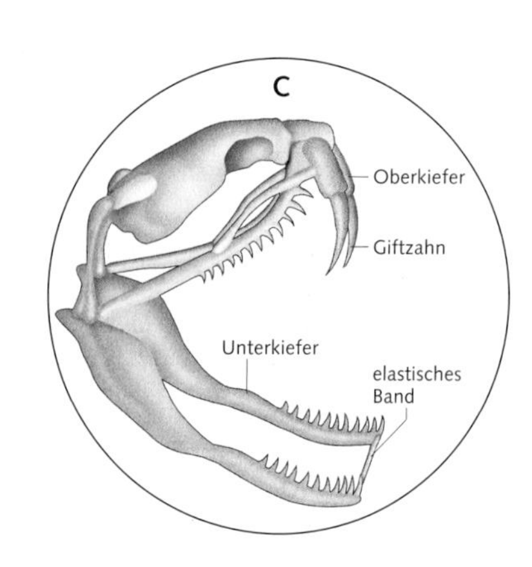

1 Kreuzotter. A *Schlängelbewegung;* **B** *Kopf mit Giftzähnen;* **C** *Kopfskelett.*

Einheimische Kriechtiere

Pinnwand

Name: Europäische Sumpfschildkröte
Vorkommen: in stehenden oder langsam fließenden Gewässern; Ostdeutschland (selten)
Aussehen: 25 cm lang; dunkler Panzer mit gelben Tupfen; Kopf und Beine können unter den Panzer zurück gezogen werden
Nahrung: Kleintiere

Name: Blindschleiche

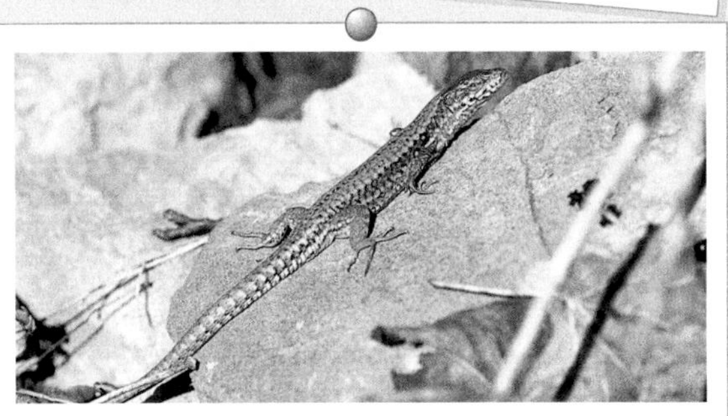

Name: Mauereidechse
Vorkommen: in trockenen, felsigen Gebieten des Rheintals und seinen Nebentälern
Aussehen: bis 20 cm lang; Schuppenkleid überwiegend bräunlich
Nahrung: Kleintiere

Name: Smaragdeidechse
Vorkommen: sonnige Lebensräume mit vielen Steinen; vorwiegend Süddeutschland (selten)
Aussehen: größte einheimische Eidechse; bis 40 cm lang; Schuppenkleid überwiegend grünlich mit schwarzen Punkten
Nahrung: Kleintiere

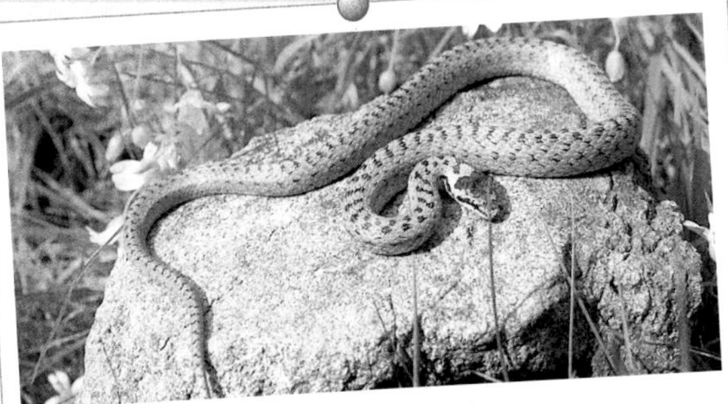

Name: Schlingnatter (Glattnatter)
Vorkommen: Wälder, Gebüsche; stellenweise häufigste einheimische Schlange
Aussehen: bis 75 cm lang; Schuppenkleid braun oder grau mit mehreren Reihen dunkelbrauner Flecken
Nahrung: vorwiegend Eidechsen; ungiftig

1. Worin unterscheiden sich Schildkröten von anderen Kriechtieren?

2. Informiere dich über die Blindschleiche und ergänze zu der Abbildung einen ▸ Steckbrief.

3. Erstelle einen ▸ Steckbrief von der ▸ Kreuzotter und von der ▸ Ringelnatter. Vergleiche die Tiere und stelle die Unterschiede und die Gemeinsamkeiten in einer Tabelle dar.

Ganz ähnlich – ganz anders – Wie Biologen Tiere ordnen

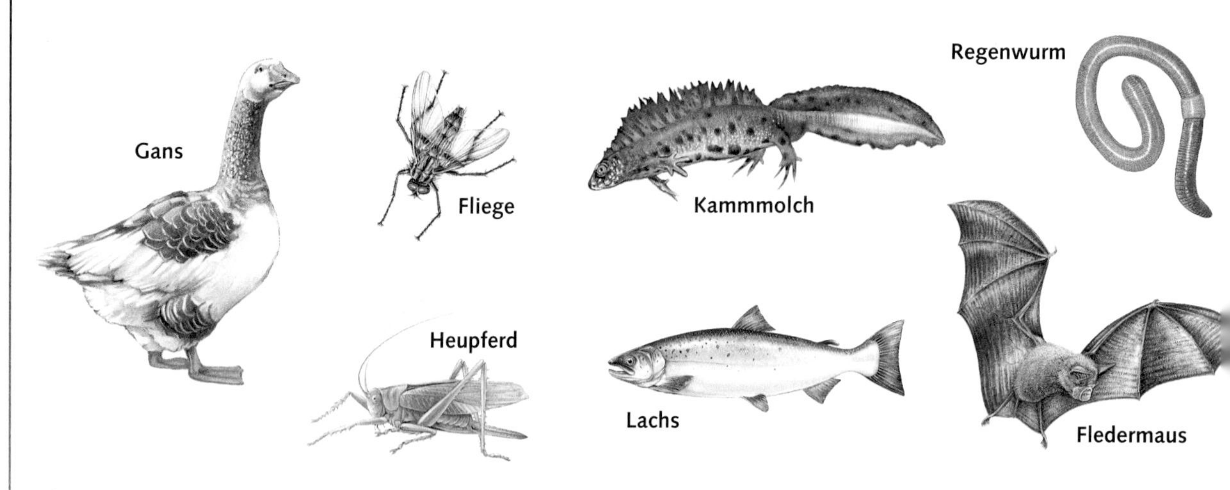

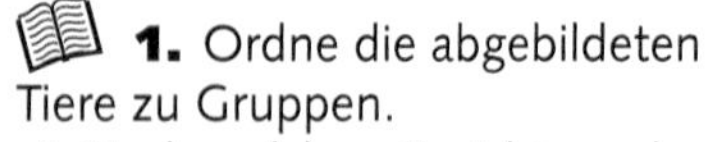

1. Ordne die abgebildeten Tiere zu Gruppen.
a) Nach welchen Gesichtspunkten hast du geordnet?
b) Wissenschaftler ordnen zum Beispiel die Tiere danach ein, ob sie eine Wirbelsäule haben oder nicht. Ordne die Tiere jeweils dem Stamm der wirbellosen Tiere oder dem Stamm der Wirbeltiere zu.

2. Sammle aus Zeitschriften oder Internetseiten Tierbilder. Ordne die Bilder nach Gruppen und klebe sie in dein Heft. Begründe dein Ordnungsschema.

3. Ordne anhand der Bilder auf der übernächsten Seite den Bergfinken den verschiedenen Gruppierungen des Tierreiches zu. Begründe deine Zuordnung.

	Fische	Lurche
Klasse	A	B
Fortbewegung	schwimmen	springen, kriechen, schwimmen
Atmung	Kiemenatmung	blau: Luftwege rosa: Gewebe für den Gausaustausch Kiemenatmung bei Larven; Lungen- und Hautatmung bei erwachsenen Tieren
Körperbedeckung	Knochenschuppen in Haut	schleimbedeckte, Haut
Körpertemperatur	wechselwarm	wechselwarm
Fortpflanzung/Entwicklung	Befruchtung außerhalb des Körpers; aus Eiern entwickeln sich Larven	innere Befruchtung bei Schwanzlurchen, äußere bei Froschlurchen; aus Eiern entwickeln sich Larven

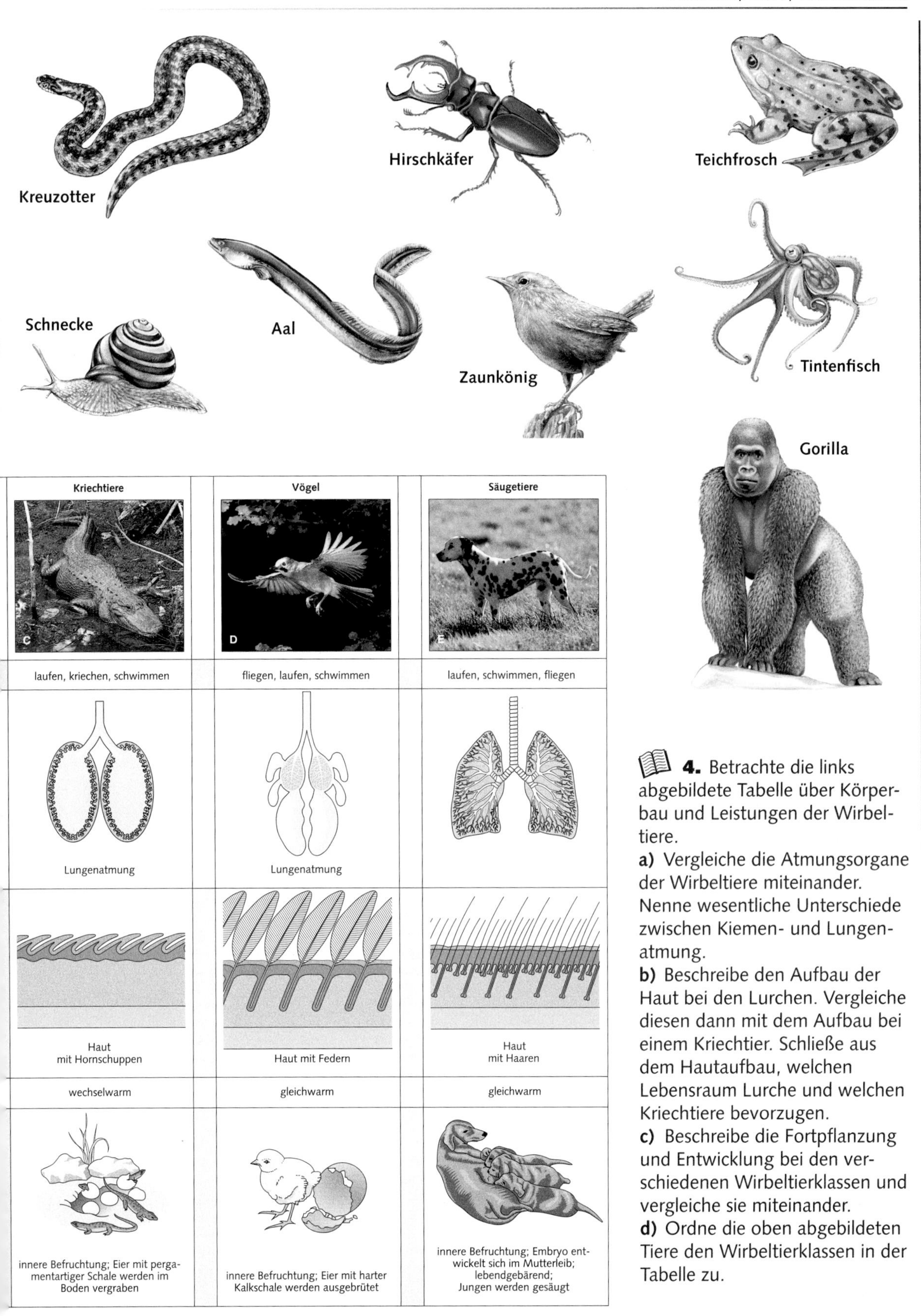

4. Betrachte die links abgebildete Tabelle über Körperbau und Leistungen der Wirbeltiere.

a) Vergleiche die Atmungsorgane der Wirbeltiere miteinander. Nenne wesentliche Unterschiede zwischen Kiemen- und Lungenatmung.

b) Beschreibe den Aufbau der Haut bei den Lurchen. Vergleiche diesen dann mit dem Aufbau bei einem Kriechtier. Schließe aus dem Hautaufbau, welchen Lebensraum Lurche und welchen Kriechtiere bevorzugen.

c) Beschreibe die Fortpflanzung und Entwicklung bei den verschiedenen Wirbeltierklassen und vergleiche sie miteinander.

d) Ordne die oben abgebildeten Tiere den Wirbeltierklassen in der Tabelle zu.

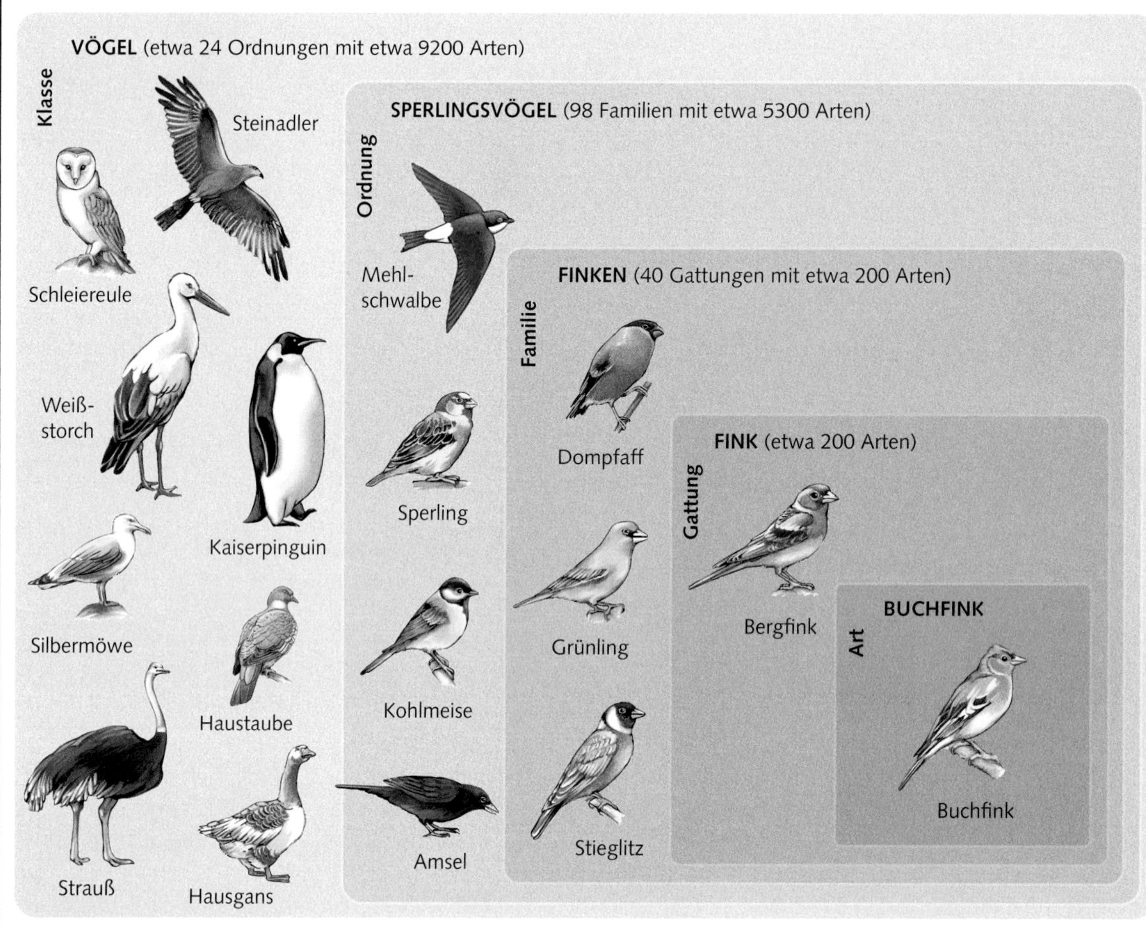

1 Verwandtschaft der Vögel

Wissenschaftler konnten bisher etwa 1,5 Millionen verschiedene Tiere bestimmen. Nach Schätzungen gibt es mehrere Millionen verschiedene Tierarten. Damit die große Vielfalt der Tiere überschaubar wird, fasst man verwandte Tiere mit gleichen Merkmalen zu Gruppen zusammen. Ein wichtiges Unterscheidungsmerkmal ist die Wirbelsäule. Tiere ohne Wirbelsäule gehören zum **Stamm** der **wirbellosen Tiere,** die mit einer Wirbelsäule gehören zum Stamm der **Wirbeltiere.** Betrachtet man bei Wirbeltieren nur wenige gemeinsame Merkmale, so können zum Beispiel Eulen, Greifvögel, Gänse, Störche und Sperlingsvögel zusammengefasst werden. Sie haben als Gemeinsamkeit ein Federkleid und Flügel als Vordergliedmaßen. Diese Tiere sind zusammengefasst zu der **Klasse** der **Vögel.** Innerhalb einer Klasse lassen sich die Tiere nach weiteren gemeinsamen Merkmalen wiederum in **Ordnungen** unterteilen. Man unterscheidet in der Klasse der Vögel mehrere Ordnungen wie zum Beispiel die Ordnungen Eulenvögel, Greifvögel, Gänsevögel, Schreitvögel oder Sperlingsvögel. Zu der Ordnung der Sperlingsvögel gehören zum Beispiel Sperlinge, Finken, Meisen, Drosseln und Schwalben. Diese Tiere unterscheiden sich zwar voneinander, sind aber eng miteinander verwandt. Sie bilden **Familien** in der Ordnung der Sperlingsvögel. Innerhalb einer Tierordnung gibt es also mehrere Familien. Die Vögel aus der Familie der Finken erkennt man an den verschieden ausgeprägten kräftigen Körnerfresser-Schnäbeln.

In jeder der Familien gibt es mehrere **Gattungen.** Zu jeder Gattung gehören dann die verschiedenen **Arten.** Die jeweiligen Vertreter der Arten unterscheiden sich häufig nur durch kleine Merkmalsunterschiede. Zur Gattung Fink gehören Arten wie der Buchfink, der ein anders gefärbtes Gefieder als der Bergfink hat.

■ Tiere mit gleichen Merkmalen werden zu Gruppen zusammengefasst. Ein wichtiges Merkmal ist die Wirbelsäule.

Insekt und Wirbeltier – ein Vergleich

Körpergliederung

Hund: gegliedert in Kopf, Rumpf und 2 Beinpaare
Biene: gegliedert in Kopf, Brust, Hinterleib; 3 Beinpaare; 2 Flügelpaare

Skelett

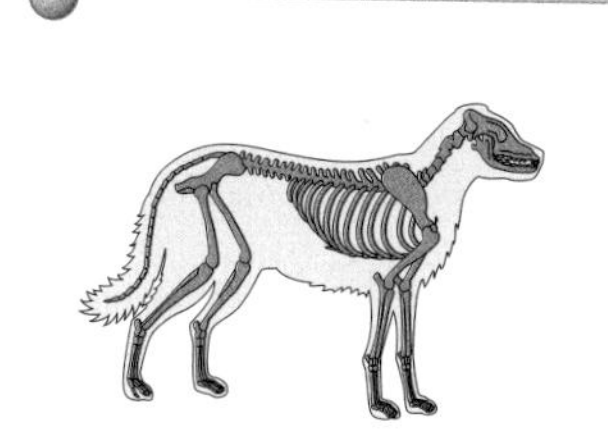

Hund: Innenskelett aus Knochen; Wirbelsäule als Achse des Körpers; Rippen schützen die inneren Organe, die Schädelknochen das Gehirn
Biene: Außenskelett, das den Körper stützt und schützt; Hauptbestandteil ist das feste, aber dennoch elastische Chitin

Insekten-Atmung

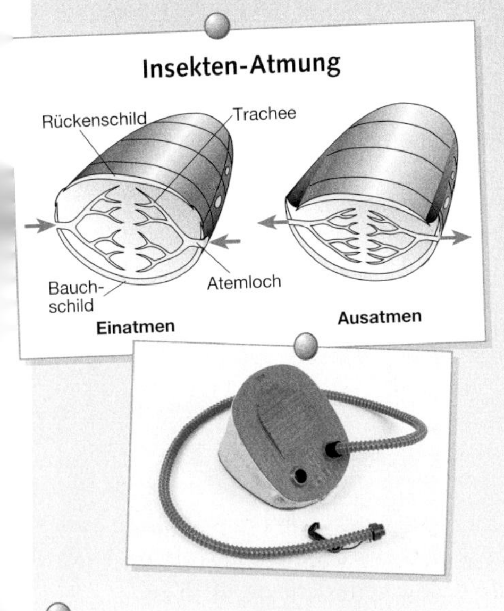

Atmung

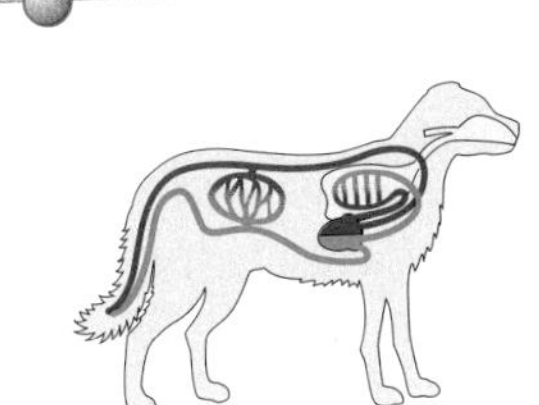

Hund: Sauerstoff wird durch Lungen aufgenommen und an Blutzellen gebunden; Sauerstofftransport durch geschlossenen Blutkreislauf
Biene: Sauerstoff wird durch Atemlöcher (Stigmen) an den Seiten der Hinterleibsringe aufgenommen; Sauerstofftransport durch ein verzweigtes Röhrensystem (Tracheen) direkt zu den Zellen

1. Erläutere den Mechanismus der Insektenatmung mithilfe des Schemas oben. Vergleiche mit dem Blasebalg.

2. Insekten erreichen nicht die Größe von Wirbeltieren. Begründe dies unter besonderer Berücksichtigung der Atmung.

3. Informiere dich über den Herz- und Blutkreislauf bei Insekten und Wirbeltieren. Entwirf einen Pinnzettel wie in den Beispielen auf dieser Seite.

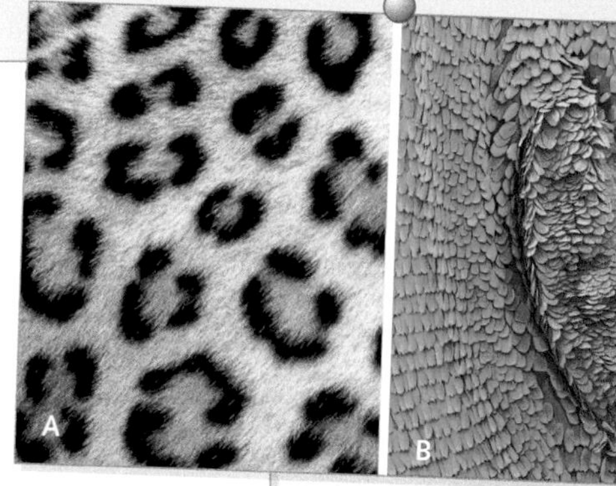

4. Insekten„blut" ist farblos. Wie wird diese Körperflüssigkeit bezeichnet und welche Aufgaben erfüllt sie? Welcher beim Wirbeltierblut vorhandene Stoff fehlt?

5. Haare der Säugetiere (A: Leopardenfell) und Flügelschuppen der Schmetterlinge (B: Insektenflügel) bestehen aus verschiedenen Materialien mit unterschiedlichen Aufgaben. Recherchiere und erläutere.

Pflanzen, Tiere, Lebensräume

Säugetiere
Säugetiere können wegen verschiedener Anpassungen auch viele Lebensräume auf die unterschiedlichsten Arten nutzen. Eichhörnchen sind Nagetiere mit einem Nagetiergebiss. Ihr Körper und ihre Lebensweise zeigen die Anpassung an das Leben in Bäumen. Baummarder haben ein Raubtiergebiss und können hervorragend in Bäumen klettern.

Vögel
Vögel sind durch ihren stromlinienförmigen Köper sowie ihre Leichtbauweise an das Fliegen angepasst.

Fische
Fische sind durch Körperform, Flossen, Seitenlinienorgan, glitschige Haut, Kiemen und Schwimmblase an den Lebensraum Gewässer angepasst.

Haustiere
Tiere in der Obhut des Menschen nennt man **Haustiere.** Sie werden gehalten, um sich an ihnen zu erfreuen oder um sie für verschiedene Zwecke zu nutzen. **Nutztiere** wie Rinder und Hühner versorgen den Menschen mit Nahrung oder Kleidung. Bei jeder Tierhaltung muss auf **artgerechte Haltung** geachtet werden.

Kriechtiere
Kriechtiere sind wechselwarme Tiere warmer Lebensräume. Eidechsen laufen auf Beinen, Schlangen kriechen auf Bauchschuppen. Während ihres Wachstums müssen sie sich mehrfach häuten.

Lurche

Lurche sind wechselwarme Feuchtlufttiere. Sie brauchen feuchte Lebensräume. Ihre Entwicklung vom Ei über die Larve zum ausgewachsenen Lurch bezeichnet man als Gestaltwandel oder als **Metamorphose.**

Lebensräume
Lebensräume sind Gebiete wie ein Wald, ein Teich oder eine Pflasterritze, die sich durch ihre Besonderheiten wie Temperatur, Feuchtigkeit, Licht- und Bodenverhältnisse sowie mit ihrer jeweils eigenen Pflanzen- und Tierwelt von ihrer Umgebung abgrenzen.
Zwischen den Pflanzen und Tieren gibt es Nahrungsbeziehungen in Form von Nahrungsketten, die zu Nahrungsnetzen verknüpft sind. Am Anfang einer Nahrungskette stehen die Pflanzen als Erzeuger, **Produzenten,** die folgenden Glieder sind die Verzehrer, **Konsumenten.**
Der **Naturschutz** sichert die Lebensgrundlagen für Pflanzen, Tiere und Menschen. Wer die Natur achtet, sorgt für die Zukunft vor.

Züchtung von Nutzpflanzen
Die Auslesezüchtung beginnt mit dem Anbau von Wildpflanzen. Von diesen werden dann die Samen der Pflanzen mit den gewünschten Eigenschaften ausgewählt und für den weiteren Anbau verwendet. So entwickeln sich schließlich Pflanzen, bei denen die gewünschten Eigenschaften deutlich ausgeprägt sind.
Unsere Getreidearten gehören zu den ältesten Kulturpflanzen der Erde. Sie wurden aus Wildgräsern zu den heutigen Formen gezüchtet.

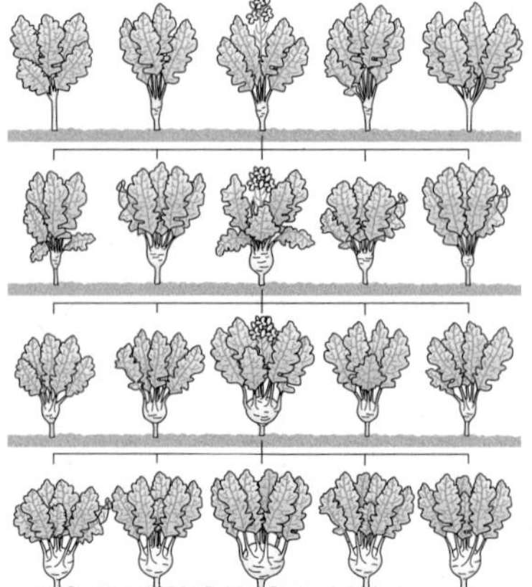

Nutzpflanzen
Je nach Pflanzenart werden unterschiedliche Teile verwendet. Bei Getreidepflanzen dienen die Samen und bei Kartoffeln die Knollen der ständigen Ernährung.

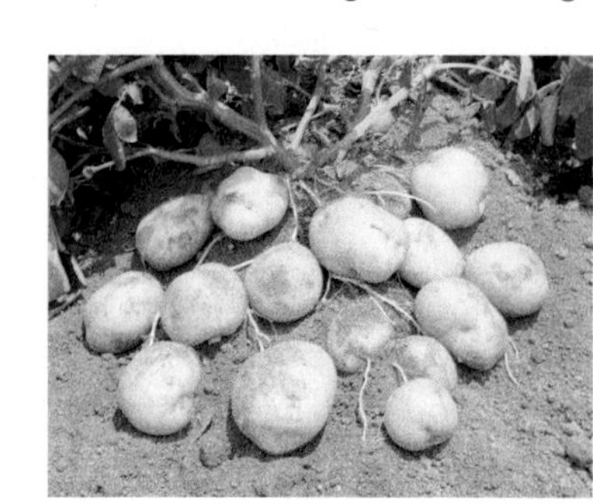

1. Welche Aussagen sind zutreffend?
Menschen halten Tiere,
a) um sich an ihnen zu erfreuen,
b) damit sie zahm werden,
c) um nicht einsam zu werden,
d) damit sie nicht aussterben,
e) um sich von ihnen zu ernähren.

2. Welche Tiere sind Haustiere?
Ente, Stubenfliege, Hausratte, Goldhamster; Goldfisch, Pitt-Bull-Terrier, Esel, Pony, Hahn, Hausmaus, Wildpferd, Wellensittich, Hausspinne, Perserkatze, Silberfischchen, Schwein, Pute. Begründe jeweils.

3. Du sollst zum Thema „Die Kartoffel – eine wichtige Nutzpflanze" einen Kurzvortrag halten. Schreibe in Stichworten deine Gedanken und ermittelten Informationen auf. Erstelle daraus anschließend eine Mindmap.

4. Welchen Pflanzenteil essen wir von Rosenkohl, Zuckerrübe, Roggen, Kohlrabi, Möhre, Kartoffel, Grünkohl, Zwiebel, Blumenkohl, Spargel, Zuckerrohr?

5. Nenne wenigstens drei Pflanzen, aus denen man Pflanzenöle gewinnt.

6. a) Wie heißen die Getreidearten?
b) Nenne für jede Getreideart zwei auffällige Merkmale.

7. Begründe, warum sich Hunde im Gegensatz zu Katzen leicht den Menschen unterordnen.

8. Nenne vier Beispiele, bei denen der Mensch die besonderen Fähigkeiten von Hunden nutzt.

9. Erkläre die Begriffe Nesthocker und Nestflüchter. Nenne zu jedem Begriff drei Beispiele.

10. Benenne die einzelnen Teile eines Vogeleies und die jeweiligen Aufgaben.

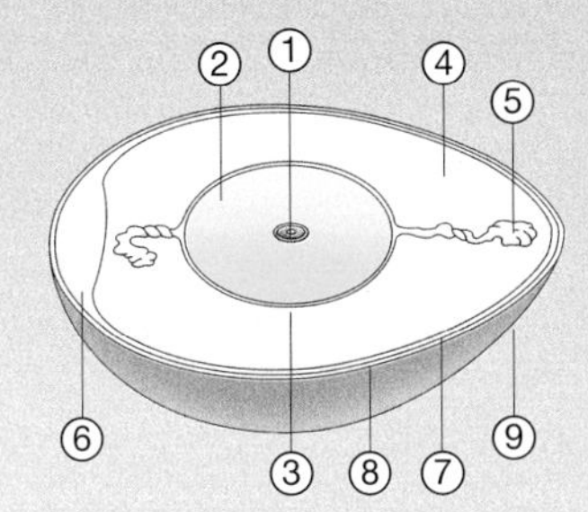

11. Wie heißen folgende Flugformen?
a) Vorwärtsflug ohne Flügelschlag; verliert an Höhe.
b) Der Vogel „steht" mit propellerartigen Flügelschlägen in der Luft.
c) Mit ausgebreiteten Flügeln werden Aufwinde ausgenutzt.
d) Flügel werden auf und ab geschlagen; Vorwärtsflug.
e) Flügel werden schnell auf und nieder bewegt; der Schwanz ist gegen die Flugrichtung gespreizt.

12. Bei Kälte und großer Hitze begegnen wir bei uns im Freien keinen Eidechsen. Nenne dafür Gründe.

13. Ein Frosch springt ins Wasser und taucht erst nach 50 Minuten auf. Wie ist das möglich?

14. Erkläre den Begriff Metamorphose an einem Beispiel.

15. Wähle die zutreffenden Begriffe aus und ordne sie den Ziffern der Abbildung zu.
Kiemen, Kiemenblättchen, Kiemenbogen, Schwimmblase, Kiemendeckel, Blutgefäß, Kiemenhöhle, Kiemenreuse, Seitenlinienorgan.

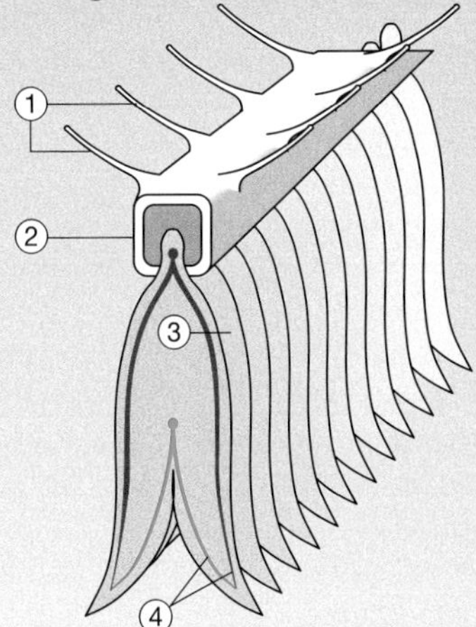

16. Erkläre, weshalb Fische an Land ersticken.

17. Was haben Lachs und Aal gemeinsam? Erkläre.

Stichwortverzeichnis

G

H

I, J

K

L

M

N

O

P, Q

R

S

T

U

V

Übersicht

Methoden

Lernen im Team

Gefahrensymbole – alt und neu

Einfache Bildsymbole geben Hinweise auf Gefahren, die von Chemikalien ausgehen. Gab es bislang national verschiedene Symbole, wird seit 2009 weltweit das global harmonisierte System (GHS) eingeführt.
Die neun Gefahrenklassen werden nochmals unterteilt in bis zu fünf Gefahrenkategorien. So entfällt das bisherige Symbol des Kreuzes mit der Kennzeichnung für gesundheitsschädliche oder reizende Stoffe. Je nach Gefahrenpotential ist das Symbol für Ätzwirkung, Gesundheitsgefahr oder das Ausrufezeichen einzusetzen und auf dem Etikett die Kategorie anzugeben.
Neu sind die Bildsymbole mit Gasflasche, Ausrufezeichen und die Gesundheitsgefahr – ein Mensch mit Stern.

Das Ausrufezeichen wird weiter aufgeschlüsselt. Hierbei spielt die Stärke der Gefährdung eine größere Rolle als die Art der Gefahr. Ebenso muss die Gesundheitsgefahr durch weitere Angaben genauer beschrieben werden. So kann eine Substanz toxisch, krebserregend oder Allergie auslösend sein.
Das Ausrufezeichen entfällt, wenn schon stärkere gesundheitliche Gefahren wie Giftigkeit angeführt wurden.
Auf Etiketten gibt es zusätzliche Signalwörter, die den Grad der Gefährdung anzeigen.

Gefahr für schwerwiegende Gefahrenkategorien
Achtung für weniger schwerwiegende Gefahrenkategorien

neues Symbol	Bezeichnung	Erläuterungstext	altes Symbol	Gefahrenbezeichnung
	explosiv	Stoffe, die explodieren können.	E	explosionsgefährlich
	entzündbar, Kategorie 1	Stoffe, die sich an der Luft von allein entzünden können.	F+	hochentzündlich
	entzündbar, Kategorie 2	Stoffe, die schon durch kurzzeitige Einwirkung einer Zündquelle entzündet werden können.	F	leichtentzündlich
	entzündbar, Kategorie 3	Stoffe, die sich beim Erwärmen selbst entzünden können.	–	–
	oxidierend, Kategorie 1, 2, 3	Stoffe, die einen Brand oder eine Explosion verursachen oder verstärken.	O	brandfördernd
	komprimierte Gase	Komprimierte Gase stehen unter Druck. Vor direkter Sonneneinstrahlung schützen.	–	–
	ätzend, Kategorie 1	Stoffe, die das Hautgewebe an der betroffenen Stelle innerhalb weniger Minuten vollständig zerstören können oder bei Kontakt mit den Augen Schäden verursachen.	C	ätzend
!	ätzend, Kategorie 2	Stoffe, die auf der Haut nach mehrstündiger Einwirkung deutliche Entzündungen hervorrufen können.	Xi	reizend
	akute Toxizität, Kategorie 1	Stoffe, die beim Verschlucken oder Einatmen oder bei Aufnahme durch die Haut schwere Gesundheitsschäden oder gar den Tod bewirken können.	T+	sehr giftig
	akute Toxizität, Kategorie 2	Stoffe, die beim Verschlucken oder Einatmen oder bei Aufnahme durch die Haut schwere Gesundheitsschäden bewirken können.	T+ T	sehr giftig oder giftig
	akute Toxizität, Kategorie 3	Stoffe, die beim Verschlucken oder Einatmen oder bei Aufnahme durch die Haut beschränkte Gesundheitsschäden hervorrufen können.	T Xn	giftig oder gesundheitsschädlich
!	akute Toxizität, Kategorie 4	Stoffe, die beim Verschlucken oder Einatmen oder bei Aufnahme durch die Haut chronische Gesundheitsschäden hervorrufen können.	Xn	gesundheitsschädlich
	Gesundheitsgefahr, Kategorie 1A, 1B, 2	Stoffe, die beim Verschlucken oder Einatmen oder bei Aufnahme durch die Haut krebsauslösend sind.	–	–
	Gesundheitsgefahr gezielte Organtoxizität, Kategorie 1, 2	Stoffe, die beim Verschlucken oder Einatmen oder bei Aufnahme durch die Haut krebsauslösend sind.	–	–
!	gezielte Organtoxizität, Kategorie 3	Stoffe, die bei Aufnahme Unwohlsein oder leichte Beschwerden bewirken können.	–	–
	Gesundheitsgefahr atemwegssensibilisierend, Kategorie 1	Stoffe, die beim Einatmen allergische Reaktionen bewirken können.	–	–
!	hautsensibilisierend, Kategorie 1	Stoffe, die auf der Haut allergische Reaktionen bewirken können.	–	–
	umweltgefährlich, Kategorie 1, 2, 3	Stoffe, die selbst oder in Form ihrer Umwandlungsprodukte geeignet sind, sofort oder später Gefahren für die Umwelt herbeizuführen.	N	umweltgefährlich

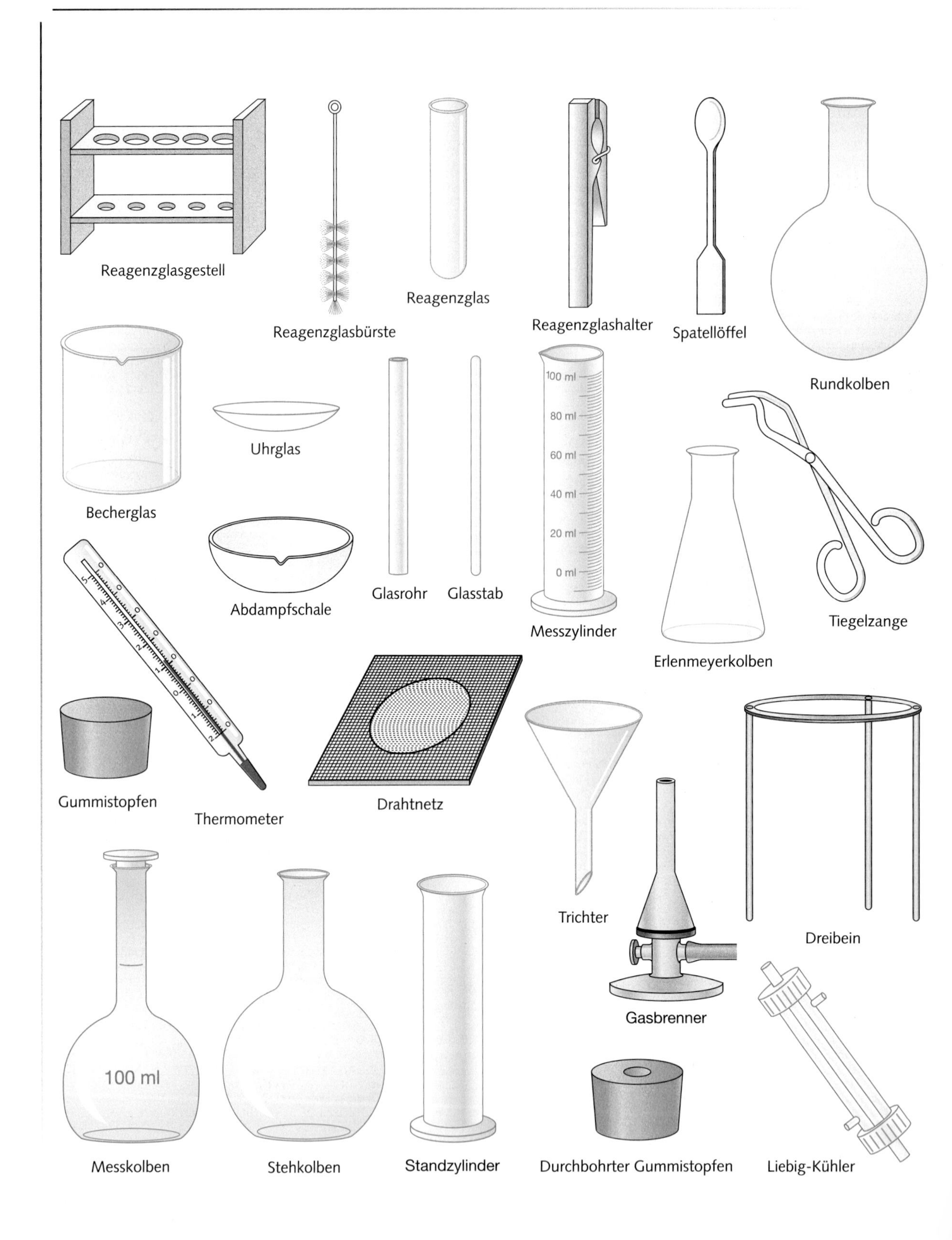
Reagenzglasgestell
Reagenzglasbürste
Reagenzglas
Reagenzglashalter
Spatellöffel
Rundkolben
Becherglas
Uhrglas
Glasrohr
Glasstab
100 ml
80 ml
60 ml
40 ml
20 ml
0 ml
Messzylinder
Tiegelzange
Abdampfschale
Erlenmeyerkolben
Gummistopfen
Thermometer
Drahtnetz
Trichter
Dreibein
Gasbrenner
100 ml
Messkolben
Stehkolben
Standzylinder
Durchbohrter Gummistopfen
Liebig-Kühler

Bildquellenverzeichnis

3.1, 26-78.Ikon: Klaus G. Kohn, Braunschweig; 4.1, 96.1: agenda, Hamburg (Jörg Böthling); 4.2, 154.1: Astrofoto, Sörth (Andreas Walker); 5.1, 198.1: mauritiusimages, Mittenwald (imagebroker.net); 5.2, 272.1, 274-306.Ikon: Christian Moullec - www.voleraveclesoiseaux.com, Saint-Simon; 6.1, 308.1, 310-390. Ikon: plainpicture GmbH & Co. KG, Hamburg (S. Kuttig); 8.2: Klaus G. Kohn, Braunschweig; 12.1: mauritiusimages, Mittenwald (Bernd Schellhammer); 12.2: mauritiusimages, Mittenwald (imagebroker); 13.1: Brigitte Karnath, Wiesbaden; 14.1: Minkus Images, Isernhagen; 15.2A: i.m.a., Berlin; 15.2A-C: Keller, Langenberg; 22.1A: mauritiusimages, Mittenwald (ACE); 22.1B: mauritiusimages, Mittenwald (Photononstop); 22.2A: varioimages, Bonn; 22.2B: Marcus Sommer SOMSO Modelle, Coburg; 22.3A: Artur Images, Stuttgart (Heiner Leiska); 23.3B: Artur Images, Stuttgart (Heiner Leiska); 32.1: Focus, Hamburg (Sinclair Stammers/SPL); 32.2: Astrofoto,Sörth; 32.3: Picture-Alliance, Frankfurt (dpa/dpweb/DB Bundesbank); 32.4: Picture-Alliance, Frankfurt (Dr.GaryGaugler/OKAPIA); 33.1: Okapia, Frankfurt (Peter Hammerschmidt); 33.2: laif, Köln (Dirk Kruell); 33.3: Focus, Hamburg (PhiliippePsaila/SPL); 33.4: Picture-Alliance, Frankfurt (dpa/Gary Gardiner); 35.1: A1PIX - YourPhoto Today, Taufkirchen; 35.2-4: Phywe, Göttingen; 36.2A-B: Willi Gouasé, Speyer; 38.1: Helmut Fischer, Sindelfingen; 38.5: mauritiusimages, Mittenwald (Foodpix); 49.4-5: Dr. Olaf Medenbach, Witten; 51.5, 51.6: Wacker Chemie, München; 51.7: Erhard Mathias, Reutlingen; 52.1: mauritiusimages, Mittenwald (Foodpix); 53.2: panthermedia, München (Irina Pusepp); 53.3: imago, Berlin (blickwinkel); 54.2: Picture-Alliance, Frankfurt (Thomas Bollmann); 54.4: Manfred Simper, Wennigsen; 57.4: Picture-Alliance, Frankfurt (ZB/Ralf Hirschberger); 57.5: Picture-Alliance, Frankfurt (ZB/Soeren Stache); 61.3: Fotodesign, Dortmund (Gerhard P. Müller); 65.1: Klaus G. Kohn, Braunschweig; 68.1A-C: Picture-Alliance, Frankfurt (Keystone/Martin Rütschi); 69.1: mauritiusimages, Mittenwald (André Pöhlmann); 70.1: mauritiusimages, Mittenwald; 70.2: Sieper, Lüdenscheid; 72.1: TopicMedia Service, Ottobrunn (Bühler); 72.2: mauritiusimages, Mittenwald (Kuchlbauer); 72.3: Uwe Tönnies, Laatzen; 72.4A: Dr. E. Philipp, Berlin; 72.4B: Schuphan, Idar-Oberstein; 82.1, 83.1: Deutsches Museum, München; 85.7: Reinhard-Tierfoto, Heiligkreuzsteinach; 85.8: Juniors Bildarchiv, Ruhpolding (Manfred Danegger); 86.1: Picture-Alliance, Frankfurt (dpa); 86.2: Küppersbusch Hausgeräte, Gelsenkirchen; 86.3: Picture-Alliance, Frankfurt (Alexander Ruas); 86.4: Stadtwerke Hannover, Hannover; 86.5: Picture-Alliance, Frankfurt (Bildagentur Huber); 87.1A: laif, Köln; 87.1B: Picture-Alliance, Frankfurt (Bildagentur Waldhäusl); 87.1C: Picture-Alliance, Frankfurt (Arne Dedert); 87.1D: mauritius images, Mittenwald (Harry Walker); 90.1: Picture-Alliance, Frankfurt (Helga Lade); 90.2: Corbis, Düsseldorf (Roger Ressmeyer); 90.4: TopicMedia Service, Ottobrunn (J. Lindenburger, Kastl/Obb.); 90.5: O. Gremblewski-Strate, Laatzen; 91.2: Messer Griesheim, Krefeld; 91.3: imago, Berlin (Liedle); 92.1: Picture-Alliance, Frankfurt (Bernd Weissbrod); 93.5: Manfred Simper, Wennigsen; 96.2, 98-152.Ikon: Astrofoto,Sörth; 96.3: BilderBox, Thening (Erwin Wodicka); 96.4: Flora Press, Hamburg (Gaby Jacob); 96.5: Keystone Pressedienst, Hamburg (Horst-Jürgen Schunk); 100.1: Dr. E. Philipp, Berlin; 100.2A: Joachim Dobers, Walsrode/Krelingen; 100.2B: Biosphoto, Berlin (Simon André); 100.2C: Arco Images, Lünen (NPL); 100.2D: Blickwinkel, Witten (McPhoto); 101.1: Corbis, Düsseldorf (Ruckszio/zefa); 101.2: mauritiusimages, Mittenwald (imagebroker/Dieter Hopf); 101.3: Wildlife Bildagentur, Hamburg; 102.1: Picture-Alliance, Frankfurt (Huber/Simeone); 102.2: Bildagentur Geduldig, Maulbronn; 102.3: Picture-Alliance, Frankfurt (Kirchner/Helga Lade); 105.1A: TopicMedia Service, Ottobrunn (Lughofer); 106.1: TopicMedia Service, Ottobrunn (Nill); 106.2A: Haag & Kropp, Heidelberg (artpartner-images.com); 106.2B: iStockphoto, Calgary (nikamata); 106.2C: adpic, Bonn (R. Rebmann, G. Kaindl); 106.2E: alimdi.net, Deisenhofen (Creativ Studio Heinemann); 107.1: TopicMedia Service, Ottobrunn (Bruckner); 107.3: Uwe Tönnies, Laatzen; 109.1: Bildarchiv Sammer, Neuenkirchen; 109.2: mauritiusimages, Mittenwald (Rosenfeld); 109.3: imago, Berlin (Peter Widmann); 109.4: Bilderberg, Hamburg; 109.5: Arco Images, Lünen (H. Reinhard); 109.6: Picture-Alliance, Frankfurt (Gutberlet/dpa); 110.1A: Joachim Dobers, Walsrode/Krelingen; 110.1B: Okapia, Frankfurt (H. Reinhard); 110.2A: Arco Images, Lünen (C. Hütter); 110.2B: Uwe Tönnies, Laatzen; 110.2C: Bildagentur Geduldig, Maulbronn; 111.1: mauritiusimages, Mittenwald (Schmidt); 111.2: Wildlife Bildagentur, Hamburg (J. Freud); 111.3: Tierbildarchiv Angermayer, Holzkirchen (Pfletschinger); 114.1: TopicMedia Service, Ottobrunn (Danegger); 114.2: Storchenhof, Loburg (Dr. Michel Kaatz); 116.1: Okapia, Frankfurt (Groß); 116.2: TopicMedia Service, Ottobrunn (Wothe); 116.3: mauritiusimages, Mittenwald (Reinhard); 116.4: Tierbildarchiv Angermayer, Holzkirchen (Reinhard); 116.5: TopicMedia Service, Ottobrunn (Danegger); 116.6: Blickwinkel, Witten (Stahlbauer); 117.1: Reinhard-Tierfoto, Heiligkreuzsteinach; 117.2: mauritiusimages, Mittenwald (Liedtke); 117.3: Okapia, Frankfurt (Danegger); 118.1: TopicMedia Service, Ottobrunn (Brandl); 118.2: Tierbildarchiv Angermayer, Holzkirchen (Pfletschinger); 118.3, 152.3: Reinhard-Tierfoto, Heiligkreuzsteinach; 119.1: Tierbildarchiv Angermayer, Holzkirchen (Reinhard); 119.2: Reinhard-Tierfoto, Heiligkreuzsteinach; 119.3: Tierbildarchiv Angermayer, Holzkirchen; 120.1: FLIR Systems, Frankfurt; 121.1: Okapia, Frankfurt (Allan/OSF); 121.2: Picture-Alliance, Frankfurt (KPA); 122.1: Picture-Alliance, Frankfurt (ZB); 123.1, 123.1A: Reinhard-Tierfoto, Heiligkreuzsteinach; 123.2A: mauritiusimages, Mittenwald (Lindner); 123.2B: Blickwinkel, Witten (R. Koenig); 124.1: Astrofoto,Sörth; 124.2: Astrofoto,Sörth (Bernd Koch); 125.5: bildmaschine.de, Berlin; 125.6: mauritiusimages, Mittenwald (Mio); 125.7: A1PIX - YourPhoto Today, Taufkirchen; 129.4: die bildstelle, Hamburg; 130.1: Christian Schöps; 132.1: Deutscher Wetterdienst, Offenbach; 133.1: mauritiusimages, Mittenwald; 135.1: Phywe, Göttingen; 137.1: mauritiusimages, Mittenwald (Josh Westrich); 137.2-3: creativcollection Verlag, Freiburg; 139.1: Phywe, Göttingen; 139.2: imago, Berlin (Horst Galuschka); 141.1: panthermedia, München (Srdjan Radivojevic); 141.3: Saba Laudanna, Berlin; 141.4: varioimages, Bonn; 141.5: Okapia, Frankfurt; 143.1: Wolfgang Rieger, Taucha; 145.1: Helga Lade, Frankfurt(K. Schmied); 145.3: Werner Otto, Oberhausen; 147.1: argus, Hamburg (Markus Scholz); 147.2: Willi Gouasé, Speyer; 147.3: Picture-Alliance, Frankfurt (dpa); 147.4: Helga Lade, Frankfurt(Keres); 148.2: Dipl.-Ing. Ulrich Rapp, Rümmingen; 150.1: Evonik Industries, Essen; 150.2: Willbrandt& Co., Hamburg; 150.5: Maurer Söhne, München; 151.1: Deutsche Bahn, Opladen; 151.2: Deutsche Bahn, Berlin; 151.3: RWE, Essen; 152.3: TopicMedia Service, Ottobrunn (Buchhorn); 153.2: TopicMedia Service, Ottobrunn (Buchhorn); 154.2: ASTROCOM, Martinsried; 155.1: KAGE Mikrofotografie, Lauterstein; 155.2, 156-196.Ikon, 167.5: Klaus G. Kohn, Braunschweig; 155.3: Thomas Seilnacht, Bern; 157.2: Astrofoto,Sörth; 158.4: Astrofoto,Sörth (Numazawa); 159.2: Astrofoto,Sörth (Van Ravenswaay); 162.1, 163.2: Astrofoto,Sörth (NASA); 163.3: Astrofoto,Sörth (AURA/STScI/NASA); 164.1: Imme Freundner-Huneke, Neckargemünd; 164.2: Erhard Mathias, Reutlingen; 165.1: Behrens, Lehrte-Arpke; 165.2: Optisches Museum der Ernst-Abbe-Stiftung, Jena; 166.2: Dirk Wenderoth, Braunschweig; 167.3B: Minkus Images, Isernhagen; 167.3C: Erhard Mathias, Reutlingen; 168.2: Lyß, Wolfenbüttel; 168.3: Minkus Images, Isernhagen; 169.1A: Imme Freundner-Huneke, Neckargemünd; 169.1B: Okapia, Frankfurt (Günter Knabben); 169.2B: Focus, Hamburg (CNRI/SPL); 170.1: Dr. Guido Kriete, Göttingen; 173.1: mauritiusimages, Mittenwald (Brand X Pictures); 173.2: Ruhr-Universität Bochum, Bochum (Prof. Christof Wöll); 176.1: mauritiusimages, Mittenwald (Thonig); 178.1A: Astrofoto,Sörth; 178.1B: Astrofoto,Sörth; 178.1D: Conrad Electronic SE, Hirschau; 178.2B: creativcollection Verlag, Freiburg; 178.3A: creativcollection Verlag, Freiburg; 178.3B: Astrofoto Bildagentur, Sörth; 179.1, 179.2A, 179.2B: Astrofoto,Sörth; 179.2C: mauritiusimages, Mittenwald (Oxford Scientific); 179.2D, 179.2E, 179.2F: Astrofoto,Sörth; 181.1: Helga Lade, Frankfurt(D. Kuhn); 181.4: Helga Lade, Frankfurt (N. Fischer); 181.5: Berliner Feuerwehr, Berlin; 182.5: 3M Deutschland, Neuss; 183.1A: Okapia, Frankfurt (Manfred Uselmann); 183.1B: Okapia, Frankfurt (Manfred Uselmann); 184.1: Helga Lade, Frankfurt (Sandhofer); 184.3: Okapia, Frankfurt (NASA/ScienceSource); 185.6: mauritiusimages, Mittenwald (Anders Ekholm); 189.1: Architekturbüro Stölzle-Sahihi, Stuttgart; 189.3: mauritiusimages, Mittenwald (Phototheque SDP); 195.1: imago, Berlin (Schöning); 195.2: Klaus Rose, Iserlohn; 195.3: Deutsche Telekom, Bonn (Michael Ebert); 197.1: Astrofoto,Sörth (Koch); 197.4: Astrofoto,Sörth (NASA); 198.2, 199.1: Minkus Images, Isernhagen; 199.2: mauritiusimages, Mittenwald (Photononstop); 200-270.Ikon: Klaus G. Kohn, Braunschweig; 200.1: Picture-Alliance, Frankfurt (dpa); 200.2: mauritiusimages, Mittenwald (Friedel Gierth); 200.3: Michael Krenz, Lippstadt; 202.1: Minkus Images, Isernhagen; 202.3: Kruse, Wankendorf; 205.2: Phywe, Göttingen; 206.1, 206.2: Kruse, Wankendorf; 208.1: mauritiusimages, Mittenwald (imagebroker.net); 208.2: Helga Lade, Frankfurt (TPH); 209: Minkus Images, Isernhagen; 209.0A: mauritiusimages, Mittenwald (Wolfgang Weinhaupl); 209.0B: Project Photos, Walchensee(Reinhard Eisele); 209.0C: Hama, Monheim; 209.1: mauritiusimages, Mittenwald (Nikky); 209.2: Okapia, Frankfurt (Reinhard Kleinschmidt); 210.1: Corbis, Düsseldorf (Wolfgang Flemisch/zefa); 210.2: Picture-Alliance, Frankfurt; 210.3: Minkus Images, Isernhagen; 211.1A: mauritiusimages, Mittenwald (Photononstop); 212.1: Uwe Tönnies, Laatzen; 212.2: Minkus Images, Isernhagen; 212.3: Minkus Images, Isernhagen; 212.4: Lyß, Wolfenbüttel; 216.2: Minkus Images, Isernhagen; 218.1: Lyß, Wolfenbüttel; 219.1: Picture-Alliance, Frankfurt (ZB-Fotoreport/Andreas Lander); 219.2: PhotoPress, Stockdorf (Kiepke); 219.3: EUROVIA Beton, Peine; 220.1: Minkus Images, Isernhagen; 221.1: Picture-Alliance, Frankfurt (dpa); 221.2: argum Fotojournalismus, München (Thomas Einberger); 222.1, 222.2: Lyß, Wolfenbüttel; 223.1: Minkus Images, Isernhagen; 223.2: Picture-Alliance, Frankfurt (dpa); 223.3, 224.1: Minkus Images, Isernhagen; 228.1: Getty Images, München (Donna Day); 228.3: altro - die fotoagentur, Regensburg; 230.1, 231.1, 231.2: Minkus Images, Isernhagen; 234.1, 234.2, 234.3: Kruse, Wankendorf; 234.4: Picture-Alliance, Frankfurt (ZB); 234.5: mauritiusimages, Mittenwald (Busse); 236.1, 237.1: Kruse, Wankendorf; 238.1: mauritiusimages, Mittenwald; 240.1: Lyß, Wolfenbüttel; 242.1: Okapia, Frankfurt (Jeffrey Telner); 242.2: Focus, Hamburg (eyeofscience); 243.1: mauritiusimages, Mittenwald (Palmer); 244.1: Lyß, Wolfenbüttel; 247.2: Minkus Images, Isernhagen; 247.3: Okapia, Frankfurt (NAS/John Watney); 247.1: imago, Berlin (Bonn-sequenz); 248.1: mauritiusimages, Mittenwald (Workbookstock); 248.1: Picture-Alliance, Frankfurt (gms); 248.2: mauritiusimages, Mittenwald (Dr. Jochen Müller); 249.3: Focus, Hamburg (SPL/Saturn Stills); 250.1: TopicMedia Service, Ottobrunn (S. Kerscher); 250.2: mauritiusimages, Mittenwald (SST); 250.3: mauritiusimages, Mittenwald (SELF); 251.1: mauritiusimages, Mittenwald (Jiri); 251.2: Avenue Images, Hamburg (life); 252.1: Okapia, Frankfurt (Wolfgang Weinhupl); 252.3: Minkus Images, Isernhagen; 252.4: Picture-Alliance, Frankfurt (dpa-Report/Heiko Wolfraum); 252.5: Minkus Images, Isernhagen; 253.1: Europapark Freizeit- und Familienpark Mack, Rust bei Freiburg; 253.2: Minkus Images, Isernhagen; 253.3: Picture-Alliance, Frankfurt (dpa-Bildarchiv/Lehtikuva Marja Airio); 254.1: Picture-Alliance, Frankfurt (dpa/epaNnp); 254.2: Okapia, Frankfurt (Ulrich Spountsis); 256.1: Minkus Images, Isernhagen; 256.2: Picture-Alliance, Frankfurt (Photoshot); 258.1: Lyß, Wolfenbüttel; 259.2: mauritiusimages, Mittenwald (age); 260.1: Minkus Images, Isernhagen; 261.1A: Focus, Hamburg (Garry Watson/SPL); 261.1B: Mosaik Verlag,

München (Ein Kind entsteht/Lennart Nilsson); 261.1C: Okapia, Frankfurt; 262.1: Uwe Tönnies, Laatzen; 262.2: mauritiusimages, Mittenwald (Photononstop); 262.3: ddpimages, Hamburg; 262.4: mauritiusimages, Mittenwald; 262.5: Picture-Alliance, Frankfurt; 263.1: MEV Verlag, Augsburg (Micha Pawliztki); 264.1: Photopool, Hersbruck (keine Angaben); 264.2: Rühmekorf, Bonn; 265.1: Minkus Images, Isernhagen; 265.2: Minkus Images, Isernhagen; 265.3, 265.4, 265.5, 265.6: Minkus Images, Isernhagen; 265.7: Okapia, Frankfurt (Wagner); 266.1: Dunkelziffer e.V., Hamburg; 266.2: Getty Images, München (Photodisc); 266.3: Picture-Alliance, Frankfurt (Sander); 267.1: Zartbitter e.V., Köln (Click it-Bildschirmschoner zum kostenlosen Downloaden unter www.zartbitter.de); 267.2: Avenue Images, Hamburg; 268.1: Picture-Alliance, Frankfurt (ZB); 268.2: mauritiusimages, Mittenwald (Photononstop); 268.3: mauritiusimages, Mittenwald (PYMCA); 268.4: Corbis, Düsseldorf (Elke van de Velde/zefa); 268.5: Picture-Alliance, Frankfurt (KPA/Grebler); 270.1: mauritiusimages, Mittenwald (Kunst &Scheidulin/age); 270.2: Okapia, Frankfurt (G.I. Bernard/OSF); 270.3: varioimages, Bonn; 270.4: varioimages, Bonn (Tetra images); 270.5: A1PIX - YourPhoto Today, Taufkirchen (BIS); 270.6: F1online, Frankfurt (Johnér RF); 272: bildmaschine.de, Berlin (Erwin Wodicka); 272: 123Luftbild, Hamm; 273: Okapia, Frankfurt; 273: Jörg Lantelmé, Kassel; 274.1: mauritiusimages, Mittenwald (AGE); 274.2: ullsteinbild, Berlin (Joker/Ausserhofer); 275.1: automotor und sport, Stuttgart; 275.3: Volkswagen, Wolfsburg; 275.4: iStockphoto, Calgary (Jan Tyler); 280.1: TopicMedia Service, Ottobrunn (Danegger); 280.2: picture-alliance, Frankfurt (Arco Images); 280.3: Helga Lade, Frankfurt (M. Laemmerer); 281.1: mauritiusimages, Mittenwald; 281.1: mauritiusimages, Mittenwald; 282.2: Polizei Niedersachsen, Hannover; 285.1: Tierbildarchiv Angermayer, Holzkirchen; 285.2: Tierbildarchiv Angermayer, Holzkirchen (Reinhard); 285.3: TopicMedia Service, Ottobrunn (Groß); 288.1: Kruse, Wankendorf; 288.2: Dr. med. Lothar Reinbacher, Kempten; 290.1, 290.2, 292.1, 292.2: Kruse, Wankendorf; 294.1: Minkus Images, Isernhagen; 294.2, 294.3: Kruse, Wankendorf; 294.4, 294.5: Lyß, Wolfenbüttel; 294.6, 294.7: Kruse, Wankendorf; 296.1, 296.2, 296.3, 296.4, 296.5, 296.6, 296.7: Minkus Images, Isernhagen; 299.2: MTD Products Aktiengesellschaft, Betzdorf; 301.4: Corbis, Düsseldorf (Flotoand Warner/Arcaid); 302: alimdi.net, Deisenhofen (Bahnmueller); 303.4: Helga Lade, Frankfurt (Tetzlaft); 306.1: Westend 61, München (Wolfgang Weinhäupl); 306.2: Corbis, Düsseldorf (L. Doss); 307.1: DB Station&Service, Berlin (Klee); 308.2: Okapia, Frankfurt (J.-L. Klein & M.-L. Hubert); 308.3: TopicMedia Service, Ottobrunn (Dr. Wagner); 308.4: Keystone Pressedienst, Hamburg (Volkmar Schulz); 309.2: Helga Lade, Frankfurt (N. Fischer); 310.1: Okapia, Frankfurt (R. Maier); 310.2: Juniors Bildarchiv, Ruhpolding; 310.3: Monika Wegler, München; 310.4: Okapia, Frankfurt (Klein & Hubert); 311.1: Hangebrauck, Hamm; 311.2A, 311.2B: Vitakraft-Werke, Bremen; 311.3A: Juniors Bildarchiv, Ruhpolding (Chr. Steimer); 311.3B: Juniors Bildarchiv, Ruhpolding (Chr. Steimer); 312.1: Picture Press, Hamburg (Franz Krahmer); 312.2: Okapia, Frankfurt (Heinz Schrempp); 312.3: VIER PFOTEN - Stiftung für Tierschutz, Wien; 312.4: mauritiusimages, Mittenwald (age); 312.5: Picture-Alliance, Frankfurt (dpa); 313: LKA Niedersachsen, Hannover (Scheerle); 313.1: mauritiusimages, Mittenwald (imagebroker); 314.2: Okapia, Frankfurt (J.-L. Klein & M.-L. Hubert); 314.3: Zollkriminalamt, Köln; 314.4: mauritiusimages, Mittenwald (Markus Mitterer); 314.5: mauritiusimages, Mittenwald (Rosenfeld); 314.6: Dr. Manfred Keil, Neckargemünd; 314.7: Okapia, Frankfurt (Hermeline); 314.8: Okapia, Frankfurt (J.-L. Klein & M.-L. Hubert); 315.1: Okapia, Frankfurt (Dr. Eric Dragesco); 315.2: Pferdefotoarchiv Lothar Lenze, Dohr; 315.3: TopicMedia Service, Ottobrunn (Hoffmann); 316.1: Okapia, Frankfurt (J.-L. Klein, M.-L. Hubert); 316.2: Photoshot Deutschland, Berlin (Gerard Lacz); 316.3, 316.4: Dr. Manfred Keil, Neckargemünd; 317.1: Okapia, Frankfurt (Klein & Hubert); 317.2: TopicMedia Service, Ottobrunn (Lothar); 317.3: Ploß, Wentorf; 318.1A-C: Monika Wegler, München; 319.1: TopicMedia Service, Ottobrunn (Walz); 319.2A: Photoshot Deutschland, Berlin (Kim Taylor); 320.1A: Karlheinz Oster, Mettmann; 320.1B: Corbis, Düsseldorf (Owen Franken); 320.1D: Avenue Images, Hamburg; 321.1: akg-images, Berlin; 321.2: Arco Images, Lünen (M. Delpho); 322.1: Minkus Images, Isernhagen; 323.1: Okapia, Frankfurt (Berg); 323.2: i.m.a., Berlin; 323.3: Okapia, Frankfurt (Berg); 323.5: Picture-Alliance, Frankfurt (Schilling/dpa); 324.1A: Okapia, Frankfurt (Reinhard); 324.1B: Keystone Pressedienst, Hamburg (Jochen Zick); 324.1C: Verlagsunion Agrar; 324.1D: mauritiusimages, Mittenwald (Beck); 325.1: Tierbildarchiv Angermayer, Holzkirchen (Reinhard); 325.2: i.m.a., Berlin; 325.3: Picture-Alliance, Frankfurt (ZB); 326.1: Flora Press, Hamburg; 326.2: Okapia, Frankfurt (Reinhard); 327.1: Minkus Images, Isernhagen; 327.1A: Reinhard-Tierfoto, Heiligkreuzsteinach; 327.1B: mauritiusimages, Mittenwald (Botanica); 327.1C: Naturbildportal, Hannover (Manfred Ruckszio); 327.1D: Arco Images, Lünen (Geduldig); 328.1: mauritiusimages, Mittenwald (Rosenfeld); 328.2, 328.3, 328.4, 328.5: Joachim Dobers, Walsrode/Krelingen; 328.6: Picture-Alliance, Frankfurt (Sander); 329.Erbsen: Okapia, Frankfurt (TH Foto/Tschanz-Hofmann); 329.Melone: TopicMedia Service, Ottobrunn (Kozeny); 329.Bambus: Tierbildarchiv Angermayer, Holzkirchen (Lange); 329.Zuckerrüben: Okapia, Frankfurt (Büttner/Naturbild); 329. Rosenblüten: Tierbildarchiv Angermayer, Holzkirchen (Reinhard); 329.Salat: Okapia, Frankfurt (Reinhard); 329.Kiefernstämme: Dobers, Walsrode; 329.Möhren: Okapia, Frankfurt (Büttner/Naturbild); 330.1: Corbis, Düsseldorf (Adam Woolfit); 330.2: Minkus Images, Isernhagen; 331.1: Lyß, Wolfenbüttel; 332.1, 332.2, 332.3, 332.4, 333.2A-D, 334.1A-B: Joachim Dobers, Walsrode/Krelingen; 334.2: Reinhard-Tierfoto, Heiligkreuzsteinach; 334.3A: Keystone Pressedienst, Hamburg (Volkmar Schulz); 334.3B: Picture-Alliance, Frankfurt (dpa-Report/Hans Wiedl); 335.1: TopicMedia Service, Ottobrunn; 335.2: mauritiusimages, Mittenwald (Fotopix); 335.3: Reinhard-Tierfoto, Heiligkreuzsteinach; 335.4: Minkus Images, Isernhagen; 335.5: mauritiusimages, Mittenwald (Fischer); 335.6: TopicMedia Service, Ottobrunn (Wothe); 335.7: Weber-Reisen, Birr; 336.1: iStockphoto, Calgary (Alasdair Thomson); 336.2: BilderBox, Thening (Erwin Wodicka); 336.3: Keystone Pressedienst, Hamburg (Volkmar Schulz); 337.1: Beat Ernst, Basel; 337.1A: iStockphoto, Calgary (Floortje); 337.1B: iStockphoto, Calgary (Alina Solovyova-Vincent); 337.1C: panthermedia, München (Jan Köhl); 337.1D: fotolia.com, New York (Givaga); 338.3: Worm; 338.4: Tierbildarchiv Angermayer, Holzkirchen (Pfletschinger); 338.5, 338.6, 338.7, 339.1: Kruse, Wankendorf; 340.1: Picture-Alliance, Frankfurt (dpa); 340.2: Lyß, Wolfenbüttel; 342.3: Georg-August-Universität, Göttingen (Dr. G. Kriete); 344.2: Kruse, Wankendorf; 344.3: Wildlife Bildagentur, Hamburg (D.Harms); 344.4: alimdi.net, Deisenhofen (Alfred Schauhuber); 344.5: Bildagentur Huber, Garmisch-Partenkirchen; 344.6: Wildlife Bildagentur, Hamburg (H. Vollmer); 346.1A: Tierbildarchiv Angermayer, Holzkirchen (Pfletschinger); 346.1B: TopicMedia Service, Ottobrunn; 346.1C: Tierbildarchiv Angermayer, Holzkirchen (Pfletschinger); 346.2: Blickwinkel, Witten (J. Kottmann); 347.1: TopicMedia Service, Ottobrunn (Lane); 347.2: Juniors Bildarchiv, Ruhpolding; 347.3: Okapia, Frankfurt (Ake Lindau); 347.4: TopicMedia Service, Ottobrunn (Günter); 348.1: transit - Fotografie und -Archiv, Leipzig (Thomas Haertirich); 348.2: Caro Fotoagentur, Berlin (Sorge); 348.2A: Uwe Tönnies, Laatzen; 348.2B: TopicMedia Service, Ottobrunn (Walz); 350.1: Reinhard-Tierfoto, Heiligkreuzsteinach; 350.2: Picture-Alliance, Frankfurt (dpa); 350.3: Reinhard-Tierfoto, Heiligkreuzsteinach; 350.4: Picture-Alliance, Frankfurt (dpa); 351.1: Kruse, Wankendorf; 351.10: Pferdefotoarchiv Lothar Lenze, Dohr; 351.2: TopicMedia Service, Ottobrunn (Fischer); 351.3: varioimages, Bonn; 351.4: Reinhard-Tierfoto, Heiligkreuzsteinach; 351.5: Reinhard-Tierfoto, Heiligkreuzsteinach; 351.6: Tierbildarchiv Angermayer, Holzkirchen (Pfletschinger); 351.7: Tierbildarchiv Angermayer, Holzkirchen (Schmidt); 351.7: Wildlife Bildagentur, Hamburg (P. Hartmann); 351.9: iStockphoto, Calgary (Andrew Howe); 352.1A-C: Tierbildarchiv Angermayer, Holzkirchen; 353.1F: TopicMedia Service, Ottobrunn (Lane); 353.1G: TopicMedia Service, Ottobrunn (Wothe); 353.1H: Tierbildarchiv Angermayer, Holzkirchen (Schmidt); 354.0A: Reinhard-Tierfoto, Heiligkreuzsteinach (Reinhard); 354.0B: Reinhard-Tierfoto, Heiligkreuzsteinach; 354.1: TopicMedia Service, Ottobrunn; 356.1: mauritiusimages, Mittenwald (imagebroker); 356.2: Okapia, Frankfurt (Dalton); 356.3: Picture-Alliance, Frankfurt (Picture Press/Dietmar Nill); 356.4: TopicMedia Service, Ottobrunn (Heblich); 357.3: Tierbildarchiv Angermayer, Holzkirchen (Pfletschinger); 358.1: Okapia, Frankfurt (West/OSF); 358.2: Reinhard-Tierfoto, Heiligkreuzsteinach (Reinhard); 360.1: Arco Images, Lünen (C. Hütter); 361: Okapia, Frankfurt (Reinhard); 361.1: Uwe Tönnies, Laatzen; 361.2: Dr. E. Philipp, Berlin; 361.4: Uwe Tönnies, Laatzen; 361.6: Kruse, Wankendorf; 362.1: Arco Images, Lünen (NPL); 362.2: TopicMedia Service, Ottobrunn (Berger); 363.2A: TopicMedia Service, Ottobrunn (Hecker); 363.2B: Juniors Bildarchiv, Ruhpolding; 363.2C: Okapia, Frankfurt (Laßwitz/Naturbild); 364.1: mauritiusimages, Mittenwald (Photonenstop); 366.1: TopicMedia Service, Ottobrunn (Dalton); 366.2: TopicMedia Service, Ottobrunn (Dalton); 366.3: TopicMedia Service, Ottobrunn (Sohns); 367.3: Arco Images, Lünen (D. Usher); 367.5: Okapia, Frankfurt (Osolinski/OSF); 367.6: Okapia, Frankfurt (Groß); 371.1C-F: Lichtbild-Archiv Dr. Keil, Neckargemünd; 371.1G-H: Reinhard-Tierfoto, Heiligkreuzsteinach; 371.1I: Roth/Okapia, Frankfurt; 371.1J: Parks/Okapia, Frankfurt;372.1: Minkus Images, Isernhagen; 372.2: mauritiusimages, Mittenwald (Mehlig); 374.1: mauritiusimages, Mittenwald (Eckart Pott); 374.2: TopicMedia Service, Ottobrunn (Naroska); 374.3: TopicMedia Service, Ottobrunn (Kerscher); 374.4: Rolf Wellinghorst, Quakenbrück; 374.5: naturganznah, Falkenfels; 375.1: Tierbildarchiv Angermayer, Holzkirchen; 375.2: Tierbildarchiv Angermayer, Holzkirchen (Pfletschinger); 375.3: TopicMedia Service, Ottobrunn (Danegger); 375.4: TopicMedia Service, Ottobrunn (Hecker); 375.5: Okapia, Frankfurt (NAS/Eisenbeiss); 376.1: TopicMedia Service, Ottobrunn (Wegner); 376.2: Rolf Wellinghorst, Quakenbrück; 379.1: Okapia, Frankfurt (Reinhard); 379.3B, 380.0: Dr. Manfred Keil, Neckargemünd; 380.1: Picture-Alliance, Frankfurt; 381.1A: Tierbildarchiv Angermayer, Holzkirchen (Reinhard); 381.1B: Okapia, Frankfurt (Hartl); 381.1C: TopicMedia Service, Ottobrunn (Heppner); 381.1D: Okapia, Frankfurt (Hartl); 381.1E: Okapia, Frankfurt (NAS/ Clutter); 381.2: mauritiusimages, Mittenwald (corbis); 382: Tierbildarchiv Angermayer, Holzkirchen (Pfletschinger); 382.2: Reinhard-Tierfoto, Heiligkreuzsteinach; 383.1: Tierbildarchiv Angermayer, Holzkirchen (Pfletschinger); 383.2A: Dr. Manfred Keil, Neckargemünd; 383.2B: Tierbildarchiv Angermayer, Holzkirchen; 384.1: Juniors Bildarchiv, Ruhpolding; 384.2: TopicMedia Service, Ottobrunn (Sohns); 384.3: Uwe Tönnies, Laatzen; 384.4: Jupiterimages, München (Lederer); 385.1: mauritiusimages, Mittenwald (Reinhard); 385.2: Tierbildarchiv Angermayer, Holzkirchen (Pfletschinger); 385.3: Okapia, Frankfurt (Soder); 385.4: Okapia, Frankfurt (Martinez); 385.5: Okapia, Frankfurt (Reinhard); 387.1A: Tierbildarchiv Angermayer, Holzkirchen (Reinhard); 387.1B: Tierbildarchiv Angermayer, Holzkirchen (Pfletschinger); 387.1C: Okapia, Frankfurt (Foott); 387.1D: TopicMedia Service, Ottobrunn (Dalton); 387.1E: Pferdefotoarchiv Lothar Lenz, Dohr; 389.1: Yavuz Arslan, Essen; 389.2: Okapia, Frankfurt (PaerBraennstroem/Naturbild AB); 389.3: Okapia, Frankfurt (Alaska Stock); 389.4A: Okapia, Frankfurt (Fritz Pölking); 389.4B: mauritiusimages, Mittenwald (Phototake); 390.2: i.m.a., Berlin; 390.3: Tierbildarchiv Angermayer, Holzkirchen; 390.4: Corbis, Düsseldorf (Kim Jongbeom/TongRo Images); 391.1A-D: Uwe Anders, Cremlingen/Destedt.

Trotz entsprechender Bemühungen ist es nicht in allen Fällen gelungen, den Rechtsinhaber ausfindig zu machen. Gegen Nachweis der Rechte zahlt der Verlag für die Abdruckerlaubnis die gesetzlich geschuldete Vergütung.